L'ORDRE
DES
TRINITAIRES
POUR
LE RACHAT DES CAPTIFS

PAR

Paul DESLANDRES

ARCHIVISTE PALÉOGRAPHE
Attaché à la Bibliothèque de l'Arsenal.

TOME PREMIER

TOULOUSE | PARIS
ÉDOUARD PRIVAT | PLON, NOURRIT ET Cie
LIBRAIRE-ÉDITEUR | ÉDITEURS
14, Rue des Arts, 14. | 8, Rue Garancière, 8.

1903

190
03

L'ORDRE

DES TRINITAIRES

POUR LE RACHAT DES CAPTIFS

L'ORDRE

DES

TRINITAIRES

POUR

LE RACHAT DES CAPTIFS

PAR

Paul DESLANDRES

ARCHIVISTE PALÉOGRAPHE
Attaché à la Bibliothèque de l'Arsenal.

TOME PREMIER

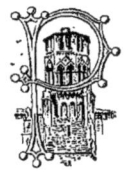

TOULOUSE	PARIS
ÉDOUARD PRIVAT	PLON, NOURRIT ET Cie
LIBRAIRE-ÉDITEUR	ÉDITEURS
14, Rue des Arts, 14.	8, Rue Garancière, 8.

1903

AVANT-PROPOS

Au mois de février 1898, les religieux Trinitaires Déchaussés, dernière branche subsistante d'un ordre qui eut sa grandeur, ont célébré à Rome le septième centenaire de leur fondation. Rien ne manqua à la beauté de ces fêtes : imposantes cérémonies, assistants nombreux, sermons éloquents; les Pères de la Merci, précédemment rivaux des Trinitaires, vinrent célébrer la messe aux nombreux autels de la basilique de Saint-Chrysogone. Le chapitre de Saint-Pierre choisit cette excellente occasion pour mettre fin à une très ancienne querelle. Tout était à la joie, à l'espérance; pour trois jours, on eût cru que l'ordre de la Trinité, nouveau phénix, renaissait de ses cendres.

Au mois de juin suivant, la vallée de Barcelonnette, en France, fut le théâtre d'une fête populaire, qui dut une grande partie de son succès au panégyrique provençal prononcé par un Prémontré, le P. Xavier de Fourvières, en l'honneur du fondateur de l'ordre des Trinitaires, un enfant de cette vallée de Barcelonnette, une des gloires de la Provence entière, saint Jean de Matha.

Deux ans après, ce couvent trinitaire, le seul de France, restitué à l'ordre quarante ans auparavant, grâce au zèle du P. Calixte, n'était plus; une expulsion imprévue avait mis fin à l'existence si inoffensive des Trinitaires dans la patrie de leur fondateur. Ils trouvèrent une patrie adoptive et plus hospitalière à Vienne, en Autriche, où l'ordre avait eu un couvent deux siècles auparavant. — Des religieuses, agrégées à l'ordre des Trinitaires, vinrent remplacer ceux-ci à Faucon au mois de septembre 1900.

Plusieurs siècles de dévouement désintéressé et d'héroïsme tranquille méritaient mieux qu'une fin si rapide. J'espère, dans cette étude détaillée, contribuer à faire connaître, selon l'expression de Léon XIII, dans son bref du 14 juillet 1894, « une congrégation qui avait si bien mérité de l'Eglise et de la société ».

Est-ce à dire qu'il n'y ait point une seule ombre à ce tableau? Nos religieux ne se laissèrent-ils jamais emporter par la rancune plus qu'il n'aurait convenu? A première vue, plus d'un détail nous étonnera dans l'histoire de tout ordre religieux; à la réflexion seulement, nous devenons moins sévères et nous sentons que nous cherchions chez nos héros une perfection impossible. Les religieux ne sont pas de purs esprits, comme les Nuées d'Aristophane qui pouvaient vivre de la fumée des sacrifices. Certaines passions humaines étant incompatibles avec l'état monastique, d'autres, comme l'esprit processif, ont tendance à se donner libre carrière. Pour les religieux qui sont propriétaires ruraux, il y a nécessité absolue de se faire payer leurs fermages : d'où des procès. Plus leurs revenus leur sont nécessaires, moins les religieux aiment à voir s'établir à côté d'eux des rivaux et des concurrents : d'où des factums. Il faut bien le dire, ces procès, ces pamphlets, ces enquêtes, où sont parfois révélés des faits étranges, sont la partie la plus curieuse des archives des ordres religieux en général; alors ils sont vraiment peints par eux-mêmes : à part ces témoignages, leur vie intérieure nous échappe presque toujours. Le souci, légitime d'ailleurs, d'accroître leurs ressources, conduisit souvent les religieux à rechercher minutieusement leurs titres anciens, à les réunir méthodiquement en liasses et à en tirer des conclusions; en cela, ils ont fait vraiment œuvre d'archivistes soigneux. Mais presque partout, à Saint-Martial de Limoges, dont notre confrère, M. Charles de Lasteyrie, nous a si impartialement retracé l'histoire, comme à Saint-Mathurin de Paris, on n'eut en vue que les documents *utiles*. Rarement le souci du document *historique* apparut. Nous sommes donc moins portés à regretter ces polémiques révélatrices de bien des faits qui, sans elles, nous seraient restés inconnus.

En considérant avec précision ces rivalités avec

l'évêque diocésain ou avec un autre ordre, nous voyons bien vite que ces faits regrettables ne sont l'œuvre exclusive ni des Trinitaires, ni des Pères de la Merci, pour ne citer que ceux-ci, mais que chaque ordre en porte sa responsabilité. Ces dissensions ne sont d'ailleurs nullement spéciales à une époque ou à une nation; elles sont de tous les temps et de tous les pays. Les Trinitaires ne furent pas tous des saints, mais quelques-uns le furent; cela suffit amplement à la gloire de leur ordre.

Au terme d'une série d'études de plusieurs années, ce m'est un agréable devoir de témoigner au P. Xavier de l'Immaculée-Conception, un fils de l'Alsace, supérieur du nouveau couvent trinitaire de Vienne, en Autriche, ma vive reconnaissance pour le grand secours qu'il m'a fourni. Non content de me donner oralement de précieux renseignements, il a poussé la complaisance jusqu'à m'envoyer, tant de Rome que de Vienne, des livres imprimés et des manuscrits précieux que seuls des Trinitaires peuvent posséder. Le Général de l'ordre de la Trinité, le P. Grégoire de Jésus et Marie, résidant à Saint-Chrysogone, à Rome, a maintes fois aussi daigné encourager ce travail.

Les archivistes départementaux de France, les archivistes de l'Etat en Belgique, en Luxembourg, en Lorraine, les bibliothécaires de Rome et de Vienne, et les Trinitaires de San Carlino, à Rome, ont mis tous leurs trésors à ma disposition avec autant de complaisance que de courtoisie, me donnant toutes les facilités de travail possible. Ne pouvant les nommer tous, je les prie de recevoir en bloc l'expression de ma gratitude.

J'ai donné à ce travail le titre de *L'Ordre* **français** *des Trinitaires*, parce que je ne l'étudie qu'en France ; les provinces étrangères d'Espagne et d'Italie n'intervenant qu'en tant qu'elles ont eu des relations avec celles de France, ou qu'elles fournissent des faits dont nous ne trouvons pas les analogues chez les Trinitaires français.

BIBLIOGRAPHIE

DE L'HISTOIRE GÉNÉRALE DE L'ORDRE [1].

La Bibliographie de l'ordre des Trinitaires a été présentée d'une façon très méthodique dans le *Serapeum*, t. XXXI (1870), pp. 85, 92 et suivantes. L'ordre analogue de la Merci a eu ses sources établies de la même manière. Cette bibliographie est aussi complète que pouvait la faire son auteur, M. Gmelin, qui, selon son propre aveu, n'a pas poussé ses recherches en France et en Italie; il s'est contenté de l'Allemagne. Au moins a-t-il eu la précaution d'indiquer dans quelle bibliothèque allemande se trouvent les ouvrages cités, précieux renseignements pour qui ne connaît que les bibliothèques de France. — Les pays germaniques n'ayant eu que tardivement des couvents trinitaires, les sources indiquées par le bibliographe sont, pour la plupart, des livres imprimés dans ces pays aux dix-septième et dix-huitième siècles, par conséquent de peu d'importance pour l'étude des Trinitaires de France, but exclusif de cet ouvrage.

[1]. La Bibliographie spéciale de *la Rédemption des captifs* sera donnée en tête de cette partie de l'ouvrage.

Gmelin n'a d'ailleurs point ignoré les ouvrages écrits en français, qu'il a souvent empruntés au P. Lelong, et, même en ce qui concerne les historiens trinitaires de notre pays, sa bibliographie est assez étudiée pour qu'il me paraisse entièrement inutile de donner une liste des ouvrages, au nombre de plusieurs centaines, que j'ai dû consulter. Je me bornerai, dans ce chapitre, à signaler en détail les plus intéressants d'entre eux.

Malgré toutes les précautions prises par le bibliographe, il n'a point échappé à la tendance d'enfler un peu sa liste. Il n'a cité certains noms d'historiens trinitaires que d'après d'autres auteurs de cet ordre, sans avoir jamais vu leurs ouvrages. Cela est toujours imprudent en bibliographie, spécialement quand il s'agit des Trinitaires, qui ont parfois donné des références fantaisistes à propos de faits qu'ils ne pouvaient établir avec certitude. Voici, par exemple, un prétendu écrivain écossais, George Innès. Après avoir reproduit l'opinion que l'on prête à cet auteur sur la taille gigantesque de saint Jean de Matha, un bon juge en ces matières, le pape Benoît XIV, ajoute : « Si tant est que ce George Innès ait jamais existé, car mon ami, le procureur général de l'ordre de la Merci, m'a dit qu'il n'existe nulle part de cet auteur ni manuscrit ni imprimé, quoiqu'on le cite parfois en spécifiant le chapitre. » Ce cas est malheureusement loin d'être isolé dans l'historiographie trinitaire. Un bon historien de cet ordre, le P. Calvo, auteur du *Resumen de los privilegios*, avoue qu'il emprunte certains détails concernant le treizième siècle au faussaire Lupian Zapata, tout en s'excusant de les rapporter ; de la contradiction peut, en effet, jaillir la vérité.

L'histoire de l'ordre est donc difficile à écrire, d'abord parce que ses religieux l'ont rarement traitée, et que, quand ils l'ont fait, ils ont reproduit des fables traditionnelles, auxquelles ils n'auraient pu renoncer sans avouer leur totale ignorance. Il n'existe aucune grande Histoire des Trinitaires, ni en français ni en une autre langue, analogue à celle qu'ont publiée en 1691 leurs rivaux, les Pères de la Merci, fondés aussi pour le rachat des captifs. Cette similitude de but a causé des confusions. Beaucoup d'historiens savent à peine qu'il a existé et qu'il existe encore un ordre de la Trinité, ou bien ils le confondent avec l'ordre fondé par saint Pierre Nolasque. Ce dernier a eu l'honneur d'un panégyrique prononcé à Paris par Bossuet, qui paraît ignorer l'antériorité de saint Jean de Matha. Il faut donc, pour écrire l'histoire des Trinitaires, recourir d'abord à leurs archives.

I. — Archives des Trinitaires.

Dès le quinzième siècle, Gaguin, leur plus ancien chroniqueur, avoue qu'il n'a rien trouvé sur certains grands-ministres, ses prédécesseurs. Deux siècles après, Bonaventure Baron, Franciscain et annaliste des Trinitaires, écrit : *Sancta vetustas maluit praestare magna et conscire sibi quam scribere.* Un ministre de Lyon écrivait de même au P. Ignace de Saint-Antoine : « Je prie le bon Dieu qu'il bénisse votre travail touchant les chroniques de l'ordre ; c'est une chose épouvantable que de voir la négligence de nos anciens. »

Sur leur fondation même, les Trinitaires ont commis d'étranges erreurs. M. Labande a relevé sur le manuscrit 2592 de la Bibliothèque d'Avignon une mention attribuant la fondation de l'ordre trinitaire à Honorius IV, pape de 1285 à 1287, au lieu de la date réelle de 1198. La grave confusion s'explique un peu par ce fait qu'Honorius III, successeur d'Innocent III, donna de si grands privilèges à l'ordre qu'il en fut regardé comme un second fondateur. Le récit en vers d'un manuscrit de la Bibliothèque Nationale attribue aussi à un pape du nom d'Honorius la fondation des Trinitaires.

Un Rédempteur distingué, le P. Héron, écrivait en 1660, dans le *Miroir de la Charité*, que son ordre avait été fondé en France sous le règne de saint Louis. En réalité, l'ordre existait depuis dix-sept ans lors de la naissance de ce roi, mais il en fut l'insigne bienfaiteur.

Les Trinitaires n'avaient même pas la possibilité de bien écrire l'histoire de leur ordre, tant ils manquaient de soin pour la garde de leurs archives. Faute d'une pièce, plus d'un procès fut perdu par eux à Faucon, à Vitry. Même pour la confirmation de leurs indulgences, cependant si importante, ils se trouvèrent parfois dans l'embarras. Le général de l'ordre, Pierre Mercier, recommandait en ce cas un expédient un peu simpliste (vers 1670) : « Je vous ai déjà mandé que, si l'on vous parle de nos indulgences, *il faut toujours dire que la confirmation en a été obtenue de Sa Sainteté et que l'on en attend les bulles.* »

Les archives n'avaient de place fixe dans aucun couvent. A Cerfroid, chef d'ordre, elles étaient dans un tiroir, et l'on en remplit cinq sacs de papier, qui furent vendus en 1790. — A Meaux, Nicole Navarre, ministre de la Maison-Dieu, les gardait dans sa chambre et avec si peu d'ordre que ses religieux ne pouvaient retrouver les noms de leurs fermiers. — Le livre des actes de Pontoise se trouvait, en 1737, dans la chambre d'un religieux absent qui en avait emporté la clef. — Une supplique à l'intendant de Provence dut être récrite avant d'être envoyée, à cause de pièces retrouvées à l'improviste. — De ce désordre naît l'intérêt de ces archives, encore peu classées dans les différents dépôts qui les conservent aujourd'hui.

Elles sont, d'ailleurs, fort incomplètes. Il faut reconnaître qu'un très grand nombre de couvents, parmi lesquels Castres, Toulouse, Montpellier, ont subi des dévastations par suite des guerres de religion. Tous les ordres religieux ont certes souffert de ces calamités et ont pu s'en relever; mais pour un ordre pauvre et peu doué pour l'histoire, en France du moins, de semblables catastrophes étaient particulièrement funestes.

Ordre pratique entre tous les autres, les Trinitaires n'envisagèrent leurs archives qu'au point de vue utilitaire. Quel plaisir n'ont-ils pas à prendre leurs créanciers en défaut : « Cette rente ne se paie plus, le chapitre de Notre-Dame l'a laissé prescrire ! » Cette mention est au dos d'une pièce conservée dans les Archives des Mathurins de Paris (c'est ainsi qu'on appelait les Trinitaires dans cette ville). Les titres de propriété sont, bien entendu, intacts; mais les pièces d'un intérêt historique ne figurent malheureusement que par leur analyse ou par un extrait.

La tentative d'un Trinitaire du Midi, dont il sera souvent question, le P. Ignace de Saint-Antoine, pour rassembler des documents sur l'histoire de l'ordre, secoua un peu la torpeur des hommes du Nord. Le couvent de Paris centralisa les Archives, ou du moins, les Cartulaires et les copies de pièces de quelques petites maisons du nord ou de l'ouest de la France (Bar-sur-Seine, Chelles, Dinan, Dinard, Pontarmé, Taillebourg); ces documents forment deux cartons des Archives Nationales. On se demande d'ailleurs pourquoi les Mathurins avaient fait prendre ces copies; ce n'était ni pour les communiquer ni pour s'en servir. Ayant à fournir une notice sur le couvent de Dinan, fondé en 1369, ils disent simplement qu'il date du quatorzième siècle, sans regarder le titre de fondation qu'ils ont sous la main!

Plusieurs supérieurs ou ministres de couvent qui feuilletèrent leurs archives ne surent point en voir l'intérêt. Le ministre de Silvelle (Seine-et-Marne) mit dans une liasse particulière, comme *pièces inutiles*, les écritures d'un procès en restitution du couvent, qui avait été donné en bail à un laïque pendant quelques années. Le ministre de Troyes ayant confié ses bulles à déchiffrer à un notaire, celui-ci renonça à les transcrire « parce qu'elles n'avaient rien d'intéressant pour la *maison* et qu'elles portaient ou sur des indulgences *périmées* ou sur des droits QUI NE POUVAIENT PLUS EXISTER ».

Ce n'est qu'au dix-septième siècle, et dans le Midi, que l'on eut des idées plus larges. Les Trinitaires Déchaussés, fondés vers 1620 en France, décidèrent que tous les privilèges obtenus en cour de Rome par le procureur général de la congrégation seraient déposés en copie dans chacun de leurs couvents et à leurs frais. Ils avaient un exemple chez leurs voisins et rivaux, les Trinitaires de Marseille, qui avaient été réformés en 1610. Leurs archives, conservées à la Préfecture des Bouches-du-Rhône, forment un ensemble de cent vingt liasses et registres. Il y en a autant pour les Trinitaires d'Arles, dont l'histoire a été successivement écrite par les PP. Guillaume Commandeur et François Porchier. L'histoire de tous les couvents trinitaires du Midi peut s'y lire en abrégé, grâce aux copies faites au début du dix-huitième siècle par un provincial, le P. Paul Giraud, auteur d'un *Journal de la peste de Marseille*; ce Père mit des analyses au dos de la plupart des pièces.

En quoi les Trinitaires de Marseille excellent le plus, c'est à former des dossiers accablants, notamment contre les Religieux Déchaussés d'Aix qui ont quitté l'habit de l'ordre et ont refusé de se soumettre à leur visite. On en vient à regretter que les Trinitaires n'aient pas eu encore plus d'occasions de mettre en lumière ce que contenaient les Archives. La polémique était si bien un stimulant qu'il a fallu, pour leur faire montrer les actes des chapitres généraux, que leurs privilèges fussent battus en brèche par les provinces étrangères. Sans cela, ces chapitres auraient été perdus pour nous.

Au premier rang des *Cartulaires* se trouve celui de Toulouse, composé, en 1692, par Grégoire Reynès, syndic et organiste du couvent : c'est une histoire abrégée, où sont intercalés les dispositifs des actes fondamentaux, et où sont discutés d'intéressants points de droit canonique. Elle a été fort utilisée par les rédacteurs de la nouvelle *Histoire de Languedoc*.

Au nord de la France, on peut citer le grand Cartulaire in-folio, en trois volumes (Archives Nationales, LL 1545 à 1547), du P. de Massac, général des Trinitaires de 1716 à 1748, excellent résumé de l'histoire des Mathurins de Paris, qui gouvernaient en réalité tout l'ordre. Il n'a fait que continuer le Cartulaire rédigé à la fin du quinzième siècle par le célèbre Gaguin. Massac avait eu la précaution de laisser des feuillets blancs pour que son œuvre fût continuée : elle ne le fut pas.

Plusieurs livres d'*actes capitulaires* existent pour les couvents de Paris (depuis 1708 seulement), de Pontoise, de Marseille, de Montpellier, depuis le début du dix-septième siècle.

L'Inventaire de Châlons-sur-Marne contient des analyses de pièces d'un intérêt plus que local. Les Trinitaires de ce couvent ont été très laborieux.

Aux Cartulaires doivent se joindre les *Obituaires*. Le plus connu est celui des Mathurins de Paris, écrit par Gaguin à la fin du quinzième siècle. Il en existe encore pour les couvents d'Avignon, de Châlons, de Fontainebleau (conservé à Paris), de Châteaubriant (conservé à Nantes). Ce dernier offre la double particularité de provenir originairement d'un couvent situé près de Chelles et d'avoir été surtout rédigé au seizième siècle, au temps des guerres de religion.

Les *registres de visite* sont les documents les plus intéressants pour connaître la situation réelle des couvents : le visiteur, n'écrivant que pour lui, n'a rien à cacher. Il n'en existe qu'à partir du seizième siècle; encore n'y a-t-il d'abord que des copies éparses. Ils n'ont été tenus régulièrement que dans le Midi, et seulement depuis le dix-septième siècle. Nous avons cependant, pour le Nord, l'enquête du cardinal de La Rochefoucauld, chargé en 1635 de réformer l'ordre de la Trinité; il interrogea ou fit interroger les ministres et leurs religieux.

La *Commission des Réguliers* de 1767 provoqua une enquête analogue, qui aboutit à la suppression ou du moins à la condamnation de plusieurs couvents trinitaires.

Mais il ne faut point nous borner à notre pays pour étudier les Trinitaires. Les *Archives de l'histoire de France* de MM. Langlois et Stein ne faisaient prévoir qu'une partie des richesses que renferment les *Archives du royaume*, à Bruxelles, maintenant plus accessibles depuis la publication de nombreux répertoires de séries. Le plus important est celui de la *Caisse de Religion*, qui hérita des biens des corporations supprimées. Il ne faut point faire fi de ces documents de la fin du dix-huitième siècle, qui parfois même se continuent pendant toute la période de la Révolution française. Souvent il est question de pièces anciennes, dont la copie est rapportée, à l'occasion de services religieux dûs par le couvent supprimé, en vertu de sa charte de fondation. Les dossiers formés à ce sujet tant à Bruxelles qu'à Luxembourg sont des plus instructifs.

Le fonds belge des Cartulaires a subi un important démembrement, au milieu de l'année 1900, par une décentralisation au profit des provinces dont faisait partie le couvent. Ainsi, le Cartulaire de Lens est passé de Bruxelles à Mons.

II. — Ouvrages imprimés composés par les Trinitaires.

La plus usuelle des sources de l'histoire trinitaire est la *Chronique des Ministres Généraux*, publiée dans *Gallia Christiana*, au tome VIII (col. 1734-1756). Elle est l'œuvre de trois auteurs successifs, Gaguin, Bourgeois et Massac.

Robert Gaguin, vingt-deuxième ministre général de l'ordre, écrivit en 1492 son *De mirabili hujus sacri ordinis institutione*, à la demande d'André de Sedano, ministre de Burgos et provincial de Castille. Il y joignit une liste des ministres généraux jusqu'à 1473. On ne sait où en était conservé le manuscrit. Jacques Bourgeois, provincial de Picardie, écrivit une continuation dans le même esprit, s'étendant de 1473 à 1570. L'œuvre de Claude de Massac est d'un genre tout différent.

Les deux premières parties, éditées pour la première fois à Douai en 1586, et ensuite dans le *Gallia Christiana* des frères Sainte-Marthe, se distinguent par une naïveté un peu cherchée, qui va se rencontrer chez presque tous les historiens trinitaires. Ainsi Gaguin raconte, sans le moindre étonnement, que le quinzième supérieur de l'ordre, Thierry Valerand, mourut mystérieusement en Italie, et que trois ministres furent soupçonnés de s'être partagé son argent!

Comme son titre l'indique, cette Chronique est un Catalogue des ministres généraux, d'abord appelés grands-ministres. Pour la plupart d'entre eux, nous n'en savons pas plus que Gaguin n'en a dit, et c'est peu. Il paraît d'ailleurs avoir rédigé ses notices avec une grande rapidité. Ainsi, dans la grande bulle du 18 juin 1209, au lieu de *Porte Gallice* (Porte de France, à Marseille), il lit : *Portugalliae* et interprète « domus *Portugalliae*, id est *Lusitaniae* ». De même la maison de *Castro Novo* n'est pas Newcastle en Grande-Bretagne, mais Châteauneuf, près Martigues; *Pons Reginae* n'est pas Puente la Reyna, en Navarre (cette ville n'était pas encore fondée à cette époque), mais Le Bourget, près Paris.

Ce ne sont là que de petites taches, qui ne peuvent nous faire oublier la reconnaissance due au plus ancien historien des Trinitaires, qui fut aussi leur personnage le plus remarquable. Gaguin a raconté avec détails la grande crise que traversa son ordre entre 1415 et 1421. Il a parlé de son *cursus honorum* jusqu'à 1473 en des termes qui ont parfois passé inaperçus, même pour des historiens sérieux.

Jacques Bourgeois, continuateur de Gaguin, était né en 1525. A l'âge de vingt ans, il écrivit un grand poème sur la fondation de l'ordre. Étudiant en théologie à Paris en 1550, il était présent aux travaux faits dans l'église des Mathurins, au cours desquels fut exhumé le corps de Gaguin, mort en 1501. Il demanda au général, Thibaut Musnier, la permission de prendre la tête de ce grand homme, et il l'emporta avec lui pour la bibliothèque du couvent de Douai. Promu par Charles-Quint ministre du petit couvent de Covorde, sur la Lys, il brûla bien vite du désir d'en sortir, car ce séjour à la campagne était pour lui plein de dangers. En 1568, présent à l'élection du grand-ministre, il s'opposa au vote par scrutin secret prescrit par le concile de Trente. Bernard Dominici ayant été néanmoins élu, il se fit charger de la rédaction d'une *Formule de réformation* qui fut adoptée par les chapitres généraux de 1573 et de 1576. Il y préconisa le vote au scrutin secret, et il demanda en même temps la suppression du couvent de Covorde, spirituel moyen de se faire donner de l'avancement. Il le reçut enfin, en devenant ministre de Douai et provincial de Picardie. Sa versatilité s'explique par la situation de sa province, divisée entre la France et l'Espagne. Il traita à la fois en vers latins et en français, à cinquante ans de distance, la vie de saint Jean de Matha. Un passage de sa chronique nous fera juger de sa prétendue candeur. A l'entendre, Nicolas Musnier aurait déplacé les Trinitaires de la Maison-Dieu de Meaux à cause de leurs fréquentations trop suivies avec les religieuses. Les rédacteurs de *Gallia Christiana* ont justement relevé que nos religieux furent expulsés par arrêt du Parlement de Paris, plutôt pour dilapidation et négligence que pour mœurs légères.

Enfin, Claude de Massac résuma la partie la plus ingrate (1570-1716) de l'histoire des Trinitaires, caractérisée par des conflits avec les religieux du midi de la France et de l'étranger, parfois soutenus par le pape. Venant à la fin de toutes ces querelles et ayant, non sans peine, ramené la paix dans son ordre, Massac nous donne de ces faits une version de juste milieu. Il ne prend qu'avec restrictions le parti des Trinitaires du Nord, qu'on appelait « les quatre Provinces » et dont l'intransigeance était très grande. Mais il a donné libre cours à ses rancunes en feignant d'ignorer le nom du fondateur de la Congrégation Déchaussée, Jean-Baptiste de la Conception, et en ne citant pas le cardinal de La Rochefoucauld, qui humilia en 1638 le couvent des Mathurins de Paris.

Il est regrettable qu'aucun Trinitaire ne se soit rencontré pour continuer cette chronique dans le dix-huitième siècle, qui se trouve ainsi dépourvu de sources narratives autant que le dix-septième en déborde. Nous n'avons alors que les mentions du Nécrologe des Mathurins.

Les autres ouvrages des Trinitaires de France ne sont, à quelques exceptions près, que des Recueils d'indulgences à l'usage des confrères de la Rédemption; ces livrets utiles sont les seuls que la pauvreté de l'ordre lui permît de faire imprimer. Pour n'en citer que deux, les meilleurs sont *L'institution et la fondation de l'Ordre* par Barthélemy de Puille, publié à Douai en 1635, et *La sainte Confrérie sous le Titre du Rédempteur* de Claude Ralle, dont la quatrième édition fut donnée à Paris en 1665.

Quant au plus notable historien des Trinitaires, le P. Pierre Dan, il ne nous intéresse ici que par la dernière partie de l'*Histoire de Barbarie*, consacrée à son ordre, et par son *Trésor des merveilles de Fontainebleau*, publié en 1660, et où sont mentionnés très souvent les religieux de la Trinité, chapelains de ce château.

Il faut passer les Pyrénées et les Alpes pour trouver d'autres ouvrages généraux.

C'est à Lisbonne que parut, en 1624, l'*Epitome generalium redemptionum captivorum* du P. Bernardin de Saint-Antoine. L'ouvrage tient même plus que ne promet son titre, car le premier livre traite de l'institution de l'ordre des Trinitaires et de sa règle, le second de la rédemption des captifs; le troisième est un véritable bullaire, comprenant : 1° tout l'ordre; 2° l'Espagne; 3° le Portugal jusqu'à 1620. Dans ce classement, il a interverti quelques bulles, ce qui n'ôte cependant rien au très réel mérite de son ouvrage.

Désormais, nous entrons dans la légende. En 1637 parut à Ségovie la première partie de la *Chronique générale de l'Ordre de la Sainte-Trinité*, en espagnol. L'auteur de cet immense in-folio est le P. Pedro Lopez de Altuna. Il est le porte-parole des Trinitaires espagnols, hostiles à ceux de France qui régissaient son ordre; aussi a-t-il déparé son travail par des affirmations tendancieuses. Il a parlé longuement d'un prétendu ordre militaire de la Trinité.

Il en est de même du *Chronicon Ordinis S. Trinitatis* de Figueras Carpi, religieux de Valence, publié à Vérone en 1645. D'après l'*Arbor chronologica*, bibliographie des auteurs trinitaires sous forme de dictionnaire, publiée à Rome en 1894, Figueras aurait exploré les archives trinitaires d'Espagne, de France, d'Allemagne (?), d'Italie (?), de Grande-Bretagne (?), et il aurait écrit, du 4 novembre 1633 à septembre 1634, quatre volumes manuscrits, dont il tira la quintessence. Il est plus probable qu'il ne consulta que son imagination et ses rancunes.

Ce livre prétend être un abrégé de l'histoire des Trinitaires jusqu'à l'époque de l'auteur; il est ainsi divisé : Bibliographie très étendue, — Histoire de l'ordre par généraux, à chacun desquels est suspendue une grappe d'illustrations trinitaires, — Traité du rachat des captifs, — Pièces justificatives : quelques-unes étaient insérées dans le texte, dont elles ne se distinguaient pas suffisamment, — Eclaircissement sur l'ordre de la Merci. L'ouvrage a 625 pages.

L'étendue seule de la période embrassée par Figueras eût pu rendre sa chronique précieuse s'il avait eu de la critique et de l'impartialité. C'est un Trinitaire Chaussé espagnol, comme Lopez de Altuna, mécontent de voir son ordre gouverné par les provinces de France. Venu à Paris, il y a été bien reçu; il n'en garde pas moins sa liberté d'appréciation; il dédie son livre au ministre général Louis Petit, dont il juge sévèrement la conduite (p. 278). Il a sur le cœur la condamnation contre ses ouvrages votée « d'avance » par le chapitre général de 1635. Quoique les Trinitaires Déchaussés soient fondés depuis 1599, il paraît, lui aussi, ignorer complètement leur existence.

Figueras s'est bien des fois contenté de copier la *Chronique des Ministres Généraux*, de Gaguin, en y introduisant quelques corrections tendancieuses, notamment l'histoire de l'Ecossais Pierre de Aberdeen, qui aurait gouverné l'ordre de 1347 à 1357. Il a déjà cette exagération que les Trinitaires de nos jours avouent être la caractéristique de leurs devanciers. Qu'est-ce que ces cent quarante couvents trinitaires de Palestine pour lesquels il ne peut citer qu'une bulle, adressée aux *Trinitaires hospitaliers*, et que le Bullaire de 1692 n'a même pas osé recueillir? Qu'est-ce que cette bulle de Grégoire XI ordonnant de tenir le chapitre une fois en deçà, une fois au delà des Alpes, qui arrive si à propos pour condamner les prétentions des Trinitaires de France? Ces faux sont un acte de polémique indigne d'un historien sérieux.

Il faut cependant savoir gré à Figueras de n'avoir rien dit de la naissance royale de saint Félix de Valois, le second fondateur légendaire des Trinitaires, ni de Constance et de Sanche d'Aragon, qui seraient entrés au treizième siècle dans l'ordre de la Trinité.

Entre 1666 et 1679 se sont déroulées les étapes de la canonisation de saint Jean de Matha et de saint Félix de Valois.

L'ardeur des Trinitaires ne connaît plus d'obstacle. A la fin du dix-septième siècle se produit le seul mouvement historique sérieux de l'ordre de la Sainte-Trinité; il se résume dans le nom d'un Trinitaire provençal, Ignace de Saint-Antoine, dont un Franciscain, Bonaventure Baron, a injustement confisqué la gloire.

Le P. Calixte a écrit, dans la préface de sa *Vie de saint Félix de Valois* : « Le P. Bonaventure Baron n'est que l'éditeur des *Annales* mises sous son nom; le véritable auteur est le P. Ignace de Saint-Antoine. » Il y a, en effet, entre l'imprimé de Baron et les manuscrits du P. Ignace, conservés à Marseille, des similitudes complètes[1].

Bonaventure Baron, né à Cloyne en 1615, était Irlandais et neveu du célèbre chroniqueur Luc Wadding, qui parle de lui à la page 84 de ses *Scriptores ordinis Minorum*. Il était *lecteur* au collège franciscain de Saint-Isidore à Rome. Son portrait figure en tête des *Annales du premier siècle de l'ordre de la Trinité*, publiées en latin à Rome (1684); il y a mis partout sa griffe, il ne manque pas de dire : *Noster seraphicus ordo S. Francisci*, il cite lui-même son propre nom, par un véritable jeu de mots (à la p. 186); les censeurs de l'ouvrage proclament que l'auteur des *Annales* est « *Reverendus admodum Pater Bonaventura Baro, ex illustri familia in fide Catholica constanti* ».

Le P. Ignace de Saint-Antoine était né en 1635 à Seyne (Basses-Alpes). Ministre des Trinitaires Déchaussés de Saint-Denis de Rome et procureur de cette Congrégation, il fit des recher-

---

1. Cf. *Cartulaire d'Avingavia*, Baron, p. 152; manuscrit de Marseille nº 1217, p. 276. — *Trinitaires de Valladolid*, Baron, p. 211; manuscrit nº 1217, p. 43-44. — *Trinitaires d'Oxford*, Baron, p. 287; manuscrit nº 1215, fº 6 vº.

ches très approfondies, notamment chez les Franciscains de Saint-Isidore à Rome; certains livres, dont il copia des extraits, se trouvaient dans leur bibliothèque; il y rencontra Bonaventure Baron. Le vieux Franciscain, dont l'ordre avait plus de ressources que celui des Trinitaires, tira parti des matériaux réunis surtout par le jeune Trinitaire, et y mit son nom seul, ce qui brouilla les deux collaborateurs. Baron ne nomme nulle part le P. Ignace; ce dernier, parlant de l'ouvrage signé par Baron, l'appelle : le tome 1er des *Annales* de l'ordre.

Ces *Annales* sont dédiées à Louis XIV, peut-être converti à l'opinion de la naissance royale de saint Félix de Valois. Pour chaque année, l'auteur note les fondations de couvents, bulles de pape, synchronismes, trop développés; certaines années ne contiennent rien sur les Trinitaires, mais seulement des « incidences ». Les notices sur l'histoire de chaque couvent, à propos de sa fondation, prolongent les *Annales* bien au delà du premier siècle de l'ordre et en détruisent l'économie.

Baron répète deux fois le même document, coupe arbitrairement une pièce en deux, ignore la géographie de la France, au point de croire que *Compendium* est le nom latin de Verberie (p. 225), se contredit fréquemment pour les dates de fondation et fait mourir un de ses personnages en 1265 et en 1272. Il faudrait cependant choisir. Son style est hérissé de mots grecs. Malgré ces graves défauts, nul n'est plus Trinitaire que ce Franciscain; déjà un de ses confrères, Macedo, avait écrit la *Vie de saint Jean de Matha*. Baron paraît avoir épousé toutes les rancunes de son collaborateur contre les Trinitaires du Nord, mais aussi avoir gâché, par une publication prématurée et sans critique, la belle besogne qu'avait préparée le P. Ignace de Saint-Antoine.

Celui-ci travailla jusqu'à la fin de sa longue vie. Ses nombreux correspondants le considèrent comme l'unique auteur des *Annales;* certains regrettent que le prix trop élevé de cette publication ne leur permette pas d'en faire la dépense (lettre du 15 juin 1703). Au contraire, les ministres de Bastogne et de Vianden demandent ce volume par l'intermédiaire de leur confrère de Châlons.

Le reste ne fut pas publié, malgré tous les encouragements platoniques que reçut le P. Ignace. A la fin du mois de novembre 1705, il fit voir au procureur des Déchaussés d'Espagne, le P. Michel de Saint-Joseph, la « continuation des *Annales* »; celui-ci promit d'en écrire à Rome, à son Père Général, pour contribuer à leur impression[1]. Sans doute cette démarche n'eut pas de succès, car, deux ans après, le fidèle P. André Marin, ministre de Châlons, souhaite que le P. Ignace fasse imprimer les autres tomes, « mais comme la dépense en est fort grande, dit-il, vous ne sauriez y subvenir si vous n'êtes assisté de l'ordre, *ce qu'on devrait faire, puisque c'est un ouvrage qui fera honneur à tout l'Ordre* » (3 octobre 1707).

Cette *Continuatio Annalium,* que le P. Lelong dit exister en quatre volumes au couvent d'Aix, ne saurait être les manuscrits 1212, 1213, 1216, 1217; l'ouvrage ne dut jamais être rédigé. Nous savons seulement que le P. Ignace devait suivre la méthode annalistique, et qu'il pensait, par exemple, mettre l'histoire du couvent de Montmorency à 1601, date de sa fondation. — Nous n'avons donc que les précieuses notes du P. Ignace de Saint-Antoine, conservées, comme il a été dit, à la Bibliothèque de Marseille, qui est ainsi le vrai centre de l'historiographie trinitaire. — Il n'en a tiré que le *Necrolo-*

---

1. Bibliothèque de Marseille, manuscrit 1217, p. 569.

gium illustrium Religiosorum ordinis SS. Trinitatis, publié à Aix en 1707, où les religieux sont rangés d'après le jour de leur mort. Ces biographies sont brèves, mais précises et impartiales, et permettent de contrôler les renseignements donnés par Massac sur le dix-septième siècle.

L'œuvre inédite du P. Ignace se compose d'*Extraits* de divers historiens et de sa propre *Correspondance*. Il a d'abord copié ou fait copier dans plus de cent vingt auteurs ce qu'ils ont dit des Trinitaires. Beaucoup de ces auteurs sont usuels, comme Du Boulay et le P. Dan; d'autres sont insignifiants. Somme toute, il est utile de voir réunies en quelques pages des mentions éparses dans un grand nombre de volumes aux exemplaires rares ou aux tables insuffisantes. Beaucoup d'extraits sont en espagnol (manuscrit 1213), et d'autres en italien (manuscrit 1214). Peu de couvents de France, d'Espagne et d'Italie ont échappé à la vigilance du P. Ignace; sur les villes mêmes où existaient ces couvents, il a consulté les monographies les plus connues; il a même relevé des détails curieux, souvent à côté du sujet, comme, à propos de Messine, la prétendue lettre de la Vierge aux habitants de cette ville.

Dans sa louable impartialité, le P. Ignace a fait des emprunts aux écrivains de l'ordre rival de la Merci, ce qui devient une critique voilée de la négligence historique des Trinitaires. Donc, quand il y eut des conflits entre ces deux ordres, le savant érudit a exposé les arguments des deux parties.

Le plus beau titre de gloire du P. Ignace, c'est l'enquête personnelle sur tous les couvents de son ordre. D'Aix et de Marseille, il se fit renseigner par les ministres de France et de l'étranger, auxquels il demanda notamment leurs titres de fondation. Quel que fût leur embarras, tous envoyèrent quelque chose, sauf les Mathurins de Paris, peu communicatifs comme à leur ordinaire; d'ailleurs le P. Léonard de Sainte-Catherine de Sienne, Augustin Déchaussé, écrivait alors au jour le jour l'histoire de ce couvent. Les réponses des correspondants du P. Ignace de Saint-Antoine, échelonnées entre 1672 et 1711, remplissent le manuscrit 1216 de la Bibliothèque de Marseille, qui a 800 pages.

Le marquis de Galard-Terraube, envoyant l'acte de fondation du couvent trinitaire par un de ses ancêtres, y joint l'érection de sa terre en marquisat. — Le P. Gabriel Lefèvre[1], procureur général des esclaves dans la congrégation réformée, envoie, en six pages, la liste des hommes illustres de l'ordre, en s'accordant une page et demie pour lui-même. Enfin, par-dessus tous, le P. André Marin envoya infatigablement tout ce qui concernait les couvents de Champagne. Quelques correspondants demandent en échange des reliques, des livres, voire même des graines de pastèque, le moyen de bien dormir ou d'avoir de beaux œillets. C'était flatter par son côté sensible l'auteur du « Remède contre toute sorte de peste[2] ».

Ces lettres permettent de rectifier le P. Ignace lui-même; ainsi il donne quelque part la liste traditionnelle de dix cardinaux Trinitaires; un de ses correspondants lui ayant écrit qu'il n'y en a qu'un, il l'admet. — Il arrive à révoquer en doute les œuvres attribuées à saint Jean de Matha, parce qu'elles ne sont mentionnées par aucun auteur plus ancien que l'Espagnol Altuna, fort sujet à caution, comme il a été dit.

Ne faudrait-il pas chercher dans cette évolution de l'esprit

---

1. Il avait été choisi par le chapitre des réformés de Cerfroid pour recueillir tout ce qu'il trouverait sur l'histoire de l'ordre (Manuscrit 1216, p. 208). On ne sait s'il s'acquitta de ce travail.
2. Bibl. de Marseille, manuscrit 265 (au début).

du P. Ignace la cause décisive de l'interruption de la publication des *Annales* après le premier siècle de l'ordre? L'érudit Trinitaire, d'abord persuadé de la véracité de ses opinions, les laissa exprimer par son collaborateur, puis, voyant qu'il s'était trompé, il aima mieux se taire que brûler publiquement ce qu'il avait adoré.

Il nous apparaît comme un érudit consciencieux, impartial, curieux de science (il nous décrit, le 12 mai 1706, une éclipse de soleil) et par-dessus tout épistolier infatigable, véritable providence de tous ceux que l'histoire des Trinitaires pourrait tenter.

Pendant que le P. Ignace travaillait en Provence, un autre Déchaussé, *Joseph a Jesu Maria*, publiait à Madrid, en 1692, un Bullaire de plus de 600 pages. Les textes sont soigneusement collationnés et accompagnés de précieux éclaircissements d'histoire ou de droit canonique. Par malheur, à partir de la fondation des Déchaussés, le Bullaire devient spécial à cette congrégation.

Passons sur l'extravagante *Noticia de las tres florentissimas provincias... Inglaterra, Escocia y Hibernia*, publiée en 1714, à Madrid, par Domingo Lopez. Figueras est encore dépassé! Malgré ces impardonnables fantaisies, l'auteur est digne de foi pour la seule période où il a vécu.

Le dix-huitième siècle finit par une œuvre trinitaire tout à fait digne d'intérêt : *Resumen de los privilegios de la orden...* par le P. Silvestre Calvo, publiée à Pampelune en 1791. Si l'auteur nous expose toutes les idées traditionnelles de l'ordre, il laisse voir qu'il ne les partage pas aveuglément. Surtout, il nous a donné l'analyse de la plupart des bulles adressées à l'ordre en général au cours des dix-septième et dix-huitième siècles.

Il n'a été écrit aucune histoire générale de l'ordre par d'autres que les Trinitaires. Les chapitres du P. Hélyot (t. III, pp. 310-340) sont bons, quoique l'auteur semble adopter la prétention de nos religieux à se considérer comme soumis à la règle de saint Augustin. L'abbé Migne, dans son Dictionnaire (t. III, col. 706-736), a ajouté au travail du P. Hélyot quelques réflexions très vives sur la suppression de l'ordre.

De tous les historiens locaux, qui seront cités, s'il y a lieu, à l'occasion de chaque couvent, il ne faut retenir ici que Dom Toussaints Duplessis. L'historien de l'*Eglise de Meaux* a été trompé parfois, « mais l'amour de la vérité l'emporta toujours dans son cœur sur toute autre considération [1] ». L'Hôtel-Dieu de Meaux et Cerfroid, chef-d'ordre des Trinitaires, fournirent au savant Bénédictin de nombreuses occasions de parler de nos religieux ; ses pièces justificatives ont maintenant, pour nous, la valeur d'originaux.

---

1. *Lettre au chanoine Thomé*, Bibl. Nat., LK³ 336.

PREMIÈRE PARTIE

Discipline intérieure.

STATUE DE SAINT JEAN DE MATHA, AU PANTHÉON.
Par Hiolle.

CHAPITRE PREMIER.

Les sources de la vie de saint Jean de Matha.

Le peu que l'on sait avec certitude de la vie du fondateur de l'ordre des Trinitaires tiendrait en quelques lignes. Il est donc possible de rappeler ce que l'*Histoire de Languedoc* dit de son contemporain et émule saint Pierre Nolasque, fondateur de l'ordre de la Merci : « On n'a *aucune vie originale* de ce saint, et tout ce qu'on en rapporte n'est fondé que sur le témoignage de divers historiens de cet ordre, lesquels ont écrit dans des temps fort postérieurs. » De même, notre saint Jean de Matha est mort en 1213, et le premier historien qui ait raconté sa vie avec quelques détails, Gaguin, a vécu près de trois siècles plus tard. C'est en 1497 que fut imprimée, dans le *Compendium de Gestis Francorum*, la première mention détaillée de la fondation de l'ordre des Trinitaires par Jean de Matha et par Félix, anachorètes du pays de Valois. Ce qu'a écrit Gaguin devint le type sur lequel brodèrent tous les historiens postérieurs. De quelques pages à l'origine, la biographie s'enfla peu à peu, jusqu'à devenir un fort volume, et il serait opportun de la ramener à une contenance plus modeste.

Jacques Bourgeois, pour ne parler encore que des textes imprimés, publia à Douai un abrégé français de la Vie de saint Jean de Matha, qui est remarquable par son étrange naïveté et surtout par la dissemblance de cette histoire officielle avec le conte original qu'il écrivit pour lui-même et dont il sera question plus tard. C'est Gaguin et Bourgeois qu'ont suivis les Trinitaires du nord de la France, jusque dans l'édition de leurs Statuts publiés en 1719, et ceux qui ont écrit à Paris, car chaque région de l'ordre, pour ainsi dire, eut son histoire spéciale de saint Jean de Matha. Ainsi, le P. Caignet, prêtre de Fourvière, auteur de la *Sainte confrérie sous le titre du Rédempteur*, donne la prééminence au fondateur provençal de l'ordre, comme il est d'ailleurs de toute justice de la lui accorder. « Ce n'est pas étonnant, dit l'annaliste de Meaux, Janvier, puisque Caignet est un auteur méridional ! » Ce dernier attribue le plus d'importance à Félix de Valois, qui aurait eu le premier l'idée de la fondation de l'ordre rédempteur. Malingre, dans ses *Antiquités de Paris*, a émis aussi cette opinion. Quelque idée que l'on ait du rôle de saint Félix de Valois, il n'en reste pas moins que le fait le plus probable de son histoire est son séjour à Cerfroid, berceau et centre de l'ordre. Ce seul souvenir fut cause de la très grande influence qu'il exerça même après sa mort sur les destinées trinitaires.

Au contraire, les auteurs de la version espagnole, dont il y a lieu de s'occuper maintenant, ont donné la prééminence à saint Jean de Matha, non sans des détails fantaisistes qui, à juste raison, choquèrent les Trinitaires du Nord. Quoi qu'on puisse penser de la négligence et de l'abstention de ceux-ci, il faut au moins leur reconnaître le mérite de la franchise ; ils ont avoué leur ignorance sur la vie de leur illustre fondateur. Il est utile d'appuyer sur la condamnation que les Français ont prononcée de tout temps contre la *version espagnole* de l'histoire de saint Jean de Matha, à la place de laquelle pourtant ils n'avaient rien à mettre. Après avoir détruit cette version, qui est partout en vigueur aujourd'hui, j'essaierai, avec le peu de documents inédits et les seuls textes certains qui existent, de restituer une vie vraiment française du grand Saint rédempteur.

La version espagnole tient en quatre noms : Gil Gonzalez de Avila, Espagnol, l'auteur responsable de tout le mal, traduit en français par le P. Aloès, Trinitaire du *midi* de la France, en 1634; — François Macedo, Franciscain (1660); — Bonaventure Baron, Franciscain (1684), imité par Andrada (1691), Jésuite, et par Ignace Dilloud (1695), Trinitaire Réformé, c'est-à-dire d'une congrégation hostile aux Trinitaires du nord de la France; — enfin le P. Calixte, qui a tout résumé en 1875, non sans ajouter de son chef quelques erreurs[1]. C'était un Trinitaire Déchaussé, par suite ennemi de l'historiographie trinitaire française. On remarquera que les deux derniers noms seuls de cette liste sont français d'origine. Je n'ai point compris dans cette énumération, à dessein, la *Vie de saint Jean de Matha*, par l'abbé Prat, publiée en 1846, où il y a beaucoup plus de critique que dans les autres, et une fort utile collection de pièces justificatives; la méthode de l'abbé Prat est la seule à suivre.

D'ailleurs, pour simplifier, je n'ai parlé ici que de la Vie de saint Jean de Matha ; mais les auteurs cités tout à l'heure ont écrit aussi la Vie de saint Félix, compagnon de saint Jean, sur lequel on est encore bien moins renseigné. Par suite, les remarques relatives à la vie de saint Jean de Matha s'ap-

---

[1]. Dans son excellente traduction italienne du livre du P. Calixte, le P. Xavier de l'Immaculée-Conception a corrigé bien des bévues de l'auteur original (Rome, 1894).

pliquent, avec bien plus de rigueur encore, à celle de saint Félix.

Donc, en 1634, il arriva d'Espagne des nouvelles extraordinaires, des *cosas de España* pourrait-on dire, si le sujet n'était pas très sérieux. Les Français étaient vraiment des niais de n'avoir rien su dire sur le fondateur des Trinitaires; ils allaient bien voir que du Midi venait la lumière. Saint Jean de Matha n'était connu que par ses voyages de rédemption et sa mort à Rome. Voici ses autres titres à la gloire : il avait été ami d'Innocent III à la Faculté de théologie de Paris, légat du pape, apôtre de Dalmatie où un concile se célébra en 1199. Si cela l'empêche d'aller au Maroc en 1199, eh bien! il ira l'année suivante. Qu'importe? On ne sait rien de ce qu'il fit dans les dix dernières années de sa vie; la tradition la plus croyable le fait rester à Rome, dans son hôpital du mont Célius. Pourquoi ne serait-il pas venu en Espagne (n'oublions pas que c'est un Espagnol qui écrit)? nous avons alors cette foule de donations espagnoles, dont sont émaillés Lopez de Altuna, Figueras Carpi et Bonaventure Baron. C'est ainsi que fut remplie, tant bien que mal et plutôt mal que bien, la vie du fondateur. Les auteurs espagnols n'eurent garde de s'arrêter en si beau chemin et donnèrent toute une suite à l'histoire trinitaire espagnole, plus pour déplaire aux Pères de la Merci, qui n'avaient été fondés qu'en 1228, et pour vexer les Trinitaires de France que pour honorer vraiment saint Jean de Matha.

Mais ne parlons que de la Vie traduite en français par le P. François Aloès en 1634. J'ai dit que cette date était capitale dans l'historiographie trinitaire; en effet, dans le Nord, les Trinitaires Réformés, hostiles aux *quatre provinces* anciennes, entrèrent cette année même à Cerfroid. Depuis lors, on

P. 4. SAINT JEAN DE MATHA, LE CERF ET LA TRINITÉ.
(Bibliothèque nationale, Estampes : Portraits des Saints, série Rd 13, fol. 72.)

fit, dans les archives du couvent chef d'ordre, des découvertes merveilleuses sur la naissance royale de saint Félix de Valois, ce fait capital auquel Gaguin et Bourgeois auraient cru, et cependant, tant ils étaient modestes pour leur ordre, sans en parler, mais que Gil Gonzalez d'Avila, ordinairement historiographe diligent et digne de foi, avait inventé contre toute vraisemblance. Comme cette confirmation française du texte espagnol arrivait à propos !

Que firent donc les Trinitaires de France ? Ils n'essayèrent pas d'établir la vraie histoire de saint Jean de Matha ; ils n'en croyaient pas pouvoir prouver plus que n'en avaient dit Gaguin et Bourgeois. Ils se bornèrent à repousser vivement les faussetés espagnoles. Ils y étaient bien forcés, car, lors des conflits qui se produisirent entre eux et les Pères de la Merci, ces derniers ne manquèrent pas de les chicaner sur certains totaux de captifs rachetés, quoique ces listes fussent peu de chose en comparaison de celles qu'on imagine aujourd'hui. Aussi Louis Petit, général des Trinitaires, se crut-il obligé de déclarer que ces renseignements venaient de l'Espagnol Gil Gonzalez d'Avila *et que sa nation était bien portée à exagérer.*

Le P. Aloès et Figueras reçurent un démenti plus officiel. Le promoteur de l'ordre, vrai ministère public, au nom du chapitre général de 1635, requit un blâme sévère contre la Vie traduite par le P. Aloès, la déclarant pleine de faussetés et de mensonges. Se rangeant à cet avis, le chapitre général (où siégeaient cependant des Trinitaires Réformés) décida de supprimer ce livre et fit défense à tous les religieux de la province de Castille, notamment à Jean Figueras Carpi, de faire imprimer de livre sans la permission du général. Cette défense resta malheureusement lettre morte et, en face du silence des

Trinitaires français, ceux de l'Espagne accumulèrent leurs erreurs.

Au dix-huitième siècle d'ailleurs, Dom Toussaint du Plessis, quoique ayant consulté les archives sophistiquées de Cerfroid, ne croit pas à la naissance royale de saint Félix de Valois, ni à la mission de saint Jean de Matha en Dalmatie. Ces opinions furent toujours repoussées par la partie saine des Trinitaires de France; il est facile de s'en assurer en ouvrant l'édition des statuts, donnée en 1719, où il n'est fait mention de Félix que comme d'un anachorète et de Jean que comme administrateur de l'hôpital romain de Saint-Thomas au mont Célius. C'est donc là le dernier état de la tradition française.

Il y a cependant, sur les fondateurs de l'ordre trinitaire, quelques textes inédits restés inconnus aux Bollandistes. Très sagement, les rédacteurs des *Acta Sanctorum* ont remis à l'époque où leur collection sera parvenue au 20 novembre, date de la fête de saint Félix de Valois, la solution des difficultés qui se rattachent aux deux saints. Ces textes sont au nombre de trois :

1° Un court récit en prose;

2° Un récit d'environ cent vingt vers, tous deux anonymes et conservés dans le manuscrit latin 9753 de la Bibliothèque Nationale;

3° Un poème latin développé, d'environ cinq cents vers, inséré dans le manuscrit 7725 de la Bibliothèque de Bruxelles, et dont l'auteur est Jacques Bourgeois (1545).

Les deux premiers récits sont de la première moitié du quinzième siècle et de la main de copistes. Le récit en vers porte un nom, mais le contexte nous donne à penser que nous sommes en présence d'un pensum qui a pour auteur un religieux du couvent des Trinitaires de Châlons. Voici l'*explicit* :

> Ainsi dit fut prins à Chalon
> Par frère Pierres Muguet
> Frère de ceste maison
> L'an XLIIII mil CCCC
> Par luy fut escript et mis seans
> Dieu luy pardoint son mal fait (*sic*)
> Qui de chacun congnoist le fait.

Comme c'est suivi d'un *Pater, peccavi*, etc., je crois qu'il n'y faut attacher que l'importance qu'on donne à un devoir d'écolier. Il est bon de remarquer cependant que ce petit poème latin est d'accord avec la tradition recueillie par Gaguin, une cinquantaine d'années plus tard, puisque ce chroniqueur paraît bien avoir écrit son récit en 1492.

Le petit texte en prose qui n'est pas signé a, au contraire, une très grande importance, parce qu'il a directement inspiré le poème développé de Jacques Bourgeois, avec lequel il se rencontre sur un point important, la résistance du pape aux premières instances des saints anachorètes. Le récit en prose contient de curieux détails sur les études de saint Jean de Matha, et il paraît devoir être notre source préférée pour l'histoire de cette vie. Malheureusement très bref, mais infiniment raisonnable, ce qui est un mérite bien rare pour une Vie de Saint, il n'a point les gentillesses qu'y ajouta Jacques Bourgeois, cet enfant terrible, naïf à vingt ans, naïf à soixante-quinze.

On dira que suivre le récit inédit c'est contredire Gaguin et que Jacques Bourgeois a lui-même, dans son imprimé de 1597, désavoué les fantaisies de sa jeunesse. Il serait facile de relever toutes les erreurs de Gaguin, principalement pour l'histoire du treizième siècle. Il ne serait pas difficile, pour Jacques Bourgeois, de signaler des contradictions entre le langage de l'homme privé et celui du réformateur de son ordre. Il a écrit pour lui tout un poème tellement bien caché que je ne l'ai encore vu signalé nulle part : il ne pouvait tout dire dans un livre destiné au public. Croyons-en donc plutôt le manuscrit.

CHAPITRE II.

La vie de saint Jean de Matha.

Nous ne connaissons avec précision ni la date de naissance du saint ni le nom de ses parents. La date généralement adoptée est 1160, le 24 juin, à cause de la fête de saint Jean-Baptiste; on trouve aussi la date de 1154. Jacques Bourgeois dit que Jean était *vieux* quand il arriva à Rome en 1198.

Le pape l'appelle *frater Joannes* tout court. Les transactions où il paraît avec certitude, son épitaphe à Rome portent aussi *frater Joannes*. Des actes espagnols, cités par Baron, portent Joannes de *Matha* ou de *Mataplana*, nom d'une famille très connue en Catalogne. La première appellation a donné en français Jean de Matha, qui est usuel. Les biographes français les plus anciens l'appellent Jean *de la Matte*. Ce mot de « matte » fournit une étymologie, car il veut dire en provençal « aspre montaigne et buisson, vrai présage de la solitude qu'il devait suivre » (Bourgeois). Le nom de Matha est véritablement provençal, car il est porté par un chanoine d'Embrun, Guillaume de Matha, qui paraît dans un acte de 1327, signalé par l'Inventaire des archives des Hautes-Alpes de M. l'abbé Guillaume.

Jean de Matha était certainement Provençal, le récit en prose l'appelle *Joannes Provincialis*. Bourgeois peut dire qu'à

Paris Jean de Matha est un « étranger », car la Provence appartenait alors à la maison d'Aragon. Si Albéric des Trois-Fontaines appelle notre saint *magister Joannes* DE FRANCIA, c'est à cause des études de théologie qu'il vint faire à Paris.

Il naquit, dit-on, à Faucon. Sur ce nom, tout le monde est d'accord; seul Jacques Bourgeois le fait naître par erreur à Arles, sans doute parce qu'il y fonda un de ses premiers couvents. En réalité, Faucon a pour lui plutôt l'absence d'une tradition contraire que des preuves formelles. Mais où est Faucon ?

Citons pour mémoire l'opinion du P. Sainz de Baranda qui, à la page 453 de sa *Clave* de l'*España sagrada*, a résumé inexactement les idées de Florez sur ce point, en faisant naître Jean de Matha à Faucon en Cerdagne; il ne présente d'ailleurs ce fait que comme une hypothèse.

En réalité, Faucon est en Provence. Mais est-ce le village situé près de La Motte du Caire (Hautes-Alpes) ou le petit bourg de la vallée de l'Ubaye (Basses-Alpes), non loin de la petite ville de Barcelonnette, fondée en 1231 ? Tout en hésitant entre les deux, Bouche, dans son *Histoire de Provence* (t. II, p. 189), se déclare finalement pour le second, dont la cause lui paraît gagnée, surtout depuis l'établissement des Trinitaires Déchaussés à Faucon de Barcelonnette « pour que la règle de saint Jean de Matha fût observée au lieu même où son auteur avait pris naissance ». Ce sont les expressions mêmes du duc de Savoie dans ses lettres patentes du 3 octobre 1661, favorables à la requête des religieux. La vallée de l'Ubaye avait été envahie, en 1388, par le duc de Savoie Amédée VIII; après bien des vicissitudes, elle ne devait être rendue à la France qu'en 1713, nous donnant ainsi nos limites naturelles de ce côté. Cela ne nous empêche pas de revendiquer saint Jean de Matha comme un saint français, puisqu'il plaça dans notre pays le chef-lieu de son ordre.

D'après la tradition, qu'il n'y a pas plus de raison de rejeter que d'adopter, les parents de Jean étaient Euphême (ou Eugène), baron de Matha, et Marthe (ou Marie) de Fenouillet, celle-ci d'une famille marseillaise. Le jeune homme vint sans doute bien souvent dans cette ville maritime; il put y apprendre les maux que les pirates sarrasins faisaient éprouver aux chrétiens, il put y voir les esclaves musulmans que les chrétiens capturaient par réciprocité. Il entendit parler notamment du grand sac de Toulon en 1162, qui devait être suivi de celui de 1198. Dès son adolescence sans doute, Jean voua sa vie à cette tâche extraordinaire du rachat ou, mieux encore, de l'échange entre les captifs des deux rives méditerranéennes, œuvre qui devait profiter à une ville aussi commerçante que Marseille.

Mais, pour accomplir une si grande tâche, il fallait deux choses : appartenir à l'Église et acquérir la science qui communique la foi. Paris devait donner l'un et l'autre au noble jeune homme. L'Université de Paris commençait à devenir le centre intellectuel de l'Europe, et la France était le pays des croisades. Jean de Matha vint donc étudier la théologie à Paris. Sur les études qu'il aurait faites à Aix, de même que sur son séjour à la Sainte-Baume, on ne sait rien de positif.

On devine l'ardeur que le jeune homme apporta à ses études, au point, dit le récit en prose, de provoquer la risée de ses camarades moins studieux, détail très vraisemblable. Le nom de son maître est inconnu, de même que celui de ses compagnons d'étude, au nombre desquels aurait été le futur Innocent III. Reçu docteur en théologie, il professa quelque temps (sans doute il *lut* le *Livre des sentences* de Pierre Lombard). Voilà pourquoi Albéric des Trois-Fontaines, parlant de *Joannes de Francia*, l'appelle *magister*.

Lorsque Jean fut ordonné prêtre, une colonne de feu aurait paru sur sa tête. Sa première messe aurait été marquée par un prodige non moins étonnant, appelé la première *révélation* de l'ordre : la vision d'un ange vêtu de blanc, portant sur la poitrine une croix rouge et bleue, les mains croisées sur deux captifs, l'un noir, l'autre blanc, comme pour les échanger, « touchant symbole de la charité chrétienne, qui répartit ses faveurs entre tous ceux qui souffrent, sans distinction de race ni de religion [1]. »

Jean raconta sa vision, ou plutôt son pieux projet, à Maurice de Sully et à l'abbé de Saint-Victor, Robert, dont la haute estime pour lui est attestée par la bulle de fondation de l'ordre : ceux-ci l'engagèrent à partir pour Rome et à s'en remettre à la décision du pape.

Par humilité et sans doute aussi par désir de mûrir davantage un si grand dessein, il alla dans une solitude illustrée cinq siècles auparavant par saint Fiacre, prince d'Écosse; puis il apprit que non loin de là, toujours dans le diocèse de Meaux, vivait un pieux ermite, auquel la tradition donne le nom de Félix. Il faut bien que Jean soit venu exprès dans ce pays, car la région de La Ferté-Milon n'était pas le chemin direct pour aller de Paris à Rome. Ce Félix était vieux et même aveugle, au dire de Jacques Bourgeois. Les deux anachorètes vécurent tous deux dans la plus austère pénitence et réunirent quelques compagnons dans le lieu de leur ermitage appelé *Cerfredum*, en français Cerfroy [2]; ce nom fut retraduit

---

[1]. Bonet-Maury, *Revue des Deux-Mondes* du 15 août 1896.
[2]. Commune de Montigny-l'Allier, canton de Neuilly-Saint-Front (Aisne).

LA PREMIÈRE MESSE DE SAINT JEAN DE MATHA.

(Bibliothèque nationale, Estampes : Portraits des Saints, série Rd 13, fol. 76.)

en latin *Cervus Frigidus*, sous l'influence d'une pieuse légende, ce qui a donné l'orthographe française moderne Cerfroid.

On a écrit bien des subtilités sur ce nom de Cerfroid sans parvenir à lui trouver une étymologie sortable. La Martinière, dans son *Dictionnaire géographique*, dit qu'un *cerf* y serait mort de froid ! Le P. Calixte y voit un hypallage (*Cervus frigidus = Cervus refrigeratus*), car, si le cerf venait se baigner, c'est qu'il n'avait pas froid ! Dans le poème de Jacques Bourgeois, le cerf fait jaillir une source sous ses pieds ; dans le livre de Macedo (1660), le cerf apporte sa nourriture à saint Félix (c'est sans doute une confusion avec le corbeau qui nourrissait saint Meinrad : *cervus* a été mis pour *corvus*).

Un jour, les deux solitaires auraient vu leur cerf blanc familier portant, sur sa tête, la même croix rouge et bleue que Jean de Matha aurait vue sur la poitrine de l'Ange. Cette apparition (qui est la *seconde révélation* de l'ordre) aurait déterminé nos saints à presser leur voyage à Rome. Telle est la tradition.

Plus près de la vérité doit être le récit du manuscrit de la Bibliothèque nationale, supprimant ces trois années de solitude, étonnantes après tout de la part de cet homme d'action que paraît être le fondateur des Trinitaires. Jean de Matha, allant à Rome, passa par un endroit appelé Cerfroid, où habitaient quatre ermites, qui lui demandèrent où il allait. Apprenant son dessein, ils se déclarèrent prêts à entrer dans le nouvel ordre dès qu'il serait confirmé. Leur chef devait être ce Félix, ermite du pays de *Valois* (*anachoreta Valesiensis*), auquel ce nom a fait prêter une illustre origine.

S'il m'était permis d'aller plus loin, je dirais que ce premier passage à Cerfroid est tout à fait douteux et que ce fut seulement après la donation de ce lieu illustré par une légende que l'on songea à en faire le séjour primitif de l'un des fondateurs de l'ordre.

Jean de Matha (accompagné par Félix de Valois, selon la tradition) arriva à Rome au début de 1198. En fils respectueux, il était passé à Faucon, où ses parents vivaient encore. J'omets à dessein toute discussion inutile sur la date précise de cette arrivée à Rome. Il me suffit d'indiquer brièvement pourquoi ce ne peut être le 28 janvier 1198 que l'ordre fut institué; quoique cette tradition se rencontre dès le quinzième siècle, elle n'en est pas moins erronée. A cette date, Innocent III, qui venait d'être élu pape, n'était pas encore prêtre et ne pouvait, par conséquent, célébrer la messe[1]. L'argument principal des Trinitaires, pour justifier cette date, a été qu'on célébrait toujours cette fête dans l'ordre au 28 janvier, ce qui est un cercle vicieux. Avouons tout simplement que nous ignorons cette date précise : l'ordre des Trinitaires ne perdra rien à être de quelques mois plus jeune.

Jean de Matha et Félix (que le cerf suivait toujours, rapporte le poème de Jacques Bourgeois) furent introduits auprès du pape Innocent III, dont on connaît le zèle pour la croisade. Le récit en prose nous apprend que le pape aurait reçu très froidement nos saints et les aurait même traités de visionnaires (*pro stultis eos reputavit*). Jacques Bourgeois enchérit encore et dit que les lettres de Paris apportées par Jean furent traitées de radotages. Nos ermites partirent donc tout consternés; mais, averti par l'ange, le pape les fit chercher pour les rappeler : ils étaient déjà à Florence. Ils consentirent à revenir. Enfin un nouveau prodige, ce qu'on appelle

---

1. On a voulu tout concilier en expliquant *divina celebrare* par *assister* à la messe. Les Trinitaires ont repoussé cette interprétation avec vigueur.

la révélation de Latran, c'est-à-dire l'apparition de l'ange à la croix bicolore pendant la messe d'Innocent III, aurait amené le pape à donner aux ermites le costume blanc de l'ange. Si l'on se rappelle que l'élection d'Innocent III est du 8 janvier 1198, on comprendra sans peine qu'il fallut plus de vingt jours pour l'accomplissement de tous ces événements. Mais le pape, peu partisan de la multiplication des ordres religieux, renvoya Jean, après qu'il lui eut donné l'habit[1], à l'évêque de Paris et à l'abbé de Saint-Victor, ses amis de longue date, pour recevoir d'eux la règle du nouvel institut. Ce n'est jamais le pape qui compose la règle d'un ordre religieux : il ne fait que la confirmer. Innocent III, comme dit Albéric, ne fut que le *coopérateur* de saint Jean de Matha. D'accord avec le fondateur, Eudes de Sully et Absalon, abbé de Saint-Victor, rédigèrent la règle, peut-être déjà ébauchée avant le premier voyage de Jean à Rome. Celui-ci revint la même année, cette fois tout seul, la soumettre au pape, qui l'inséra dans sa grande bulle du 17 décembre 1198.

C'est véritablement la date à laquelle l'ordre des Trinitaires a commencé d'exister. Elle se lit, d'ailleurs, sur l'épitaphe de saint Jean de Matha, à Rome, restée incompréhensible pour tous les Trinitaires jusqu'à la fin du dix-septième siècle. Elle porte que l'ordre de la Trinité fut institué par le Frère Jean, divinement inspiré « le 15 des calendes de janvier 1197 ». Les Trinitaires n'en voulaient rien croire, puisqu'ils prétendaient avoir été institués le 28 janvier, jour de l'octave de sainte Agnès, qui aurait divisé ses biens en trois parties[2]. Le Bullaire de 1692 rectifie déjà la lecture de l'inscription. Le

---

1. Le 2 février 1198, selon la tradition trinitaire.
2. C'était là un présage allégorique de l'article fondamental de la règle trinitaire.

P. Antonin de l'Assomption, qui m'a gracieusement fait envoyer son *Arbor Chronologica*, publié à Rome en 1894, raconte (p. 168) qu'un Jésuite a rétabli la vraie date de la fondation : *XV[I⁰] Cal. Jan. anno M⁰ C⁰ LXXXXVII[I⁰]*, 16 des calendes de janvier 1198, c'est-à-dire 17 décembre 1198[1], date précise de la bulle. Si l'on observe qu'Innocent III fit lui-même graver l'épitaphe, cette date ne paraîtra point douteuse; elle permet même l'existence de la *révélation* de Latran, à la date du 28 janvier ou à toute autre.

Moins de trois mois après la bulle, partirent les premiers rédempteurs, avec une lettre du pape pour le souverain de Maroc, le « miramolin », datée du 8 mars 1199. « Des hommes divinement inspirés, dit le pape, viennent racheter les chrétiens captifs détenus dans votre empire, soit à prix d'argent, soit par échange avec ceux de votre pays que les chrétiens détiennent. » Qui ne voit que ces paroles ont servi de thème à l'attitude de l'ange révélateur? Le pape ne nomme pas ces premiers rédempteurs. Malgré la tradition trinitaire, dont on verra tout à l'heure le peu de fondement, j'ai peine à croire que Jean de Matha ait laissé même à ses plus chers disciples la gloire du premier voyage de rédemption ou que le pape lui ait imposé un tel sacrifice.

L'ordre naissant avait déjà reçu, en France, quelques donations et fait des recrues importantes à Paris. Innocent III lui donna à Rome, sur le Mont Célius, le couvent de Saint-Thomas *de Formis*, ainsi appelé à cause d'un ancien aqueduc, où se voit encore la mosaïque exécutée par les frères Cosmati au treizième siècle et représentant Notre-Seigneur

---

1. Même conclusion dans le manuscrit 8313 de la Bibliothèque de Bruxelles : *Dubio sopra la revelazione dell'Ordine della S. Trinità* (p. 89).

Os propter *Cum infidelibus Colloquium et pacta redemptionis;* cor *propter Commiserationem captiuitatis;* et manus *propter effettum voluntatis, et liberalitatis*

A MICHAELE GROS DE St IOYRE

ALLÉGORIE ANAGRAMMATIQUE SUR SAINT JEAN DE MATHA.
(Bibliothèque nationale, Estampes : Portraits, série N. 2.)

en Trinitaire, entre deux captifs, l'un noir, l'autre blanc. Cette mosaïque a été reproduite dans le grand recueil de M. de Rossi.

Cette fondation fut considérée comme les prémices du nouveau pontificat. « *Et haec propter mortem Caelestini papae et istius Innocentii consecrationem*[1] », s'écrie un chroniqueur de Saint-Martin de Tours.

A part les bulles qui lui sont adressées et les transactions d'Arles et de Marseille (nov.-déc. 1203) auxquelles Jean de Matha est présent, nous ne savons rien de plus sur lui après la fondation de son ordre. Bien des actes espagnols, cités par Baron comme passés en sa présence, sont tout au moins interpolés et ne peuvent faire foi. Depuis longtemps, les Trinitaires se sont aperçus qu'ils ne savaient rien sur la vie de saint Jean de Matha. Ils ont plus ou moins bien rempli l'intervalle de quinze ans qui s'était écoulé entre les deux dates certaines de la fondation de l'ordre et de la mort du fondateur. S'il y avait quelque action qu'on pût lui attribuer, c'était la rédemption de captifs au Maroc en 1199. Cependant, par un sentiment d'orgueil mal entendu, les Trinitaires ont refusé cette gloire à saint Jean de Matha, se contentant de l'envoyer à Tunis en 1200. Pourquoi? C'est qu'au même moment ils le députent en Dalmatie.

Il s'est tenu, en 1199, un concile à Dioclia, à la demande du roi Vulcan (*melior moribus quam nomine*, observe Macedo), sous la présidence de deux envoyés du pape ainsi désignés : *Joannes capellanus* et *Simon subdiaconus*. Ce *Joannes capellanus* n'étant pas très connu, rien n'empêcha un auteur trinitaire de prétendre que c'était saint Jean de Matha. Comme

---

[1]. *Monumenta Germaniae Scriptores*, t. XXVI, p. 14.

on le voit, le procédé est simple. Il est à croire, d'ailleurs, que ce légat du pape était Jean de Casemario, futur cardinal. On n'a jamais vu que saint Jean de Matha ait été chapelain du pape. Et ce Simon, sous-diacre, qui était-il? C'était un religieux de notre ordre, disent les Trinitaires, car on ne concevrait pas que le pape ait donné à saint Jean un compagnon qui ne fût pas Trinitaire. Y a-t-il au moins, dans ce concile, une justification de la présence du saint rédempteur? Simplement un petit article qui défend de réduire les Latins en servitude.

Laissant de côté les légendaires détails sur les rédemptions opérées par saint Jean de Matha à Tunis et à Valence (leur nombre et leur date sont ignorés), arrivons à sa mort, qui eut lieu le 17 décembre 1213. Il fut enterré à Rome dans son hôpital de Saint-Thomas *de Formis*, où il avait résidé les dernières années de sa vie, le 21 décembre 1213, comme le constate la célèbre épitaphe qui, soit dit sans ironie, est la pièce la plus authentique sur le fondateur des Trinitaires. Comme nous le verrons dans la suite, saint Jean de Matha fut bien plus célèbre après sa mort que pendant sa vie. S'il ne chercha qu'à s'effacer lui-même et à accomplir simplement une belle œuvre, on peut dire que ces deux buts furent supérieurement remplis. L'obscurité où il se confina ne doit pas nous rendre injustes pour sa mémoire.

S'il fut surtout célèbre après sa mort, il ne le devint cependant pas tout de suite. Honteux de voir que le culte de leur fondateur s'était totalement perdu, les Trinitaires du dix-septième siècle, par un pieux remords, imaginèrent une bulle de canonisation du 4 octobre 1263, qui ne se serait d'ailleurs pas retrouvée dans les Archives. Quelque négligents qu'aient été les Trinitaires, une pareille perte serait inconce-

vable de leur part. Cette bulle n'a jamais existé. On peut
même penser que lorsque, pour la première fois, au milieu
du dix-septième siècle, il s'agit de la canonisation de saint
Jean de Matha, la cour de Rome ne se montra pas rigoureuse au point de vue des preuves du *culte immémorial*. Ne
le soyons donc pas plus qu'elle et n'accordons pas moins d'estime à saint Jean de Matha parce qu'il n'a été canonisé que
quatre siècles et demi après sa mort.

CHAPITRE III.

La Règle Trinitaire et ses modifications.

Quand je dis la règle, il vaudrait peut-être mieux dire les règles, car l'œuvre de saint Jean de Matha ne subsista pas longtemps dans son intégralité. Dès 1217, Honorius III y introduisit des modifications. En 1263, elle fut « mitigée » par Urbain IV et observée par l'ordre tout entier dans ce nouvel état.

Avec le temps, les Trinitaires de France étaient quelque peu dégénérés de l'observance stricte de la règle. En 1578, une congrégation, fondée à Pontoise, revint à la minutieuse pratique de la règle de 1263 et se déclara *Réformée*. Il convient de remarquer dès à présent qu'il n'y a pas de différence essentielle entre les Trinitaires de France, dits Grands Trinitaires, et les Réformés.

En 1599, des religieux espagnols d'Andalousie, sous la direction de Jean-Baptiste de la Conception, adoptèrent franchement la règle primitive, en y ajoutant même l'austère habitude de marcher pieds nus, ce qui les fit appeler Déchaussés. Ils se répandirent dans le midi de la France, l'Italie, l'Autriche et la Pologne, au cours du dix-septième siècle.

L'ordre Trinitaire se trouva donc divisé en trois congrégations, souvent ennemies, jusqu'au chapitre national de Paris,

UN TRINITAIRE ADORANT LA SAINTE TRINITÉ.
(Bibliothèque Mazarine, ms 1765, fol. 1.)

en 1768, qui fondit les religieux de France en une seule, qu'on appela *Chanoines Réguliers* de la Trinité ; les Réformés et les Déchaussés de France n'existèrent plus isolément. Les Chaussés d'Espagne et les Déchaussés des pays hors de France continuèrent d'avoir un régime spécial.

Il y a donc cinq états de la règle :

1° Règle primitive de 1198, donnée par saint Jean de Matha ;

2° Règle mitigée de 1263 ;

3° Règle observée par les Réformés de la Provence et de la France du nord ;

4° Règle des Trinitaires Déchaussés, qui est la première, corrigée ;

5° Règle des chanoines réguliers de France (1771).

La première et la seconde édition, seules intéressantes pour l'instant, sont imprimées notamment dans Bernardin de Saint-Antoine. Elles sont malaisées à comparer, la première étant communément divisée en trente-cinq articles et la seconde en dix chapitres. Une bonne analyse de la règle primitive a été donnée au tome XIII des *Auteurs sacrés* de Dom Ceillier. Je me borne ici à la reprendre (en supprimant les articles sans intérêt).

1. L'ordre nouveau sera consacré à la Sainte-Trinité.

2. Le supérieur de chaque couvent s'appellera *ministre*.

3. Tous ses revenus seront divisés en trois parties égales ; les deux tiers seront pour le couvent et pour l'exercice de l'hospitalité, le dernier tiers pour le rachat des captifs. Cette division s'opérera ainsi à moins que le bienfaiteur n'en dispose autrement. Les églises seront simples (*plani operis*) et dédiées à la Trinité.

4. Il y aura trois clercs et trois laïques par couvent, plus le ministre.

6. Leurs vêtements seront en laine et blancs.

8. Il y aura un signe (une croix) sur leur chape.

9. Ils prendront peu de vin.

11. Ils jeûneront, du 13 septembre à Pâques, les lundis, mercredis, vendredis, samedis.

12. Ils ne pourront faire gras que le dimanche, de Pâques à l'Avent, de Noël à la Septuagésime, ainsi que les jours de Noël, de l'Épiphanie, de l'Ascension, de l'Assomption, de la Chandeleur et de la Toussaint.

13. Ils ne pourront jamais manger de poisson qu'en voyage. Lorsqu'ils partiront pour la rédemption, ils ne pourront loger qu'à leurs couvents, s'il en existe dans la ville où ils descendent, et tout au plus boire de l'eau dans les maisons honnêtes.

15. Il y aura dans chaque couvent une infirmerie.

16. Les hôtes seront bien reçus, et cependant invités à se contenter de l'ordinaire du couvent.

18. Les religieux observeront le silence.

20. Tous les dimanches, le ministre tiendra le chapitre avec ses religieux.

21. Le chapitre général aura lieu, tous les ans [1], à l'octave de la Pentecôte.

23. Le ministre de chaque couvent sera élu parmi les prêtres et par le suffrage de tous les frères.

25. Une fois élu, il ne pourra être déposé que par le grand-ministre et trois ou quatre ministres. Le grand-ministre ne pourra être déposé que par quatre ou cinq ministres des

---

1. La règle ne spécifie pas où le chapitre général devra se tenir.

plus religieux, choisis à cet effet par le chapitre général.

26. Le postulant, avant d'entrer dans l'ordre, devra faire un an de noviciat à ses frais, sauf pour la nourriture.

27. Il ne pourra être reçu avant l'âge de vingt ans.

31. Le malade sera confessé le jour de son entrée à l'hôpital.

33. Tous les soirs, au moins dans les hôpitaux, on priera devant les pauvres pour l'Église romaine et pour toute la chrétienté.

34. Les heures régulières seront dites selon les rites de l'abbaye de Saint-Victor de Paris.

35. Les usages de Saint-Victor seront aussi suivis pour la barbe : les frères lais seuls la laisseront pousser.

J'ai tenu à analyser en détail cette règle, pour en faire voir le défaut de composition, ainsi que les nombreuses lacunes, dont quelques-unes ne seront même jamais comblées.

Cette règle, dit Petit-Radel, est le seul titre de saint Jean de Matha à figurer dans l'*Histoire littéraire*. On ne sait, en effet, quelle fut la part de l'évêque de Paris dans la rédaction ; celle de l'abbé de Saint-Victor peut se réduire aux deux derniers articles. Le pape Innocent III ne fit probablement aucune correction à ce texte.

Pourquoi l'ordre est-il placé sous le vocable de la Sainte-Trinité ? On n'a jamais donné de ce nom une explication satisfaisante. En latin, les religieux s'appellent *fratres ordinis Sanctae Trinitatis*, à quoi s'ajoute *et captivorum*, ou mieux *et redemptionis captivorum*, en raison de leur but spécial. Les historiens français les appellent souvent Pères de la Rédemption, ce qui peut s'appliquer aussi à leurs rivaux les Pères de la Merci.

On trouve aussi les expressions de : *fratres de Asinis,*

ordo Asinorum[1], à cause de leur monture primitive, — en français « frères aux ânes ». Le satirique Rutebeuf a dit à leur sujet :

> D'*asne* ont fait *roncin* (cheval).

Le pape voulut peut-être rappeler qu'en Orient cette monture est habituelle, ou bien se conformer à l'esprit d'humilité dont est empreinte la règle primitive.

Le couvent de Paris étant dédié à saint Mathurin, ses religieux reçurent le nom de Mathurins, qui se communiqua à tous les Trinitaires du Nord, surtout à ceux qui ne furent jamais réformés. Le peuple les appela *Matelins*[2].

Le supérieur d'un couvent trinitaire s'appelle ministre. Cette acception ne se trouve pas dans Du Cange. Nos religieux racontent que les rédacteurs de la règle, ne sachant comment désigner le supérieur, auraient quitté le travail en laissant le mot en blanc[3] ; à leur retour, le lendemain, ils lurent sur le papier : MINISTER *vocabitur*. Ce n'est point là une explication. Ce terme fait songer à la suscription de certains évêques (*talis ecclesiae* MINISTER *indignus*), de certains curés (comme celui de Fontenay-lès-Louvres en 1226) et d'abbés (MINISTER *abbatie de Savigneio*, 1236). Le ministre est, étymologiquement, celui qui sert les autres ; cet « humble nom » indique le dévouement que le supérieur doit montrer à l'égard de ses subordonnés. Le mot *ministratus*, en français « ministrerie », désigne parfois un couvent trinitaire.

A l'exemple de notre ordre, les Frères Mineurs ont donné

---

1. D'Achery, *Spicilegium*, I, 492.
2. C'est l'expression dont se sert Villon.
3. Même légende dans Jacques *de Voragine* au sujet de Bède le Vénérable.

le titre de ministre au général et au provincial, mais le supérieur d'un couvent s'appelle gardien.

Les religieux devaient porter une chape, avec un signe distinctif : c'était une croix. L'archevêque d'Arles parle en 1203 des Trinitaires qui portent *crucem seu habitum domus*. Sur sa signification, aucun doute, la croix étant le symbole par excellence de la rédemption. Mais sa couleur et sa forme primitives sont toutes deux controversées, la première règle n'en ayant rien dit.

La seconde règle seulement spécifie que la croix a le montant rouge et la traverse bleue. A-t-elle été toujours ainsi? Jacques de Vitry, qui parle avec compétence des Trinitaires, dit que la croix est noire et rouge. L'auteur du récit en vers de la Bibliothèque Nationale la dépeint fauve et rouge. Il est peu croyable cependant que la croix ait jamais été autrement que rouge et bleue.

Nous sommes habitués à voir la croix pattée au frontispice des ouvrages trinitaires, mais les plus anciens Statuts ne parlent point de sa forme. Ceux de 1429 ordonnent que l'extrémité de chaque bras aura trois pouces de largeur, le centre n'en ayant que deux. Ailleurs, les proportions respectives sont du double au simple.

Cette croix pattée est elle-même à huit pointes (I), comme sur un livret d'indulgences publié à Rome en 1588, — ou arrondie comme une croix de Malte (II); c'est sa forme la plus gracieuse et la plus ordinaire. — Le sculpteur de la statue de saint Jean de Matha, au Panthéon, a fait une croix hybride (III), appelée croix de Saint-Benoît à Saint-Benoît-sur-Loire, qui se rapproche de la croix droite adoptée par les Déchaussés espagnols (IV). C'était, de la part de ces derniers religieux et des Réformés du midi de la France qui les ont suivis, une simple et puérile manifestation d'indépendance. Comme les protestants du seizième siècle, ils la déguisaient sous un prétendu retour à la simplicité antique. Le plus curieux, c'est que, sur la mosaïque de Saint-Thomas-de-Formis, comme le rapporte Figueras [1], la croix pattée fut grattée et remplacée par une croix droite. Dans un chapitre embarrassé qui contraste avec sa franchise ordinaire, Jean-Baptiste de la Conception a essayé de justifier cette prétendue restitution archéologique. Selon la congrégation à laquelle appar-

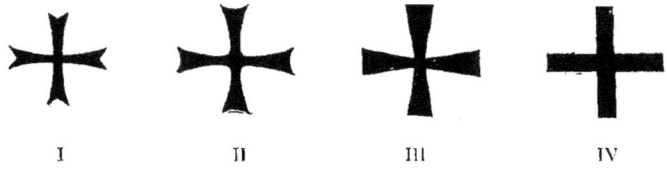

I II III IV

tient l'historien, il applique aux fondateurs de l'ordre la croix de son idée. Ce qui est certain, c'est que le général des Trinitaires, Louis Petit, au début du dix-septième siècle, fit son possible pour faire quitter aux Réformés l'usage de la croix droite.

L'habit des Trinitaires était blanc. Avec la croix d'étoffe rouge et bleue, cela fit les trois couleurs symboliques de la Trinité : le *blanc*, couleur parfaite, figurant le Père; le *bleu*, le Fils, à cause des souffrances de la Passion, et le *rouge*, le Saint-Esprit. Ces explications sont mises par Gaguin dans la bouche du pape Innocent III, qui n'en peut mais. — Or, en 1560, les Espagnols reçurent de Pie IV la permission d'avoir des chapes *brunes* ou, pour mieux dire, de couleur *buriel* ou

---

1. *Chronicon*, p. 605.

fauve, ce qui détruirait ce symbolisme prétendu. Il leur fut cependant défendu, le 8 février 1666, d'user de la chape noire et du capuchon noir qui les rendaient trop semblables aux Frères Prêcheurs[1]. Les Trinitaires de France protestèrent vivement contre cette atteinte donnée à la couleur du costume de l'ordre, car il est peu de choses auxquelles les Religieux tiennent plus qu'à ces subtilités, dont les profanes ne saisissent pas l'importance.

MODIFICATIONS DE LA RÈGLE EN 1217.

Dès le 9 février 1217, le pape Honorius III fit cinq modifications à la règle primitive. Le grand Bullaire[2] de 1692 est seul à les avoir relevées.

1° Au lieu du consentement postérieur à la donation du bienfaiteur pour la non-séparation du tiers des captifs, il est dit que, *de lui-même* et tout de suite, le donateur pourra tout donner pour les usages de la maison, par lui ou par un procureur, en *interdisant* de séparer le tiers.

2° Il ne devait y avoir primitivement que trois clercs, trois laïques et le ministre, donc sept frères en tout par couvent. Désormais les religieux, tant clercs que laïques, pourront être aussi nombreux que le service de chaque maison le comportera.

3° L'humble monture des ânes empêchait des gens de haute naissance d'entrer dans l'ordre des Trinitaires. La défense de

---

[1]. La ressemblance des Trinitaires de France avec les Frères Prêcheurs était assez grande pour que ceux-ci, après l'assassinat de Henri III, n'aient eu qu'à endosser le scapulaire des Trinitaires pour éviter la fureur des royalistes (Extrait rapporté par le P. Ignace de Saint-Antoine).

[2]. Bullaire, p. 10.

monter à cheval, *hors le cas de nécessité urgente*, est maintenue, mais ils peuvent acheter et louer des mules.

4° Le jeûne est adouci entre Pâques et la Toussaint. Les malades et les voyageurs peuvent faire gras. Originairement, ils ne pouvaient en cours de route acheter que du vin et du poisson ; maintenant, si quelque chose leur est donné, ils peuvent tout accepter.

5° Le ministre, au lieu d'être un clerc *apte* à recevoir les ordres, doit déjà *avoir fait profession*.

Quant aux suppressions de l'article du Dépôt et de l'Exhortation aux domestiques [1], cela peut n'être qu'une inadvertance du scribe de 1217, qui sera d'ailleurs répétée en 1263.

L'atténuation ne s'arrête point dès lors. Le 15 septembre 1220, dans une bulle spéciale, Honorius III permit aux Trinitaires de monter à mulet en cas de nécessité; Alexandre IV, le 6 mars 1256, autorisa les ministres, en tournée de visite ou en voyage de rédemption, à monter à cheval s'ils ne trouvaient pas de mulet.

Ainsi plusieurs modifications importantes se trouvaient réalisées dès avant la publication de la seconde règle, qui ne fait guère que consacrer des dérogations apportées à la première.

Le 11 décembre 1262, Urbain IV chargea Renaud, évêque de Paris, Robert, abbé de Saint-Victor, et Thibaut, abbé de Sainte-Geneviève (ce personnage apparaît pour la première fois lors de la rédaction de la seconde règle), de reviser avec attention la règle primitive. Les rédacteurs consacrèrent les modifications acquises et ajoutèrent quelques articles, nécessaires à la clarté ou mieux en rapport avec le grand déve-

---

1. Ces articles sont si insignifiants que je n'en ai rien dit dans l'analyse de la règle.

P. 28.

LA SAINTE-TRINITÉ, par RIBERA.

(Musée du Prado, à Madrid.)

loppement pris par l'ordre des Trinitaires par suite de la protection de saint Louis (mai 1263). Le pape Clément IV confirma cette règle le 7 décembre 1267.

Les chevaux sont permis en tous temps à tous les Trinitaires, pourvu qu'ils ne soient pas trop grands (*dum non nimis notabiles existant*). Plus généreux encore, les Statuts de 1429 devaient en accorder deux à chaque religieux. Par esprit de mortification, les Déchaussés espagnols reviendront aux ânes en 1600.

Quand le donateur d'un *hôpital*[1] l'exigera, comme l'avaient fait Thibaut de Champagne à Troyes et le comte Henri à Vianden (Luxembourg), il n'y aura pas de prélèvement du tiers des captifs.

Les Trinitaires attachés à la cour d'un évêque, d'un roi ou d'un seigneur seront dispensés, lorsqu'ils arriveront dans une ville où leur ordre a un couvent, de passer la nuit chez leurs confrères, et pourront même n'être pas tenus à dire leurs *heures régulières*.

La viande, même achetée (ils n'en pouvaient primitivement manger que si on la leur donnait), est permise en voyage, mais l'abstinence au réfectoire est maintenue.

D'autres articles spécifient la couleur de la croix, les pouvoirs du vicaire général, des correcteurs et définiteurs, du visiteur provincial. Néanmoins, il n'est point dit qui élit le grand-ministre.

Quand les religieux recevront une église dont le nom était consacré (comme celui de saint Mathurin, à Paris), ils ne changeront point ce vocable; les seules églises qu'ils bâtiront eux-mêmes seront dédiées à la Trinité.

1. Il n'était d'abord question de non-séparation que pour le don *d'une rente*.

Si une maison tombe en ruines, on pourra momentanément consacrer tous ses biens à sa réédification.

Enfin, le chapitre général, qui se tenait primitivement le dimanche après la Pentecôte (dimanche de la Trinité), se tiendra désormais le quatrième dimanche après Pâques (dit *de Cantate*), à la même date que celui de saint Victor. Cependant, la récitation de l'office à la manière victorine est adoucie parce que les religieux ne peuvent faire autant de pauses dans le chant à cause de leur petit nombre. Telles sont les principales innovations de la règle modifiée [1].

---

1. La barbe des Frères devra être semblable à celle des convers Templiers.

CHAPITRE IV.

Statuts et constitutions des Trinitaires[1].

Pour détaillée que fût la règle de 1263, elle était loin d'avoir prévu toutes les difficultés qui pouvaient se présenter dans le gouvernement d'un ordre religieux. Elle était même à ce point insuffisante que les Trinitaires y ont, sans doute de bonne foi, cru lire des articles qui ne s'y trouvent point en réalité; ainsi, pour donner plus d'autorité à certaines de leurs constitutions, notamment à celles qui étaient relatives au chapitre provincial, ils prétendirent les avoir extraites de la règle mitigée, où il n'est cependant pas question du chapitre provincial. Il suffit de supposer qu'ils négligèrent de se reporter à ce texte.

Souvent, les grands-ministres promulguèrent, dans un chapitre général ou dans un chapitre provincial, des règlements obligatoires, soit pour tous les religieux de l'ordre, soit pour ceux d'une seule province. Ces Statuts sont aussi nombreux et peu connus que la règle est brève et répandue; plus de la moitié sont en effet inédits. En voici l'énumération :

1° Statuts sans date, placés dans le manuscrit 9753 de la

---

[1]. Ce chapitre est un simple relevé chronologique des Statuts les plus importants qui ont régi l'ordre des Trinitaires. Il n'y faut donc point chercher une analyse détaillée, qui viendra selon l'ordre des matières.

Bibliothèque nationale à la suite de la règle mitigée[1]. Il y est question de l'usage des chevaux, des Trinitaires aumôniers de rois et de princes, des pèlerinages en Terre-Sainte, ce qui ne peut se rapporter qu'au treizième siècle. Ils portent une marque de raideur qui convient encore aux temps héroïques, à « l'ancienne rigueur » de l'ordre, sans être cependant les premiers de tous; ils font en effet allusion à « d'antiques coutumes », celles de saint Jean de Matha sans doute, sur lesquelles il a été fait bien des conjectures, mais dont il ne nous est rien parvenu. Comme aucune rubrique ne sépare ces Statuts de la règle modifiée en 1263 par l'évêque de Paris, les abbés de Saint-Victor et de Sainte-Geneviève, on ne se tromperait sans doute pas en les considérant comme des additions à la règle dues aux correcteurs de celle-ci.

2° Statuts de 1319, dressés en chapitre général, à Cerfroid[2], sous la présidence du grand-ministre Bertaud, omis par Gaguin dans sa liste, et qui prend place par cette rédaction parmi les supérieurs réformateurs de l'ordre des Trinitaires. Beaucoup de pénalités sont édictées contre les ministres absents du chapitre général sans excuse valable, mais déjà la sévérité décroît pour les autres délits.

3° Statuts de 1429, publiés en chapitre général à Cerfroid par le grand-ministre Jean de Troyes. Leurs prescriptions sont *utiles pour l'époque*, dit Gaguin, qui ne paraît pas en faire grand cas; ils ont eu cependant les honneurs de l'impression en 1586. Les articles les plus notables sont relatifs aux apostats, aux conspirateurs et aux appels en cour de Rome.

Dans le courant du quinzième siècle, Jean de Burgos,

---

1. Pièce n° 38.
2. Même manuscrit, folio 9. — Pièce n° 60.

ministre de Séville, en fit faire une copie, avec beaucoup d'additions, pour les provinces d'Espagne.

4° Statuts de Robert Gaguin (25 août 1477-30 août 1497) relatifs à l'Espagne ; mais comme le conjecture avec vraisemblance M. de Vaissière dans son ouvrage sur Gaguin, certaines de ces prescriptions devaient concerner l'ordre tout entier : elles furent en effet pratiquement appliquées, dans la suite, à plus d'une province de l'ordre.

5° Statuts de 1576, dont le titre est un peu long : « *Formula Reformationis ad prescriptum regule... extracta ex variis sacrorum conciliorum decretis et sanctorum Patrum.* » L'auteur, Jacques Bourgeois, a fait sous ce titre un commentaire précis de la règle mitigée ; on s'en était déjà écarté sur plus d'un point, comme l'annalité du chapitre général ; le réformateur voudrait voir la règle intégralement observée selon les prescriptions du Concile de Trente. On y remarque l'introduction de l'usage du scrutin secret et une grande place donnée à l'instruction des religieux. Une Université venait en effet d'être fondée à Douai. C'est dans cette même ville que la « Formule », acceptée par le chapitre général de 1576, fut imprimée en 1586, chez Simon Bogard, venu de Louvain pour être libraire de l'Université. Les Statuts de Jean de Troyes précèdent ceux de Jacques Bourgeois, auquel il faut rapporter l'honneur de la rédaction, et non à Bernard de Metz, ou Bernard Dominici, général de l'ordre, qui présida simplement le chapitre.

On peut considérer ces Statuts comme ayant fait loi pendant deux siècles pour le nord de la France, c'est-à-dire pour les *quatre provinces* : Ile-de-France, Champagne, Picardie, Normandie.

Les religieux de Provence qui se piquèrent de se réformer

au dix-septième siècle y introduisirent quelques aggravations, également acceptées par les Réformés de l'Ile-de-France [1].

Les religieux de Languedoc, qui formaient la sixième province française, et avaient été agités par des velléités de réforme, reçurent en 1660 une certaine autonomie du général de l'ordre, Pierre Mercier.

6º En 1651, le chapitre général décida de réunir les anciens Statuts. On peut s'étonner de ne rencontrer aucune trace de constitutions imprimées en 1661 et en 1684, au dire de Claude de Massac. Ce devaient être des Statuts épars au milieu des comptes rendus des chapitres généraux. Le chapitre de 1696 renouvela les prescriptions de celui de 1651. Enfin, un arrêt du Conseil d'Etat, le Roi y étant, le 24 septembre 1711, provoqua la revision des Statuts des Trinitaires; comme ils ne furent point trouvés en règle, un nouvel arrêt, le 2 mai 1712, ordonna la refonte des Statuts concernant les provinces anciennes, avec le concours de deux délégués de chaque province. Cette fois, il fallut bien s'exécuter. Claude de Massac, vicaire général, puis général de l'ordre, consulta tous les supérieurs (18 juillet 1712) et fit examiner les nouveaux statuts dans les chapitres provinciaux de 1717 et de 1718 qu'il présida lui-même. De là provient l'édition donnée en 1719 [2], à Douai, comme celle de 1586. C'est la sixième modification de ces Statuts. La partie la plus curieuse de ce recueil est l'analyse de nombreuses décisions de divers chapitres généraux, dont nous ne possédons point les actes originaux.

7º Les Trinitaires de France ayant été, à l'époque de la

---

1. Bibl. nat., H 17769, feuille intercalaire.
2. Coté Ld⁴³ 29 à la Bibliothèque nationale. La réception solennelle des Statuts eut lieu le 20 juin 1719.

Commission des Réguliers, déclarés chanoines réguliers, reçurent en 1771 de nouvelles Constitutions applicables à la France entière, mais à la France seule.

En effet, les Trinitaires espagnols, quoique vivant sous le même général que les français, n'observaient pas les mêmes constitutions. Pour être complets, même dans cette énumération forcément brève, il faut citer, pour mémoire, le *Reformatorium provinciae Aragoniae* (1563), dû à un ministre de cette province, Michel Borrel; les Constitutions revisées en 1601 à Saint-Mathurin par François Petit[1], et surtout les Constitutions dites d'Alexandre VII, faites en 1657, à Rome, dans un chapitre général auquel les Trinitaires de France ne se trouvèrent pas[2]. Après une longue résistance de la part des quatre provinces, une faible partie de ces Constitutions fut imposée à la France, principalement en ce qui concerne le chapitre général, mais les Français parvinrent le plus souvent à en éluder l'exécution.

Encore n'a-t-il été question jusqu'ici que des Trinitaires Chaussés. Il y eut aussi des Trinitaires Déchaussés qui, à partir du dix-septième siècle, revinrent à l'austérité de la règle primitive. La Congrégation Déchaussée, tant de France que d'Espagne, d'Italie et d'Autriche, vécut sous des constitutions spéciales, dont la dernière édition a été donnée à Rome en 1851. La Congrégation de France, supprimée en 1771, avait eu des Constitutions, restées manuscrites et conservées aux Archives nationales (LL 1552).

1. Bibliothèque Mazarine, manuscrit 1768.
2. Elles ont été rééditées à Madrid en 1731. Ce volume se trouve à la bibliothèque du couvent de Cerfroid (Aisne).

CHAPITRE V.

Le grand-ministre et ses subordonnés directs.

L'ordre des Trinitaires a pour chef un grand-ministre, contrôlé par un chapitre général, qui se réunit tous les ans. Le supérieur de l'ordre, remplacé au besoin par un vicaire général, s'appelle officiellement *major minister*, parfois *major et generalis minister*, et, par abréviation, *generalis minister*. On dit aujourd'hui « ministre général ».

Cependant, on le voit parfois appelé *maître*. On peut supposer une distraction de Joinville qui appelle le même personnage tour à tour *menistre* et *maistre*. Parfois aussi, on a mis à dessein *maître* pour rappeler le grade universitaire qu'avait notamment le « maître des Mathurins », célèbre au début du quinzième siècle. — On a dû encore faire des confusions avec l'ordre rival de la Merci, dont le supérieur s'appelle « maître général ».

Le grand-ministre est élu à vie dans la réunion du chapitre général. Par un singulier oubli, la règle et les constitutions ne disent rien des électeurs du grand-ministre, ni du cérémonial de cette élection. Nous verrons plus loin qui avait le droit d'assister à la réunion du chapitre général. Quant au cérémonial de l'élection, un registre, dont des extraits sont transcrits dans le manuscrit français 15697 de la Bibliothèque nationale, fournit quelques renseignements.

Le chapitre général d'élection s'étant réuni, le *custos* ou gardien, c'est-à-dire l'administrateur intérimaire, demande à l'assemblée quel est le mode d'élection qui lui est le plus agréable; elle répond d'ordinaire que c'est la *voie du Saint-Esprit*, l'inspiration. Alors un ministre, sans doute le plus ancien, ayant baisé le crucifix, se lève et nomme celui à qui il donne sa voix. Les autres, par acclamation, donnent leur adhésion à ce choix, prennent l'élu sur leurs épaules et le portent en procession à l'église. Un fait paraît bien prouver que primitivement ces élections étaient convenues à l'avance : Guy Musnier, en 1508, se nomma lui-même[1]!

Lorsque le concile de Trente eut établi le scrutin secret, qui en 1570 avait soulevé des protestations, le grand-ministre fut élu à la majorité absolue, parfois très considérable. Les électeurs ayant voulu, en 1686, faire une grande manifestation de solidarité, l'élu eut cinquante-deux voix sur cinquante-six votants. On ne saurait dire s'il y avait des déclarations de candidature. L'élu était souvent presque désigné d'avance par son prédécesseur, qui lui conférait la charge de vicaire général.

Il n'y eut aucun général de Provence avant le dix-septième siècle. Plusieurs étaient de Flandre, comme Alard, Thierry Valerand, Gaguin. Deux portent le nom de leur maison de profession : Jean de Troyes et Bernard de Metz[2].

Quant au couvent dont ils étaient ministres avant d'être élus, il faut citer Meaux pour Jean de La Marche et Nicolas Musnier, Clermont pour Renaud de La Marche, Verberie

---

1. Pièce n° 228.
2. Les personnages les plus éminents de l'ordre, après les généraux, comme Jacques Bourgeois, étaient de Flandre, ou, comme les Basire et les Michelin, de la province de Champagne. Très peu étaient de Normandie.

pour Thomas Loquet, Étampes pour Claude de Massac, Hondschoote pour Thierry Valerand, Châlons pour Jean Thibaud, Fontainebleau pour Eustache Teissier et Grégoire de La Forge, Mortagne pour Jean de Troyes. Pierre Chandote seul fut prieur de Cerfroid avant d'être élu grand-ministre. A partir de Gaguin, à peu d'exceptions près, presque tous les futurs généraux étaient d'abord ministres des Mathurins avant d'être élus à la charge suprême de l'ordre.

Le futur général n'est désigné au choix des électeurs par aucune recommandation du Saint-Siège, quoique l'ordre lui soit directement rattaché depuis 1309. Plutôt que d'accepter un élu du pape, l'ordre en appelle au Parlement en 1415 et en 1546.

Aucune condition d'âge n'est imposée primitivement pour l'éligibilité. Les premiers successeurs de saint Jean de Matha étant morts à des intervalles très rapprochés, on peut présumer qu'ils étaient fort âgés à l'époque de leur élection. Pour le quinzième siècle, nous connaissons les âges de quelques grands-ministres nouveaux élus : Raoul Duvivier, en 1460, était âgé de trente-sept ans; Gaguin, le fils adoptif de l'ordre, ne fut élu qu'après avoir administré les couvents de Grandpré, de Verberie, de Tours et de Paris[1]; il avait alors quarante ans. C'est cet âge minimum[2] qu'imposa le pape Alexandre VII dans des Constitutions faites à Rome en 1657 et que les Trinitaires n'acceptèrent pas, sauf pour ce point qui était d'une pratique courante.

L'élu doit être déjà ministre d'un couvent. Il n'y a aucun exemple d'un simple frère nommé grand-ministre. Les minis-

---

1. *Arbor chronologica*, p. 179.
2. Les Déchaussés l'ont fixé à quarante-quatre ans. (*Regula primitiva*, Rome, 1851, p. 158.)

tres des quatre provinces (Ile-de-France, Champagne, Picardie, Normandie) étant parvenus à s'attribuer le droit de séance au chapitre et par suite l'éligibilité, le grand-ministre fut toujours un Français. De nombreuses garanties entouraient donc son élection, et la réunion annuelle du chapitre général permettait de contrôler sans cesse sa gestion.

Élu à vie, le grand-ministre ne pouvait être déposé que par trois ou quatre ministres (règle de 1198) ou par trois ou quatre frères des plus religieux (règle de 1263) : ce cas ne s'est jamais présenté. Il lui était interdit de se démettre, dans la crainte que sa résignation n'eût été obtenue par quelque moyen frauduleux.

Aucune résidence n'était prescrite au grand-ministre. De ce que Jean de Matha et son successeur moururent à Rome, il ne faut pas conclure qu'ils y aient continuellement demeuré. Les voyages de rédemption et la visite de l'ordre étant effectués au treizième siècle par les grands-ministres eux-mêmes, il leur arrivait très souvent de mourir hors de France.

De la fin du treizième au milieu du quinzième siècle, le grand-ministre résida à Cerfroid, chef-d'ordre consacré par l'ermitage de Félix de Valois. Il vint ensuite demeurer à Paris, dont il garda la ministrerie, qu'il occupait presque toujours avant d'être élu, comme il a été dit. C'étaient les seuls revenus qu'il eût à sa disposition.

Bernard Dominici, plaidant, en 1570, contre François Petit, ministre des Mathurins, a ainsi énuméré les devoirs d'un général d'ordre :

1° *Visitation;*

2° *Réformation;*

3° *Confirmation des bénéfices électifs*[1] *et collation des bénéfices collatifs;*

4° *Maintien des privilèges de l'ordre.*

Il n'a pas cité le rachat des captifs parce que dans un ordre si vaste les fonctions du général sont trop absorbantes, rien qu'en France, pour lui permettre de se transporter dans l'Afrique du Nord, en vue du long et périlleux voyage de rédemption. Mais c'est le général qui, en chapitre, ordonne la rédemption et donne un passeport aux rédempteurs.

1° Quant à la visite, le droit du général de pénétrer dans n'importe quel couvent de l'ordre reste entier et n'exclut pas la visite ordinaire du provincial. Cette réception devint, avec le temps, fort solennelle. Un exemple en est la visite du P. Grégoire de La Forge à Marseille, à son retour de Rome, en 1695, dont la relation, écrite par le P. Michel Trossier[2], visiteur de la province, fut conservée dans les archives « pour servir d'instruction en pareilles occasions ».

Athanase Coudoulet, lecteur en théologie, monte dans la chaire du chapitre, à côté de l'Évangile, et adresse au général une harangue en latin. Le ministre quitte le pluvial et l'étole, se met à genoux devant le P. de La Forge et lui baise la main. Le P. Gandolphe, assistant du ministre, chante un cantique en son honneur; on fait une décharge de trois douzaines de boîtes. Le général prend au couvent un repos bien gagné; les consuls de Marseille lui rendent visite en chaperon et lui font le cadeau habituel de dix écus. Il reçoit encore le grand-vicaire

---

1. On ne voit pas que le grand-ministre se donne la peine de confirmer les ministres particuliers. La confirmation apparaîtra pour le provincial.

2. *Visite à Marseille de deux Ministres généraux de l'ordre de la Sainte-Trinité*, 1859. Bibl. nat., LK7, 4711. Cf. Méry et Guindon, *Actes de la commune de Marseille*, tome V, p. 413.

de la cathédrale, les supérieurs de tous les couvents de la ville et les prieurs des Confréries de pénitents. Le lendemain, il rend ces visites et en fait aux Trinitaires Déchaussés. Deux jours après, il repart pour Arles, où il devait recevoir un semblable accueil. C'était là plutôt un voyage politique qu'une tournée de visite. L'importance du couvent visité était l'explication de cette magnifique réception : ailleurs, c'était plus simple.

Ordinairement, le grand-ministre prévient le ministre particulier[1] du jour de son arrivée. Les religieux, revêtus du surplis et de l'aube, ont préparé les tapis ; au son des cloches, le grand-ministre descend de cheval ; le ministre lui baise la main, l'encense trois fois et lui fait un discours de félicitations en latin.

Lorsque Nicolas Musnier arrive en 1535 à Taillebourg, avec son secrétaire, l'accueil qu'il reçoit de son frère Thibaut, ministre, et de ses deux moines est moins cérémonieux que cordial[2]. Le premier jour, il visite les ornements de l'église et la sacristie, le second jour, les chambres des religieux ; dans l'une sont conservés les titres de propriété (il n'y en avait guère à Taillebourg). Le grand-ministre inspecte soigneusement les comptes ; il se préoccupe avec soin de faire payer les dettes du ministre ou des religieux. Il rédige les actes de sa visite d'après tout ce qu'il a remarqué de bon ou de mauvais, sous forme d'articles, qui seront observés comme une ordonnance, il laisse une copie du procès-verbal et fait une exhortation aux religieux[3]. Telle est la coutume, mais il est clair

---

[1]. Les frais des visites étaient payés par la province visitée, au prorata des ressources de chaque couvent.

[2]. M. Tortat a publié cette pièce dans la *Revue de Saintonge* en nov. 1901.

[3]. Le procès-verbal relatif à Taillebourg, en 1531, est encore en latin. Au

qu'elle subit des modifications. Le grand-ministre se bornait à visiter le nord de la France, déléguant son vicaire général dans les couvents où il ne pouvait se rendre. Quand l'ordre compta plusieurs branches, il dut prendre avec lui ou déléguer, en cas qu'il fût absent, un religieux de la province qu'il allait visiter[1].

Il semble qu'il y avait des formalités particulières pour la visite des provinces d'Espagne. Thibaut Musnier doit demander un passeport à l'ambassadeur de Charles-Quint[2] (10 avril 1548); les généraux du dix-septième siècle, pour visiter ce même pays, prirent la précaution de se faire déléguer par le pape en qualité de visiteurs apostoliques, ce qui ne leur évita pas tous les ennuis.

Le grand-ministre est en correspondance particulière avec les provinciaux et aussi avec les princes étrangers pour faire protéger les couvents de l'ordre.

Il doit, en principe, ratifier tous les actes de vente ou d'échange faits par un ministre, même les actes les plus simples. Au quinzième siècle cependant, ce soin était dévolu au provincial. Seul, il permet aux religieux victimes d'un sinistre de prêcher pour réparer leur église. Il est présent lui-même aux conventions les plus importantes; ainsi Alard vient à Marseille, en 1270, lors du renouvellement de la transaction avec l'évêque et le chapitre. L'assentiment du grand-ministre est toujours mentionné, quand bien même il n'est pas pré-

---

dix-septième siècle les visites sont rédigées en français; celles du couvent de Faucon, qui appartenait aux Déchaussés d'Italie, sont en italien.

1. Le chapitre provincial réformé d'Arles donna 15 pistoles à Grégoire de La Forge pour les cinq maisons déjà visitées. (Registre 13 des Trinitaires de Marseille, p. 79.)

2. Il y a une copie du passeport dans les Archives des Trinitaires de Châlons, 46e liasse.

sent à la signature de l'acte; c'est ce que l'on remarque dans une convention entre les Trinitaires et le curé du Fay[1] (Oise).

Le grand-ministre lève sur chacun des ministres une contribution annuelle : « *Item oportet*, dit Giraud, ministre de Marseille en 1360, *tradere et solvere XXX solidos ad provisionem majoris ministri.* » Pour les premiers siècles, le budget de l'ordre nous est fort peu connu. A part ce droit annuel, qui était de 3 livres au dix-septième siècle, le général n'avait point de traitement fixe; il ne possédait que les revenus de Cerfroid et, plus tard, ceux des Mathurins de Paris. Parfois, on donne au général les revenus d'un petit couvent alors désert pour accroître ses ressources, qui ne furent jamais bien considérables. C'est tellement vrai que, toutes les fois qu'il y a un procès à soutenir ou un grand voyage à faire dans l'intérêt de l'ordre, même pour une dépense régulière comme l'entretien du procureur général en cour de Rome[2], à plus forte raison pour payer les dettes d'un prédécesseur, le général doit imposer une cotisation sur tous les couvents, tout au moins sur ceux de France qu'il régit plus directement.

2° Le devoir de *réformation* indiqué par Bernard Dominici fut transformé quelque peu par l'ambition des généraux en une correction sur les ministres, souvent punis arbitrairement. Il serait cependant injuste de ne pas rappeler que les statuts mentionnés au chapitre IV ont été tous, sinon rédigés, au moins promulgués par le général, et que deux d'entre

---

1. Dans une pièce de 1226, on voit que si le grand-ministre est absent les religieux promettent de faire approuver par lui la transaction le plus tôt possible.
1. Pièce n° 277.

eux, Jean de Troyes et Gaguin, prirent à leur exécution une part personnelle.

Mais il ne se présentait que rarement des cas de *réformation* proprement dits, et l'on a peut-être un peu abusé de ce mot au dix-septième siècle pour prétendre arracher au général Louis Petit, sinon sa démission, au moins son effacement devant le cardinal de La Rochefoucauld, qu'un bref avait chargé de la réforme de l'ordre. Il fut bien établi, en droit, que le général *seul* avait le droit de réformer son ordre; celui-ci le prouva, en publiant, seul, des statuts pour les Mathurins de Paris. Pierre Mercier, l'un de ses successeurs, édicta, *motu proprio*, des statuts pour la province de Languedoc.

Quand le général n'est pas présent aux délibérations des chapitres provinciaux, il peut au moins en fixer les sujets.

Le droit de *correction* sur les ministres était *indispensable* au général, puisqu'ils étaient élus à vie. Seul, il peut les absoudre, s'ils ont aliéné ou engagé les biens de la communauté; il peut même les déposer sans prendre conseil de personne. Jean Garuelle, ministre de Troyes, est privé de son bénéfice par Pierre de Bourry, qui lui substitue son neveu Robert[1]. Louis Petit suspend le ministre de La Marche jusqu'à ce qu'il ait comparu devant lui pour répondre aux accusations du promoteur (1622); il fallait que l'affaire fût particulièrement grave. Ordinairement, le général délègue deux ministres pour instruire un procès criminel contre un de leurs confrères; le cas de Bernard Dominici, contraint d'ordonner une enquête contre Jean Morel qu'il avait précédemment soutenu dans

---

1. *Cartulaire des Trinitaires de Troyes*, p. 692 (Archives départementales de l'Aube).

une revendication contre François Petit, est assez singulier[1].

Le contrôle du général sur les ministres à vie était donc nécessaire, mais le népotisme et les dissentiments causés par la politique pouvaient conduire un général à abuser de ce pouvoir. Ainsi Pierre Chandote, prieur de Cerfroid, élu général en 1416, casse l'élection du ministre des Mathurins, déclarant qu'elle a été faite sans son consentement, et la considère comme à lui dévolue[2]. Cet acte est exorbitant, aussi bien que celui de Louis Petit excluant de toute charge, *d'avance*, au moyen de l'excommunication, les religieux qui lui déplaisaient et qui auraient pu être élus ministres. Ce qui est licite au général, c'est la nomination d'un administrateur provisoire quand le ministre est notoirement au-dessous de sa tâche[3].

3° Au sujet de l'élection du ministre, la règle dit positivement qu'il doit être élu par tous les frères. Il n'y a pas jusqu'au seizième siècle d'exemple de ministre choisi par le grand-ministre, ce qui n'empêche pas le P. Pichault, général trinitaire de la fin du dix-huitième siècle, de déclarer la collation par le général immémoriale. Bernard Dominici réclamait avec raison la *confirmation* des bénéfices électifs, ce qui était absolument de droit.

Au seizième siècle, la *nomination* du ministre par le général apparaît en cas de fondation d'un couvent. En 1535, Nicolas Musnier, dotant une nouvelle maison trinitaire à Meaux, se réserve le droit d'en choisir lui-même le ministre[4]. Il faut interpréter de même l'acte du chapitre général de 1560, où

---

1. Ce pouvoir de prescrire une enquête est exercé, en cas de vacance du généralat, par le vicaire général.
2. Archives nationales, registre LL, 1545, p. 1.
3. Voir la Monographie du couvent de Lens.
4. Archives nationales, S 4267. — Il en était de même pour Dinan en 1369.

Thibaud Musnier rattache à sa propre autorité le couvent nouveau de Naples[1]. Ce droit de nomination est exceptionnel en stricte justice.

En 1550, c'est le provincial de Languedoc qui nomme ministre de Montpellier Arnaud Raynal, *présenté*, c'est-à-dire gradué en théologie, par suite de la résignation de Jean Maur en chapitre provincial.

Lors du procès entre Jean Morel, se prétendant élu ministre des Mathurins par les religieux, et François Petit, se disant pourvu de cette charge par le roi, il n'est nullement question du droit d'élection prétendu par le général.

Cependant, en 1593, Bernard Dominici, choisissant comme vicaire général en Normandie Jean Rihouey, lui donne le pouvoir de collation sur les maisons de cette province. Evidemment, le général de l'ordre pensait avoir ce pouvoir, puisqu'il le délègue à son subordonné[2] : il avait donc changé d'avis depuis 1570. On voit Guillaume Basire, seul profès de Châlons, élu en 1611 ministre de ce couvent par François Petit[3].

Beaucoup de couvents du nord de la France ayant été abandonnés, le titre était conservé pour faire nombre en face des provinces étrangères; mais le grand-ministre donnait à des religieux qui lui plaisaient le titre et le revenu, sans obligation de résidence[4], parce qu'il n'y avait pas toujours de quoi nourrir le bénéficiaire.

Dans les couvents qui avaient conservé leur droit d'élec-

1. Bibl. de Marseille, manuscrit 1215, p. 45. — Sans doute, la mention : domus de Icogne « *exempta* » dans la liste des couvents anglais a la même signification.
2. Archives de Metz, H 3774.
3. Bibliothèque de Châlons, manuscrit 58, p. 114.
4. Lefebvre défend en 1753 son droit de collation contre Borin, curé de Communay, qui s'est fait pourvoir d'un prieuré trinitaire par une bulle du vice-légat. (Bibl. nat., F^m. 29396.)

tion, le général nommait un commissaire pour y assister. Cette pratique était mal vue par le Conseil de Brabant, hostile à un général d'ordre français, qui pouvait ainsi acquérir quelque influence au Pays-Bas.

Tout au moins les élections subsistaient-elles pendant la vacance du généralat. En 1685, François Leprestre, ministre d'Hondschoote, démissionne entre les mains de Guillaume Basire, vicaire général; deux scrutateurs sont établis; les religieux votent au scrutin secret, et Jean-Baptiste Bultrel est élu par six voix sur huit [1].

On peut alléguer que, dans la Picardie, voisine des Pays-Bas espagnols, et dont quelques couvents étaient en territoire étranger ou même ennemi, le général français n'avait pu asseoir aussi solidement son autorité. Une tentative de Grégoire de La Forge pour désigner d'office un de ses protégés, vers 1698, rencontra beaucoup de résistance.

De même, l'institution des Trinitaires Réformés, qui élurent triennalement leur ministre, fut, dans beaucoup de couvents, une barrière à l'ambition dominatrice du général.

Tous les résultats de cette ingérence du chef suprême de l'ordre ne furent cependant pas mauvais. Dans la discipline primitive, le ministre était perpétuel; il ne quittait son couvent que pour se rendre au chapitre général; il ne connaissait rien des autres provinces de l'ordre. Au dix-septième siècle, on changea tout cela; très fréquemment, François Petit, Louis Petit et leurs successeurs envoyèrent des religieux du Nord dans le Midi et réciproquement, pour faire sentir la solidarité qui unissait tous les couvents de France. Ainsi, le P. Toéry fut successivement ministre de Fontaine-

[1]. Archives des Trinitaires de Châlons, pièce non cotée.

bleau et de Toulouse. Il ne faut pas croire que ces déplacements fussent une disgrâce. Guillaume Basire était infiniment apprécié dans son couvent, quand il fut envoyé pour trois ans à Mortagne[1], où il n'alla que pour remplir un devoir d'obéissance.

C'est ainsi que la confirmation des ministres devint de plus en plus une vraie collation pour le général, qui fut le vrai maître de son ordre en fait et en droit.

Le dernier devoir du général, le maintien des privilèges de l'ordre, fut exercé au moyen du procureur général en cour de Rome, dont il sera question plus tard.

Il partage avec l'évêque le pouvoir d'instituer les prieurs-curés.

Il doit enfin, en cas d'absence ou de maladie, se constituer un vicaire général.

VICAIRE GÉNÉRAL.

Celui-ci a le même pouvoir que le grand-ministre malade ou absent. En cas de mort du général, il porte le nom de *custos* ou gardien.

Pendant la croisade d'Egypte, où le grand-ministre Nicolas figure avec saint Louis, Simon, ministre des Mathurins de Paris, porte le titre de vice-ministre de l'ordre[2]. La terminologie n'était pas alors bien fixée. On peut constater, dans l'acte où Simon accepte la donation de l'hôpital de Saint-Quentin en 1257, que ce religieux éminent avait gardé le titre même après le retour du grand-ministre. Peut-être à cette date le siège était-il devenu vacant?

---

1. Bibliothèque de Châlons, manuscrit 58. (A la fin : notice sur les Basire.)
2. *Sceaux des Archives nationales*, n° 9813.

La constitution d'un vicaire général était, pour le grand-ministre, un moyen commode de désigner son successeur au choix des électeurs. Raoul du Vivier et Gaguin commencèrent par être les coadjuteurs de leurs prédécesseurs. Sans doute, Claude Ralle n'eut pas ce titre, mais il fut, pendant quarante ans, secrétaire de son général, Louis Petit, ce qui fait que Pierre Mercier dit, dans le discours d'usage qui *précède* toute élection : *Non eligendus quippe qui jam sit electus*[1]. San doute, Pierre Mercier nomma vicaire général Guillaume Basire, ministre de Châlons, et, cependant, ne lui assura pas sa succession[2]. C'est que, les circonstances étant graves, Guillaume Basire déclara qu'il fallait remettre la direction de l'ordre à une main plus jeune.

Pierre Mercier s'étant rendu en Espagne, Nazare Anroux, vicaire général, nomma un religieux à la ministrerie de Mortagne. Un opposant à cette collation fut débouté par un arrêt du Conseil, qui ordonna à tout religieux de reconnaître comme son supérieur celui que le général aurait délégué pour gouverner l'ordre en son absence[3].

Les provinces étrangères et celles qui dépendaient moins étroitement du général avaient aussi à leur tête des vicaires généraux, dont l'action était plus étendue que celle du provincial. Thibaut Musnier nomme, par exemple, Jean Hurtado de Mendoza, vicaire général en Castille, Andalousie et Navarre[4]. Ce titre pouvait n'être que temporaire[5]. Il n'en est

---

[1]. *Oratio... Petri Mercier......*, 15 décembre 1652. (Bibl. de l'Arsenal, jurisprudence, n° 1492, in-12.)
[2]. Archives de Metz, H 3773, n° 6.
[3]. *Ibid.* H 3773, n° 5.
[4]. Le 9 mai 1548. (Archives des Trinitaires de Châlons, liasse 46.)
[5]. En 1765, la cour d'Espagne voulut avoir un vicaire général indépendant du général pour les provinces d'Espagne. Le roi de France s'y opposa.

pas de même de la charge confirmée par Pierre Mercier, en 1655, à Jean Naurias, ministre d'Avignon, qui était celle de vicaire général des provinces de Provence et de Languedoc[1] : il était un véritable vicaire général pour le Midi. Fallait-il donc un renouvellement à chaque changement de général ?

On voit que ce terme de vicaire général a eu chez les Trinitaires des acceptions un peu variées.

CUSTOS.

Le vicaire général pouvait demeurer en fonctions plusieurs années, tandis que le *custos* était intérimaire. Anciennement, le chapitre général se réunissait tous les ans. Si le général venait à mourir peu de temps après une réunion ordinaire du chapitre général, il eût été incommode que l'ordre fût privé de chef pendant près d'un an; alors on procédait à l'élection d'un *custos* ou gardien. C'est par l'histoire seule que l'existence du *custos* est connue, les Statuts n'ayant pas plus parlé du *custos* que du vicaire général.

Dom Toussaint du Plessis croit savoir[2] que primitivement le prieur de Cerfroid était *custos* de plein droit; et il ajoute que, de son temps, on élit le *custos* comme le général. Nous le verrons plus loin, il a fait une double erreur. Si le prieur de Cerfroid fut *custos* primitivement, ce ne fut pas longtemps, car, dès 1374, Jean de La Marche, ministre de Meaux, est revêtu de cette dignité.

Le grand-ministre étant mort, le visiteur provincial de

1. Pièce n° 200.
2. *Histoire de l'église de Meaux*, tome Ier, p. 178.

l'Ile-de-France en convoque les ministres pour l'élection du *custos*. Etienne du Mesnil aurait été élu *custos*, en 1414, par les quatre « correcteurs » du chapitre général. On était dans une époque si troublée qu'on dérogea à la règle. Il ne paraît pas y avoir de lieu fixé pour cette élection. Le P. Missier fut élu *custos* à Meaux (26 octobre 1501); mais il est à croire que l'élection se faisait de préférence à Paris, au moins dans les derniers siècles de l'ordre, comme le porte, en 1685, la convocation adressée par le P. De Launay.

Le *custos* a[1] pendant quelques mois tous les pouvoirs du grand-ministre. Ainsi, le P. Missier confirme l'élection de Guy Musnier comme ministre des Mathurins de Paris, malgré la protestation de Guillaume Mahault[2].

Quand l'ordre, réuni en chapitre général, ne peut tomber d'accord sur la désignation du grand-ministre, la durée des fonctions du *custos* peut être prolongée d'une année. Cet honneur fut fait pour la première fois à Guillaume Manouny, prieur de Cerfroid (1568-1570). Je ne puis, en effet, croire avec Gaguin que le célèbre Etienne du Mesnil-Fouchard fut continué dans ses fonctions de *custos*, en 1415, car, la seconde année de la vacance du généralat, Roger Toteval figure, dans un acte que Gaguin n'a pas connu, avec ce titre, qu'il porte encore lors de l'élection du général.

Le *custos* préside le chapitre général où va être élu le grand-ministre; il est parfois élu lui-même à cette dignité, comme Jean de La Marche en 1374, Gaguin en 1473, Bernard Dominici en 1570 et presque tous ses sucesseurs.

Le chapitre général de 1703 décida que, à la mort du

---

1. Archives de Metz, H 3773, 5.
2. Archives nationales, LL 1545, f° 1.

général, le provincial de France serait *custos* de plein droit. Le premier exemple fut celui du P. Darde, qui était âgé de quatre-vingts ans; pour le surveiller, on jugea à propos de lui adjoindre quatre conseillers, pris parmi les ministres de la province de France.

CHAPITRE VI.

Le chapitre général.

Le plus haut tribunal de l'ordre, auquel on en appelle des sentences du grand-ministre, n'a qu'une influence temporaire, en raison de la courte durée de sa session qui, primitivement annuelle, devient triennale, cette périodicité s'affaiblissant de plus en plus à mesure que le pouvoir du grand-ministre se développe.

Une question fort agitée au dix-septième siècle fut celle-ci : où se tenait à l'origine le chapitre général des Trinitaires ? Albéric des Trois-Fontaines répond nettement : à Cerfroid.

Au contraire, Jacques de Vitry dit que le chef d'ordre trinitaire est au couvent de Marseille, ce que le P. Xavier, traducteur de la Vie de saint Jean de Matha en italien, interprète en ce sens que, *du vivant du fondateur,* le chapitre général se tenait à Marseille. Avec cette restriction, l'interprétation de Jacques de Vitry serait admissible à la rigueur.

Il faut cependant donner raison à Albéric. Le premier chapitre général dont nous ayons un acte est tenu à Cerfroid en 1230; Roger, grand-ministre, y accepte la donation du couvent de Saint-Mathurin de Paris. A Cerfroid se tient aussi le chapitre de 1232; Nicolas, qui vient d'y être élu, accorde à Marguerite de Bourgogne, fondatrice du couvent, une

« association spirituelle[1] ». Des actes de 1248 et 1252 prouvent que la tenue du chapitre à Cerfroid était absolument régulière, puisque 60 sous de Provins, pour sa pitance, et un muid de blé, pour son pain, lui sont conférés par de généreux bienfaiteurs[2]. — Une bulle du 26 janvier 1256 prescrivit de tenir annuellement et perpétuellement le chapitre général à Cerfroid. Les termes en furent altérés dans la suite, mais le fait est certain, la bulle authentique ayant été publiée par Baron[3], qui essaie seulement (et bien à tort) de prouver qu'avant cette bulle le chapitre se tenait ailleurs.

La guerre anglaise amena une dérogation en 1421; il y en eut une aussi en 1655, pour l'élection du général. C'est encore à Paris que le chapitre national se tint en 1768, à propos de l'adoption de nouvelles constitutions. Ce sont les seules exceptions connues.

L'annalité de la session, exigée par Thibaud V de Champagne comme condition de la délivrance d'une rente de 100 livres, fut interrompue dès le quatorzième siècle. En effet, en 1369, un procès des Trinitaires de Cerfroid avec l'évêque de Meaux autorise des doutes sur la tenue régulière du chapitre général. En 1429, Jean de Troyes exprime le souhait que, malgré le malheur des temps, un chapitre se tienne l'an suivant à Cerfroid, et il prie les ministres d'y apporter leurs comptes[4]. Au seizième siècle, en fait et bientôt en droit, le chapitre général ne se tient plus que tous les trois ans. Les troubles de la guerre étrangère et de la guerre

---

1. Voir la Monographie de Cerfroid.
2. Dans TOUSSAINT DU PLESSIS, pièces 362 et 399, copie Arch. nat., L 947 et K 185, n° 190.
3. Pièce n° 229.
4. *Statuts de Jean de Troyes*, édition de 1586, p. 76.

civile joints à ceux de l'ordre, empêchèrent la réunion du chapitre entre 1635 et 1652 ; enfin, le chapitre général en arriva à ne plus se réunir au dix-huitième siècle que pour l'élection du général.

La date primitive de cette réunion est celle des octaves de la Pentecôte (dimanche de la Trinité). A partir de 1263, ce fut le quatrième dimanche après Pâques (dimanche de *Cantate*), la même date que celle du chapitre général de Saint-Victor[1]. Cette date s'observe encore actuellement chez les Trinitaires Déchaussés de Rome ; on n'y dérogea qu'exceptionnellement, notamment en 1655 et en 1686, pour prévenir les intrigues des provinces étrangères, qui, n'assistant pas au chapitre français, voulaient qu'il se tînt ailleurs.

Le droit d'assistance au chapitre général a donné lieu à une controverse de près d'un siècle. La Règle n'en dit rien. Elle ne spécifie pas de différence entre les chapitres généraux, qu'il y ait ou non à élire un général. Quand elle parle de l'élection du ministre par le conseil commun des frères, elle ne peut évidemment avoir en vue que le ministre particulier. Il eût été absurde de faire élire le grand-ministre par le suffrage universel. Il est probable que théoriquement tous les ministres avaient droit de séance au chapitre général. A la suite de démêlés assez obscurs entre les grands-ministres et les provinces étrangères dans le cours du treizième siècle, l'usage s'introduisit de n'y convoquer que les ministres des *quatre provinces* du nord de la France (Ile-de-France, Champagne, Picardie, Normandie), seules mentionnées dans les plus anciens Statuts des Trinitaires. — Les provinces étran-

---

[1]. E. Vétault, dans *Positions des Thèses* de l'Ecole des Chartes, 1867-1868, p. 65.

gères tinrent leurs chapitres, chaque année, dans des couvents désignés par les correcteurs ou définiteurs, qui dirigeaient les délibérations. — Cette spécialisation avait une raison de fait : Cerfroid était trop éloigné du Midi, de l'Espagne surtout, pour qu'on pût y faire venir annuellement les ministres non français. Ce qui était un *fait* parut aux Trinitaires du Nord un *droit, quoiqu'il ne fût écrit nulle part;* les « quatre provinces » prirent l'habitude de se réunir seules en chapitre général et prétendirent représenter tout le reste de l'ordre.

Contre la réclamation des étrangers au dix-septième siècle, les Trinitaires du Nord formèrent un grand dossier qu'ils eurent la naïveté de croire concluant.

La thèse de l'exclusion systématique des étrangers pour le chapitre général est insoutenable. Suspects aussi sont les nombreux chapitres généraux tenus hors de France ou dans notre Midi, trop facilement admis par Bonaventure Baron, qui se fait l'écho des prétentions des Trinitaires espagnols. Suspecte la version de la bulle de 1256, copiée dans un manuscrit de la Bibliothèque nationale, une des plus singulières falsifications de cette époque du dix-septième siècle, si fertile en faux de tout genre.

Dans le dossier, même interpolé, des Trinitaires du Nord, nous avons de quoi les prendre en flagrant délit d'erreur. C'est dans les extraits des chapitres généraux, auxquels la cour de Rome ne voulut jamais ajouter foi, et dans lesquels on peut avoir confiance, quoiqu'on n'ait jamais vu les actes originaux, par suite de cette déplorable fatalité qui s'attache aux titres primordiaux des Trinitaires. L'assistance d'étrangers aux chapitres français se prouve en droit et en fait.

Les Statuts de 1429, comme il a été dit, complétés par

Jean de Burgos, provincial de Castille, portent expressément que, tous les cinq ans, l'Espagne enverra des députés au chapitre général. C'était d'autant plus facile qu'il y avait continuellement à Paris des religieux de provinces étrangères, attirés par leurs études ou par les affaires de leurs provinces : le *Chartularium* du P. Denifle mentionne parfois des Trinitaires espagnols dans notre Université. Admettons comme vraies les protestations des Trinitaires contre le droit des provinces du Midi et de l'Espagne à se faire représenter dans les chapitres de l'élection du général, on constate la présence non accidentelle de religieux de Languedoc et d'Espagne aux chapitres généraux de 1473 et de 1508[1], ainsi que le droit de vote qui leur fut accordé pour cette fois.

Mais voici qui est plus grave et qui me paraît anéantir totalement la thèse française, c'est la lettre si intéressante écrite par Thibaud Musnier aux ministres de Valladolid et de Séville, au mois de mai 1548, et conservée dans les Archives de Châlons-sur-Marne[2]. Le nouveau général dit qu'il avait formellement convoqué les ministres d'Espagne à se rendre au chapitre et qu'il regrette leur absence.

Sans empiéter sur les faits de l'histoire générale de l'ordre, il faut signaler la solution de cette question de droit. Jusqu'à la fin du seizième siècle, les étrangers ne furent pas très ardents à réclamer le droit de siéger au chapitre d'élection. Il fallut la fondation des Déchaussés d'Espagne, qui eurent bientôt un général à eux seuls, pour leur faire regretter cette abstention. On comprend alors les instances des Chaussés d'Espagne, des Réformés du midi comme du nord de la

---

1. Pièce 230.
2. Pièce 121.

France, qui lièrent partie ensemble afin d'être admis au chapitre de Cerfroid. Le pouvoir royal y fit admettre les Réformés de l'Ile-de-France. Ceux de Provence n'y furent *appelés* qu'en 1692, les Espagnols en demeurant toujours exclus. La France entière fut donc unie contre les prétentions des Espagnols, soutenus par le pape avec réserve; plusieurs chapitres se tinrent à Rome sans la participation de la France. En 1703, l'Espagne et l'Italie purent se faire représenter au chapitre général, toujours tenu à Cerfroid, mais les Trinitaires de France rendirent cette victoire inutile en ne se réunissant plus que pour l'élection du général. Ils gardèrent jusqu'au bout la majorité; les Espagnols se découragèrent et ne tirèrent aucun parti de leur succès. Telle fut l'évolution des assistants au chapitre général.

Le chapitre général est présidé par le grand-ministre et, si la charge est vacante, par le *custos*. En cas de maladie, le grand-ministre constitue des procureurs pour la durée du chapitre : ceux-ci, au nombre de quatre en 1330, sont indépendants des fonctionnaires du chapitre.

Un promoteur, élu par les « capitulants », remplit le rôle de ministère public, sollicite les châtiments contre les ministres négligents, accorde ou refuse le droit de session.

Le secrétaire du chapitre paraît être élu à vie. Dans les dernières années du seizième siècle, nous voyons un religieux, nommé Cosse, toujours pourvu de ce titre. Au début du siècle suivant, Claude Ralle est à la fois secrétaire du général, Louis Petit, et secrétaire du chapitre général.

Les *correcteurs* ou *définiteurs* sont ainsi nommés parce qu'ils doivent corriger le grand-ministre et définir les points obscurs de la règle. Ils peuvent « constituer, destituer, modifier, ajouter, retrancher, imposer à tous leur autorité et règlementer à perpétuité[1] ». — « En eux, dit Du Cange (*Dictionnaire*, II, 777), réside toute la puissance du chapitre... pour les décisions en matière de discipline. »

Les définiteurs (cette appellation prévalut bientôt) semblent n'être que trois en 1297[2]; mais peut-être une des quatre provinces était-elle insuffisamment représentée à ce chapitre. Ensuite ils sont toujours quatre. Contrairement à ce que l'on pourrait penser, il n'y en avait pas toujours un par province. Il y a en 1319 deux définiteurs de l'Ile-de-France, les ministres de Fontainebleau et de Paris, et en 1380 deux de la province de Champagne, ceux de Châlons et de Troyes. Voici deux listes régulières de ministres, comme toutes le furent par la suite :

1330, les ministres d'Etampes (France).
— de Douai (Picardie).
— de Lamarche (Champagne).
— de Mortagne (Normandie).
1380, les ministres de Mitry (France).
— d'Arras (Picardie).
— de Châlons (Champagne).
— de Rieux (Normandie).

L'admission des Trinitaires Réformés, en 1696, fit qu'il y eut six définiteurs; l'accession des provinces étrangères au début du dix-huitième siècle éleva leur nombre à neuf, dont cinq pour la France, un pour l'Italie, un pour le Portugal et deux pour l'Espagne.

La réunion officielle est fixée au dimanche, mais le cha-

1. Le P. Balme, *Cartulaire de saint Dominique*, t. I, p. 193.
2. Dom Toussaint du Plessis, *ouvr. cité*, t. II, p. 439.

pitre commence au moins deux jours avant. C'est pour le vendredi que les statuts anonymes convoquent les provinces du royaume de France et de l'Empire (sans doute la Flandre ou Germanie inférieure) pour traiter des affaires de l'ordre avec le grand-ministre ou le vicaire général, de concert avec les définiteurs de l'année précédente. Si quelque simple frère, porteur d'une procuration [1], vient au chapitre, il ne peut être reçu à Cerfroid que le samedi. — Le chapitre durant plusieurs jours[2], des legs spéciaux avaient été faits pour parer à ces dépenses qui eussent été trop onéreuses pour le couvent de Cerfroid, situé dans un pays sans ressources. Comme partout, on délibérait par provinces (*itum est ad provincias*, dit Bourgeois en 1573).

Le chapitre général nomme et révoque les écoliers, choisit également, par province, les ministres députés au rachat des captifs, accorde aux bienfaiteurs de l'ordre « l'association spirituelle » ou les prières. En 1251, Simon, vicaire du grand-ministre Nicolas, ayant appris la mort de Guillaume, fils de la comtesse de Flandre, fait célébrer des messes en chapitre général et ordonne à chaque prêtre de l'ordre d'en dire deux à cette intention[3]. En 1256, le chapitre confère à saint Louis l'association spirituelle[4].

Il règle le spirituel (fêtes de l'ordre) comme le temporel. Si un couvent n'a plus assez de fonds pour nourrir ses reli-

---

1. Hors ce cas, un simple frère ne peut être reçu au chapitre, auquel les ministres seuls ont le droit ainsi que le devoir strict d'assister. Les Déchaussés frappent d'une amende de 100 livres les ministres absents sans motif légitime.
2. Il est interdit de le faire durer plus de quinze jours. (*Constitutions* éditées à Madrid en 1731, p. 215.)
3. *Inventaire de la Chambre des comptes de Lille*, 1865, p. 424.
4. *Layettes du Trésor des Chartes*, III, 4258.

LE CHAPITRE GÉNÉRAL.

(Bibl. Mazarine, ms. 1765, fol. 124.)

gieux, il en prescrit la *réunion* à un autre couvent plus florissant, c'est la *reductio* ; des revenus du couvent supprimé, on fait deux parts, l'une sert à acquitter les fondations, l'autre est consacrée à des créations de bourses pour des écoliers de l'ordre. — Le chapitre fait les confirmations générales des biens des couvents, car chaque ministre y apporte ses inventaires. Si Thomas Loquet, en 1353, souscrit seul la confirmation des biens du couvent de Mitry [1], ailleurs on voit les correcteurs ou définiteurs procéder seuls à cette opération.

Le chapitre s'occupe de l'historiographie de l'ordre et nomme au besoin un *chronographe* [2].

Le chapitre général accorde aussi des secours de toute nature aux ministres dont le couvent a été éprouvé par quelque catastrophe; ainsi, le 20 mai 1576, 500 livres sont allouées à Elie Mannoury pour rebâtir l'église de Cerfroid. Le ministre de Châlons, dont l'église a été incendiée, reçut la permission d'aliéner des biens jusqu'à concurrence de 500 livres.

L'histoire financière du chapitre général est assez bien connue depuis le dix-septième siècle. On voit qu'en 1635 chaque ministre (sauf les officiers du chapitre) dut donner 40 sous pour les serviteurs.

Le voyage des députés de chaque province était à la charge des couvents : c'était une raison pour ne pas trop multiplier ces réunions. D'autres dépenses étaient imposées aux ministres à l'occasion du chapitre. En 1703 [3] et en 1749, le pape ayant accordé une indulgence plénière pour le jour de l'ouverture du chapitre, chaque ministre fut taxé à 12 sous pour

---

1. Bibl. nat., *Collection de Champagne 153*, n° 43.
2. Il y en a un exemple même en 1781
3. Bibl. nat., Ld 43, n° 7, p. 39.

le port de la bulle et à 18 pour les exemplaires à faire afficher[1] dans les villes où l'ordre avait des couvents.

Les chapitres particulièrement intéressants furent ceux de 1635 et de 1651, lors des grandes dissensions intestines de l'ordre, et celui de 1696, où parurent, pour la première fois, les provinces de Provence et de Languedoc.

Tous les actes importants du chapitre général étaient passés en latin; les discours[2] étaient prononcés dans cette langue. Seulement, lorsqu'on voulut faire des politesses aux étrangers, on les laissa parler leur langue; il y eut, en 1704, des discours italiens et espagnols[3]. Gaguin remarque qu'Etienne du Mesnil parla français en 1415, *contre l'habitude*. En 1781 encore, les discours et le compte rendu du chapitre furent écrits en latin.

Dans divers actes solennels, comme ceux qui sont relatifs au couvent du Bourget (1330, 1370, 1380), la date comprend aussi l'année du pontificat et, au bas de chaque acte, figure le visa du notaire apostolique.

Dans le courant du quinzième siècle, les petits actes de confirmation générale cessèrent d'être rédigés en latin. Le premier acte que j'aie rencontré en français (26 avril 1483) est relatif au temporel de La Villeneuve, près Chelles[4]. Le latin persista plus longtemps dans les registres de visite:

---

1. Bibl. de Lyon, manuscrit 281, fonds Coste, n° 15.
2. L'honneur de prononcer le discours préliminaire à l'élection devait être fort recherché, parce qu'il fournissait parfois à l'orateur l'occasion de poser sa candidature. Gaguin parla si bien des devoirs du grand-ministre qu'on jugea que personne n'était plus digne que lui d'être élevé à cette dignité. (P. DE VAISSIÈRE, *De Roberti Gaguini vita et operibus*... p. 6.)
3. Registre 13 des Trinitaires de Marseille, p. 88.
4. Archives nationales, S $\frac{4254}{14}$, p. 45.

en 1531, à Taillebourg, il était encore employé, comme nous l'avons vu.

Il n'y avait pas seulement des personnages de l'ordre des Trinitaires dans le chapitre général. Dès 1415, un huissier force Etienne du Mesnil à quitter la présidence; en 1546, un envoyé de la cour interdit toute élection. Au dix-septième siècle, des conseillers au Parlement de Paris furent délégués par le roi comme assistants. On y trouva même, en 1635, des huissiers pour surveiller de près les Trinitaires non Réformés. Le roi tenait à ce qu'on ne traitât point de sujets contraires aux statuts, témoin une lettre du cardinal de Fleury[1] aux Réformés en 1737. Cet usage persista, car, dans le dernier chapitre général (1781), il y avait quatre envoyés royaux[2] : l'intendant Bertier, Mignot et Martigny, de l'Académie des sciences, et Le Monier, commissaire des guerres.

On donnait aussi le nom de *chapitre général* aux réunions d'ensemble de la congrégation *réformée*, établie à la fin du seizième siècle. Lorsque la paix eut été raffermie entre cette congrégation et le général, celui-ci vint parfois présider lui-même ou tout au moins nomma un président, comme pour les chapitres provinciaux ordinaires. La présence d'un délégué du général n'excluait pas celle de l'évêque que le roi leur donnait comme président dans des circonstances importantes.

---

1. Pièce 285.
2. *Recueil sur la Rédemption des Captifs*. Bibl. de la ville de Paris, n° 28324, in-4°.

CHAPITRE VII.

Le provincial et le chapitre provincial.

Dès 1226, on voit un *vicaire provincial* assister à la donation de l'hôpital de Beaucaire à son ordre par l'archevêque d'Arles. En 1273, Vincent de Fontainet est nommé, par le grand-ministre Jean, provincial dans les diocèses d'Albi, de Vienne et de Toulouse[1]. A l'autorisation de vente de l'hôpital de Saint-Martin de Marseille, le 16 mars 1277, il est qualifié de ministre provincial des Trinitaires de Toulouse. Probablement, la Provence et le Languedoc n'eurent parfois qu'un seul et même provincial, mais ce n'est pas absolument sûr. En France, le provincial est à la nomination du général. Il est, pour sa province, ce que le général est pour l'ordre entier. Il doit sans doute être confirmé par chaque nouveau général. Il a autorité sur une douzaine de couvents; telle est la moyenne en France (dans la province de Castille il y avait vingt-deux couvents).

Il est le correspondant du général. C'est le provincial d'Angleterre que Gaguin[2] charge, en son nom, de recouvrer la chapelle de la Sainte-Trinité d'Oxford, qui avait été aliénée.

1. Pièce 44.
2. Bibl. de Marseille, m. 1215, f° 6.

Le provincial, institué en France par le grand-ministre, est souvent le ministre du couvent le plus important de la province[1]; ainsi le ministre de Troyes est fréquemment provincial de Champagne. De même Simon de Camargo, en 1481, et Diego de Gayangos, en 1518, sont à la fois provinciaux de Castille et ministres de Burgos[2]. Mais l'Espagne a des usages particuliers qui vont être détaillés.

Le provincial doit être nommé à l'unanimité par les ministres de la province, faute de quoi le grand-ministre le choisit. Il est élu pour un temps, en Espagne, à dater de 1477, et fait ainsi la première brèche à la perpétuité des fonctions. Gaguin se plaignant, à cause de l'éloignement, de n'avoir que tardivement connaissance de la mort des provinciaux, ordonne la *triennalité* de ces fonctions. A la mort du ministre provincial actuel de Castille et de Léon, le ministre conventuel le plus proche ou, à son défaut, le plus ancien, recevra la garde de la province, qu'il conservera jusqu'à ce que l'élu des ministres ait été confirmé par le général. Le provincial, à sa troisième année, fixera le lieu de la future élection, présidée par le plus proche ministre conventuel qui aura le titre de *custos*, ensuite de *président* de la province (1477). Vingt ans plus tard, Gaguin permit que le provincial, réélu[3] immédiatement, se passât de la confirmation du grand-ministre, et que, non réélu, il confirmât son successeur « *per osculum pacis* ». Le provincial meurt-il avant les trois ans, c'est au plus ancien ministre que l'on jurera obéissance[4].

1. Le sceau du provincial est celui du couvent dont il est ministre.
2. Alexandre VII interdit aux provinciaux d'Espagne de cumuler cet office avec celui de ministre conventuel (Statuts, édition de 1731, p. 261).
3. D'après une bulle du 10 octobre 1544, le provincial ne put être réélu qu'au bout de six ans (Bullaire de 1692, pp. 269-272).
4. P. de Vaissière, *ouvr. cité*, pp. 23 et 49.

La confirmation du général était encore exigée au milieu du dix-septième siècle[1].

La même règle existait pour la province de Portugal. Le provincial récemment élu, décide le nonce en 1585, sera confirmé par son prédécesseur ou par le visiteur provincial, (ici appelé commissaire général) ou par le président de la province, et il devra, dans les deux mois, demander sa confirmation au ministre général[2].

Le provincial devait être originaire de sa province; ainsi en est-il décidé, le 4 mai 1531, pour le provincial d'Aragon; toutefois, d'accord avec le ministre général, le chapitre provincial peut accepter un étranger[3].

Le provincial était spécialement chargé de faire des enquêtes. Paschal, ministre d'Orival, vicaire général dans les Pays-Bas, avec placet royal, est chargé d'aller constater les dégâts causés dans le couvent de Lens[4] (15 novembre 1640). En 1718, Mathieu Duxio, provincial des Réformés, vient constater la ruine de la clôture du couvent de Pontoise[5].

Il ne paraît pas y avoir de différences essentielles entre le rôle du provincial et celui du visiteur; au dix-septième siècle, les Réformés parlent du visiteur provincial. Peut-être cependant le *visiteur* était-il parfois un subordonné occasionnel du provincial? Ainsi Simon de Roxas, confesseur de la reine d'Espagne Elisabeth, ne pouvait quitter la cour pour faire ses visites, qu'il devait accomplir personnellement, comme pro-

---

1. Vatican, ms. Ottoboni 1123, f° 97.
2. Bullaire, pp. 319-321.
3. *Ibid.*, p. 250. Chaque province espagnole en effet était indépendante l'une de l'autre au point de vue de la visite.
4. Archives de l'État, à Mons. Liasse : Lens.
5. Registre capitulaire (Bibl. de Pontoise), f° 24.

vincial ; avec l'agrément de Louis Petit, il garda le titre et délégua deux *visiteurs* à sa place [1].

La visite habituelle de couvents déterminés paraît avoir été confiée souvent à des ministres, toujours les mêmes. En Angleterre, à Walknoll, près Newcastle, le ministre de Saint-Robert de Knaresborough faisait sa visite annuellement le jour de la Trinité[2].

Quelque puissant que fût le provincial, il pouvait être soumis à des visiteurs apostoliques. En 1656, Jérôme Velez de Matute, ministre de Valladolid, est choisi, comme visiteur apostolique de Castille, par la Congrégation des Evêques et Réguliers. Pendant le cours de sa visite, il reçut beaucoup de plaintes contre le provincial, le P. Francisco de Arcos. Ayant interrogé un grand nombre de témoins, Jérôme Velez dressa une liste de trente-quatre griefs, qu'il communiqua au provincial; huit jours après, ce dernier fournit de longues et fières réponses. Voici les principaux reproches qui lui étaient adressés :

Il n'était pas légitimement élu provincial, n'ayant pas été confirmé par le général de l'ordre et ayant bénéficié de la pression du nonce sur les électeurs.

Il avait mal rempli son office, puisqu'il ne s'était mis en route que six mois après son élection et avait laissé de côté cinq couvents, et une autre fois, douze (il devait, en effet, faire deux tournées pendant son trienne).

Dans la visite de Madrid, il était resté cinq mois pour y faire élire ministre une de ses créatures, le P. Manzano[3].

[1]. Giulio Cordara, *Ritratto della vita...*, pp. 63-64.
[2]. Dugdale *Monasticum anglicanum*, t. VIII, col. 1551.
[3]. Le P. Manzano est cité à la page 159 de *l'Arbor Chronologica* comme définiteur de Castille et éditeur de sentences tirées des ouvrages de Simon de Roxas.

Il avait donné des postes de ministre, de prédicateu général à sa fantaisie; il demeurait souvent hors du couvent, ou, quand il s'y trouvait, il s'était dispensé des offices et du réfectoire. Il avait même fait mourir un religieux par ses mauvais procédés; il avait soumis au Conseil du roi d'Espagne des mémoires contre ses religieux et engagé sa province dans des procès ruineux.

Ayant entendu sur tous les points la défense de l'accusé, Jérôme Velez rend sa sentence (4 avril 1656).

Le provincial est déposé et privé, pour sept ans, de voix active et passive au chapitre provincial, auquel il ne pourra assister que s'il y est appelé par les définiteurs[1]. Cette condamnation était si exagérée que le P. Francisco de Arcos obtint sa réhabilitation; il figura en effet comme provincial lors de la convocation d'un chapitre à Rome, où il fut d'ailleurs empêché par une épidémie de se rendre; une pénitence fut sans doute trouvée suffisante.

Il y eut encore en Espagne, en 1662, un visiteur apostolique, dont Pierre Mercier, général, dut subir les conditions pour exercer son droit de visite.

En cas d'absence, le provincial était remplacé par un commissaire général. Pierre Mercier donne ce dernier titre à Antoine Dachier, ministre de Lens, tant que François de Béthencourt, provincial et ministre de Douai, sera procureur général en cour de Rome[2] (10 janvier 1672).

Le chapitre provincial est fort mal connu avant le dix-septième siècle. Il est à présumer cependant qu'il subit les mêmes vicissitudes que le chapitre général. D'après la feuille

---

1. Bibl. du Vatican, ms. Ottoboni 1123, fos 86-110.
2. Arch. de l'Etat belge à Mons. Liasse : Lens.

de dépenses du ministre de Marseille, en 1360, il se tenait annuellement en Provence. Plus tard, il ne se tint plus que tous les trois ans.

Dans le Midi, qui eut son régime à part au dix-septième siècle, on y procédait parfois à l'élection des ministres conventuels. Nous avons la série complète des chapitres provinciaux qui se tinrent dans la Congrégation des Réformés de Provence[1]. On peut voir par ces registres qu'il y avait, hors le temps du chapitre, une réunion plus restreinte, appelée assemblée des *cinq Pères*, composée sans doute du provincial et des définiteurs, car le chapitre provincial avait ses définiteurs, comme le chapitre général.

On rencontre souvent à cette époque le *définitoire*, qui se composait du président du chapitre, du provincial élu, des anciens provinciaux ou *Pères de province* et des quatre définiteurs. Ce définitoire élit en 1700[2] les ministres particuliers de Portugal.

Dans le Nord, nous avons quelques notions sur le chapitre provincial de Champagne. Claude de Massac le présida luimême, à Troyes, en 1718. Le général nomme un président en cas d'empêchement. La date est toujours (sauf rares exceptions) le quatrième dimanche après Pâques. Il est successivement reculé de 1759 à 1762, pour cause de maladie du général, le P. Lefebvre, qui tenait à le présider personnellement[3]. L'assiduité y était d'autant plus requise que les ministres de chaque province étaient moins nombreux.

---

1. Arch. des Grands Trinitaires de Marseille, registre 13.
2. *Analecta juris pontificii*, XIV, 186.
3. Arch. de Metz, H 3773, 5; H 3774, 4. Quant au lieu où il se tenait, il devait être fixé par le général de façon qu'on pût s'y rendre de toute la province avec le moins de frais possible (Statuts de 1719, p. 54).

Dans les Pays-Bas, au dix-huitième siècle, le conseil de Brabant essaya de fonder une sorte de chapitre provincial pour les seuls couvents restés sous la domination de l'Autriche. L'essai ne dura point assez pour donner des résultats appréciables.

CHAPITRE VIII.

Les ministres particuliers.

Nous avons dit que le supérieur trinitaire s'appelait ministre, et que le couvent prenait parfois le nom de ministrerie. On voit aussi le terme de *ministériat* : par exemple, la chapelle de Saint-Jean de Grandpré est ainsi désignée dans un pouillé du dix-huitième siècle [1].

Le titre de prieur est donné à quelques supérieurs, notamment à celui de Cerfroid. Dom Toussaints du Plessis, qui avait d'abord cru que ce titre était réservé au chef d'ordre, l'explique fort bien ensuite par la raison que, le grand-ministre étant *ipso facto* ministre de Cerfroid, celui qui vient après lui s'appelle *prieur*; des bulles sont en effet adressées, au début du treizième siècle, *majori ministro et aliis fratribus Cervi Frigidi*. Le grand-ministre et le prieur de Cerfroid sont deux personnages différents. Jean de Châtillon parle, en 1344, du *ministre* de Cerfroid : c'est du grand-ministre Thomas Loquet, ami particulier de sa famille, qu'il s'agit. Le prieur devint le premier à Cerfroid quand le général n'y résida plus.

Parfois, les petits couvents n'avaient à leur tête qu'un

---

[1]. Varin, *Archives administratives de Reims*, I, 1098 a.

prieur, à Dinard, par exemple. A Dinan, au contraire, et à Tours[1], le supérieur s'appelle prieur-ministre. Les prieurs-curés étaient appelés ministres non conventuels.

Le ministre, primitivement élu par tous les frères, ne l'est plus ensuite que par les seuls religieux. Bien vaine est la controverse sur les textes des deux règles : « ille qui *eligit* sacerdos sit », ou : « ille qui *eligitur*. » Après qu'il a été dit : *electio fiat per commune consilium fratrum clericorum*, il est inutile de répéter que les laïques ne sont plus électeurs. La correction *eligit* a cependant été faite dans un manuscrit de la Bibliothèque Mazarine, annoté par Gaguin. Les Déchaussés crurent nécessaire de provoquer la bulle du 10 octobre 1663 pour exclure formellement les laïques du droit électoral.

Le ministre pouvait être élu sans condition d'âge. Ce n'est qu'au seizième siècle, en vertu des décisions du concile de Trente, que l'âge de trente ans fut imposé, sauf pour les *gradués*.

L'élection ne se faisait pas par les frères, quand le couvent était dépendant. Le prieur de Dinard, à la nomination du ministre des Mathurins de Paris, lui payait un droit de provision.

Le ministre de Cordes devait être nommé, *dans les six mois*, par le ministre de Toulouse.

Or, le 27 août 1408, Durand d'Estève est nommé *ministre* de l'hôpital de Cordes, et, le 12 novembre, il y est reçu comme simple frère. Voici pourquoi. Le ministre de Toulouse avait laissé passer un semestre sans faire connaître son choix au provincial, Ignace Caudati, ministre d'Avignon. Celui-ci

---

1. Arch. d'Indre-et-Loire. Inventaire, H 739.

jugea que le droit de nomination lui était dévolu et choisit, le 5 octobre, Hugues de Mandagot. A cette date, il n'avait pas encore reçu de lettres du ministre de Toulouse. Hugues arriva à Cordes et trouva son rival installé depuis deux mois. Devant le sénéchal de Toulouse, l'élu du ministre céda la place à l'élu du provincial; deux jours après, Hugues, ministre, nomma Durand d'Estève son procureur pour faire les quêtes[1].

Primitivement, le ministre était électif, mais nous avons vu qu'à la fin du seizième siècle le général a accaparé peu à peu le droit de nommer les ministres. Il y eut cependant des couvents privilégiés :

1° Celui des Mathurins de Paris, qui eut une existence à part et garda le pouvoir d'élire son ministre. On convoquait à cette élection tous les profès, quand bien même ils étaient ministres en d'autres couvents.

2° Les couvents dépendants d'un seigneur, comme ceux de Rieux et de Terraube : le seigneur de Rieux votait avec les frères pour l'élection du ministre, et celui de Terraube le nommait, lui tout seul. Le P. Miraloup, provincial de Languedoc, ayant voulu se soustraire à cette sujétion, le marquis de Galard-Terraube lui écrivit, en 1679, une lettre très ferme pour maintenir son droit[2].

3° Les couvents trinitaires de Provence et de Languedoc, fort indépendants du général, les premiers surtout, lorsque le Midi eut embrassé la Réforme au début du dix-septième siècle. Cette évolution coïncida avec l'établissement de la triennalité, dont il sera question plus loin.

1. Pièce 89.
2. Pièce 216.

4° Les couvents situés aux Pays-Bas espagnols, dont le régime était particulier. On voit, en 1551, Charles-Quint pourvoir Jacques Bourgeois de la maison de Convorde, en vertu d'un indult général du pape[1]. D'autres couvents, comme celui d'Orival, avaient gardé leur droit d'élection, auquel le P. Grégoire de La Forge n'aurait pu faire obstacle sans le concours que lui prêta la politique.

Primitivement, le ministre était élu à vie, comme le fait bien voir l'article de la règle concernant sa déposition. Les Statuts de 1429 défendent à un ministre de résigner, s'il laisse des dettes ; ne peut-il les acquitter, il sera mis en prison jusqu'à complète restitution. Le ministre résignant ne pourra être élu, de plusieurs années, ministre dans un autre couvent.

— Nous trouvons, nonobstant ces défenses, plusieurs cas de résignation. En 1548, Gaspard Ferrandin, ministre de Marseille, démissionne en faveur de Raphaël Boyer, avec l'agrément de la majeure partie de la communauté[2]. Mais, en 1550, le ministre de Montpellier ayant déposé sa charge en chapitre provincial, le provincial lui donne un successeur[3].

— En 1705, Athanase des Lions, ministre de Pontoise, se retire, à cause des ennuis qu'il éprouve de la part de ses religieux : l'assemblée des cinq Pères lui substitue Michel de Pellevé[4].

Le triennalat s'introduisit, au début du dix-septième siècle, dans tous les couvents où était observée la Réforme (en Espagne, cette coutume existait depuis un demi-siècle environ). C'est ainsi que, Cerfroid étant occupé en 1634 par les

1. Pièce 122.
2. Pièce 120.
3. Arch. municipales de Montpellier, série GG Trinitaires.
4. *Registre capitulaire de Pontoise*, f° 15-16.

Réformés, le prieur y devint triennal. Les écrivains de cette congrégation cherchèrent en vain à prouver que la triennalité était, au fond, une très ancienne coutume : c'était le même raisonnement que pour la forme de la croix.

Ces élections du Midi devaient être confirmées par le chapitre provincial. Sous prétexte qu'en 1680 la convocation des *vocaux* de Montpellier (on appelait *vocaux* les religieux qui avaient trois ans de profession[1]) avait été trop tardive pour que l'ex-provincial pût venir donner son suffrage, le commissaire général du chapitre, Nicolas Campaigne, annula l'élection. Jean Cazeneuve, qui avait eu six voix contre une, adressa au général une requête dont nous ignorons l'effet[2].

Quand un couvent avait négligé d'envoyer son ministre au chapitre, on le faisait rétrograder au rang d'*hospice*, c'est-à-dire qu'on lui enlevait pour trois ans le droit électoral, et le chapitre provincial nommait le ministre.

Lorsque les Réformés acquéraient une maison *ancienne*, c'est-à-dire non réformée, ils permettaient au ministre perpétuel de garder ce titre sa vie durant et de prendre le pas sur le ministre triennal. Or cette triennalité, à laquelle se plia le seigneur collateur de Terraube, creusa un véritable fossé entre les disciplines des Trinitaires du Nord et du Midi.

On peut choisir comme ministre n'importe quel religieux de l'ordre. Guillaume Watten, profès de Douai, fut prieur de Convorde, puis ministre de Lens.

Le ministre ne peut être déposé que par le chapitre provincial (depuis 1429), et à la majorité des voix, pour les motifs suivants : ivresse fréquente et publique (ce grief apparaît au

---

[1]. Ailleurs on exigeait cinq ans.
[2]. Arch. départementales de l'Hérault, Trinitaires (non coté).

dix-septième siècle), dilapidation, négligence. Il est envoyé en pénitence, en attendant la décision prise sur son sort; après sa déposition, il peut revenir dans les huit jours à sa maison de profession [1].

Il est étroitement soumis au grand-ministre et à son vicaire général, dont il doit exécuter sur-le-champ tous les ordres. Même non conventuel, il doit rendre des comptes tous les ans au chapitre général; il doit payer le tiers des captifs à des collecteurs spéciaux (Statuts de 1429). Une fois par an, il doit visiter les chambres des religieux, sans préjudice de l'inspection quotidienne et extérieure. Il ne peut vendre les ornements sacrés, même pour le rachat des captifs. Jean de Bliecqz, ministre de Lens, fut blâmé pour avoir mis un calice en dépôt afin de subvenir aux frais d'un procès. S'il aliène simplement ou viagèrement une possession fondamentale de la maison, cette aliénation sera annulée par le provincial. Le ministre ne peut recevoir de novices que quand il a avec lui deux frères profès; il ne peut conserver, dans son couvent, aucun religieux de sa famille (cette règle paraît avoir été souvent éludée). Il ne peut quitter son poste, même pour un pèlerinage à Rome ou en Terre-Sainte [2] sans une autorisation formelle.

Des pénalités étranges frappaient originairement le ministre négligent : s'il retenait les moines déplacés, il recevait chaque jour des coups (de discipline, sans doute); s'il ne confisquait pas les armes prohibées, il devait manger trois jours à terre et était privé de vin [3]!

---

1. *Statuts*, édition de 1586, pp. 42, 58 et 60.
2. C'est ainsi que le diacre Guillaume Watten reçut de Jacques Bourgeois, provincial, une obédience pour aller, le 11 août 1599, à Rome, au jubilé, avec Pierre de Fresnes, pour recevoir les ordres (Archives de l'Etat, à Mons).
3. Statuts anonymes, art. 28 et 29.

Il conserve, par contre, son autorité sur tous les moines profès de son couvent. Il a d'abord exclusivement les droits de quête, il garda toujours les charges de visiteur et de rédempteur. Il peut et doit assister au chapitre général, sous peine de payer les amendes fixées par les Statuts (en 1319, reddition du sceau de la maison; en 1429, amende de 60 sous au provincial). Jugeant ces pénalités insuffisantes, Jacques Bourgeois demanda, en 1573, que l'absent sans excuse fût excommunié jusqu'au chapitre suivant.

Parfois, le ministre porte deux titres : celui de Douai est aussi prieur de Convorde; le ministre de Beauvoir-sur-Mer est prieur de Saint-Thomas de la Garnache. Ces prieurés étaient de simples annexes du couvent.

D'après les cartulaires, nous voyons que les ministres pouvaient sortir de leurs couvents s'ils étaient élus supérieurs dans un autre. De beaux *cursus honorum* sont ceux de Gaguin, ministre de Grandpré, de Verberie, de Tours, puis de Paris, enfin grand-ministre; d'Auguste Raimbault, ministre de Lens, puis de Douai, ensuite commissaire général de Picardie, ce qui équivaut à provincial[1]. La permutation devait être autorisée par le général. Pierre Mercier ne fit citer devant le Grand-Conseil, en 1671, Michel de Laval et Pierre d'Autel, qui avaient permuté les couvents de La Veuve et de Sylvelle, que parce qu'il n'avait pas été consulté. En effet, les supérieurs de Châlons-sur-Marne et de Notre-Dame de Limon ne furent pas inquiétés pour s'être garanti, après permutation, le paiement réciproque de leurs dettes; ils s'étaient mis d'accord, sans doute, avec le chef de l'ordre[2]. Cet acte de 1702

---

[1]. Cartulaire de Lens (Archives de Mons), *passim*.
[2]. Pièce 251.

prouve que, dans un couvent pauvre, le ministre devait beaucoup *payer* de sa personne.

Dans un petit couvent, le ministre porte lui-même le titre de procureur (au Midi, le procureur prend le nom d'économe ou de syndic). Dès qu'il a cinq frères profès, il doit se choisir un prieur [1].

Les Statuts ne fournissent rien d'original sur les officiers du monastère, ce qui se comprend, vu le peu de population des couvents trinitaires.

Le ministre doit tenir le chapitre particulier le dimanche; il n'est point de petit bail où ne soit mentionné l'assentiment des *religieux capitulants* ou de *la plus saine partie du couvent*. Certains actes importants, comme celui des religieux de Pontoise cherchant, en 1615, à s'unir avec les Déchaussés, exigent la présence d'un notaire. Il y a un secrétaire du chapitre dans les grands couvents.

Hors du chapitre, le ministre traite des affaires du couvent avec les *religiosiores fratres*, appelés au dix-septième siècle *assistants*, *discrets* (parfois *conseillers*, comme chez les Trinitaires Déchaussés de Faucon [2]). Dès 1661, à Marseille, deux discrets signent les comptes avec le ministre et le vicaire. Un ministre, ayant contracté une dette sans l'inscrire sur le livre, fut désavoué. Les constitutions de 1771 prescrirent d'élire annuellement les discrets au scrutin secret. Ils étaient rééligibles.

1. Bibl. Mazarine, manuscrit 1767, f° 5.
2. Archives départementales des Basses-Alpes, registre H 15.

CHAPITRE IX.

Les habitants du couvent.

Nombre. — Nous avons vu que le nombre des religieux, fixé primitivement à sept, fut ensuite arbitraire. De grands bienfaiteurs voulaient, en effet, dépasser les bornes trop étroites que la règle primitive fixait à leurs libéralités.

D'autres restèrent cependant en deçà. Jean de Doulieu, fondateur du couvent d'Estaires (ou Convorde), ne renta que quatre religieux, et sa femme un. Peut-être prévoyait-il que, trois siècles plus tard, l'un de ses descendants s'estimerait heureux de voir résider un religieux avec le ministre!

Saint Louis observa une semblable prudence, dans sa fondation de Fontainebleau (1259), en limitant le nombre des frères à sept (sans parler de deux qu'il garda avec lui), et se réserva de mettre plus de religieux dans ce couvent si le revenu croissait.

Plus confiant, Thibaut V de Champagne donna à Cerfroid des revenus pour vingt religieux de chœur. Ce couvent chef-d'ordre se maintint à ce haut niveau jusque dans le dix-huitième siècle [1].

Ce chiffre de vingt fut souvent dépassé par les Mathurins de Paris qui pouvaient être trente-quatre au milieu du qua-

---

1. Archives de l'Aisne, Inventaire B 3772, H 1433.

torzième siècle, sans préjudice de leurs hôtes accidentels.

Une autre fondation qui réussit est celle de Rieux, en Bretagne, où Jean de Rieux établit cinq frères, et sa femme deux, sans compter deux membres perpétuels de la famille de Cadoudal, se réservant le droit de saisir une partie du revenu si le nombre des moines était inférieur à sept; fâcheuse hypothèse qui ne se réalisa pas[1].

Nos religieux, devenus modestes au dix-huitième siècle, reconnaissaient que la latitude de se multiplier n'était pas une obligation. Dès le principe, d'ailleurs, les hôpitaux eurent moins de religieux que les couvents et ils atteignirent rarement le chiffre fatidique de sept.

Des épidémies ou des guerres causèrent l'abandon complet de certaines maisons. De bonne heure, le couvent du Fay (Oise) ne consista plus qu'en une ferme, et ce fut un titre à la collation du grand-ministre. Dans une grande ville comme Marseille, le ministre trouva en 1360 son couvent en ruines, absolument vide, et ne put qu'avec peine y nourrir un clerc avec lui. Les religieux d'Arles étaient si à l'aise dans leur couvent que, moyennant 10 florins d'or, ils en pouvaient louer une partie, de la Saint-Michel 1359 à Pâques 1360, aux religieuses Clarisses, dont le couvent avait été démoli par les habitants, par crainte des déprédations d'Arnaud de Servolles[2]. En vue de remédier à cette dépopulation, les Statuts de 1429 ordonnent que tout ministre ait avec lui au moins un clerc tonsuré; s'il n'en a pas, il devra s'en procurer un dans l'espace d'un mois. Cela ne s'applique pas aux prieurs-curés, dont la solitude n'impliquerait pas la pauvreté de l'ordre.

1. Voir la Monographie de ce couvent.
2. Revue : *Le Musée* d'Arles, I, 167. Le bail fut cassé par Pierre de Bourry, général.

Au dix-septième siècle, les Trinitaires Réformés ne veulent pas admettre dans leurs couvents *plus* de douze religieux, sans compter le ministre[1]. Il est vrai que, d'après un bref d'Urbain VIII (la Congrégation des Évêques et Réguliers le fit strictement observer[2]), un nouveau couvent ne pouvait être fondé que si la nourriture de douze moines y était assurée. Cette jeune congrégation resta fidèle à ce programme et compta dix religieux au moins par couvent.

Dans le Nord, au contraire, la situation était irrémédiable. Le P. Ignace, capucin, nous a transmis un proverbe populaire d'Arras : « *Chez les Trinitaires*, c'est le mystère de la Trinité, UN EN TROIS PERSONNES *et les trois ne font qu'un*, savoir le père ministre, frère Guillaume et « sa mequenne », c'est-à-dire sa servante[3]. »

Nationalité. — Rarement on spécifie de quel pays seront les moines qui habiteront un nouveau couvent. En général, le personnel se recrute dans la région même. Il est stipulé, en 1637, dans l'acte de fondation du couvent de La Cadière, que les enfants du lieu y seront reçus de préférence.

Parfois, des couvents d'Italie furent fondés pour des *nations* spéciales. En 1560, Gonzalve de Carvajal obtient du grand-ministre Thibaut Musnier la permission de ne recevoir, dans le couvent qu'il fonda à Naples, aucun habitant de ce royaume ni de la Sicile, mais seulement les religieux d'Aragon (le couvent en conserva le nom de *Trinità de Spagnuoli*), comme s'ils y étaient envoyés par le chapitre général. Avec

---

1. Edition des *Statuts* de 1586, p. 3 (feuille intercalaire de l'exemplaire de la Bibliothèque nationale, H 17769).
2. *Analecta juris pontificii*, t. XIV, p. 187.
3. *Mémoires du diocèse d'Arras* (manuscrit), t. VII, p. 433.

le temps, ce couvent reçut aussi des religieux italiens[1], et, le 13 juin 1663, le cardinal Ginetti, protecteur de l'ordre, édicta les règlements suivants :

I. Le couvent de Naples sera soumis au provincial d'Italie ;

II. Tous les religieux qu'enverra le général y seront reçus ;

III. Les Espagnols seront réputés de la province d'Italie ;

IV. Le ministre sera tantôt italien, tantôt espagnol ;

V. Le provincial nommera un vicaire, qui sera espagnol lorsque le ministre sera italien, et *vice versa ;*

VI. Un gradué espagnol, arrivant au couvent de Naples, devra remplir les conditions exigées pour ce grade en Italie[2].

A part cette unique exception, on ne pouvait recevoir dans les couvents que des religieux de la même province, puisque leurs constitutions différaient entre elles. Au dix-septième siècle, il fut défendu aux Trinitaires Déchaussés de passer chez les Chaussés[3] ; l'ordre des Chartreux seul était considéré comme plus rude. Tant en France qu'en Espagne, le général ne pouvait recevoir les évadés de la province de Portugal[4].

Ces restrictions ne s'appliquent pas aux dispenses de « naturalité » fréquemment accordées aux novices, comme à Benoît Magnaudi[5], natif du comté de Nice, venant pour habiter en France[6] (1633).

Stabilité. — On appelle ainsi le séjour perpétuel du reli-

---

1. Bibliothèque de Marseille, manuscrit 1215, f° 45.
2. Voir cette analyse dans la Table de Guerra.
3. Pour raison de santé, il fut permis à Fortunato a Rosa, Trinitaire Déchaussé de Turin, de passer chez les Réformés (*Registre des professions de Montpellier*, bref du 22 décembre 1714).
4. Bullaire, p. 306 (1er août 1573).
5. *Bulletin des Basses-Alpes*, t. II, p. 240.
6. Aux Pays-Bas autrichiens, par contre, un Français ne pouvait être que difficilement ministre d'un couvent.

gieux dans le même couvent. Saint Jean de Matha ne posa pas la question des maisons de profession. Dans la règle modifiée, tout religieux peut être déplacé par les définiteurs et le provincial, les frais étant à la charge de la maison d'où il part, pour trois raisons seulement[1] : soulagement des maisons, fondations nouvelles, scandale devant des séculiers. Ces religieux de la dernière catégorie sont appelés *diffiniti* (parce qu'ils sont renvoyés par les *diffinitores*); leur ancien ministre leur doit une pension annuelle de 30 sous[2], fixée à 60 en 1429; si le paiement régulier cesse, les exilés peuvent revenir.

La stabilité devait, d'ailleurs, être comprise dans un sens large, puisque, comme nous l'avons vu, bien des religieux étaient élus ministres hors de leur maison de profession, tant au Nord qu'au Midi.

Un couvent pouvait honorer l'un de ses enfants venus du dehors par *l'affiliation*[3] : c'est l'honneur qui fut conféré, le 14 avril 1780, à François Roux, ministre de Marseille, « dont le zèle à annoncer la parole de Dieu lui attirait les plus grands et les mieux mérités applaudissements ».

Les Réformés se plaignirent beaucoup de la façon abusive dont le général, Louis Petit, entendait la stabilité des membres de la congrégation. De même qu'il voulait appliquer à ses adversaires les peines portées contre les *conspirateurs*, de même il enlevait arbitrairement à leurs couvents les religieux qu'il pensait devoir être élus aux charges en vue; parfois, il allait jusqu'à les excommunier.

---

1. Sans compter les cas de maladie infectieuse, où le religieux recevait bien entendu la permission de quitter son couvent (pièce 267, relative à Paulin Bonnet, profès de Limoux).
2. Statuts anonymes, art. 33.
3. Trinitaires de Marseille, registre 9, p. 104.

C'était là un abus, car cette peine ne devait être portée que contre les apostats, dont le nombre était si grand qu'en 1520 Nicolas Musnier manda au ministre de Marseille de les contraindre à rentrer dans leurs couvents. Le fugitif n'était pas passible de l'excommunication s'il avait gardé l'habit de l'ordre[1]. Jean de May, profès de Cerfroid, qui avait quitté l'ordre par légèreté, encourut ainsi des censures dont le cardinal des Quatre-Couronnés, Antoine, le fit relever, à condition qu'il rentrerait dans son couvent[2].

Propriété. — Les Trinitaires rejettent seulement la propriété *dissimulée* : ils ne sont pas mendiants. « Celui chez qui sera trouvé après sa mort quelque objet *dissimulé*, lit-on dans les Statuts anonymes, sera traîné aux champs par les pieds et enseveli avec les chiens hors du cimetière. »

Un novice de Toulouse « légua » de quoi parachever le dortoir. Un religieux pouvait, étant au couvent, soutenir des procès à l'occasion de ses anciens biens. Il y en eut un exemple chez les Mathurins de Paris, en 1323. Bien plus, celui qui, étant moine, reçoit une donation individuelle, peut la conserver après le prélèvement du tiers des captifs, à condition de donner une clef de sa caisse et de rendre un compte annuel au ministre. Le prieur des Mathurins, Robert Bailleul, avec l'autorisation de son ministre, consacra 30 florins d'or à la réparation du dortoir[3].

Le 29 avril 1752, le chapitre provincial de Meaux[4] décida que les moines qui feraient, sans permission, un emprunt ou

---

1. *Statuts*, édition de 1719, p. 50.
2. Pièce 116.
3. *Recueil général des Obituaires*, t. I, p. 692.
4. Registre des visites des Trinitaires de Pontoise.

un achat dépassant 10 livres seraient privés de voix active et passive pour cinq ans et mangeraient à genoux au réfectoire, le mercredi et le vendredi.

Le supérieur devait donner à ses religieux l'argent de poche nécessaire, une pistole par an à Marseille, outre la chaussure et le savon. L'économe étant ordinairement sans ressources, il fut décidé, le 16 mai 1661, que le sacristain mettrait chaque semaine, pour subvenir à cet argent de poche, 3 livres de l'argent des messes dans le coffre aux trois clefs, gardées par le ministre, le vicaire et le premier discret [1].

Prohibitions. — Le religieux Trinitaire ne peut avoir ni faucons ni chiens, ni cheval de luxe ni palefroi, s'il n'est chapelain ou aumônier d'un prince ou d'un prélat, ni couteau, ni poignard, ni bourse.

Sont privés, trois ans durant, de voix active et passive ceux qui portent « *horologia portativa, gallice* des montres » et... des chemises [2]. Les prescriptions relatives au costume furent très fréquentes au dix-huitième siècle ; une enquête de cette époque reprochait aux Mathurins d'être poudrés et frisés comme de petits-maîtres.

Les *jeux* étaient prohibés de même. Les dés, les échecs, « et autres jeux déshonnêtes » sont interdits sous peine de quarante jours d'abstinence. Le joueur obstiné devra jeûner trois jours par semaine au pain et à l'eau, sans voix au chapitre pendant un an, réduit au rang de novice sans aucune dispense (1319). Les conspirateurs mêmes sont traités avec plus d'indulgence.

Les statuts de 1429 ne punissent que ceux qui jouent de

---

1. Trinitaires de Marseille, registre 6, f° 44.
2. *Ibid.*, registre 13, f° 39.

l'argent avec les séculiers[1]. Les jeux de paume et de dés sont autorisés deux fois par semaine au plus, jamais le dimanche; les séances de deux ou trois heures ne sont pas interdites d'une façon générale.

En 1700, Grégoire de La Forge prohibe les cartes à jouer (*ludus pictorum foliorum*[2]). On ne sait rien au sujet de l'usage du tabac; en 1782, il y eut au couvent de Faucon une saisie de prétendue contrebande chez un religieux, le P. Caire, qui prouva sa bonne foi.

NOVICES.

Seuls, les enfants légitimes peuvent aspirer à devenir Trinitaires. La profession solennelle d'un enfant naturel pourra cependant et devra être autorisée par le grand-ministre et le chapitre général[3]. Les postulants doivent avoir certaines aptitudes physiques, sans doute en vue des fatigues du voyage de rédemption : le ministre doit respecter ces prescriptions, à peine de déposition et ensuite de suspension.

Les profès d'un autre ordre, qui en étaient parfois le rebut, ne pouvaient être reçus[4]; le ministre qui aurait négligé de s'informer des antécédents d'un postulant était passible de l'excommunication. Cette règle était quelque peu tombée en désuétude, lorsqu'au dix-septième siècle les ennemis de Raymond de Pallas déclarèrent qu'il n'aurait pas dû être élu

---

1. Edition de 1586, pp. 34, 35.
2. Bibliothèque de Marseille, manuscrit 1213, p. 46.
3. L'irrégularité n'existe pas pour l'ordination, mais elle subsiste pour l'obtention d'une charge. Les *Analecta juris pontificii* rapportent que le pape donna, le 19 décembre 1845, une dispense à un capucin pour lui permettre d'être élu gardien.
4. Cf. Collection Doat, LXXIII, f° 433. Antoine Morell, général de la Merci, rend aux Prêcheurs de Toulouse deux de leurs religieux qui s'étaient fait admettre par surprise dans l'ordre de la Merci (4 septembre 1484).

vicaire général de la Réforme, ayant été Capucin. Il exhiba une dispense pontificale parfaitement en règle.

Saint Jean de Matha, en fixant l'âge de la profession à vingt ans, voulait assurer le recrutement solide d'un ordre fort actif. Gaguin abaissa pourtant cette limite à quinze ans pour l'Espagne, dans ses Statuts de 1497[1]. Comme les Déchaussés étaient revenus à la règle primitive, le pape Paul V déclara, le 14 août 1615, que les professions faites avant la vingtième année étaient valides[2].

Depuis l'adoption de la règle modifiée, le novice ne fut plus *in habitu suo*, mais *in habitu fratrum*. Il ne fut, d'ailleurs, jamais nécessaire au futur Trinitaire d'apporter une garde-robe aussi extraordinaire que celle dont devait être muni l'aspirant au couvent de Gellone[3].

L'année entière doit être accomplie au même couvent. Si Gaspard Lalance, envoyé de Metz à Paris, est renvoyé à Metz, c'est que l'air de Paris ne convient pas à sa santé[4]. Cerfroid était peut-être le noviciat principal pour la France du Nord, comme le prétend le P. Calixte[5]. D'ailleurs, l'Hôtel-Dieu de Meaux, d'après l'enquête de 1518, avait des novices qui étaient fort turbulents; il en était de même du couvent des Mathurins. Mais Cerfroid restait le noviciat le plus solennel, car c'est au chef d'ordre que François Bouchet, vicaire général, adressa, pour leur profession, les deux ermites qui fondèrent les Trinitaires Réformés.

Jacques Bourgeois demanda, en 1573, que le novice fût

1. P. de Vaissière, *ouvrage cité*, p. 50.
2. Bullaire de 1692, p. 392.
3. Bibl. nat., manuscrit latin 12 770, p. 175.
4. Archives de Lorraine, à Metz, liasse H 3779.
5. *Vie de saint Félix de Valois*, pp. 297-298.

envoyé dans un séminaire, si le couvent ne lui offrait pas une retraite assez studieuse. Le même réformateur jugeait bon que, si les parents ne pouvaient fournir la pension du novice, le couvent la payât[1]. Cette pension annuelle, qui était de 150 livres au couvent de Gisors (au dix-septième siècle), était réglée par des contrats passés entre les parents et les religieux[2].

Les conditions de ces réceptions ne furent point sans donner lieu à quelques scandales, à Toulouse notamment : plusieurs religieux, entrés malgré eux, demandèrent à rétracter leurs vœux, ou bien attendirent la fin de leur vie pour annuler une donation qu'ils n'ont pas cessé de regretter. En 1655, le frère Pomarède, menacé de voir sa profession contrariée, avait dû fonder cinq obits au prix de 12 livres 10 sols chacun, les hypothéquant d'ailleurs « sur des biens qui n'étaient que des prétentions litigieuses soutenues par ses sœurs ». Il déclare devant notaire, en 1691, qu'il se soucie peu de ces obits et annule sa donation.

Le chirurgien Guilhem Racher, battu et volé, eut tout juste assez de force pour venir confier au notaire Sicard les mauvais procédés dont les Trinitaires avaient usé à son égard[3].

Voici quelques chiffres de pensions données aux religieux : à Pontoise : 1,000 francs à Séraphin Cousin, tant pour ses habits que pour sa nourriture (1703); 3,000 à Couet, plus la pension du temps des exercices, du noviciat, l'habit de novice et de profession (1713); 2,500 à Charles Taillepied (1714).

Chez les Mathurins de Paris, d'Argenvilliers apporte 2,000 livres, — Porlier, 4,000, — Baudin, 5,000, — Bardouchet,

1. *Formula reformationis,* déjà citée.
2. Archives de l'Eure, Inventaire, H 1190 (1685).
3. Ces pièces sont tirées des Archives des notaires de Toulouse.

1,500, — Jean du Val, 4,000, plus 150 livres de pension viagère et 75 de surplus quand il sera prêtre.

Un contrat détaillé, passé entre les Trinitaires de Lens et le père du novice Albert de Thiennes, stipule que le père devra faire les frais du festin de profession.

Si les parents étaient récalcitrants, les religieux se pourvoyaient en justice. Un novice de Pontoise s'étant évadé, le procès pendant au bailliage en seconde instance fut « pacifié » moyennant 150 livres en trois paiements[1].

Une autre particularité se remarque dans ce registre capitulaire de Pontoise : chez les Réformés le novice change parfois de prénom. Charles Taillepied devient le frère Augustin[2].

Les Déchaussés furent encore plus rigoureux ; non seulement le profès perdait son nom « du siècle », mais il ajoutait à son prénom (parfois changé) une appellation liturgique : Antoine Laugier devint le P. Ignace de Saint-Antoine. Cette addition, chez les Trinitaires portugais, ne paraît pas impliquer l'entrée dans une congrégation Déchaussée.

FRÈRES LAIS.

Nous sommes fort peu renseignés sur ce dernier groupe d'habitants du couvent, appelés aussi convers et « donnés ». Avec le titre de *religieux novice*, Richard Barbotte, mathurin de Paris de la première moitié du dix-septième siècle, resta convers, toute sa vie, aux termes d'un contrat conclu entre ses parents et le général.

---

1. Registre capitulaire de Pontoise, fos 3, 20, 24 v°, 44. Au f° 39 se trouve un contrat de tontine, dont les ministre et religieux créanciers devaient percevoir les arrérages et accroissements pendant onze années (8 février 1714).
2. *Ibid*, f° 35.

L'histoire des hôpitaux nous montrera l'utilité des *donnés*. Étymologiquement, des personnes des deux sexes se *donnent* aux religieux, avec tous leurs biens, pour vivre dans un couvent pendant le reste de leur vie. M. Dupuis, dans son excellente monographie de Pontarmé[1], parle de Marguerite la Liède, qui s'était « adonnée » à l'Hôtel-Dieu de ce village, et pour laquelle Gaguin fait évoquer un procès au Châtelet. Un manuscrit d'Arles cite la « profession » de *Sibilia de Nigro*, qui reçoit, sur sa demande, l'habit de l'ordre en jurant de ne jamais le quitter[2]. Ces données sont désignées par cette expression de *soror ordinis* qui a fait croire à l'existence fort ancienne de religieuses de l'ordre. Les *donnés*, qui chez les Trinitaires Déchaussés récoltaient les aumônes, portaient l'habit sans capuchon et émettaient les trois vœux, durent, après leur abolition, être reçus au nombre des laïques ou convers[3] (29 octobre 1634).

Un jardinier des Trinitaires de Pontoise demanda l'habit des frères convers. Ceux-ci sont astreints à une probation de trois ans et admis à faire leur coulpe au chapitre; leur costume est plus court de deux doigts que celui des religieux.

Les laïques prêtaient le serment de ne jamais passer à l'état clérical. Alexandre VII confirma cette prohibition le 13 janvier 1663. Leur habit était de couleur rousse; on décida, en 1719, de leur rendre l'habit blanc. Le 10 mars 1786, la Congrégation des Évêques et Réguliers décréta[4] que les laïques passant à l'état de religieux de chœur ne pourront avoir voix

1. *Ouvr. cité*, pp. 32 et 77.
2. Pièce 82.
3. Trente et unième bulle d'Urbain VIII contenue dans le Bullaire.
4. Calvo, *Resumen de los privilegios*, p. 585.

active ou passive qu'à la condition d'être spécialement habilités à cet effet.

On peut rendre bon témoignage des traitements des Trinitaires envers leurs domestiques. Millin a rappelé, après bien d'autres, l'épitaphe du « léal Mathurin qui céans porta pain et vin ». Les Trinitaires de Toulouse décidèrent, en 1767, de « recevoir » Jacques Besian, qui était à leur service depuis près de dix-huit ans, et de lui assurer par an 48 livres de vestiaire[1].

HÔTES ACCIDENTELS.

A côté des habitants permanents du couvent, il y avait des hôtes temporaires de toutes conditions.

Les guerres de religion du Midi amenèrent chez les Trinitaires de Mirepoix, en 1576, un pauvre ermite de la Roque-d'Olmes[2]; par une curieuse coïncidence, à cette même époque, dans le nord de la France, un fait analogue était la cause de l'établissement des Trinitaires Réformés. Les Trinitaires de Toulouse logèrent l'évêque de Pamiers, Bertrand de Parron, qui leur fit, en 1579, un legs consistant dans la remise d'une dette[3].

Le couvent de Caillouet, près Chaumont-en-Vexin, eut en Charles de Mouchy, seigneur de Caveron, un hôte distingué, qui donna 850 livres par an pour être soigné, avec son domestique (6 février 1669). Il était confrère de l'ordre et fonda une procession du scapulaire de la confrérie afin de développer la dévotion du peuple.

Plus encombrant était François Sevin, « infirme de corps

1. Trinitaires de Toulouse, registre n° 84, p. 33.
2. Pièce 130.
3. Pièce 148.

et d'esprit, » fils de Thierry Sevin, seigneur de Miramion, que les mêmes religieux de Caillouet s'engagèrent à loger, chauffer, faire panser, médicamenter, traiter doucement et humainement, moyennant 4,500 livres (27 octobre 1685)[1].

Grégoire de La Forge, général, fit transporter chez lui, aux Mathurins, un de ses parents, qui y mourut[2].

Une enquête de 1747 nous montre que le ministre de Bastogne (Luxembourg) avait des pensionnaires pour la table.

Les Trinitaires de Metz sont choisis par le président de la Salle pour loger jusqu'à la fin de ses études un jeune homme auquel il s'intéresse[3].

On n'oserait compter comme hôtes les clients du cabaret qu'un sacristain du couvent des Mathurins installait dans une salle; mais, dans tous les autres cas, les religieux firent bien d'accueillir des hôtes susceptibles d'accroître leurs modestes revenus.

---

1. Archives départementales de l'Oise, Trinitaires de Caillouet, liasse Caillouet.
2. Mention dans le Nécrologe des Mathurins, au début.
3. Pièce 343.

CHAPITRE X.

Conditions de fondation des couvents.

Tout établissement nouveau étant une concurrence pour les couvents antérieurs, l'évêque, protecteur des religieux, intervient pour fixer des conditions aux nouveaux arrivants : l'indemnité aux premiers occupants est juste en soi, l'excès seul des exigences est blâmable.

Pas de couvent sans église ou tout au moins sans chapelle ; la nouvelle paroisse pourra offrir quelques avantages à un certain nombre de paroissiens de l'ancienne église, qui court le risque d'être désertée. L'évêque laisse construire l'église des religieux; plusieurs donations, telles que celles d'Arles et de Marseille en 1203, de Limoux en 1234[1], montrent que la construction est non seulement prévue, mais même commencée. Seulement, il sera défendu aux Trinitaires d'attirer, par trop d'avantages, les paroissiens primitifs : il sera de plus imposé des bornes aux libéralités des fidèles.

Ces conditions de fondation, quelque nombreuses et variées qu'elles paraissent être, se retrouvent toujours en gros, en quelque pays que ce soit et de quelque époque qu'il s'agisse. Elles sont analogues à Douai en 1256, à Alfaro en Ara-

[1]. Pièces 2 et 10.

gon[1] (1660), et en 1743 à Marseille[2]. Elles sont tellement de l'essence de tout nouvel établissement religieux que les Trinitaires qui les subissent, lors de leur fondation, les imposent eux-mêmes aux religieux plus récemment fondés.

Ces conditions peuvent être classées sous un certain nombre de rubriques, qui embrasseront ainsi la plupart des cas.

Juridiction. — L'évêque garde son droit de visite; il impose au ministre la venue aux synodes épiscopaux. A Digne même, l'évêque Antoine Guiramand, dans sa convention avec Antoine Creissas, religieux de Montpellier (1495), se réserve le droit de choisir le ministre en cas de vacance et perçoit deux écus d'or comme droit de provision[3].

Cimetière. — Les Trinitaires ne pourront *primitivement* en avoir un que pour les Frères, ainsi que pour les malades qui mourront dans leur hôpital (Douai, Marseille, Toulouse, Arles). Quant à leurs hôtes et à leurs locataires, ils seront réputés paroissiens de l'église cathédrale ou paroissiale.

A Estaires, les Trinitaires ne pourront enterrer leurs hôtes qu'en laissant au patron de la cure la moitié des oblations. A Châlons, les personnes étrangères ne pourront être ensevelies au couvent des Trinitaires, même si elles y ont choisi leur sépulture. Ces conditions ne furent pas immuables, comme nous le verrons.

Oblations. — L'évêque et son chapitre en retiennent la moitié (Arles, Marseille, Châlons), quelquefois deux tiers (Arras) ou même la totalité (Limoux), sauf celles de la fête du patron de l'église, qui appartiennent entièrement aux Frères.

1. Bullaire, pp. 548-553.
2. *Iconographie des sceaux des Bouches-du-Rhône*, p. 221.
3. Gassendi, *Notitia ecclesie Diniensis*, p. 116.

Le chapitre de Toulouse ne retient rien des oblations mortuaires des religieux ni des morts de l'hôpital. A Douai, le chapitre de Saint-Pierre ne demande qu'un tiers des oblations quotidiennes.

Messe. — Les Trinitaires de Châlons ne la diront qu'après que la messe paroissiale aura été célébrée, et encore devront-ils la dire portes closes et à voix basse. Par contre, le chapitre de Saint-Etienne de Toulouse leur impose deux messes par an, une du Saint-Esprit le vendredi de Quasimodo, une des Morts le mercredi des Cendres.

Legs. — A Arras et à Douai, le chapitre retient un quart des legs faits aux religieux. A Estaires, l'abbé de Choques, patron de la cure, n'élève de prétentions que sur les biens meubles.

Redevances. — Les Trinitaires d'Arles devront donner au chapitre un marc d'argent par an (réduit plus tard à un demi [1] et équivalent au dix-huitième siècle à 2 livres 8 sous)[2]; ceux de Toulouse, 2 florins d'or (réduits, le 28 janvier 1536, à 3 livres 5 sous). A Arras et à Digne, nos religieux devront payer la dîme de tous leurs biens; à Estaires, un droit annuel de 13 sous seulement.

Cloches. — Il n'en est question qu'à Arras; les Trinitaires n'y pourront avoir que deux cloches, avec un homme pour les sonner.

Agrandissements. — Le couvent d'Arras ne pourra se développer sans la permission du chapitre; celui de Douai devra avoir l'autorisation de l'échevinage. A Toulouse, le cou-

1. Bibl. nat., nouv. acq. lat. 1367, p. 141.
2. Bibl. d'Arles, manuscrit de l'abbé Bonnemant, n° 159, p. 53.

vent qui n'aura que trois portes ne pourra s'étendre de plus d'un arpent dans la paroisse Saint-Etienne.

Le serment d'observer la transaction est parfois imposé aux religieux. Saint-Jean de Matha le prêta lui-même à Arles, au mois d'octobre 1203, pour lui et ses successeurs. A Toulouse, chaque ministre devait le prêter, ainsi que, à Arras, chaque religieux, lors de sa profession.

Telles sont les conditions primitives. Les services rendus par les Trinitaires et la protection de saint Louis amenèrent une notable détente.

L'évêque de Marseille, Raymond de Nimes, trouva un biais ingénieux pour sauvegarder les principes. Comme d'autres transactions avaient été conclues depuis celle de 1203, et qu'on ne savait à laquelle il fallait se conformer, il approuve la transaction de 1203 et par là nous la conserve, car l'original en est perdu, et décide que toutes les oblations appartiendront, moyennant un droit annuel de 50 sous, au ministre et aux Frères[1].

Ces conditions de fondation n'étaient donc pas une marque d'animosité particulière. Les mêmes Dominicains qui, en 1667, s'opposaient à l'établissement des Trinitaires Déchaussés à Faucon, leur font un prêt de 1200 livres en 1751[2]. Les évêques, sévères pour nos religieux au moment de leur entrée, leur prodiguèrent ensuite les mandements en faveur de l'œuvre du rachat des captifs.

---

1. Sources : *Arles*, copie de Mortreuil, manuscrit cité. — *Arras*, le P. Ignace, *Mémoires du diocèse d'Arras*, t. VII, p. 433. — *Douai*, ibid., t. V, p. 362. — *Estaires*, premier carton des Trinitaires aux Archives du Nord. — *Limoux*, Collection Doat, t. XCVII. — *Marseille*, nombreuses copies à Paris et à Marseille. — *Toulouse*, registre 86 aux Archives départementales, p. 22.
2. Pièce 306.

La paix était mieux assurée lorsqu'un laïque ménageait un accord honorable pour les deux parties. Raoul Arondel indemnise le curé de Brou (Seine-et-Marne) de sorte que celui-ci permettra que les corps de ses paroissiens soient apportés dans l'église trinitaire de « l'Honneur-Dieu »; mais les religieux sont tenus, en leur âme et conscience, d'appeler le curé pour lui remettre les oblations auxquelles il a droit. La balance fut ainsi tenue égale entre les deux églises, ce que montre un seigneur de Pomponne se faisant enterrer à l'église de l'Honneur-Dieu, mais donnant au curé de Brou une somme égale à celle qu'il lègue au ministre des Trinitaires[1].

Les seigneurs confèrent surtout aux Trinitaires, de l'assentiment de l'ordinaire, des cures dont la collation leur appartient : tel Henri de Bar fondant les Trinitaires à Lamarche en 1238. Deux clauses se rencontrent uniformément dans ces donations : limitation des nouvelles acquisitions et précautions contre le départ éventuel des bénéficiaires.

L'autorisation du seigneur est indispensable pour toute nouvelle acquisition, gratuite ou onéreuse. En Hainaut, au dix-septième siècle comme au treizième, les donations ont toujours pour témoins les hommes de fiefs ou féodaux, ce qui donne plus de solennité[2]. C'est par une faveur spéciale qu'en 1294 Guy de Dampierre, comte de Flandre, permet aux Trinitaires d'Hondschoote de garder les possessions acquises « sans le congiet de sa chère mère et sans son assent[3] ».

Les limitations sont imposées, soit dans le temps, soit dans l'espace. Henri, comte de Vianden en Luxembourg, permet aux Trinitaires de faire librement, pendant cinq ans, toutes les

---

1. Pièce 84.
2. Cartulaire de Lens, *passim*.
3. Archives communales d'Hondschoote, reg. GG 79.

acquisitions possibles[1]. — Thibaut V de Champagne autorise les Trinitaires de Troyes à acquérir en franchise dans ses fiefs et arrière-fiefs jusqu'à soixante livrées de terre, à condition de ne point acquérir dans chaque fief plus de la moitié de celui-ci[2]. Sagement, les religieux ne dépassèrent jamais cette limite et ne furent sujets à aucun droit d'amortissement.

Dans ces terres acquises par les religieux, les seigneurs, à l'exemple du roi, gardaient leur droit de justice[3]. Soixante ans après la fondation de Cerfroid, Guillaume de Montigny, chevalier, possédait encore ce droit dans l'enclos du monastère[4].

Souvent, le seigneur exige un droit de suzeraineté : à Terraube, c'est la nomination du ministre; à Mirepoix, c'est une voix; à Rieux, deux voix dans cette élection et une paire de gants blancs[5]. A Taillebourg, le seigneur perçoit une « pelote » et la *course* de la pelote, qu'il commue en quatre boisseaux d'avoine, puis trois seulement, le 26 juin 1682.

Comme condition originale, il faut signaler, à Rome, la part que retient le seigneur sur les trouvailles archéologiques qui pourraient être faites dans le terrain sur lequel il a gardé un cens. Pour ce qui se peut diviser, les religieux auront un tiers et le seigneur les deux autres, mais quand il s'agira de marbres et de statues, les religieux seront contraints de vendre leur tiers au seigneur[6].

1. Miraeus, *Opera Diplomatica*, t. IV, p. 554.
2. Archives nationales, S 4267, n° 13.
3. Pendant la durée de la foire concédée aux Trinitaires de Taillebourg, les officiers du seigneur avaient haute, moyenne et basse justice (Gaston Tortat, *Répertoire des titres du comté de Taillebourg*, p. 336).
4. Dom Toussaints du Plessis, pièces de 1258.
5. Archives nationales, S 4269^A : petit cahier relatif au couvent de Rieux.
6. Archives de Seine-et-Oise, Mathurins de Pontoise, 2me carton.

En échange de ces donations, les seigneurs imposent des messes. Henri de Bar demande une messe tous les jours; Philippe de Nanteuil une messe anniversaire, à la fois dans le chapitre général et dans toutes les maisons de l'ordre[1]. Le seigneur de Rieux indique avec précision qu'il veut être enterré sous les marches de l'autel, « de façon que, quand le prêtre officiera, il soit placé au-dessus du milieu de mon ventre[2] ». Le seigneur de Coupvray, Louis de Guéméné, stipule que les religieux viendront dire la messe au château[3].

Mais, plus encore que les chapitres, les seigneurs subordonnent leurs donations au séjour des religieux au point précis où ils ont été établis (notamment donation de l'hôpital de Montmorency par le duc Henri au mois d'août 1601). Jean le Blas, écolâtre de Saint-Amé de Douai, a formulé la plus sévère des exigences (1256); il ne se contente pas de dire que les biens des Trinitaires, si ceux-ci quittent Douai, reviendront à l'hôpital de Saint-Samson de cette ville, mais spécifie dans son testament du 14 décembre 1283 que les Trinitaires n'auront rien de ce qu'il leur lègue, s'ils ne vont demeurer à la porte d'Esquerchin[4].

Ces conditions ainsi fixées, les relations étaient bonnes entre les seigneurs et les religieux : plus ils avaient pris de part à leur fondation, plus ils s'intéressaient aux Trinitaires; beaucoup d'entre eux même, comme des Montmorency[5], des

---

1. Archives nationales, L 947.
2. *Ibid.*, S 4269ᴬ.
3. Dom Toussaints, pièce 633.
4. *Société d'agriculture, belles-lettres...* de Douai, 2ᵉ série, tome XIV, p. 320.
5. Inventaire de Cerfroid en 1634, aux Archives de l'Aisne, H 1431, nº 119. Pour les autres, voir les Monographies des couvents.

Rieux, des Galard-Terraube, se faisaient ensevelir dans l'église de nos religieux.

Il n'a été question jusqu'à présent que du *droit* primitif, pourrait-on dire. Or, dans le courant du dix-septième siècle, se manifestèrent des préoccupations nouvelles en matière de fondations, causées par les exigences des *communautés d'habitants*. Ce n'est pas qu'elles eussent jamais perdu toute influence. Ainsi la commune d'Arles limitait très sévèrement en 1229 les acquisitions ecclésiastiques, sauf celles de l'archevêché et du chapitre, et s'y réservait toute justice; elle prohibait même les legs et donations entre vifs de toute terre en vigne située à Arles ou dans son « tènement » à une maison ecclésiastique[1]. Nous avons vu qu'à Douai les Trinitaires ne pouvaient faire aucune acquisition sans la permission de l'échevinage. Cette sujétion, parfois gênante quand il s'agissait d'affaires demandant une prompte solution, comportait cependant quelques avantages : si les Trinitaires venaient à être expropriés pour une cause d'utilité publique, comme la construction de fortifications, ils pouvaient prétendre à de fortes indemnités.

Les magistrats municipaux, tant du Nord que du Midi, en arrivèrent à *donner* ou à *refuser* l'autorisation de fonder un nouveau couvent. Vraiment soucieux des intérêts de leur ville, les consuls hésitent à admettre de nouveaux religieux qui pourraient être à charge à la population. Le pape Urbain VIII lui-même n'avait-il pas interdit la fondation des couvents qui n'auraient pas, dès le début, les revenus suffisants pour nourrir douze religieux? L'archevêque de Rouen n'admet les Trinitaires qu'à condition qu'ils ne quêtent point. Il était pro-

---

1. *Bibliothèque d'Arles*, manuscrit 159, p. 323.

cédé, au dix-septième siècle, à une véritable enquête d'utilité publique, à une sorte de *referendum* auprès des couvents existants. Le non-accomplissement de ces formalités pouvait causer de sérieux inconvénients; le recteur de Sainte-Marie du Pin, à Barcelone, n'hésita point, en une semblable occasion, à démolir le maître-autel des Trinitaires; ceux-ci, s'étant plaints au pape, furent dispensés de cette formalité pour l'avenir[1]. Mais le pape n'avait rien à prescrire aux communautés d'habitants.

Les Trinitaires, établis depuis 1645 à Saint-Quinis, furent d'abord repoussés à Brignoles, en 1661, par l'assemblée municipale, à la majorité de trente-deux voix contre dix-huit. Ils furent néanmoins admis l'année suivante, après avoir promis de ne point faire de quêtes.

Dans la Provence, diverses obligations leur furent imposées quant à la prédication et aux offices. Ainsi les Trinitaires de La Cadière devaient attendre les consuls pour dire la messe conventuelle, le jour de la Trinité; or ceux-ci, étant arrivés alors que l'office était presque fini, portèrent plainte au Parlement d'Aix, qui les débouta (15 novembre 1769)[2]. Les religieux devaient demeurer en nombre suffisant pour soigner les malheureux atteints de la peste.

1. Analyse dans la table de Guerra, IV, 165.
2. L'abbé Giraud, *Monographie de La Cadière*, p. 55.

CHAPITRE XI.

L'histoire générale des couvents trinitaires.

L'histoire des couvents trinitaires est surtout celle de leur ruine graduelle. Nous pouvons croire sur parole les religieux dans les lamentables exposés de leur pauvreté faits, à diverses époques, dans d'innombrables requêtes pour des dispenses d'impôts. Thibaut de Champagne trouve les religieux de Cerfroid *exiles et tenues*[1]. Thibaut de Nanteuil dit, en 1252, qu'au couvent des Mathurins de Paris réside une grande multitude d'étudiants *in magna penuria temporalium*[2].

Nombreux sont les couvents dévastés par des incendies ou des guerres; nos religieux eurent plus que leur part dans la « désolation » des églises de France. Un ordre pauvre est plus durement frappé qu'un autre, parce qu'il a moins de moyens de se relever. Le couvent trinitaire de Saint-Gilles, dévasté en 1562, disparut à tel point que l'on ignore aussi bien l'époque de sa fondation que les circonstances de sa disparition. L'incendie de Toulouse, en 1511, causa un grand trouble aux Trinitaires : « Ils furent obligés de mendier pour vivre, rapporte Grégoire Reynès, parce que la plus grande partie de leurs débiteurs refusaient de payer leurs rentes, sachant la

---

1. Voir la monographie détaillée.
2. Donation d'une rente sur la ville de Crépy.

perte que les religieux avaient faite de leurs [titres[1]. » Le 28 mai 1534, le sénéchal de Toulouse permit que les Trinitaires fissent signer par un notaire tous les actes qu'ils pourraient retrouver au sujet de ces créances.

Les guerres de religion, tant du Nord que du Midi, ruinèrent un grand nombre de couvents. Pendant dix ans, à cause des incursions des hérétiques, Jacques Bourgeois ne put prendre possession de son couvent de Convorde et c'est une des raisons qu'il allègue pour en demander la suppression. Les dévastations commises par les huguenots dans les couvents trinitaires de Montpellier et de Castres sont attestées par les suppliques de ces religieux. Pendant cinquante ans, le ministre de Montpellier ne put entrer dans cette ville et séjourna à la campagne[2]. Les habitants de Castres furent condamnés, par arrêt du Parlement de Toulouse, à rebâtir le couvent trinitaire qu'ils avaient détruit cinquante ans auparavant[3].

Sans avoir subi tant de catastrophes, les couvents de Champagne n'étaient pas en meilleur état, témoin la saisie du revenu temporel de celui de Châlons-sur-Marne, faite à la requête du procureur du roi, faute d'un nombre suffisant de religieux pour célébrer le service divin, réparer et entretenir les bâtiments de cette maison, ruinée et démolie au passage de l'armée de l'empereur Charles-Quint[4]. Mainlevée en fut accordée le 14 octobre 1546. Mais la situation s'améliora si peu que le P. Fadois, ministre en 1690, ne pouvait faire subsister ce couvent que par les libéralités particulières de sa mère.

---

1. Pièce 241.
2. Archives de l'Hérault, liasse non cotée.
3. Archives du Parlement de Toulouse (table), B 259.
4. Trinitaires de Châlons, inventaire de 1742-1744, p. 1.

Certains couvents avaient été entièrement abandonnés : La Perrine, près de Saint-Lô, était gouvernée (depuis 1496) par des prieurs commendataires; l'ordre de la Trinité réclama que la possession lui en fût rendue, et le dernier prieur, Pierre Cotel, fut condamné à rendre les titres et le prieuré au trinitaire Jean Maillet [1] (1588).

Si nous passons en Flandre, nous trouvons des dispenses d'impôt accordées, le 13 septembre 1605, pour 18 ou 20 florins dus par les religieux d'Orival. Les religieux de Lens furent éprouvés au temps des guerres dont les Pays-Bas furent le théâtre sous Louis XIV. Antoine Dachier nous a laissé un journal des pertes de son couvent. Pendant six ans (1672-1677), il fut impossible de labourer. Les archives avaient été déposées à l'abbaye de Cambron, qui fut pillée tant par les Espagnols, alliés des Hollandais, que par les Français [2].

A cette époque, les couvents de la généralité de Paris, énumérés dans les *Mémoires dressés pour l'instruction du duc de Bourgogne* [3], sont moins pauvres qu'on aurait pu le croire. Mais ils étaient à la merci d'un accident. Un orage, le 20 août 1702, causa 5,000 livres de dégâts dans l'église Saint-Jacques de La Veuve, où il y eut deux pieds d'eau; il était difficile de la réparer, car les ouvriers étaient fort rares et le prix des matériaux était doublé [4].

La modicité des récoltes de 1760 met en fâcheuse posture les Trinitaires de Toulouse, qui, pour les nécessités urgentes, doivent emprunter 1,000 livres [5] (14 mars 1761).

---

1. DE GERVILLE, *Etudes sur le département de la Manche,* passim.
2. Cartulaire de Lens. Pièce 236.
3. Publiés par M. DE BOISLISLE, pp. 37, 38, 50, 52, 70, 73, 85, 181, 311.
4. Liasse 53ᵉ des Trinitaires de Châlons.
5. Trinitaires de Toulouse, registre 84, p. 25.

Le couvent de Pontoise est, en 1768, assiégé par une foule de créanciers, ne pouvant plus tenir contre leurs poursuites et se trouvant hors d'état de satisfaire aux dettes de la maison, attendu que les revenus sont tous saisis depuis trois ans à la requête de bouchers, boulangers, épiciers, marchands de vin, de bois, cordonniers, serruriers, maçons et autres, qui sont affamés d'argent. Le 27 février 1768, l'assemblée des cinq Pères accorde un emprunt de 12,000 livres. Indépendamment des dettes (11,048 l.), le déficit annuel était de 854 livres [1].

A la veille de la Révolution bien des couvents ne pouvaient plus subsister, et la Commission des Réguliers fit bien de porter une main hardie dans cet édifice vermoulu; mais déjà il était trop tard.

Ce n'est pas tout d'avoir constaté la pauvreté des Trinitaires, il faut en voir les raisons. Ils peuvent alléguer que leur ordre ne fut jamais très nombreux, mais leur négligence est la grande coupable et ils furent privés de certains privilèges par leur faute. L'exemption de la dîme ayant été contestée en 1759 par les Bénédictins de Vitry-le-François, les Trinitaires ne trouvèrent aucun titre à leur opposer [2] et perdirent leur procès.

Ils avaient pourtant de nombreux émoluments, tels les étaux de boucherie des Mathurins de Paris; comme ces étaux n'étaient plus assez productifs, les religieux s'en dessaisirent, vers 1710, déclarant imperturbablement qu'ils ne se souvenaient pas d'en avoir jamais joui.

A Arras, ils avaient reçu, en 1252, une table de change (*tabula nummularia*). L'échevinage bâtit la Maison-Rouge sur

---

[1]. Cartulaire de Pontoise, fos 54 et 68 v°. — Le rédacteur attribue ce malheur à la mauvaise administration de son prédécesseur.
[2]. Archives de Metz, H 3774, n° 7.

la Petite-Place, en 1437, et Philippe le Bon accorda aux religieux un espace de 10 pieds carrés pour les indemniser de cette table[1].

A Limoux, ils exerçaient de véritables droits seigneuriaux. Le syndic des religieux était autorisé « à lever sur chacun des habitants *extra muros* qui cuiront du pain pour la vente aux fours publics, 12 onces un quart de pâte, poids de marc de Montpellier, par setier de blé, à la charge par eux d'entretenir les mandataires nécessaires pour le service des fours[2] ».

A Lérinnes, le ministre avait une cour de justice, ainsi qu'à Tourinnes, qui en dépendait[3].

Les revenus ordinaires des Trinitaires, en ville, consistaient dans des maisons qu'ils louaient ; à la campagne, ils avaient des fermes très importantes. Ceux de Toulouse avaient à Vénerque une métairie qu'ils firent déclarer *franche*, malgré les consuls. Ceux-ci, y ayant envoyé loger des gens de guerre, furent condamnés par la Cour des aides de Montpellier à rembourser 20 livres aux Trinitaires[4]. Cette « metterie noble de labourage de deux paires de bœufs » servait à loger les religieux convalescents. De même, le château des Damoiseaux, à Bièvre, était pour les Mathurins un lieu de promenade, où leur général, Grégoire de La Forge, les conduisait souvent, sans qu'ils se crussent tenus envers lui à la moindre reconnaissance[5].

Par contre, les Trinitaires de Lens avaient une maison de refuge à Mons ; seulement, le ministre Guillaume Watten

---

1. D'Héricourt, *Les rues d'Arras*, t. II, p. 251.
2. *Inventaire du Parlement de Toulouse*, B 397.
3. Bibliothèque de Bruxelles, fonds Goethals, manuscrit 250.
4. Trinitaires de Toulouse, registre 86, pp. 67 et 76.
5. Bibl. Sainte-Geneviève, manuscrit 510 (au début).

l'avait mal choisie, « n'y ayant ni fenêtre, ni grenier, ni écurie [1] », et on dut la revendre, à perte probablement.

La perception de leurs rentes fut leur grande et légitime préoccupation. Leurs archives ne contiennent que des sentences contre les mauvais payeurs, les expulsions des emphytéotes et bien peu de pièces historiques. D'ailleurs, les Mathurins de Paris, pour se faire payer d'une rente de 60 livres par les habitants de Crépy-en-Valois, firent preuve de la plus grande persévérance; pendant plus d'un siècle et demi, ce couvent mérita tout spécialement la réputation d'un couvent *pratique*[2].

Les quêtes amenèrent d'âpres conflits entre les Trinitaires et les Pères de la Merci. Ces questions d'argent étaient, d'ailleurs, les pierres d'achoppement des relations entre ordres religieux.

Ils évitaient adroitement bien des dépenses extraordinaires. Par exemple, en 1636, on avait fait choix du couvent trinitaire d'Arras pour loger les soldats espagnols blessés au siège de cette ville. Ils firent tant qu'ils amenèrent l'archiduc Léopold d'Autriche à prendre plutôt le palais épiscopal[3].

Quant à payer moins, les Trinitaires ne s'en faisaient pas faute. Ils prétendaient n'être soumis à aucun impôt local. Sommés par le magistrat d'Hondschoote de payer les impôts pour les terres qu'ils occupaient, ils passent la frontière et en appellent au bailliage d'Ypres, qui retient la cause et condamne le magistrat, d'où requête au Conseil privé (21 janvier

---

1. Pièce 236.
2. Les Mathurins de Paris, ayant reçu de Jean de Ruel la terre de Bièvre, où *Charles V se retint la justice*, trouvèrent moyen de se l'attribuer et de se la faire même confirmer par Charles VI !
3. Pièce 179.

1702). Cette sentence d'Ypres est jugée « attentatoire à l'autorité du Grand Conseil », et les Trinitaires « fatiguent en vain la communauté par de continuels procès »; leur conduite est « d'autant plus préjudiciable au public qu'il doit supporter tout le fardeau des tailles, pendant que les religieux s'en exemptent par des voyes si peu convenables à leur caractère, alors que les religieux des Flandres les payent sans résistance [1] ». Ces sévères considérants n'empêchèrent pas de nouvelles contestations sur la réparation des chemins voisins de leurs propriétés.

Malgré leurs précautions, ils ne présentèrent pas en temps leurs baux, à Marseille, et furent, par faveur spéciale et secrète, condamnés à une amende de 100 livres, la moitié de l'amende ordinaire [2].

Quelque grande que fût leur pauvreté, les couvents trinitaires surent cependant s'entr'aider. En 1604, François Petit, avec permission du chapitre général, donne à Guillaume Watten, prieur d'Estaires, 50 livres à prendre sur la ministrerie de Lens [3]. Au dix-huitième siècle, les Mathurins de Paris avaient beaucoup de rentes sur les couvents de Clermont et de Mortagne, aimant mieux emprunter à leurs confrères qu'à des étrangers [4].

Dans les circonstances critiques, les différents couvents savaient se cotiser. On vit tous les Réformés faire, à plusieurs reprises, des dépenses importantes et longtemps vaines pour obtenir la réunion à leur province du couvent d'Avignon [5].

---

1. Archives communales d'Hondschoote, registre AA 1, p. 340.
2. Pièce 263.
3. Cartulaire de Lens, année 1604.
4. Archives nationales, LL 1545, *passim*.
5. Une autre liasse de Marseille nous montre un effort analogue pour

L'Hôtel-Dieu de Lisieux ayant été incendié le 23 décembre 1770, les religieux de Paris, Fontainebleau, Mortagne donnèrent 540 livres pour aider à sa reconstruction. Loyer, ministre de Meaux, transmit la somme aux sinistrés[1]. La solidarité seule pouvait les préserver de la ruine complète.

Les petits couvents de la campagne ne purent se sauver que par la *dépendance* d'un plus puissant couvent, là où ils purent éviter d'être *réunis*.

Cette dépendance était souvent la conséquence de l'aide prêtée par l'ancien couvent au nouveau, qui n'était plus que sa succursale. La maison de La Veuve, fondée en 1234, dépendait du couvent de Châlons; telle était aussi la condition du couvent de Péronne relativement à celui, plus ancien, de Templeux.

La tutelle s'exerçait même sur des couvents lointains. Ainsi, le couvent de Saint-Faron de Meaux céda aux Trinitaires le prieuré de Saint-Vincent de Rouvray[2], près Forges-les-Eaux. Le ministre de Meaux le donne à ferme à quelque religieux pour dix ou vingt ans, moyennant certaines redevances.

Le couvent qui eut plus de dépendances est celui des Mathurins de Paris. C'est à Robert Boulanger, ministre, qu'est cédé en 1324 le prieuré de Dinard; c'est au couvent des Mathurins que se transporte le grand-ministre pour signer le contrat de cession. Cette dépendance se manifestait par le paiement annuel de 35 sous au ministre de Paris, le jour du chapitre général[3].

le couvent de Lyon qui, n'ayant pu prospérer, fut cédé à la province de France à condition qu'elle en payerait les dettes.

1. Archives nationales, S 4278, n° 4.
2. Son Cartulaire est conservé aux Archives nationales, LL 1553-1554.
3. Archives nationales, registre S 4284, p. 122.

Le prieuré de Dinard était un « membre immédiatement dépendant du couvent de Paris ». Parfois, le ministre présente à l'évêque de Saint-Malo le prieur-curé, parfois, au contraire, l'official s'adresse au ministre, en lui recommandant un sujet « tout à fait digne d'obtenir ce bénéfice ». Apparemment, la collation était alternative.

Lorsqu'il n'y avait cependant plus de rémission possible et qu'il était vain d'espérer que le couvent arriverait jamais à acquitter ses fondations, l'une des deux solutions suivantes[1] s'imposait : la *réunion* (*reductio*) ou le *bail*.

Jacques Bourgeois nous a fait connaître à la fois le principe et l'application de la *reductio*. Dans l'édition qu'il a donnée des Statuts de 1429 (pp. 80, 81), il dit que les biens pouvant rester au couvent supprimé sont partagés en deux fractions, consacrées, la première à l'entretien du prêtre qui acquitte les fondations, la seconde à des bourses d'écoliers nommés par les quatre provinces. La maison du Bourget, d'abord baillée à un cardinal, ayant été réunie au couvent de Paris (1330), quatre écoliers furent mis en pension chez les Mathurins[2]. C'était une chose excellente que de faire progresser les études par suite de la diminution du nombre des maisons de l'ordre.

Seulement Jacques Bourgeois, qui demanda et obtint la suppression du couvent de Convorde ou Estaires dont il était ministre, n'avait pas prévu que le seigneur fondateur[3] pourrait réclamer l'exécution des conditions auxquelles étaient attachés ses bienfaits. Le procès qui suivit amena plus de frais que n'en eût coûté la conservation du couvent.

---

1. Je ne reviens pas ici sur les couvents dépendants d'un seigneur, comme ceux de Mirepoix, Rieux et Terraube.
2. Archives nationales, dans S 4253 A.
3. Thomas Pilleur, seigneur de Magny-le-Hongre, fit aussi des ennuis au ministre de Silvelle. (Arch. nat., cahier dans S 4267.)

Au dix-septième siècle, beaucoup de petits couvents n'eurent plus de ministre résident. Celui de Pontarmé[1] demeure parfois à Verberie, parfois à Paris. En 1653, un fermier est chargé de faire dire les messes aux frais du ministre, de veiller aux menues réparations, de prendre soin des ornements religieux ; il était tenu de recevoir à ses frais le ministre, si d'aventure il venait, et d'héberger les religieux de l'ordre.

Claude Ralle, pendant trente-huit ans secrétaire de Louis Petit et procureur général des captifs, porte le titre de ministre du Fay. Les bénéfices à la collation du grand-ministre lui servaient à récompenser ses amis, sinon à les enrichir. Aussi, en 1652, quelques religieux Mathurins, mécontents de leur supérieur, se plaignirent-ils au parlement de la non-résidence comme contraire aux statuts de l'ordre. L'arrêt du 5 mars donna raison à Louis Petit contre ces religieux « discoles ». En 1696, un chapitre général décida de rappeler à sa maison de profession tout ministre sans religieux.

Une bonne excuse pour la non-résidence était l'insécurité du pays. Notre-Dame de Limon, près Vienne (Isère), étant dans un lieu bas et marécageux, les ministres résidèrent à Saint-Symphorien d'Ozon. Plusieurs prieurs ayant été assassinés à Franchard, dans la forêt de Fontainebleau, les religieux quittèrent en 1712 ce lieu funeste.

Ce couvent royal de Fontainebleau fournit un bon exemple des vicissitudes de nos religieux. En 1529, François Ier reprit « de ses bien amés le ministre et religieux de Fontainebleau » tout leur couvent pour en faire la cour du Cheval-Blanc. Le nouvel espace qui leur fut alloué était bien modeste en comparaison ; « mais, pour être un peu étroit, dit le P. Dan, qui

---

[1]. E. Dupuis, *Pontarmé*, pp. 55 et 56.

en fut supérieur, ce couvent n'était pas sans charmes, embelli qu'il était par les agréments d'une bibliothèque naissante. » Nous voici ramenés aux *parvae congregationes* d'Albéric des Trois-Fontaines, qui vit le berceau de l'ordre; le plus illustre historien trinitaire reconnut, au dix-septième siècle, que ses religieux ne pouvaient subsister qu'en se souvenant de leur simplicité primitive.

CHAPITRE XII.

Les hôpitaux trinitaires.

La règle prescrivait de consacrer un tiers des revenus à l'entretien des religieux, un tiers au rachat des captifs, un tiers à l'hospitalité. Il y eut, dès le début, beaucoup de maisons qui non seulement eurent des hôpitaux, mais même ne furent que des hôpitaux. Les fréquentes mentions de la *maison et hôpital* de Metz ne suffiraient certes pas à nous prouver qu'il y avait là un hôpital, mais à Estaires et à Douai, où l'on n'en a point signalé, nous en avons la certitude, grâce à des actes de fondation très précis. Le 14 décembre 1283, Jehan Le Blas lègue à l'*hôpital* trinitaire de Douai[1] ses coussins et oreillers, ses couvertures, sa vaisselle d'argent, ses écuelles, ses plateaux. Ainsi, quand on rencontre le nom de Maison-Dieu appliqué à des couvents trinitaires comme à Pontarmé, au Bourget[2], on peut être sûr qu'il y a eu là un hôpital. Les historiens de Paris s'étaient assez étonnés de l'inscription placée sur le couvent des Mathurins, en vue de solliciter les aumônes pour cet « hôpital ». Félibien et Lobineau avaient

---

[1]. Abbé Dancoisne, *Etablissements religieux de Douai* : Trinitaires, pièce nº 16.
[2]. Le Grand, *Registre des visites de l'évêque* (en 1351), p. 104. Je saisis cette occasion de rappeler les excellents articles que M. Le Grand a consacrés aux Maisons-Dieu du Moyen-âge.

mentionné (t. II, p. 744) un legs d'Isabeau de Bavière en faveur de l'hôpital de Saint-Mathurin, sans en tirer de conséquences. Gaguin a écrit au dos d'un acte : « C'est la maison où est de présent l'hôpital »; il était bien placé pour le savoir. Les actes originaux concernant cet hôpital des Mathurins ont malheureusement disparu, mais deux analyses, recueillies par Claude de Massac dans le Cartulaire qu'il fit rédiger, nous donnent quelques renseignements sur cette pieuse fondation, qui n'a disparu qu'au début du dix-septième siècle.

Les hôpitaux de l'ordre recevaient d'autres hôtes que des malades. On en peut juger par la mention de ces vauriens qui volaient les draps de l'hôpital de Taillebourg[1].

Les Trinitaires, jamais, n'administraient seuls un hôpital. La plupart du temps, ils se servaient de *donnés*, et partout où il y a des *donnés*, il y a un hôpital. A Paris, c'étaient un mari et sa femme qui le desservaient en 1492 et en 1533, avec le titre d'*hospitaliers*.

Le fait pourrait aider à résoudre la question des *Sœurs* de l'ordre, souvent prises pour des religieuses, qui, comme à Meaux[2], partagent avec les Frères[3] l'administration de l'hôpital. Lorsque les Trinitaires partent de Meaux, en 1520, les Sœurs restent, ce qui semble bien prouver qu'elles ne sont pas du même ordre que les religieux. Bien que les historiens trinitaires aient rapporté au treizième siècle la fondation des religieuses de l'ordre, il ne faut pas la faire remonter au delà du dix-septième, où nous en voyons apparaître tant en France qu'en Espagne. Alors viennent les Mathurines de

1. Acte de visite cité.
2. *Chronique des évêques de Meaux*, par Mgr Allou, p. 231.
3. Un acte *unique* de Pontarmé mentionne les Frères et *Sœurs* de la Maison-Dieu. (Dupuis, p. 115.)

Reuilly, qui étaient des Sœurs enseignantes : quant aux religieuses de Valence, cette communauté hospitalière avait pris l'habit de l'ordre et son vocable à la fin du dix-septième siècle, sans lui être aucunement rattachée.

Une « bonne fille » de l'hôpital Saint-Nicolas de Metz promet, le 24 juin 1643, d'amender ses mœurs, suivant les règles et statuts des Sœurs et *associées* de l'ordre. La note mise au bas de cet acte : « Ce vœu, qui n'est que *particulier*, oblige pourtant », prouve bien qu'il ne s'agit pas de religieuses[1].

On voit de vraies religieuses à Avignon, mais ce sont des Sœurs de Saint-Joseph, qui n'y sont venues qu'à la fin du dix-septième siècle[2].

Dans le Midi, les Trinitaires paraissent partager le soin de leurs hôpitaux avec des *recteurs laïques*. A Cordes (Tarn), deux prudhommes, nommés pour un an, sont chargés de les contrôler, de par l'acte de fondation du mois de novembre 1287. Pierre de Béziers, damoiseau, paraît être donné comme *seul* associé aux religieux, le 14 décembre 1295[3].

Bernard Rascas, fondateur de l'hôpital d'Avignon, institue deux recteurs laïques à côté des Trinitaires qu'il fonde en 1353. La réunion si curieuse des Pères de la Merci et des Trinitaires en 1481 par Julien de La Rovère, vice-légat, doit être simplement interprétée comme une mesure destinée à assurer une meilleure surveillance.

L'histoire de la plupart de ces hôpitaux est fort triste,

---

1. Trinitaires de Châlons, 46ᵉ liasse.
2. Pour tout ce qui concerne Avignon, je dois remercier M. Joseph De Loye, archiviste des Basses-Pyrénées, qui a mis gracieusement à ma disposition ses notes si étendues sur les établissements hospitaliers d'Avignon.
3. Pièces 46 et 50.

d'abord à cause de la pauvreté d'un ordre qui pouvait difficilement faire prospérer des établissements si dispendieux, ensuite à cause de sa faiblesse, qui l'expose à de nombreuses avanies. L'Hôtel-Dieu de Saint-Quentin, donné en 1257, n'existe plus un demi-siècle après ; Châlons, où les Trinitaires auraient eu un hôpital dès 1225, n'en a plus dès avant 1364[1]. Même secourus par un puissant seigneur comme Geoffroy le Meingre, frère de Boucicaut, les Trinitaires hospitaliers d'Arles doivent attacher à leur service Marot du Puy, clerc, et le constituer procureur pour la moitié des revenus donnés par ce seigneur[2]. Le ministre Guillaume de Flaygnac avait d'ailleurs été pourvu de cette charge par Boucicaut lui-même (13 janvier 1410)[3]. Il était donc vrai que la dépendance étroite pouvait seule assurer la vie de ces établissements.

Encore les Trinitaires pouvaient-ils s'estimer heureux quand leur hôpital mourait, pour ainsi dire, de mort naturelle; car ils étaient parfois dépossédés, à la suite de longs procès désastreux, comme à Compiègne[4], ou d'une enquête désagréable comme à Meaux.

L'Hôtel-Dieu de Meaux, aujourd'hui un des plus riches de France, possède, dans ses belles Archives, le registre (coté E 1) de l'enquête faite par les commissaires du roi en 1519 sur l'administration des Trinitaires. M. Coyecque en a publié quelques pages piquantes dans ses *Documents sur l'Hôtel-Dieu de Paris* (tome Ier, pp. 327-331).

Les griefs allégués contre les Trinitaires de Meaux étaient

---

1. Archives nationales, X, 1 à 21, f° 372.
2. Bibliothèque d'Arles, ms. 159, pp. 634-638.
3. *Ibid.*, ms. 160, pp. 5-9.
4. Voir la notice spéciale sur cet hôpital.

de deux sortes : mauvaises mœurs et dilapidations. Le chroniqueur Jacques Bourgeois avoue que la compagnie des religieuses était fort dangereuse pour les moines, mais il présente l'abandon de l'hôpital comme un acte volontaire du général de l'ordre[1]! L'accusation d'immoralité était exagérée, tout se réduisant à l'intrigue d'un religieux avec une Sœur. D'ailleurs, après le départ des Trinitaires, la conduite des religieuses donna lieu à plus d'un blâme.

Mais la dilapidation était trop évidente. Le ministre Nicole Navarre, d'une révoltante parcimonie, avait diminué toutes les rations de moitié. Aussi les pauvres devaient-ils avoir recours à des moyens héroïques pour trouver à manger. Quand les commissaires se présentèrent dans l'hôpital, « lieu *remugle* et dangereux », treize malades seulement sur cinquante-quatre étaient présents, les autres « s'étant allés mendier par les rues et les églises, de façon que, quand ils rentraient, on les devait coucher pour leurs grandes faiblesses et débilités ».

Pour les vêtements, le ministre n'était pas plus généreux : « Les malades s'habillent tant des aumônes de pauvres gens que des dépouilles de ceux qui trépassent audit hôtel. »

Si les Sœurs protestaient contre ces abus, les religieux leur adressaient de grossières injures. Sœur Jeanne Couvreuse étant venue demander du bois, le ministre lui répondit que les religieuses « détruisaient la maison et qu'il y avait trop de pauvres ». Comme elle insistait, « luy-mesme la mit ès prisons du dit Hostel Dieu du côté des religieux, où iceuls peuvent

---

[1]. « Il est vray, dit Claude Rochard, dans ses *Antiquités de Meaux* manuscrites (t. I, p. 312), que c'est une chose très dangereuse et périlleuse à des hommes d'être sans cesse parmi des filles et à des filles parmi des hommes. »

aller et parler par la fenêtre aux prisonniers et prisonnières qui y sont ».

Venait-on chercher les religieux pour le plus essentiel de leurs devoirs, recommandé expressément par leur règle, celui de la confession, pour lequel les ordres mendiants avaient livré des batailles aux évêques, ils ne se dérangeaient pas : une pauvre femme mourut sans confession et les religieuses, pour éviter le renouvellement de ce malheur, devaient avoir recours à des prêtres séculiers *malades* à l'hôpital !

Le 13 mai 1519, Nicole Navarre, reconnu responsable de cette mauvaise administration, fut destitué. En vertu de la transaction du 9 février 1520, acceptée par Nicolas Musnier, général de l'ordre, les Trinitaires sortirent de l'hôpital, mais gardèrent la cure de Saint-Remy[1], qui y avait été réunie en 1206. Les religieuses furent déliées de leur obéissance envers le ministre et instruites par des religieuses de l'Hôtel-Dieu de Paris, qui firent la navette entre les deux maisons[2]. Les bourgeois solvables et honorables, établis dès 1518 pour rendre les comptes aux gens du roi, à l'évêque et au bailli, furent autorisés à annuler les baux faits par les Trinitaires[3], qui constituaient souvent de vraies aliénations.

Il y avait, à cette époque, l'annonce d'une révolution dans l'administration des hôpitaux. Les dilapidations des religieux auraient beaucoup contribué aux progrès du protestantisme. L'évêque intervient, comme protecteur des hôpitaux, mais, convaincu lui-même d'avoir exercé une surveillance trop peu rigoureuse, il est bientôt débordé, et les comptables des hôpitaux sont désormais des laïques, « deux en chaque lieu, élus

1. Dom Toussaints, pièce 591.
2. Coyecque, t. II, p. 379.
3. Archives hospitalières, B 146, 148; E 152.

et commis, de trois en trois ans, par personnes ecclésiastiques et laïques »[1] et versant un cautionnement de 720 livres tournois au plus (avril 1561).

Pendant la seconde moitié du seizième siècle, les Trinitaires s'efforcent de sauver ce qui leur reste de leurs hôpitaux. Entre autres déclarations qu'ils obtiennent des derniers Valois, il faut citer celle du 10 mai 1569[2] où il est spécifié qu'ils ne sont point compris dans l'édit relatif aux hôpitaux et maladreries.

Le 14 janvier 1584, le Parlement de Paris rend, en faveur du ministre de Clermont (Oise), un arrêt « défendant aux maire et gouverneur d'*envoyer ni faire recevoir* aucunes personnes en l'hôpital de Clermont, ni d'entreprendre sur les droits et administration d'icelui[3] ».

Le début du dix-septième siècle marque une période de renouveau dans l'histoire des hôpitaux, comme dans celle de l'ordre entier. Les noms seuls des bienfaiteurs de la congrégation réformée, les Montmorency, les Condé, les Guéméné, suffisent à prouver l'estime qu'il surent inspirer. A l'hôpital de Montmorency, fondé le 23 août 1601, les pauvres ne devaient pas coucher plus d'une nuit; ils en durent être écartés, dans la suite, à cause de voies de fait auxquelles ils s'étaient livrés; il ne resta que les malades, d'autant que l'Hôpital-Général dut recevoir les mendiants des localités situées à quatre lieues au plus de Paris[4].

En 1636, le prince de Condé fit une transaction avec Charles de la Sainte-Trinité, religieux déchaussé, en vue de

1. Durand de Maillane, *Libertés de l'Eglise gallicane*, t. II, p. 625.
2. *Collection de jurisprudence*, col. 950.
3. Trinitaires de Châlons, Inventaire, p. 153.
4. Trinitaires de Montmorency, 2ᵉ carton (archives de Seine-et-Oise).

la fondation d'un hôpital à Châteaubriant[1]. Les Réformés ne devaient pas s'arrêter à ces succès, puisqu'ils obtinrent de fonder à Rouen un hôpital pour les captifs en 1669.

A ce moment précis, l'ordre entier subissait un grave désagrément. En 1662 avait été décidée la création des hôpitaux généraux. Aussi, en 1671, les Trinitaires furent-ils déchargés de leur hôpital d'Arles; il n'y eut plus dans cette ville que celui du Saint-Esprit. Le 6 décembre 1672, nouvelle avanie. Louis XIV ordonna de remettre à l'ordre de Saint-Lazare les Hôtels-Dieu où l'hospitalité n'était pas « observée » selon les titres de leur fondation. Nos religieux se trouvèrent en contravention. L'avocat Ragoulleau allégua, pour la défense des Trinitaires, que leurs maisons n'étaient pas dans le cas d'être réunies, car, à plusieurs reprises, le roi l'avait déclaré expressément; s'ils avaient cessé de garder l'hospitalité prescrite par la règle primitive, c'est que leurs maisons n'étaient pas toutes des hôpitaux[2]. Leurs protestations paraissent d'abord avoir été vaines. En 1693 cependant, Louis XIV ordonna la désunion de ces hôpitaux d'avec l'ordre de Saint-Lazare (15 avril). Les Trinitaires de Caillouet redemandèrent, en conséquence, la maladrerie de Chaumont en Vexin, ses dépendances et ses titres[3]. Ils purent donc rester jusqu'au bout religieux hospitaliers. Toutefois, ils ont eu leur part de la remarque désobligeante de Carlier[4], l'historien du Valois, disant qu'« une grande partie des biens donnés par la piété des fidèles fut détournée et assignée au soulage-

---

1. Trinitaires de Châteaubriant, archives de la Loire-Inférieure, H. 474.
2. *Moyens généraux pour la défense de l'Ordre... contre les sieurs chevaliers de Saint-Lazare*, p. 31. (Bibl. nat., Ld⁴³, n° 25.)
3. Archives de l'Oise, Trinitaires de Caillouet.
4. *Histoire du Valois*, t. III, p. 192.

ment des religieux mêmes qui devaient soigner les indigents ».

Leurs bonnes œuvres subsistaient encore dans le Midi; en 1768, à Cordes, les habitants ne voulurent jamais consentir à la suppression de l'hôpital trinitaire[1]. Jusqu'à la dernière heure de leur existence, ils gardèrent à Marseille un établissement appelé l'hôpital Saint-Eutrope, dont on ne sait pas la date de fondation. Les efforts du P. Giraud, le consciencieux classeur des immenses archives des Trinitaires de Marseille, pour l'attribuer à Saint-Jean-de-Matha[2] demeurèrent vains.

Au dix-septième siècle, cet hôpital de Saint-Eutrope a une existence tout à fait à part. Il était administré par quatre prieurs ou recteurs, deux étant élus chaque année pour deux ans; chaque prieur sortant nommait son remplaçant au mois d'avril, avant la fête de saint Eutrope. Le ministre ratifiait cette élection et entendait les comptes. Tous les ans, on faisait l'inventaire. L'hospitalier et l'hospitalière pouvaient être renvoyés par décision du ministre et des prieurs. Ceux-ci devaient faire la quête une fois par semaine, mais l'hospitalière en fut chargée en 1677 et en 1715; on lui en donnait la moitié pour son entretien.

Cet hôpital suffisait à contenir les hydropiques « de tout âge, sexe, condition, paroisse » de la ville. Nul ne pouvait y entrer sans le certificat d'un médecin, apothicaire ou chirurgien, et sans l'ordre d'un des recteurs[3]. L'hôpital était

---

1. ROSSIGNOL, *Monographies communales du Tarn*, t. III, p. 88.
2. Bibliothèque de Marseille, ms. 1411, p. 132. Le P. Giraud oublie que l'hôpital trinitaire de Saint-Martin fut vendu en 1276. (BLANCARD, *Sceaux des Bouches-du-Rhône*, p. 233.)
3. Trinitaires de Marseille, registre 22, fos 6, 17 v°, 93 v°.

réservé aux pauvres, mais il y avait des riches qui s'y faisaient transporter par dévotion et y faisaient leur neuvaine, pendant laquelle ils bénéficiaient des aumônes. Aussi était-il ordonné à l'hospitalière, lorsqu'il venait un malade distingué, d'en prévenir le ministre, qui lui rendait visite et l'engageait à faire une aumône pour la maison.

Les Trinitaires n'avaient d'ailleurs pas besoin de posséder un hôpital pour remplir leurs devoirs charitables. L'acte de fondation de La Cadière (Var) en 1637 stipule, nous l'avons vu, qu'ils seront tenus de demeurer en ce pays en temps de peste. Tout nous porte à croire qu'ils firent honneur à leur parole. A Saint-Remy, en 1640, le ministre de ce couvent tout récent et trois religieux moururent de ce fléau. Mais c'est surtout dans la fameuse peste de 1720-1721, qui ne se borna pas seulement à Marseille, qu'ils firent courageusement leur devoir. La liste[1] des religieux morts de la *contagion* comprend trente noms, dont dix de clercs ou convers. On peut citer entre autres, à Marseille, Michel Trossier, ancien provincial, Ignace Roux, vicaire général et ministre; à Arles, Félix Viany et Charles Reinaud, morts en servant la paroisse Saint-Laurent; à Tarascon, Dominique Pépin et Ignace Bastide, morts aux infirmeries; à Saint-Remy, le P. Maurice Arquier, qui avait servi six mois les pestiférés avec un saint zèle. La gloire de Belzunce est légitime, mais il ne faut pas moins admirer ces obscurs religieux dont le nom est à peine connu et qui, en ces jours terribles, rachetèrent quelques défaillances[2]. Les Trinitaires déchaussés ne furent pas inférieurs à leurs confrères : « Un pauvre Frère s'est sacrifié

---

1. Trinitaires de Marseille, registre 13, f° 141.
2. Méry et Guindon, *Histoire des actes de la municipalité de Marseille*, t. VI, p. clvii [(24 septembre 1720).]

au service à l'hôpital aux convalescents, et d'autres confessèrent les malades¹ ».

Nous verrons dans la dernière partie de ce travail que les Trinitaires d'Alger, eux aussi, montrèrent un dévouement perpétuel aux chrétiens atteints de la peste.

---

1. A Lens (Hainaut) les Trinitaires n'étaient pas moins charitables. En 1670, Antoine Belgrade mourut après avoir été donner la bénédiction du scapulaire aux moribonds de la peste.

CHAPITRE XIII.

Les cures trinitaires.

Nos religieux se vantèrent, en 1766, de faire ce que les autres ne faisaient pas, comme la rédemption des captifs, et aussi de remplir, comme bien d'autres, des fonctions pastorales. En effet, ils desservaient un grand nombre de chapelles et de cures. Cette raison de fait nous permet de trouver oiseuse la question qui fut discutée, au dix-huitième siècle, avec un étrange acharnement : les Trinitaires ont-ils le droit de tenir des cures? Il leur aurait suffi de dénombrer celles qu'ils desservaient; au lieu de cela ils produisirent un acte supposé de Guillaume d'Auvergne; cela ne réussit cependant pas à compromettre leur cause. Claude Gallardon, chanoine régulier, dans un *factum* conservé à la Bibliothèque Sainte-Geneviève[1], exhale une rage impuissante contre ces religieux qui, non contents de se faire déclarer chanoines réguliers, venaient encore menacer les cures desservies par leurs nouveaux confrères. Dès le principe, les Trinitaires avaient joui sans conteste d'une certaine quantité de cures, plus nombreuses dans le Nord que dans le Midi.

La plus ancienne qui leur ait été donnée est celle de Vier-

---

1. Manuscrit n° 2967.

set, dont Wautier de Beaufort, le 25 mars 1208, cède aux religieux de Saint-Nicolas de Sarte, près Huy (sur la Meuse), le patronage, c'est-à-dire le droit d'y présenter. Cela équivalait à la possession, car l'ordre devait toujours être en mesure de la faire desservir par un Trinitaire[1].

Nous avons vu qu'Henri, comte de Bar, donna en 1239 la cure de Lamarche aux Trinitaires, qu'il présenta à l'évêque de Toul. Un religieux qui la desservit eut une curieuse contestation avec une dame Parise de Vosges, à laquelle il réclama une demi-aumône à cause du décès de sa fille morte sans avoir été mariée. C'était, paraît-il, une coutume de Lamarche, et le doyen de Vittel donna raison au Trinitaire-curé.

Parfois le patronage était partagé. Les Trinitaires de Lérinnes ont la collation alternative de l'église de Tourinnes-les-Ourdons avec les religieuses du Secours-Notre-Dame. Nous rencontrons des exemples analogues en Normandie.

A la Perrine, ils partagent avec le chevalier Renaud Bourguignon et sa mère le patronage de la cure du Désert; mais ils ont l'*altalagium*, droit aux oblations de l'autel, qui est la meilleure partie du revenu.

Les Trinitaires de Rouvray exerçaient, sur l'église de Saint-Aignan, un patronage, conféré par un chevalier et confirmé par Eudes Rigaud[2]; le 1er juillet 1334, aux assises de Rouen, le procureur du ministre et celui du chevalier Pierre Desmarais renoncèrent à ce droit en faveur du seigneur de Rouvray[3].

Eudes Rigaud, dont il vient d'être question, avait remis en

---

1. Archives particulières de M. le duc de Beaufort-Spontin (communication de M. P. Caron).
2. *Historiens de la France*, XXIII, 508 k et n. 2.
3. *Ibid.*, XXIII, 241 c. d.

1259 la cure de Rouvray, près Forges-les-Eaux, à Mathieu, Trinitaire, présenté par le grand-ministre; il l'autorisa à en consacrer tous les revenus aux besoins de l'ordre, ne retenant pour lui et l'archidiacre que 10 livres tournois par an. La cure valait 60 livres[1] et avait cent paroissiens.

Souvent les Trinitaires furent chapelains seigneuriaux et même royaux. Le ministre de La Veuve, près Châlons, desservait le château de Juvigny[2]. Des Trinitaires chapelains royaux sont ceux de Fontainebleau, que saint Louis établit dans son château et auxquels fut donnée la cure d'Avon, en 1549; leur souvenir s'est conservé à tel point que, même après toutes les vicissitudes du couvent, la chapelle du château porte encore le nom de la Sainte-Trinité.

On peut ranger dans ce groupe le prieur de Saint-Julien de Cadoudal, près Rieux, et le ministre du couvent de Beauvoir-sur-Mer, aussi prieur de Saint-Thomas de la Garnache, son annexe. Plus les couvents étaient déserts, plus le religieux, qui parfois l'habitait seul, en arrivait à remplir simplement les fonctions curiales. Tel était ce Louis Gallot dont Jean d'Estourmel vantait, à la fin du seizième siècle, les excellentes prédications et qui était si regretté par les habitants d'Estaires[3].

Par une rare fortune, la desserte d'une chapelle seigneuriale, à Vianden en Luxembourg, allait conduire les Trinitaires à annexer huit cures à leur ordre; la donation primitive fut faite en 1248 par le comte Henri.

Lorsque les religieux eurent reçu la desserte de la chapelle castrale de Vianden, les habitants trouvèrent qu'elle était bien

---

1. *Historiens de France*, XXIII, 240 h.
2. E. DE BARTHÉLEMY, *Diocèse ancien de Châlons*, II, 58.
3. Archives des Trinitaires de Douai, 2e carton (non coté).

haut et bien loin pour servir comme paroisse. L'église du couvent devint donc paroisse à partir de 1266. Mais les Templiers de Roth, dont Vianden dépendait primitivement, avaient vu de très mauvais œil l'installation des Trinitaires et la collation de la cure que leur avait faite le comte. Ils ne craignirent pas de lancer l'excommunication contre celui-ci et de solliciter des lettres d'éviction contre le ministre ; mais le partage des dîmes et une indemnité, payée par les Trinitaires, assoupirent l'affaire. Nos religieux ne cessèrent pas d'acquérir des cures autour de Vianden, tant d'ecclésiastiques, comme l'abbé d'Echternach, que de laïques : telles sont, après Mettendorf et Daleyden, qui datent de la donation primitive, Couston[1], Nosbaum, Fouhren, le Mont-Saint-Marc, et j'en oublie certainement. On se demande comment ils avaient assez de religieux pour les desservir toutes. La prospérité du couvent de Vianden était indéniable, puisqu'ils renonçaient au bénéfice de l'avant-dernier article de la règle leur permettant de ne point user du chant grégorien à cause de leur petit nombre.

C'est pour Vianden que nous avons été le mieux renseignés sur les formalités de l'union des cures au couvent trinitaire. Les différents seigneurs patrons envoient par écrit leur consentement à l'ordinaire, en cette affaire, l'évêque de Liège, qui prononce alors l'union solennelle au couvent. Parfois même, une confirmation est demandée au pape.

Les Trinitaires ont aussi possédé des prébendes. Thibaut IV de Champagne leur promit, le 22 avril 1260, la première qui serait vacante au chapitre de Saint-Etienne de Troyes[2]. Le ministre d'Etampes était chanoine de la collégiale. Le P. Hélyot

---

1. Pièce 94.
2. D'Arbois de Jubainville, *Catalogue des actes... des comtes de Champagne*, n° 3185.

cite encore, comme appartenant à nos religieux, des prébendes à Pamiers, à Belleville près Mâcon, à Mortagne, et deux à Orthez. D'une transaction passée à Clermont (Oise) entre le grand-ministre Renaud de la Marche et le chapitre de Clermont, on peut conclure que le ministre de l'hôpital était, en certaines circonstances, assimilé à un chanoine par le seul fait de porter une châsse le jour d'une procession solennelle[1].

La plupart des cures occupées par les Trinitaires leur vinrent par des hôpitaux auxquels elles étaient déjà annexées avant leur venue. Ainsi, quand ils reçurent l'Hôtel-Dieu de Meaux, en 1244, cet établissement possédait depuis 1206 la cure de Saint-Remy[2]. La Maison-Dieu de Lisieux possédait déjà avant 1225 les cures de Marolles, Courbesarte et Villers-sur-Mer (celle-ci supprimée à la fin du dix-huitième siècle)[3], et les chapelles de Saint-Christophe et de Surville. Dans le Midi même, la communauté et les consuls de Cordes leur conférèrent la cure de Notre-Dame, le 31 mai 1287, mais non la *propriété* de l'église, comme le veut M. Rossignol. Une transaction de 1594 porte que les Trinitaires feront venir l'archiprêtre pour faire la levée du corps et toucher la quarte funéraire.

Les Trinitaires furent naturellement appelés à exercer les fonctions paroissiales dans des bourgs insuffisamment desservis par le clergé séculier : à La Cadière, deux religieux devaient être capables de prêcher et de confesser, seulement ils ne pouvaient s'immiscer dans la desserte des chapelles rurales : cette prescription avait pour but de les retenir plus

---

1. Voir la monographie du couvent.
2. L'administrateur de l'hôpital Jean-Rose, construit sur cette paroisse, payait chaque année 4 livres tournois à la Maison-Dieu (1366). (*Gallia Christiana*, VIII, 1637).
3. Vasseur, *Les Mathurins de Lisieux* et *Bibl. de Marseille*, manuscrit 1216, pp. 466-468 (Archives nationales, G⁹ 670).

étroitement à la ville. Dans la même région, à Notre-Dame-de-Santé près La Verdière, au Muy, ils desservirent des chapelles où avaient lieu des pèlerinages renommés.

Jamais le nombre des Trinitaires curés ne fut plus grand qu'au dix-huitième siècle. Le chapitre de Saint-Antonin donna, le 10 mars 1745, à Pierre Roux, ministre de Cordes, la cure de Servanac, avec ses annexes Saint-Jean de Cazals et Sainte-Eulalie, plus 30 livres de pension pour chacune[1]. Quelques années après, nos religieux de Toulouse furent sur le point de faire ériger la paroisse de Saint-Michel en annexe de leur communauté, le 19 juin 1775[2].

Il faut encore compter parmi les cures une foule de chapelles, reçues parfois à titre assez onéreux pour qu'une modification à ces conditions ait été demandée. Telles sont la chapelle de Notre-Dame-du-Bois à Labrugière, conférée en 1619 aux Trinitaires de Toulouse par Louis de Rochechouart, et celle de Saint-Blaise à Chars, unie au couvent de Pontoise par l'archevêque de Rouen. Les Réformés de cette ville avaient reçu la chapelle de Saint-Jean-Baptiste à Nesles, à condition de célébrer quatre messes par semaine; or la distance à parcourir était de deux lieues; il fallait parfois débourser 50 écus par an pour l'entretien des cloches et du chœur de cette église, sans parler de 45 à 60 livres de décimes et autres contributions. Innocent XIII ayant accordé à l'ordre une réduction de fondations, le 10 septembre 1723, le visiteur provincial des Réformés estima qu'il n'y avait de fonds assurés que pour une messe le jour de saint Jean l'Évangéliste,

---

[1]. Trinitaires de Toulouse, liasse 61. Le Parlement condamna le chapitre de Saint-Antonin à payer cette pension, le 3 avril 1756, plus 30 livres en tout pour un clerc.

[2]. Trinitaires de Toulouse, registre 85, pp. 37-42.

patron de la chapelle, et pour une messe des morts aux intentions de M. de Nesles[1].

L'on peut signaler, à titre de curiosité, la collation, par l'évêque d'Agde, d'une chapelle établie dans la maison de Sainte-Marguerite de Loupian et de l'ermitage du Mont-Saint-Clair de Cette, à un Trinitaire de Montpellier[2].

Bien peu de statuts concernent les curés, et il est peu d'affaires intéressantes auxquelles ils soient mêlés. Il est décidé, en 1613, que les curés non annexés sont révocables *ad nutum*; les annexés demeurent en leur état de curés tant qu'ils ne donnent pas lieu à des plaintes. Ils étaient nommés par le provincial[3] et restaient soumis à leur ministre. Quand la cure était très voisine du couvent, ils ne la quittaient pas à vrai dire; ainsi le ministre de Lens, Alexis Masson, ayant fait de grandes prodigalités, un Trinitaire de Lens, qui était curé d'Erbaux, fut nommé vicaire du couvent[4]. Parfois, au contraire, ils s'ingéraient abusivement dans les affaires de leur maison de profession; le curé d'Assenois ne venait à Bastogne que pour y causer du désordre[5].

En 1705, le Conseil d'État décrétait que les religieux pourvus de cures ne pourraient être révoqués que par le chapitre général[6].

Joseph II, supprimant en 1783 l'ordre des Trinitaires dans les Pays-Bas, décida que les religieux curés resteraient en possession de leurs cures, mais seulement viagèrement et seraient ensuite remplacés par des séculiers ordinaires. Nous

---

1. Registre capitulaire de Pontoise, fol. 47 v°.
2. Pièce 186.
3. Archives de Mons; en 1605, Jean Thiéry nomme le curé de Vierset.
4. Archives du Royaume à Bruxelles, Conseil privé, carton 1422.
5. *Ibid.*
6. *Recueil des arrêts de jurisprudence* (de Brillon) au mot Cure.

verrons que ce fut là un débouché pour les Trinitaires après leur suppression en France.

Sur leurs obligations relativement au chapitre des églises cathédrales, rien ne se rencontre de spécial, sinon que le curé de Saint-Remy devait, chaque année, à un jour fixe, sonner les cloches de la cathédrale Saint-Etienne de Meaux[1].

---

1. Manuscrit de Claude Rochard, à la bibliothèque de Meaux.

CHAPITRE XIV.

Les églises trinitaires.

Il est peu de points sur lesquels nous soyons moins renseignés que sur les églises trinitaires. Le seul article de la règle qui les concerne prescrit qu'elles soient simples, ce qui fut facilement observé par un ordre aussi pauvre. A part des remarques contemporaines dans les chroniques de Gaguin et de Bourgeois, il n'y a que de très rares actes faisant mention de leur état primitif antérieurement au dix-septième siècle. L'église de Cerfroid et celle des Mathurins de Paris, modèles que l'on eût pu désirer étudier, sont aujourd'hui détruites; ce que nous croyons savoir nous induit à penser qu'il n'y eut jamais de style trinitaire.

Ces églises étaient bâties à peu de frais, à en juger par les immenses dégâts que des catastrophes y causèrent, d'où de fréquentes réparations. Presque toutes les églises dont nous avons les comptes de construction datent du dix-septième siècle. Vers 1688 fut édifiée la nouvelle église des Trinitaires de Châlons; la précédente avait un maître-autel de 1638. L'église d'Etampes fut reconstruite en 1756-1758. Celle de Metz était ornée d'un nouveau maître-autel en 1789. Le simple examen de ces dates (on pourrait les multiplier), montre bien que, si ces églises subsistaient encore, nous ne

NOTRE-DAME DU REMÈDE.
(Bibliothèque nationale, Estampes, Rd 13, fol. 77.)

partagerions pas la satisfaction de Claude de Massac, voyant en 1720 l'église neuve du couvent de Metz.

En Provence, les Trinitaires, s'étant réformés, modifièrent tout ce qu'avaient fait leurs prédécesseurs. A Arles, en 1612, ils abattirent toute l'église, sauf le clocher.

Même pour cette époque, les détails consignés dans les registres de visite ne sont guère relatifs qu'à des inventaires du mobilier.

Les églises que l'on peut dater (en dehors de celle des Mathurins de Paris) sont très rares. Celles de Metz et de Vianden sont dans ce cas. Pour la première, un acte conservé aux Archives de Lorraine nous donne, non seulement l'acte de consécration de l'église par Désiré Noël, le 12 avril 1477, mais la date d'une consécration antérieure, du 23 février 1319-1320, mentionnée dans les certificats de Reliques que contenaient les autels. On pourrait donc faire remonter l'achèvement de la première église trinitaire de Metz à 1320.

Un document inédit, conservé au palais du gouvernement de Luxembourg, permet de dater l'église de Vianden. Le 27 août 1498, Gaguin permit aux religieux de ce couvent de quêter dans les diocèses de Trèves, Cologne et Liège, afin de rebâtir leur église, récemment incendiée avec la majeure partie de la ville[1]. La reconstruction ne marcha pas aussi vite que l'auraient espéré les habitants, car ceux-ci conclurent, en septembre 1501, un accord avec les religieux pour contribuer à frais communs à la réparation de la toiture. La bourgeoisie se chargea de la nef latérale qui regardait la rue, le couvent se chargea du vaisseau principal[2]. Le chœur fut consacré seulement en 1635.

1. Pièce 107.
2. NEYEN, *Histoire de Vianden et de ses comtes*, p. 178.

A part ce cas, où il s'agissait d'une église paroissiale, les échevins n'avaient à s'occuper des églises des couvents qu'au sujet du droit d'asile et des expropriations. Le droit d'asile ne fut pas toujours respecté[1]; quant aux expropriations pour cause d'utilité publique, les religieux n'eurent point à s'en plaindre, les indemnités leur ayant été données avec une très grande libéralité, même lorsqu'elles étaient réclamées tardivement. Les échevins de Douai leur fournirent une grande quantité de briques pour la reconstruction de l'église (1604). Les consuls d'Arles firent une offrande de 300 livres dans ce même but (1612).

Les « maîtres de l'œuvre » sont parfois aussi inconnus que l'œuvre elle-même. On ne sait si des Trinitaires furent les architectes de leurs églises. Une gravure du dix-septième siècle, d'après une série de tableaux exécutée par Van Thulden pour les Mathurins de Paris, rappelle la tradition selon laquelle Nicolas, grand-ministre au milieu du treizième siècle[2], aurait lui-même pris les mesures et travaillé de ses mains pour édifier l'église de Cerfroid. La table d'autel construite en 1670 par François Fontaine, religieux de Lens, et Antoine Belgrade, religieux de Douai, surtout un projet de reconstruction de l'hôtel de ville de Tarascon que le frère Darmin[3], religieux du couvent de cette ville, fit adopter en 1642 sur ses propres dessins, permettent de croire que les Trinitaires comptèrent parmi eux quelques architectes. Le Prologue du Cartulaire d'Arles, rédigé par le P. Guillaume Commandeur, nous montre ce ministre intervenant avec activité pour

---

1. Pièce 132.
2. *Revelatio ordinis Sanctissimæ Trinitatis*, 24 gravures. Paris, 1633.
3. Archives communales de Tarascon (Bouches-du-Rhône). Inventaire, BB 40.

réparer son église et les bâtiments claustraux. Par contre, les quittances, que nous avons en fort grand nombre, au dix-huitième siècle, pour les couvents de Paris et de Pontoise, ne parlent que d'architectes laïques (et notamment de Devouge).

Force nous est donc maintenant de nous tenir dans des généralités et d'étudier, à propos des Trinitaires, diverses questions qui se posent au sujet de toutes les églises.

Privilèges. — Nos religieux reçurent, bien entendu, l'indulgence de quarante jours à l'anniversaire de la dédicace (notamment pour Fontainebleau, 12 octobre 1260)[1]; les papes leur accordèrent aussi des brefs d'*autel privilégié*. Le plus ancien est adressé au couvent de Marseille (1577). Nous en avons de 1644, 1652 et 1672 pour Metz[2]; on devait dire sept messes quotidiennes pendant les quatre dernières années du septennat, trois ou quatre suffisant pour les trois premières. Benoît XIV décide, le 20 juillet 1727, qu'une messe par jour, en pays infidèle, suffira pour que l'indulgence soit valable. Le 11 décembre 1750, il applique le privilège à un autel désigné par l'ordinaire, sans que le célébrant soit nécessairement un religieux de l'ordre. Pie VI permet verbalement, le 22 janvier 1777, que tout autel où un Trinitaire dirait une messe soit momentanément privilégié pour sauver du purgatoire l'âme d'un religieux défunt. Grégoire XVI étend le privilège aux églises des confréries agrégées à l'ordre et le bénéfice aux âmes des confrères défunts (15 février 1831)[3].

Vocable. — Ces églises devaient primitivement être dédiées à la Trinité, à cause du vocable sous lequel était placé

---

1. Bulle du pape Alexandre IV.
2. Archives citées, H 3775, n° 5.
3. *Analecta juris Pontificii*, t. VIII, col. 2103.

l'ordre. Mais, bien souvent, on donna aux religieux des églises qui avaient d'autres patrons, comme celle de Saint-André de Clermont, par exemple, et qu'il parut inutile de débaptiser. Par suite, la seconde règle décida que, seules, les églises bâties par les frères seraient dédiées à la Trinité. Aucune église nouvelle ne fut consacrée par eux à leur fondateur Jean de Matha, sinon celle de Faucon, sa patrie, et celle de l'hôpital d'Espagne à Alger. Il est vrai qu'il ne fut canonisé qu'au dix-septième siècle[1].

L'article de la règle rappelé plus haut suffirait à montrer l'injustice du grief que Louis Petit fait aux Trinitaires Réformés de ce que leurs couvents s'appellent Saint-Michel de Pontoise, Notre-Dame de Liesse, Saint-Jean-Baptiste de Montmorency, aucun n'étant dédié à « l'adorable Trinité ». Le général eût mieux fait de se rappeler que les Trinitaires non réformés possédaient, entre autres couvents, Saint-Jacques de Troyes, Saint-Eloi de Mortagne, Notre-Dame de Limon, Sainte-Catherine de Beauvoir et qu'il résidait lui-même au couvent de Saint-Mathurin de Paris.

Le nom de Sainte-Trinité que portaient un certain nombre d'églises de l'ordre a fait attribuer à tort à nos religieux des hôpitaux comme celui de la Trinité, à Paris, et des églises comme la Trinité de Verneuil (Eure) qu'ils n'ont jamais possédées. L'annaliste Baron a mentionné ce couvent de Verneuil (1205) et je ne sais si cette erreur n'est pas intentionnelle.

Dans des villes où les Trinitaires ont eu des couvents, comme Troyes, il est donc des églises et des hôpitaux dédiés

---

1. En 1763, l'armateur Meifrun donna à un bateau le nom de *Saint-Jean-de-Matha*. C'était un digne hommage à tout l'ordre rédempteur. (DEVOULX, *Revue africaine*, t. XVI, p. 381.)

à la Trinité qui ne leur ont jamais appartenu. Parfois, cessant d'appartenir aux religieux, l'église perdait son vocable, comme à Châlons. Le 20 mai 1685, Louis XIV avait ordonné à l'intendant Miromesnil d'exproprier les Trinitaires pour agrandir l'Hôpital-Général. Le 23 juillet, le ministre Guillaume Basire cède son église moyennant 40,000 livres ; par l'effet de cette vente, les acquéreurs « *intituleront ladite église désormais de Saint-Maur*, sans pouvoir toucher par eux aux sépultures des généraux, ministres et religieux de l'ordre qui y sont inhumés[1] ».

Reliques. — Les reliques sont nécessaires dans tout autel. Les premières que l'on chercherait dans les églises trinitaires sont celles du fondateur et des saints de l'ordre. Le couvent de Faucon, fondé en 1661 dans la patrie de saint Jean de Matha, est le seul de France qui en eût. Le corps du saint fut transporté à Madrid, comme on sait. Quant aux reliques de saint Félix de Valois, le P. Calixte a eu la franchise d'avouer qu'il n'en avait point retrouvé à Cerfroid.

Divers personnages de l'ordre furent honorés comme martyrs, notamment les PP. de Monroy, Aquila et Palacios, qui moururent en captivité à Alger ; le bienheureux Simon de Roxas en fit rechercher avec soin des reliques pour leur faire rendre, à Madrid, le culte qui leur était dû[2].

Les reliques conservées dans les couvents trinitaires n'ont aucun rapport avec l'ordre. Les autels consacrés à Metz sont ornés de reliques de saint Laurent et de sainte Barbe. Le couvent de Socuellamos reçut, en 1641, une partie des reliques de saint Valentin, comme il ressort d'un acte passé à

---

1. Inventaire des Trinitaires de Châlons, p. 64.
2. Giulio Cordara, *Ritratto della vita... di Simone de Roxas.*

Madrid devant Lambert Tito, notaire apostolique[1]. Il y eut une grave affaire de reliques volées à Santarem; le P. Aloès, dès qu'il eut appris leur provenance frauduleuse, s'empressa de les faire renvoyer en Portugal. Le couvent de La Cadière se vit conférer par Charles Malachane[2], procureur général en cour de Rome, une relique de la vraie croix, qui ne pouvait être prêtée au dehors.

Quel que fût le couvent qui en bénéficiait, la destinée commune de ces reliques a été d'éprouver beaucoup de vicissitudes. Le cartulaire de Lens nous raconte ce qui advint de celles de saint Antoine et de saint Hubert : par un malheureux hasard, des visa obligatoires furent omis, et la « reconnaissance » en exigea un temps très long. Ailleurs, leur authenticité provoqua de vives contradictions, mais c'est là le sort commun du plus grand nombre des reliques.

Souvenirs. — Quand même l'architecture des églises eût été sans intérêt, il était au moins une circonstance qui leur donnait une valeur propre, c'est le souvenir de leur fondateur. La mémoire des seigneurs bienfaiteurs ne se perdit jamais. Jean d'Estourmel, baron de Doulieu, rappelle que onze de ses ancêtres ont leur tombeau dans l'église de Convorde.

La chapelle castrale de Vianden, d'après la splendide publication de M. Arendt, conserve encore les monuments des comtes de Spanheim, bienfaiteurs des Trinitaires.

D'utiles publications, faites il y a un demi-siècle, alors que le souvenir de ces œuvres d'art n'était point encore effacé, et que quelques-unes subsistaient encore, donnent des détails

---

1. Bibl. de Marseille, manuscrit 1215, f° 91.
2. L'abbé Giraud, *Monographie de La Cadière*, p. 51.

intéressants sur ces tombeaux. Ainsi, à Châteaubriant, on voyait, en 1863, « dans l'enclos du balustre du maître-autel, un monument enfermé dans le mur, soutenant la figure d'un homme au côté duquel est un bouclier chargé des armes de Châteaubriant, et en dessous du monument, il y avait une cave ou charnier où repose le corps qui est représenté par ladite figure[1] ». La mort légendaire de Sibylle, femme de Geoffroy de Châteaubriant, était aussi figurée sur les vitraux de cette église.

Chapelles particulières. — Nos religieux n'auraient jamais pu faire les dépenses nécessaires pour construire une église s'ils n'avaient été aidés par des particuliers qui mettaient certaines conditions à leurs libéralités.

A Marseille, en 1578, le ministre Pierre Ilaire avait cédé à Thomas Broulhard la première chapelle à main gauche en entrant, « contiguë à celle de M. de Minuet, pour y faire construire un tombeau où seraient ensevelis avec lui sa femme et ses enfants, à l'exclusion de toute personne étrangère à sa famille. Il fera faire à ses frais un autel où sera représenté saint Thomas, apôtre, et fera blanchir la chapelle[2] ».

Plus tard, Désirée « Brouarde » accuse le ministre d'avoir violé la sépulture de son frère en faisant démolir la chapelle. Le ministre répond que, dans son état primitif, elle n'était en réalité, qu'une grotte, où l'on pouvait à peine dire la messe, et qu'il l'a mise de pair avec les autres chapelles de l'église; il autorise d'ailleurs la demoiselle Brouarde à faire à ses frais les réparations qu'elle jugera utiles.

1. Cité dans GOUDÉ, *Histoire de Châteaubriant*, p. 282.
2. Grands Trinitaires de Marseille, registre 1, f° 29.

Ornements. — Quand les religieux étaient réduits à leurs seules ressources, ils faisaient le moins de dépenses possible. Le rédacteur du Cartulaire de Lens, Antoine Dachier, blâme son prédécesseur d'avoir « accommodé » cette église de monstrances, de ciboires, d'un aigle au milieu du chœur, avec une profusion exagérée.

Chez ces mêmes religieux, le sépulcre fut imité de celui d'Anchin.

Sans faire ici la monographie de l'église des Mathurins de Paris, je veux relever un détail concernant une autre copie d'œuvre d'art. Un ministre de Lens, Guillaume Watten, donne 150 florins pour les marbres de l'église qui était le vrai centre de l'ordre; de plus, une pierre représentant les douze Apôtres, *semblable à celle de Lens*, et il la fait transporter jusqu'à destination, en reconnaissance des secours que le chapitre général lui avait accordés autrefois pour ses études. Paris ne dédaignait donc pas d'emprunter non seulement à la province, mais même à l'étranger[1], Lens étant en Hainaut.

Pour le maître-autel de marbre de l'église des Grands-Trinitaires de Marseille, le Bureau de la Rédemption donne 1,600 livres sur les 3,500 que demandait le sculpteur Montédony, à condition de mettre en évidence sur cet autel l'écusson et les armes du Bureau[2] (15 novembre 1747).

La confrérie de Saint-Roch avait pris à sa charge les 12,000 livres de la reconstruction de l'église des Trinitaires d'Arles, où étaient conservées les reliques de son patron.

1. Tous ces faits ont été extraits de diverses pages du Cartulaire de Lens.
2. Trinitaires de Marseille, registre 8, p. 45.

P. 140.
PORTAIL DU COUVENT DE SAINT-THOMAS *DE FORMIS* A ROME,
AVEC LA MOSAÏQUE.

On ne saurait énumérer toutes les confréries qui se tenaient dans les églises trinitaires et qui fournissaient une partie appréciable de leurs revenus : c'étaient à Marseille les courtiers royaux ou *censaux*[1] (1716-1720), les *curatiers et tanneurs* transférés des Grands-Augustins aux Trinitaires[2], en 1665 ; — à Montpellier celles de Notre-Dame de Bethléem, ainsi que des porteurs de chaises et portefaix. Mais la plupart de ces confréries n'avaient qu'une existence accidentelle dans ces églises, n'étant point en rapport avec les dévotions spécialement trinitaires.

Fêtes. — Les fêtes de l'ordre fourniront l'explication des principales œuvres d'art provenant des églises trinitaires. Le calendrier des religieux renferme peu de solennités spéciales. C'est fort tard que furent instituées les commémorations de saint Jean de Matha et de saint Félix de Valois. Depuis leur canonisation, la fête de saint Jean de Matha se célèbre le 8 février ; celle de saint Félix de Valois, le 20 novembre.

La principale fête de l'ordre est celle de sainte Agnès *seconde*, c'est-à-dire de son octave, le 28 janvier, jour de l'apparition traditionnelle de la sainte après son martyre, auquel les Trinitaires rapportaient l'anniversaire de leur fondation. Il a été question de cette prétention au chapitre II. Toujours est-il que cette fête éclipsa entièrement celle du vocable de l'ordre, c'est-à-dire de la sainte Trinité. Bien que le dimanche après la Pentecôte fût appelé, en 1198, dimanche de la Trinité, cette solennité, croit-on, fut instituée seulement

---

1. Chambre de commerce, Inventaire, HH 108.
2. Trinitaires de Marseille, note au dos de la pièce 46.

par le pape Jean XXII[1]. On se souvient que, dès 1263, le chapitre général avait été avancé au quatrième dimanche après Pâques. Le nom de la sainte Trinité fut conservé à la plupart des confréries vouées à la rédemption des captifs. La figure symbolique de la sainte Trinité était le sujet le plus ordinaire des sceaux trinitaires[2].

Saint Augustin fut particulièrement honoré chez les Trinitaires. Depuis le quatorzième siècle, des religieux tenant des hôpitaux prétendirent se rattacher à cette règle, en dépit de la *regula propria*[3] de saint Jean de Matha. Une miniature du manuscrit 1765 de la Bibliothèque Mazarine représente saint Augustin expliquant sa règle à deux Trinitaires.

Saint Roch partagea cette haute faveur, à cause de la conservation de ses reliques dans le couvent d'Arles. L'église de Marseille lui était dédiée et l'on faisait des processions en son honneur, tant dans le Nord que dans le Midi, contre la peste[4].

Mais la dévotion la plus ordinaire dans les deux derniers siècles de l'histoire des Trinitaires se rapporta à Notre-Dame du Bon-Remède. La sainte Vierge fut spécialement honorée par l'ordre, qui, au dix-septième siècle, reçut un grand nombre de chapelles qui lui étaient consacrées : Notre-Dame de Liesse à Gisors, Notre-Dame de Santé à La Verdière. Des légendes relatives à la protection de la Vierge sur saint Jean de Matha, qui lui aurait été consacré dès son enfance et qu'elle aurait miraculeusement aidé lors de deux rédemptions opérées

---

1. La fête était parfois célébrée le dimanche avant l'Avent. (GUIGUE, *Livre des Statuts du collège de la Trinité de Lyon*, pp. viii-ix.)
2. A Saint-Éloi de Mortagne, le sceau trinitaire était cependant inspiré d'un trait de la légende du saint.
3. Cette prétention sera examinée dans la deuxième partie.
4. Voir l'appendice I : *Les reliques de Saint-Roch*.

à Tunis et à Valence, furent inventées pour faire remonter cette dévotion très haut. Nous avons un fait précis en 1571, grâce à une bulle[1] de Pie V. Il y avait depuis un certain temps une confrérie de Notre-Dame du Bon-Remède chez les Trinitaires de Valence ; or, sur les instances du marquis de Moncada, Don Juan d'Autriche, à la bataille de Lépante, se recommanda à Notre-Dame du Remède, lui et toute sa flotte. Cela fut cause d'un conflit entre les Trinitaires et les Dominicains. Ceux-ci arguèrent que Pie V, leur confrère, avait célébré dans le couvent de la Minerve l'office du Rosaire le jour de la bataille, et que, par conséquent, la victoire était due au Rosaire et non à Notre-Dame du Remède. On se disputait encore à ce sujet dans les Pays-Bas en 1663. En dépit des plaintes des Mercédaires, disant que Notre-Dame du Bon-Remède était une concurrence déloyale à Notre-Dame de la Merci, le pape tolère les confréries trinitaires érigées sous ce vocable. Depuis 1577, il y avait un autel dédié à Notre-Dame du Bon-Remède à Marseille ; une statue qui provient sans doute de nos religieux est conservée à Saint-Trophime d'Arles ; en 1670 une table d'autel fut faite à Lens en son honneur[2].

Si les Trinitaires, en général, étaient ainsi dévots à la sainte Vierge, ceux de Toulouse l'étaient avec trop d'originalité ; ils se virent défendre, le 8 mars 1712, une nouvelle manière de réciter le rosaire : ils supprimaient le *Pater Noster*, et dans le *Gloria Patri*, ils introduisaient les invocations : *uni Deo infinite magno, infinite beato, rerum omnium fini ultimo*[3].

---

1. Bulle dans les liasses de Marseille. L'indulgence fut confirmée le 3 septembre 1575.
2. Cartulaire de Lens, p. 225.
3. Benoit XIV, *De canonisatione sanctorum*, livre IV, t. IV, p. 706.

Quelques dévotions locales, comme celle de saint Mathurin, ne franchirent pas les limites du couvent de Paris. L'hôpital trinitaire de Marseille était dédié à saint Eutrope, mais ce saint était si peu connu qu'on ne savait même pas quel jour il fallait célébrer sa fête, ce qui causait dans le peuple un certain désarroi[1].

Tableaux. — Si aucune église de l'ordre ne fut dédiée à à saint Jean de Matha ou à saint Félix de Valois, les portraits de ces fondateurs tout au moins devaient s'y rencontrer. Ils sont mentionnés dans une commande de tableaux faite, au dix-huitième siècle, pour le couvent de Mirepoix. Aucun ne doit remonter bien haut, aucun n'a de valeur documentaire. Il suffit de se reporter aux *Caractéristiques des Saints* et à l'Iconographie de la collection Migne pour avoir la liste des gravures qui prétendent représenter ces fondateurs. Saint Jean de Matha, était jeune, croit-on, et docteur en théologie, d'où le bonnet qu'il porte; saint Félix de Valois, selon une légende apocryphe, était de la famille royale de France et avait été maintes fois consolé dans sa solitude par un cerf, d'où la couronne et le cerf qui sont ses attributs[2]. A Fontainebleau, sur le tabernacle de la chapelle de la Trinité, Girardon a représenté une descente de croix et, sur les côtés, saint Félix de Valois et saint Jean de Matha, à qui le Seigneur ordonne d'établir l'ordre de la Rédemption des Captifs[3]. A Faucon, un tableau représente les parents de saint Jean de Matha[4]. De nos jours, à Paris, il a sa statue

---

1. Trinitaires de Marseille, registre 22, *passim*.
2. P. Cahier et Martin, *Caractéristiques des Saints*, t. I, p. 187, etc.
3. Abbé Guilbert, *Description historique de Fontainebleau*, t. I, p. 69.
4. Le P. Calixte, *Vie de saint Jean de Matha*, p. 31.

au Panthéon, œuvre de Hiolle, et il figure aussi dans une niche sur la façade de la Trinité.

Sur la porte du couvent de Saint-Thomas *de Formis*, donné à saint Jean de Matha par Innocent III, une mosaïque représente Notre-Seigneur entre deux captifs, l'un noir, l'autre blanc, et portant sur la poitrine la croix de l'ordre. Cette figuration appelle plusieurs remarques : au lieu de Notre-Seigneur, les tableaux s'inspirant des auteurs trinitaires ont souvent mis un ange, mais, les Pères de la Merci[1] se prétendant fondés par la sainte Vierge et conséquemment aussi supérieurs à l'ordre des Trinitaires que la Vierge est supérieure à un ange, nos religieux ont prétendu alors avoir été fondés par Dieu lui-même[2]. On a peine à rapporter de pareilles subtilités. La croix sur l'habit de Notre-Seigneur est plate, mais Figueras a remarqué que les Déchaussés l'ont modifiée et que tout le morceau a été retouché pour autoriser la simplification de la croix[3].

Un tableau conservé à Saint-Trophime d'Arles représente l'apparition de l'ange à saint Jean de Matha. Il en est de même à Saint-Jean de Troyes, dans la première chapelle à gauche, autant qu'on peut le distinguer. En général, la sainte Trinité y est figurée sous sa forme symbolique, le Père ayant sur ses genoux la croix à laquelle le Fils est attaché, et la colombe posée sur son épaule. Un tableau de l'institution de l'ordre était conservé dans l'église des Cordeliers de Romans[4].

---

1. Le P. Auvry notamment.
2. *Ordo non a Sanctis fabricatus sed a solo summo Deo.*
3. Voir aussi Calvo, *Resumen de los privilegios*, à la fin.
4. Procession des captifs ramenés en 1720, p. xlviii.

Dans le couvent des Ursulines de Dôle (Jura), un tableau offre cette originalité de représenter, en haut, l'apparition de l'ange, et en bas, la rédemption des captifs. Ces tableaux furent très nombreux à partir du dix-septième siècle, quand il se constitua une très grande quantité de confréries auxiliaires des Trinitaires. On en voit plusieurs à Saint-Quentin de Tournay, en Belgique (œuvre de Gaspard de Crayer), et dans de petites églises de l'Eure comme Saint-Clair d'Arcey[1] et la Lande-Patry où il n'y eut que des confréries et non des couvents. L'un de ces tableaux, à Rouen (œuvre du peintre Léger), a été étudié par M. de Beaurepaire dans le *Bulletin de la commission des antiquités de la Seine-Inférieure*[2]. Il représente un sujet précis : un rachat des captifs devant Mouley Ismaël, sultan de Maroc, dans la ville de Méquinez. Le peintre n'eut qu'à s'inspirer des récits du P. Busnot, trinitaire de Rouen. Le tableau était de très grandes dimensions (4^{m}65 sur 2^{m}66) et fut donné à l'église de Saint-Léger du Bourg-Denis, à côté de Rouen, en attendant que le musée de cette ville eût des salles assez hautes pour le recevoir.

Ces tableaux, analogues, comme conception, aux gravures de l'*Histoire de Barbarie* du P. Dan, sont d'un plan uniforme : au milieu, la mer où arrivent les barques portant les rédempteurs; ceux-ci ont leurs costumes religieux et tiennent à la main les sacs bien fermés contenant leur argent; des esclaves se jettent à leurs pieds. Dans une salle voisine, on les revoit comptant la rançon d'un captif devant les Turcs; les pièces sont étalées sur la table. A l'opposé sont indi-

---

1. Commune de Bernay (Eure). Ce tableau était de 1646, dit M. Veuclin.
2. Tome VIII, pp. 351 à 363.

qués les différents supplices auxquels les esclaves sont exposés; il n'y avait là qu'à illustrer le texte si précis du P. Dan. Ces tableaux étaient un puissant moyen de propagande et peignaient au vif l'utilité de l'œuvre rédemptrice.

A côté du grand tableau de Rouen, celui de Vianden mérite une mention à part : la description détaillée s'en trouve dans l'*Histoire de Vianden et de ses comtes*, par Neyen. Ce tableau étant d'apparence vétuste, l'historien l'a témérairement rapporté « aux premiers temps » de l'ordre (on se rappelle que ce couvent datait du milieu du treizième siècle). Le rapporter même à la seconde construction de l'église, en 1500, eût été fort aventuré, car un des sujets représentés est le martyre de Pierre de la Conception, qui eut lieu en 1667! Le tableau est maintenant à la maison curiale[1] de Vianden.

Des églises trinitaires, furent parées de chaînes rapportées par les rédempteurs, notamment celle de Troyes, qui les dut au P. Michelin[2], ministre de ce couvent, et celle des Mathurins de Paris.

Un curieux objet se rencontre à Saint-Eloi de Dunkerque[3] et à Poperinghe en Flandre : c'est un captif enchaîné, en bois sculpté, qui surmonte le tronc anciennement destiné à contenir les aumônes du rachat des captifs.

Quand j'aurai dit que l'église de Gandelu conserve un bénitier et des stalles provenant de Cerfroid, et que la chaire de la cathédrale de Meaux est revêtue de panneaux

---

1. La Fontaine, *Vianden et ses environs*.
2. Pièce 300.
3. Derode, *Notice sur l'église Saint-Eloi de Dunkerque*, mentionne dans la chapelle de la Sainte-Trinité un tableau représentant deux esclaves délivrés par un Frère de la Croix (?), sans doute un rédempteur.

sculptés[1] représentant les saints fondateurs et provenant du couvent de cette ville, l'énumération des souvenirs ecclésiastiques laissés par l'ordre sera aussi complète que le permet la faible quantité des documents qui nous sont parvenus.

[1]. Ils ont été étudiés par M. l'abbé Jouy, qui m'a gracieusement communiqué sa brochure.

CHAPITRE XV.

Les souvenirs locaux laissés par les Trinitaires.

Si leurs églises ne subsistent qu'exceptionnellement, du moins il est un très grand nombre de couvents, tant de France que de l'étranger, dont on peut facilement retrouver quelques vestiges ; là même où on ne le peut pas, des lieux-dits fixent aisément leur situation précise.

Le chef d'ordre, Cerfroid, près Gandelu, sur un affluent de l'Ourcq, nous est connu par plusieurs gravures des dix-septième et dix-huitième siècles[1]. Son emplacement est extrêmement bien délimité aujourd'hui. A part le pigeonnier, la prison des religieux et les caves, tout n'est que ruines. La salle du chapitre, dont les murs seuls sont debout, est assez imposante ; l'on comprend que la tradition locale rapporte qu'au siècle dernier on y pouvait voir réunies trois cents personnes. Quant à l'église, elle a été entièrement abattue. Le P. Calixte voulut ériger une basilique au légendaire ermite saint Félix de Valois, et bien qu'ayant déployé toutes les ressources de l'histoire et de la littérature pour se procurer les ressources nécessaires, il put à peine élever le portail.

---

[1]. *Sincera exhibitio domus Cervifrigidi*, O. S. T., dans l'album de la *Revelatio*.

Dans l'enclos du couvent, subsiste encore la fontaine de la Trinité, que le cerf aurait fait jaillir sous ses pieds; tout près, le Champ des Ermites rappelle la première demeure des anachorètes.

Le couvent de Paris a laissé moins de traces encore, à cause des grands percements faits au quartier de la Sorbonne. Il était exactement entre la rue Saint-Jacques, la rue des Mathurins (qui s'appelait au treizième siècle rue des Thermes, et s'appelle maintenant rue du Sommerard, en dépit des protestations du P. Calixte) et la rue du Foin, aujourd'hui absorbée par le boulevard Saint-Germain. Un passage souterain, au-dessous de l'actuelle rue de Cluny, le réunissait au Palais des Thermes. De nombreux dessins, tant au département des Estampes de la Bibliothèque nationale qu'à la Bibliothèque de la ville de Paris, nous montrent ce qui en restait vers 1865, lors de l'élargissement de la rue Saint-Jacques.

Le couvent de Faucon (Basses-Alpes) existe encore, avec la vieille église paroissiale, contenant le sarcophage qui a long-temps passé pour le tombeau de saint Jean de Matha ou celui de ses parents, parce que les initiales D. M. (*Dis Manibus*) furent interprétées *de Matha*!!

Même hors de France, sans parler de Rome où les couvents trinitaires se sont toujours conservés (ils ne rentrent pas dans le cadre de ce chapitre), bien des églises rappellent notre ordre. A Gênes, l'église Saint-Benoît, que leur construisit, en 1592, un prince Doria, existe encore à l'extrémité occidentale de la ville. Il en est de même d'une église de la Trinité à Coïmbre, en Portugal, datant du dix-septième siècle.

A Tunis, le couvent trinitaire de Sainte-Croix, dont il reste le cloître, bâti avec des pierres et des colonnes de l'antique Carthage, appartient aujourd'hui aux Frères de la Doctrine chrétienne; il est situé rue de la Casba[1]. A Alger, les premiers rédacteurs de la *Revue africaine*, Devoulx et Berbrugger, ont facilement retrouvé l'emplacement des chapelles situées dans les bagnes; l'hôpital trinitaire d'Espagne est maintenant l'Ecole de médecine.

Exceptionnellement, l'église et le couvent de Sarzeau (Morbihan) existent encore; on y remarque une jolie lucarne du seizième siècle[2].

Beaucoup de couvents se voyaient il y a une cinquantaine d'années : mais les villes ayant eu besoin d'élargir leurs rues, on n'a point eu d'ordinaire l'idée de respecter un monument qui n'était en général ni très solide ni très intéressant. Leur cloître d'Arras, près de la rue d'Amiens, a été démoli par les Dames de la Doctrine chrétienne. A Arles, tout au moins, M. Gauthier Descottes consacra un souvenir au cloître trinitaire dans la revue locale : *le Musée*[3].

Quand les bâtiments étaient solides, on les sauva en les consacrant à un but d'utilité pratique.

A Clermont (Oise), l'ancien couvent des Trinitaires est devenu la sous-préfecture; à Troyes, au faubourg Saint-Jacques, une confiserie. A Bastogne (Luxembourg), à Bourmont, à la Capelette près Marseille et à Mortagne, il est aujourd'hui collège ou école. A Meaux, une maison du faubourg Saint-Remy conserve quelques restes du couvent fondé en 1535 et la promenade au bord de la Marne s'appelle encore promenade des Trinitaires. Il y a peu d'années encore, à

---

1. *Bulletin trinitaire* d'octobre 1900.
2. Je dois ce renseignement à l'obligeance de M. Enlart, bibliothécaire à l'Ecole des beaux-arts.
3. M. Emile Fassin, conseiller à la Cour d'appel d'Aix, m'a gracieusement envoyé cette notice.

Pontarmé, la Maison-Dieu rappelait le nom traditionnel du couvent des Trinitaires. A la Perrine, à Beauvoir-sur-Mer, c'est une ferme, ainsi qu'à Préavin dans le bois de Nieppe.

Le reste archéologique le plus curieux des Trinitaires se trouve à Marseille. Depuis la fin du dix-septième siècle, ces religieux y possédaient deux couvents (sans parler de celui qu'ils abandonnèrent en 1524, et sur l'emplacement duquel est la gare maritime d'Arenc), l'un dans la vieille ville, l'autre dans le quartier de Saint-Ferréol, rue de la Palud. Le couvent ancien, situé rue des Jardins, conserve, à côté d'une tour massive, peut-être antérieure à la venue des religieux, la chapelle souterraine de Notre-Dame du Remède[1].

Le Midi provençal est particulièrement riche en souvenirs de l'ordre rédempteur, les départements des Bouches-du-Rhône et du Var comptant une quinzaine de ces couvents, des chapelles de pèlerinage dont les Trinitaires furent chargés et dont la vogue ne fut point arrêtée par le départ de ces religieux; telles sont Saint-Pons de Figanières, Notre-Dame de Grâce, au Muy (dont Achard parle dans son *Dictionnaire de la Provence*), Notre-Dame de Santé, près La Verdière.

A Digne, sur la montagne du Plan-du-Bourg, on voit encore la ferme qui fut leur demeure depuis 1495 jusqu'à la date où Jean Blanc, ministre industrieux, acquit une maison dans un faubourg appelé Pied-de-la-ville[2].

En Espagne, plusieurs églises, notamment à Madrid, rappellent les couvents des religieuses de l'ordre, fondées au début du dix-septième siècle. A Burgos, à Valence, les rues qui longent l'Arlanzon et la Turia marquent clairement la situation topographique des *Trinitarias*.

---

1. Elle m'a été indiquée par M. l'abbé Ollivier, vicaire général.
2. Pierre GASSENDI, *Notitia ecclesie diniensis*, p. 117.

Quand les couvents ont disparu, les noms de rue dans les villes et les lieux-dits dans les campagnes rappellent les Trinitaires et même les biens qu'ils possédaient. Arras et Douai ont leurs rues des Trinitaires, Toulouse une rue et une place de la Trinité. A Metz, la rue des Trinitaires, continuant la rue de la Sainte-Croix, prouve indubitablement la situation du second couvent de ces religieux, et un vieux portail avec un écusson rappelle peut-être « la Cour Dorée » qui leur fut donnée. A Paris, la rue des Mathurins fait souvenir de la ferme qu'avaient ces religieux, depuis le treizième siècle; la rue Vignon s'appelait précédemment rue de la Ferme-des-Mathurins.

Des villages ou des hameaux rappellent les Trinitaires par leur nom même. Tels sont La Villeneuve-aux-Anes, près de Chelles, et La Villette-aux-Aulnes, près Mitry, Le Fay-*aux-Anes*[1], près d'Amblainville (Oise); les noms originaires étaient La Villeneuve et La Villette-aux-Anes, à cause du surnom populaire que leur monture primitive avait fait donner aux Trinitaires. Près de Pontoise, le hameau de l'Hermitage conserve une propriété appelée « Les Mathurins » : c'est le couvent de Saint-Michel, berceau de la congrégation réformée.

A Hondschoote, un faubourg situé au sud-ouest de cette ville s'appelle encore *la Trinité*.

Les lieux-dits sont innombrables, dans les chartes; Pontarmé conserve le *bois du Ministre;* Cordes (archives du Tarn, GG 69) avait aussi *el bosc del Ministre;* à Feuchy, près d'Arras, il y a la maison de la Trinité (bail du 4 juin 1418); au nord-est de Troyes, la carte de Cassini marque un lieu

---

[1]. Renseignement communiqué par M. Longnon.

dit : *les Mathurins*. Leur ancien couvent de Troyes est signalé à Preize[1] par un moulin de la Trinité. Il y avait aussi une porte de la Trinité à Châlons; à côté de Gisors, M. Leprévost, auteur du *Dictionnaire des communes de l'Eure*, cite un lieu dit : *les Mathurins*. Aux environs de Paris ces mentions abondent; c'est *l'ostel, granche et bergerie appelée l'ostel de la Trinité*, au Bourget (30 novembre 1470, A. N., S 4253ᴮ); le clos des Mathurins au terroir de Clamart (25 novembre 1490, S 4251-52); à Bagneux, le chemin des Mathurins (12 juillet 1791); une « maison manable » appelée la ferme des Mathurins (S 4281, f° 32); *le moulin* et *la tour des Mathurins* à Gentilly; *le clos des Mathurins*, près de leur château de Bièvre, etc.

Ces renseignements, somme toute, ne sont pas à dédaigner. Si, presque en aucun endroit, ils ne nous permettent de restituer le plan complet d'une église ou d'un couvent, ils affirment néanmoins la situation exacte des maisons qu'occupaient en France les religieux Trinitaires et des possessions rurales dont ils percevaient les revenus. Nous pouvons donc juger, sinon de l'importance, du moins du grand nombre de ces couvents.

1. T. Boutiot, *Histoire de Troyes*, t. I, p. 203.

DEUXIÈME PARTIE

Histoire générale de l'Ordre.

CHAPITRE PREMIER.

Les Trinitaires et le pape.

L'ordre de la Sainte-Trinité, institué à Rome par le pape Innocent III, se distingue de la plupart des ordres religieux fondés en France ou en Espagne, comme par exemple l'ordre de la Merci, auquel le pape Grégoire IX ne s'intéressa que cinq à sept ans après sa fondation. Le souvenir de l'origine romaine des Trinitaires ne se perdit pas tout de suite, et l'ordre naissant eut des rapports fréquents avec le chef de la chrétienté.

C'est à Rome que mourut saint Jean de Matha, en décembre 1213, après avoir soigné les malades pendant les dernières années de sa vie. Ses deux successeurs moururent aussi à Rome, où leurs tombeaux furent retrouvés[1] en 1655, lorsque les Espagnols enlevèrent le corps de saint Jean de Matha pour le porter au couvent de Madrid.

Après 1222, on ne voit plus de général des Trinitaires résider à Rome, mais un personnage se présente pour gérer les intérêts qu'ils peuvent avoir à la cour pontificale, c'est *le cardinal protecteur*. Le premier connu est Richard, cardinal

---

[1]. Benoît XIV, dans son livre *De canonisatione sanctorum*, parle de cette découverte.

diacre de Saint-Ange, auquel Urbain IV confia la réforme de l'hôpital de Saint-Thomas *de Formis* (novembre 1261).

Un siècle plus tard, les réclamations d'un cardinal protecteur, dont nous ne savons pas le nom, eurent assez de poids pour retarder de quelques années la réunion de ce même hôpital aux possessions du chapitre de Saint-Pierre, ce qui eut lieu après le 24 février 1395, date de la mort de Poncellus Ursinus, commendataire de Saint-Thomas *de Formis*. La cour de Rome était irritée parce que les Trinitaires de France suivaient le parti du pape d'Avignon. On ne retrouve de cardinal protecteur qu'en 1571, avec le cardinal de Rambouillet et Jacques de Sabello. Il est fait mention d'eux dans un discours remarquable prononcé en 1575 par François Bouchet[1], procureur général, tendant à obtenir la restitution à l'ordre du couvent de Saint-Thomas *de Formis*. C'est au cardinal Prosper de la Sainte-Croix, autre protecteur, qu'est dédié par Félix *a Turre* un des plus anciens livrets d'indulgences de l'ordre.

Le cardinal Bandini, en correspondance assidue avec toutes les branches de l'ordre, s'efforce de maintenir la paix entre elles. En annonçant aux Réformés de Pontoise que l'évêque de Paris est commis pour juger leurs différends avec le général qui leur cause des désagréments, il souhaite que cependant ils s'entendent à l'amiable[2] sans recourir au moyen extrême d'un procès. Bandini intervient personnellement pour empêcher les Réformés de Marseille de molester les Déchaussés d'Aix. Voyant les Trinitaires de Rome habiter en un endroit malsain, à *S. Stefano in Trullo,* il les trans-

---

1. Publié dans *Figueras*, pp. 575 à 580.
2. Pièce 167.

porta *via Felice*[1] (aujourd'hui Sistina) dans un quartier plus salubre, à l'église de Sainte-Françoise-Romaine. C'est à ce grand bienfaiteur qu'est dédié l'excellent ouvrage de Bernardin de Saint-Antoine. Ce n'est que justice. Il était doyen du sacré collège quand il mourut, le 1er août 1629[2]; il fut enseveli à Saint-Sylvestre *in Capite*[3].

Le cardinal de Maximis eut à donner son avis sur l'identité du corps de saint Jean de Matha. Au cardinal Ginetti échut la délicate mission de convoquer les Trinitaires de France à des chapitres généraux tenus à Rome, où ils ne se rendirent jamais. Un de ses successeurs, Thomasio, ayant été canonisé le 1er janvier 1761, les Trinitaires reçurent la permission de dire son office[4]. Le cardinal protecteur est pour Rome ce que sont dans les provinces de l'ordre les *juges conservateurs*, que le pape permet aux religieux d'instituer eux-mêmes[5].

Un procureur général résidant en cour de Rome apparaît en 1536[6], à l'occasion d'un profès trinitaire apostat, mais repentant, qui demandait à être relevé de l'excommunication. Tantôt le grand ministre avait envoyé à Rome une délégation spéciale pour faire confirmer les privilèges de l'ordre; tantôt, comme Thierry Valerand, il s'y était rendu lui-même. A la fin du seizième siècle, se rencontrent successivement deux vicaires généraux résidant momentanément à Rome, François Bouchet et Félix *a Turre*.

---

1. 1620. Le contrat est curieux, parce qu'il y est fait mention de l'éventualité de découvertes archéologiques.
2. Bibl. de Marseille, ms. 1213, f° 62 v°.
3. Cette église possède une dent de saint Jean de Matha.
4. *Analecta juris pontificii*, t. XXVII, col. 22.
5. Bulle de Benoît XIII (27 septembre 1724).
6. Archives de l'Aisne, H 1432.

Au dix-septième siècle, chaque branche et chaque nation de l'ordre a son procureur général en cour de Rome. Les Réformés, n'en ayant pas institué de spécial, envoient une délégation particulière, lorsqu'il y a une affaire importante à traiter. Au milieu du dix-septième siècle, le procureur général des Chaussés d'Espagne était Jérôme Velez. En 1687, celui des Chaussés de France était Joseph Monier, qui fit tous ses efforts pour éviter la rupture entre les Trinitaires de France et la cour de Rome, et celui des Déchaussés Ignace de Saint-Antoine. Pendant le schisme, l'Espagnol Ruiz porte le titre de protonotaire de l'ordre.

Les provinces de France et d'Espagne s'étant réconciliées, il fut décidé, dans le chapitre général de 1703, qu'il n'y aurait qu'un seul procureur général en cour de Rome, renouvelé tous les six ans, désigné tantôt par les provinces de France, tantôt par les provinces d'Espagne ou d'Italie. Il devait être entretenu aux frais de sa nation. Le premier fut un Italien, Vincent Copola. En 1729, le chapitre de Marseille désigna pour ce poste Joseph Bernard, rédempteur renommé. Par raison d'économie, le P. Lefebvre délégua en 1753 pour *vice-procureur* le ministre de Sainte-Françoise-Romaine, dont l'entretien fut à la charge de la France[1]. Lors du changement des Constitutions, le procureur général était Charles Malachane, de Marseille, docteur en théologie de la Faculté d'Avignon. Il dut insister, avant le 26 avril 1766, pour que la France lui envoyât 2,000 livres permettant de tenir convenablement son rang à Rome[2]. Tels sont les person-

---

1. Pièce 277. La province de Champagne eut 120 livres à payer comme quote-part. Chaque maison réformée paya 16 l. 13 sous 4 d. pour les trois premières années.
2. Archives de Metz, H 3774, n° 10.

nages qui auprès du pape représentaient l'ordre trinitaire.

Le pape intervient pour des affaires intéressant soit tout l'ordre, soit un simple couvent. Il nomme des juges conservateurs pour les provinces d'Espagne, afin d'accélérer les procès relatifs aux biens légués pour la rédemption[1] (27 septembre 1724), il confirme les indulgences accordées à cette œuvre, aux chapelles pourvues d'un autel privilégié; il accorde aux rédempteurs l'usage de l'autel portatif. Quant aux couvents particuliers, le pape intervient pour faire bénir leurs chapelles (à défaut de l'ordinaire), pour faire restituer leurs biens aliénés, pour confirmer quelque transaction importante, mais seulement à la demande des parties. S'il n'est pas nécessairement consulté pour un transfert de couvent, il intervient forcément pour une suppression[2]. Il accorde aussi aux religieux leur translation dans une autre congrégation.

Les Trinitaires paraissent plus strictement tenus en tutelle que les ordres mendiants, car ils ne peuvent eux-mêmes excommunier ceux qui détiennent injustement leurs possessions; ils ne reçoivent qu'au dix-huitième siècle le droit de choisir des conservateurs de leurs privilèges, bien après l'ordre de la Merci.

L'autorité du pape s'accrut encore lorsque, en 1309, l'ordre entier lui fut rattaché par l'*Exemption*; mais il n'eut jamais le droit de nommer le grand-ministre. Etienne du Mesnil-Fouchard s'étant fait pourvoir en 1415 par Jean XXII, le chapitre général n'admit pas cette nomination et en appela au Parlement.

Les Statuts de 1429 rétablirent bien l'appel en cour de

---

1. Tables de Guerra.
2. En 1625 il fait déguerpir les Pères de la Merci d'un couvent établi sans autorisation épiscopale.

Rome comme loi fondamentale de l'ordre. Mais, très soucieux de leurs intérêts, les Trinitaires laissèrent souvent ce principe de côté et prirent place parmi les religieux les plus indépendants. En 1546, le général Nicolas Musnier ayant fait, en cour de Rome, une résignation en faveur de son neveu, cette dérogation aux Statuts de l'ordre ne fut pas admise, et le bénéficiaire dut renoncer à ses prétentions.

Les Trinitaires furent assez habiles pour se faire confirmer, par le pape, leur indépendance à l'égard du pouvoir laïque[1] au point de vue de l'élection des supérieurs. Ce n'était pas dans l'intention d'être plus soumis au pape ou à ses *Congrégations*, dont le rôle devait être si important au dix-septième siècle. Leurs relations avec le pape sont pleines de souplesse, empreintes de trop d'habileté en la forme et de peu de respect au fond. Cette tendance n'explique-t-elle pas pourquoi les papes furent si portés, au seizième et au dix-septième siècle, à combler les Trinitaires espagnols, plus obéissants, de faveurs qu'ils refusaient à ceux de France ou ne leur accordaient que tardivement?

Le général, aussitôt élu, prend possession de sa charge sans avoir besoin de la confirmation du pape; c'est là un axiome chez les Trinitaires. Il arriva toutefois, au début du dix-septième siècle, que, devant le mécontentement des provinces étrangères, les généraux élus en France, Louis Petit (1612), Claude Ralle (1653), Pierre Mercier (1655), demandèrent la confirmation pontificale et l'obtinrent, avec le titre de visiteur apostolique. Certes, c'était un acte de prudence

---

[1]. Par contre, Charles-Quint s'était fait conférer un indult, déclarant que personne ne pouvait être pourvu d'un bénéfice qu'à sa nomination. (Pièce 122, relative à Jacques Bourgeois).

politique, mais n'était-il point à craindre que la confirmation demandée fût refusée? Voila l'inconvénient auquel on ne songea pas d'abord.

Les Trinitaires paraissent avoir été injustes pour la cour de Rome, à l'occasion de la conduite qu'elle tint à leur égard pendant la seconde moitié du dix-septième siècle. Ils avaient, d'ailleurs, sur les bulles, une idée absolument fausse, les considérant comme des privilèges perpétuels et irrévocables (j'entends les bulles non d'indulgences). Or il peut se glisser des erreurs même dans une bulle pontificale. A propos de l'énumération des papes dans les lettres de leurs successeurs, l'auteur du Bullaire remarque à la page 318 que Célestin IV, Grégoire X, Alexandre V, Jules III sont complètement omis dans son recueil, soit que les bulles aient disparu (j'en ai pourtant trouvé une de Grégoire X et une de Jules III), soit que le pape se soit trompé en les citant comme bienfaiteurs des Trinitaires. Je crois inutile de rappeler les erreurs des scribes et surtout celles du Martyrologe romain. Mais c'est la conception même d'une bulle que les Trinitaires paraissent avoir mal comprise. Rarement le pape parle *motu proprio*; presque toujours, il écrit d'après l'exposé des parties, ce qu'indiquent fort bien *sicut vestra petitio continebat* et *sicut asseritis*. Cela veut dire que la cour de Rome n'affirme rien et que, si elle a été trompée par un faux exposé, elle peut révoquer le privilège. On sait quel rôle ont joué les bulles « subreptices » et « obreptices [1] » dans les polémiques entre ordres religieux. Les Trinitaires du Nord s'étaient assez plaints des bulles subreptices obtenues par leurs adversaires

---

[1]. Certaines bulles sont ainsi qualifiées parce que les adversaires prétendent que l'exposant a *dissimulé* ou *omis* de signaler un fait qui lui serait défavorable.

les Réformés; on pouvait leur faire subir la peine du talion en suspectant les leurs.

Et pourtant, la cour de Rome n'est jamais disposée à pousser à bout les religieux. Elle fait ce qu'elle peut pour éviter les causes de conflits entre eux. Les Pères de la Merci s'étant plaints de quelques assertions contenues dans une Vie de saint Jean de Matha, par Macedo, le pape décide que les pages 155 à 158 n'en seront réimprimées qu'après avoir été corrigées. La seconde édition, publiée à Lemberg en 1748, supprima tout le chapitre. Les deux ordres de la Trinité et de la Merci s'étant disputé le titre de Rédempteur, le pape leur imposa un *silence perpétuel*, punition très dure pour des religieux. C'est également à cette solution qu'il voulait s'arrêter vis-à-vis des prétentions des Trinitaires d'Espagne, jaloux de ceux de France; nous verrons dans la suite que, s'il ne le fit pas, ce ne fut point par sa volonté, mais à cause des fautes des Français; car, dès qu'il le put, il rendit sa faveur au général.

Le manuscrit 2519 du fonds Ottoboni contient, aux folios 126-140, un projet de réforme de l'ordre de la Trinité, présenté par des cardinaux, sur la demande de Philippe II. Le plus grand obstacle paraît avoir été la triennalité des ministres qui porterait préjudice aux droits du général. Les annotations au projet de bref portent d'ailleurs la marque d'un esprit libéral et conciliant. Le pape conseille de réformer les couvents plutôt que de les supprimer, de ne déplacer les religieux qu'en cas de scandale et de spécifier celles des provinces espagnoles auxquelles cette réforme s'appliquera. Les principales idées exprimées dans ce projet ont passé dans les Constitutions des Trinitaires Déchaussés d'Espagne, qui avaient franchement adopté la règle primitive. Ils ne reçurent un général indépendant qu'en 1636, alors qu'ils avaient été fondés en 1599, tant le pape respectait les autorités établies ! Il ne permit jamais aux Réformés[1] d'avoir un général différent de celui des Trinitaires Chaussés, parce qu'il y avait entre eux une simple nuance dans l'observation de la règle modifiée. Concluons qu'il fut aussi impartial que possible à l'égard des Français.

Le pape intervient dans les affaires des Trinitaires du Midi par l'intermédiaire du vice-légat d'Avignon. Le 17 août 1493, André de Grimaldi confère à Geoffroy Amédée l'administration de l'hôpital de Lorgues (Var), vacante par suite d'une résignation[2]. Au début du dix-septième siècle, il est sans cesse question du vice-légat, auquel en appellent les Réformés, notamment dans l'affaire des processions d'Arles. Le général, Louis Petit, ne veut pas reconnaître ses sentences, parce que, résidant à Avignon, il est étranger à la France. Des cardinaux sont plus d'une fois délégués apostoliques pour réformer l'ordre trinitaire.

En Espagne, le nonce est de même le délégué du pape. Il travaille puissamment à la formation de la province Déchaussée, choisit son premier visiteur, intervient auprès des évêques pour favoriser l'érection de nouveaux couvents et juge les procès des religieux. Il se mêle même un peu trop de l'élection du provincial de Castille, Francisco de Arcos. C'est enfin le nonce qui garda, plusieurs années, dans son palais de Madrid, le corps de saint Jean de Matha, comme le rapporte le pape Benoît XIV dans son traité *De canonisatione Sanctorum*.

---

[1]. Il les avait vainement exhortés à embrasser la règle primitive.
[2]. Trinitaires de Marseille, pièce 52 (liasses).

CHAPITRE II.

Les Trinitaires et les rois de France.

A part le couvent de Fontainebleau, on ne voit pas que nos rois soient jamais intervenus personnellement pour fonder un couvent trinitaire. Leurs rapports avec nos religieux ne consistent, en général, que dans l'amortissement et la sauvegarde. Par une ordonnance de 1275, Philippe le Hardi déclara que l'amortissement serait réclamé, pour les possessions acquises depuis trente ans, et que le droit à payer serait le revenu de deux ans, si l'acquisition était gratuite, de trois si elle était faite à titre onéreux[1]. Ces frais étaient réduits au revenu d'un et de deux ans, respectivement, pour les possessions ecclésiastiques. Les archives des Trinitaires contiennent nombre d'invitations à payer ce qu'ils doivent pour les frais d'amortissement. Le 13 octobre 1385, Charles VI déclara qu'il avait été ordonné par son Conseil qu'il ne se ferait pas d'amortissements avant sa majorité et suspendit la recherche de ces droits jusqu'à cette même époque[2].

Autant qu'il est possible de fixer une périodicité au paiement de ces frais, on peut dire que les tournées des préposés

---

1. LANGLOIS, *Le règne de Philippe le Hardi*, pp. 237-238. L'amortissement est un droit à payer pour toute nouvelle acquisition.
2. Registre 86 des Trinitaires de Toulouse, p. 69.

avaient lieu tous les quarante ou cinquante ans. Les religieux de Meaux furent dispensés de taxe en 1373 pour les legs n'excédant pas 12 sous tournois[1].

Au quatorzième siècle, la justice royale se fait respecter par les justices ecclésiastiques et désirer par les justiciables. On demande au roi sa protection, parce qu'on en connaît l'efficacité. Le roi réprime, à la demande du ministre de l'Hôtel-Dieu de Meaux, les empêchements apportés au droit de pêche des Trinitaires par un procureur trop zélé. En 1401[2], cet Hôtel-Dieu reçoit la permission de faire placer les armes royales sur ses possessions, ce qui était la marque extérieure de la sauvegarde. C'est au nom du roi que le prévôt de Paris, le 10 octobre 1559, défend aux justiciers, péagers, gabeleurs de ne rien dire d'offensant contre le ministre de Clermont, sous peine de 100 marcs d'argent d'amende à partager entre le roi et le ministre qui, en vertu de ces lettres, avait ses causes commises au Châtelet[3].

L'intervention royale s'étend bientôt aux permissions de quêter[4], d'abord données par le pape et les évêques seuls, puis par le Parlement. Comme le pape, le roi en arrive à donner aux Trinitaires des confirmations générales de biens. Aussi le pouvoir laïque, d'abord considéré comme une délivrance du joug épiscopal, va-t-il devenir dangereux. Les Trinitaires obtiennent, le 10 mai 1564, une déclaration portant « qu'aucun prieuré, ministrerie et autres biens et bénéfices, desquels la présentation appartenait au général-ministre,

---

1. Archives nationales, K 192, n° 29.
2. *Ibid.*
3. Archives de l'Oise, Trinitaires de Clermont, 14e liasse.
4. Lettre de Louis XI pour les Trinitaires d'Arles (dans leurs archives, pièce 171, 3 juin 1464).

n'était compris dans les édits faits sur les hôpitaux, et ne serait sujet à être gouverné par aucune communauté des villes, bourgs et bourgades »; ils provoquent, le 15 janvier 1569, une autre déclaration affirmant qu'ils ne sont pas compris dans l'édit ordonnant l'aliénation des biens ecclésiastiques; enfin, en décembre 1594, une dernière déclaration disant que les ministériats et « généralité » sont électifs et non à la nomination du roi[1]. Mais déjà l'autorité du roi pour faire des nominations dans l'Ordre avait été discutée en 1546, à cause de la provision obtenue du pape, à la demande du roi, par Philippe Musnier. Les Trinitaires ne pouvaient être contraints d'obéir aux lettres royales, dit Jacques Bourgeois; les ministres de Flandre, sujets du roi d'Espagne, ne dépendaient pas de la France, et c'est sur les *bénéfices*, non sur les *offices* ecclésiastiques, que le roi de France réclama son droit[2].

En 1568-1570 eut lieu un grand procès, au sujet de la ministrerie des Mathurins, entre Jean Morel, élu par les religieux capitulants, et François Petit, qui s'y prétendait promu par le roi[3]. Le général de l'ordre, Bernard Dominici, intervint assez inutilement en faveur de Jean Morel et traita le protégé royal de la manière la plus violente. Il demanda si le roi n'avait pas été trompé par quelque favori, au point de ne plus se rappeler la déclaration de l'indépendance de l'ordre, faite dix ans auparavant. Nous n'avons du procès que les analyses de quelques pièces, et quelques fragments du factum de Bernard Dominici. Tout nous porte à croire qu'il y eut, dès lors, entre les Mathurins, leur ministre François Petit et le roi une étroite alliance.

1. Collection canonique, col. 951, 1270.
2. Claude Rochard, *Antiquités de Meaux* (manuscrites), t. Ier, p. 312.
3. Archives de Metz, H 3773, n° 1, et Arch. nat., LL 1545, p. 2.

Mais la main qui protège peut frapper aussi, et les Trinitaires eurent bien des occasions de s'en apercevoir. Autrefois, Philippe le Bel était intervenu en faveur de ses chapelains de Fontainebleau afin de les faire exempter de la juridiction de l'archevêque de Sens (1305). François Ier, pour agrandir son château, en décembre 1529, comme il a été dit, expropria « la galerie qui allait à leur couvent, leur jardin, leur clos, leur étang et vivier, et la maison du chapelain[1] ». En 1660, ce fut bien pire. Louis XIV avait quelques raisons d'être mécontent du P. Le Bel[2], ministre des Trinitaires, dont l'attitude, au moment du meurtre de Monaldeschi par ordre de Christine de Suède, avait été quelque peu embarrassée. L'archevêque de Sens avait précisément alors de nouveaux démêlés avec les Trinitaires au sujet du droit de visite[3]. Le roi retira à nos religieux la cure de Fontainebleau et l'érigea en paroisse pour les Pères de la Mission ou Lazaristes. L'indemnité que ceux-ci payèrent aux *curés primitifs* (titre gardé par les Trinitaires) fut fixée à 1,100 livres, par arrêt du 2 août 1666[4].

Au moment précis où Louis XIV protégeait vigoureusement les Trinitaires de France contre les entreprises des provinces étrangères, il persécutait tout spécialement le P. Nicolas Campaigne, provincial de Languedoc. On ne sait exactement la cause de cette rancune royale; une chose du moins est certaine, c'est sa persistance. Dès 1685, ce ministre est puni par Pierre Mercier, général de l'ordre, pour avoir en-

---

1. Archives de Seine-et-Marne, Inventaire, H 125.
2. Il devint ensuite ministre de Verberie.
3. HERBET, *Démêlés des Mathurins de Fontainebleau avec l'archevêque de Sens*, 1896.
4. Inv., H 122. « Il avait suffi, dit fort bien cet auteur, que la main du roi parût se retirer des Trinitaires pour qu'aussitôt tout le monde les abandonnât. »

voyé étudier deux novices hors du couvent de Toulouse. Il est déposé et exclu de toutes charges; on ne lui permet que la prédication (1689). Le Père de La Chaise, en 1692, maintient les peines ordonnées par le roi, malgré un vœu d'amnistie présenté par le chapitre provincial, et demande même qu'on surveille Basile Campaigne, le frère du P. Nicolas, nommé ministre de Toulouse[1]. L'ex-provincial devait rentrer en grâce lors du chapitre de 1703.

Dans le Midi également, des Trinitaires se mirent, par leur négligence, dans le cas d'être supprimés. Les Déchaussés s'étaient établis à Marseille, en 1684, sans en avoir obtenu la permission par lettres patentes. Le roi supprima cet établissement, le 10 mai 1688, et l'évêque ordonna aux religieux, le 1er juin, de sortir de leur couvent. Ils se soumirent, et le 13 septembre 1689 l'évêque les autorisa *de son chef* à s'établir au même endroit, *à condition de rapporter des lettres patentes*, qui ne vinrent qu'en décembre 1728[2].

L'intervention royale se manifestait dans les plus petits détails. Le 12 février 1708, un Trinitaire de Pontoise, le P. Des Lions, était allé porter à Paris 400 livres pour payer des fournisseurs; il perdit cet argent au jeu, et s'engagea dans les chevau-légers de Berry. Le 15 mars, par sentence du P. Ignace Dilloud, provincial, il fut condamné par contumace à six mois de prison, à la privation des ordres et de la voix active pendant cinq ans. Pour effacer ces punitions, il suffit que le ministre de la guerre, Voisin, écrivît qu'on le reçût bien[3].

La mainmise royale se marquait par la présence au chapitre général de commissaires royaux. Les détails de ces

---

1. Pièces 231, 232, 233.
2. *L'antiquité de l'église de Marseille*, t. III, p. 485.
3. *Registre capitulaire de Pontoise*, fol. 9-14.

assises solennelles n'ayant été publiés dans leur intégralité que depuis 1635, nous ne savons pas à quelle date remonte cette coutume. En tous cas, dès 1415, nous voyons un huissier royal interdire à Etienne du Mesnil-Fouchard de conserver la présidence du chapitre. Le commissaire royal de 1635 marqua beaucoup de partialité pour les Trinitaires Réformés.

Le cardinal de Fleury dut rappeler aux Réformés, le 14 mai 1737, qu'ils ne pouvaient modifier leurs constitutions sans la permission du roi[1].

On voit que la protection n'était point aux yeux du roi une sinécure, et, plus d'une fois, certains édits, comme celui de 1768 sur la conventualité, frappèrent cruellement les Trinitaires.

---

1. Registre capitulaire n° 13 des Trinitaires de Marseille, p. 226. Le roi en arrivait à surveiller toute la discipline monastique. Il ne tint pas moins en tutelle les rédempteurs de captifs, comme nous le verrons.

CHAPITRE III.

Les Trinitaires, les évêques et les curés.

Nous avons vu les conditions de fondation un peu dures que les évêques avaient imposées aux couvents trinitaires. La soumission complète des religieux y était parfois prévue, comme à Digne, où l'évêque nommait le ministre en cas de vacance. Mais, en général, il n'était question que du droit de visite et de l'assistance aux synodes.

Dès le début du quatorzième siècle, l'ordre des Trinitaires fut soustrait à l'autorité des évêques et rattaché au pape par l'exemption. L'archevêque de Sens, très jaloux de ses prérogatives, avait des démêlés au sujet du droit de visite avec les Trinitaires chapelains de Fontainebleau. Philippe le Bel s'adressa à Clément V, nouvellement élu au pontificat; le pape exempta le couvent[1], comme chapellenie royale, de l'autorité du métropolitain et chargea l'évêque de Senlis d'absoudre les Trinitaires des censures édictées contre eux par l'archevêque de Sens (1er janvier 1306). Le bénéfice de l'exemption de l'ordinaire fut étendu à l'ordre tout entier par une bulle du 19 septembre 1308, confirmé plusieurs fois,

---

1. Le P. Dan, *Le Trésor des merveilles de Fontainebleau*, pp. 207-209. Champollion-Figeac, dans ses *Privilèges de la couronne*, donne la date inexacte du 1er janvier 1343.

notamment par Eugène IV en 1435, par Pie II en 1459 [1], et enfin, à la demande de Gaguin, étendu aux serviteurs de l'ordre par Innocent VIII (mai 1485). C'est en vertu de cette bulle que Pierre Mercier, général de l'ordre, protesta contre un recteur de Flandre qui revendiquait les domestiques du couvent d'Audregnies comme étant ses paroissiens [2] (16 mars 1672).

Il ne faut pas s'exagérer l'importance pratique de ce privilège. Les exempts pouvaient se trouver soumis aux mêmes obligations que les non-exempts; comme eux, ils étaient convoqués aux synodes de l'archevêque de Sens, qui leur délivrait ensuite des lettres de *non-préjudice* pour l'avenir, c'est-à-dire que cette exception *était censée* ne point déroger à leurs privilèges, tout en les abolissant peu à peu.

Cette question n'est spéciale ni au Moyen-âge ni à la France. Diverses congrégations refusant, en raison de leur rattachement *omisso medio* au Saint-Siège, de se soumettre à l'évêque diocésain, ont pu parfois mieux aimer quitter leurs couvents que déroger sur ce point à leurs statuts. Il ne faut rien conclure de ces conflits ordinaires relativement à la discipline de l'Église catholique. Ainsi, au quatorzième siècle, nous voyons une levée de boucliers des Trinitaires, Dominicains, Frères Mineurs de Douai contre l'interdit. L'official toléra qu'ils célébrassent leurs offices les portes fermées, mais l'archevêque de Reims, indigné de ce subterfuge, lança l'excommunication contre eux; devant les murmures des Douaisiens, les religieux demandèrent pardon à l'archevêque, qui les réprimanda vivement et l'interdit fut levé [3]

---

1. *Gallia Christiana, Instrumenta*, t. VIII, col. 565.
2. Archives de l'Etat belge à Mons. Trinitaires d'Audregnies.
3. Tailliar, *Chroniques de Douai*, t. I, p. 267.

(1337). Les exempts devaient donc garder l'interdit aussi bien que les autres.

Le *droit de visite* sur les hôpitaux était fortement établi. L'archevêque d'Arles, Jean Ferrier, au lendemain de sa présence à la translation des reliques de saint Roch, se le vit dénier quelque peu brutalement par le ministre Jean *de Horreo*. Ce religieux, dont le P. François Porchier, historien d'Arles estimé, fait un éloge enthousiaste[1], aima mieux se laisser mettre à plusieurs reprises en prison, chaque fois pour vingt-quatre heures, que de céder. Devant un adversaire aussi résolu, l'archevêque transigea et décida que les religieux seraient seulement appelés aux synodes.

L'évêque d'Arras, Gui de Sève, étant disposé à conférer aux Trinitaires la cure de Saint-Nicaise, le P. Denis Cassel[2], leur ministre, déclina cette proposition plutôt que de lui donner un prétexte à visiter le couvent.

L'évêque partage avec le grand-ministre ou son délégué la nomination à certains prieurés-cures annexés à l'ordre, et c'est lui qui doit donner des mandements pour la quête des captifs. Il est souvent choisi par le roi pour présider des chapitres généraux ou provinciaux. L'évêque de Meaux, au dix-septième siècle, intervient puissamment pour la réforme de l'ordre, mais seulement en son nom personnel.

Les Trinitaires ne craignent pas d'entrer en lutte avec l'ordinaire au sujet des processions. Leur résistance à Arles dura de 1580 à 1646. Tout à coup, ils se décident à aller à ces cérémonies, auxquelles ils n'ont jamais paru; seulement comme ils ont été fondés dans cette ville dès 1203, ils récla-

---

1. Pièce 109.
2. Voir aussi *Les Rues d'Arras*, t. I, p. 133.

ment la préséance sur les ordres mendiants. L'archevêque la leur refuse. Ils concluent une convention spéciale avec les Dominicains, leur cédant la préséance, sauf pour les jours de fêtes trinitaires[1]. Ils font agir en leur faveur le général de l'ordre, Louis Petit, avec qui pourtant, comme Réformés, ils étaient en mauvais termes. L'archevêque les condamne : ils en appellent au vice-légat d'Avignon; condamnés par le vice-légat, ils en appellent au pape. Toujours condamnés, ils rentrent dans leur couvent.

De même, en 1749, les Trinitaires de Marseille se font dispenser des processions, parce que *l'ancienneté n'y est pas observée* et que l'habit des chanoines réguliers qu'ils viennent d'adopter étonnerait le peuple[2].

Les rapports avec les curés ne concernent guère que des questions de sacrements, de messes et encore de processions. Les religieux étaient exempts de la juridiction du curé comme de celle de l'évêque, mais les conditions locales les empêchaient parfois de s'y dérober. En 1492 et en 1571, l'archiprêtre de Saint-Séverin vint au couvent des Mathurins de Paris conférer le baptême à deux Sarrasins, déclarant qu'il ne le faisait que parce qu'il n'y avait point dans le couvent de quoi administrer ce sacrement. Ayant lui-même inhumé Mathurin Le Beau, procureur au Parlement, il avoue n'avoir agi que par la permission des religieux et pour satisfaire à la volonté du défunt[3].

Les conflits avec les curés furent fréquents en Bretagne. Le doyen de Béré, près Châteaubriant, vient par condescendance célébrer la grand'messe chez les Trinitaires, le jour de la Tri-

---

1. Pièces justificatives copiées par Mortreuil (Bibl. Nat., n. acq. lat. 1367).
2. Trinitaires de Marseille, registre 8, p. 48.
3. Arch. Nat., LL 1545, p. 21.

nité, en 1725, sans prendre d'engagements pour l'avenir[1]. Un de ses successeurs déclame « contre cette démangeaison, qui n'est que trop naturelle aux communautés, d'*entamer* toujours sur les autres et de ne lâcher jamais rien[2] ».

A Rieux, le recteur Abhamon eut beaucoup à se plaindre des Trinitaires, au sujet desquels il rédigea des petites notes malveillantes. Il déclare, sans ambages, « qu'il ne faut jamais se mêler avec les moines » et que le couvent devait être transféré dans une grande ville « où les religieux auraient plus de témoins de leur conduite! » D'ailleurs, l'ordre trinitaire « est un corps entièrement pourri dont il faudrait purger la terre[3] »!

Sans doute, l'expression est excessive, mais nous avons assez de preuves que les Trinitaires furent peu sociables et n'excitèrent pas, chez leurs collègues du clergé séculier, toujours défiants vis-à-vis des réguliers, de bien vives sympathies.

---

1. Loire-Inférieure, Inv., H 475.
2. *Ibid.*, E 2153.
3. Morbihan, Archives communales, E supplément. Rieux, E 98 et suiv.

CHAPITRE IV.

L'expansion de l'ordre en France.

Le développement de l'ordre de saint Jean de Matha fut rapide. Albéric des Trois-Fontaines écrivait vers 1240 : « *Habent conventus ultra sexcentos.* » Sans doute, ce terme de six cents en latin se prend comme notre mot « mille », mais on peut citer deux cents couvents, acquis en moins d'un siècle en France, en Espagne et en Grande-Bretagne. Par contre, on ne sait comment interpréter cette métaphore d'une bulle du 12 juillet 1209, reproduite dans le Bullaire et reprise par Juhel, archevêque de Tours, dans les lettres de recommandation imprimées par Martène[1], « qu'ils étendent leurs branches d'une mer à l'autre ». L'existence de couvents trinitaires en Palestine ou à Chypre est assez problématique, et il est probable que le pape veut faire seulement allusion aux rédemptions de captifs d'outre-mer opérées par l'ordre nouveau.

En France, l'ordre prit un développement tel que notre pays en devint pour ainsi dire le cœur. Saint Jean de Matha n'était pourtant pas Français de naissance. S'il vint à Paris, ce ne fut qu'après avoir étudié à l'Université d'Aix, selon la tradition. Il établit personnellement des couvents à Marseille et à

---

1. *Thesaurus anecdotorum*, I, 1019ᴬ.

Arles; mais ces villes étaient alors soumises à la domination aragonaise. C'est un prince aragonais, Ildefonse, qui signe la donation faite aux Trinitaires par Hugues de Baux, datée de février 1202 et passée au château de Fos. Alors que notre Midi seul (et Rome) ont conservé des traces de sa présence, des témoignages nombreux, dont quelques-uns, à vrai dire, sont discutables dans les détails, nous montrent saint Jean de Matha en Espagne, non seulement comblé de donations pendant sa vie, mais encore honoré après sa mort[1]. On ne peut citer, par contre, aucun couvent fondé par le saint *lui-même* dans la France du Nord. Pourtant, avant sa mort, l'ordre s'était déjà répandu jusqu'en Flandre.

La France était un vrai centre d'attraction pour les ordres religieux. L'exemple de l'Espagnol Ignace de Loyola venant à Montmartre régler la fondation de son ordre est caractéristique. La France a donc bien le droit de revendiquer Jean de Matha, d'abord comme docteur de Paris (Albéric le qualifie de *magister Joannes de Francia*), ensuite comme bienfaiteur de l'humanité : en adoptant les idées généreuses du saint et en fournissant le principal noyau de ses couvents, elle les a faites vraiment siennes.

Quatre dates de bulles nous montrent les progrès de l'ordre :

1º Le 3 février 1199[2], en plus de Cerfroid, figurent seulement les possessions de Planels (localité inconnue) et de Bourg-la-Reine ;

Le 10 juillet 1203[3], sont cités les couvents de Marseille, d'Arles, de Saint-Gilles, de Lérida, d'Avingavia, de Saint-Thomas *de Formis* à Rome ;

1. Selon Florez, il est patron principal du diocèse de Lérida.
2. *Patrologie*, CCIX, 504.
3. Publiée par M. L. Delisle, *Bibl. Ecole des Chartes*, 1873, p. 403.

3° Le 18 juin 1209[1], sur les trente couvents énumérés, près des deux tiers se trouvent en Espagne ;

4° Le 28 février 1248[2], Innocent IV énumère soixante couvents, dont un tiers appartient à l'Espagne, ce qui montre la rapidité de l'expansion française.

L'ordre a donc eu en France, surtout de 1210 à 1240 environ, une étonnante période de croissance. Une liste alphabétique de ces couvents, accompagnée de notices, sera donnée à la fin de ce travail ; il suffira donc de préciser ici la répartition géographique sur les différents points de la France.

La piraterie musulmane sévissant dans la Méditerranée, le Midi semblait devoir être le centre désigné de l'ordre. Jacques de Vitry jugeait d'après la saine raison, quand il disait que ce centre était à Marseille ; mais il ne tenait pas compte des faits, car il n'en fut point ainsi, le Midi ne comptant guère que le quart du nombre total des couvents français[3].

Les trois quarts des établissements français occupent dans le Nord une région qui serait limitée par les côtes de la Manche, le cours moyen de la Loire, la Moselle et une ligne qui irait d'Ostende à Trèves.

Il suit de là que les Trinitaires de Flandre étaient presque tous en dehors de la France ; seuls Hondschoote, Estaires-sur-la-Lys, Douai, Préavin, dans le bois de Nieppe, et Arras ont fort tardivement appartenu à notre pays. La province de Picardie fut sujette à toutes les vicissitudes de la guerre : maintes fois, les ministres ne purent venir au chapitre général, à cause du refus de passeport par le roi d'Espagne. La

---

[1] Baron, pp. 52-54.
[2] Inédite. Arch. nat., L 947. J'en ai donné un extrait, pièce 20.
[3] Deux couvents étaient en dehors de la France : Avignon, fondé en 1354, et Saint-Etienne-sur-Tinée, dans le comté de Nice.

situation devint infiniment délicate au seizième et au dix-septième siècle, quand la France fut en état d'hostilité permanente avec l'Espagne. Un certain nombre de couvents obéissent au général français, tout en étant sous la domination du roi d'Espagne. Jacques Bourgeois recourt sans cesse à Charles-Quint et à Philippe II, d'une part, et au roi de France d'autre part. La position des religieux de Flandre devait être extrêmement difficile en cas de schisme. Précisément, à la fin du dix-septième siècle, l'Espagne trouva moyen d'avoir un général particulier; la province de Picardie se trouva scindée en deux parties[1]. Grégoire de La Forge essaya en vain d'implanter son autorité dans les Pays-Bas; il ne put le faire que lorsque Philippe V, ayant reçu par héritage le trône d'Espagne, ordonna à ses nouveaux sujets des Pays-Bas de reconnaître le général français.

On a cherché vainement la cause de ce développement dans une région où, d'après le but de leur institution, les Trinitaires n'avaient pas de raison d'être. La question de l'utilité de leurs couvents de Flandre fut posée par Joseph II, à la fin du dix-huitième siècle; on lui répondit qu'il y avait en Barbarie très peu de captifs flamands et que, quand on les rachetait, on n'avait même pas toujours recours aux Trinitaires; cette réponse hâta leur suppression. Il n'y a donc à l'expansion flamande, attestée par les nombreux actes qu'a publiés Aubert Le Mire, aucune raison plausible. Cette province donna d'ailleurs à l'ordre plusieurs de ses généraux et ses deux plus anciens chroniqueurs, Gaguin et Bourgeois. Douai fut, vers 1600, un centre actif d'historiographie trinitaire[2].

1. Pièce 247.
2. Les publications de Barthélemy de Puille, en 1612, sur l'institution de

Quant aux couvents de l'Ile-de-France et de Champagne, ils se groupèrent naturellement autour de Cerfroid, leur berceau mystérieux. Ce n'est que trente ans après la naissance de l'ordre que devait être fondé le couvent de Paris, le véritable arbitre des destinées trinitaires, simplement parce qu'il était dans la capitale de la France.

Les couvents du Nord sont séparés de ceux du Midi par un immense vide, qui ne fut jamais comblé, entre Arles et Troyes, par exemple[1] (Lyon ne vint entre deux qu'en 1659), de même qu'entre Toulouse et Tours. Cette division bizarre devait amener tôt ou tard la disjonction entre ces deux groupes de couvents français, si inégaux d'importance et si étrangers l'un à l'autre. Le résultat le plus clair est le désintéressement des Trinitaires du Midi vis-à-vis du gouvernement d'un ordre qui avait son centre à Paris. Aussi, nous sommes dans l'ignorance complète de l'histoire des provinces trinitaires du Midi avant le dix-septième siècle, au point que nous ne savons pas si le Languedoc et la Provence étaient séparés ou ne faisaient qu'une seule province, ce qui est plus probable. Le Midi vécut d'une vie à part, et il ne devait prendre quelque importance que le jour où il serait poussé par les religieux d'Espagne à l'assaut des privilèges des Trinitaires du Nord. La cohésion de ces derniers fut la justification du privilège des « quatre provinces ».

Les couvents du Midi sont dans des villes, ceux du Nord sont surtout à la campagne. Peut-être le Midi avait-il des villes plus florissantes que le Nord, mais ce n'est évidem-

---

l'ordre sont antérieures à celles de Claude Ralle et même plus intéressantes.

1. A part Notre-Dame de Limon, près Saint-Symphorien-d'Ozon (Isère), qui ne fut qu'un prieuré.

ment pas par hasard que presque tous les couvents méridionaux sont dans des villes connues (Marseille, Arles, Montpellier, Narbonne, Toulouse, Castres). Les couvents de moindre importance, comme Tarascon, Digne, Lambesc (Bouches-du-Rhône), Beaucaire, Limoux, Mirepoix, Cordes (Tarn), Saint-Gaudens, Orthez sont au moins dans des petites villes. Ceux de Terraube (Gers), de Lorgues (Var), de La Mothe-du-Caire (Hautes-Alpes) et de Saint-Laurent-de-Médoc font seuls exception, et encore, il n'est pas difficile de les retrouver sur une carte. Dans la seconde floraison trinitaire, au dix-septième siècle, nos religieux du Midi durent se contenter, en Provence, de prendre place dans de petits bourgs, qui sont aujourd'hui, pour la plupart, de simples chefs-lieux de canton.

Dans le Nord, au contraire, les couvents sont en des lieux si inconnus que leur place se voit à peine sur la carte. Il faut souvent avoir recours aux *Dictionnaires topographiques* des départements, et encore un nom est-il resté introuvable, celui de Belleau, dans le Poitou[1]. Qui saurait dire du premier coup où est Cerfroid, le chef d'ordre? Qui pourrait identifier facilement Templeux, Rouvray, le Fay, Silvelle, la Gloire-Dieu, la Poultière? Ce sont de simples hameaux, maintenant des lieux-dits, dont les noms ne se retrouvent plus. Une difficulté pour les identifier réside dans les noms liturgiques d'origine populaire, qui ne permettent guère de reconnaître par exemple Soudé-Sainte-Croix dans *Fons Regalis*, La Villeneuve (près Chelles) dans *Honor Dei*, Silvelle dans *Fons Jesu*.

Même quand les Trinitaires ont leurs couvents dans des

---

1. C'est sans doute dans la paroisse de Mazeuil (Vienne), dont un Trinitaire était curé au dix-huitième siècle.

villes, ils sont établis en dehors, comme à Etampes et à Saint-Quentin. Pour Troyes, ils se transportèrent du nord à l'est de la ville, sans jamais y pénétrer. S'il y a des exceptions, comme à Clermont (Oise) et à Meaux, cela tient à la situation urbaine des hôpitaux qui leur furent confiés. Dès qu'ils n'eurent plus l'Hôtel-Dieu de Meaux, ils s'établirent hors de la ville. N'est-il pas caractéristique que les Trinitaires n'aient pas eu immédiatement un couvent à Paris? Dès 1199, ils ont des biens à Bourg-la-Reine, des couvents au Bourget (1203), à Verberie (1206), à Etampes (avant 1209), à Pontarmé, près Senlis (1216), à Chelles, à Mitry (1225), pour ne citer que les lieux les plus rapprochés de Paris, qu'ils enserrent du côté du nord et de l'est. C'est seulement en 1229 que Guillaume d'Auvergne, à peine consacré évêque de Paris, donna aux Trinitaires un vieil hôpital en ruines, situé près du Palais des Thermes et dont la chapelle était dédiée à saint Mathurin. De cette possession de quatrième ordre, nos religieux surent faire le vrai couvent chef d'ordre.

Si les Trinitaires ne songèrent point à chercher, pour cette expansion surtout rurale, des causes qu'il n'est guère facile de déterminer, ils essayèrent d'en tirer d'excellents résultats. Au dix-huitième siècle, la *Commission de Réformation* des ordres religieux constate que l'ordre des Trinitaires avait très peu de sujets et qu'un bon tiers des couvents du Nord était réduit à l'état de prieurés, alors que la plupart des couvents du Midi avaient une certaine vitalité[1]. Malgré cela, les religieux ne voulaient pas quitter leurs couvents de la campagne, même lorsqu'ils étaient en proie à une extrême pauvreté : ils prétextaient que, lors des quêtes de la rédemption, les cam-

---

1. Bibliothèque nationale, ms. fr. 13857, pp. 58 à 62.

pagnes où ils résidaient perpétuellement, où ils étaient par suite connus et estimés, se montraient plus généreuses que les villes, où tant d'œuvres sollicitaient la charité des fidèles. Telle était l'idée exprimée par le P. Pichault, général des Trinitaires, dans un mémoire écrit en 1766. La vérité est qu'ils voulaient garder leur total de couvents afin de faire nombre en face des provinces étrangères plus peuplées, dont l'une, l'Espagne, avait une très grande importance.

Avec le temps d'ailleurs, nos religieux passèrent parfois de la campagne à la ville. De Templeux-la-Fosse, les habitants de Péronne les font venir pour diriger leur collège. De La Palu, au terroir de Marseille, les Trinitaires Déchausssés descendent dans la grande ville et donnent leur nom à une église et à une rue.

CHAPITRE V.

Les provinces étrangères de l'ordre.

Dès le treizième siècle, nos religieux eurent une trentaine de couvents en Angleterre, Ecosse et Irlande. Cette province disparut au moment de la Réforme de Henri VIII.

L'Espagne eut, dès cette époque, un nombre de maisons à peu près égal à celui de la France elle-même[1].

Quant à l'Italie, nos religieux ne s'y établirent que dans le courant du dix-septième siècle, sauf les exceptions de Rome et de Naples.

En 1599, naquit en Espagne la congrégation des Trinitaires Déchaussés qui, non contente de déborder dans le midi de la France, alla jusqu'en Autriche et en Pologne, où l'ordre n'avait pas encore paru.

On a commis bien des inexactitudes sur l'importance qu'auraient eue ces provinces, lorsqu'au dix-septième siècle on s'efforça d'amoindrir la part de la France dans le passé de l'ordre. La légende de Pierre de Aberdeen, qui aurait été élu en 1347 après la mort de Thomas Loquet, est apocryphe, car ce général ne mourut qu'en 1357 et un autre Français lui succéda sans interruption.

---

1. Une liste très complète de ces couvents a été donnée dans l'*Arbor chronologica*.

Il faut également rejeter parmi les fables la mention de Moncamacho, qui aurait été élu général pour l'Italie en 1380. Il est qualifié de ministre de Saint-Thomas *de Formis;* c'est le seul couvent que les Trinitaires avaient alors dans ce pays.

GRANDE-BRETAGNE.

On n'a pas de certitude sur la date exacte de la venue des Trinitaires en ce pays. Thomas de Eccleston, auteur du *Liber de adventu Minorum in Angliam,* dit qu'ils arrivèrent longtemps avant 1239[1]. Dugdale doit avoir raison quand il dit que leur premier couvent date de 1224. La réception faite par le roi d'Ecosse Guillaume, mort en 1214, est problématique.

Les onze couvents anglais énumérés par Dugdale[2] sont Mottenden dans le Kent (1224), qui fut donné en 1540 à Thomas Cromwell; — Donnington, près Newbury (Berkshire), mentionné en 1395; — Little Totness Devonshire); — Werland, près Totness, fondé par Gautier d'Exeter sous Henri III; — Hounslow, dont la plus ancienne charte est de 1296; les religieux avaient un marché chaque mercredi, et une foire annuelle à la Sainte-Trinité, qui durait six jours; — Berwick, en Northumberland; — Walknoll, fondé le mercredi avant la Pentecôte 1360, par William Acton, bourgeois de Newcastle; ce couvent était dédié à saint Michel et fut *rendu* au roi le 10 janvier 1539; — Thursfield, dans le comté d'Oxford, consacré le 29 décembre 1295; c'était un hôpital pour les pauvres et les pèlerins — Eston, dans le Wiltshire; — Worcester; — Knaresborough, dans le comté d'York, établi sous Henri III, par Richard, roi des Romains, qui donna à nos

---

1. *Monumenta Germaniae, Scriptores,* t. XXVIII, p. 568, l. 40.
2. *Monasticum Anglicanum,* t. VIII, col. 1558-1565.

religieux la chapelle de Saint-Robert¹, avec 20 vaches, 300 brebis, 40 porcs (10 avril 1257).

Dans ce total de onze couvents n'est pas compris celui d'Oxford, dont le ministre aurait aliéné une possession, la chapelle de Sainte-Frideswide, réclamée par Gaguin qui sollicita dans ce but les bons offices de l'Université.

Les couvents écossais sont établis à Aberdeen (1214?), Dumbar (1218), Failfourd (1252) au diocèse de Glasgow, Pebles (1263) au sud d'Edimbourg, Houston (1226), Scotland-Wall et Dornoch².

L'Irlande, à laquelle on prête parfois cinquante-quatre couvents trinitaires, n'en aurait eu qu'un seul à Atdare (en latin *Athacia*), petite ville du comté de Limerick³.

Ces trois provinces (Angleterre, Ecosse et Irlande), par suite de leur situation isolée, ne jouèrent aucun rôle dans l'ordre.

Il en est de même des provinces légendaires de Palestine et de Chypre. On peut refuser toute créance à l'existence, certifiée par Baron, d'un couvent trinitaire à Constantinople en 1234, ainsi que d'un couvent de religieuses, qui y viennent, en 1441, comme pour se faire massacrer par les Turcs. Belin⁴ dit que la première mention d'un couvent trinitaire remonte à la paix de Sitvatorok, qui est de 1606. Ce couvent était dans la rue de Péra et sous la protection de l'Autriche.

---

1. Fidèles à leurs traditions historiographiques, les Trinitaires ont fait de l'ermite Saint-Robert de Knaresborough un religieux de l'ordre.
2. LANIGAN, *Histoire ecclésiastique d'Irlande*, IV, 313.
3. Bibl. de Marseille, manuscrit 1215, f° 10 v°.
4. BELIN, *La latinité de Constantinople*, 2ᵉ édition, 1894, p. 331.

ESPAGNE.

Avec l'Espagne, nous sommes enfin sur un terrain solide. Les religieux de ce pays ont été trop laborieux pour que nous ne leur payions pas un juste tribut d'éloges. Si l'on supprimait de l'historiographie trinitaire tout ce qu'ont écrit les Espagnols, il ne resterait que la chronique de Gaguin, avec ses suites, et les ouvrages du P. Dan. Nous pouvons élever des doutes bien légitimes sur les premières donations espagnoles, où sont trop visibles des interpolations faites pour vexer l'ordre rival de la Merci, fondé en 1228 à Barcelone. Toutefois, ne nous plaignons pas trop de cette inimitié; que d'ouvrages n'auraient jamais été écrits si les Trinitaires n'avaient pas eu devant eux des rivaux qu'il fallait surpasser! En nous souvenant que ce n'est qu'au milieu du treizième siècle que l'Andalousie fut conquise sur les Maures, et que ceux-ci gardèrent Grenade jusqu'en 1492, on comprendra la seconde raison de la vitalité des Trinitaires dans un pays dont les fréquentes luttes avec les musulmans étaient de nature à donner lieu à de nombreux rachats de captifs.

La chronique de Gaguin nous montre les premiers successeurs de saint Jean de Matha venant en voyage de rédemption en Espagne, et l'un d'eux mourant à Cordoue. Gil Gonzalez de Avila, dans son *Teatro ecclesiástico de las iglesias de las dos Castillas* (1645), donne de très nombreux détails sur les couvents trinitaires, dont l'un, celui de Ségovie, aurait été fondé en 1208 par saint Jean de Matha lui-même.

Dans le couvent de Burgos, il s'est réuni des Cortès; sa

capilla mayor a été construite au moyen des aumônes des marquis de Aguilar; les religieux y ont un collège dédié à saint Ildefonse, où l'on étudie la théologie, les arts et les sciences morales.

Celui de Valladolid date de 1256; les ducs de Béjar en sont les patrons; le rétable a été donné par Juan Hurtado et François de Zuniga. De ce couvent sortit Antonio de Paz, qui fut quatre ans à Tunis (1531-1535)[1].

En Andalousie, il y a le couvent de Jaen (*pobre en edificio, rico en virtud*); celui d'Ubeda[2], où saint Jean de Matha a fait cesser une épidémie de peste au dix-septième siècle; ceux de Baeça, d'Andujar, et surtout celui de Séville, fondé en 1253 sur l'emplacement de la prison de Sainte-Juste et Rufine[3].

Un Trinitaire d'Espagne devient, au quinzième siècle, le cardinal Antoine Serdan, évêque de Lérida; c'est le seul cardinal qu'ait eu l'ordre.

Les rapports de l'Espagne avec le général français sont d'abord fort peu connus. Durant le quatorzième siècle, il est fait mention du châtiment infligé à des ministres de Séville et de Burgos. Quel est ce châtiment? Gaguin ne le dit pas; il est à présumer que c'est la déposition. Le grand schisme étant survenu, la France suivit le pape d'Avignon et l'Espagne le pape de Rome. Ce fut une occasion pour les Trinitaires de secouer le joug de la France; ils élurent comme général Vasconcellos, provincial de Castille, à qui une bulle de Martin V permit de garder le titre de général sa vie durant. La paix étant rétablie dans l'ordre, des Statuts furent publiés

1. T. I, pp. 644-645; t. III, p. 15.
2. T. I, p. 217.
3. T. II, p. 124.

à Cerfroid en 1429; Jean de Burgos en fit une copie pour ses compatriotes; il y recommande que l'Espagne envoie, tous les cinq ans, un délégué au chapitre général. La présence de Trinitaires espagnols aux chapitres généraux de 1473 et de 1501 est certaine. C'est à l'époque de Gaguin que les relations entre le grand-ministre et l'Espagne sont le mieux établies.

A ce moment, fleurissent en Castille Simon de Camargo et Diego de Gayangos, grands rédempteurs de captifs. Les manuscrits de Gaguin, à la Bibliothèque Mazarine, renferment aussi beaucoup de statuts faits en Espagne. Alors Grenade est prise et trois couvents trinitaires se fondent à Malaga, Marbella et Alméria, villes enlevées aux musulmans; Gonzalve de Jerez vient, à cette occasion, demander à Arles des reliques de saint Roch.

Le règne de Charles-Quint marque, pour l'Espagne, une nouvelle période d'autonomie. Adrien VI comble les Trinitaires espagnols de privilèges qu'obtiendront cinquante ans plus tard les Trinitaires de France. Pie IV leur permet de changer la couleur de la chape, et cette différence d'habit avec les religieux de France chagrine profondément ceux-ci. Thibaut Musnier et Bernard Dominici vinrent visiter en personne les provinces d'Espagne.

De Valdepeñas, à la limite de la Castille et de l'Andalousie, devait partir en 1599 la Congrégation Déchaussée, dont l'expansion fut si rapide. Le seul résultat qui nous intéresse ici, c'est que ce fut un prétexte pour les Trinitaires espagnols à réclamer une part du gouvernement de l'ordre. Tant que Louis Petit fut général (1612-1652), l'Espagne demeura tranquille; ce personnage, qui avait étudié à Saragosse, était très cher aux Espagnols, dont il connaissait la langue. Ce n'est pas ici le lieu de raconter cette lutte qui dura toute la seconde moitié du dix-septième siècle. Rappelons seulement que l'Espagne fut admise, depuis 1704, à participer aux chapitres généraux, et qu'il y eut toujours dès lors, auprès du général, un secrétaire espagnol ; c'était, en 1756, Lorenzo Reynès, qui fit diverses copies chez les Mathurins de Paris. C'est tout ce que l'Espagne gagna à cette lutte, semblant même se désintéresser assez vite des gages qu'elle avait conquis, car, au chapitre de 1781, manquaient un grand nombre des représentants de ce pays.

Les constitutions particulières des Espagnols sont assez bien connues depuis le seizième siècle ; le chapitre général se tenait chaque fois en des lieux différents : celui de 1497 est à Arevalo, celui de 1513 à Santa Maria de las Virtudes ; d'autres se tinrent à Valladolid et à Jaen. Jusqu'au milieu du seizième siècle, il n'y eut que deux provinces, Castille et Aragon (le Portugal était à part) ; l'Andalousie fut détachée alors de la Castille. L'unification de l'Espagne n'empêchait pas l'existence du régionalisme, puisque Gaguin établit l'alternative entre la Catalogne, l'Aragon et le royaume de Valence pour le provincialat. En 1586, Bernardino de Mendoza, ambassadeur de Philippe II, fut chargé de demander à Bernard Dominici de choisir un vicaire général pour les quatre provinces de la péninsule ibérique. Cette innovation ne porta point atteinte à l'indépendance de chaque province, car en 1780 le provincial d'Aragon, ayant voulu faire la visite en Castille, en fut empêché par les religieux, aux termes d'une bulle de Clément VII.

Les constitutions espagnoles les plus célèbres sont celles qui furent faites au temps d'Alexandre VII à Rome (1657). Jusqu'à la fin du dix-huitième siècle, les Espagnols rédigèrent des constitutions, qu'ils firent confirmer par le pape[1].

L'Espagne fut un vif foyer de science, d'historiographie[2] et de rédemption. Le collège de Saint-Lambert de Saragosse devint très célèbre, et le pays compta une foule de *Présentés*, de *Maîtres* et de *Docteurs Jubilés*[3]. Depuis le dix-septième siècle, un grand nombre de villes eurent à la fois des couvents de Trinitaires Chaussés, de Trinitaires Déchaussés et même de religieuses, fondées depuis 1612. L'Espagne fournit à l'ordre ses plus grands prédicateurs, comme Paul Aznar, et même des saints comme Simon de Roxas, Michel des Saints et Jean-Baptiste de la Conception. L'histoire de la province de Castille a été l'objet de grands ouvrages de Juan Toraya de la Vega.

PORTUGAL.

L'origine de cette province est fort incertaine; le naufrage d'André d'Agramont devant Lisbonne, où il fonde un couvent, paraît légendaire. Il n'y eut pas en ce pays plus de six couvents : les principaux furent ceux de Lisbonne, de Santarem, de Coïmbre et d'Alvito. Les privilèges obtenus par l'Espagne furent étendus en 1534 au Portugal, dont le principal titre de gloire est l'ouvrage de Bernardin de Saint-Antoine. Lorsqu'il eut été conquis par Philippe II, ce roi fit faire une rédemption des captifs portugais. Après la proclamation de l'indépendance du Portugal, les Trinitaires d'Espagne se montrèrent hostiles à ceux de France et demandèrent un général particulier; la province de Portugal s'opposa

1. *Analecta Juris pontificii*, t. XVI, p. 626.
2. Le P. Antonin de l'Assomption a publié récemment un ouvrage étendu sur les historiens trinitaires espagnols.
3. Ce sont des grades en théologie, qui n'étaient guère répandus chez nos religieux de France.

très vivement à cette scission et son député écrivit à ce sujet à la Congrégation des Réguliers. Sans doute, le mobile de cette attitude était plutôt l'inimitié contre l'Espagne que l'affection pour le général français; néanmoins cette communauté d'hostilité fut pour les Trinitaires de France un sérieux appui moral. Le roi lui-même enjoignit en 1697 au provincial de reconnaître le général français.

ITALIE.

Cette province, qui allait prendre une importance démesurée à cause des intrigues antifrançaises dont Rome devait être le centre, ne se forma qu'au dix-septième siècle. Le plus ancien couvent (à part ceux de Rome, dont il sera traité isolément) est celui de Naples, fondé en 1560. En 1586, François Bouchet, vicaire général de l'ordre, permit l'érection de confréries destinées à en favoriser la construction [1]. Il paraît qu'il y avait, dès cette époque, un provincial de Calabre, mais nous ne savons pas au juste de quels couvents se composait sa province. A l'époque de sa plus grande expansion, l'Italie ne comprit jamais que dix-sept couvents, dont cinq en Sardaigne (encore faisaient-ils peut-être partie de la province d'Aragon [2]) et quatre en Sicile. Ces derniers n'échappèrent pas à la loi de vagabondage qui semble s'imposer à tous les couvents trinitaires : à Palerme et à Catane, nos religieux durent s'y prendre à trois fois pour être placés définitivement. Ces renseignements sont donnés par les manuscrits du P. Ignace de Saint-Antoine; peut-être les pérégrinations de nos religieux n'étaient-elles pas encore finies.

1. Pièce 138.
2. *Les Illustres Captifs,* t. II, p. 331.

A la fin du dix-septième siècle, les Trinitaires Déchaussés fondèrent plusieurs couvents en Italie : Saint-Denis de Rome, Alexandrie, Turin et Livourne. Le couvent de Faucon, près Barcelonnette, qui appartint au Piémont jusqu'à 1713, fut rattaché à cette province Déchaussée. Du couvent de Saint-Ferdinand de Livourne sortit un excellent ouvrage (*Gli schiavi redenti*), que j'ai trouvé à la bibliothèque de Cerfroid.

AUTRICHE.

La Congrégation Déchaussée fonda, à la fin du dix-septième siècle et au commencement du dix-huitième, un grand nombre de couvents en Autriche (province de Saint-Joseph) et en Pologne[1] (province de Saint-Joachim). Les principaux sont ceux de Vienne, de Cracovie et de Varsovie. Vienne fut un grand centre de science et de rédemption : Florien de Saint-Joseph y continua l'*Histoire de la Congrégation Déchaussée*, de Diego de la Madre de Dios. La récente arrivée des Trinitaires français à Vienne a donné lieu à la publication, dans leur *Bulletin* de décembre 1900, d'un intéressant article sur ce couvent, supprimé en 1783 par Joseph II et dont les religieux tiendront à honneur de faire revivre le souvenir glorieux.

---

1. *Arbor Chronologica*, pp. 139 et 140.

CHAPITRE VI.

Les grands bienfaiteurs des Trinitaires.

1° LES ROIS ET LES PRINCES.

« L'ordre de la Sainte-Trinité, lit-on au début du Mémoire présenté, en 1766, par le général Maurice Pichault, à la Commission des Réguliers, a été établi en France sous la protection du roi Philippe-Auguste[1]. » Au dix-septième siècle, le peintre Van Thulden représenta, pour le couvent des Mathurins, les deux fondateurs de l'ordre présentant la règle à Philippe-Auguste, qui, selon Millin, aurait eu la simplicité de croire « les deux visionnaires ». Le P. Calixte a bénévolement admis dans le tiers-ordre des Trinitaires ce roi, qui aurait même choisi Jean de Matha pour son théologien !

En fait, M. Delisle, dans son *Catalogue des actes de Philippe-Auguste,* n'en cite aucune donation en faveur des Trinitaires. Dans aucune bulle, le pape ne fait allusion à la protection royale. Les deux seuls faits allégués par Gaguin : l'envoi de Trinitaires à une croisade de Philippe-Auguste (qui n'y alla point après 1193) et leur établissement à Paris, fort postérieur à ce roi, ne sont pas admissibles.

Louis VIII n'eut pas le temps de faire quelque chose pour

---

[1]. Arch. nat., S 4278, n° 21, p. 1.

nos religieux. Leur grand bienfaiteur fut saint Louis, averti du mérite des Trinitaires par la présence à ses côtés du grand-ministre Nicolas pendant la croisade d'Égypte. Joinville fait souvent mention de Nicolas[1], ainsi que d'un Trinitaire attaché au comte Guillaume de Flandre et confessant les chrétiens jusque sous les flèches des Sarrasins. Aussi le roi prit-il les Trinitaires « pour chapelains et pour familiers »; et reçut-il du chapitre général, en 1256, l'association spirituelle, « vu que son affection spéciale à l'égard de l'ordre avait été prouvée par de multiples effets[2] ».

Le plus connu des couvents fondés par saint Louis est celui de Fontainebleau. En logeant les Trinitaires dans son palais, le roi leur donna 2,000 arpents de bois (juillet 1259)[3]; il prit deux Trinitaires comme chapelains, en sus du nombre réglementaire des religieux (décembre 1260)[4]. Il fit exempter ce couvent des décimes levés par Charles d'Anjou et lui fit accorder des indulgences par le pape[5].

Il fit donner à l'ordre l'hôpital des Belles-Portes par le chapitre de Saint-Quentin[6], et il intervint puissamment pour lui assurer la possession de l'Hôtel-Dieu de Compiègne.

Saint Louis ne favorisa pas moins les couvents déjà existants. Les Mathurins de Paris eurent beaucoup à se louer du roi, qui provoqua en leur faveur les largesses de ses familiers Guillaume, son panetier, et Adam, son cuisinier. Ayant donné une rente de 40 livres à Nicolas de Soisy, le roi consent qu'il

---

1. Le P. Dan, *Histoire de Barbarie*, 2ᵉ édition, p. 467.
2. *Layettes du Trésor des Chartes* (11 juin 1256).
3. *Gallia christiana*, XIII, *Instr.*, 74 A.
4. Martène, *Amplissima collectio*, I, 1349.
5. Le Nain de Tillemont, *Histoire de saint Louis*, IV, 258; VI, 84.
6. Héméré, *Augusta Viromanduorum*, pp. 242-243.

TABLEAU DU COUVENT DES PÈRES BLANCS : LA MORT DE SAINT LOUIS.
(Le second religieux à la gauche du cardinal Lavigerie est le P. Calixte.)

en lègue dix par avance aux Mathurins[1] : ce legs est peut-être une condition de la donation royale.

Ce n'est pas seulement de terres et de maisons, c'est d'ornements précieux et de reliques que saint Louis comblait ces religieux. « Voulant décorer votre église de quelques marques vénérables de notre Rédemption, nous avons jugé à propos de vous envoyer, par notre amé et féal chapelain Frère Pierre d'Arras[2], de votre ordre, une épine de la sacro-sainte couronne de Notre-Seigneur et une lame de sa très sainte croix. Priez pour nous. » Le couvent de Paris conservait encore, à la fin du dix-huitième siècle, le manteau royal de saint Louis, qui servait de chasuble au prêtre officiant le jour de la fête du roi et un reliquaire sur pied de cuivre (Millin).

A la seconde croisade de saint Louis figura encore un Trinitaire, Jean de Metz[3]. La fête du saint roi fut dignement célébrée par les Mathurins reconnaissants; tous les ans, ils se rendaient processionnellement à la Sainte-Chapelle, de concert avec les religieux de Sainte-Catherine.

L'affection de saint Louis pour les Trinitaires se communiqua à son frère, Alphonse de Poitiers. Les aumônes de celui-ci, en 1265, comprennent les Mathurins de Paris pour 100 sous; ceux de Fontainebleau pour 50; ceux de Chelles, Mitry, Clermont pour 30; ceux de Pontarmé pour 20. Dans son apanage, il donne 100 sous aux Trinitaires de Taillebourg[4] et

---

1. Voir, pour les détails, la Monographie du couvent des Mathurins de Paris, en préparation.
2. Ce Trinitaire était présent à l'hommage prêté par le comte de Nevers, Jean, à l'évêque de Paris, Etienne, le 13 novembre 1268 (Cartulaire de Notre-Dame de Paris, I, 171).
3. Le peintre du couvent des Pères Blancs à Carthage, dans le tableau de la Mort de saint Louis, a donné à ce religieux les traits du P. Calixte.
4. M. MOLINIER, dans sa Correspondance d'Alphonse de Poitiers, a cité

60 à ceux de Toulouse [1]. Ces derniers reçurent, en décembre 1268, 100 livres tournois sur les produits d'une vigne confisquée à Pierra Garsia, hérétique, et de plus le vin de cette vigne [2].

Il faudrait citer les plus grands princes français, pour énumérer tous les bienfaiteurs des Trinitaires. Je me bornerai aux comtes de Champagne et de Flandre.

Les belles études de M. d'Arbois de Jubainville montrent que Thibaut IV[3] (1201-1252), Thibaut V (1253-1270), Henri III (1270-1274) ne l'ont en rien cédé à saint Louis. Dès 1217, le sénéchal Simon de Joinville, père de l'historien, fondait un couvent à Soudé (*Fons Regalis*), près de Vitry.

Les Trinitaires doivent aux comtes de Champagne les couvents de La Veuve (1234), Vitry (1240), Troyes (1260) et l'hôpital de Meaux (1244). Le testament de Thibaut V (novembre 1257) contient des legs aux couvents de Cerfroid (qu'il devait favoriser encore spécialement), Silvelle, Soudé, Vitry, Meaux. A cette Maison-Dieu, il donna une tour près des murailles, contre le pressoir de la Maison-Dieu, qu'il pouvait reprendre quand il lui plairait [4] (1270). A Cerfroid, il institua vingt religieux de chœur [5]. Un de ses chapelains, Jean Boileau, reçut 20 livres sur la communauté de Meaux

---

une enquête à laquelle il fait procéder pour le ministre de Taillebourg, qui a reçu des coups dans une rixe. *Ibid.*, 1022, 1110, 1128, 1324.

1. BOUTARIC, *Saint Louis et Alphonse de Poitiers*, pp. 461 à 466.
2. *Histoire du Languedoc*, IV, 708. Voir *Ibid.*, VII, 413, et *Correspondance d'Alphonse de Poitiers*, t. Ier, p. 534. Le prince leur légua 15 livres sur la prévôté de La Rochelle pour le chapitre général (Archives nationales, J 406, n° 4).
3. Dès 1239, Thibaut IV a pour chapelain le Trinitaire Simon, auquel est déléguée la levée d'une taxe sur les biens de ceux qui se rachetaient de la croisade (*Cat.*, n° 2539).
4. Arch. nat., J 203, n° 78.
5. Pièce 39.

(21 février 1269) et 10 autres livres d'Henri, successeur de Thibaut V ; il devint général de l'ordre en 1273[1].

Rien n'égala la munificence de Thibaut V pour les Trinitaires qu'il « attira » à Troyes : en 1260, il leur donne une maison sise au faubourg de Preize, habitée auparavant par les Franciscains[2] ; puis, il les comble de donations qui se succèdent avec une rapidité vertigineuse : 6 muids de froment, 50 livres sur le pontage de Troyes, des exemptions de tonlieu[3], le droit d'usage dans ses forêts d'Isles (21 avril 1262), la première prébende qui vaquera au chapitre de Saint-Etienne, la pêche dans les fossés de la ville depuis la porte de Comporté jusqu'à la Seine[4] (août 1261), la dispense de consacrer au rachat des captifs[5] le tiers des revenus qu'il leur avait donnés, par dérogation spéciale au texte de la règle, qui n'était pas encore modifiée.

Les comtes de Flandre furent les bienfaiteurs des couvents de Douai et d'Hondschoote. Marguerite, notamment, « libéra et quitta » aux Trinitaires de Douai, le 17 octobre 1272, tout le lieu nécessaire pour bâtir l'église, le cimetière et le cloître[6].

Mahaut de Dammartin et Alphonse de Portugal, son mari, donnèrent aux Trinitaires l'Hôtel-Dieu de Clermont (Oise), avec les revenus d'une foire annuelle.

1. Mention de l'Obituaire des Mathurins de Paris.
2. Catalogue, n° 3187.
3. CAMUSAT, *Promptuarium*, 427 v°-429 v°.
4. Catalogue, n°s 3185, 3188, 3205.
5. Cartulaire conservé aux Archives de l'Aube, fol. 1 : *Licet tertia pars converti debeat in Redemptionem captivorum, nolumus tamen quod de predictis sibi a nobis collatis, ratione dicte Redemptionis, ullomodo aliquid deducatur.*
6. L'abbé DANCOISNE, *Bulletin de la Soc. des Sciences de Douai*, t. XIV, p. 320.

Les Trinitaires savent réclamer ce qui leur est dû. Simon de Dammartin et Marie de Ponthieu ayant promis au ministre de Pontarmé 10 livres parisis de revenu annuel et 60 sous pour le chapelain, leur fille, Jeanne, reine de Castille et de Léon, veuve de Ferdinand le Saint, leur assigne 11 livres de revenu sur la vicomté d'Airaines[1] (Somme).

Ce n'était donc pas seulement auprès des princes de France que les Trinitaires trouvaient une si efficace protection. Sans parler des légendaires réceptions que leur auraient faites le roi d'Ecosse, Guillaume, et le roi de Portugal, Alphonse II, on peut constater leur crédit auprès de princes qui furent rarement les amis de la France, même au temps de saint Louis, les rois d'Angleterre. Henri III ne se contenta pas de leur donner des lettres de protection perpétuelle au moment de la guerre de Saintonge[2] (1242), il leur confia même des missions plus délicates. Simon, ministre des Mathurins de Paris, fut désigné à l'effet d'entendre, pour Simon de Montfort, le compte de l'emploi de 1,000 livres sterling déposées à l'hôpital de Saint-Jean de Jérusalem et de transmettre au roi ce compte scellé de son sceau[3].

Richard de Cornouailles, le fondateur du couvent de Saint-Robert de Knaresborough, prit parmi ses envoyés auprès d'Innocent IV le Trinitaire Raoul[4], en vue de défendre ses droits sur la Provence contre Charles d'Anjou, en vertu du testament de Raymond-Bérenger IV[5] (mai 1246). En 1259, un

1. E. Dupuis, *Pontarmé*, p. 106.
2. *Rôles gascons*, n° 394.
3. *Ibid.*, n°s 2170, 2865.
4. C'est à ce frère Raoul que Henri III alloue 40 sous pour ses dépenses en sa qualité d'envoyé royal en Angleterre; c'est pour lui qu'il mande à Roger le tailleur de faire un habit convenable.
5. Berger, *Registres d'Innocent IV*, n° 1967.

autre Trinitaire, Guillaume, est envoyé à Rome pour se plaindre qu'Alphonse le Sage, roi de Castille, prenne, au grand détriment de Richard de Cornouailles, le titre de roi des Romains. Le pape Alexandre IV, qui devait estimer à sa juste valeur cette contestation sur une ombre de pouvoir, mais qui, selon les traditions de la cour pontificale, ne voulait mécontenter personne, fit une réponse évasive [1].

Au quatorzième siècle, le trop fameux Robert d'Artois avait pour chapelain un Trinitaire, Henri Sachebren, à qui il fit confidence de ses projets criminels contre le roi Philippe VI et qui, effrayé, vint le dénoncer en décembre 1333, sans pouvoir éviter d'être lui-même emprisonné [2].

2° LES ÉVÊQUES.

D'illustres évêques du treizième siècle ne restèrent pas insensibles au mérite des Trinitaires. Nos religieux peuvent citer avec honneur, parmi les prélats présents autour de leur berceau, Guérin, évêque de Senlis, devant qui est passé, en 1216, l'acte de fondation du couvent de Pontarmé, et surtout Guillaume d'Auvergne, qui se montra le bienfaiteur des Mathurins de Paris en toute occasion, aplanit leurs différends avec l'abbé de Sainte-Geneviève et étendit sa sollicitude aux couvents du Bourget et du Fay [3].

Les évêques de Meaux, dont le diocèse comprenait Cerfroid (aujourd'hui de celui de Soissons), ont favorisé ce couvent dès son origine. Un vitrail de l'église conserva le souvenir de la dédicace de Cerfroid par l'évêque Anseau, qui consacra aussi

1. Bibliothèque de Marseille, manuscrit 1215, f° 12 v°.
2. *Notices et extraits des Manuscrits*, t. Ier, pp. 522, 524, etc.
3. Pièces 6 et 9.

l'église de Silvelle¹. Le plus connu de ces bienfaiteurs fut Pierre de Cuisy², évêque de 1223 à 1255, qui donna un muid de blé³, annuellement, pour le pain du chapitre, à percevoir sur sa grange, à Vareddes.

A proximité de Saint-Lô, se trouvait le couvent de La Perrine, pour lequel les évêques de Bayeux et de Coutances ne rivalisèrent que de bienveillance, comme le témoigne son précieux Obituaire qui, après Dumonstier, peut être feuilleté avec intérêt. Grégoire de Naples, évêque de Bayeux, donna l'église de Sainte-Catherine en pure aumône, n'y retenant plus aucun droit, et Jean, évêque de Coutances, mort le 5 juillet 1274, légua 100 livres tournois au couvent⁴.

Au dix-septième siècle, un évêque de Nantes, Mgr de Cospéan, avait tant d'amitié pour les Trinitaires de Châteaubriant qu'il demeurait parfois trois mois chez eux⁵.

Bossuet, qui intervint à la demande des religieux de Cerfroid pour faire cesser les scandales dont la fête populaire du jour de la Trinité était le prétexte, avait pour confesseur, en 1702, un Trinitaire de Meaux, le P. Damascène.

1. Archives nationales, S 4267, n° 6.
2. Ce nom resta si populaire dans l'ordre que les Trinitaires ajoutèrent par méprise le surnom « de Cusiaco » à un grand-ministre du nom de Pierre, qui vivait vers 1300.
3. Ce muid de blé fut le sujet d'un grand procès en 1369 et fut supprimé en 1550, lors de l'union de la cure de Brumetz au couvent de Cerfroid.
4. HISTORIENS DE LA FRANCE, t. XXIII, p. 550.
5. L'abbé GOUDÉ, *Histoire de Châteaubriant*, p. 429.

CHAPITRE VII.

Les plus anciens grands-ministres (1213-1410).

L'histoire des treizième et quatorzième siècles sera brève, car nous n'avons pour guide que la Chronique des ministres-généraux et l'Obituaire de Gaguin, qui ne font guère que se répéter. De très rares actes, principalement d'intérêt local, sont émanés de ces grands-ministres, que la vanité des historiens de l'ordre a souvent considérés comme des étrangers d'origine, à cause de ces noms de *Anglicus, Scotus, Hispanus*, qui n'étaient bien vraisemblablement que des noms de famille. Entre deux explications possibles, il est plus prudent de choisir la plus simple.

Le successeur de saint Jean de Matha, Jean Langlois, mourut aussi à Rome (17 juin 1217). La bulle d'Honorius III, du 9 février, est encore adressée : *Joanni, ministro*.

Après lui, Guillaume Lescot[1], élu en juin 1218, mourut le 17 mai 1222 au retour d'une rédemption, à Cordoue. On n'a aucun acte de lui, non plus que de son successeur Roger le Lépreux, mort à Châlons le 18 mars 1227. Sur ce dernier, on a imaginé une légende. Il se serait moqué de saint Jean de Matha et de ses projets d'instituer un nouvel ordre

---

1. Baron imagine qu'il fut, en 1219, au siège de Damiette avec saint François (*Annales*, p. 117).

religieux; en punition de sa dérision, il aurait été frappé de la lèpre[1]. Guéri par le saint, il serait entré dans l'ordre nouveau par reconnaissance, en gardant toujours le nom de Roger le Lépreux, par humilité.

Michel l'Espagnol, qui gouverna l'ordre depuis le mois de juin 1228, figure dans l'acte du chapitre général, le 4 juin 1230, acceptant la donation du couvent de Saint-Mathurin. Il mourut le 18 juillet suivant (ou bien en 1231), et fut enseveli à Rome. Ce grand-ministre est compté parmi les étrangers illustres, étudiants de l'Université de Paris[2].

Nicolas, le compagnon de captivité de saint Louis, eut le bonheur de voir l'ordre comblé de donations; il vécut surtout à Cerfroid, où, selon la tradition, il travailla de ses mains à bâtir l'église; son épitaphe y était conservée. Le P. Calixte dit qu'il était d'abord ministre de Verberie, et Baron affirme (p. 146) que les Maures lui vendaient des captifs à plus bas prix qu'aux autres; rien n'empêche d'admettre ces faits. Ce qu'on doit, par exemple, lui refuser, c'est la signature d'une transaction de 1236, pour la fondation des religieuses d'Avingavia, avec une princesse du nom de Constance d'Aragon, qui n'a jamais existé que dans l'imagination de quelques auteurs espagnols. Il mourut le 11 mars 1257 et non 1256[3], car le 11 juin 1256 il accorde au roi Louis IX l'association spirituelle.

Suivant les Trinitaires, le successeur de Nicolas, Jacques

---

1. Il y a une autre histoire de lèpre au berceau de l'ordre des Trinitaires, mais cela par une méprise : Albéric des Trois-Fontaines parlait d'un seigneur délivré miraculeusement *de Alopia* (Alep); le mot *alopia* n'ayant pas été compris, on a traduit que ce seigneur avait été guéri *de la lèpre* (Vie italienne de saint Jean de Matha).

2. BUDINZKY, *Die Fremden an der Pariser Universität*, p. 214.

3. Arch. nat., sceau n° 9801. L'obituaire de La Perrine place sa mort au 4 mars.

Flamand, ne le valut pas[1]. Il était si indolent, dit Baron (p. 203), que le pape voulut enlever à l'ordre le célèbre couvent de Saint-Thomas *de Formis* (26 mars 1262).

Alard, le neuvième grand-ministre, est, au contraire, assez bien connu. Il obtint la « mitigation » de la règle, l'exemption des péages et du centième de la Terre-Sainte ; il passa une transaction avec le chapitre de Marseille en 1270, et mourut chez les Franciscains de Trapani, le 18 février 1272.

Ici se présente une difficulté. Gaguin place après Alard Pierre de Cuisy, qui aurait reçu de Philippe le Hardi des donations pour les couvents de Paris, Cerfroid et Verberie. En réalité, ces donations sont de 1304. Ce Pierre n'est pas un Pierre II, et à sa place nous avons, en 1273, un Jean ; c'est Jean Boileau, chapelain « de l'illustre roi de Navarre », mort seulement le 25 mai 1291[2]. En 1273[3], à peine élu, il nomme Vincent de Fontainet provincial de Languedoc. Ce qui est fort étonnant, c'est que Baron a publié l'acte de 1273 et mis à cette date la notice de Pierre de Cuisy, sans s'apercevoir de la contradiction.

Mais que se passa-t-il en 1291 ? « L'ordre resta sans chef par suite d'une épidémie, qui causa une telle mortalité dans les provinces que les Pères ne purent se réunir à Cerfroid. Lorsque la Providence, continue Baron (p. 286), voulut mettre un terme à ces maux, elle donna un chef dont nous parlerons à cette époque ! » Et il n'en parla jamais. Ce chef, c'est Pierre dont il a donné la notice précédemment. C'est lui qui

---

1. « Dissipateur sans goût », dit le P. Calixte. En fait, on ne sait rien de lui. C'est ce que l'on doit conclure, après avoir lu l'article de la *Stemmatographia trinitaria*, de Luc de Saint-Nicolas (à la page 19), qui lui est, au contraire, favorable.
2. Recueil des Obituaires, t. Ier, p. 686.
3. Pièce 44.

figure, en 1297, dans l'acte de réunion de Silvelle au monastère de Cerfroid[1] ; c'est lui qui reçoit, en 1304, une donation de Philippe le Bel sur les recettes de Pont-Sainte-Maxence et de Pontpoint, en compensation d'un établissement qui n'avait pu prospérer à Arsague dans le Béarn, à cause de la « perversité » des habitants[2]. Nous ne savons rien de plus sur cet incident. Pierre mourut le 5 octobre 1315, comme le rapporte l'Obituaire.

Le douzième grand-ministre fut Bertaud, que Gaguin n'a pas cité : il était ministre de Troyes en 1306[3]. Il présida le chapitre général de 1319, où furent faites des constitutions intéressantes, et mourut le 13 août 1323[4].

Son successeur, nommé Jean (le nom de famille est inconnu), confirma, au mois de novembre 1324, la fondation de l'hôpital de Dinard. En 1330, il unit aux Mathurins de Paris le couvent du Bourget, dont il sera question plus tard.

Thomas Loquet lui succéda en 1337 ; déjà en 1312, il est chapelain et aumônier de Gaucher de Châtillon et attire beaucoup de bienfaits sur le chef d'ordre[5]. Dès le mois de janvier 1338 (n. st.), il est qualifié de ministre-général et ministre de Verberie[6]. Il souscrit encore en 1355 un acte de Gilles de Mante[7] pour le couvent de Cerfroid et meurt en 1357.

Pierre de Bourry (on ne sait à quelle localité se rapporte ce nom : *de Burreio*) fut élu en 1358. C'était un homme très ferme, dit Gaguin, à en juger par le châtiment qu'il infligea à

---

1. Dom Toussaints du Plessis, ouvrage cité, t. II, p. 181.
2. Archives nationales, JJ 45.
3. Archives nationales, S 4262, n° 18.
4. Historiens de la France, t. XXIII, p. 552.
5. Dom Toussaints du Plessis, t. II, p. 194.
6. Archives nationales, S 4262, n° 19.
7. Bibl. nationale, collection de Champagne, vol. 153, n° 46.

deux ministres d'Espagne. Il mourut le 30 septembre 1373. A partir de cette époque, on possède la copie des actes d'élection des généraux, ce qui fournit des dates plus précises.

Jean de Lamarche, élu le 30 avril 1374, était alors ministre de l'Hôtel-Dieu de Meaux ; il ratifia en 1380 ce qu'il avait fait, comme ministre, relativement au couvent du Bourget. Ayant fait adhésion au pape d'Avignon, il vit retirer à l'ordre l'hôpital romain de Saint-Thomas *de Formis*, si tant est que les Trinitaires ne l'eussent point encore abandonné.

Renaud de Lamarche, élu le 12 mai 1392, était peut-être parent du précédent. Il donna, au dire de Gaguin, le mauvais exemple du cumul d'un ministériat particulier avec la charge suprême de l'ordre, en gardant le couvent de Clermont, dont il fit d'ailleurs rebâtir l'église. Une pièce des Archives départementales de l'Oise[1] tend à nous faire croire que cette gestion n'était que temporaire, *en défaute de ministre*. Il mourut le 30 mars 1410[2].

Avant de passer à son successeur, Thierry Valerand, il nous faut revenir en arrière sur les agissements des Mathurins de Paris, dont le ministre aspirait alors, non sans quelque droit, à tenir la première place dans l'ordre entier. La crise que traversa, de 1410 à 1420, l'ordre des Trinitaires a besoin d'être reprise de plus haut.

1. Pièce 88.
2. Ces dates sont prises, pour l'élection, dans le manuscrit de la Bibliothèque nationale, fonds français 15 697 (voir la pièce 230), et pour la mort, dans l'Obituaire de Gaguin.

CHAPITRE VIII.

Les Mathurins de Paris jusqu'au début du quinzième siècle.

Le couvent de Saint-Mathurin de Paris avait été cédé à l'ordre, en 1229, par l'évêque Guillaume d'Auvergne. Ses religieux furent nommés populairement Mathurins, et ce nom passa à tous les religieux de l'ordre, surtout dans le nord [1] de la France. Les Mathurins de Paris jouèrent un grand rôle dans l'Université et, fiers de leur position, aspirèrent à dominer tout l'ordre, apportant dans cette tâche une absence de scrupules et une ténacité qui ne se démentirent jamais.

Leur premier soin fut de déposséder Cerfroid du rang de chef d'ordre; ils y parvinrent en deux siècles. Puis, il leur fallut mettre la main sur les couvents français; au début du dix-septième siècle ils y étaient arrivés. Ainsi fortifiés, ils purent résister aux provinces d'Espagne et d'Italie, et même les amener à reconnaître leur autorité.

Entre Paris et Cerfroid, l'issue de la lutte ne pouvait être douteuse. Paris avait tous les avantages, Cerfroid étant dans un désert. Mais les Mathurins ne songèrent pas à enlever à Cerfroid son auréole de berceau mystérieux de l'ordre; jamais ils ne contestèrent que Cerfroid ne dût être le lieu de réunion

---

1. Quand il y eut des Réformés dans le Midi, Mathurins signifia exclusivement *mitigés*.

du chapitre général. Bien plus, ils tinrent à honneur de se réunir en ce pays encore au dix-huitième siècle. Cerfroid étant annihilé politiquement, le grand-ministre devait s'apercevoir que le vrai centre de l'ordre était à Paris ; de là à venir y résider, il n'y avait qu'un pas.

Dès le treizième siècle, le ministre de Paris, Simon, homme éminent d'ailleurs et vicaire général de l'ordre, éclipse presque le grand-ministre Nicolas, revenu de la croisade. On a vu, plus haut, la confiance qu'avait en lui le roi d'Angleterre. En 1242, Simon, n'étant que ministre des Mathurins, avait reçu pour son couvent l'hôpital de Fontenay-lès-Louvres. L'hôpital de Châteaufort avait été cédé par Mathilde de Marly, en 1257, au grand-ministre et à l'abbé de Saint-Victor ; on constate qu'en 1280 il est passé entièrement aux Mathurins[1]. En 1324, leur ministre, Robert Boulanger, recevra pour lui-même l'hôpital de Dinard, bientôt simple dépendance du couvent de Paris ; c'est chez les Mathurins de Paris que le grand-ministre Jean se transporte pour ratifier la donation. Qu'on ne s'étonne point de cette condescendance : déjà un conflit était en germe entre le grand-ministre et les Mathurins.

L'hôpital de Compiègne ayant été enlevé aux Trinitaires en 1303, ils gardèrent trente muids de blé que saint Louis avait donnés autrefois à cet hôpital sur les moulins de Verberie. Les chapitres généraux de 1304 et de 1306 procédèrent au partage : Cerfroid reçut dix muids et les Mathurins six seulement, Verberie gardant le reste. Il y avait eu, entre les parties, des difficultés pécuniaires auxquelles les actes ne font qu'une allusion discrète. Les trente muids n'ayant pu

---

[1]. Archives nationales, cartulaire LL 1544, f° 72.

être perçus dans leur totalité, à cause des guerres, le grand-ministre Thomas Loquet, en même temps ministre de Verberie, voulut faire, sur les parts des trois couvents, une réduction proportionnelle, fort juste en somme. Les Mathurins, qui se trouvaient déjà peu avantagés, jetèrent les hauts cris ; sur le conseil d'hommes de loi, le grand-ministre céda et délivra aux religieux les six muids sans aucune défalcation [1].

Cette petite victoire devait être suivie d'une autre plus significative. Le couvent du Bourget, près Paris (*de Ponte Reginae juxta Burgellum*), fondé dès 1203, quoique favorisé de donations de Jeanne de Navarre, avait vu tellement diminuer ses revenus que le grand-ministre y abolit la conventualité et le donna en commende à Nicolas de Fréauville, dominicain, cardinal de Saint-Eusèbe. Celui-ci ne le garda que jusqu'au 22 décembre 1322[2] (il mourut le 13 février 1324).

Qu'allait-on en faire ? Il fallait appliquer la « réduction », dont nous avons vu le mécanisme. La maison la plus voisine et la plus capable de recueillir cette succession était celle des Mathurins de Paris ; c'est donc au couvent de Paris que le chapitre général de 1330 réunit le Bourget, aux conditions suivantes :

Les Mathurins durent nourrir et loger quatre écoliers, élus chacun par une province de l'ordre (ici appelée *nation*[3]). Ces écoliers, demeurant à Saint-Mathurin, assisteront aux messes conventuelles, à moins d'une excuse valable ; ils pourront être punis, s'ils sont en faute, par le ministre et le prieur. Les Mathurins devront entretenir au Bourget un prêtre, qui aura

---

1. Le 16 février 1409, Jean de Camps, fermier, s'engagea à leur payer annuellement 50 écus d'or de 18 parisis pièce, au lieu des six muids.
2. Pièce n° 62.
3. Les Mathurins se souviennent du voisinage de l'Université.

le titre de prieur[1] et lui donner le moyen de dire sa messe tous les jours; ils ne seront pas contraints de réparer ce couvent en ruines.

Ces conditions ne nous paraissent pas draconiennes, mais les Mathurins en jugèrent autrement. Le milieu du quatorzième siècle fut évidemment, pour la France, une époque calamiteuse; ils en souffrirent comme les autres religieux, et prétendirent en avoir pâti plus que tous. Ils annoncèrent donc leur intention de renoncer au couvent du Bourget, adressant ainsi un défi au reste de l'ordre.

Le grand-ministre, Pierre de Bourry, dut plier devant les Mathurins; se trouvant malade, il chargea quatre procureurs spéciaux de se concerter avec les correcteurs du chapitre général, en vue de trouver une formule d'accommodement, qui fut la suivante. En 1370, les Mathurins furent déchargés de l'entretien d'un prêtre au Bourget; ils ne seront dorénavant tenus qu'à faire dire trois messes par semaine. Les quatre écoliers seront prêtres et célébreront, chaque semaine, une messe pour les bienfaiteurs du couvent du Bourget. Chaque province paiera 50 sous pour son écolier. Aucune autre charge ne put être imposée aux Mathurins; l'ordre entier promit, sous l'obligation de ses biens, de les soutenir dans tous les procès qui pourraient provenir de l'une quelconque de ces conditions.

Le chapitre particulier des Mathurins approuva la transaction et demanda, pour plus de sûreté, que le chapitre général et le pape fussent appelés à la confirmer; ce qui fut fait, au mois de mai 1380, par le chapitre, et, au mois de juillet, par le pape d'Avignon, Clément VII.

---

1. L'un de ces prieurs fut Nicolas Grimont, un des architectes de l'église des Mathurins, présent à la visite de la léproserie du Bourget en 1351. (LE GRAND, *Les Maisons-Dieu du diocèse de Paris*, p. 8.)

Les Mathurins comprirent combien leur conduite avait été blâmable, car ils refusèrent plus tard communication à Jacques Bourgeois de cette bulle qui témoignait de leur combativité. Certes, après avoir vu l'ordre plier devant eux, les Mathurins pouvaient se dire : *Quo non ascendemus?* Il se présenta, peu d'années après, un homme capable d'incarner ces visées, et peu scrupuleux sur le moyen de les réaliser : c'était Etienne du Mesnil-Fouchard.

On ne connaît ni la date ni le lieu de naissance de ce personnage, un des plus illustres docteurs en théologie de la Sorbonne. Ministre des Mathurins dès 1388, il ne fut d'abord qu'un zélé trinitaire ; il fit deux rédemptions de captifs, l'une en Afrique, l'autre à Grenade, et ramena cent quatre chrétiens[2]. Il a le dépôt de l'argent du prieur de Cerfroid, qui se trouvait sans doute peu en sûreté à la campagne, et lui en envoie en novembre 1401[3]. Son rôle politique commença à la deuxième « soustraction » de l'obédience au pape d'Avignon Benoît XIII, à laquelle il prit une grande part[4]. Il se lança aussi dans le parti bourguignon, ce qui lui attira, dans un sermon, une violente invective du cardinal de Bar. Mais il se produisit alors un événement mystérieux dont il tira parti.

Thierry Valerand (ce nom s'écrit aussi Varreland, Wayerlant, Waverland) était mort le 30 juin 1413, après trois ans seulement de généralat, en allant à Rome avec Roger Touteval, ministre du Fay. Il était porteur d'une somme d'argent qui ne se retrouva pas, et Gaguin accuse nettement Etienne du Mesnil-Fouchard de l'avoir partagée avec Roger Touteval

---

1. Archives nationales, S 4253ᴬ, n° 56.
2. Le P. Denifle et Chatelain, *Chartularium*, t. IV, pp. 75-76.
3. Journal de *Nicolas de Baye*, t. I, p. 118.
4. Journal du *Bourgeois de Paris*, édition Tuetey, p. 9.

LA CRUCIFIXION.
(Au pied de la croix, Nicolas Musnier, le donateur du missel.)
(Bibliothèque Mazarine, ms. 430, fol. 160 v°.)

(qui fut depuis un de ses ennemis les plus acharnés). Nommé *custos* par les correcteurs du chapitre précédent, ce qui ne paraît déjà pas très régulier, Etienne aurait peut-être été élu général par la voie ordinaire, mais il pensa qu'en un temps si troublé on n'y regarderait pas de si près et voulut placer les ministres de l'ordre en face du fait accompli. Le pape légitime était alors Jean XXII, qui avait succédé à Alexandre V, l'élu du concile de Pise. Etienne du Mesnil lui demanda d'être promu à la dignité suprême de l'ordre et se rendit au chapitre général de 1414, qu'il présida en qualité de *custos*.

Il commença, contre l'habitude, par parler *en français* sur l'obéissance, dit Gaguin[1], puis il exposa tous ses services avec quelque hauteur, mais non sans éloquence; il déclara que le pape Jean XXII l'avait nommé, à son insu, grand-ministre et qu'il attendait la bulle d'un moment à l'autre. Il leur demanda donc de surseoir à l'élection. Les ministres, surpris de cette attitude, ajournèrent la solution; au dire de Gaguin, ils continuèrent Etienne dans la charge de *custos* pour une autre année. Peu de temps après, arriva la bulle de Jean XXII, datée du 6 mai 1414, et Etienne se considéra comme grand-ministre légitime[2]. Des religieux mécontents introduisirent une plainte au Parlement, et le chapitre général, qui avait été prorogé, se réunit à Cerfroid au mois d'avril 1415.

Les quatre correcteurs du chapitre lui étaient hostiles; un huissier royal vint sommer Etienne de quitter la présidence qu'il s'arrogeait en vertu de la bulle. On prit pour *custos* Roger Touteval[3]; ensuite, Pierre Chandoté, prieur de Cer-

---

1. *Gallia christiana*, t. VIII, col. 1739-1740.
2. Cette bulle ne s'est jamais retrouvée, comme bien d'autres bulles, qui seraient d'un intérêt capital pour l'histoire trinitaire.
3. Bibliothèque nationale, manuscrit français 15697, f° 9 v°. Le procès-

froid, fut élu grand-ministre, excommunia tous ses adversaires et retint les bagages d'Etienne, qui voulait emporter le sceau de l'ordre; le vaincu se retira à Paris.

Le grand procès se plaida au Parlement en 1417. D'un côté se présentent le prieur de Cerfroid, soutenu par Roger Touteval, ministre du Fay, ainsi que par les ministres de Clermont, Meaux, Arras, Lérinnes, Lens, Nieppe, Audregnies, Douai, Convorde, Templeux, Verberie, Mitry, Pontarmé, Etampes, Silvelle, Metz, La Fère-Champenoise; Etienne est appuyé par les ministres de Mortagne, Fontainebleau, L'Honneur-Dieu, Beauvoir, Rieux, Lisieux, La Veuve, Soudé, Vitry, Grandpré, Limon, Narbonne, Troyes, La Gloire-Dieu, Bar-sur-Seine, Châlons.

La province de France était également partagée entre les deux concurrents, la Flandre tenait pour Pierre Chandoté et la majorité de la Champagne pour Etienne du Mesnil, qui avait de plus pour lui deux représentants du Midi.

Les demandeurs rappelèrent que, dans la discipline de l'ordre, le grand-ministre n'avait pas besoin de la confirmation du pape : en la demandant par avance, Etienne du Mesnil s'était lui-même reconnu indigne du généralat; la bulle était subreptice parce qu'elle avait été obtenue en violation des statuts.

Les défendeurs répliquèrent que la règle ne disait rien de l'élection du grand-ministre (ce qui était vrai d'ailleurs), et que le pape, étant le chef suprême de tous les ordres religieux, pouvait en choisir le chef. Etienne demandait, en con-

verbal d'élection mentionne expressément ce fait. Etienne, qui n'était que *custos*, s'étant proclamé général, ne fut pas reconnu comme tel. Le généralat étant vacant, il fallut d'abord, même pour peu de jours, choisir un autre *custos*.

séquence, de rester en possession de la charge de grand-ministre et réclamait même 500 livres de dommages-intérêts.

Le Parlement annula la plainte de Pierre Chandoté, mais n'accorda pas de dommages-intérêts à Etienne[1] (19 mai 1417). C'était une solution bâtarde. Les deux partis n'en continuèrent pas moins à se déchirer. Au dire de Gaguin, le Parlement aurait commis Jean de Troyes au gouvernement provisoire de l'ordre[2]. La mort même d'Etienne, qui eut lieu au plus tard en septembre 1418, ne ramena pas la paix. Nicolas Petit, élu ministre des Mathurins en remplacement d'Etienne du Mesnil, vit son élection annulée par le grand-ministre Pierre, qui prétendait qu'elle avait eu lieu sans son consentement[3] (25 septembre 1418).

Cette crise faillit perdre l'ordre. Les maux de la guerre étrangère s'ajoutant à ceux de la guerre civile, les Trinitaires, dit Gaguin, se livrèrent à tous les vices et beaucoup de couvents furent abandonnés. Les provinces étrangères, qui avaient déjà manifesté des velléités d'indépendance au début du grand schisme, jugèrent le moment venu de conquérir leur autonomie. L'Espagne choisit pour grand-ministre Vasconcellos, Trinitaire de Valladolid[4]. Une pareille attitude ouvrit enfin les yeux des combattants. Pierre Chandoté étant mort en 1420, Nicolas Petit, reconnu ministre de Paris, fut élu *custos*. Le 10 mai 1421, le chapitre général se réunit au couvent de Saint-Mathurin, et Jean de Troyes, ministre de Saint-Eloi de Mortagne, fut nommé grand-ministre[5].

---

1. Archives nationales, X1a 62, fos 105-108.
2. Il put donc y avoir à la fois trois généraux.
3. Archives nationales, LL 1545, p. 1.
4. *Vita di san Giovanni de Matha*, p. 448.
5. Bibliothèque nationale, manuscrit français 15697, fo 9 vo.

Ainsi, c'est à Saint-Mathurin que s'est tenu le chapitre général! La crainte inspirée par le souvenir d'Etienne du Mesnil-Fouchard ne fut pas étrangère à ce dénouement. De plus, la guerre anglaise, en fixant pendant quelques années le grand-ministre à Paris, pour la première fois depuis deux cent vingt ans, allait achever la décadence de Cerfroid et amener la fusion pacifique des deux titres de grand-ministre et de ministre des Mathurins. Jean de Troyes allait entreprendre de réparer les maux attirés sur l'ordre des Trinitaires par le trop célèbre ministre des Mathurins.

CHAPITRE IX.

Mathurins et Trinitaires de 1421 à 1570.

Jean de Troyes, qui avait assumé la rude tâche de refaire l'unité de l'ordre, était docteur en théologie depuis 1403[1]; il s'appelait Jean Halboud et était profès de Troyes, d'où son nom habituel. C'était un savant, particulièrement enthousiaste de sciences occultes; il se peut qu'il ait tiré l'horoscope du jeune fils du roi d'Angleterre Henri V et qu'il ait rencontré juste. Il fut commis, en 1430, par le recteur de Paris, avec un autre religieux, pour donner un avis motivé sur les conjonctions du soleil et de la lune et sur les jours qui convenaient le mieux aux saignées et aux purgations[2]! A ces qualités spéculatives, il joignait d'ailleurs un grand sens pratique. Le 24 avril 1429, à la veille de la délivrance d'Orléans, et à la date réglementaire du quatrième dimanche après Pâques, Jean de Troyes réunit les quatre provinces à Cerfroid. Il y promulgua ou y remit en vigueur les plus sages règlements sur le versement annuel du tiers des captifs, sur l'assistance obligatoire aux sessions du chapitre, sur la rédaction du cartulaire de chaque couvent. Il fut défendu aux ministres conventuels de vivre sans la compagnie d'un clerc à tout le

---

1. *Chartularium Universitatis*, IV, 128.
2. Bibliothèque nationale, latin 7443. J'en ai donné un extrait pièce 93.

moins, ce qui montre la « désolation » des couvents trinitaires.

Ces Statuts, déjà fort développés (ils occupent 23 pages dans l'édition de 1586), furent augmentés d'articles spéciaux pour l'Espagne, rédigés par Jean de Burgos[1]. Ce fut là, sans doute, un effort tenté par Jean de Troyes pour rattacher l'Espagne indocile aux provinces de France, en lui ordonnant, comme il a été dit, d'envoyer tous les cinq ans un ou deux délégués au chapitre général.

Politiquement, Jean de Troyes était du parti de son célèbre devancier. Il était ami des Anglais, mais non Anglais, comme l'a cru l'éditeur de la vie italienne de saint Jean de Matha (p. 448). On peut croire qu'au moment du siège de Paris par les Armagnacs (avec Jeanne d'Arc), l'incendie de la grange des Mathurins fut une vengeance préméditée.

Jean de Troyes fait fonction de doyen de la faculté de théologie au moment du procès de Jeanne d'Arc; il figure aussi en tête de la députation que l'Université veut envoyer au duc de Bourgogne pour la paix de la France (7 octobre 1432)[2]. Il mourut à Paris, vers 1440; l'obituaire de Gaguin ne donne pas la date exacte.

Cerfroid n'est pas moins délaissé par Jean Thibaud[3], successeur de Jean de Troyes, et déjà ministre de Châlons en 1429; il continue à résider dans ce couvent. C'était un bel homme, fort grand, nous dit Gaguin; il fit faire un célèbre rachat des captifs. Jean Thibaud prit pour coadjuteur, dans la ministrerie de Châlons, Raoul Duvivier, qui lui succéda

---

1. Bibliothèque Mazarine, manuscrit 1766, fos 24-49.
2. *Chartularium Universitatis*, t. IV, p. 545.
3. L'obituaire dit cependant qu'il fit consacrer l'église de Cerfroid (p. 689).

comme grand-ministre, le 10 mai 1460, à l'âge de trente-sept ans, après avoir beaucoup souffert pour le bien de l'ordre, dit son acte d'élection, sans plus de détails ; il est à présumer que c'était au cours de la rédemption de captifs ci-devant mentionnée.

Après avoir séjourné deux ou trois ans à Cerfroid, Raoul Duvivier quitta ce couvent, *où aucun supérieur de l'ordre ne demeurera désormais*, et, sur la résignation faite en cour de Rome par Bernard Lautren, ministre des Mathurins, il se rendit à la maison de Paris qu'il administra, avec l'autorisation du pape, en qualité de ministre commendataire. La fusion entre les deux factions jadis rivales est consommée au profit de Paris, dont la prééminence, malgré quelques nuages au seizième siècle, se maintiendra désormais. Si Raoul Duvivier vint à Paris, ce ne fut point pour se distraire, dit Gaguin, mais pour veiller aux études de ses moines. Malade, il permuta avec Gaguin le couvent de Tours, en gardant une partie des revenus du couvent des Mathurins ; il mourut le 22 juillet 1472 et eut pour successeur Gaguin.

Sans déflorer la belle biographie que lui consacrera M. Thuasne, il est nécessaire de citer quelques dates de la vie de ce grand-ministre. Il était né en 1433 ; on ne sait ce qu'était son père ; sa mère, Germaine Benoîte, fut enterrée aux Mathurins de Paris, le 3 août 1489. Il entra au couvent de Préavin, dans la forêt de Nieppe (près Hazebrouck), et fut envoyé à Paris pour y faire ses études. Ce fut vraiment le « fils adoptif » de l'ordre. Il devint ministre de Grandpré, de Verberie, puis de Tours, et enfin des Mathurins de Paris. Raoul Duvivier l'envoya deux fois en Espagne pour la visite et la rédemption des captifs, ce qui lui donna l'occasion d'écrire cette lettre souvent citée où il fait un parallèle entre l'Espagne et la France. Il fut *custos* et, au chapitre général (15 mai 1473), prononça un beau discours sur la vie de son prédécesseur, sur les réformes nécessaires dans l'ordre et les qualités qu'on devait exiger d'un grand-ministre. Les assistants étaient tous au fait de son mérite : aussi, se faisant l'écho de l'unanimité des religieux, Jean Moreau, ministre de Vitry, déclara Gaguin élu grand-ministre par acclamation.

Dans son administration, Gaguin n'innova presque rien, sauf pour l'Espagne; seulement il remplit tous ses devoirs avec une scrupuleuse exactitude. Le premier, il écrivit un résumé de l'histoire de son ordre et en rassembla les statuts, tant de France que d'Espagne, dont il copia de sa main plusieurs exemplaires[1]. Son rôle politique, comme ambassadeur de Louis XI et de Charles VIII, ses ouvrages historiques et littéraires, sa correspondance avec les plus grands savants de son temps ont relégué dans l'ombre les services qu'il rendit à son ordre.

Son recueil *Epistolae et orationes* n'est pas muet, tant s'en faut, sur les Trinitaires : M. de Vaissière y a fait de nombreux emprunts. On y trouve un portrait du ministre de Saint-Vincent de Rouvray, vieil ivrogne que Gaguin ne peut déterminer à démissionner, ainsi que des allocutions et des lettres aux rois de Portugal, grands protecteurs des Trinitaires. Ses nombreuses relations avec les princes et les prélats de tous pays permirent à Gaguin de se tenir au courant de ce qui intéressait son ordre; on le voit mander au provincial de Castille de lui écrire plus souvent[2]. Il intervient dans de minuscules affaires des couvents de Verberie et de Pontarmé, comme dans

---

1. Sa signature autographe se trouve sur les manuscrits 1765 et 1766 de la Bibliothèque Mazarine.
2. P. de Vaissière, *De Roberti Gaguini vita et operibus*, pp. 8, 48, 51.

UN TRINITAIRE CÉLÉBRANT LA MESSE.

(Nicolas Musnier derrière lui.)

(Bibliothèque Mazarine, ms. 430, fol. 1.)

les plus importantes qui concernent tout l'ordre. C'est ainsi qu'il engagea avec les Frères de la Merci, fondés à Barcelone, une polémique à la fois littéraire et judiciaire. Il mourut à soixante-huit ans, le 22 mai 1501.

Son successeur, Guy Musnier, était déjà, en 1485, ministre de Meaux[1]; dès le 26 mai 1501, il est élu ministre des Mathurins de Paris[2], et le 24 avril 1502 grand-ministre de l'ordre. Il décora de stalles l'église des Mathurins de Paris et mourut le 23 juillet 1508.

Le 4 mars 1509, Guy eut pour successeur son neveu Nicolas Musnier, qui, sous son très long généralat (jusqu'en 1546), vit s'accentuer deux tendances : la renaissance de l'antagonisme entre Français et Espagnols, la défiance des Trinitaires de France contre les Mathurins.

Le premier fait est une conséquence de la politique. Depuis le début du seizième siècle, les papes sont amis de l'Espagne et peu favorables à la France. Au point de vue du but spécial de l'ordre, le rachat des captifs, les Trinitaires espagnols étaient à même de justifier la préférence du pape : une bulle d'Adrien VI nous apprend que Diego de Gayangos avait racheté en une fois cinq cents captifs[3]. L'Espagne paraît jouir d'une autonomie absolue. Quand, en 1514, Nicolas Musnier fit imprimer le premier Bréviaire de l'ordre, il ne semble pas qu'il l'ait imposé à l'Espagne. De plus, certains privilèges furent accordés aux seuls Trinitaires espagnols, comme la suppression de l'abstinence au réfectoire et la permission de bénir les ornements sacrés (31 octobre 1522).

---

1. Chartes hospitalières de Meaux, n° 19.
2. Archives nationales, LL 1545, p. 1.
3. Voir aussi Jean de Saint-Félix, *Triumphus misericordiae* (Vienne, 1703), p. 158.

Qui aurait sollicité ces privilèges pour la France? Ce ne sont pas les Mathurins de Paris. Délaissés par leur grand-ministre, ils se maintenaient dans un orgueilleux isolement. Le grand-ministre semblait n'être occupé que du couvent de Meaux. Dans un acte de 1526, Nicolas Musnier est précisément qualifié de général de la « ministrie » de Meaux[1]. Par suite de la mauvaise administration de Nicolas Navarre, l'ordre avait perdu l'hôpital de Meaux et n'avait gardé que la cure de Saint-Rémy. Nicolas Musnier fonda un couvent nouveau, hors la ville de Meaux, y établit ministre son neveu Philippe, chez qui il transporta de l'argenterie enlevée aux Mathurins, et fit en sa faveur une résignation du généralat en cour de Rome. Ce Philippe Musnier était, d'ailleurs, un personnage distingué, à qui le Pape avait permis, le 15 juin 1545, l'exercice du pouvoir épiscopal dans le diocèse de Châlons, en l'absence du titulaire, le cardinal de Lenoncourt[2]. Philippe Musnier fit valoir devant le Parlement, qui l'admit, la résignation faite en sa faveur. Les Trinitaires se réunirent néanmoins en chapitre général le 22 mai 1546. Ils n'en voulaient ni à la personne ni à la famille de Philippe, mais ils prétendaient maintenir leur discipline. Thibaut Musnier, ministre des Mathurins de Paris[3], frère de Nicolas, fut élu grand-ministre, après avoir vivement reproché en plein chapitre, à son frère, la violation des Statuts qu'il avait commise, en disposant à son gré d'une dignité élective. A la suite de cette élection, que l'élu a lui-même racontée dans une lettre écrite, le 9 mai 1548, aux ministres de Burgos et de Séville, le chapitre envoya à Philippe Musnier deux habiles diplomates,

---

1. Archives de l'Aisne, H 1431, f° 81.
2. Bibliothèque de Marseille, manuscrit 1211, f° 58.
3. Il était ministre de Taillebourg dès 1528.

Louis Lécuyer, ministre d'Etampes, qui avait fait en 1540 une rédemption de captifs, et Jean Mannourry[1], prieur de Cerfroid. Par une transaction, datée du 16 octobre 1546 et dont l'analyse seule a été conservée[2], Philippe Musnier se désista de ses prétentions et rendit les provisions obtenues de la cour de Rome. Toutefois, sa carrière n'était pas finie. Il resta ministre de Meaux, très considéré par l'évêque Jean de Buz, jusqu'à sa mort, qui arriva en 1563, à Paris; sur sa prière, il fut enterré aux Mathurins.

Thibaut Musnier gouverna l'ordre jusqu'à sa mort, en 1568. Le seul acte marquant que l'on ait de lui est le rattachement à son autorité directe du couvent fondé à Naples en 1560. La fin de son généralat fut attristée par le début des guerres de religion qui firent subir à beaucoup de couvents trinitaires des maux irréparables. Jacques Bourgeois loua sa libéralité envers les étudiants de l'ordre.

Après deux ans d'intervalle, pendant lesquels Guillaume Mannourry fut *custos*, Bernard Dominici fut élu au scrutin secret[3] grand-ministre par une partie des ministres trinitaires, au couvent des Mathurins de Paris, Cerfroid n'étant pas assez sûr pour une réunion du chapitre (26 avril 1570). Cette élection fut confirmée le 11 août par le Parlement, puis par le pape, à la demande du roi de France[4]. Bernard Dominici avait fait ses études de théologie à Paris, puis il prêcha durant quarante-huit ans à Metz, où il était très bien vu

---

1. Les Mannourry constituent une véritable dynastie : Guillaume, ministre de Silvelle; Jean, prieur de Cerfroid; Elie, ministre de Chelles, sont tous contemporains.
2. Archives de l'Aisne, Inventaire de Cerfroid (1634), H 1431, f° 67 v°.
3. Jacques Bourgeois, ministre de Convorde, avait en vain protesté contre ce mode d'élection, prescrit par le concile de Trente.
4. Figueras, p. 506.

par le duc Charles III de Lorraine, qui le retint pour son prédicateur ordinaire. Le chapitre cathédral lui décerna une attestation élogieuse de son mérite de prédicateur (30 janvier 1578), aussi cher aux catholiques qu'il était odieux aux réformés[1]. Il fut si attaché à cette ville de Metz, où il résida presque continuellement, qu'il est souvent désigné sous le nom de Bernard de Metz.

Il y eut, entre 1569 et 1571, un grand procès déjà mentionné pour la ministrerie des Mathurins, entre Jean Morel, élu par les frères, et François Petit, qui se prétendait pourvu par le roi. Bernard Dominici s'adjoignit à Jean Morel dans une requête au Parlement, où il traite François Petit de conspirateur et de *Cham* qui dévoile les secrets de son ordre[2]. Tout porte à croire que Jean Morel ne réussit pas dans sa demande. Le cartulaire des Mathurins de Paris[3] n'a conservé que les analyses de ces actes.

Bernard Dominici, ne s'attardant pas dans cette vaine querelle, résolut, pour réformer son ordre, de se passer des Mathurins, dont il n'est plus question dans l'histoire de l'ordre pendant vingt-cinq ans environ.

1. Pièces justificatives tirées des Archives de Metz, nos 126 et 127.
2. Cette requête, dont nous n'avons qu'un fragment (la pièce no 127), est pleine de citations bibliques et juridiques.
3. Archives nationales, LL 1545, pp. 2 et suiv.

CHAPITRE X.

Institution de la Congrégation Réformée et de la Congrégation Déchaussée (1570-1608).

Bernard Dominici trouvait l'ordre de la Trinité dans une situation lamentable. Plusieurs couvents, au Nord comme au Midi, avaient été dévastés par les huguenots; un grand nombre de religieux avaient été massacrés à Terraubes (Gers), Castres, Montpellier[1], Saint-Gilles. Certains couvents ne s'en relevèrent jamais; d'autres ne furent rebâtis que cinquante à soixante ans plus tard. Beaucoup d'établissements n'étant que des fermes à la campagne, où la sécurité était douteuse, les religieux résidaient parfois dans la ville la plus voisine. Les haines étaient si vives qu'à Metz même, Bernard Dominici avait failli, dans sa chaire, devenir la victime d'un protestant qui lui avait jeté une chaise à la tête; « il était martyr, au moins dans l'intention de ses ennemis[2] ».

Le nouveau général fit, aussitôt après son élection, confirmer par le pape l'indépendance de l'ordre des Trinitaires à l'égard du roi (6 août 1571). Ensuite, il chargea Jacques Bourgeois, bien vite devenu son partisan, de la revision des anciens Statuts, qui furent approuvés au chapitre général de

1. Bibliothèque de Marseille, manuscrit 1216, f° 222.
2. Bibliothèque de Marseille, manuscrit 1209, f° 152.

1573, l'impression en étant réservée pour le moment où l'ordre aurait des ressources suffisantes. Enfin il envoya à Rome François Bouchet, provincial de Provence, en qualité de procureur général. Il obtint, pour les Trinitaires de France, les privilèges déjà accordés aux Trinitaires d'Espagne (oct.-nov. 1575), et surtout la restitution à l'ordre du couvent romain de Saint-Thomas du Mont-Célius, renfermant le tombeau de son fondateur vénéré. Bernard Dominici reçut aussi un bref lui permettant de visiter les provinces d'Espagne (7 novembre 1576). Parmi les plus heureux résultats que produisit cette visite de Bernard Dominici, il faut citer l'envoi des rédempteurs qui ramenèrent en Espagne l'auteur futur de *Don Quichotte*.

C'est de la France que devait venir le premier coup qui ait ébranlé l'ordre, la fondation des Trinitaires Réformés.

Vers 1566 arrivèrent à Pontoise deux ermites, chassés du diocèse de Laon par les huguenots, Claude Aleph et Julien de Nantonville. L'archevêque de Rouen leur permit d'habiter l'ermitage de Saint-Michel, dont le temporel dépendait du roi Henri III (juillet-août 1576). Aidés par les donations du seigneur de Marcouville, les deux fondateurs avaient réuni une douzaine de compagnons, quand ils se résolurent à aller demander une règle au pape (11 août 1577). Arrivés à Rome, ils sollicitèrent la permission d'embrasser la règle primitive des Trinitaires (après avoir un instant songé à entrer dans l'ordre des Hiéronymites). François Bouchet leur donna lui-même l'habit. Dans son bref du 8 mars 1578, Grégoire XIII désigne par erreur ces Trinitaires Réformés comme vivant sous la règle de saint Augustin. En France, Bernard Dominici les reçut fort bien, en les avertissant que les derniers chapitres généraux avaient prescrit la stricte observation de la règle (mitigée). Ils firent leur noviciat et leur profession à

Cerfroid (8 septembre 1580), et revinrent à Pontoise, d'où les chanoines de Saint-Mellon voulurent les expulser. Après un court séjour dans l'ermitage de Sainte-Barbe de Croisset, près Rouen, ils furent définitivement reçus à Pontoise, en vertu d'un arrêt du Parlement de Paris (5 septembre 1582)[1]. Cet humble couvent figure dans la liste donnée à la suite des Statuts édités en 1586 ; mais, isolée, en butte à l'indifférence générale, la nouvelle Congrégation était menacée de s'éteindre quand il lui arriva d'Espagne un secours inattendu.

L'exemple des Trinitaires Réformés, ou plutôt, un besoin d'austérité qui existait partout à cette époque dans l'Eglise (c'est alors que sont fondés les Carmes Déchaussés par saint Jean de la Croix), suscita un véritable apôtre dans la personne de Jean-Baptiste de la Conception[2]. Longtemps Trinitaire Chaussé, il s'indignait de voir oublié aussitôt qu'émis un vœu du chapitre général, tenu à Valladolid en 1594, pour l'établissement de deux ou trois couvents par province où la règle primitive serait observée au pied de la lettre ; les supérieurs de l'ordre déclaraient n'avoir émis ce vœu que pour faire plaisir au roi d'Espagne. Ayant conquis à ses desseins le marquis de Santa Cruz, Jean-Baptiste de la Conception put fonder, grâce à lui, un couvent de Réformés à Valdepeñas (1597), et fit confirmer à Rome l'érection d'une nouvelle congrégation de *Déchaussés Réformés* (20 août 1599). Quel que fût l'avantage de cette austérité, un fait était certain : l'ordre était coupé en deux branches (je dis en deux, car les Déchaussés seuls observèrent en fait la règle primitive).

La jalousie des Trinitaires Chaussés fut d'autant plus vive que c'étaient les Franciscains et les Carmes Déchaussés qui

---

1. Ms. de Marseille 1211, f°s 227-229. (Arch. nat., S 4269 D.)
2. Ses œuvres ont été imprimées à Rome en 1831-1832.

étaient les surveillants de la nouvelle congrégation. Quelques religieux espagnols vinrent, une nuit, à Valdepeñas pour tuer l'apôtre, mais se contentèrent de ligotter Jean-Baptiste de la Conception et de voler 500 réaux. Malgré tous les efforts de leurs adversaires, les Trinitaires Déchaussés acquirent, en sept ans, huit couvents, formèrent une province et furent exemptés, en 1606, de la juridiction des Pères Chaussés, sauf de celle du ministre général.

Les Trinitaires de France se répandirent en injures contre ceux qui « avaient quitté ce noble ornement de la chaussure », qui avaient adopté la croix droite au lieu de la croix pattée, etc. En réalité, jaloux de ces intrus, dont l'austérité constituait un blâme peu déguisé de leur propre relâchement, ils n'étaient pas fâchés de les trouver en défaut sur quelques points secondaires de discipline.

Ce n'était plus Bernard Dominici qui allait avoir à souffrir du démembrement de son ordre : il était mort en 1597 et avait eu pour successeur, le 18 avril 1598, ce même François Petit qu'il avait autrefois si fort maltraité.

Les Déchaussés espagnols n'entrèrent pas en conflit avec le général français : au contraire, tout se passa en dehors de ce dernier. C'était d'autant plus naturel que le général n'observait pas la même règle que ces nouveaux religieux. Seulement, l'instinct de l'imitation devait amener les religieux de Provence, qui supportaient depuis longtemps une sujétion sans aucune compensation, à s'émanciper de l'autorité des provinces du Nord et, en réalité, des Mathurins de Paris, qui, fortement appuyés par le roi, avaient repris la haute main sur le gouvernement de l'ordre.

François Petit, n'étant encore que ministre des Mathurins, avait, en effet, rendu plus d'un service à Henri IV : « Qui ne sait, écrit un avocat en 1672, qu'en 1594, le sage et généreux François Petit, depuis digne général de tout l'ordre, eut la gloire d'empêcher à lui seul, en la rue Saint-Jacques, les barricades et la sédition dont quelques mutins pensaient troubler la paix publique, lors de la rentrée de Henri IV, après la réduction de Paris à l'obéissance de ce prince[1] ! » D'autres témoignages confirment qu'en cette circonstance François Petit, aidé d'une troupe de gens bien « embastonnez », s'était montré bon serviteur du roi[2]. Une autre fois, on le voit, à côté de Henri IV, jetant de l'argent au peuple[3]. Le roi avait accordé des lettres patentes de privilèges aux Mathurins, « en considération de ce que cette maison n'avait jamais participé à la rébellion[4] ».

François Petit chercha à vivre en paix avec tout le monde. En 1601, il fit des constitutions pour l'Espagne. Les provinciaux de ce pays, réunis à Valence le 3 avril, députèrent au chapitre général Christophe de Gauna, qui a le titre de principal secrétaire du général. Il en rapporta des constitutions[5] qui, bien que pouvant s'appliquer à tout l'ordre, furent

1. *Moyens... pour la défense de l'ordre de la Sainte-Trinité contre les sieurs chevaliers de Saint-Lazare*, p. 16.
2. *Annales de Paris*, de Malingre, l. XII, f° 446, 22 mars 1594 : « Un serrurier au quartier Saint-Yves sortit avec son mousquet, et quelques autres aussi qui se préparaient pour faire quelque barricade, mais monsieur le ministre des Mathurins sortit en son habit et leur défendit d'en faire, parce que ces maisons-là appartiennent aux Mathurins, et leur dit que le premier qui remuerait se pouvait assurer d'être pendu. La présence de ce sage religieux les fit retirer et ce serrurier, criant : nous sommes venduz, de despit rompit à l'instant son mousquet devant le monde et le mit en pièces. » Voir aussi Chalambert, *Histoire de la Ligue*, t. II, p. 372.
3. Bibliothèque de Marseille, ms. 1216, p. 143.
4. Archives nationales, table de Le Nain, U 533, p. 22.
5. Elles sont contenues dans le manuscrit 1768 de la Bibliothèque Mazarine.

spécialement adressées à l'Espagne et au Portugal. Les chapitres provinciaux de Valladolid et de Saragosse y firent quelques objections, alors que celui de Séville les accepta sans aucune restriction.

Les Trinitaires Réformés avaient joint à leur couvent de Pontoise ceux de Caillouet, près Chaumont-en-Vexin, dédié à Notre-Dame de Bonne-Espérance (1599), et l'Hôtel-Dieu de Montmorency, que le duc Henri leur avait confié au mois d'août 1601. La chapelle de Notre-Dame de Liesse, près Gisors, devait leur être donnée en 1607. Il n'y avait pas là de quoi inquiéter beaucoup François Petit.

Il y avait cependant dans ce mot de Réformés une équivoque que le général voulut dissiper. Il fut assez habile, après avoir fait, en 1601, des statuts à l'usage des religieux de Pontoise, pour provoquer une décision du prieur des Feuillants, du recteur du collège des Jésuites et d'un Carme, qui prononcèrent que les Réformés observeraient la règle mitigée (1608). Il croyait, en les rendant semblables aux autres Chaussés, assurer la paix perpétuelle. Mais, à ce même moment, la Réforme fut demandée en Provence. Cette intervention du Midi allait changer complètement la situation.

CHAPITRE XI.

Les progrès de la Réforme de 1608 à 1619.

En 1608, à la suite de troubles survenus dans le couvent de Marseille, dont le détail n'est pas connu, les consuls et le vicaire général, de Bausset, écrivirent au général des Trinitaires pour lui demander l'envoi de religieux de Pontoise[1]. Dès le mois de juillet, François Petit, acquiesçant à cette demande, députa Pierre Dagneaux à Marseille comme ministre. Il lui confia, de plus, les fonctions de visiteur, renouvelables chaque année jusqu'à ce qu'il y eût une province réformée, avec faculté d'ériger de nouveaux couvents, s'il y avait lieu, et cela à l'écart du provincial de Provence (22 octobre).

Bientôt, le couvent de Tarascon ayant demandé la Réforme, Pierre Dagneaux déposa le ministre Jean Cottier, pour lui substituer Antoine Bruneau (17 décembre 1608). Il ordonna (le fait est caractéristique) que les femmes trouvées dans le couvent fussent chassées. Trois religieux incorrigibles durent être expulsés, mais il y eut une petite émeute le jour de leur départ. Les Réformés, découragés, voulurent partir, ils en furent heureusement empêchés par les consuls. Les non

---

[1]. Le P. Aloès, dans sa *Vie de saint Jean de Matha* (p. 336), a résumé ces événements. Plusieurs liasses des Trinitaires de Marseille m'ont permis d'y ajouter des détails nouveaux.

Réformés, sur ces entrefaites, étaient allés se plaindre à François Petit, qui, le 4 septembre 1609, ordonna de les garder par grâce et par charité. Le couvent de Tarascon resta aux Réformés, mais, le 28 janvier 1613, l'économe devait être condamné à payer la quatrième partie des fruits du couvent aux religieux *anciens* (c'est ainsi que les Réformés appellent les mitigés). La Réforme avait été confirmée, dès le 10 février 1610, par arrêt du Parlement d'Aix[1].

Le 1er novembre 1612, elle fut introduite à Arles. Dans l'intervalle, Louis Petit avait été élu général, le 7 juillet 1612, en remplacement de son oncle. Il jugea prudent de ne pas permettre aux Réformes de s'étendre indéfiniment. Il décida donc que les religieux anciens, profès du couvent d'Arles, y seraient retenus et dispensés des points de la Réforme qu'ils ne pourraient observer. Il défendit aux Réformés d'accepter l'offre de maisons, surtout dans les villes où il y avait déjà des couvents trinitaires, *sans sa permission écrite*. C'était là le plus sérieux sujet de conflit entre lui et la nouvelle congrégation. Il ordonna aux Réformés du Midi de dépendre de lui-même et de leur visiteur et non plus de celui de Pontoise. Cette décision, qui avait pour but d'empêcher les Réformés du Nord et du Midi de s'unir contre lui, causa aux religieux de Pontoise la plus vive irritation. En 1615, ils chargèrent Jérôme Hélie et Ambroise Caffin d'aller à Rome[2] négocier l'union de leur Congrégation avec celle des Trinitaires Déchaussés. Le projet ne put aboutir, le cardinal-protecteur de l'ordre, Octave Bandini, ayant prévenu Louis Petit de cette démarche. Le général jugea donc prudent de se rendre à Rome, se fit confirmer par le pape et reçut le titre de délégué apostolique pour

1. Pièce 154.
1. Pièce 164.

la visite de son ordre; cette condescendance facultative fut retenue par ses adversaires comme créant un précédent obligatoire. En 1616, Ambroise Caffin, visiteur, Jean Caron, ministre de Pontoise, Jérôme Hélie, ministre de Caillouet, Robert François, député de Pontoise, composèrent des statuts[1], où ils expliquèrent les points sur lesquels ils se séparaient de la règle mitigée.

Les religieux réformés ne pouvaient être déplacés que pour un an par le visiteur et ses assistants (Louis Petit refusa de se conformer à cet article), devaient « séparer » le tiers des captifs (en réalité, ce ne fut pas plus observé que chez les mitigés), n'acceptaient de couvent que si le fondateur accordait des revenus suffisants pour sept frères et pour la rédemption, interdisaient au ministre de dispenser du jeûne la communauté entière, accordaient à tout malade la permission de faire gras pendant deux jours après une saignée, permettaient de boire seulement du vin hors du couvent, toléraient la réception du novice à dix-huit ans au plus tôt, au lieu de vingt, disaient les litanies à la manière romaine, n'élisaient leurs ministres que pour trois ans; surtout, ils ne s'interdisaient que les tavernes des villes où il y avait déjà des couvents réformés. La conséquence était que, à Paris, par exemple, où il n'y avait pas de couvent réformé, les religieux de Pontoise ne considéraient pas qu'ils dussent loger aux Mathurins, pour ne pas être gâtés par le mauvais exemple de ces mitigés. Cette précaution pouvait se soutenir, à la rigueur, mais était énoncée avec une mauvaise grâce qui pouvait blesser le général.

A son retour de Rome, Louis Petit passa, en juillet 1616, à Marseille. Il dispensa les religieux du port de la chape depuis

[1]. Feuille intercalée dans l'exemplaire des Statuts publiés en 1586, conservé à la Bibliothèque Nationale sous la cote H 17769.

Pâques jusqu'à la Toussaint, excepté les dimanches et fêtes. Il ordonna que la croix portée sur le scapulaire redevînt pattée, et ce « pour ne point enlever au mystère de la croix triangulaire sa signification et sa dignité ». Il leur recommanda aussi d'envoyer à Paris leurs taxes pour les captifs. Passant au mois d'août à Avignon, il y nomma un visiteur.

A sa rentrée à Paris, il apprit que les Réformés voulaient y établir, au quartier du Marais, un couvent sans son autorisation. Le procès fut plaidé en 1617, au Parlement. Louis Petit déclarait que le chapitre général de 1612 avait défendu cette intrusion clandestine, disant qu'il n'y avait pas d'exemple pire que celui de religieux qui se séparent de leur chef. Quoique le procureur du roi eût consenti d'avance à l'établissement des Réformés, sous promesse de ne pas quêter, le général conclut que, « selon les règles de la sincérité française », ils fussent déboutés. Le procureur du roi, Servin, qui avait conclu pour les Réformés, en 1581, dans une affaire contre des ermites de Laon, se déclara cette fois contre eux et ils furent déboutés, *sans dépens*[1] cependant (7 juin) :

Cet échec laissa un certain ressentiment aux Réformés, qui comprirent la nécessité d'avoir un juge ordinaire pour leurs litiges avec le général. Sur leur demande, le cardinal Bandini leur accorda le cardinal de Retz, évêque de Paris, l'oncle du futur auteur des *Mémoires,* espérant néanmoins que tout se passerait à l'amiable[2] (6 juillet 1618).

Un autre sujet de discussion passionnée fut le bref de Paul V, du 25 février 1619, portant permission aux Réformés de recevoir les maisons des religieux non réformés, quand elles s'offrent d'elles-mêmes. Les controverses entre les Ré-

1. Bibliothèque Mazarine, A 15432, fos 299-320.
2. Pièce 167.

formés de Provence devaient être jugées par le vice-légat d'Avignon. Ce bref, lésant le général en deux points, fut par lui qualifié d'*obreptice*. Mais le pape n'avait-il pas le droit de modifier une décision du chapitre général, quant à la réception des couvents, si importante pour l'extension de la Réforme ? Le choix du vice-légat d'Avignon comme juge des Réformés pouvait cependant être critiqué : il était étranger au royaume ; or, le Concordat prescrivait de juger les procès entre religieux dans leur propre pays, c'est-à-dire en France. Le même bref incorporait la province de Provence à celle de France et stipulait que le visiteur serait élu pour trois ans au lieu d'une seule année.

Cependant, la lutte entre les deux partis ne commença pas aussitôt, parce que les Réformés du Midi furent engagés à la fois dans une lutte avec les Trinitaires Déchaussés et dans la Réforme de la province de Languedoc. Pendant ce temps, les Réformés du Nord luttèrent contre le général, avec des chances diverses, jusqu'à la grande rupture de 1635.

CHAPITRE XII.

Louis Petit et les Réformés, de 1620 à 1635.

En 1615, nous l'avons vu, les religieux de Pontoise avaient cherché à s'allier avec les Déchaussés, qui venaient d'acquérir à Rome le couvent de Saint-Denis ; Louis Petit avait su empêcher la réalisation de ce projet. Or, lorsque les Déchaussés vinrent dans le Midi pour y fonder des couvents, ils rencontrèrent l'hostilité des Réformés. Quand on voit comment ceux-ci se conduisirent avec les Déchaussés, on est tenté d'excuser jusqu'à un certain point Louis Petit pour ses persécutions contre ces mêmes Réformés. Cette polémique fut pour eux une cause d'affaiblissement et nous force à leur retirer une part de notre sympathie. La raison du mécontentement était une question de personnes : un ancien Réformé, Jérôme Hélie, trouvant que l'austérité était insuffisante dans sa congrégation, « s'était déchaussé » et était devenu le P. Jérôme du Saint-Sacrement. Le P. Médéric de l'Incarnation, qui fut ministre du couvent des Déchaussés d'Aix, étant dans le même cas, fut aussi considéré comme un transfuge.

Les Déchaussés, visant à s'étendre partout à la fois, fondèrent vers 1618 des couvents à Montpellier, abandonné depuis 1562, et à Aix ; dans le Nord, ils réformèrent ceux de Châteaubriant et de Lisieux, où ils ne restèrent pas longtemps. Leur établissement de Montpellier ne dura pas; le ministre, le P. Damase de Sainte-Madeleine, promit d'écrire à Rome et de se conformer en habit aux Religieux Réformés (9 octobre 1620[1]).

Poursuivant le cours de ses succès, Pierre Dagneaux, l'initiateur de la réforme marseillaise, voulut la porter aussi dans le Languedoc. Le couvent de Narbonne fut réformé, le 6 septembre 1621, par Bernard Rabion, provincial[2].

Les Réformés voulurent en vain, le 13 octobre 1625, visiter l'hospice de Saint-Laurent d'Aix, fondé par les Déchaussés. Ceux-ci refusèrent, car les Réformés n'avaient aucun droit de porter ce nom, d'autant plus qu'ils n'observaient pas la règle primitive. Malgré toutes les instances des Réformés auprès du cardinal-protecteur pour obtenir l'expulsion de leurs adversaires, celui-ci déclara finalement, le 15 janvier 1629, que sa volonté formelle était qu'il fût sursis à la poursuite de tout procès introduit par les Réformés contre les Déchaussés.

Cette même année, la campagne de réforme du Languedoc continua, non sans troubles. La situation des couvents y était déplorable. A Limoux, les religieux avaient séquestré leur ministre et voulaient le laisser mourir de faim! A Toulouse, le visiteur Honoré Arnaud se plaignit d'avoir été menacé de voies de fait par des religieux désobéissants qui n'avaient pas voulu se rendre au chapitre conventuel, et il dut demander l'appui du vicaire général de Toulouse pour les faire expulser. A Saint-Gaudens, les religieux anciens s'étaient barricadés, et il fallut entrer dans leurs chambres par les fenêtres. La Réforme s'étendit encore à Orthez et à Castres : tout le Midi y demeura soumis. Le Languedoc adopta

1. Trinitaires de Marseille, registre 10, f°s 5-9.
2. BLANCARD, Sceaux des Bouches-du-Rhône, p. 234.

la triennalité des ministres, sans cependant faire partie de la congrégation réformée.

En Provence, il ne restait à ce moment que cinq couvents non réformés, Lorgues, Digne, La Motte du Caire, Saint-Étienne sur Tinée et Avignon, qui devaient revenir un jour aux Réformés.

Pendant quinze ans, Louis Petit se borna à vexer les religieux du Nord par de mesquines tracasseries, annulations de chapitres, excommunications jusqu'à ce que ceux-ci, se sentant grandir en audace, provoquent la réforme des Mathurins.

Le grand protecteur des Réformés fut le cardinal de La Rochefoucauld (1558-1641), grand aumônier de France, abbé de Sainte-Geneviève, dont il était le réformateur. Le 15 mars 1621, à Montmorency, il présida le chapitre général de la Congrégation Réformée. La veille, Benoît Hubot, religieux Réformé, était venu aux Mathurins signifier verbalement la tenue du chapitre à Louis Petit. Celui-ci ne jugea pas à propos de se déranger, ce qui ne l'empêcha pas de se plaindre que le cardinal s'y fût rendu exprès pour l'exclure. Malgré cette absence, le chapitre se tint valablement ; le cardinal dit qu'il suffisait aux religieux d'avoir « certioré » le général, qui ne devait s'en prendre qu'à lui-même s'il n'assistait point au chapitre[1].

En 1622, Louis Petit fit comparaître devant lui Dominique Gaspar, ministre de Lamarche, sans doute prévenu d'entente avec les Réformés, qui acquirent plus tard ce couvent. Beaucoup de religieux anciens voulaient, en effet, « vendre » leurs maisons aux Réformés, en stipulant des pensions pour eux-mêmes.

---

1. Trinitaires de Marseille, registre 10, f⁰ 36.

En 1624, la cour de Rome essaya de propager l'observation de la règle primitive. Louis XIII voulant introduire des Réformés à Fontainebleau et à Cerfroid, Grégoire XV ordonna qu'ils suivissent la règle de saint Jean de Matha[1] (8 février). Ce projet royal ne fut point exécuté.

Le cardinal Bandini, de son côté, déniait aux Réformés le droit de porter le nom qu'ils se donnaient; il insista vainement pour qu'ils adoptassent la règle primitive, car entre eux et leur général il n'y avait guère qu'une différence, celle de l'habit (20 juillet). Ces efforts nous font voir au moins pourquoi la cour de Rome protégea, en toute occasion, les Trinitaires Déchaussés. Les Réformés n'étaient pas pris au sérieux par le pape plus que par leur général.

Au contraire, Louis XIII protégea tous les persécutés, intervenant pour les Déchaussés, molestés par les Réformés de Marseille, et aussi pour les Réformés, quand le général leur causait trop d'ennuis. L'influence du cardinal de La Rochefoucauld est ici très visible. Quelque peu réformée que fût la congrégation de ce nom, elle l'était toujours plus que les Mathurins.

Divers privilèges ayant été accordés à Louis Petit, notamment pour la visite des couvents d'Espagne, le 4 mai 1624, Urbain VIII, récemment élu pape, écrivit, le 30 septembre suivant, à Ambroise Caffin, vicaire général de la Congrégation Réformée, qu'il n'a pas entendu déroger aux privilèges de celle-ci par le bref du 4 mai[2]. Garder les Réformés de tout préjudice, c'est tout ce qu'entend faire la cour de Rome. Quant à leur accorder un général particulier, elle eût pu y songer pour le cas où ils auraient embrassé la règle primitive :

1. Bibliothèque de Marseille, manuscrit 265, au début.
2. Bibliothèque de Lyon, fonds Coste, ms. 281, pièce 7.

puisqu'ils n'ont pas déféré à ses avis, elle n'est tenue à rien envers eux.

Le 19 mars 1627, les brefs des Réformés furent confirmés par arrêt du Parlement; l'archevêque de Paris, juge ordinaire des différends entre le général et les Réformés, leur permit de tenir leur chapitre le 15 juin, quoique Louis Petit eût déclaré privés de voix active et passive, c'est-à-dire de l'électorat et de l'éligibilité, six religieux qu'il pensait devoir être élus aux principales charges de la Congrégation. Le 18 juillet, le général déclara ce chapitre nul.

Pendant que la Réforme se développait en Languedoc, les hostilités chômèrent, durant quelques années, dans le Nord. Le 23 novembre 1631, Louis de Guéméné et Anne de Rohan donnent aux Trinitaires Réformés le Mont-de-Piété de Coupvray, près Meaux, pour élever six jeunes garçons[1]. Ce n'était que le prélude d'un succès plus important : l'entrée des Réformés à Cerfroid. Permise par le roi, le 17 décembre 1632, elle fut réalisée au mois de janvier 1633 par l'évêque de Meaux, Dominique Séguier[2], constant protecteur des Réformés. Quelle dut être la colère de Louis Petit en voyant ses ennemis personnels introduits dans le berceau de l'ordre! Il n'osa pas s'en prendre à l'évêque de Meaux ; mais il accusa le duc de Tresmes, dont la vanité, blessée par une cause futile (l'enlèvement d'une pierre où étaient inscrits des bienfaits apocryphes), aurait imaginé cette facile vengeance. Les Réformés, trouvant à Cerfroid le prieur Pierre de Condé, nommé à cette charge par le général, l'expulsèrent avec les autres religieux anciens.

---

1. Dom Toussaints du Plessis, *Histoire de l'église de Meaux*, pièce 633.
2. *Ibid.*, pièce 634. Ils lui dédieront en 1645 les *Victoires de la Charité*, en juste tribut de reconnaissance.

Louis Petit se plaignit de cette intrusion au Parlement de Paris. Il faut retenir l'arrêt du 3 mai 1634[1], parce qu'il fut finalement observé. En voici les dispositions : Les Réformés resteront à Cerfroid, et, de fait, ils y restèrent toujours ; les religieux *anciens* ne furent jamais que leurs hôtes quand ils vinrent au chapitre général. On élira un vicaire général de la Réforme autre que Robert François, qui déplaisait particulièrement au général. Ce dernier pourra visiter les Réformés, en prenant avec lui deux religieux de la Réforme et sera prévenu un mois à l'avance de leurs chapitres. Les Réformés devront servir à l'ancien prieur Pierre de Condé, s'il veut quitter le couvent de Cerfroid, une pension de 300 livres, de 200 seulement aux autres religieux ; Pierre de Condé remettra ses papiers à son successeur, Simon Chambellan. La preuve de cette remise se trouve dans l'inventaire dressé, le 6 mai 1634, par Claude de Vaissière, des pièces qui se trouvaient alors dans les Archives de Cerfroid, conservé aujourd'hui aux Archives de l'Aisne sous la cote H 1431.

En fait, les Réformés triomphaient. C'était une époque d'ailleurs honorable pour les Trinitaires anciens, qui semblaient enfin se souvenir du but fondamental de leur ordre ; c'est en 1634 que le P. Dan effectua cette rédemption de captifs qui lui permit de composer sa célèbre *Histoire de Barbarie*. Après ces événements se tint, en 1635, « le septième chapitre général de Louis Petit[2] ».

Le sieur Georges de la Porte, maître des requêtes, com-

---

1. Dom Toussaints du Plessis, pièce 641. On ne sait pourquoi des religieux espagnols interviennent au procès.
2. Le procès-verbal a été imprimé sous ce titre : *Septimum capitulum Rmi Patris Ludovici Petit...* 1635 (Bibl. Nat., Ld[43], n° 7). Il a été résumé dans la *Défense pour le Révérendissime*, exposé complet, mais partial, des griefs de Louis Petit contre les Réformés (Bibl. Nat., Ld[43], n° 8).

missaire royal à ce chapitre général de 1635, se montra favorable aux Réformés. Le vendredi 4 mai, un huissier demande, de la part du prieur, combien il y aura de ministres conventuels, les Réformés ne voulant recevoir que ceux-là, à l'exclusion des prieurs-curés. Louis Petit arrive à deux heures à Cerfroid; un exempt du roi, assisté de deux soldats armés et des Réformés, ne laisse entrer que le commissaire royal et son secrétaire. Simon Chambellan, « soi-disant » visiteur provincial, dit l'office et ne prend que des Réformés pour assistants; il n'offre même pas de rafraîchissements au général. Les ministres de Champagne et de Normandie sont réduits ce jour-là à coucher sur la paille.

Antoine Basire, ministre de Châlons, prononça un discours sur l'utilité des chapitres. On excusa l'absence des PP. Dan et Escoffier, ministres de Chelles et de Soudé, retenus à la rédemption. L'exempt réclama la « session » pour les ministres réformés de Pontoise, de Gisors et de Caillouet. Denis Mondolot, ministre de Tours, fut élu *promoteur*[1], et Claude Ralle secrétaire du chapitre. Le promoteur se plaignit de ne plus retrouver les armes du général sur un bénitier qu'il avait donné autrefois à Cerfroid; un Réformé, Jacques Richer, les avait effacées. On convint de les faire graver de nouveau.

Le chapitre, défendant aux religieux d'écrire des livres sans le visa du général, en avertit notamment Jean Figueras, religieux de la province de Castille. Quant à l'*Abrégé de la Vie de saint Jean de Matha et de saint Félix de Valois*, publié par le P. Aloès en 1634, il décida de le supprimer, comme plein de mensonges et d'impostures. Au contraire, le chapitre donna des éloges à Claude Ralle, qui avait composé le *Vin-*

---

1. C'est une fonction analogue à celle du ministère public.

diciae ordinis SS. Trinitatis. Il félicita les Pères d'Espagne de leur respect à l'égard du général et donna trois mois aux sept religieux *anciens* pour choisir ou refuser la résidence à Cerfroid. Le visiteur provincial réformé, à la considération du comte de Tresmes, prendra place au chapitre après les ministres mitigés de France.

Claude Ralle, procureur général de la rédemption, rendit ses comptes : du 7 mai 1624 au 8 mars 1635, il avait encaissé 27,480 livres et donné 27,862 aux rédempteurs.

Comme conclusion du chapitre, Ralle et le visiteur réformé Chambellan s'embrassèrent.

La paix ne devait pas être de longue durée. Les Réformés préparaient en secret au général le plus rude coup qu'il eût encore reçu ; Alexis Berger, se disant procureur des Réformés, parti le 1er mars 1635 et embarqué aux Martigues, obtint en cour de Rome le bref du 25 octobre 1635, donnant commission au cardinal de La Rochefoucauld de réformer l'ordre de la Trinité. Après maintes protestations, le roi devait, deux ans après, confirmer par des lettres patentes la commission du cardinal.

Enfin les Pères de la Merci, trouvant le moment favorable à leurs desseins, présentèrent une nouvelle demande pour partager le droit de quête avec les Trinitaires, et, le 24 juillet 1636, un arrêt du Conseil les chargea du rachat des captifs à Salé, au Maroc.

Telle est la situation à laquelle l'obstination de Louis Petit avait réduit l'ordre de la Trinité !

CHAPITRE XIII.

La grande enquête du cardinal de La Rochefoucauld (1635-1640).

Les quatre années qui suivent le chapitre de 1635 sont remplies par la publication de violents factums pour ou contre les Réformés. Les passions sont des plus vives. D'un côté, Louis Petit traite ceux-ci comme les derniers des misérables et veut les faire châtier comme conspirateurs. D'autre part, les Réformés adressent requête sur requête au cardinal de La Rochefoucauld, pour obtenir un vicaire général et un général réformé temporaire, au moins après la mort de Louis Petit.

Ce dernier était exaspéré. Trop intelligent pour ne pas voir la décadence de l'ordre, il sent que tout son prestige allait être entamé aux yeux des provinces étrangères, attentives à cette lutte. Aussi s'efforce-t-il de ruiner ses adversaires par des accusations très graves. Il s'en prend même aux fondateurs de la Congrégation Réformée et, découvrant que l'un d'eux, Claude Aleph, était fils d'un juif d'Avignon, il le déclare coupable de vol et d'apostasie [1] ! Tous les autres Réformés de marque sont jugés avec autant de sévérité.

---

1. Il est mort à Dieppe, disent les Réformés, en soignant les pestiférés. S'il est sorti du couvent, d'après eux, c'est par humilité, après avoir fait un miracle.

On ne peut certes considérer comme des saints tous ces religieux réformés, mais les appréciations de Louis Petit se trouvent en désaccord avec les biographies qu'un véritable historien, le P. Ignace de Saint-Antoine, a consacrées à ces personnages dans le Nécrologe publié en 1707, à Aix. Voici quelques-uns de ses jugements, d'autant plus dignes de foi, qu'ils émanent d'un religieux d'une autre congrégation. Alexis Berger, né à Bar-le-Duc en 1605, fit profession le 26 mai 1623; ministre de Caillouet, Liesse, Lisieux, puis provincial, il mourut dans les austérités en 1659. Ambroise Caffin était mort dès 1631, « lui-même visité par Dieu, au moment où il allait faire sa visite dans la province réformée de France ». Simon Chambellan devait finir sa vie, le 20 décembre 1640, prieur de Cerfroid et illustre par ses vertus. Lucien Hérault, dont il sera question plus tard, demeura en otage à Alger et mourut en prison pour les captifs. Un des religieux qui survécut à la tourmente, Denis Cassel, réconcilié avec le général, devait être le restaurateur du couvent des Trinitaires d'Arras.

Louis Petit ne se défendait pas seulement par des ouvrages dus à la plume de son secrétaire, le P. Ralle, mais il essayait de rendre inutile la commission du cardinal, en publiant lui-même un règlement pour les Mathurins de Paris (1er mars 1636). Il se constituait un parti parmi les Réformés, en se rendant, au mois de mai 1637, au chapitre d'Arles, et y faisant nommer vicaire général le P. Raymond de Pallas, qui était à sa dévotion.

En vain, le 8 octobre 1636, il avait écrit au chancelier Séguier[1] pour se plaindre du bref adressé au cardinal, subrep-

---

1. Bibliothèque Nationale, nouv. acq. fr., ms. 6210, f° 53.

ticement obtenu par trois particuliers, « *ennemis jurés de tout l'ordre* »; le bref fut enregistré en vertu de lettres patentes du 7 septembre 1637. Le cardinal de La Rochefoucauld vit donc sa commission confirmée, malgré toutes les causes de défiance alléguées par Louis Petit contre lui, comme séculier et ami de longue date des Réformés. Trop âgé pour tout faire par lui-même, il commit son coadjuteur dans l'abbaye de Sainte-Geneviève, le P. Faure, pour visiter les couvents de l'Ile-de-France (30 décembre 1637) et convoqua pour le 2 mai 1638 un chapitre général à Saint-Mathurin. Le roi, de son côté, commit Roissi et Fouquet, conseillers, Sanguin, évêque de Senlis, Séguier, évêque de Meaux, Laisné, sieur de la Marguerie, et les maîtres de requêtes de Lezeau, de Barillon, de Verthamont, Mangot de Villarceaux, etc., pour juger les appellations[1] que Louis Petit pourrait diriger contre le cardinal.

Les Réformés ne furent pas moins ardents dans la lutte que Louis Petit. Ils affirmèrent que le général n'aurait été confirmé à Rome, en 1615, qu'en promettant d'embrasser la Réforme; descendant même à de basses insinuations, ils incriminèrent ses relations avec la femme d'un libraire. Ils proposèrent contre-projet sur contre-projet et demandèrent que l'élection de Raymond de Pallas fût cassée; que le général n'eût que voix consultative aux chapitres des Réformés et que lui seul parmi les non Réformés y fût admis; que l'on revînt à la séparation du tiers pour le rachat des captifs; que l'on instituât, tous les trois ans, un procureur des captifs; que le général eût des assistants réformés et qu'il ne pût modifier les statuts que pour fortifier la Réforme, et

---

1. En tête du ms. 3244 de la Bibliothèque Sainte-Geneviève.

même qu'il n'y eût de novices que chez les Réformés.

Raymond de Pallas, fort estimé en Provence pour ses remarquables sermons et sa vie exemplaire, ne fut pas reçu sans opposition à Cerfroid. On l'accusa d'être transfuge de l'ordre des Capucins (grief réfuté par la production d'une dispense régulière) et de n'avoir pas été élu canoniquement vicaire général, puisque Louis Petit, n'étant pas réformé, n'aurait pu valablement donner sa voix au chapitre d'Arles. Malgré tout, le but, poursuivi par Louis Petit, de diviser les Réformés, avait été atteint par cette nomination.

Le P. Faure fit lui-même une enquête dans les couvents de l'Ile-de-France. Pour les autres provinces, nous avons les déclarations des ministres[1] convoqués dans un chapitre exceptionnel tenu à Paris dans le mois de mai 1638. Ce gros volume d'enquêtes est d'une lecture tristement instructive : la lumière qu'on voulut faire tourna à la confusion des deux parties, notamment au point de vue de la façon dont elles s'acquittaient du rachat des captifs.

L'état intérieur des couvents était partout déplorable. A Marseille, le ministre Louis Jay était un homme avide, qui ne venait voir les religieux malades que s'ils avaient de l'argent à lui donner, faute de quoi il leur adressait des injures.

A Cerfroid, la veille des Rois, à la suite d'une orgie, les religieux avaient déshabillé un de leurs confrères et l'avaient forcé à sauter à la corde pendant trois quarts d'heure, ce qui lui avait causé un refroidissement[2]. Le P. de Pallas, qui avait

[1]. Bibliothèque Sainte-Geneviève, ms. 3244.
[2]. Ce n'est pas la seule inconvenance que les Réformés eussent à se reprocher. Ils avaient, paraît-il, jeté le portrait de Louis Petit dans les « lieux secrets ».

voulu mettre fin à cette scène regrettable, reçut un coup de poing à la tempe[1].

La même enquête constate l'état lamentable et la destruction à peu près complète de certains couvents, comme Beauvoir-sur-Mer et Clermont. Elle est remplie de plaintes des religieux les uns contre les autres. Simon Chambellan, par exemple, se défie de Michel Marié, institué prieur de Cerfroid par le général et qui a seul une chambre chez les Mathurins de Paris, alors que tous les autres Réformés en sont exclus.

Un grand nombre de manquements à la règle ayant été reprochés aux Mathurins par Simon Chambellan, Louis Petit daigna, par condescendance pour le cardinal, y répondre point par point.

Quant au P. Claude Ralle, pour expliquer la rareté des rachats de captifs, il ne donna comme argument probant que celui-ci : si les Réformés avaient mis de côté le tiers des revenus des couvents qu'ils occupent, puisqu'ils prétendent y être obligés, on aurait pu faire beaucoup plus de rédemptions.

Le cardinal rédigea sa sentence, le 1er juin 1638, et la notifia en personne aux Mathurins de Paris[2]. Elle décidait que la règle de tout l'ordre était la règle mitigée et que chaque ministre aurait un substitut et coadjuteur, seul dépositaire de l'argent du couvent, qui rendra compte au général quatre fois par an, comme les supérieurs des petites maisons.

Le tiers, prescrit encore le cardinal, sera mis de côté pour la rédemption : une fois par semaine, il y aura un chapitre conventuel pour en régler l'emploi; à chaque chapitre général,

1. Fo 86 du manuscrit cité.
2. La sentence a été imprimée à part. Une copie en existe, Bibliothèque nationale, manuscrit français 20 331, fos 50-73.

on élira des rédempteurs et l'on fera une rédemption dès qu'on aura 10,000 livres.

Le général aura deux assistants : un Génovéfain et un Feuillant; deux Feuillants instruiront les Mathurins et deux Jésuites iront à Cerfroid ; un conseil, composé de deux Augustins, Feuillants, Jésuites, Carmes Déchaussés, avec des évêques et des conseillers d'État, se tiendra le mardi à Sainte-Geneviève. Le cardinal choisira les assistants des ministres et les visiteurs provinciaux avec l'aide de son conseil. Quant aux ministres, dans les monastères qui ont gardé le droit d'élection, le cardinal et son conseil y pourvoiront; là où le général a droit d'y pourvoir, il les choisira d'accord avec ses assistants. Le cardinal et son conseil nommeront le maître des novices.

Toutes les provinces du royaume se réuniront à Cerfroid de trois en trois ans en chapitre général. Cette innovation était de la plus haute portée. Après le décès du général, on en élira un qui ait vécu au moins quatre ans dans la Réforme[1].

Les assistants seront élus pour trois ans et rééligibles une seule fois, de même que les visiteurs provinciaux, élus aux chapitres provinciaux, et les ministres locaux[2]. Tout ministre se choisira un vicaire et le provincial lui donnera des assistants. Les supérieurs ne pourront confesser leurs religieux et devront députer des confesseurs pour cet objet. La confession aura lieu une ou deux fois par semaine. Les noviciats seront, pour le Nord, Cerfroid et Paris ; pour le Midi, Arles ou Marseille.

1. N'était-ce pas donner trop de satisfaction aux ambitions quelque peu égoïstes des Réformés? Louis Petit put trouver que l'on désirait trop sa mort, ce qui lui donna une force de résistance nouvelle.
2. Cette triennalité paraît d'ailleurs être une chose excellente en soi.

Avant le coucher, on fera un quart d'heure d'examen de conscience. Les matines se diront à minuit; d'ailleurs, le cardinal déclara que cette dernière obligation ne concernait que les Réformés. Mais, dans sa pensée, tous les autres articles devaient s'appliquer à la fois aux Réformés et aux Mathurins.

Telle est la sentence du 1er juin 1638. Un point de droit a été discuté avec âpreté, à savoir si le cardinal avait le droit de modifier la règle. Il nous paraît que le pouvoir conféré par le pape l'autorisait à réformer l'ordre, ce qui impliquait, en cas de nécessité, la composition de nouveaux statuts. La légalité de la sentence n'est pas douteuse. Mais le cardinal ne compromit-il pas la cause de la Réforme en allant trop loin? Il paraît avoir servi trop exclusivement la jalousie et l'ambition des Réformés, tandis qu'il eût mieux valu surveiller Louis Petit que l'annihiler. Cette exagération vouait la tentative à l'insuccès.

Après la lecture de la sentence, le général rédigea ses protestations « pour faire connaître à la postérité la force et la violence qui lui est commise (*sic*) et se conserver en ses droits et pour en faire la poursuite, aussitôt que la liberté en sera rétablie et que la voix lui sera rendue ». La commission pontificale, dit-il, est une entreprise ouverte sur les sujets du roi, contre les libertés de l'Église gallicane (cet argument reparaîtra encore); le général, sans avoir démérité, est destitué au profit du cardinal, qui lui est suspect, car il a exécuté le bref du 25 février 1619 au chapitre de Montmorency, avant qu'il fût homologué. Le bref de 1635 portait que le cardinal devait s'attacher aux « institutions régulières » de l'ordre; or il a imposé une nouvelle règle, qui est celle de saint Bernard. Il ne peut transmettre au pape les actes de la Réforme;

c'est contraire au Concordat. Tels sont les moyens de cassation de la sentence.

Prenant ensuite séparément chaque article, Louis Petit note « l'interdiction et la déposition de sa fonction au profit de religieux d'autres ordres », puisque les Trinitaires ne sont même pas représentés dans le « conseil du mardi » (c'était une faute en effet). Il affirme que le revenu du couvent de Paris est de 3,000 livres et non de 10,000 et que les quatre provinces doivent seules être convoquées au chapitre général. Les ministres n'auront pas de compte à rendre, s'ils n'ont pas de deniers à manier; l'excommunication contre ceux qui s'opposeront à la Réforme est abusive; les taxes des captifs seraient autorisées par les bulles de plusieurs papes (que le général se garde bien de citer). La sentence du cardinal de La Rochefoucauld fut, malgré tout, confirmée, le 23 novembre 1638, par arrêt du Conseil.

Ce beau zèle ne fut cependant suivi que d'intrigues obscures. « Les opposants en appelèrent au pape, dit Pierre Rouvier, biographe du cardinal. On eût pu ne pas déférer à cet appel, car on lisait dans la commission pontificale que toutes les ordonnances du cardinal seraient observées sans délai et sans appel [1]. Plusieurs fois, le cardinal écrivit au pape de lui permettre de finir cette affaire. » Il mourut à la peine, en 1645, sans avoir vu la fin de la crise. Nazare Anroux, ministre de Pontoise, prononça son oraison funèbre [2].

1. Petrus Roverius, *Vita Cardinalis... et res gestae*, pp. 134-138.
2. *Récit véritable*, etc. Paris, 1645. Bibliothèque nationale, Ln[27] 11501.

CHAPITRE XIV.

Réconciliation entre le général et les Réformés (1641-1659).

La mort du cardinal de La Rochefoucauld ne tranchait point le dissentiment entre Louis Petit et les Réformés. Sans doute, le général voyait disparaître celui qu'il appelait, avec juste raison, son ennemi personnel, mais les Réformés n'avaient pas perdu courage et continuaient à lutter : cette prolongation de la discorde devait avoir pour conséquence d'annihiler toute tentative de réforme de l'ordre. Il est bien permis de le supposer, si Louis Petit avait la Réforme en horreur, c'est qu'il voyait dans les Réformés de simples ambitieux ; d'autre part, les religieux de la Congrégation, ne pouvant réformer tout l'ordre, se contenteraient d'une bonne place au soleil et d'une part dans les dignités trinitaires. Néanmoins, tant l'habitude était prise, les deux partis gardèrent pendant quelques années les mêmes attitudes que par le passé.

Le 6 août 1641, deux mois après la mort du cardinal de La Rochefoucauld, le pape fit préparer par le cardinal Spada un projet de bref qui fut expédié avec une telle autorité qu'il n'y eut pas lieu d'appel (ms. 3244, f° 335). Le même jour, d'ailleurs, il faisait expulser d'Avignon les Déchaussés, après leur intrusion violente. Pendant ce temps, le général continuait à persécuter les Réformés et faisait chasser de France quelques religieux espagnols[1], « sous apparence voilée et zélée du bien de l'État ». Les Réformés furent retirés, comme par miracle, de cette tourmente et, le 7 février 1642, introduits à Meaux par l'évêque Dominique Séguier, malgré l'opposition de Denis Mondolot[2]. Pierre Vié, ancien ministre de Meaux, se vit offrir en dédommagement, soit la cure de Brumetz, soit 400 livres de pension. La même année, quelques « mauvais religieux » de Paris voulurent vendre leur maison aux Réformés, en stipulant 500 livres de pension à leur profit. Marc Brayer, ministre de Sarzeau, demanda aussi l'annulation d'un concordat fait par deux de ses religieux avec les Réformés pour leur céder cette maison. Louis Petit était donc menacé de tous les côtés à la fois. Le chasse-croisé de bulles continuait. Le 25 novembre 1642, Urbain VIII révoqua un bref que Louis Petit prétendait avoir obtenu contre les Réformés.

Enfin, le 7 décembre 1643, Claude Martin, official de Saint-Germain des Prés, subdélégué par d'Angennes, évêque de Bayeux, délégué lui-même par Urbain VIII, suivant les brefs des 18 janvier et 15 novembre 1642, prononça la sentence suivante[3] :

La sentence du cardinal de La Rochefoucauld sera cassée, comme contraire aux constitutions de l'ordre. Les matines seront dites à quatre heures en été et à cinq heures en hiver. Le général pourra s'adjoindre trois ou quatre ministres *de l'ordre* en qualité de conseillers. Les règlements faits par

---

1. Bibliothèque nationale, manuscrit français 15 721, f° 442.
2. Dom Toussaints du Plessis, pièce 654.
3. Elle a été imprimée en 1643. Les Archives des Trinitaires de Châlons en renferment deux exemplaires.

Louis Petit, pour les Mathurins de Paris, le 1ᵉʳ mars 1636, seront exécutés. Les ministres des quatre provinces seulement auront voix active et passive au chapitre général (le Midi en était encore exclu). Quand, dans un couvent, il y a moins de cinq profès conventuels, le ministre ne peut admettre de novice sans permission du général. Nul ne pourra sortir du royaume, même pour la rédemption, sans permission expresse et écrite du général. Les ministres seront élus et pourvus selon la manière ordinaire et à vie.

On pouvait bien penser que les Réformés ne se résigneraient pas à cette défaite. Le général se plaint que Denis Cassel ait fait confirmer la sentence du cardinal de La Rochefoucauld par le chapitre provincial de Lambesc, le 31 mai 1642. Il demande enfin, le 3 février 1644, que défense soit faite aux Réformés de lever aucune taxe pour la rédemption et que Cerfroid lui soit rendu comme au général légitime[1]. Il ne réussit dans aucune de ces réclamations, car Cerfroid resta aux Réformés et le roi accorda au P. Lucien Hérault, membre de cette congrégation, des lettres[2] l'autorisant à quêter pour le rachat des captifs.

En septembre 1645, Athanase Ganteaume ayant été élu vicaire général à Cerfroid, Louis Petit cassa l'élection.

Le 8 novembre suivant, le conseil privé déclara que la sentence de Claude Martin serait cassée et le règlement du cardinal de La Rochefoucauld exécuté selon sa forme et sa teneur. Il y eut un nouvel arrêt le 9 janvier 1648, contraire au précédent.

De graves événements, entre temps, avaient donné à réflé-

---

1. Bibliothèque nationale, factum 25719.
2. Anne d'Autriche lui donna même des commissions spéciales pour le rachat de trois Capucins.

chir à Louis Petit. Le P. Lucien Hérault, Réformé, demeuré en otage dans un deuxième voyage en Barbarie, y était mort captif au mois de décembre 1645. Cette fin avait produit une grande impression, et les Réformés en bénéficièrent dans l'opinion publique. Louis Petit se rendit compte aussi que ses adversaires avaient fait preuve d'une telle force de résistance qu'on ne pouvait leur refuser quelques satisfactions; il n'était, d'ailleurs, pas unanimement approuvé par les Mathurins de Paris. Il faut donc rapporter à 1646 environ un projet de concordat proposé par lui aux Réformés ; les persécutions qui suivirent pendant quelques années encore ne sont plus que des escarmouches; du jour où le premier concordat est mis en avant, il y a quelque chose de changé et l'union sera bientôt faite parmi tous les religieux de France. Sans doute, Louis Petit met, dans ses propositions de conciliation, sa mauvaise grâce habituelle, mais il consent (importante concession) à suivre le bref de Clément VIII et l'arrêt de 1634 pour la visite des couvents réformés : dans cette visite, il prendra avec lui un Réformé qui aura voix consultative. Il défend aux Réformés d'accepter aucune maison ancienne; de plus, quand ils passeront dans une ville où existent des couvents de leur ordre, ils devront y loger, comme l'arrêt de 1644 les y contraint, et ils y seront les bienvenus. Le général déléguera quelqu'un de la congrégation pour juger leurs procès et faire la visite à sa place s'il en est empêché. Il recevra les clefs de chaque maison lors de sa venue et, au chapitre général de Cerfroid, il aura le grand sceau du « correctoire » (c'est-à-dire de l'assemblée des correcteurs). Il confirmera les élections des Réformés (les élus, comme les autres ministres, lui payant un droit annuel) et leur donnera la permission de quêter, mais ils lui demanderont pardon des irrévérences commises à son égard pendant les derniers chapitres[1].

Un chapitre général se réunit le 16 mai 1651; il n'y en avait point eu depuis 1635[2]. On constata que la caisse de rédemption contenait 23,865 livres. Les opposants furent, cette fois, Mondolot et les Mathurins. Les commissaires royaux, Etienne Sainctot et Denis Baron, conseillers du roi, et Florent Parmentier, substitut du procureur général, donnèrent droit de session aux ministres réformés de Lisieux et de Coupvray, qui ne figuraient pas au chapitre précédent, ainsi qu'au vicaire général Claude Fournet et au visiteur provincial Jean Cadeot[3]. Il paraît, d'après les débats, que le couvent de Lisieux, tantôt déchaussé et tantôt *réformé*, avait été repris par Nazare Anroux, redevenu *mitigé*. D'autre part, les Réformés s'étaient introduits à Lamarche, en 1651, sans la permission du général, et y restèrent.

Il fut décidé qu'un ministre par province entendrait les comptes du procureur général et qu'on doublerait les taxes des captifs; qu'on ne recevrait pas des novices qui ne sauraient pas le latin et le chant grégorien; que le noviciat durerait deux ans et que la profession ne serait émise qu'un an après la fin du noviciat; les Réformés ne devraient faire la rédemption et la quête que d'accord avec les mitigés.

Cinq ministres furent choisis pour faire reviser les statuts de 1429 : Claude Ralle (Le Fay), Jean Angenoust (Vitry), Jean Chapelain (Gloire-Dieu), Jean Liebe (Regniowez), Louis Le Tourneau (Rieux). Un vœu fut émis en vue de la

1. Archives de Seine-et-Oise. Trinitaires de Montmorency.
2. A cause de la guerre; et même en 1651 les ministres de Flandre n'eurent pas de passeport du roi d'Espagne.
3. Voir Bibliothèque nationale, Ld[43], n° 21. *Octavum capitulum...*

LE P. GRÉGOIRE DE LA FORGE.
(Bibl. nationale, coll. Fleury [départ. Aisne], tome XLII, fol. 33.)

réimpression du livre de Gaguin *De gestis Francorum*[1]. Un arrêt du conseil privé fut rendu quelque temps après en faveur de Louis Petit contre Denis Mondolot, révoqué de ses fonctions de prieur claustral de Saint-Mathurin de Paris, et autres religieux « discoles » c'est-à-dire rebelles, au nombre de huit. Il était néanmoins permis à ceux-ci d'adresser des mémoires au procureur général du roi en cas de trop grande modération des taxes des captifs (5 mai 1652).

Ces contestations empoisonnèrent les derniers jours de Louis Petit, qui mourut le 5 octobre 1652, à soixante-quinze ans, après le plus long et le plus laborieux généralat qu'ait connu l'ordre. Il n'avait rien eu tant en haine que la Réforme, et il avait défendu les privilèges des Trinitaires mitigés avec une âpreté qui pouvait passer pour une sénile obstination. Son oraison funèbre fut prononcée par le P. Nazare Anroux[2], ministre du couvent d'Etampes, qui avait précédemment biographié le cardinal.

Les quatre provinces avaient eu à subir une assez chaude alerte pour tenir d'autant plus à leurs privilèges. Comme, à cause de la Fronde, on ne pouvait aller à Cerfroid, le chapitre se réunit chez les Mathurins de Paris, dès le 15 décembre 1652 et sans attendre la date réglementaire. Pierre Mercier, ministre de Soudé, « resté au couvent de Paris pour bonnes raisons », prononça le discours d'usage et salua celui

---

[1]. C'est peut-être là l'origine de la tradition, recueillie par la *Biographie universelle*, d'une nouvelle édition de Gaguin, donnée à la fin du dix-septième siècle par le P. de Launay, ministre des Mathurins de Paris.

[2]. C'était un simple ambitieux. Ministre de Châteaubriant, il redevient mitigé, voulant être perpétuel au lieu de triennal. Il était éloquent, mais de peu de fonds de doctrine. Apprenant que Pierre Mercier allait nommer le P. Héron à Etampes, il s'arrangea pour permuter avec ce dernier (GOUDÉ, *Histoire de Châteaubriant*, pp. 430-431).

qui était déjà élu avant l'ouverture du scrutin (*non eligendum, quippe qui jam sit electus*) : le secrétaire de Louis Petit, Claude Ralle, réunit effectivement la presque unanimité des votants. Il s'empressa, à l'exemple de son prédécesseur, de demander au pape une confirmation de son élection.

Par un bref du 12 août 1654, le pontife éleva quelques prétentions nouvelles de nature à inquiéter les Trinitaires de France, notamment celle de convoquer, tous les six ans, un chapitre général *de tout l'ordre de la Trinité*, auquel assisteraient seulement les provinciaux *de toutes les provinces*, assistés chacun d'un seul délégué. Par cette forme, en usage chez les Trinitaires Déchaussés, on évitait que les chapitres ne fussent trop encombrés. Le premier chapitre devait se tenir à Rome[1].

Les Trinitaires de France étaient bien avertis des périls qui menaçaient leurs privilèges. Aussi, le P. Claude Ralle proposa-t-il une nouvelle transaction aux Réformés[2]. Il s'était montré un lieutenant si âpre de Louis Petit qu'il ne pouvait guère espérer l'acceptation de ses propositions; il eut au moins le mérite de faciliter la tâche de son successeur.

Il offrait de maintenir les ministres triennaux, les visiteurs provinciaux et le vicaire général. Les Réformés pourront porter le manteau et le chapeau noir. Le bref de 1619 étant cause de la mésintelligence, les Réformés renonceront à s'en prévaloir et n'accepteront de maison nouvelle qu'avec son consentement écrit. Claude Ralle promet de restituer la *stabilité* des

---

1. Guerra a mal compris cette bulle, en y croyant lire qu'on devait élire tous les six ans un nouveau général.
2. *Articles que propose le P. Claude Ralle pour l'accommodement entre luy et la congrégation dite réformée* (Bibl. nat., manuscrit français 15721, f° 400).

religieux, c'est-à-dire de ne pas les déplacer arbitrairement. Il pourra prendre des Réformés pour contribuer au règlement d'un couvent non réformé, d'où ils se retireront, leur commission une fois faite, de même qu'envoyer des religieux non réformés, aux frais de leur maison, recevoir quelque instruction dans la Congrégation. Seulement, dans les cas à lui dévolus, le général jugera *pleno jure*, afin de montrer que sa dignité n'est point honoraire. Il y avait déjà un grand progrès sur les propositions de Louis Petit, surtout dans la forme. La prompte mort de Claude Ralle (14 novembre 1654) empêcha ce projet de réussir. La province de Provence demanda instamment à participer à l'élection du nouveau général (3 décembre 1654)[1]; les Réformés du Nord se plaignirent d'une irrégularité dans la nomination du *custos* Antoine Basire, et le roi nomma des commissaires pour assister à l'élection du général, régler les protestations des Réformés et recueillir les voix[2]. On comprend que Pierre Mercier, élu le 26 mai 1655, ait gardé quelque temps rancune aux Réformés.

Un arrêt du Conseil d'État du 19 avril 1655 avait défendu au général de troubler les Réformés. Malgré cela, celui-ci les chassa de Châteaubriant et de Lamarche et excommunia Mathieu Gossart, ministre de Gisors. Le 3 février 1657, voulant même chasser les Réformés de Cerfroid, il y établit Lebel, ministre de Fontainebleau, et fit saisir le revenu de cette maison[3]. Il se rendit lui-même au chapitre des Réformés, à Cerfroid (28 avril), et leur demanda de ne pas accepter de maisons sans sa permission. Le roi leur envoya une lettre de

---

1. Pièce 202.
2. Bibliothèque nationale, manuscrit français 17662, f° 239.
3. Factum *de l'établissement de la Congrégation Réformée et du différend renouvelé contre elle par le général en 1657* (B. N. Ld⁴⁵, n° 24).

cachet pour les engager à se mettre d'accord avec le général, « qui a été en bonne intelligence avec eux depuis son élection ». On ne s'en était guère aperçu !

Le 3 mai 1657, Dominique Séguier, évêque de Meaux et grand protecteur des Réformés, proposa le concordat suivant : les Réformés ne pourront prétendre à une maison que dans trois cas, s'ils sont appelés par la pluralité, par le supérieur ou par tous les religieux, même contre l'avis du supérieur ; alors ce dernier recevra une pension en se retirant du couvent. Si les nouveaux Réformés quittent la Réforme, ils seront déchus du droit d'occuper la maison [1].

Tant d'efforts aboutirent enfin et, le 21 juin 1659, un concordat fut conclu entre Pierre Mercier, qui se déclara bien aise de contribuer aux progrès de la Réforme, et le P. Gossart, vicaire général de la Congrégation Réformée (précédemment persécuté), aux conditions suivantes :

I. Le général peut assister aux chapitres des Réformés.

II. Quand il fera sa visite, il prendra avec lui son secrétaire, non Réformé, si cela lui plaît, mais il aura deux Réformés pour assistants (Louis Petit n'en admettait qu'un).

III. La Réforme sera accordée par le général pour les maisons anciennes, quand elle y sera demandée, selon les articles de Meaux.

IV. Pour obtenir des maisons nouvelles, les Réformés demanderont la permission au général, qui l'accordera toujours, sauf s'il y a déjà un couvent de l'ordre dans la même ville.

V. Conformément à l'arrêt du 3 mai 1634, le général, ve-

---

[1]. Liasse non cotée des Trinitaires de Marseille. On appelle ce concordat : *les articles de Meaux*.

nant au chapitre réformé, aura deux religieux anciens pour assesseurs.

VI. Les Réformés pourront et devront loger dans les maisons non réformées.

VII. Des religieux prêchant dans une ville où il y a un couvent de l'ordre seront tenus de s'y présenter.

VIII. Les Réformés demanderont la permission du général pour faire imprimer des livres.

IX. L'appel suprême des supérieurs de la Congrégation sera réservé au général.

X. Le général déléguera un religieux de la Congrégation pour l'instruction de ces procès.

XI. Il déléguera deux Réformés pour faire la visite à sa place, s'il en est empêché.

XII. La clef des couvents sera remise au général, sauf à Cerfroid.

XIII. Le prieur de Cerfroid sera élu, de trois en trois ans, par les religieux de la Congrégation (le fait accompli était accepté).

XIV. Le général confirmera les ministres de Lorgues et de Digne, qui, de toute la Provence, étaient les seuls non réformés.

XV. Il devra permettre les quêtes des Réformés.

XVI. Les brefs obtenus par la Congrégation seront exécutés.

XVII. Le roi sera supplié de faire confirmer ce concordat par le pape[1]. On ne sait si cette formalité fut exécutée.

---

1. Trinitaires de Marseille, registre 13, p. 16. — Le chapitre *général* des Réformés ne dut plus se célébrer à Cerfroid (*Ibid.*, p. 60).

Un arrêt du Conseil *confirmatif* intervint le 16 février 1661; enfin, une déclaration royale de juin 1671 ordonna que les Réformés ne pourraient être établis dans les monastères non réformés sans permission du roi.

C'est ainsi que les deux branches françaises de l'ordre se réconcilièrent après une lutte d'un demi-siècle.

CHAPITRE XV.

Les quatre Provinces de 1655 à 1688[1].

Cette période de trente ans, de même que la précédente, a vu paraître beaucoup de factums. Mais un changement de ton très notable se remarque dans les plus récents. La lutte des Trinitaires contre le pape ou plutôt contre les Trinitaires espagnols, appuyés par la cour de Rome, est vive, mais courtoise; au lieu d'injurier leurs adversaires, les Trinitaires citent des faits et produisent des actes, peu probants parfois, qu'ils interprètent dans le sens de leurs prétentions.

Le 4 décembre 1654, Antoine Basire, ministre de Châlons et *custos*, avait lancé la convocation au chapitre général du 25 avril 1655, mandant au prieur de Cerfroid de préparer ce qu'il fallait pour les hommes et pour les chevaux, puisqu'il y avait des revenus destinés à couvrir ces dépenses. Pierre Mercier, en faveur de qui Claude Ralle avait résigné la

---

1. Les deux mémoires du manuscrit français 15698 (fos 103-125) de la Bibliothèque Nationale sont écrits en 1688, au moment de la cassation à Rome de l'élection du P. Teissier. Le premier est l'œuvre d'un esprit pondéré, sans doute du P. Joseph Monier, procureur général de l'ordre en cour Rome, qui est pour les quatre provinces un ami éclairé et qui donne bien des détails que le second auteur, violent gallican, a volontairement passés sous silence. Une liasse des Trinitaires de Marseille raconte en détail ces mêmes faits et prouve que la politique a tout gâté dans cette affaire.

ministrerie de Paris, avait été élu par trente-cinq voix contre quinze à Antoine Basire[1]. Il était apte à terminer les luttes avec les Réformés, auxquelles il n'avait pas pris part personnellement, et nous avons vu qu'il s'en tira fort bien.

Son premier soin fut de faire confirmer son élection par le pape Alexandre VII, dont il reçut un bref[2] (2 juin 1655) qui, pour un observateur clairvoyant, ne pouvait constituer une grande sauvegarde. Le pape, en effet, laisse à l'exposant toute la responsabilité de ses assertions : *tu qui, ut asseris, canonice, modo et forma a quadringentis annis, usitatis, absque ulla interruptione, ... electus es.* Les quatre provinces eussent eu tort d'être trop rassurées; la formule implique que, si le pape découvre que l'usage ancien a été différent de ce qu'a exposé Pierre Mercier, il n'accordera pas sa confirmation au successeur de celui-ci.

Tout n'était pas fini, car, à la fin de l'année 1655, Pierre Mercier reçut une convocation pour le chapitre général, qui devait se tenir à Rome en 1656, avec la composition annoncée dans le bref de confirmation de Claude Ralle. Outre le procureur général et les définiteurs, il ne devait y avoir dans ce chapitre que trente-trois membres, dont seulement dix représentants des quatre provinces. On comprend la stupéfaction de celles-ci en recevant cette convocation. Elles obtinrent l'arrêt du 20 avril 1656, interdisant aux Trinitaires de France de se rendre à Rome, « sous peine d'être punis comme traîtres à Sa Majesté ». Pareilles défenses furent signifiées

---

1. Il était âgé de quarante ans à peine. En 1638, il demeurait à Châlons, chez les Trinitaires, et étudiait la philosophie au collège des Jésuites; le couvent de Fontainebleau, dont il était profès, payait pour lui quarante-cinq écus par an. Depuis, il avait été ministre de Soudé. (Bibliothèque Sainte-Geneviève, ms. 3244, f° 203 v°.)

2. *Gallia Christiana*, t. VIII. *Instrumenta*, col. 566-567.

aux Réformés, et Pierre Mercier fut invité à rappeler tous les religieux isolés qui, sous n'importe quel prétexte, seraient partis pour l'Italie.

Les provinces d'Italie et d'Espagne, qui s'étaient réunies à Rome, ne voulurent pas être venues en vain. Quand le pape vit qu'il n'y avait point à compter sur le général ni sur les représentants français, il décida que, nonobstant leur absence, le chapitre aurait lieu (18 juillet 1656); il ne pouvait agir autrement.

On y élabora de nombreuses Constitutions (éditées à Madrid en 1659 et en 1731), revêtues de l'autorité du pape par le bref du 2 janvier 1658. Il y était dit notamment que l'élection du général, des définiteurs et du procureur général en cour de Rome, serait faite par toutes les provinces de l'ordre. Le provincial dans le district duquel le général serait mort aura le titre de vicaire général (application des idées que Gaguin avait émises sur le provincial, en 1477) et convoquera le nouveau chapitre général, composé comme devait l'être celui de 1656, c'est-à-dire comprenant le général, le procureur général, les définiteurs et les provinciaux accompagnés chacun d'un *socius* ou assistant. Il y aura un chapitre tous les six ans et le lieu en sera désigné par le chapitre précédent; dès à présent, il était fixé à Rome pour 1662. (Cette date fut reculée de trois ans par la suite.)

Mais Pierre Mercier eut à peine le temps de recevoir ces mauvaises nouvelles, car, dès le 30 mars 1658, il était parti pour visiter le Languedoc. Il renouvela, dans le chapitre provincial, les prescriptions relatives aux trois vœux et à la couleur de l'habit, à la lecture de la règle tous les vendredis et il ordonna de célébrer le 28 janvier comme jour de l'institution de l'ordre. Les prédicateurs ne purent prêcher de carêmes sans la permission du général ou de l'ordinaire. Sans doute, il n'y a rien d'extraordinaire dans ces prescriptions, mais Pierre Mercier, du moins, s'était montré dans le Languedoc, où le général trinitaire n'allait guère. Cette province n'avait de commun avec les Réformés que la triennalité des offices.

Après avoir fait la paix avec les Réformés, il convoqua aux Mathurins, pour le 28 février 1661, huit religieux : les quatre provinciaux, Lebel (France), Bordereau (Champagne), Delsaux (Picardie), Héron (Normandie), Escoffier, procureur des captifs, Frère, vicaire de Saint-Mathurin, Chapelain, substitut du promoteur, Barbotte, ministre de Taillebourg, pour délibérer sur la question de l'adoption des constitutions d'Alexandre VII. Le chapitre, à l'unanimité, décida la négative pour trois raisons :

1° Ces constitutions avaient été faites sans la participation des Trinitaires de France;

2° Elles étaient contraires à plusieurs statuts de l'ordre et aux lois du royaume (?).

3° Elles n'avaient point été signifiées aux Trinitaires de France.

C'était là une résistance platonique. Pierre Mercier, pour contrecarrer l'effet de ce séparatisme redoutable, fut envoyé par le Conseil d'État à la visite de l'Espagne. Il était déjà parti le 25 juin 1662, car, à cette date, un arrêt du Conseil ordonna au ministre de Mortagne[1] de reconnaître Nazare Anroux pour vicaire général de l'ordre, en l'absence du général. Le récit détaillé du voyage n'est pas connu. Pierre Mercier aurait trouvé en Espagne un visiteur apostolique[2] et n'aurait pu exercer son droit de visite qu'en promettant de

1. Archives de Metz, H 3773, n° 5.
2. Bibl. Nat., ms. fr. 15698, f° 118 v°.

faire observer en France les constitutions d'Alexandre VII. Il revint au mois d'août 1664, après un voyage « rude, pénible et fâcheux [1] »; on peut deviner ce que ces termes laissent soupçonner d'humiliations inavouées.

Le cardinal Ginetti convoqua un nouveau chapitre à Rome (30 juillet 1664); un arrêt défendant [2] aux Trinitaires de France de s'y rendre intervint le 18 décembre suivant. Le chapitre de 1665 ne s'en tint pas moins. Les Espagnols firent une vigoureuse tentative pour obtenir un général à part; mais, dans un mémoire remis à la Congrégation des Réguliers, la province de Portugal s'opposa vivement au schisme [3].

La cour de Rome ne dit pas un mot contre l'abstention des Français, pas plus qu'au chapitre général de 1673, pour lequel le général avait été convoqué spécialement, le 13 septembre 1672, par le cardinal Camille Maximi, protecteur de l'ordre. La ténacité de la cour pontificale est étrange, remarque un Trinitaire; si elle ne réussit pas du premier coup, elle ne croit nullement tout perdu et finit toujours par venir à bout de ses desseins.

De 1666 à 1680, d'ailleurs, une seule grande affaire réunit tous les Trinitaires sans distinction de nationalité : la canonisation des saints fondateurs de l'ordre. Louis XIV écrivit au pape en faveur de cette négociation le 1er août 1677. En 1679, les Déchaussés d'Espagne reçurent, les premiers, l'office de saint Jean de Matha et de saint Félix de Valois. La procédure avait été plus longue que de coutume, le culte immémo-

---

1. *Privilèges et indulgences accordées aux confrères...*, par Claude Ralle, 4e édit. (1665), p. 276.
2. Le 10 février 1665, la défense fut signifiée aux Réformés. (Trinitaires de Marseille, registre 6, f° 58 v°.)
3. Pièce 211.

rial, exigé par une bulle d'Urbain VIII, étant fort difficile à prouver.

Après la canonisation, Bonaventure Baron résuma, dans ses *Annales*, la vie des deux saints, à l'aide de traditions suspectes, dont le P. Calixte, de nos jours, ne voulut point se défier. Cet ouvrage est rappelé ici pour montrer combien, même dans les œuvres qui devraient être purement historiques, perce une rancune antifrançaise des Trinitaires étrangers.

L'année même de la publication des *Annales*, Pierre Mercier tomba très malade et fut pourvu d'un vicaire général, Guillaume Basire[1] (22 mai 1684), qui prit lui-même pour assistants les PP. de Launay, provincial, Teissier, ministre de Fontainebleau, Petitpas, ministre de Chelles[2]. Pierre Mercier mourut le 26 mai 1685, à l'âge de soixante et onze ans, à Bièvre, où il était allé se reposer[3].

Les Trinitaires étrangers n'attendaient que cette occasion pour secouer le joug de la France. Le chapitre avait été convoqué pour le quatrième dimanche après Pâques par Eustache Teissier[4], élu *custos* au couvent de Paris le 27 août 1685. Mais cette date fut avancée au 20 mars 1686. « Le roi, ayant appris par son ambassadeur à Rome (le cardinal d'Estrées) les entreprises du provincial d'Italie qui a osé, de son autorité, indiquer un chapitre général en cette ville, a bien voulu nous honorer de sa protection toute royale pour la conservation des

---

1. Archives de Lorraine à Metz, H 3773, n° 6.
2. Bibliothèque nationale, manuscrit français 15766, f° 210.
3. Archives nationales, LL 1551, f° 2 v°.
4. C'était un ancien Déchaussé, devenu ministre Chaussé d'Avignon. Pierre Mercier l'avait remarqué pour la beauté de sa voix et amené à Fontainebleau; il fut curé d'Avon, puis ministre de ce couvent (IGNACE DE SAINT-ANTOINE, *Nécrologe*, p. 5).

privilèges des quatre provinces de France et *nous faire savoir ses ordres* pour la célébration de notre chapitre général[1]. » Ainsi s'exprimait le *custos*.

Les Trinitaires voulurent faire une imposante manifestation ; Eustache Teissier fut élu général par cinquante-deux voix. Parmi les électeurs, — et c'était là un acte de sage politique, — figurèrent trois réformés : Grégoire de La Forge, provincial ; Philémon de La Motte, ministre de Lyon ; Ignace Dilloud, ministre de Rouen, ces deux derniers fort honorablement connus dans l'historiographie trinitaire.

Teissier notifia son élection à Rome pour en demander la confirmation. « Les temps étaient bien changés », remarque le procureur général de l'ordre ; c'était l'époque des quatre articles et de l'affaire des *franchises;* la cour de Rome ne savait aucun gré à Louis XIV de la révocation de l'édit de Nantes.

Le partisan des quatre provinces, auteur du second mémoire cité au début du chapitre, semble croire que si Teissier se fût tenu tranquille le pape ne lui aurait point fait d'opposition ; l'hypothèse est vraisemblable. Cette démarche respectueuse fut, en effet, interprétée à Rome comme une preuve de faiblesse. Enhardie par les sollicitations des Trinitaires espagnols, la province de Portugal renouvelant d'ailsa protestation de 1665, la Congrégation des Évêques et Réguliers, à qui Innocent XI confia l'examen de cette affaire, demanda aux quatre provinces des preuves de leur possession immémoriale du droit d'élire le général.

Teissier recueillit tout ce qu'il put trouver : des extraits de chapitres généraux prouvant que les ministres des quatre

---

[1]. Archives de Metz, H 3773, n° 5 (6 février 1686).

provinces avaient seuls, depuis 1358, assisté aux chapitres d'élection du général; trois fois (1473, 1501 et 1509), des Trinitaires de Provence et d'Espagne, se trouvant à Paris pour les affaires de leurs provinces, avaient été admis par exception à prendre part au vote, mais cela ne devait pas créer de précédent. Quant aux chapitres « correctifs » où l'on dressait les constitutions, des exemples de 1429 et de 1601 prouvaient que l'Espagne y était appelée.

Teissier produisit aussi des copies de bulles, mais elles furent arguées de faux par les Trinitaires étrangers; la transcription de la bulle du 26 janvier 1256 autorise en effet plus d'un soupçon[1]. Les Mathurins ripostèrent qu'ils croyaient bien aux expéditions de la cour de Rome certifiées par des banquiers étrangers.

Tout se gâtait. En vain, le cardinal d'Estrées avait, avant l'élection, conseillé un moyen terme : laisser perpétuellement le général et le chapitre général à la France et donner l'autonomie aux provinces étrangères, avec un vicaire général soumis au général. Le cardinal, une fois l'élection acquise, s'interposa en vain pour faire recevoir tout l'ordre en France; mais Lavardin, alors dans sa trop fameuse ambassade de Rome, défendit au procureur général Joseph Monier de produire aucune justification (28 novembre 1687). La réponse ne se fit point attendre. L'élection et le chapitre lui-même furent cassés par les cardinaux, le 4 décembre 1687, et un nouveau chapitre fut convoqué à Rome, pour le mois d'avril 1688, aux termes des constitutions d'Alexandre VII.

« Les quatre provinces l'ont bien voulu, écrivait Joseph Monier dans son Mémoire; il n'y a rien qu'elles n'aient fait

1. Pièce 229.

pour perdre leur cause. » Un peu de souplesse aurait tout arrangé; le décret même ménageait une porte de sortie. Pour que l'ordre ne restât pas sans chef, le pape permettait que Teissier restât vicaire général jusqu'au chapitre de Rome. Qui sait si une prompte soumission à la cour pontificale, ainsi qu'un rapide voyage à Rome, n'eussent pas déjoué les intrigues des Trinitaires espagnols? Teissier aurait sans doute pu se faire confirmer par le pape, comme Grégoire de La Forge y réussira quinze ans plus tard. Le procureur général en cour de Rome conseillait à Teissier, comme dernière ressource, d'obtenir un bref de général pour la France et le Portugal. Il n'était pas libre de le faire, car il était poussé en avant par les quatre provinces, qui même le trouvaient trop conciliant. Par arrêt du Parlement, le 11 février 1688, le roi fit nouvelle défense aux Trinitaires de se rendre à Rome et leur enjoignit de reconnaître Eustache Teissier pour supérieur légitime. Les rancunes politiques triomphèrent de la raison. Par une riposte fatale, le pape Innocent XI, justement blessé, ordonna aux Trinitaires d'Espagne de se choisir un général. Dans un chapitre, tenu à Sainte-Françoise-Romaine en mai, Antoine Pegueroles, provincial de Castille, fut élu général et, le 19 novembre 1688, la cour de Rome confirma cette élection[1]. C'est alors que l'hôpital d'Avignon fut usurpé par le vice-légat qui le prit à sa collation, en attendant de le séculariser en 1713 : il est singulier que la cour de Rome n'ait pas dédaigné cette mesquine vengeance[2].

1. Le Parlement défendit, le 4 décembre 1688, au vicaire général des Trinitaires Réformés, de recevoir des lettres de Pegueroles (Bibl. nat., manuscrit français 15766, f° 155).
2. *Gallia Christiana*, t. VIII, col. 1752. Bibl. nat., ms. 15768, f° 171.

CHAPITRE XVI.

Le schisme trinitaire (1689-1716).

La rupture entre les religieux de France et d'Espagne[1] était entièrement politique, comme le prouve suffisamment ce fait que le roi de Portugal, toujours hostile à l'Espagne, fit entrer les Trinitaires de sa province sous l'obéissance du général français.

Eustache Teissier ne survécut pas longtemps à son élection. On ne le vit intervenir que pour exécuter les ordres du roi, dans les petites affaires comme dans les grandes, notamment contre le P. Nicolas Campaigne, provincial de Languedoc. De bonne heure, il dut se choisir comme vicaire général Grégoire de La Forge[2]; il mourut à Fontainebleau le 8 janvier 1693.

---

1. *Sources :* Chronique de Massac, ici document original, col. 1753 et 1754 du tome VIII de *Gallia Christiana*. Liasses non cotées des Trinitaires de Marseille, surtout un mémoire, copié aussi en tête du ms. 1216 (F. A. 12) de la bibliothèque de cette ville. Bibliothèque nationale, ms. fr. 17662 (plusieurs lettres de Massac).
Du côté espagnol : Archives du Royaume à Bruxelles, carton 96 du Conseil d'Etat, intitulé *Trinitaires* (1697-1704), et Lopez Domingo : *Noticia de las tres florentissimas provincias*, etc.

2. Ignace de Saint-Antoine, *Necrologium* (1707), p. 210. Il était né dans le Forez : provincial de la Congrégation Réformée et ministre de La marche, puis de Fontainebleau, il avait fait, en 1690, une rédemption de captifs à Alger.

SAINT AUGUSTIN EXPLIQUANT SA RÈGLE A DES TRINITAIRES.
(Bibliothèque Mazarine, ms. 1765, f° 13.)

Grégoire de La Forge fut élu *custos* et enfin général, par quarante-huit voix sur cinquante, le 8 novembre 1693. Le chapitre avait dû primitivement se tenir le quatrième dimanche après Pâques, mais, sur des avis venus de Rome, il avait été reculé, dans l'espoir un peu prompt de trouver un accommodement avec les Espagnols. Antoine Pegueroles était mort et les Espagnols, réunis en chapitre à Barcelone, s'étaient trouvés six contre six et n'avaient pu élire de général : l'élection se trouvait dévolue au pape.

Grégoire de La Forge essaya donc de se faire confirmer à Rome. La situation politique s'était éclaircie : Avignon avait été rendu à Innocent XII. Le cardinal de Forbin-Janson, ambassadeur de France, proposa que tous les procureurs généraux de l'ordre vinssent supplier le pape de confirmer le P. de La Forge. Jean de Lambrana, procureur des Trinitaires espagnols, Nogueira, procureur des Trinitaires portugais, Ferdinand de Alava, ministre de Sainte-Françoise-Romaine, Luc de Saint-Jean, procureur des Trinitaires de France, s'entendirent enfin, après deux essais infructueux, sur un compromis, que Grégoire de La Forge signa à Fontainebleau le 23 septembre 1694.

Le général sera perpétuel, mais, tous les six ans, on élira en chapitre général le procureur général et les définiteurs.

Il y aura dix définiteurs, cinq pour la France (le général les choisira pour cette fois), cinq pour les autres provinces.

Le pape confirmera Grégoire de La Forge et donnera une patente de commissaire général pour l'Espagne au provincial d'Andalousie, que le général confirmera.

Celui-ci convoquera à Cerfroid le chapitre général, où auront droit de vote le général, son secrétaire, le procureur général, les commissaires généraux, les définiteurs, les provinciaux, leurs assistants *et les ministres des quatre provinces en raison de leur droit séculaire.*

Le chapitre sera convoqué dans les quinze mois pour recevoir les constitutions d'Alexandre VII ; jusque là, le procureur général sera Ferdinand de Alava, ministre de Sainte-Françoise-Romaine (auteur probable du Mémoire analysé ici).

L'affaire semblait en bonne voie, lorsqu'une rivalité entre le cardinal de Forbin-Janson et le duc de Médina-Céli, ambassadeur d'Espagne, « brouilla tout ». Le duc voulut faire jeter par la fenêtre le P. Lambrana, qui lui apportait le compromis, puis il consentit qu'on traitât « l'affaire » chez le général des Dominicains, à condition que le cardinal ne s'en mêlât pas ! Les Espagnols demandèrent alors à nouveau un général (14 novembre 1694). L'examen de cette question fut confié aux cardinaux Altoviti, Panciatici, Marescoti.

Le cardinal Albano, commis pour examiner l'élection de Grégoire de La Forge, opposa au cardinal de Forbin-Janson un factum peu respectueux pour l'autorité du pape, envoyé de France par le nonce Cavalerini (c'est le premier Mémoire de 1688). Forbin-Janson prouva que le P. de La Forge ne pouvait être l'auteur de ce mémoire, bien antérieur à son élection. Le cardinal Albano convint que le P. de La Forge recevra un bref *ad vitam*, mais déclara que ses successeurs ne seront élus que pour six ans.

Grégoire de La Forge arriva à Rome, le 28 janvier 1695, et prouva que la sexennalité du général n'était pas ordonnée par les constitutions de 1658[1]. S'il eût été présenté au pape, l'affaire eût eu une issue favorable, mais Son Eminence voulut qu'il demeurât incognito, comme un abbé séculier,

---

[1]. Guerra commet aussi cette erreur dans son analyse de la bulle de 1658.

dans le voisinage de Rome : la diplomatie a de ces finesses. L'ambassadeur d'Espagne, voyant que le cardinal de Forbin-Janson s'était occupé de « l'affaire », s'y déclara contraire, et « ce procès quasi fini se trouva terriblement embrouillé ».

Grégoire de La Forge dut repartir sans avoir réussi. Au moins, il avait mieux vu les desseins de ses adversaires, dit Massac. C'est se contenter de peu. Le 19 mai 1695, il arriva à Arles et y fut très bien reçu [1] ; après un séjour de trois jours, il repartit pour Paris, bien décidé à faire tous ses efforts pour la cessation du schisme.

Cédant aux importunités de l'ambassadeur d'Espagne, le pape convoqua un chapitre des Trinitaires espagnols à Barcelone. Le 22 juillet 1695, les PP. Luc de Saint-Jean et Lequin, ministre de Douai, procureurs du général, protestèrent de la nullité d'une nouvelle élection. Joseph de Tolède fut élu le 10 mai 1696. Rodrigue, provincial de Portugal, lui ayant donné son adhésion, le roi le déposa, et son successeur, Balthazar de Basso, reconnut Grégoire de La Forge [2] (26 juillet 1697).

Celui-ci avait tenu, en 1696, un chapitre général où il avait rappelé les Réformés, ainsi que les représentants des provinces de Provence et de Languedoc. Le P. Gandolphe, ministre de Tarascon, l'en remercia [3]. Il y présenta un projet de convocation des provinces étrangères à l'élection du général, spécifiant d'ailleurs que celui-ci serait toujours Français et qu'un Réformé ne pourrait être élu qu'à condition d'adopter « l'état des anciens ».

1. Louis Pic, dans le *Musée d'Arles* (1873), I, 23.
2. Début du ms. 1216 de la Bibliothèque de Marseille.
3. Bibl. Nat., ms. fr. 15766, f° 211.

Les relations entre Réformés [1] et « anciens » étaient alors excellentes, et rien n'existait plus de cette défense de passer *ex strictiore ad laxiorem observantiam*. Un Réformé de Marseille composa à ce sujet un petit mémoire où il dit : « Les religieux de notre congrégation, passant chez les Mathurins, sont considérés comme apostats!.» Il existait avec cette loi des accommodements, puisque les Réformés étaient admis avec empressement chez les « anciens ».

Au temps de Grégoire de La Forge, le couvent de Lorgues [2] passa pacifiquement aux mains des Réformés. Joseph Monier reste ministre *primitif*, garde le pas sur le futur ministre triennal et est exempté de sa juridiction, ne dépendant que du général. Il aura un frère convers pour le servir, il gardera sa chambre, un écu par mois, et la libre disposition de sa messe (9 déc. 1699). C'était une juste récompense pour les services rendus par l'ancien procureur général en cour de Rome [3]. Ainsi la paix était parfaitement rétablie à l'intérieur de l'ordre en France.

Grégoire de La Forge cherchait aussi à se constituer un parti chez les Trinitaires des Pays-Bas soumis à l'Espagne, mais il n'y réussit pas tout d'abord. Le 27 mars 1697, Amé Tumerel, provincial et ministre d'Orival, déclara reconnaître Joseph de Tolède « maître en sacrée théologie, examinateur de la nonciature d'Espagne, prédicateur de Sa Majesté Catho-

---

[1]. Dès 1667, on les voit envoyer de l'argent au général, qui a un procès avec les Déchaussés (Trinitaires de Marseille, reg. 6, f° 67 v°).

[2]. Ces actes de cession ont été copiés durant une tournée de visite par le P. Giraud, provincial des Réformés en 1720.

[3]. Les couvents de Lamarche (24 juin 1691) et Tours (17 mars 1706) ayant embrassé la Réforme, comme ceux de Digne et Lorgues, le roi donna des lettres patentes à Versailles, le 10 juin 1708, pour les quatre couvents. Avec ceux de Templeux, Rouen et Lyon, les Réformés avaient quinze couvents en tout.

lique et général de *tout* l'ordre de la Trinité », s'engageant à prévenir de cette nomination les ministres de Huy, de Lérines et de Lens. Joseph de Tolède avait convoqué un chapitre provincial pour l'élection du provincial de Picardie (8 mai 1698) : Augustin de Perry fut élu, et le général espagnol le confirma [1] (11 sept.).

Après la mort de J. de Tolède, le provincial de Castille, puis le premier définiteur gouvernèrent l'Espagne, les Pays-Bas et l'Italie pendant le reste des six ans qui devaient encore courir jusqu'à la réunion du prochain chapitre [2].

En 1700, les Pays-Bas passèrent, de par le testament de Charles II, sous la domination de Philippe V, petit-fils de Louis XIV. Le provincial de Picardie croyait que la cause de G. de La Forge était désespérée. Il se trompait. Le général français sut intéresser le nouveau roi d'Espagne à sa situation. Philippe V provoqua des conférences, à Naples [3], entre les procureurs des deux couronnes, devant le cardinal de Forbin-Janson, le duc d'Uzeda, ambassadeurs, le P. Cloche, général des Jacobins, auxquels le chapitre général devait rendre hommage. Le 17 mai 1702, le roi d'Espagne mande au Conseil de Castille qu'il faut que les Espagnols adhèrent au général de France. Le confesseur de Sa Majesté écrit aux Trinitaires espagnols, en 1703, d'aller cet été (*este verano*) reconnaître le P. de La Forge.

Dès le 1er avril 1702, il mande aux Réformés de Provence de surseoir à leur chapitre général jusqu'à la réunion de celui de l'ordre entier.

Grégoire de La Forge ne se trompait pas sur les bonnes

---

1. Mention dans la pièce 252.
2. Bibl. Nat., ms. fr. 15766, f° 206.
3. Constitutions imprimées à Madrid en 1731 (Préface).

dispositions de la cour de Rome; elles allaient trouver une occasion de se dévoiler, l'ordre étant réconcilié. Le 13 août 1703, à la prière de François Ruiz et de Clément de Jésus, procureurs généraux des Trinitaires, Clément XI confirma les décisions suivantes, prises en divers chapitres et destinées à assurer l'unité de l'ordre :

I. Les Frères de toutes les provinces jureront d'observer les constitutions d'Alexandre VII, et le prochain chapitre fera confirmer par le Saint-Siège les modifications qu'il y apportera.

II. Toutes les provinces de l'ordre auront le droit de participer à l'élection du ministre général.

III. Les chapitres correctifs[1] seront soumis aux mêmes règles.

IV. Les ministres particuliers des *quatre provinces* n'auront de suffrage que dans les conditions où l'exerceront les ministres des autres provinces.

V. Tous les supérieurs locaux seront triennaux[2].

VI. Le prochain chapitre, qui se tiendra à Cerfroid en 1704, décidera, à la majorité, si le chapitre général doit continuer à se tenir dans ce couvent et fixera le lieu de réunion des chapitres correctifs.

VII. Dans le chapitre correctif, qui se tiendra de six en six ans, seront élus le procureur général en cour de Rome et les définiteurs.

VIII. Le général sera perpétuel, comme c'était l'usage jusqu'à Pierre Mercier (le bref du pape ne nomme point Eustache Teissier).

1. Ce sont ceux où l'on ne s'occupe que de discipline, de *correction* des statuts, et non de l'élection du général.
2. Ces articles IV et V furent modifiés par le chapitre en faveur des quatre provinces.

IX. Il y aura dix définiteurs en tout ; cinq pour la France[1], un de Castille, un d'Andalousie, un d'Aragon, un de Portugal, un d'Italie. S'il en meurt un, le général le remplacera dans les trois mois.

X. Le procureur général en cour de Rome sera tiré tantôt des provinces de France, tantôt des provinces étrangères.

XI. En cas de mort du général, le provincial dans le district duquel se réunit le chapitre sera vicaire général.

XII. Le général aura un secrétaire français et un secrétaire étranger.

Le même jour, le pape permit à Grégoire de La Forge d'être éligible au généralat dans le prochain chapitre, l'autorisa à jouir de ce titre et à le porter dès à présent dans ses lettres, comme s'il avait été député par bref apostolique, et confirma toutes les élections faites au temps des dissensions.

Le 16 janvier 1704, le pape accorda une indulgence plénière pour le chapitre et, le 15 février, Grégoire de La Forge lança les lettres de convocation, fort arbitrairement, nous dit Massac, car il n'y invita que les partisans de l'union[2].

---

1. Joseph Dubois (France et Normandie), Jean Roubaud (Champagne et Picardie), Ignace Vignaux (Languedoc et Provence), Michel Trossier, pour les Réformés ; Clément de Jésus, pour les Déchaussés.

2. Personnages composant ce chapitre : Vincent Copola, définiteur d'Italie ; Joachim Buenfuegos, qualificateur de l'Inquisition ; Etienne Gilbert, orateur ; François Ruiz, procureur général. Provinciaux : Gilles Dupron, (Ile-de-France), Siméon Mestreau (Normandie), Nicolas Campaigne (Languedoc), Joseph Monier (Provence), Philémon de La Motte (Réformés de France), Augustin Gandolphe (Réformés de Provence), Luc de Saint-Jean (Déchaussés de France), André Humana, inquisiteur d'Andalousie ; Bernard de Salazar, président d'Aragon (c'est-à-dire ex-provincial) ; Augustin de Barcelone, cathédral de Salamanque ; Alexis de Gunemond, prieur de Cerfroid ; Elie Le Beau, secrétaire général de France ; Vincent Belmont, secrétaire général des provinces hors de France ; Vincent Tabarez, définiteur de Portugal. Assistants (*socii*) : Sébastien Picot (Normandie), Busrel

Les quatre provinces furent très mécontentes et en voulurent à Grégoire de La Forge de les avoir laissé frustrer de leurs droits de session prétendus immémoriaux. Il nous semble, au contraire, que la cour de Rome et le général français avaient fait là un acte de profonde sagesse. Les quatre provinces étaient-elles battues entièrement ? Sans doute, les électeurs sont changés et la forme du chapitre général est à la mode espagnole. Mais, du moins, il restera à Cerfroid, le pape l'a bien laissé entendre; il n'aura, en tout cas, point lieu à Rome. Le général sera toujours français, car Espagnols, Portugais et Italiens ne s'entendront pas pour imposer un candidat autre que le candidat français; les quatre provinces auront bien trouvé un candidat pendant l'année de vacance du siège. Leurs plaintes nous paraissent donc exagérées.

Beaucoup de discours furent prononcés, du 18 au 24 mai 1704, par Grégoire de La Forge, Lange, ministre de Lisieux, Clément de Jésus, qui tous célébrèrent le retour de toutes les brebis sous un seul pasteur. Lequin, ministre de Douai, parla sur la Trinité, l'Espagnol Vincent Belmont sur saint Félix, l'Italien Sanguineo sur la sainte Vierge, Gilbert sur Saint-Jean de Matha.

Après l'élection, par acclamation, de Grégoire de La Forge, Vincent Copola fut nommé, par trente-huit voix, procureur général à Rome. On décida que le chapitre de l'élection du général devra se tenir toujours à Cerfroid; le chapitre « cor-

(Picardie), Segla (Languedoc), Castelan (Provence), Busnot (Réformés de France), André de la Nativité (Déchaussés de Provence), Levantini (Italie), Marcado (Andalousie), Logroño (Castille), Henriquez (Aragon). Outre les cinq définiteurs de France, Louis Lequin et Nicolas Ruclea portaient les titres de provinciaux d'Angleterre et d'Ecosse; en tout trente-neuf vocaux.
Parmi les Déchaussés, ceux de France étaient seuls représentés.

rectif » ou de discipline, soit à Marseille, soit à Aix. Le provincial de France sera *custos*, en cas de mort du général. Les ministres des quatre provinces assisteront à tous les chapitres généraux pourvu qu'ils aient douze religieux, dont cinq vocaux, c'est-à-dire ayant trois ans de profession; ceux qui sont en fonctions resteront à vie. Le P. Dupron fut chargé de recueillir des aumônes pour faire une rédemption au Maroc. On se félicita des progrès de l'ordre au Mexique et l'on pria le pape Clément XI de vouloir bien donner un dixième des revenus de Saint-Thomas *de Formis*, retenus par les chanoines de Saint-Pierre, au couvent de Sainte-Françoise-Romaine [1].

Le chapitre se sépara sans rien décider sur les constitutions d'Alexandre VII; leur acceptation par les Français était tout au moins remise, puisque le général ne devait les observer, en ce qui concernait les docteurs et les gradués, qu'après avoir pourvu lui-même à ces fonctions pendant vingt ans.

Malgré la mauvaise volonté des quatre provinces, l'œuvre de Grégoire de La Forge demeura. Il fut chargé d'une ambassade en Espagne par Louis XIV. A son retour, il trouva en révolte le couvent des Mathurins [2], dont il avait pris le gouvernement particulier en qualité d'économe (titre qu'il se donna) à la suite de la démission du P. de Launay. Quelques religieux avaient même porté plainte contre lui au Parlement. Il mourut, sur ces entrefaites, à Limay, le 27 août 1706, et fut enterré à Pontoise. Les Mathurins de Paris demandèrent aussitôt au provincial de France, le P. Darde, la permission d'élire un ministre; l'élu fut Claude de Massac, ministre d'Etampes (16 septembre 1706).

---

1. Trinitaires de Marseille, registre 13, pp.83-89 et Bibl. nat., manuscrit français 15766, fos 212-214.
2. Bibliothèque Sainte-Geneviève, ms. 510.

Les dix années suivantes sont remplies par d'obscures intrigues, que Massac a suffisamment résumées. Il n'y eut pas de réclamation contre le provincial de France *custos* de plein droit, le P. Darde, écrivain de mérite. Mais il avait quatre-vingts ans et les définiteurs le surveillèrent, pour qu'on ne tentât pas de le faire revenir sur les concessions de Grégoire de La Forge[1]. Il mourut au mois d'août 1708. En attendant qu'on consultât les provinces étrangères sur l'élection de son successeur, l'ordre fut administré par un conseil de cinq membres (11 septembre 1708), composé de Claude de Massac, Mey de Valombre, ministre d'Etampes, Joseph Dubois, ministre de Chelles, Barthélemy Toéry, ministre de Fontainebleau, Nicolas Favier, procureur général de France. Enfin, le 7 décembre 1710, Massac fut élu *custos* et vicaire général. L'élection eut lieu à l'unanimité, en vertu d'un bref du pape, avec l'autorisation du roi; le cardinal-protecteur Palavicini, qui avait d'abord réclamé la *custodie* pour le provincial de France réformée, à cause de sa possession de Cerfroid, félicita Massac; les provinciaux d'Espagne, d'Italie, de Provence réformée et le vicaire général de la réforme le reconnurent. L'opposition du provincial de France réformée, le P. Mariage, fut mise à néant par arrêt du Conseil d'Etat du 7 juillet 1711[2], comme s'appuyant sur les constitutions interdites d'Alexandre VII!

Mais, le 24 septembre 1711, Harlay, le P. Tellier et Mgr de Noailles, commissaires royaux de l'ordre de la Trinité, s'aperçurent que nos religieux n'avaient pas de statuts approuvés par le roi. Un arrêt du Conseil d'Etat du 2 mai 1712 obligea les Trinitaires à en faire faire la révision. Du travail,

1. Archives de Metz, H 3774, n° 1.
2. Bibliothèque nationale, manuscrit français 15768, f° 185.

demandé par Massac à tous les ministres, sortit l'édition de 1719, qui ne concerne que les quatre anciennes provinces.

C'est à cette époque troublée que fut décrétée, par la Congrégation d'Avignon, la sécularisation du couvent trinitaire de cette ville (août 1713). Massac tenta de faire intervenir le roi, alléguant qu'il avait la souveraineté sur le Comtat[1].

La guerre de la succession d'Espagne allait enfin se terminer et permettre la réunion, tant de fois retardée, d'un chapitre général; après une dernière prorogation, obtenue le 12 juin 1715, il se tint à Cerfroid en 1716. Nous ne possédons à ce sujet aucun détail, si ce n'est que l'on élut à l'unanimité Massac comme général; son gouvernement allait durer la première moitié du dix-huitième siècle.

1. Bibl. Nat., ms. fr. 15768, f° 168.

CHAPITRE XVII.

Les Trinitaires chanoines-réguliers (1716-1764).

Le nouveau général des Trinitaires (1716-1748) était âgé de cinquante ans. Il continua la Chronique des ministres généraux, dans un esprit de sagesse et de loyauté absolue. Voyant combien les luttes du dix-septième siècle avaient épuisé les Trinitaires de France, il voulut arrêter leur décadence, que la nécessité de la défense contre les étrangers avait momentanément laissée dans l'ombre. Mais il semble que les huit années de luttes et la correspondance infatigable qu'il avait dû entretenir avec de Harlay, Pontchartrain, le P. Tellier, le cardinal Palavicini l'avaient quelque peu usé, et Massac ne laissa guère de souvenirs durables que comme ministre des Mathurins de Paris et auteur du grand Cartulaire de 1731-1733.

S'inspirant de la décision du chapitre de 1704, il réunit un chapitre « correctif » à Marseille (1729), c'est le seul que nous connaissions ; sa composition fut analogue à celle du chapitre de 1704. Le procureur général des captifs, le P. de La Faye, y rendit compte de l'administration du trésor de la rédemption : recettes. . . . . 274,559 l. 18 s. 8 d.
        dépenses. . . . . 233,803 l. 2 s. 10 d.

Il fut continué dans sa charge malgré son grand âge. Joseph

Bernard fut nommé procureur général en cour de Rome. On ordonna la rédemption que devait opérer en 1730 à Constantinople le P. Jehannot, ministre de Beauvoir-sur-Mer[1].

La pauvreté de l'ordre était un fait acquis devant lequel on n'avait qu'à s'incliner. Dès le 10 septembre 1723, Innocent XIII avait accordé un bref pour les réductions de fondations. Massac choisit des délégués spéciaux, qui recherchèrent dans les archives des couvents les obits dont ils étaient chargés et les ramenèrent au prorata des ressources disponibles[2].

Aucun fait marquant n'est à relever jusqu'à 1765. Seulement, par une quantité de petits actes, nous percevons au vif la vie intérieure de l'ordre et surtout sa médiocre situation financière. Pour plus d'une affaire, le P. de Massac et le P. Lefebvre, son successeur[3], rappellent qu'ils n'ont pour vivre que les revenus de la maison de Paris et que, pour entretenir le procureur général en cour de Rome ou soutenir un procès dans l'intérêt de l'ordre, il faut les cotisations de toutes les provinces. Les Trinitaires étaient toujours simplistes : les Bénédictins de Vitry ayant attaqué le privilège de l'exemption des dîmes dont jouissaient primitivement les couvents trinitaires, mais qu'ils avaient laissé prescrire, le P. Lefebvre chercha à la faire confirmer par lettres patentes du roi.

1. Trinitaires de Marseille, reg. 13, pp. 164-165.
2. Voir un exemple à Pontoise (Arch. de Seine-et-Oise : liasses des Mathurins de Pontoise).
3. Le P. de Massac était mort le 7 février 1748, à quatre-vingt-quatre ans. Le P. Lefebvre, ministre de Meaux en 1730, puis de Fontainebleau, en faveur de qui Massac avait résigné la ministrerie de Paris le 20 janvier précédent (Bibl. de Lyon, fonds Coste, ms. 282, n° 2), ne convoqua le chapitre que pour le 3 mai 1749, car il n'y aurait pas eu le temps de réunir les vocaux à la date régulière du quatrième dimanche après Pâques 1748. La convocation était adressée : *Reverendis Patribus Ministris Provincialibus, Diffinitoribus, Sociis Provinciarum, Electoribus Religiosis* CITRA ET ULTRA MONTES.

Craignant que ce moyen un peu hardi n'eût pas de succès, il pria les provinciaux de taxer les maisons de leur district, en faisant payer moins à celles qui pourraient justifier de l'exemption des dîmes[1]. Le procès fut perdu par les Trinitaires.

Les frais de l'entretien du procureur général en cour de Rome, pour six ans, étant fort élevés (4,000 livres en tout), le P. Lefebvre proposa de donner au P. Vacchini, ministre de Sainte-Françoise-Romaine, le titre de vice-procureur, pour économiser les frais de déplacement d'un Français[2].

Les quatre provinces s'étaient facilement résignées à ne plus être seules dans le gouvernement de l'ordre. Elles avaient d'ailleurs trouvé un moyen excellent de n'avoir point à souffrir de l'intrusion des étrangers, c'était de ne réunir le chapitre général qu'en cas de vacance du généralat. Les Espagnols, pour qui le voyage de Cerfroid était onéreux, laissèrent faire sans protester et le pape ne dit rien non plus.

Vers le milieu du dix-huitième siècle, la situation intérieure des couvents paraît déplorable; quelques enquêtes conservées à Paris et à Bruxelles le démontrent. Bornons-nous à la maison-mère, que nous a dépeinte en termes peu flatteurs une enquête de 1743, insérée dans les cartons de la Bastille (Bibl. de l'Arsenal, ms. 10182). Massac était alors aveugle depuis huit ans et rebelle à toutes les observations, parce que, dans son obstination sénile, il craignait par-dessus tout qu'on ne le forçât de se démettre. « Votre maison, lui disait le curé de Saint-Benoît, aurait bon besoin de réforme. » — « Monsieur, répondit Massac, il n'y a que les Chartreux et nous qui n'ayons jamais été réformés. » Le « dépensier » faisait du

---

1. Pièce 312.
2. Pièce 308.

réfectoire un cabaret, donnant à manger à quinze ou vingt personnes, même pendant les offices. Un Mathurin, nommé Guillaume, s'était fait peindre avec une « fille » dans un tableau. Le P. Le Clerc, sacristain, allait presque tous les jours voir une « fille » qui demeurait rue Boutebrie, près la petite porte du couvent; le général, quoique averti, se faisait remplacer dans les offices solennels par cet extraordinaire sacristain! Tous les religieux disaient la messe avec précipitation, dînaient en ville, même en habit de chœur, frisés, poudrés, avec des ceintures de soie et des collets, en un mot semblables à des petits-maîtres! Quel remède à cette situation déplorable? « Attendre la mort du général[1]! » dit le lieutenant de police.

Plutôt que de se réformer intérieurement, les Trinitaires ne songent alors qu'à changer leur extérieur, c'est-à-dire leur habit.

Une « question nouvelle », qui a fait couler beaucoup d'encre au dix-septième et au dix-huitième siècle, était donc celle-ci : « Les Trinitaires militent-ils sous la règle de saint Augustin? » En d'autres termes, sont-ils chanoines réguliers?

Cette difficulté est débattue contradictoirement dans un manuscrit de Marseille, n° 1214 (hors page, à la fin) et dans un manuscrit que le P. Xavier m'a obligeamment envoyé de Rome. Les Trinitaires ont été divisés à ce sujet. De nos jours, le P. Calixte a protesté contre cette qualification de chanoines réguliers. « La règle des Trinitaires, dit-il, n'a de commun avec celle de saint Augustin qu'un point sur la psalmodie; encore est-il adouci en faveur des religieux[2]. » On

1. Le Nécrologe des Mathurins fait de Massac un superbe éloge, ainsi que de son zèle pour la moralité des religieux!
2. *Vie de saint Jean de Matha* (1867), p. 104.

pourrait rapprocher aussi, dans les deux règles, l'article sur la « correction fraternelle », mais il n'est pas spécial à la discipline trinitaire.

Les auteurs non trinitaires sont également divisés. Claude Gaillardon, curé de Claye (diocèse de Meaux), discuta très âprement les prétentions des Trinitaires[1]. Cet auteur, en sa qualité de chanoine régulier, n'avait pas l'impartialité nécessaire pour juger ses nouveaux concurrents.

Des historiens de bonne foi comme Pierre del Campo, auteur de l'*Histoire générale des ermites de Saint-Augustin*[2], et Le Paige, auteur de la *Bibliotheca Praemonstratensis* et ami de Louis Petit, avaient revendiqué les Trinitaires comme leurs confrères, dès le dix-septième siècle. Un recueil liturgique, sous la rubrique : *Religiones viventes sub regula Beati Augustini*, place, au nº 29 : *Congregatio Sanctae Trinitatis sive de Redemptione in Hispania* (!) *ordinata*[3]. La même opinion a été maintes fois exprimée dans des articles relatifs aux anciennes constitutions monastiques[4].

Malgré toutes ces citations et d'autres, absolument conformes, que le P. Hélyot a énumérées, comme favorables à la thèse de la « canonicité » de nos religieux, un fait est certain : la règle de saint Augustin n'a point été donnée aux Trinitaires, et il faut avoir foi en l'épitaphe de saint Jean de Matha, laquelle dit que les Trinitaires furent institués *sub regula propria a Sede Apostolica concessa*. Si les Trinitaires ont une règle propre, ils ne sont point soumis à celle de saint Augustin. Il y a cependant quelques textes embarras-

---

1. Bibl. Sainte-Geneviève, ms. 1962, fº 4.
2. Bibl. de Marseille, ms. 1213, pp. 97 et 98. *Ibid.*, nº 1216, p. 377.
3. Bibl. Nat., H 13683-13688.
4. Notamment *Revue du Perche*, avril 1896, p. 23.

sants. Plusieurs bulles de papes considèrent que les Trinitaires vivent sous la règle de saint Augustin[1]. Mais si l'on regarde attentivement ces bulles, on remarquera que celle de 1350 (que personne n'a jamais vue) se rapporterait à une *cure*, que celle de 1353 concerne l'*hôpital* d'Avignon, que la transaction du 17 mai 1468 se réfère à l'*hôpital* d'Arles et que la lettre du vicaire général de l'évêque de Maguelonne (3 août 1517) concerne l'*hôpital* de Montpellier[2]. Or la règle de saint Augustin est spécialement observée dans les hôpitaux.

Les manuscrits[3] des statuts des Trinitaires, les obituaires de Châteaubriant et de Fontainebleau, les statuts de 1719 contiennent la règle de saint Augustin, avec l'Exposition d'Hugues de Saint-Victor, et le plus ancien bréviaire trinitaire[4] solennise spécialement le 28 février, fête de saint Augustin. Nos rituels, répondent les opposants, viennent de Saint-Victor et les Victorins sont chanoines réguliers de saint Augustin. La règle de saint Jérôme se trouve bien aussi dans les manuscrits trinitaires, et pourtant ils ne la suivaient pas.

Il faut avouer qu'il y a une bulle, celle du 15 mars 1578, adressée aux Trinitaires de Pontoise, où les raisons précédemment alléguées paraissent inadmissibles. Un annotateur de cette bulle a écrit que le pape a été trompé par un faux exposé. Cela semble probable, si l'on se rappelle que les bulles des papes sont faites plus souvent à la demande des parties que *motu proprio*. Bref, l'intérêt de nos ermites de Pontoise à se rattacher à la règle de saint Augustin nous

---

1. Gaillardon n'a point tenu compte de ces bulles.
2. GERMAIN, *La Charité à Montpellier*, 1859, p. 12 (B. N., Lk⁷ 18521).
3. Bibl. Nat., ms. lat. 9753, 9770. Bibl. Mazarine, ms. 1765.
4. Bibl. Sainte-Geneviève, BB 1360, fol. LXVI = XLVI.

échappe; leur erreur, volontaire ou non, n'engage qu'eux.

D'autres polémistes ont pris la thèse contraire et ont soutenu que la règle trinitaire se rapprocherait plutôt de celle de saint Benoît. François Vaquer, dans son *Apologie de la règle de saint Benoît*[1], relève, ainsi que l'a fait Figueras, les articles sur les vêtements, le vin, les jeûnes, l'interdiction de manger hors du couvent, le soin des malades et des hôtes, le silence. Est-il pour cela « plus clair que le jour » que l'évêque de Paris et l'abbé de Saint-Victor ont consulté la règle de saint Benoît? Toute règle monastique a nécessairement des rapports avec celle du patriarche des moines d'Occident.

L'obstination de certains Trinitaires à poursuivre leur rattachement à la règle de saint Augustin s'explique peut-être par le désir de justifier l'acquisition de leurs nombreuses cures. La possession de fait ne leur suffisait-elle donc pas?

Quoi qu'il en soit de ces discussions théoriques, en 1727, Pierre-Jacques Brillon, auteur du *Dictionnaire des arrêts de jurisprudence*[2], mentionne que les Mathurins ont adopté le costume des Chanoines Réguliers[3]. L'habitude en passa aux Réformés; on voit en 1746 un religieux de Pontoise signer : *chanoine régulier de la Trinité*[4]. En 1749, le chapitre général de cette congrégation tenu à Cerfroid, sous la présidence du P. Lefebvre, général, ordonna la *conformité en habits de chœur et du dehors à la province de France*. Chaque religieux reçut 50 livres pour se procurer le nouveau costume[5], au Midi comme au Nord. En somme le changement d'habit

---

1. Bibl. de Marseille, ms. 1214, dernière page.
2. T. IV, p. 330.
3. En 1684, les chanoines de Péronne leur en faisaient déjà un grief. Bibl. Nat., factum 25539.
4. *Registre capitulaire des Trinitaires de Pontoise*, f° 60 v°.
5. *Registre n° 13 des Trinitaires de Marseille*, p. 222.

était généralement accepté par toute la France, quand les Trinitaires portèrent enfin la question devant la cour de Rome, en 1766.

A ce même moment, l'affaire des Jésuites avait ramené l'attention sur tous les instituts religieux. Cédant au vœu des philosophes [1], Louis XV avait désigné une grande commission pour examiner les statuts de tous les ordres monastiques. C'était le cas, pour les Trinitaires, de faire consacrer légalement leur nouvel état de chanoines réguliers.

---

1. « La guerre qu'il (La Chalotais) a faite avec tant de succès à la Société n'est que le signal de l'examen auquel il paraît désirer qu'on soumette les constitutions des autres ordres, sauf à conserver ceux qui par cet examen seraient jugés utiles » (D'Alembert, *De la destruction des jésuites*, éd. 1889, p. 110).

CHAPITRE XVIII.

Les Trinitaires et la Commission des Réguliers (1766-1771).

La Commission instituée en vertu des édits des 23 mai et 31 juillet 1766 avait, en ce qui concerne les Trinitaires, plusieurs questions à résoudre :

1° La suppression des couvents trop pauvres;

2° La réunion des Trinitaires de France avec les Réformés, les Déchaussés, peut-être même les Pères de la Merci [1];

3° La refonte des constitutions de l'ordre, qui voulait, comme nous l'avons vu, se faire rattacher aux chanoines réguliers.

La Commission vint assez facilement à bout de la solution de ces trois ordres de questions, sauf en ce qui concerne les Pères de la Merci. Une certaine résistance se produisit à propos du premier point, les suppressions de couvents, de la part du P. Maurice Pichault, élu général en 1765 [2]. Il était forcé de présenter dans les deux mois, à la Commission, un

---

1. Plusieurs détails intéressants sur le projet de réunion avec l'ordre de la Merci sont donnés dans l'ouvrage de M. Emile Ledermann, *Les Frères de Notre-Dame de la Merci*, Paris, 1898.

2. Le P. Lefebvre était mort d'apoplexie, le 11 avril 1764, à soixante-dix-neuf ans. Nicolas Poinsignon avait été, pendant un an, vicaire-général et *custos*. Le P. Pichault était précédemment ministre d'Étampes.

état circonstancié des maisons de l'ordre, de leurs biens, du nombre des religieux. Dans une circulaire, du 18 septembre 1766 [1], il demanda aux ministres la copie, collationnée par les juges du lieu, du titre de fondation de leur maison ; beaucoup de ses correspondants durent être assez embarrassés pour le lui envoyer. De ce questionnaire sortit la première partie du Mémoire très soigné [2] que le P. Pichault présenta à la Commission, contenant le catalogue complet des couvents [3], dont les dates de fondation auraient parfois pu être données plus exactement. Il y joignit des considérations intéressantes sur l'expansion de l'ordre. Ce Mémoire tient avantageusement lieu des sources narratives, dont nous manquons sur le dix-huitième siècle. La tentative de la cour d'Espagne pour faire donner un vicaire général autonome aux Trinitaires espagnols, la dispense sollicitée par les Déchaussés en vue de ne plus assister au chapitre général, enfin l'extension considérable (jusqu'aux Antilles) des quêtes pour le rachat des captifs, ne sont signalées nulle part ailleurs.

On peut voir aussi dans ce Mémoire l'état de la discipline de l'ordre en 1765, avant les nouvelles Constitutions. La plupart des couvents sur lesquels le général a autorité ne sont guère que des squelettes, mais les Trinitaires sont fortement centralisés, les ministres des provinces anciennes, sauf à Paris et à Rieux, sont à la nomination du général qui tient, par conséquent, à conserver tous ces couvents, pour ne rien perdre de ses droits.

Le P. Pichault prédisait encore, et à tort, le mauvais effet

1. Pièce 319.
2. Pièce 323.
3. La statistique a été recueillie aussi dans les manuscrits français 13857, 13858 de la Bibliothèque nationale.

que produiraient des suppressions de couvents aux yeux des provinces étrangères, comme si celles-ci ne savaient pas depuis longtemps à quoi s'en tenir sur la situation réelle des provinces de France ! L'argument patriotique retardait d'un siècle. Le but essentiel de l'ordre, le rachat des captifs, n'exigeait pas tant de couvents ; la confrérie suffisait en cas d'absence de couvent et une amputation consciencieuse pouvait seule sauver l'ordre. Au lieu de quatre-vingts maisons, la plupart « destituées » de revenus, on n'en eût eu que le tiers, bien rentées, avec une population monastique suffisante, tout aurait été pour le mieux. La population totale de l'ordre n'excédait pas trois cents religieux. Seuls, dans le Nord, les couvents de Paris, de Fontainebleau, d'Arras et de Douai avaient plus de huit religieux[1]. Dans le Midi, un plus grand nombre de couvents réformés parvenaient à ce total, mais sans le dépasser. L'acquittement des fondations était la seule objection valable contre la suppression de beaucoup de maisons.

Les préliminaires de la réunion des religieux *anciens* avec les Réformés furent assez longs ; le chapitre de la province de France, à Gisors, s'était montré d'accord pour la réunion. Mais il fallait obtenir un vote de tous les Réformés ; aussi, leur chapitre général, que Du Castel, vicaire général, avait convoqué à Arles, se tint-il à Cerfroid[2], par ordre du roi, pour étudier l'union avec les mitigés (mai 1767). L'évêque de Meaux fut désigné comme commissaire royal. La réunion ne fut d'ailleurs votée qu'à la majorité ; on compte des opposants parmi les députés de Provence et de Cerfroid. Finalement, un chapitre national fut convoqué, pour le mois de février 1768, au couvent des Mathurins de Paris.

[1]. Un très grand nombre de couvents étaient réduits à *un seul* habitant.
[2]. Bibliothèque de Lyon, ms. 282 (fonds Coste), pièce 2 *bis*.

Le P. Pichault proposait les moyens de conciliation suivants : le vicaire général de la Réforme sera supprimé ; les ministres seront nommés par lui-même, pour trois ans, mais pourront être confirmés pour une nouvelle période triennale ; la Provence aura une maison de noviciat ; le maître des novices sera élu par le chapitre provincial ; le général élira un prieur et un procureur à Cerfroid, qui deviendra le noviciat de la province de France.

Selon les ordres du roi, du 25 juillet 1767, deux députés avaient été élus pour chaque province, sauf pour la Picardie qui n'en eut qu'un, à cause du grand nombre de couvents de cette province situés hors de France. Parmi les députés marquants, on relève les noms de Lamanière, rédempteur en 1750, et de Dorvaux, pour la Champagne ; de Forestz, rédempteur de 1765, pour la Normandie ; de Darailh, pour le Languedoc ; de Gairoard, pour la Provence ancienne ; de Soumeire et de Malachane, pour la Provence réformée. L'évêque de Meaux, Jean Marthonie de la Caussade, présida le chapitre.

La question la plus délicate fut celle de l'élection des ministres locaux, et le chapitre changea d'avis plusieurs fois à ce sujet. Le 9 mars 1768, le général consentit que l'élection eût lieu en sa présence ou devant un commissaire ; le ministre sera nommé à vie, mais pourra être déposé. Ce texte est voté, malgré l'opposition de la province de Languedoc, qui ne veut point de ministres perpétuels.

Le surlendemain, le chapitre décida, par sept voix contre une, que les couvents auront droit d'élection quand il y aura cinq vocaux (c'est-à-dire ayant trois ans de profession), sinon le général parfera le nombre de cinq en envoyant des religieux d'un couvent voisin ; les électeurs présenteront une liste de trois sujets, parmi lesquels sera choisi le ministre.

Le 8 juin, il fut décidé que le président de l'élection pourrait faire venir d'autres profès et n'aurait voix active que s'il était lui-même profès de la maison.

Le 6 août, les ministres furent déclarés sexennaux, mais aussi « perpétuables » ; ceux de l'ancienne province seront élus à vie. Tel fut le dernier état de la question.

Quant à la *conventualité*, le chapitre réclama l'exception prévue par l'article 7 de l'édit du 26 mars 1768, par lequel le roi se réservait, après l'avis des diocésains, de confirmer par lettres patentes les couvents où il y aurait moins de huit religieux ; le chapitre se déclarait, d'ailleurs, prêt à supprimer ceux qui ne peuvent nourrir qu'un ou deux religieux.

Le 22 août, l'archevêque de Toulouse écrivit qu'il serait bon de supprimer, dès à présent, un certain nombre de couvents (la liste en est donnée plus bas). Le chapitre demanda, néanmoins, que Sa Majesté se contentât de six ou sept religieux par couvent, et même de quatre ou cinq pour la maison de Bar-sur-Seine, dont la conservation était demandée par les habitants.

Pour les cures, la déclaration de 1703 n'étant enregistrée qu'au grand conseil, il fut trouvé bon de la faire enregistrer de nouveau.

Le procureur général à Rome, Charles Malachane, devra demander l'approbation du pape pour les nouvelles constitutions. Lorsqu'elles auront été enregistrées, elles seront la commune loi de l'ordre : chaque religieux aura un exemplaire imprimé.

La bulle du pape Clément XIV (17 novembre 1769), reconnut les Trinitaires comme chanoines réguliers et les lettres patentes furent publiées à Fontainebleau en novembre 1770; le tout fut imprimé en 1772.

Une seule suppression dut avoir un effet immédiat, celle de La Gloire-Dieu, couvent dont les revenus avaient été réunis au généralat de l'ordre dès le 17 février 1766[1]. Si les intentions du chapitre national avaient été sincèrement exprimées et sincèrement exécutées, sur soixante-quatorze couvents français (sans citer ceux des Déchaussés), trente devaient être *réunis* à d'autres. Ces quarante-quatre couvents devaient former huit provinces[2].

France (8 couvents) : *Cerfroid*, Paris, Fontainebleau, *Meaux*, Clermont, Verberie, Etampes, *Montmorency*.

Champagne (6 couvents) : Troyes, *Lamarche*, Châlons, Bar-sur-Seine, Metz, *Bourmont*.

Picardie (6 couvents) : Arras, Hondschoote, Douai, Préavin, *Templeux*, *Péronne*.

Bretagne (4 couvents) : Rieux, *Châteaubriant*, Sarzeau, *Tours*.

Languedoc (7 couvents) : Toulouse, Orthez, Mirepoix, Castres, Cordes, Narbonne ou Montpellier[3], Saint-Laurent-de-Médoc.

Normandie (4 couvents) : Mortagne, *Lisieux*, *Gisors*, *Rouen*.

Lyonnais (5 couvents) : *Arles*, *Avignon*, *Tarascon*, *Lyon*, *Saint-Remy*.

Provence (4 couvents) : *Marseille*, Lambesc, *Lorgues*, *La Cadière*.

Sur quarante-quatre couvents, vingt et un étaient aux Réformés. Quand la réunion serait accomplie avec la Congrégation Déchaussée, il y aurait à régler la question d'Aix et

1. Archives de Lorraine à Metz, H 3774, n° 10.
2. Les noms en italique sont ceux des couvents réformés.
3. Ce dernier couvent existait encore en 1790.

de Marseille, où, sur deux couvents, un seul devait subsister dans chaque ville.

Aussitôt les constitutions approuvées, le général dut s'adresser aux Trinitaires Déchaussés. Il était plein de bonnes intentions à leur égard, voulant faire de leur couvent de Saint-Denis de Rome le centre de l'ordre et en nommer le ministre procureur général.

Les Déchaussés n'entendaient point d'abord être réunis au reste de l'ordre[1]. Le définitoire assemblé à Marseille, le 22 juin 1767, faisait la déclaration suivante : « L'habit des Mathurins est si dispendieux qu'ils n'y peuvent suffire qu'à l'aide des pensions des particuliers ; et nous, nous n'avons pas de pensions. Plutôt que de nous forcer à la réunion, nous trouverions moins dur qu'on nous défendît de recevoir des novices, pourvu qu'on nous laissât terminer nos jours en paix dans nos maisons et avec notre habit. »

L'archevêque d'Aix, qui correspondait avec Loménie de Brienne, président de la Commission des Réguliers, ne souhaitait pas la réunion des Déchaussés aux anciens, « mitigés et relâchés ».

Jacques Soumeire, de Marseille, conseillait à l'archevêque de Toulouse de leur promettre des revenus suffisants pour vivre (18 novembre 1768). Une lettre particulière du P. André Perrin (ou André de la Croix), l'un des signataires de la protestation du 22 juin 1767, prouvait en effet que, si on assurait leur subsistance, les Déchaussés ne feraient point d'objection contre la réunion. Au point de vue des suppressions, faisait-il remarquer, leur église d'Aix appartenait à la ville et

---

[1]. Ils avaient obtenu en 1764 une bulle du pape pour se dispenser d'assister aux chapitres généraux et fait récemment enregistrer de nouvelles constitutions au Parlement de Provence (*Mémoire du P. Pichault*).

celle de Marseille à l'hôpital. Leur chapitre devait se réunir à Aix au mois de mai 1770.

Jérôme de Suffren, évêque de Sisteron, choisi pour commissaire général au chapitre des Déchaussés, nous a laissé une bien curieuse liste de ces religieux[1]. Pourvu qu'on ne changeât rien aux constitutions, dit-il, *généralement bornés et grossiers, peut-être mauvais sujets*, ils ne faisaient aucune objection à la suppression de leur autonomie. Le 12 mai, l'évêque leur interdit de recevoir des novices et confirma André Perrin comme provincial. Il écrivit à ce sujet à l'archevêque de Toulouse : « J'ai dit à ces religieux que ma commission n'était pas finie et qu'ils ne pouvaient rien faire sans ma participation; c'est un tour de moine que le bon Père (André Perrin) a cru valoir dans ces circonstances » (19 mai 1770).

Au mois d'août 1771, le « régime » des Déchaussés avait été aboli *en France*[2] par une bulle du pape; les couvents réformés de Digne et de La Verdière, les couvents déchaussés de Seyne et de Saint-Quinis, quelques regrets qu'inspirassent les religieux, avaient été supprimés. Voici comment fut abandonné Saint-Quinis. Le 13 novembre 1778, Michel Taillac, économe, suppléant le P. Codde, provincial, remit à la municipalité de Camps les ornements de la chapelle, qui furent trouvés en bon état. Joseph Gassier, « homme de bonnes mœurs », promit de travailler les terres labourables et, en cas qu'il se trouvât un prêtre pour desservir la chapelle, il s'engagea à lui obéir.

La suppression de l'un des deux couvents trinitaires de

1. Pièce 328.
2. On ne toucha point aux Déchaussés d'Espagne, qui conservèrent leur autonomie.

Marseille, l'un situé derrière l'Evêché, l'autre dans le nouveau quartier de Saint-Ferréol, rue de la Palu, ne fut point aussi simple. Réunirait-on la première maison à la seconde ou la seconde à la première? Les partisans du maintien du vieux couvent faisaient valoir, par la bouche du P. Jacques Soumeire, ex-provincial, leur ancienneté et l'avis conforme du P. Pichault. Les amis des Déchaussés alléguaient la beauté, la propreté de leur quartier, qui se développait de jour en jour, et l'étendue de leurs bâtiments. Le P. Soumeire ayant menacé, en cas de départ, d'ameuter les harengères du vieux quartier, l'évêque de Marseille l'envoya pour quelque temps à la campagne. Finalement, des lettres patentes d'avril 1777 supprimèrent les Trinitaires de la Palu, en les incorporant à la première maison, qui fut transférée rue de la Palu. Les « Palunaires » y gagnaient beaucoup, disait l'évêque de Marseille; « vieux et pauvres, ils reçoivent des gens qui leur apportent quelque chose et qui vont faire leur besogne ». On ne s'était point entendu sur la préséance entre les deux ministres; on décida la *latéralité* (20 août 1777) : ils marchèrent côte à côte lors de la réunion. L'hôpital Saint-Eutrope et le Bureau de la Rédemption furent aussi transférés dans le quartier neuf.

C'est dans cette région du Midi que l'on peut le mieux saisir l'effet des prescriptions de la Commission des Réguliers, ailleurs elles paraissent être restées à peu près à l'état de lettre morte.

CHAPITRE XIX.

Les dernières années des Trinitaires (1775-1792).

Le P. Pichault, qui avait eu tant à travailler pour l'unification de l'ordre, mourut en 1780. Ses dernières années avaient été attristées par ses démêlés avec Delarue[1], mauvais religieux, qui le blâmait d'avoir fait mettre ses armoiries dans le sanctuaire, d'avoir changé l'orgue des Mathurins, de n'avoir pas voulu, sur quatre-vingt-treize maisons, en supprimer cinquante (chiffre exagéré) que le chapitre national avait condamnées, et l'accusait de ne donner aux religieux ni vêtements, ni couvert, ni draps. Pour ses critiques, il avait été mis aux arrêts par le P. Pichault.

Au dernier chapitre général de l'ordre de la Trinité, qui se tint à Cerfroid au mois de mai 1781[2], il n'y eut que quatre représentants de l'Espagne. Pierre Chauvier, profès de la Gloire-Dieu, en Champagne, fut élu par trente voix contre une

---

[1]. *Mémoire instructif pour le sieur Delarue...* (Bibl. Nat., coll. Joly de Fleury, 1604, f° 136). Le Parlement déclara ses Mémoires *infâmes et calomnieux*. Il fit encore parler de lui, ayant commis une escroquerie à l'égard de dame Marie Béatrix, née comtesse de Reinach, douairière de M. le marquis de Staël, et fut l'objet d'un pamphlet : *La Vérité rétablie* (Besançon, 1786).

[2]. Bibl. de la ville de Paris, recueil 28324, in-4°.

à Audibert; le provincial de Champagne le confirma, sans faire tort à la province de France, qui avait ce privilège[1] de confirmation du nouvel élu.

On décida que celui qui aurait été deux fois visiteur et président du chapitre provincial aurait les honneurs des *Pères de province* (c'est-à-dire d'ex-provincial), et que le ministre remplaçant un provincial devrait quitter ses fonctions de ministre pour ne conserver que celles de provincial.

Un religieux pourra désormais devenir *profès* d'un couvent auquel il a rendu des services.

Nul ne sera élu visiteur provincial avant l'âge de trente-six ans.

Le général choisira pour six ans les ministres, quand il y aura eu deux élections nulles ou en cas de refus de l'élu.

Dans une élection particulière, les curés-profès doivent être appelés à voter s'ils ne sont pas éloignés de plus de 20 lieues.

Le couvent de Naples est désormais rattaché à l'Aragon, et le visiteur provincial en nommera le ministre.

Le procureur général en cour de Rome recevra 2,100 livres par an.

Cerfroid fut déclaré noviciat pour les quatre provinces, et l'on décida d'honorer à perpétuité la sainte Vierge, comme patronne de l'ordre, sous le nom de Notre-Dame-du-Remède. Emmanuel Rovira, provincial d'Aragon, fut institué chronographe de l'ordre.

Deux ans après ce chapitre général, dont les décisions ne manquent ni d'intérêt, ni de variété, les couvents des Pays-Bas furent supprimés. Déjà, en octobre 1771, Marie-Thérèse avait interdit aux Trinitaires d'Orival de communiquer avec

---

1. Parce que Cerfroid était dans la province de France.

le général, qui avait refusé de nommer un vicaire général des Pays-Bas. En 1774, le Conseil de Brabant, véritable initiateur du mouvement, disait : « L'obstination du général ajoute aux raisons de le dépouiller de sa supériorité sur les religieux sujets de Sa Majesté[1]. » Le 8 novembre 1776, le ministre d'Orival avait reçu du général une commission pour lever dans les Pays-Bas les deniers des confréries et les lui envoyer. Le Conseil lui interdit cette levée, déclarant que l'ordre était *totalement dégénéré, tombait de lui-même et tendait à sa fin*. Les commissaires imposés, pour les élections de ministre, par les nouvelles constitutions exaspéraient surtout le Conseil ; il était peu au courant, d'ailleurs, de la discipline monastique, puisqu'il déduisait du fait qu'un ministre était chargé de visiter un couvent une preuve que ce couvent était mal administré ! Pendant quelque temps cependant, tout alla bien, puisqu'un édit du 28 novembre 1781 ordonna la tenue, de quatre en quatre ans, d'une *assemblée générale* des Trinitaires des Pays-Bas. La première (et la seule) eut lieu à Orival le 25 avril 1782.

Le 17 mars 1783, un édit de Joseph II supprima les Trinitaires, tant en Autriche qu'aux Pays-Bas. Des instructions détaillées furent données au commissaire chargé de veiller à la suppression du couvent de Bastogne (2 juillet 1783) que je prends pour exemple.

Arrivé au couvent, il fera sonner la cloche, assemblera la comunauté et lira le décret de suppression. Il demandera aux religieux de déclarer, dans les huit jours, si leur projet est de se retirer dans un autre couvent de l'ordre ou de vivre en prêtres séculiers. Il les préviendra que l'intention de Sa Ma-

---

[1]. Arch. du royaume à Bruxelles, nouveau Conseil privé, n° 1422.

jesté est de favoriser l'instruction de la jeunesse et que ceux qui s'y adonneront peuvent compter sur toute sa bienveillance. Le commissaire prendra les inventaires généraux de la maison et laissera à chaque religieux ce qui lui revient en particulier. Il enverra au Conseil la liste de ces *individus*.

La pension, de 210 florins pour ceux qui se retireront dans un couvent d'un autre ordre, de 420 pour ceux qui s'adonneront à l'éducation de la jeunesse, s'élèvera à 700 florins pour le supérieur inamovible, à 800 même s'il a dépassé l'âge de soixante ans. Tout pensionné recevra, de plus, 100 florins, afin de se pourvoir du nécessaire jusqu'à l'échéance du premier trimestre de sa pension, plus un habillement complet et décent. Les profès qui désireraient être relevés de leurs vœux s'adresseront à leurs évêques diocésains. Un laïque intelligent, d'un caractère « doux et humain », sera économe provisoire dans chaque maison [1].

Les cures desservies par les religieux de l'ordre resteront à leurs desservants, mais au fur et à mesure de l'extinction, seront conférées à des prêtres séculiers désignés par la voie du concours.

Les couvents des Pays-Bas ayant été ainsi supprimés, on liquida les pensions des religieux et on nomma des administrateurs de ces biens, souvent le curé du pays. De 1784 à 1790, la plupart des pièces relatives à ces couvents ont été recueillies dans des dossiers formés par province [2]. Il ne s'agit souvent que de baux dont le renouvellement est accordé

---

[1]. A la suite de ces suppressions, les biens que possédaient en France ces couvents des Pays-Bas furent confisqués par le gouvernement de Louis XVI. Cela permit au moins aux économes de refuser aux couvents français le paiement des cens qu'ils percevaient aux Pays-Bas.

[2]. En France, les temps troublés de la Révolution empêchèrent de former une semblable collection.

LE P. CHAUVIER, DERNIER GÉNÉRAL DE L'ORDRE EN FRANCE.
(Bibl. nationale, coll. Fleury [départ. Aisne], f° 34.)

ou refusé, de secours, réclamés soit par les « individus » dispersés, soit par des particuliers qui les ont recueillis et soignés pendant leurs maladies. Les pièces les plus curieuses se rapportent aux ornements d'église et aux reliques ; l'autorité ecclésiastique ne permettant point de les mettre en vente, elles sont cédées aux églises paroissiales, avec des tableaux trinitaires ; à Audregnies, se rencontre une relique de saint Roch.

Le sort de ces couvents dut émouvoir le P. Chauvier et lui donner de tristes pressentiments. De l'édit de Joseph II à la réunion des Etats Généraux, il ne s'écoula que six ans. L'ordre trinitaire jeta alors un vif éclat, grâce à la rédemption de 1785, opérée de concert avec l'ordre de la Merci, une des plus nombreuses qu'on eût vues, en France du moins, car il y eut trois cent treize esclaves rachetés. Le général ne pouvait cependant se faire beaucoup d'illusions, le changement de constitutions n'ayant pu modifier l'esprit des religieux : le P. Delarue n'était pas isolé, et un Trinitaire de Douai, Henry-Joseph Laurens, auteur d'ouvrages légers, avait mis le comble au scandale en s'enfuyant avec une religieuse [1].

Le 20 février 1790, l'Assemblée nationale avait décidé d'envoyer des commissaires dans les différents couvents de Paris, pour y recevoir les déclarations des revenus et demander aux religieux quelles étaient leurs intentions.

Le 2 avril suivant, les Mathurins de Paris reçurent la visite des deux commissaires, Etienne de Larivière et de Jussieu. Le P. Chauvier leur remit sa déclaration. Les revenus de la maison montaient à 91,154 livres et les dépenses à 27,939 livres. Le récolement des Archives des Mathurins suffit à nous

---

[1]. Tailliar, *Annales... de Douai*, t. III, p. 259.

convaincre que les plus importantes pièces ont disparu à Paris comme à Cerfroid. L'Œuvre des Captifs, qui avait 9,278 livres de revenus et 1,037 de charges, fut l'objet d'une déclaration particulière, où furent consignés des faits intéressants[1], avec le souhait, bien platonique, que l'Assemblée nationale, « dont tous les actes tendaient à l'établissement de la liberté, » n'oubliât pas les Français esclaves en Afrique.

Les déclarations particulières des Mathurins ont été copiées à part. Ils sont dix-huit, non compris le général, son secrétaire et deux frères convers. Le P. Chauvier et son secrétaire, le P. Hue, âgé de trente-trois ans, déclarent qu'ils veulent vivre et mourir dans l'état où ils sont; deux autres religieux seulement, un jeune et un vieux, les imitent. Les autres disent, soit nettement qu'ils quitteront la maison si l'Assemblée nationale la supprime, soit, tout simplement, qu'ils ne s'expliquent pas pour l'instant. Le sacristain, âgé de soixante ans, se retirera « en » Avignon, auprès de sa sœur. D'après la statistique dressée par M. Babeau[2], les Mathurins sont dans une bonne moyenne (10 restés, 9 sortis, 3 absents).

Les religieux de Cerfroid annoncèrent, le 3 juillet 1790, à l'Assemblée nationale que, « le 19 du mois précédent, ils avaient fait disparaître de leur *temple* des marbres et armoiries qu'un despotisme aveugle et présomptueux y avait placés[3] », sans doute ces fleurs de lis qu'ils étaient si fiers autrefois de rattacher à l'origine légendaire de Saint-Félix de Valois. Le P. Calixte a relevé la liste des pensions données aux religieux; elles varient de 1,200 à 900 livres.

1. Pièce 348.
2. *Bulletin de la Société de l'histoire de Paris*, t. XXII, p. 201.
3. *Table des procès-verbaux de l'Assemblée nationale*, n° 338, p. 21.

C'est la même proportion à Tarascon¹. Seul le provincial, âgé de soixante-treize ans, déclare vouloir vivre en particulier, puisque l'ordre où il est entré pour y vivre et mourir est détruit. Le ministre, Accurse Manche, « ne retient que la qualité de citoyen ».

La transition entre l'ancien et le nouveau régime est difficile à saisir. Pour Metz cependant, nous avons la négociation du ministre d'Ancerville avec les administrateurs du district pour se faire payer la pension de ses religieux. Fixée à 2,400 livres, en tout, elle fut diminuée de leur déficit (224 livres), et de leurs impositions (235 livres), aux termes de la loi du 23 février 1791. Le reste, soit 1,941 livres, fut délivré par le Directoire du district pour être partagé entre les religieux².

Comme on pouvait s'y attendre, plus d'un ancien supérieur se vit en butte aux exigences de religieux mécontents. Le P. Tournefort dut demander la protection du maire de Montpellier contre ses anciens moines, qui lui réclament des sommes qu'il ne doit pas, alors qu'il a déjà comblé de sa bourse le déficit de sa maison. Le P. Jacquesson, de Châlons-sur-Marne, fut l'objet d'une dénonciation de la part d'un de ses religieux, se plaignant à l'Assemblée nationale que le ministre ait mal entretenu le couvent, au point d'avoir fait courir au suppliant le péril de se *casser la cuisse* dans un escalier³.

Ce que devinrent isolément les Trinitaires, il est assez difficile de le dire, faute de documents. Le P. Chauvier, dernier général, mourut de douleur en 1792⁴, après s'être vu enlever

1. Pièce 350.
2. Pièce 352.
3. Bibliothèque nationale, F³ 16029.
4. On a la lettre de faire part de son enterrement (15 mars). (Recueil précédemment cité de la Bibliothèque de la ville de Paris.)

la caisse des captifs. Son secrétaire, le P. Hue, émigra et devint plus tard aumônier de Louis XVIII. Une tradition, conservée dans sa famille, veut qu'il ait sauvé une partie des archives de l'ordre. Le bibliographe du *Serapeum* émet l'hypothèse qu'elles ont pu être transportées dans des couvents de l'Amérique du Sud; peut-être sont-elles tout simplement en Espagne, où, en 1791, le P. Calvo publiait à Pampelune le *Résumé des privilèges de l'ordre*.

Les Trinitaires ne prirent pas une grande part au mouvement révolutionnaire. A peine peut-on citer, à Cerfroid, l'adhésion au nouveau régime (3 juillet 1790) et la proposition, faite par les religieux, de verser les produits de leurs quêtes dans la caisse de la Marine (24 décembre 1791)[1]. A Paris, un religieux nommé Baudart prononça, dans l'église des Mathurins, un discours sur la restauration de la liberté française[2] (24 septembre 1789).

A Châteaubriant, Maréchal, procureur, et Bâlé, seuls religieux habitant encore le couvent, étaient venus déposer à la mairie quatre chandeliers d'argent, comme don patriotique, et une croix d'argent pour les pauvres dès le 20 novembre 1789. Ils eurent une vive altercation avec le doyen pour la procession du Saint-Sacrement : *Moines, que venez-vous faire ici?* leur dit-il. *La verge dont vous nous fouettez, vous en serez bientôt fouettés vous-mêmes*. Dorvaux, ministre, était retiré à Metz. Bâlé, âgé de soixante ans, se réfugia à Senones, où des soldats le mirent à mort[3], et vérifia ainsi cette prophétie.

Ce n'est pas le seul Trinitaire qui ait eu un sort tragique.

1. *Table des procès-verbaux de l'Assemblée nationale*, pp. 21 et 122.
2. Bibliothèque nationale, Lb[40] 286.
3. Goudé, *Histoire de Châteaubriant*, pp. 234, 427 et 428 (note).

Le P. Tournefort, ex-ministre de Montpellier[1], était revenu dans son pays, à Vénasque, près de Carpentras ; le 12 novembre 1792, nommé assesseur du juge de paix, il jura la constitution civile du clergé ; puis il reçut et signa la plainte contre les « patriotes » ; poursuivi comme fédéraliste, il fut jugé par la commission d'Orange, autorisée le 10 mai 1794 par la Convention, et exécuté dans cette ville le 3 juillet[2].

En 1793, se passa un fait scandaleux : Ride, ex-Trinitaire de la maison de Troyes, marié à une ancienne religieuse du Paraclet, prononça un discours abominable dans l'église de Bar-sur-Seine et ouvrit le bal avec cette religieuse. Il quitta Bar-sur-Seine, le 10 décembre 1793, avec le commissaire de la Convention Rondot fils, après y avoir mené très joyeuse vie et fait arrêter plusieurs citoyens, notamment un de ses parents, nommé Le François[3].

Quelques religieux survécurent honorablement à la tourmente. Un Trinitaire de La Perrine, près Saint-Lô, Mariolle, resta caché dans le pays, et mourut aveugle le 19 juin 1842, à l'âge de quatre-vingt-onze ans, faisant par sa douceur « les délices de ses amis »[4].

Hurtrel, ancien procureur du couvent d'Arras, résida à Hesdin, puis à Béthune. Un autre Trinitaire, Claude Duriez, âgé de quarante et un ans, non « sermenté », demeurant chez Philippine Dufresnoy, blanchisseuse, rue des Fours, « malade

---

1. Saurel, *Le département de l'Hérault pendant la Révolution*, t. II, p. xxix, nomme, parmi les ci-devant religieux n'ayant pas prêté le serment (4 mai 1792), Gros, ci-devant Trinitaire, pensionné de 1,000 livres, et Souiris, résidant à Béziers (300 livres).

2. Saurel, *Le département de l'Hérault pendant la Révolution*, t. III, p. 119, et l'abbé Bonnel, *Les 332 victimes de la commission d'Orange*.

3. Petel, *Essoyes pendant la Révolution*, pp. 81-82 (communiqué par M. l'abbé Nioré, de Troyes).

4. Dubosc, *Etudes sur le département de la Manche*, t. I, p. 131.

de nerfs », comparaît à Arras devant une commission et est incarcéré, on ne sait pourquoi; on le retrouve en 1804 à Saint-Géry[1].

Le P. Calixte cite le P. de Buire, ancien *discret* des Mathurins de Paris, prieur de Verberie en 1789, syndic et maire durant la Révolution et redevenu curé, lors du rétablissement du culte jusqu'à sa mort, arrivée en 1833. Un religieux de Cerfroid, le P. Nicolas Fortcombat, était en 1817 curé dans les Vosges[2].

Quelque résistance particulière qu'aient pu opposer certains sujets à ces causes de destruction, l'ordre n'avait plus assez de vitalité pour être réintroduit avec succès en France dans notre siècle. Les tentatives du P. Calixte, dont il sera question à propos de Cerfroid et de Faucon, causèrent plus d'étonnement qu'elles ne trouvèrent de sympathie.

Tous les Trinitaires ne furent pas supprimés. Il en subsista en Espagne jusqu'à 1835; ils existent encore en Italie (voir l'appendice sur Rome). Lorsqu'en 1799 le pape Pie VI vint mourir à Valence, son chapelain, qui l'exhorta à pardonner à ses ennemis, était un Trinitaire de Livourne, Jacques Fantini[3].

---

[1]. L'abbé Deramecourt, *L'église d'Arras pendant la Révolution*, t. III, p. 502; t. IV, pp. 80, 448
[2]. P. Calixte, *Vie de Saint-Félix de Valois* (1878), pp. 181, 312.
[3]. *Bulletin de l'ordre de la Trinité*, octobre 1899.

TROISIÈME PARTIE

Le Rachat des Captifs.

BIBLIOGRAPHIE

Les documents inédits sont moins nombreux qu'on ne serait porté à le croire. Le sujet du rachat des captifs ayant eu, au cours du dix-septième et du dix-huitième siècle, un intérêt que la disparition de la piraterie ne permet plus de comprendre, presque tout ce qui en était digne a eu aussitôt les honneurs de l'impression. Il faut citer cependant, à Paris, les Archives du Ministère des affaires étrangères (Maroc, Alger, Tunis), les Archives de la Marine (séries B^1, B^2, B^7); à Marseille, les Archives de la Marine, et surtout celles de la Chambre de commerce, qui contiennent de nombreux dossiers de rachats de captifs, comme les cartons des Archives du royaume de Bruxelles consacrés aux confréries[1] de la Rédemption. Le manuscrit français 6236 des nouvelles acquisitions de la Bibliothèque Nationale renferme le récit d'une rédemption opérée au Maroc en 1765; quelques autres manuscrits seront cités en note à l'occasion des détails qu'ils m'ont fournis.

Parmi les ouvrages imprimés, je ne vais signaler que ceux qui sont d'un intérêt capital, les récits des voyages de rédemption ayant été tellement feuilletés qu'il n'y a presque plus rien à y relever.

I. L'*Epitome omnium redemptionum*..., du Portugais Bernardin de Saint-Antoine (1624), écrit d'une manière consciencieuse et digne d'éloges, nous renseigne sur une époque dont on n'a pas conservé beaucoup de documents originaux.

Un Trinitaire Déchaussé, Raphaël de San Juan, a publié en 1686

1. Voir aussi le ms. 1975 de la Bibliothèque de Valenciennes.

un grand traité : *De la redencion de cautivos*. Le titre permettrait d'espérer une source fondamentale; malheureusement, l'auteur cédant à son goût pour la polémique contre les Frères de la Merci, ne peut être cru que sur les points où l'ordre rival n'est point en cause[1].

C'est également le seul reproche qu'on puisse adresser au très intéressant *Triumphus misericordiae*, publié à Vienne, en 1703, par Jean de Saint-Félix, qui consacre un chapitre très curieux aux *cas de conscience des captifs*.

Nous n'avons pas en France l'équivalent de ce que nous a fourni l'étranger, à part l'*Histoire de Barbarie*, du P. Dan, qu'il suffit de citer. Le savant Trinitaire avait laissé en manuscrit ses *Plus illustres captifs*, que le P. Calixte a publiés en deux volumes, à Lyon (1892). De nos jours, l'œuvre de la rédemption des captifs a été étudiée, à Montpellier, par A. Germain, et à Toulon, par le Dr Gustave Lambert.

Notre pays n'a guère publié, avant la seconde moitié du dix-septième siècle, que de petites plaquettes, analogues au *Tractado de la redencion de cautivos*, de Hieronimo Gracian (Rome, 1597). Encore avons-nous été devancés par l'Espagne : le plus ancien de ces livrets est l'*Institucion o fundacion de la orden de la S^{ma} e individua Trinidad de la redempcion de captivos* (Alcala de Hénarès, 1567)[2]. Un autre recueil d'indulgences a été publié à Rome en 1588.

Ces petits ouvrages, ces traités édifiants sur l'institution de l'ordre, qui se vendaient au profit des captifs, étaient d'un plan uniforme, plus ou moins bien suivi. Au frontispice, une gravure représente l'apparition de l'ange entre les deux captifs, avec un tercet affirmant que l'ordre a Dieu lui-même pour auteur. Suivent les vies de saint Jean de Matha et de saint Félix de Valois, tout à fait légendaires, l'explication mystique des trois couleurs de l'ordre, la liste des indulgences accordées aux Trinitaires et aux confrères, la plus importante partie du livret, aux yeux des religieux, puis les qualifications élogieuses dont l'ordre a été comblé. L'opuscule se termine par un *bref* discours sur la rédemption des pauvres esclaves captifs et les tourments qu'ils éprouvent en Barbarie. Quelques auteurs ont relevé leur sujet

1. Ces deux livres se trouvent à la Bibliothèque de l'Arsenal, sous les cotes H 13923 et H 13888.
2. N° 10 de la Bibliographie du *Serapeum*.

par le récit d'aventures récentes de captifs[1]; ainsi fit Jean Thiéry, qui avait lui-même opéré une rédemption en Hongrie, dans son livret paru en 1612; le même mérite se remarque dans celui de Barthélemy de Puille, publié à Douai en 1635. Certaines villes où se trouvait un couvent de l'ordre, Rouen, Troyes, Douai, Avignon, Marseille, devinrent des foyers d'impressions trinitaires. Dans ces livrets d'indulgences, plus importants qu'on ne serait disposé à le croire, la Préface et le dernier chapitre contiennent parfois des renseignements historiques fort importants : il en est ainsi dans la 5e édition des *Privilèges et indulgences* du P. Ralle, publiée en 1665[2]. Ces auteurs étaient presque toujours des personnages distingués, ayant joué un rôle important dans leur ordre, comme le P. Raymond de Pallas, qui publia sa *Confrérie* à Marseille en 1677.

Pour piquer l'attention du public, on donnait aux récits des rédemptions des titres allégoriques, comme les *Victoires de la charité* (relation des voyages du P. Lucien Hérault) et le *Tableau de piété* (Châlons, 1668). Les Pères de la Merci écrivirent de leur côté la *Vive foi* (1644) et le *Miroir de la charité* (1663), dont les titres étaient d'ailleurs pleinement justifiés par les qualités que les religieux avaient eu à déployer au cours de ces voyages. Par modestie, un grand nombre d'entre eux n'ont pas signé leurs récits de voyages, et ce n'est que par conjecture que nous en pouvons déterminer l'auteur : l'*Etat présent des royaumes de Tripoli, Tunis et Alger*, publié à Rouen en 1703, doit être l'œuvre du P. de La Faye, procureur général des captifs; à ce livre est souvent jointe la *Tradition de l'Eglise pour le rachat des captifs*, récit agréable, sous forme d'entretiens, de ce qu'ont fait les saints en faveur de cette œuvre de miséricorde. De même, le *Voyage à Constantinople*, du P. Jehannot (1732), est souvent relié avec les *Mandements des évêques pour la rédemption des captifs*, imprimés à Tours en 1734.

Il semble qu'après cette date les Trinitaires se soient refroidis pour la composition de leurs ouvrages. La plupart des rédemptions suivantes ne sont connues que par des listes d'esclaves ramenés,

---

1. Le *Tableau de Piété* du P. Michelin contient en appendice la relation du martyre de Pierre de la Conception (juin 1667).

2. Bibl. Nat., H 17571. La 4e édition avait paru en 1654, avec une dédicace de Pierre Mercier au général, qui avait avait gardé l'anonyme.

des placards annonçant leurs processions, ou une correspondance soi-disant recueillie avec exactitude[1]. Peut-être l'attention du public était-elle lassée à la fin de ces incidents sans cesse renouvelés.

II. Un second groupe de documents, pouvant nous renseigner sur la difficulté de la tâche des rédempteurs, est formé par les relations des esclaves écrites par eux-mêmes. La plus connue est celle d'Emmanuel d'Aranda, qui mérita d'avoir plusieurs éditions à partir de 1645. Ce Flamand rapporte naïvement toutes ses aventures et celles de ses compagnons d'infortune, en y joignant des relations particulières de toutes ses observations. La condition des esclaves est bien plus douce alors que cinquante ans auparavant, lorsque le bénédictin Diego de Haedo rassemblait patiemment, trop lentement même, les matériaux de sa *Topographia de Argel* (1612). Les *Aventures du sieur Mouëtte* (1684) sont déjà presque un roman et annoncent la *Provençale* de Regnard.

Pour les soins qui étaient donnés aux esclaves dans les hôpitaux, le livre d'Antonio Silvestre, *Fundacion historica de los hospitales, que la religion de la S. Trinidad tiene en Argel* (1690), renseigne à merveille. Leur vie quotidienne est souvent dépeinte dans les *Annales de la Congrégation de la Mission*; deux volumes publiés à Paris en 1865 concernent Alger, et un troisième se rapporte à Tunis.

III. Enfin, pour bien apprécier les relations diplomatiques entre les Français et les Algériens, qui pouvaient influer sur l'accueil fait aux rédempteurs, il faut se référer aux études de M. de Mas-Latrie : *Relations..... de l'Afrique septentrionale avec les nations chrétiennes*, jusqu'au seizième siècle, et ensuite aux différentes histoires d'Algérie.

Fondée à Alger il y a cinquante ans, la *Revue africaine* s'est imposé comme tâche de prouver que, dans les relations franco-algériennes, tous les torts n'avaient pas été du côté des Algériens. Devoulx

---

1. Par exemple les *Lettres d'un des captifs qui viennent d'être rachetés en 1785*. — Le P. Calixte, dans ses *Corsaires et rédempteurs*, a analysé la plupart de ces relations.

et Berbrugger, et, de nos jours, H.-D. de Grammont et M. Ernest Mercier, nous ont donné, sur les consuls de France et sur les esclaves chrétiens, les détails les plus intéressants. Le sujet a tenté même la magistrature, car des discours de rentrée, prononcés à la Cour d'Alger en 1900 et en 1901, ont clairement résumé les notions acquises sur la condition des chrétiens libres et celle des chrétiens esclaves.

H. D. de Grammont, en publiant la *Correspondance des consuls de France, Alger de 1515 à 1789*, quatre brochures sur les relations franco-algériennes au dix-septième siècle, et ses trois études si neuves sur *La course, l'esclavage et la rédemption*, mérite toute notre reconnaissance. Il a frayé la voie à M. Eugène Plantet, qui a recueilli la *Correspondance des deys d'Alger et des beys de Tunis avec la cour de France*. Ces cinq volumes resteront parmi les plus précieux, pour l'histoire de cette époque curieuse; des introductions très développées et des notes abondantes ne laissent aucune question en suspens. Tous ces ouvrages mentionnent très souvent nos Pères de la Trinité et permettent de contrôler le récit de leurs voyages de rédemption.

CHAPITRE PREMIER.

Les plus anciens rachats de captifs effectués par les Trinitaires.

Les religieux de la Trinité n'ont jamais prétendu qu'on n'ait point racheté de captifs avant eux; bien au contraire, un procureur général de la rédemption, le P. Jean-Baptiste de La Faye, a savamment énuméré les empereurs et les saints qui se sont le plus occupés de cette œuvre de miséricorde, parmi lesquels se distinguent saint Césaire d'Arles et le pape Grégoire le Grand [1].

Les Trinitaires peuvent à peine se glorifier d'avoir été le premier ordre religieux fondé expressément dans le but du rachat des captifs. L'Espagne, en effet, encore à demi occupée par les musulmans, avait fait plusieurs essais d'ordres militaires ou hospitaliers, antérieurement à la fondation de l'ordre de la Trinité par saint Jean de Matha, dont cela ne diminue d'ailleurs pas la gloire.

Au dire de Baron, il aurait existé en Italie, vers 1150, des religieux de la Sainte-Trinité, qui furent l'objet de décrétales du pape Eugène III. Cette fondation est très douteuse, et

---

[1]. Voir, pour plus de détails, mon opuscule : *L'Eglise et le rachat des captifs*. Paris, 1902.

peut-être cet ordre militaire[1] de chevalerie, déjà voué à la rédemption des captifs, n'est-il imaginé que pour expliquer le nom d'ordre de la Trinité donné aux premiers religieux rédempteurs.

En 1156 (ère d'Espagne, c'est-à-dire 1194) paraissent à Tolède des religieux de Saint-Geniès, de l'ordre de la rédemption, qui reçoivent une donation d'Alphonse, « empereur de toute l'Espagne[2]. » On voit à Balaguer, en Catalogne, des chevaliers de la Sainte-Croix pour le rachat des captifs (1163). Mais ce ne sont encore là que des mentions trop rares, sur lesquelles il est permis de ne pas s'arrêter.

L'ordre de Montjoie est le premier ordre rédempteur qui ait une existence connue, retracée, en 1893, par M. Delaville le Roulx, dans la *Revue de l'Orient latin*[3]. Le comte Rodrigue, son fondateur, avait imposé un prélèvement du tiers des revenus pour le rachat des captifs[4]. Mais le recrutement de l'ordre ne s'opéra pas bien et ses possessions furent réunies à celles des Templiers.

Si, dès 1198, nous constatons l'existence des Trinitaires, nous sommes fort peu renseignés sur leurs rédemptions de captifs antérieures au seizième siècle. C'est pourquoi, jusqu'à cette date, il faut se contenter d'énumérer les voyages les plus connus, réservant l'étude des ressources de la rédemption pour la période où les documents abondent.

Ces voyages ne devaient pas être aussi pénibles qu'on le

1. Il devancerait celui de la Merci, qui a porté ce titre d'ordre militaire.
2. Alphonse IX de Castille (1156-1214).
3. P. 46.
4. Alphonse II, roi d'Aragon (1162-1196), avait fondé à Teruel l'hôpital de la Rédemption, dont les revenus étaient attribués au rachat des captifs et à l'entretien de combattants contre les musulmans (Le Grand, *Revue des questions historiques*, juillet 1896, p. 109).

S. IEAN DE MATHA né en Prouence l'an 1160. fit ses Estudes a Paris, ou il fut receu Docteur estant fait Prestre il parut vne flame sur sa teste. Il institua l'Ordre des Trinitaires ditz Mathurins qui s'employent a la Redemption des Captifs. Le Pape Innocent III. confirma la Regle l'An 1107. et appella l'Ordre de la Trinité de la Redemption des Captifs. Il mourut a Rome l'an 1214.

Se vend a Paris chez F. Iollain l'aisné rue St Jacques a la ville de Cologne Auec Priuilege du Roy

P. 320.

SAINT JEAN DE MATHA.

(A gauche, la procession.)   (A droite, le rachat des captifs.)

(Cabinet des Estampes : Portraits des Saints, série Rd 13, fol. 74.)

pense d'ordinaire, sinon en Espagne où les haines religieuses avaient laissé des traces vivaces, attestées, en 1275, par la mort de Sanche, archevêque de Tolède, et, en 1300, par celle de saint Pierre Paschal, évêque de Jaen, tous deux tués par les Maures, au moins en Afrique. Les relations ordinaires entre les musulmans et les chrétiens, depuis la fin des croisades jusqu'à la prise de Constantinople, étaient empreintes sinon de cordialité, au moins de tolérance, comme l'a montré l'historien de saint Raymond de Pennafort, le P. Danzas, commentant les très libérales théories de saint Thomas d'Aquin. L'Eglise veille simplement à sa propre sécurité, mais n'interdit pas aux musulmans, vivant en pays chrétien, la pratique de leur religion. Des exemples de tous les siècles prouveraient que les musulmans faisaient de même chez eux. Les récits, quoique un peu tardifs, des historiens trinitaires et mercédaires témoignent de l'accueil qu'on fit aux religieux; certes ils ne peuvent être suspectés d'avoir exagéré de parti pris la facilité de la rédemption.

Le premier connu de ces voyages des Trinitaires date de 1199; nous avons son acte de naissance, la lettre du pape à l'émir de Maroc[1] (8 mars 1199). Les rédempteurs, dont on ignore le nom, démontrèrent à ce prince, selon les idées du pape, que l'échange était aussi avantageux pour les musulmans que pour les chrétiens : ils rachetèrent cent quatre-vingt-six captifs. A leur retour à Alméria, le gouverneur maure les reçut fort bien.

Les Pères de la Merci ont encore enchéri sur ces traditions. Saint Pierre Nolasque, leur fondateur, s'offre en otage, selon le vœu spécial de son ordre, pour le rachat anticipé de trois

---

1. Mas-Latrie, ouvr. cité (édit. de 1886), pp. 130, 131.

cents femmes et jeunes filles[1]; le roi maure de Valence, acceptant cette offre généreuse, lui donne pour prison la capitale de son royaume. Dans une autre circonstance, le roi le laisse partir sans qu'il ait payé la rançon de deux cents esclaves, gardant seulement en gage le bâton de pèlerin du saint! Ce sont là des récits édifiants qu'il ne faudrait pas prendre à la lettre, mais qui prouvent l'estime inspirée aux musulmans par la loyauté des rédempteurs.

Dès le principe, les Trinitaires français ont poursuivi résolument le but de leur ordre. Il est malheureux que leurs chroniqueurs n'aient pas donné plus de renseignements sur leurs plus anciennes rédemptions; elles ne furent peut-être pas très nombreuses. Il vaut donc mieux pécher par excès de prudence et considérer que les quinze mentions de rédemption, antérieures à 1600, que renferme la *Chronique des ministres généraux* doivent donner à peu près le total des voyages effectués par les rédempteurs français dans les quatre premiers siècles. Sur ces quinze rédemptions, cinq au moins sont uniquement faites en Espagne, dans le royaume de Grenade; ce sont celles de 1222, de 1230, l'une de celles d'Etienne du Mesnil, et celles de 1451 et de 1466, dont parle Gaguin. Encore faut-il dire que, dans toutes les rédemptions, même au dix-huitième siècle, les Trinitaires français rachetèrent beaucoup de captifs étrangers, à défaut de Français.

D'ailleurs, les ressources de la France pour le rachat des captifs étaient originairement peu considérables; un grand nombre de maisons étaient des hôpitaux où ne s'effectuait jamais (sauf à Dinard) la mise à part du « tiers des captifs ». D'autres couvents, comme Troyes, avaient été formellement

---

1. *Abrégé de l'Histoire de l'ordre de la Merci*, 1691, pp. 4-5, 28-30.

déchargés de l'obligation de séparer le tiers en tout ou en partie ; un grand nombre avaient à peine de quoi se suffire. De plus, aucune surveillance extérieure ne s'exerçait sur les Trinitaires du Nord, tandis que ceux d'Espagne trouvaient des censeurs impitoyables dans les Pères de la Merci, fondés en 1228 à Barcelone par saint Pierre Nolasque. Leurs nombreuses disputes avec les Trinitaires contrarièrent bien des rédemptions : tout l'argent dépensé à ces regrettables procès eût été mieux employé à des rachats de captifs.

On peut affirmer que, dès le treizième siècle, les Mathurins de Paris avaient la direction et la caisse des rachats de captifs. Jean Lyssoart, faisant une rente à un clerc, stipule qu'après la mort de celui-ci, cette rente reviendra aux captifs de Saint-Mathurin de Paris[1]. Un évêque de Beauvais leur lègue 20 sous « pour le tiers des captifs ». Hugues, archidiacre de Cardigan au pays de Galles, leur donne 10 livres dans le même but, legs précieux de la part d'un étranger, bien informé sans doute de l'efficace charité de ces religieux[2]. Théaud, archidiacre de Liège, qui devint pape sous le nom de Grégoire X, consent qu'une somme qu'il doit au roi Louis IX soit employée en partie au rachat des captifs[3].

Les motifs assignés à la fondation d'un certain nombre de couvents trinitaires (Lérinnes, la Poultière, Estaires) par des seigneurs captifs rachetés, eux ou leur fils, ne sont peut-être pas simplement légendaires. Geoffroy de Châteaubriant, racheté par les Trinitaires et revenu dans son pays d'une façon inespérée (sa femme Sibylle en mourut de saisissement), témoigna sa reconnaissance envers ses libérateurs en leur don-

1. *Cartulaire de Notre-Dame de Paris*, t. II, p. 467.
2. *Obituaire des Mathurins*, p. 685.
3. Pièce 40.

nant un couvent à Châteaubriant[1]. De même, Robert de Cassel et sa femme Yolande, ayant appris le triste sort de leur fils, captif après la bataille de Nicopolis, fondèrent dans la forêt de Nieppe le couvent de Préavin[2] (1396). Le souvenir de sa captivité explique les libéralités de Geoffroy le Meingre, frère de Jean Boucicaut[3], à l'égard des Trinitaires d'Arles.

Pour trouver des mentions de rédemption plus explicites que celles de la Chronique de Gaguin, il faut attendre le quinzième siècle. Entre 1397[4] et 1403 (on ne peut préciser davantage), Etienne du Mesnil fit, avec d'autres Mathurins, un voyage au royaume de Grenade et ramena cent cinq captifs[5]; il alla en Maroc dans la suite.

Une autre rédemption est datée avec précision par Gaguin. « Je vis, dit-il, le retour des captifs, lorsqu'adolescent j'étudiais la philosophie à Paris. » Ces rédempteurs étaient partis à la fin de juillet 1448 : à cette date s'était tenue une assemblée à Saint-Germain-l'Auxerrois, après le sacre de l'évêque de Paris, Guillaume Chartier. « Et là fut ordonné qu'on irait rachepter des chrétiens qui étaient ès mains du soldan, auxquels on faisait souffrir moult de martyres; et le deuxième ou troisième jour après ce (22 juillet) partirent de Paris aucuns frères de Saint-Mathurins et autres pour aller audit voyage piteux[6]. » Le Bourgeois de Paris veut dire sans doute que, dans un sermon, les futurs rédempteurs furent recommandés

---

1. Le P. Dan, *Histoire de Barbarie* (1637), p. 488.
2. Aubertus Miraeus, *Opera Diplomatica*, t. IV, p. 391.
3. Le P. Dan, *Les plus illustres captifs*, t. I, p. 257.
4. C'est vers cette date (1391) que se place le plus ancien rachat des captifs connu par le Dr Lambert, celui de Thomas Elie, de Berre, par Galbert, de la Merci (*L'Œuvre de la rédemption des captifs à Toulon*, p. 65).
5. *Chartularium Universitatis...*, t. IV, pp. 75-76.
6. *Le Bourgeois de Paris*, édit. Tuetey, p. 446.

à la charité des fidèles. Le terme de *soldan*, qu'on emploie généralement pour désigner le soudan d'Egypte, doit signifier un souverain musulman quelconque. Rien n'empêche donc d'admettre, avec Figueras[1], que les Mathurins et les « autres », c'est-à-dire des Trinitaires d'un couvent différent de celui de Paris, allèrent à Grenade. L'un des rédempteurs devait être Raoul Duvivier, qui fut élevé ensuite à la dignité suprême de l'ordre. A leur retour, le 16 mai 1451, dit Guillaume Cuisselet, chroniqueur de Saint-Victor, « on rangea les captifs devant le porche, pour qu'on les vît en entrant et en sortant de l'église. » Cette visite au couvent avec qui l'ordre de la Trinité avait tant d'affinités était un acte de courtoisie traditionnelle. Gaguin, dont les dix-huit ans s'étaient enthousiasmés à ce spectacle, en devint lui-même acteur quinze ans plus tard, en ramenant des captifs de Grenade.

Il faut sauter près d'un siècle pour arriver à des détails inédits et au récit de 1540, signalé par M. d'Arbois de Jubainville (*Voyage paléographique dans les archives du département de l'Aube*); quoique fragmentaire, il nous fait vivement regretter la perte du reste, ainsi que la rareté des récits analogues. Quel attrait n'auraient pas de simples impressions de voyage à travers la France du seizième siècle! quelles dates précises ne fourniraient-elles pas à l'archéologue!

Les quatre ministres élus par le chapitre général de 1539 sont partis au printemps suivant, après avoir reçu la bénédiction du général. Ils chevauchent, avec de l'argent et des marchandises, accompagnés d'un seul serviteur; passant à Lyon, où ils ne comptaient pas s'arrêter, ils y sont retenus

---

1. *Chronicon*, p. 182.

les 7 et 8 mai, et fouillés par les sergents préposés à la garde de la Porte du Rhône : il était défendu, en effet, de faire sortir de l'argent du royaume, sans la permission du roi, et le religieux qui portait la sauvegarde royale était parti en avant : on fit courir après lui. A la suite de cette singulière aventure, les trois rédempteurs restants sont emprisonnés et leur argent est confisqué. Heureusement, un négociant de Lyon, nommé Garin, leur apporte une riche offrande ; c'est toujours une consolation, en attendant le retour du porteur de la sauvegarde. Les sergents furent « ébahis » à la vue de la lettre royale et ne surent que faire. Pour justifier leur procédé arbitraire, ils convinrent avec les rédempteurs que ceux-ci rapporteraient, au retour, leurs comptes en règle, à peine de confiscation de l'argent qui n'aurait pas servi à la rédemption. Cette obligation de compte rendu serait donc née d'un incident absolument fortuit.

Profitant de ce séjour à Lyon, les rédempteurs passèrent, le 9 mai 1540, une convention[1] avec Garin, leur bienfaiteur de la veille. Sur 1,560 écus d'argent, ils lui en donnèrent 1,000 pour le transport maritime et les dépenses à effectuer en Barbarie, gardant le reste pour leurs frais d'aller et de retour en France. Le voyage de retour des esclaves était fort long et comportait, par conséquent, des dépenses assez fortes. Garin fera savoir, quinze jours à l'avance, au couvent trinitaire d'Avignon, quand le navire sera prêt pour transporter les rédempteurs à Alger, à Bougie ou à Collo ; *deux mois* seulement de station en Barbarie sont stipulés.

Enfin, nos religieux sortent définitivement de Lyon. Vers

---

1. Elle est mentionnée par plusieurs arrêts du Parlement de Paris rendus en faveur des Trinitaires.

Saint-Symphorien d'Ozon, ils voient venir au-devant d'eux le ministre de Limon, hameau qui avait une église trinitaire dédiée à Notre-Dame. N'entrant point à Vienne, ils pénètrent dans la vallée de la Gère, bordée de moulins « d'une saulvaige sorte ». A Moirans, ils approchent des montagnes du Dauphiné, si hautes qu'ils croyaient que c'étaient des nuées. Au passage du Drac, dont il note la rapidité, le journal s'interrompt, et nous ne connaissons ni la suite de l'itinéraire des rédempteurs, ni la raison de ce détour en Dauphiné.

En 1578, Bernard Dominici, récemment élu général, opéra lui-même sa visite en Espagne. Il demanda combien il y avait d'argent en chaque couvent pour la rédemption des captifs; il trouva quelques deniers « divertis » de leur but, les fit restituer et mettre en lieu sûr, défendant d'y toucher à l'avenir. Le chapitre provincial se tint au mois de novembre à Grenade; beaucoup de discours y furent prononcés, il y eut de nombreuses argumentations, l'Espagne étant remplie de religieux très instruits. Le chapitre décréta que l'argent de la rédemption fût rassemblé avant le 24 juin 1579. Bernard Dominici alla présenter ses respects au roi catholique, au Pardo, et celui-ci approuva l'ordonnance du chapitre. Jean Gil, que le supérieur de l'ordre avait nommé procureur général, et Antonio de la Bella, ministre de Baeça, furent chargés de la rédemption. Ils ramenèrent, en 1580, cent quatre-vingt-six « tant chrétiens que chrétiennes », plus quelques saintes reliques. Le sixième sur la liste des chrétiens rachetés est Michel de Cervantès, âgé de trente-huit ans, natif de Alcala de Hénarès [1].

1. *Discours du rachapt... effectué par l'ordonnance du R. P. frère*

C'est encore en Espagne, à Alicante, que mourut de la fièvre, au retour du voyage de rédemption, un profès de Saint-Mathurin, nommé Noël Payebien[1] (7 novembre 1592).

En 1602, le P. Thiéry, ministre d'Arras, ramena soixante-douze captifs de Gran, en Hongrie. Ce voyage resta célèbre par la venue en France de quatre Turcs, qui se firent baptiser. L'un d'eux vivait encore cinquante ans après, comme curé aux environs de Metz[2].

Il n'y eut pas d'autre rachat effectué par les Français avant 1635. Le défaut d'argent, déjà allégué comme excuse par François Bouchet, procureur général de l'ordre, dans son discours au pape Grégoire XIII en 1575, et les divisions de l'ordre trinitaire en sont la cause. Désormais les rédemptions sont parvenues à l'état adulte, pour ainsi dire, et les ressources que l'on pouvait y consacrer sont parfaitement connues.

Bernard, général de l'ordre... Paris, chez Guillaume Chaudière, 1582. Bibliothèque Mazarine, 37218, pièce 15.

1. *Obituaire des Mathurins*, au 7 novembre. C'est tout ce que nous savons de ce voyage.
2. Le P. Calixte, *Corsaires et Rédempteurs*, p. 316.

CHAPITRE II.

Ressources des Trinitaires pour la rédemption.

1° *Prélèvement sur les biens de l'ordre.*

Le tiers des revenus de chacun de leurs couvents, obligatoirement affecté au rachat des captifs, était recueilli primitivement par des *taxatores* envoyés tous les ans[1]. De plus, lorsqu'ils étaient en voyage de rédemption, les religieux devaient consacrer à cette œuvre pieuse la totalité de ce qui leur était donné. Chaque couvent eut un tronc des captifs, qui recevait cette taxe du tiers et des legs particuliers faits pour la rédemption. Conformément aux statuts de 1319, Pierre de Bourry, général de 1357 à 1373, voulant faire un rachat de captifs, se fit remettre les sommes recueillies par tous les ministres de l'ordre.

On pensa ensuite à désigner, dans chaque province, un couvent qui centraliserait les aumônes faites pour la rédemption et les taxes du tiers des petits couvents : ce tronc aurait trois clefs, l'une pour le provincial, l'autre pour le ministre

---

1. Statuts anonymes, n° 31. Rutebeuf semble y faire allusion dans ces vers relatifs aux Trinitaires :

> « De quanqu'il ont l'année pris
> « Envoient outre mer raembre les pris. »

330   L'ORDRE FRANÇAIS DES TRINITAIRES.

particulier, la troisième pour un religieux du couvent (statuts de 1429). Le couvent des Mathurins de Paris demeura le trésor central de la rédemption.

La quotité du prélèvement, malgré toutes les affirmations produites dans les polémiques du dix-septième siècle, est toujours restée fixée au tiers : ces statuts de 1429, imprimés en 1586, avec les annotations de Jacques Bourgeois, portent expressément (page 45) : *praecipimus dictam* TAXATIONEM TERTIAE PARTIS *anno quolibet de cetero in generali capitulo illi qui super hoc commissus fuerit* TOTALITER ET INTEGRE *persolvi*[1]. La stricte perception du tiers était déjà hors d'usage, mais les religieux ne l'avouaient pas publiquement. En voici deux exemples.

Le 15 septembre 1534, une taxation avait été faite par Nicolas Musnier, général, pour la Provence : Tarascon devait payer 9 écus; Marseille et Avignon, 8; Lorgues, 6; La Motte du Caire, 4; Digne, Lambesc et Arles, 3. Les couvents de Saint-Étienne sur Tinée et de Notre-Dame de Limon ne figuraient pas sur cette liste[2].

En 1601, François Petit permit aux provinces d'Espagne de prélever pour le rachat des captifs, sinon le tiers, au moins une quotité la plus voisine possible du tiers[3].

Un des résultats de l'enquête du cardinal de La Rochefoucauld (1638) est d'avoir fait constater que, sur 33,544 livres de revenus, les quatre provinces payaient seulement 199 livres

1. Cette disposition est approuvée le 19 avril 1573 et le 17 mars 1579; le chapitre décide que l'on rachètera des captifs *cum pinguior fortuna toti ordini successerit*.
2. Trinitaires d'Arles, registre AA (début).
3. Pièce 146. Jean de Saint-Félix reconnaît aussi que, pendant un certain nombre d'années, la province de Castille fut dispensée du prélèvement total du tiers.

de taxes. Le *procureur général des captifs*[1] Claude Ralle, secrétaire de Louis Petit, critiqué sur cette expresse dérogation à la règle, ripostait à la fois en se défendant et en attaquant; la défense était bien plus faible que l'attaque.

Les taxes ne sont pas nouvelles, disait-il; elles ont été fixées par les chapitres généraux — or nous avons vu les prescriptions édictées par ceux de 1429 et de 1573 — et autorisées par les bulles des papes (il se gardait bien d'en citer aucune). Que dire encore de cet argument : On a renoncé à prélever le tiers, parce que, dans certains couvents, les revenus étaient insignifiants ?

Où Claude Ralle semble reprendre son avantage, c'est quand il avance que, si les Réformés avaient mis réellement de côté le tiers des captifs, comme ils prétendent y être obligés, on aurait eu, en trente ans, 20,000 livres de plus. Sans doute, ce n'est pas là une excuse pour les mitigés, mais il était vrai de dire que les Réformés, tant de Provence que du Nord, n'avaient pas non plus leurs comptes en règle; aucune taxe n'y figurait pour les captifs. Plus d'une fois même, ils empruntèrent les biens de cette œuvre[2], sans doute avec l'intention de les restituer, pour payer une dette urgente.

A ce point de vue, les deux branches mitigée et réformée se valaient, il était donc à prévoir que rien ne serait changé à cette déplorable situation. Malgré les ordonnances du cardinal de La Rochefoucauld, les « odieuses » taxes persistèrent; le chapitre général de 1651 décida de les doubler, ce

---

1. Ce dignitaire, à la nomination du chapitre général, était le plus souvent à vie.

2. Ainsi, en 1790, les Trinitaires de Tarascon devaient à l'œuvre des captifs 888 livres, empruntées pour acheter le fer nécessaire à la réparation de la façade de leur église !

qui était peu de chose encore. Au dix-huitième siècle, la taxe annuelle subsistait ; elle était de 27 livres à Metz, de 13 à Mortagne, de 12 à Beauvoir, de 9 à Soudé.

L'année où se faisait un rachat, il y avait des contributions exceptionnelles : au moment de la rédemption du Maroc, en 1763, nous voyons les religieux de Toulouse retirer les fonds nécessaires pour participer à cette œuvre. Ils avaient précisément reçu un legs de 2,000 livres ; l'exécuteur testamentaire se déclara prêt à les verser, « pourvu que le chapitre lui donnât les assurances convenables et un pouvoir spécial à quelqu'un d'eux, pour recevoir et faire quittance des dites 2,000 livres et par là canceller le testament[1] ». Cette année-là, le couvent de Mortagne dut payer 100 livres pour les captifs[2].

D'ailleurs, la centralisation des fonds ne se faisait pas toujours à cette date ; avec le temps, le système de rachat s'était modifié, la rédemption générale se changeant en rédemptions particulières et beaucoup de couvents, comme ceux des Pays-Bas, gardant à leur disposition leurs propres ressources.

Les Trinitaires Déchaussés du Midi n'imitèrent pas le relâchement de leurs confrères du Nord. Le 30 août 1775, le visiteur provincial trouvait, dans le tronc du pauvre couvent de Faucon, 232 livres 10 sous qu'il envoya dans la caisse générale de Paris (à ce moment, la province déchaussée n'avait plus d'existence autonome); il ajouta avec raison : « Nous avons admiré le zèle de la communauté pour cette œuvre. » On mettait dans le tronc le produit de la vente des scapulaires distribués aux confrères, les dons provenant de la charité des fidèles, le tiers du luminaire du jour de la Trinité ; le coffre

---

1. Trinitaires de Toulouse, Registre des rentes, pp. 28-29.
2. Archives de l'Orne (Inventaire), H 3183.

à trois clefs recevait le produit du tronc des captifs. En juillet 1780, le provincial trouva encore 30 livres 12 sous et exhorta les religieux « à ne point négliger une œuvre qui fera toujours la gloire et le bonheur de l'ordre [1] ».

2° Les tournées de quête des religieux.

Les taxes de l'ordre étaient complétées par les tournées de quête, très nécessaires, attendu que les Trinitaires n'avaient pas de couvents partout. Le ministre eut d'abord seul le droit de quêter, et seulement dans son district [2]; comme il ne pouvait sans inconvénient s'absenter trop fréquemment de son couvent, on imagina les tournées de quêteurs Trinitaires.

De faux quêteurs prenaient abusivement l'habit trinitaire pour se faire remettre des aumônes. Une bulle de 1228 permit aux Trinitaires d'emprisonner ces escrocs. En 1461, Pie II chargea des évêques d'excommunier Louis Hurtado, laïque de Tolède, qui se prétendait faussement Trinitaire et quêteur [3]. Gaguin, voulant présenter sous un mauvais jour les Pères de la Merci, rivaux des Trinitaires, les compare à ces *mendiants valides*, échappés de la cour des miracles.

Toute quête devait être autorisée par l'évêque. Les curés étaient tenus de bien recevoir les quêteurs trinitaires munis de la permission épiscopale; ils devaient leur délivrer les legs faits pour la rédemption, sans qu'eux ou les héritiers eussent le droit d'en rien retenir (voir la bulle du 1er avril 1343, que je prends pour type, commençant par *Querelam gravem*).

---

1. Archives des Basses-Alpes, Registre des Trinitaires de Faucon, H 17, p. 9.
2. Statuts anonymes, n° 29.
3. BERNARDIN DE SAINT-ANTOINE, Bullaire, pp. 183-186.

Il était permis par les bulles *Gratum Deo*, si les quêteurs trinitaires arrivaient dans un lieu où régnait l'interdit, d'ouvrir, une fois, les portes de l'église en leur honneur, et d'assister à leur prédication ; s'ils se trouvaient en concurrence avec d'autres religieux, ils recevaient la préférence.

Ces tournées de quête étaient fort caractéristiques en Espagne, où la *publication* de la rédemption se faisait d'une façon solennelle. Les religieux, à dos de mulet, s'avancent deux à deux, précédés par des joueurs de trompette, de cymbale et de flûte : ce privilège est spécialement confirmé aux Trinitaires par Philippe II, le 22 mai 1559 [1]. Un des futurs rédempteurs porte la bannière qui sera appendue au mât du vaisseau rédempteur ; il est accompagné d'un héraut qui demande aux administrateurs de chaque localité s'il y a des captifs à racheter et s'il y a des aumônes. Alors, on montre aux religieux les testaments des défunts ; les rédempteurs ont droit, en effet, aux *quintos*, aux *mostrencos* et aux *algaribos*. Lorsqu'un homme était mort intestat, la cinquième partie (*quinto*) de ses biens appartenait de droit aux rédempteurs. Sur les biens de ceux qui étaient morts sans insérer dans leur testament un legs pour la rédemption, on donnait aux rédempteurs une somme équivalente au legs le plus élevé [2] fait par le défunt. Les *dezamparentados* étaient ce qui restait des biens du testateur, après le paiement de tous les legs faits à des personnes déterminées. Les *algaribos* ou *mostrencos* étaient les biens dont le maître était inconnu, comme les objets trouvés

---

1. Pièce 123 : « Con pendones y trompetas. » Cf. BERNARDIN DE SAINT-ANTOINE, f°s 138-140 v°.

2. De même, Julien de la Rovère, voulant enrichir l'hôpital trinitaire d'Avignon, ordonna que toute personne fût tenue de lui léguer au moins 5 sous (novembre 1481).

non réclamés ou les épaves[1]. Ces testaments étaient affichés dans les églises, ainsi que l'annonce de la rédemption.

Les rédempteurs prennent l'indication du nom des captifs, de leurs parents, de leur âge, de l'aumône spéciale pour leur rachat, s'il y a lieu.

En France, les quêtes doivent être autorisées par le roi ou par le Parlement. Louis XI, le 3 juin 1464, donne aux Trinitaires des lettres dans ce but[2]; le Parlement d'Aix enregistre leurs bulles le 16 décembre 1528[3]. Les cours souveraines se montrèrent parfois rebelles à la volonté royale, pour les quêtes trinitaires : le Parlement de Toulouse, notamment, au temps d'Henri IV, voulut réserver aux Pères de la Merci le droit de quêter dans son ressort.

Le P. Lucien Hérault s'adressa directement en 1645 à Anne d'Autriche, pour quêter dans tout le royaume, en vue de son second et dernier voyage de rédemption[4]. Sa requête fut favorablement accueillie. De même, lors de la visite de la reine Marie-Thérèse à Tournai en 1667, les Trinitaires prirent prétexte de la fête pour lui recommander leur prochaine rédemption[5].

La permission générale du roi n'excluait pas celle de l'évêque diocésain. Quand Pierre Mercier donna pouvoir au P. Etienne Doyneau de faire des quêtes par tout le royaume (3 juillet 1665)[6], il avait dû préalablement s'entendre avec

---

1. Exemples : *Analecta juris pontificii*, XIV, 825; *Bullaire des Trinitaires* (13 novembre 1420), pp. 156-157. Ces deux ouvrages ne sont pas d'accord sur le sens respectif d'*algaribo* et de *mostrenco*. L'interprétation de l'auteur trinitaire paraît préférable, à cause de sa compétence spéciale.
2. Trinitaires d'Arles (pièce 171 des liasses).
3. Pièce 112.
4. Pièce 190.
5. *Les continuateurs de Loret*, t. II, col. 951.
6. Mention dans le catalogue de l'*Hist. de France* (Bibl. nat.), art. Ld[43].

les ordinaires. C'est aux évêques que s'adressent les pauvres esclaves dont le P. Hérault recueillit les plaintes, afin qu'ils ordonnent des quêtes en leur faveur. Les Statuts de 1719 mentionnent qu'un frère par province devra être désigné par le général pour prêcher sans cesse dans les diverses villes et y recueillir des aumônes (p. 43). Un Recueil de mandements fut publié à Tours, en 1734, en faveur de l'œuvre du rachat. En général, l'évêque s'adresse au religieux Trinitaire qui reçoit le privilège de quêter, après en avoir été chargé par le chef de son ordre; du moins, il est souvent fait mention de ce religieux. Le droit de quête lui est accordé pour un an ou pour deux ans. Les quêtes sont centralisées chez un trésorier, tantôt laïque, tantôt ecclésiastique, surtout un chanoine. Dans le recueil de 1734 ne figurent que des prélats des bassins de la Seine et de la Loire, car, par un arrêt du 6 août 1638, analysé plus loin, les provinces de France avaient été tirées au sort entre les Trinitaires et les Pères de la Merci.

Un mandement de l'évêque de Poitiers (15 avril 1727) est à signaler, car il mentionne une lettre du ministre Pontchartrain, informé par l'ambassadeur Desalleurs qu'il y a cent cinquante esclaves à Constantinople, désespérés parce que le fonds de la rédemption est uniquement destiné à la Barbarie et même y suffit à peine. Dans le rôle envoyé par Desalleurs, il y a des Poitevins, et l'évêque intervient pour ces malheureux, ordonnant à chaque curé de faire la quête lui-même ou par un préposé, et de centraliser les fonds chez Mathieu Cytoys, chanoine et chantre de la cathédrale[1]. Le P. Jehannot alla racheter ces captifs en 1731.

---

1. *Recueil des mandements*, p. 12. — L'évêque de Sées stipule aussi que l'argent récolté servira à racheter un captif du diocèse. La rédemption était encore purement locale.

Les colonies françaises, qui ne paraissaient pas directement intéressées dans l'œuvre des rachats, y prenaient cependant part. En 1768, mourut à Saint-Domingue, au Cap Français, Romain Joseph Bois[1], profès de Rieux et député dans les colonies françaises de l'Amérique pour la collecte des aumônes en faveur des captifs. Le religieux marseillais Delon[2] est, en 1780, commissaire désigné pour recevoir les aumônes des fidèles de l'Amérique.

Les Trinitaires quêtaient aussi dans les pays étrangers. Le 20 février 1537, Charles-Quint leur en accorda la permission, « attendu la ruine, désolation et diminution de leurs rentes et *maisons de leur dit ordre* en nostre dict conté ». Cependant les Trinitaires n'avaient jamais eu de couvent en Franche-Comté[3]. Le 23 août 1576, Antoine Lullier, de Besançon, adressa à la ville de Dôle un mandement pour faire délivrer aux procureurs de l'ordre le montant des aumônes déposées dans les troncs de Notre-Dame de Dôle pendant le jubilé, soit 103 francs 11 sols, monnaie de Bourgogne[4].

De même, en Lorraine, la duchesse douairière et le comte de Vaudemont, tuteurs de Charles III, permirent aux Trinitaires de quêter dans leurs états[5] (8 octobre 1551).

Jusqu'ici, nous n'avons vu que des quêteurs religieux ou députés par les religieux. Un exemple de quêteurs volon-

---

1. Archives nationales, LL 1551, f° 29 v°.
2. Trinitaires de Marseille, registre 11, p. 15.
3. Claude Delesme, *Recueil des édits et ordonnances de Franche-Comté*, Dôle, 1570, p. 225.
4. Archives municipales de Dôle, n° 1030 (communiqué par M. André Pidoux).
5. Mention : Trinitaires de Montmorency (Archives de Seine-et-Oise, 1re liasse).

taires mérite d'être recueilli. Les Trinitaires Déchaussés venaient de s'établir à Vienne, en Autriche, où la rédemption des captifs était une œuvre très appréciée, à cause des fréquentes guerres contre les Turcs. En 1690, la comtesse Jeanne de Harrach écrivit, sur un album, les noms des plus riches membres de la noblesse viennoise, s'inscrivit en tête pour une somme fort considérable, et alla de palais en palais pour rassembler des aumônes [1]. La pieuse tradition se perpétua; car sur soixante-trois captifs délivrés en 1776, vingt-quatre durent leur liberté aux générosités de l'illustre maison de Liechtenstein. En Espagne, la noblesse prenait aussi une part active à la fondation et à l'entretien des hôpitaux destinés aux captifs.

En regard de ces régions si généreuses, il y avait des pays spécialement interdits à nos religieux; plusieurs fois, en Catalogne, les Pères de la Merci eurent le crédit d'empêcher les Trinitaires de quêter, argument dont le Conseil d'État se servit en 1610 pour refuser l'extension du droit de quête aux Pères de la Merci. Mais ces empêchements ne furent jamais qu'accidentels.

Au contraire, dans les États de l'Église, l'interdiction de la quête aux ordres rédempteurs dura près de deux siècles. Il existait à Rome, depuis 1264, une confrérie de Sainte-Lucie du Gonfalon, qui n'avait pas de but bien déterminé; au seizième siècle, le pape Grégoire XIII la chargea du rachat des captifs et lui donna le monopole [2] de la quête dans les États Romains. Sixte-Quint lui permit même de quêter en dehors de ces limites. Les Trinitaires établis à Rome, où ils ne pou-

---

1. *Bulletin Trinitaire* de décembre 1900.
2. C'est ce que les historiens trinitaires d'Espagne appellent la *privative*.

vaient avoir que ce qu'il leur fallait pour vivre, soutinrent en 1703 contre cette confrérie un grand procès, dont l'issue est inconnue. Le 21 janvier 1749 seulement, Benoît XIV permit aux Trinitaires de quêter dans les Etats de l'Eglise.

3° *Les rentes.*

Au dix-huitième siècle, une très grande partie des ressources trinitaires consistaient en rentes ou en immeubles. Bunel, avocat au Hâvre, fut chargé par le procureur général Gache de vendre une maison, possédée en cette ville par l'Œuvre des captifs de Paris, moyennant une rente foncière et non rachetable de 300 livres (14 février 1778); cette œuvre avait un budget distinct de celui du couvent.

Certains legs étaient versés une fois pour toutes, comme les 600 livres de Pastourel de Montpellier (1706)[1] et les 500 livres d'Etienne Genève, huissier en la Cour des comptes de cette ville (1653).

Guillaume Belin, prêtre et ex-chancelier de l'église d'Amiens, légua 400 livres de rente pour le rachat des captifs d'Abbeville, de Saint-Valery sur Somme, des bourgs de Criel, du Tréport et d'Ault par préférence; les religieux devaient s'entendre avec les échevins de ces villes et les marguilliers de ces bourgs[2].

Jean Baudart, vicomte de Caen, avait laissé aux captifs une rente de 10 écus (1636). Elle ne fut pas payée régulièrement, d'où un procès où le célèbre Patru plaida pour les Mathurins le 9 janvier 1648[3].

1. Pièce 253.
2. Archives nationales, registre LL 1545, p. 73.
3. Bibliothèque de Marseille, ms. 1216, p. 190. Autre legs, par Elisabeth Béraude, aux Trinitaires d'Arles en 1637. Registre AA, p. 193.

Une rente spéciale était constituée par *la Caisse des Bayonnais*. Denis Dusault, célèbre par ses négociations en Barbarie, avait par son testament, le 24 mai 1721, destiné aux captifs une rente de 1,500 livres : la somme devait être déposée dans un coffre à deux clefs, dont l'une appartiendrait au chef de la famille, l'autre au trésorier des captifs à Bayonne. S'il ne se trouvait pas de Bayonnais à racheter, les 1,500 livres devaient être annuellement partagées entre les deux ordres de la Trinité et de la Merci. Le petit-neveu du testateur, Noël Dusault d'Onzac, ayant assigné cette rente sur l'hôtel de ville de Bayonne, devenu insolvable, dut se reporter à la lettre du testament de son grand-oncle et délivrer aux deux ordres la jouissance du legs, alors réduit à 1,200 livres[1] (31 décembre 1746).

Il faut mentionner ici quelques libéralités extraordinaires, comme celle du pape Innocent XII : il légua 40,000 écus pour la rédemption des captifs, qui fut opérée en 1701 par les Trinitaires Déchaussés et donna la liberté à cent quarante et un chrétiens[2].

1. Archives nationales, S 4241.
2. *Triumphus misericordiae*, p. 128.

CHAPITRE III.

Les marguilliers, auxiliaires laïques des Trinitaires.

Quoique l'organisation complète des marguilliers n'apparaisse qu'au dix-septième siècle, il est à présumer qu'ils existaient depuis longtemps. Dès 1360, un ministre de Marseille afferme le produit des quêtes pour les captifs à deux négociants de Toulouse; à Tarascon, en 1429 et en 1440, Rolet, maître-précepteur de Saint-Antoine, achète à Jean Tête-d'Or, prieur de la maison de la Sainte-Trinité de Tarascon, le droit de quêter pour les captifs, à raison de 3 florins par an[1]. Cela paraît tout à fait analogue aux commissions de quêteur qui seront délivrées au dix-septième siècle. Des projets, dressés au seizième siècle en vue de la rédemption, mentionnent formellement ces marguilliers[2].

Au cours d'un procès entre Trinitaires et Pères de la Merci, un certain Canton publia (8 février 1638) un opuscule où il ne se prononce ni pour l'un ni pour l'autre ordre, puisque l'essentiel des ressources rédemptrices doit être l'argent déposé dans les « bassins » de toutes les paroisses du royaume. Dans

---

[1]. Ces indications, tirées des archives notariales de Tarascon (Bouches-du-Rhône), m'ont été fournies par M⁰ Charles Mourret (1429, Chapati; 1440, Muratori).

[2]. Bibliothèque nationale, manuscrit français 15721.

chacune, dit cet auteur, il doit y avoir des marguilliers laïques : ce n'est pas le devoir des religieux de faire ces quêtes ; de plus, ils ne sont pas assez nombreux pour les faire dans toutes les paroisses. Le marguillier fera « courir les bassins » chaque dimanche, sans préjudice d'une quête générale une fois l'an ; pour le prix de cette charge, il donnera 40 sous, le commissaire qui investira le marguillier ne les exigera pas s'il ne les veut donner de bonne grâce ; mais alors, il ne jouira pas des exemptions du logement des gens de guerre et ne sera pas dispensé d'être séquestre, consul, tuteur et curateur[1]. Les divers habitants seront *annuellement* marguilliers chacun à leur tour. Par contre, le commissaire établi dans chaque diocèse sera perpétuel[2]. Canton exagère le rendement probable des bassins, puisqu'il compte cent vingt mille bourgs en France devant donner 20 sous pour la quête *des moissons*[3] et 20 sous le reste de l'année, ce qui ferait 240,000 livres par an.

Un seul quêteur à la fois pouvait convenir, mais l'évêque d'Uzès prétendit, à la session de 1647 des États de Languedoc[4], que les Pères de la Merci[5] établissaient parfois plusieurs bassiniers dans la même ville, ce qui augmentait les impôts pesant sur les autres habitants.

---

1. Voir lettres du roi (18 janvier 1527) dans GERMAIN, *L'œuvre de la rédemption des captifs à Montpellier*, p. 35, et celles du 5 janvier 1643 dans CRÉDOT, *Bulletin de la Société historique de Périgord*, t. VI, p. 501. Voir encore CHABRAND, *Quêtes dans le Briançonnais pour la rédemption.....* (*Bulletin de la Société d'études des Hautes-Alpes*, 1884, pp. 411-418).
2. Bibliothèque de l'Arsenal, ms. 6828, f⁰ˢ 282-287.
3. Cf. Archives départementales de l'Ariège, Inv. B 137, p. 89, « quête ès temps des moissons et vendanges ».
4. *Histoire de Languedoc*, t. XIII, col. 264.
5. Les prieurs-quêteurs de la Merci étaient remplacés chaque année le 30 août, fête de saint Raymond Nonat (Dr G. LAMBERT, *ouvr. cité*, p. 92).

Il pouvait arriver, en effet, que l'on demandât une commission de quêteur uniquement pour s'exempter de charges pendant un an; le procureur général des captifs avait donc fort à faire pour ne point commettre de double emploi et bien spécifier les avantages assurés au bénéficiaire.

Les lettres délivrées aux marguilliers des paroisses, ainsi que le P. Gache, procureur des captifs à la fin du dix-huitième siècle, le fait sans cesse remarquer, comportent « l'exemption du logement des gens de guerre, la dispense de toutes gardes et séquestration de biens meubles et immeubles, de curatelles et tutelles, de la charge de consul ». Mais elles ne comprennent pas l'exemption de la corvée pour les grands chemins, ni de la garde bourgeoise (lettre du 10 septembre 1778), ni de la milice (17 avril 1780)[1].

A la fin du dix-huitième siècle, cette organisation des marguilliers est portée à son plus haut point de perfection. Dans un certain rayon, un *commissaire général des quêtes* a le droit d'en nommer dans chaque ville. L'étendue des fonctions des commissaires dépend de leur zèle et de leur capacité. Arlhiat, négociant à Marsac, près Ambert, a pour six ans les diocèses d'Autun, Dijon, Saint-Flour, Clermont, Langres, Chalon, Nevers, Auxerre (26 mai 1779) : le Puy lui fut retiré parce que les privilèges des Trinitaires n'étaient point enregistrés au Parlement de Toulouse (21 février 1780).

A Bourges, il n'est point nécessaire de choisir des quêteurs spéciaux, l'abbé Pinturel se chargeant de tout; en 1779, il envoie 916 livres le 24 mars et 2,400 autres le 11 mai suivant.

Rien n'est plus variable que la profession de ces commis-

---

[1]. Cette correspondance, la plus ancienne qui ait été conservée sur cette matière, étant classée par ordre chronologique dans le registre H 3989 des Archives nationales, je me contente d'indiquer la date des lettres.

saires. A Agen, c'est un teinturier, Lausun, qui est chargé de s'occuper des quêtes (20 janvier 1779).

La commission de quêteur devait être enregistrée gratis au greffe de la sénéchaussée et devant le lieutenant particulier[1]. En 1721, les Trinitaires se plaignant qu'en Rouergue l'enregistrement n'eût point été gratuit[2], une déclaration royale fit droit à leurs réclamations et ordonna aussi que chaque quêteur fût porteur de la lettre patente et de l'homologation du Parlement et de la Cour des aides.

Les commissions expiraient avec le général : en mai 1780, à la mort du P. Pichault, il fallut les renouveler toutes.

Le commissaire avait le droit d'exiger du nouveau marguillier 12 livres pour sa promotion (c'était le taux à Agen). Mais à Grenoble, l'abbé Champ, curé de Saint-Laurent[3], exigeait 24 livres. « Nous craignons, écrivit Gache, qu'on ne nous soupçonne de faire un commerce d'une œuvre de charité et que ceux qui fournissent cette somme croient avoir acheté le droit de jouir des privilèges attachés à leur commission sans en exercer les fonctions » (13 janvier 1778). Il conseille donc de délivrer gratuitement ces commissions.

Les commissaires recevaient pour les quêteurs les homologations du Parlement et de la Cour des aides (21 février 1783), des livres de confrérie à 5 sols pièce, des scapulaires à 110 sols les cent, d'autres scapulaires brodés avec or et ar-

1. Aux Pays-Bas, on appelait ces quêteurs des *placetés*, à cause du *placet* à donner par le Conseil de Brabant.
2. Cf. Bibliothèque nationale, F³ 8503. On se réfère aux lettres données pour les Pères de la Merci en 1716. Les officiers de la généralité demandaient 35 ou 40 livres pour l'enregistrement.
3. En 1774, il établit, pour quêter à Saint-Martin de Queyrières, diocèse d'Embrun, Pierre Faure, qui recueillait annuellement 6 à 7 livres. (CHABRAND, *loc. cit.*)

gent à 10 écus les trente (ou à 20 sous pièce). « Au reste, pour le prix, nous le laissons à la volonté des personnes qui en demandent, » écrit Gache à Arlhiat (5 août 1778).

Ce dernier commissaire éprouva un sérieux ennui. Deux faux quêteurs s'étant dits ses mandataires, M. du Deffaut, lieutenant-colonel de la maréchaussée à Clermont-Ferrand, donna ordre un peu légèrement d'arrêter Arlhiat. Le P. Gache s'en plaignit, le 27 juin 1781, à M. de Castries, ministre de la marine. Il fut remis en liberté, car on a encore des lettres à lui adressées en 1782 et 1783.

Le procureur des captifs s'oppose, en principe, à ce qu'il y ait plus d'un quêteur et d'une paroisse par ville; la quête étant faite tous les dimanches, la multiplicité des quêteurs et des paroisses eût diminué les offrandes. C'est donc avec peine qu'il consent à établir une seconde caisse à Notre-Dame de Beaune, alors qu'il y en a déjà une à l'Hôtel-Dieu.

Bien souvent, de vives compétitions s'élevaient entre ceux qui voulaient se faire investir des fonctions de quêteurs. Gache propose à Arlhiat de lui soumettre à lui-même ces nominations, en cas d'embarras, aimant mieux s'exposer personnellement à la rancune de l'éconduit. Ecrivant, le 19 juin 1780, au baron de Lanthonnye, à Tulle, Gache propose aussi de nommer les quêteurs sur sa présentation, quitte à les refuser dès qu'il y en aura assez. Le commissaire Lausun, d'Agen, délivrait les brevets de quêteur pour trois ans; il préférait donner plusieurs paroisses à un seul qu'en nommer dans chaque paroisse. Il devait les astreindre à faire la quête aux jours marqués, à rendre compte chaque année et révoquer les négligents.

Les quêteurs rencontrèrent quelques difficultés dans l'Est : les lettres royales du 24 février 1776 furent enregistrées par le Parlement de Nancy le 25 novembre 1777, avec des restrictions fâcheuses : les religieux, disait-on, feront la quête par eux-mêmes le plus possible ou par des délégués qui ne pourront jouir d'aucun privilège, et l'emploi de tout l'argent sera contrôlé. Le P. Gache, écrivant à Huem, Trinitaire de Metz, exprime la crainte qu'on ne puisse trouver des quêteurs assez désintéressés (28 mai 1778). Ces restrictions étaient le prélude de la suppression générale des privilèges des quêteurs, le 28 septembre 1782, par arrêt du Conseil d'Etat[1]. C'était la mort des quêtes : beaucoup de préposés « remercièrent » et il ne se présenta personne pour les remplacer. A partir de cette date, la correspondance du procureur des captifs se réduit à l'accusé de réception des sommes envoyées par les couvents.

La clause d'un traité conclu en 1662 à Tunis, par Blaise de Bricard[2], nous donne à entendre que l'argent recueilli par les marguilliers avait pour destination spéciale le rachat des Français pris sous pavillon étranger et non déserteurs.

1. Isambert, au mot *quête*.
2. Plantet, *Correspondance... de Tunis*, t. I, p. 169.

CHAPITRE IV.

Les Confréries de la Rédemption.

Dans un ouvrage imprimé à Lyon en 1667, le P. Caignet définit la confrérie « une société de plusieurs fidèles qui, de l'autorité du supérieur ecclésiastique, sont unis en la participation de quelques spéciales faveurs spirituelles [1] ». Primitivement, les confrères s'entendent simplement pour célébrer un office annuel ou « luminaire » à certains jours, comme le dimanche de la Trinité ou le jour de Saint-Roch, pour prendre des dévotions trinitaires. En 1369, Gassenette Duplessis lègue une terre près de l'église de la Trinité d'Arles, afin d'y faire construire une maison pour les prieurs et les confrères [2]. A cette date, le but assigné à la confrérie d'Arles est aussi bien l'entretien de l'église et la restauration de l'hôpital que la rédemption des captifs [3]. En 1586, François Bouchet, commissaire et réformateur général de l'ordre en Italie, permet au ministre de Naples l'établissement de confréries destinées à faciliter la construction de ce nouveau couvent [4].

1. *La sainte Confrérie sous le titre du Rédempteur*, p. 1.
2. L'acte est passé en présence du ministre et des deux prieurs de la confrérie (Bibl. Nat., n. acq. lat. 1315, p. 458).
3. Bibl. d'Arles, ms. 159, p. 196.
4. Pièce 138.

Ce n'est donc que relativement tard que se spécialisèrent les confréries trinitaires. La tentative de nos religieux pour leur donner une antiquité reculée est vaine. Calvo[1] le reconnaît (p. 37) : « *La bula en que Inocencio III concedio facultad a los gloriosos patriarcas para fundar cofradias no se encuentra.* » De même, la bulle de 1219, permettant d'admettre comme confrères ceux qui donnent une partie de leurs biens, n'est pas très probante. Raymond de Pallas, qui publia en 1685, à Marseille, une *Institution de la sainte Confrérie*[2], rapporte à 1584 l'institution du tiers ordre, que la définition de Michel Caignet semble assimiler à la confrérie; la plupart des confréries que nous connaissons datent d'ailleurs du dix-septième siècle.

Ce n'est pas à dire qu'antérieurement les Trinitaires ne se soient pas adressés aux fidèles pour leur recommander la rédemption des captifs et leur apporter des indulgences, que chaque pape à son tour renouvelait. Au seizième siècle, on en composait déjà de vrais recueils. Le plus ancien que j'aie rencontré est intitulé le *Pardon général de la sainte Trinité et Rédemption des captifs* (1511). Il a été publié par M. Rouyer, dans le *Bulletin de la Société de l'histoire de Paris*, en 1893, et peut être résumé ainsi :

Les infidèles ont mis à feu et à sang des terres chrétiennes (sans doute allusion au sac d'Otrante par Bajazet II, en 1496). Les « nobles seigneurs » de l'ordre de la Sainte-Trinité, « ordonnés de Dieu » pour passer outre-mer, ont racheté beaucoup de chrétiens (en 1505); afin de se procurer d'autres ressources, ils sont allés trouver le pape Jules II,

---

1. Calvo est le plus impartial des historiens trinitaires et ce détail montre sa franchise.
2. Bibliothèque de Marseille, CK 80 26.

qui leur a ouvert les trésors de l'église, c'est-à-dire les indulgences : car, même dans les années de jubilé (aux termes d'une bulle de 1474), elles ne sont point suspendues pour les Trinitaires. Le pape accorde aux bienfaiteurs la permission « d'élire » un confesseur [1] qui puisse les absoudre tous les ans, sauf des cas réservés au Saint-Siège, et, une fois en leur vie, leur conférer l'absolution générale, sans remise des peines du purgatoire. Il donne cette absolution générale à tous les bienfaiteurs qui mourraient dans l'année. L'entrée dans la confrérie coûte 30 deniers par personne [2] et la cotisation est de 5 deniers par an. Pour l'Espagne, Diego de Gayangos demanda des équivalents en monnaie du pays ; l'entrée fut taxée à un réal d'argent, la cotisation annuelle étant d'un demi-réal.

Ces *confrères* recevaient, au dix-huitième siècle, un diplôme du général des Trinitaires, qui les faisait participants des indulgences accordées par le Saint-Siège « en prodigieuse multitude[3] », comme s'exprime Claude de Massac, qui spécifie que son ordre est établi pour le rachat des esclaves catholiques [4]. « L'habit de ces confrères, dit M. Veuclin, était une casaque blanche, marquée de croix rouges et bleues », autrement dit un scapulaire, qui ressemblait à ceux des religieux.

En 1554, le provincial de Castille demanda que le scapulaire de lin avec croix bleue et rouge des confrères comportât

---

1. Le concile de Trente et Clément VIII (7 décembre 1604) exigent que ce confesseur soit approuvé par l'ordinaire (*Bullaire*, p. 108).
2. Ce droit était de 2 francs à Paris en 1403 (*Chartularium Universitatis*, t. IV, p. 76).
3. *Bullaire*, pp. 207-209 (12 mai 1492).
4. Les nominations de confrère de l'ordre de la Merci sont à peu près semblables. La Bibliothèque de l'Arsenal en possède une formule, imprimée pour Cloud Chevillard, vicaire général de la Congrégation à Paris.

les mêmes privilèges que le scapulaire de laine porté par les Frères de l'ordre[1]. Le pape y consentit, le 9 janvier 1555[2]. Ce scapulaire est un morceau carré de laine blanche, avec deux petites bandes, l'une bleue, l'autre rouge; outre la taxe, les fidèles doivent envoyer à Rome, au couvent de Saint-Charles-des-Quatre-Fontaines, des aumônes pour le rachat des captifs[3].

On pouvait encore aider à cette bonne œuvre par l'achat de livrets d'indulgences. Un recueil de 1602 est taxé *à trois maravedis la feuille au profit des captifs*[4]. Il est fait mention aussi de cette destination dans le *Livre des privilèges et indulgences*, publié par Claude Ralle.

Indépendamment de la grande confrérie où tous les fidèles pouvaient entrer, il y avait, en divers lieux, des réunions plus restreintes à recrutement local portant ce même nom.

Toute confrérie de la rédemption des captifs devait être confirmée par l'évêque ou son vicaire général. En 1686, un Trinitaire Réformé, procureur des Captifs, Bruno le Clerc, ayant demandé à l'archevêque de Vienne l'autorisation d'ériger lui-même des confréries partout où il serait nécessaire, le prélat lui permit seulement de recueillir les quêtes dans les lieux où les confréries ont été établies et non d'en ériger de nouvelles[5] (11 mai 1686).

---

1. Le port de ce scapulaire était pour les confrères la condition nécessaire du gain des indulgences (bulle du 29 août 1716).

2. *Bullaire*, pp. 257-258.

3. Grimaldi, *Les Congrégations romaines*, p. 539. — La taxe est de 25 centimes.

4. *La institucion y fundacion y sumario de indulgencias del orden de la S. T.* Salamanca, 1602 (Bibl. Nat., H 15388).

5. Manuscrit de Lyon 282 (fonds Coste), pièce 226. L'évêque donnait son mandement pour faire publier les indulgences (*Annuaire de l'Yonne*, 1898,

Dans les villes où les Trinitaires n'avaient pas de couvent, ces confréries sont érigées dans des églises d'autres religieux ou dans des paroisses. On en voit à Vienne (Isère), à Dôle, à Besançon, à Dijon, à Amiens [1], à Saint-Omer [2], aux Sables-d'Olonne, à Saint-Aubin-le-Guichard (Eure), etc.

Cette dernière, étudiée par M. Veuclin [3] en 1886, s'occupa depuis 1649 de la rédemption des captifs ; elle était présidée par des chefs qu'on appelait *rois* (ce terme existait aussi à Douai, au dire du P. Ignace) ; ses membres, au nombre de treize, étaient alternativement *rois*. Le *roi* venait, chaque année, rendre compte de sa gestion au général de l'ordre, à Paris.

Il y avait aussi des confréries de la rédemption dans les Pays-Bas [4]. Celles de Saint-Eloi de Dunkerque [5] et de Gand furent particulièrement célèbres : Tournai en avait même deux, une à Saint-Quentin et une à Saint-Brice. Deux existaient aussi à Bruxelles ; celle de Notre-Dame-de-la-Chapelle

---

pp. 252-261). Il entendait les comptes de la Confrérie des captifs de Marseille, d'après un arrêt du Parlement d'Aix du 12 février 1691.

1. Elle existait encore le 30 avril 1791. Un chanoine de la cathédrale, official du diocèse, en était administrateur (Arch. nat., S 4278, n° 22).

2. 144 livres furent données pour honoraires d'un mémoire pour les captifs contre les confrères de la Sainte-Trinité à Saint-Omer (5 sept. 1781). *Ibid.*

3. Le même auteur a publié aussi : *Documents concernant les Confréries de charité normandes* ; Evreux, 1892.

4. Voici la liste des plus connues : Anvers, Ath, Binche, Braine-le-Comte, Bruxelles, Ecaussine-Sainte-Aldegonde, Louvain, Malines, Grammont, Lodelinsart, Eghesée, Spontin, Moustier-sur-Sambre, Namur (Notre-Dame et Sainte-Croix), Lierre, Soignies, Perwez, Tirlemont. La plupart avaient été érigées par le P. Bernard Paradis, ministre d'Orival, vers 1750.

5. Voir dans les publications du Comité Flamand : *Annales*, t. II, pp. 131, 219, 357 ; *Bulletin*, t. II, p. 257, avec l'indication de manuels d'indulgences.

remontait à 1390, mais les Trinitaires ne s'y étaient implantés qu'en 1644. Il n'est presque aucune ville belge qui n'en ait eu. Le 30 octobre 1771, par suite d'une dépêche du 27 juillet précédent, leurs recteurs reçurent du gouvernement impérial le questionnaire suivant : Y a-t-il, dans votre ville, des confréries de la rédemption? Quelles sont leurs ressources? Rendent-elles des services? En cas de suppression, que faudrait-il faire de leurs biens? Les réponses, nombreuses et intéressantes, constatent que la plupart des confréries sont riches. Celle de Gand, de trois en trois ans, distribue, comme dividende, des deniers qui excèdent le fonds fixe des captifs. Elle a un fonds de réserve de 6,000 florins, qui pourrait suffire à la rédemption de sept ou huit captifs; or elle n'en a racheté que trois ou quatre depuis trente ans (avril 1773).

Celle de Mons n'a pas de revenus fixes; elle dépense beaucoup en argenterie et en ornements; les quêtes du jour de la Sainte-Trinité et de l'octave de Sainte-Agnès sont réservées au rachat des captifs; les « mainbours » remettent ce qu'ils ont au supérieur de Lens (ou à celui d'Audregnies) sans donner de compte (18 novembre 1771).

Les confréries de Namur, écrit le curé Dupaix, sont « destituées de revenus fixes » et n'ont aucuns biens-fonds. La collégiale n'a qu'une rente « rédimable » de 50 ou 60 florins et les quêtes. Les petites confréries de la campagne (Lodelinsart, Eghesée, etc.) remettent leurs recettes au ministre d'Orival, établi comme receveur par le général[1] (14 septembre 1771).

Sur l'utilité de ces confréries, les réponses sont généra-

---

[1]. Bernard Paradis avait récolté 25,000 livres et son successeur en avait déjà reçu 9,000 autres en 1763.

lement négatives. Il y avait très peu de captifs à racheter dans les Pays-Bas. Pourtant la confrérie d'Anvers, qui avait en dépôt 25,000 florins confiés par des Hollandais qu'on ne nomme pas, pour ne pas les compromettre, a racheté un capitaine et son équipage. Mais elle ne s'est pas servie du canal des Trinitaires et a envoyé des lettres de change à Marseille. On a recours aussi à des banquiers qui font tenir l'argent au procureur général de l'ordre, à Paris.

Parfois se manifeste la défiance contre les religieux. On demande qu'aucun argent ne leur soit donné[1], on exprime le souhait que tous les potentats de la catholicité s'unissent pour mettre fin à la piraterie, car ces rançons atteignent un prix exagéré qui excite la cupidité des pirates.

Quant aux biens de ces confréries, quelques curés voudraient bien les voir dévolus à leurs œuvres. La *Table des pauvres* de Gand demanderait, en cas de suppression de celle-ci, l'excédent de la confrérie Saint-Nicolas[2], car « ces pauvres sont une espèce de captifs ». A Tournai, on proposait de soutenir « les familles honnêtes dont les affaires seraient dérangées » et les prisonniers pour dettes, ou même de secourir les veuves des militaires, etc.

---

1. « Nous avons remarqué que des sommes notables des fonds des confréries se dissipent en aumônes à des Trinitaires ou de soi-disant tels, ou à d'autres mendiants pour la rédemption de leurs parents ou amis, qui tous le plus souvent ne sont que des vagabonds et coureurs de païs qui empruntent ce dehors pour d'autant mieux réussir dans le *fainéantisme* et la mendicité; du moins est-il moralement certain qu'ils dépensent les argens qu'ils reçoivent pendant leurs courses *et qu'il n'en vient aucune partie à sa destination.* » Le P. Daumerie répondit point par point à cette diatribe. Pièce 329.

2. La confrérie était encore en 1789 en relations avec MM. Gimon frères, à Marseille, et leur donnait des ordres pour racheter à proportion de leurs fonds.

A part ces exceptions, tous les correspondants des conseillers enquêteurs Huylen et Limpens disent qu'on tarirait les charités du peuple en changeant la destination des fonds.

Un curé de Namur propose comme remèdes aux abus d'assigner un district aux quêteurs, de leur donner gratuitement un *placet* tous les trois ans, d'autoriser le *placeté* à se faire rendre compte par les *mainbours* des confréries, qui recevraient une quittance. Le doyen de la collégiale de Namur, homme très capable, centraliserait le produit des confréries ; chaque année, il transmettrait le produit au gouvernement, qui statuerait sur sa destination. Il serait interdit aux mainbours de remettre les aumônes à d'autres qu'aux placetés. Les collecteurs contrevenants seraient punis comme voleurs.

En même temps que les couvents trinitaires furent supprimés, tous leurs biens sans exception et tous les produits des confréries durent entrer dans la *Caisse de Religion*, Joseph II ayant déclaré que les deniers seraient employés au rachat de ses sujets des Pays-Bas qui, sans être au service d'une puissance étrangère, auraient eu le malheur de tomber dans la captivité des Barbaresques.

Par un hommage rendu à nos religieux, le Comité de la Caisse de Religion s'informa de quelle manière ceux-ci procédaient au rachat. Pour quelques années, on possède le tableau des enquêtes faites par ordre du Comité. Brandel, *agent du commerce de Sa Majesté l'empereur et roi* à Alger, envoie une liste de douze esclaves ; une enquête est faite dans le pays d'où ils prétendent être : dans le nombre, trois sont Flamands, deux Luxembourgeois, un des pays rétrocédés [1] ; les autres sont ou déserteurs ou étrangers.

1. Archives de la Caisse de religion, carton 241.

Après les confréries des Pays-Bas, les plus importantes se fondèrent dans la Provence, où elles étaient bien plus nécessaires. Le 25 juin 1637, dès l'établissement des Trinitaires à La Cadière, il est spécifié qu'ils érigeront une confrérie et que les deniers qui leur seront « aumônés » seront employés au rachat des captifs, de préférence à ceux de la Cadière. En 1645, Raymond de Pallas érigea une confrérie à Salon, où les Trinitaires n'ont jamais eu de couvent[1].

Les confréries d'Arles[2] et de Marseille méritent une mention particulière, à cause de leur caractère spécial de Compagnie de Pénitents. A Arles, les Pénitents noirs, fondés d'abord dans l'église des Carmes, vinrent en 1540, afin de concourir à la réception des captifs, s'agréger à l'ordre de la Trinité.

La confrérie des Pénitents blancs de la Trinité de Marseille est liée trop intimement à ce couvent pour être étudiée ici en détail. Un de ses membres lui a d'ailleurs consacré, en 1853[3], un rapport qui nous renseigne suffisamment. Les démêlés nombreux de ces Pénitents avec nos religieux n'auraient point dû faire oublier à ces derniers que, grâce à l'existence du Bureau de la rédemption à Marseille, les Trinitaires ne souffrirent pas de la concurrence des Pères de la Merci. Un religieux de cet ordre avoue de bonne grâce, dans une lettre écrite en 1708, que les Trinitaires recueillent 10 écus à Marseille, pendant que les Mercédaires en ramassent péniblement un dans le reste de la Provence.

---

1. Pièce 193.
2. Je ne parle que de celles de la rédemption des captifs, car il y avait aussi à Arles une célèbre confrérie de Saint-Roch, dont les reliques se trouvaient dans l'église des Trinitaires.
3. Je dois cette brochure à la haute bienveillance de M. l'abbé Ollivier, vicaire général de Marseille.

Le Bureau de la Rédemption suivit, en 1776, le couvent trinitaire dans sa descente au quartier Saint-Ferréol. Il confia maintes fois ses fonds aux religieux pour le rachat de captifs marseillais déterminés, sans préjudice de nombreuses avances. En 1791, les Trinitaires étaient encore redevables au Bureau de 21,400 livres, du fait de leur dernière rédemption.

La Chambre de commerce de Marseille peut être rangée parmi les plus utiles auxiliaires des Trinitaires. C'est au *député du commerce* que nos religieux envoient l'argent destiné à un rachat particulier. Les membres de la Chambre, mettant leur zèle au service des Trinitaires, s'inscrivirent maintes fois dans les quêtes générales[1] et s'occupèrent, notamment en 1785, de faire le change très difficile de la forte somme nécessitée par le rachat de trois cent quinze captifs.

1. Voir notamment les pièces 331, 335, 336.

CHAPITRE IV.

Conflits entre Trinitaires et Pères de la Merci.

L'ordre de la Merci, souvent confondu avec l'ordre des Trinitaires ou considéré à tort comme une simple « réforme » de celui-ci, resta, on ne sait pourquoi, plus populaire. Le Bréviaire romain de 1685 appelant saint Jean de Matha et Saint Félix de Valois premiers fondateurs des Pères de la Merci, ceux-ci protestèrent très vivement. Bossuet, prononçant le panégyrique de saint Pierre Nolasque dans l'église des Pères de la Merci de Paris, a retracé brillamment la vie légendaire du saint et la beauté de l'œuvre de la rédemption, mais il ne semble pas se douter que la première idée de l'institution d'un ordre rédempteur n'appartient point à son héros.

La date de l'institution de l'ordre de la Merci, fixée au 10 août 1218 par ses historiens, a été ramenée à 1223 et même à 1228, en raison des concordances fournies par les dates bien établies de la vie du dominicain saint Raymond de Pennafort. Donc, vingt-cinq à trente ans après la fondation de l'ordre de Saint-Jean de Matha, un gentilhomme de Languedoc, Pierre Nolasque, piqué d'émulation, fonda à Barcelone une congrégation mi-laïque, mi-religieuse, qui fut mise sous le vocable de Notre-Dame de la Merci et reçut de l'évêque Bérenger de la Palu (assez singulièrement revendiqué comme Trinitaire par le P. Calvo) l'hôpital de Sainte-Eulalie, ce qui fait que les Pères de la Merci sont parfois appelés de Sainte-Eulalie. Les bulles des papes, notamment celle de Grégoire IX, du mois de janvier 1235, sont adressées : *Petro Nolasco magistro hospitalis Sancte Eulalie apud Barchinonem.*

Jusqu'en 1317, le maître général de la Merci fut laïque ; au dix-huitième siècle encore, cet ordre, semblable à d'autres corps religieux espagnols, aimait à se dire *ordre militaire*. Il fut honoré d'une protection spéciale par le roi d'Aragon, qui lui donna pour armes l'écu d'or timbré de sa couronne[1].

Les Pères de la Merci sont très fiers du vœu spécial, imposé par leurs constitutions, de rester en otages pour faciliter la rédemption, mais il est juste de remarquer que les Trinitaires, sans être obligés par un semblable vœu, ont su faire à l'occasion preuve de dévouement : quelques-uns sont même morts en captivité, comme le P. de Monroy en 1622, et le P. Hérault en 1646. Ce « quatrième vœu[2] » a magnifiquement inspiré Bossuet : « S'il manque quelque chose au prix [de la rançon], dit l'orateur, il offre un *supplément admirable* : il est prêt à donner sa propre personne ; il consent d'entrer dans la même prison, de se charger des mêmes fers, de subir les mêmes travaux. »

Les Trinitaires virent d'un mauvais œil cette fondation des Pères de la Merci. Est-il vrai de dire qu'ils avaient négligé[3] la rédemption des captifs en Espagne ? Tout nous fait croire

---

1. Elle portait quatre pals rouges, appelés d'ordinaire *las cuatro barras sangrientas de Aragon.*
2. Il s'ajoute aux *trois vœux ordinaires* (pauvreté, chasteté, obéissance).
3. PENIA, biographe de saint Raymond de Pennafort en 1601, le croit : *captivorum redimendi considerabat negligentiam.*

le contraire. Il y avait assez de captifs à racheter en Espagne pour qu'il ne fût pas trop de deux ordres pour s'en occuper. Sans parler ici de la lutte littéraire où chaque ordre écrivit, de son côté, l'histoire religieuse espagnole du treizième siècle, il y eut, dès le quatorzième siècle, dans ces royaumes, des conflits à l'occasion des quêtes entre les deux ordres rédempteurs. Les religieux de l'ordre de la Merci, plus spécialement espagnols (le chapitre général se tenait deux fois de suite en Aragon, la troisième fois en Castille ou en Navarre), eurent plutôt l'avantage en Espagne. A la fin du dix-huitième siècle, les Trinitaires combattaient encore juridiquement le prétendu patronage royal et la « privative » de racheter, soi-disant donnée aux Mercédaires.

Sur ces premiers conflits, les Trinitaires ont été peu explicites. Gaguin a parlé, dans une phrase d'ailleurs peu claire, d'une lutte avec les Frères de Sainte-Eulalie vers 1360, au sujet du couvent de Burgos. Dès cette époque, les deux ordres étaient tous deux en possession des *mostrencos* et des *quintos*[1], en vertu de privilèges communs. Mais il y en avait de spéciaux, à l'occasion desquels s'exerçait l'ingénieuse rivalité des concurrents. Les Trinitaires venaient, par exemple, trouver le roi de Castille ou même le pape, qui aimablement leur accordait un privilège. Les Pères de la Merci venaient se plaindre de cette concession aux Trinitaires comme leur portant préjudice. Alors, le roi trouvait un motif de « subreption », fondé sur l'omission de quelque clause dans la requête des Trinitaires pour révoquer le privilège de ceux-ci, et en conférait aux Pères de la Merci, etc. Ce jeu de bascule dura deux siècles ; chacun des ordres rivaux, « par une habi-

1. Voir l'avant-dernier chapitre.

tude ordinaire aux quêteurs, mit la faux dans la moisson d'autrui[1] ». Enfin, l'Espagne fut unifiée; l'Aragon et la Castille n'eurent plus qu'un maître. En 1527, Charles-Quint fit une louable tentative pour réconcilier les deux ordres. Le 30 juillet[2] fut signé à Valladolid, entre trois Trinitaires et trois Mercédaires, un traité en dix-sept articles « pour la paix et la tranquillité entre les parties »; il contenait les stipulations suivantes :

Il y aura fraternité entre les deux ordres. Les bassins « mostrencos » et « algaribos » seront également répartis et l'Espagne sera partagée entre eux.

Pour les biens communs, lorsqu'un des deux ordres ne fera pas de rédemption, il sera fait un compte spécial.

On ne pourra prêcher deux tournées de suite avec les mêmes bulles.

Si les deux ordres font simultanément un rachat, les quêteurs respectifs seront au moins à 80 lieues de distance.

Chaque ordre invitera son concurrent aux processions qu'il fera.

Les deux ordres se communiqueront leurs privilèges.

Chacun aura deux prédicateurs généraux de la rédemption, qui feront un sermon sur la bulle commune.

Aucun ne dissipera à son profit l'argent de la rédemption.

Chacun aura des troncs dans ses couvents; les dons de moins de 100 maravédis ne seront point partagés.

Les frais des privilèges apostoliques seront payés en commun.

1. Bibliothèque de Marseille, ms. 1213, pp. 243-246 et 249-261 (extraits d'auteurs de l'ordre de la Merci).
2. Diego de Turrani, Jean de Herrera, Antonio de *Zurita,* Trinitaires; Inigo Portal, Francisco de Villa Garcia, Alonso de *Zurita,* Mercédaires.

Tout privilège particulier sera nul.

Les procureurs des deux ordres jureront d'observer la transaction.

C'est à cette solution de l'égalité que la France allait s'arrêter, un siècle plus tard, car l'ordre français était naturellement en excellente situation dans son propre pays.

La France avait vu, dès le quinzième siècle, des conflits entre Trinitaires et Pères de la Merci. En 1418, la communauté de Marseille donnait un ancien couvent de Béguines à Pierre Guillaume, commandeur de Narbonne et procureur général de la Merci, qui s'engagea à racheter de préférence des Marseillais[1]. En 1474, ces religieux sont encore dans ce couvent[2], mais c'est la dernière date où ils y paraissent. Peut-être ont-ils quitté Marseille à cause de l'hostilité des Trinitaires.

A Avignon, où les Trinitaires étaient établis depuis 1354 à l'hôpital Sainte-Marthe[3], les Pères de la Merci reçurent l'église de Notre-Dame des Miracles; le cardinal Julien de La Rovère, vice-légat d'Avignon (le futur Jules II), réunit les deux maisons en une seule pour desservir l'hôpital de Sainte-Marthe[4] (*perpetuo unimus, annectimus et incorporamus, protectoresque et rectores in dicto hospitali deputamus et ordinamus*). On ne sait quel fut l'effet de cette mesure.

Les Trinitaires avaient alors pour grand-ministre Robert Gaguin, qui entama contre les Pères de la Merci une lutte acharnée, dont témoigne un petit poème, intitulé : *De validorum per Franciam mendicantium astutia risus*. Ce nom de

---

1. Belzunce, *Antiquité de l'église de Marseille*, t. III, pp. 431-432.
2. Bibliothèque de Marseille, ms. 1216, p. 281.
3. Voir la monographie de ce couvent.
4. Nouguier, *Histoire de l'église d'Avignon*, p. 118, et Inventaire des Archives hospitalières (pièce communiquée par M. de Loye).

362   L'ORDRE FRANÇAIS DES TRINITAIRES.

mendiants valides est une assimilation des Frères de Sainte-Eulalie aux faux estropiés de la cour des Miracles.

Gaguin constate que les Pères de la Merci réussissent parce que les Français aiment à donner leur argent à des étrangers. Il se plaint que ses rivaux quittent leur costume sombre, orné des armes du roi d'Aragon, pour prendre un habit semblable à celui des Carmes. Il conseille aux évêques d'écarter de leur troupeau ces loups, ces « mercenaires » (c'était le nom latin des Pères de la Merci, plus souvent appelés *Mercédaires* pour éviter un trop facile jeu de mots), qui transportent hors de France l'argent drainé en France, et le dépensent pour le rachat de captifs étrangers, ou le dissipent en débauches. Il rappelle aux Français que ce sont là des Barcelonais, des protégés du roi d'Aragon, l'un de nos pires ennemis[1].

Gaguin, qui usait avec verve de l'argument patriotique, ayant vu que les Pères de la Merci étaient en instance à Paris pour le partage des quêtes, accusa de faux certaines de leurs bulles, insinuation que les ordres religieux se rejetaient assez volontiers de l'un à l'autre (6 septembre 1488). Des *lettres d'état* (c'est-à-dire de sursis) lui furent accordées en décembre 1489 à cause de son ambassade en Angleterre[2]. Il dut gagner ce procès, sans doute, car, en 1599, les Pères de la Merci n'avaient pas encore reçu la permission de quêter.

Peut-être faut-il attribuer à Gaguin une tracasserie faite aux Pères de la Merci de Bordeaux. Sarransot de Dado, professeur de théologie, demanda, en 1493, au sergent ordinaire du roi en la sénéchaussée d'Aquitaine et au procureur du Parlement, acte des défenses que le vicaire général de l'archevê-

---

1. Bibl. nat., ms. lat. 8772, fos 1-6.
2. Arch. Nat., X1a 1497, fo 34 ro.

que avait faites aux recteurs de Saint-Seurin, de Sainte-Colombe, etc., d'admettre à la communion les pénitents des Frères de la Merci avant qu'ils se fussent confessés à d'autres prêtres ; de plus, le recteur de Saint-Michel de Bordeaux leur avait intimé la défense de prêcher[1]. Sortis victorieux de cette épreuve, les Mercédaires gardèrent leur couvent de Bordeaux, devenu très important et dont la bibliothèque était très considérable.

On ne sait ce qu'il faut croire d'une étrange histoire racontée par Figueras (pp. 546-550), à savoir la tentative infructueuse d'union entre les Trinitaires et les Pères de la Merci en 1461. Devant Jean Cluchun (?), notaire de Toulouse, auraient comparu Gaguin et deux autres Trinitaires, qui avaient donné rendez-vous à des Pères de la Merci pour travailler à la réunion des deux ordres, sous peine de 1,000 livres d'amende à payer par les défaillants. Les Mercédaires ne se seraient pas présentés ! François Macedo donne ainsi la raison de cette abstention. On aurait tiré au sort, en présence de religieux des deux ordres, le nom de l'ordre nouveau qui serait fondé sous la dénomination de Trinitaires de la Merci ou Mercédaires de la Trinité ; le sort serait tombé sept fois de suite[2] sur Trinitaires de la Merci, et, malgré cela, les Mercédaires n'auraient point voulu accepter cette décision !

Les Pères de la Merci ambitionnèrent bientôt le droit de quêter dans le Nord. Des lettres patentes du 19 avril 1547 détournèrent encore ce péril qui menaçait les Trinitaires.

1. *Archives historique de la Gironde*, t. XIII, pp. 96-99.
2. Le 2 octobre 1663, le secrétaire de la Congrégation des Rites, sur la plainte des Pères de la Merci, défendit de réimprimer les pages 155-158 du livre de Macedo, à moins de les conformer à la bulle du 1er mai 1601, sur la canonisation de saint Raymond de Pennafort (*Analecta juris pontificii*, t. VIII, col. 1140).

« Et pour ce qu'il y a aucuns Relligieux de la Sainte-Eulalie de la Mercede en Cathalogne qui... s'efforcent et entremettent de nouvel de faire semblables questes en nostre dit royaume, soubz couleur et tiltre de la Rédemption des dits prisonniers, se disans estre fondés de la dite Rédemption par les rois d'Aragon, en entreprenant sur les dits supplians et leur dite fondation... nous mandons et commettons à vous nos bailliz, senechaulx et justiciers ou voz lieutenants que vous faictes ou fairez faire inhibitions et défenses de par nous... aus dits Relligieux de la Mercede, leurs procureurs, facteurs et entremetteurs... que doresnavant ilz ne se entremettent de faire telles questes en notre dit royaulme[1]... »

Par contre, le Parlement de Toulouse, soixante ans plus tard, maintint le syndic des religieux de la Merci en la faculté de quêter et de recevoir les legs, n'empêchant cependant pas les Trinitaires de quêter et de recevoir les legs, à condition d'observer la division de leurs biens en trois parties selon leur règle[2] (12 janvier 1606).

En vain, le 27 février 1604, François Petit avait présenté une requête au Parlement de Toulouse pour évoquer le procès au Conseil. Il avait été passé outre. Le 18 avril 1608, cet arrêt de Toulouse fut cassé au Conseil d'Etat pour ce motif qu'il n'avait pas été fait droit à la requête de François Petit.

Si l'on se rappelle à quel point était tombée en désuétude la séparation du tiers des revenus pour le rachat des captifs, on comprendra que la mercuriale du Parlement de Toulouse avait paru aux Trinitaires quelque peu menaçante. Le 11 septembre 1610, le Conseil d'Etat rendit un arrêt contradic-

---

1. Arch. Nat., S 4241.
2. BRILLON, *Dictionnaire des arrêts*, t. V, p. 644. — Le 28 avril, les Trinitaires avaient en effet requis le Parlement de Toulouse de quêter seuls.

toire maintenant aux Trinitaires le droit de quêter partout en France, d'autant plus qu'en 1609 on leur avait interdit, comme Français, de quêter en Aragon. Pourtant, les Pères de la Merci purent continuer à quêter dans les *endroits de France où ils auraient des couvents* (ils n'en avaient point à Paris), à la condition de racheter de préférence des captifs français et à ne pas transporter, « divertir, ni mêler » cet argent avec celui des rachats d'Espagne [1].

Marie de Médicis régente appela les Pères de la Merci à Paris [2] (1613) leur conférant le patronage, puis la propriété de la chapelle de Braque, en face du vieil hôtel de Clisson ; le 2 février 1614, elle alla visiter ce couvent. Déjà ces religieux avaient à Paris un collège, légué en 1515 par Alain d'Albret, rue des Sept-Voies (aujourd'hui rue Valette), collège qui n'avait eu jusque-là qu'une misérable existence [3]. Cette seconde fondation parisienne fortifiait beaucoup leur position. En 1617 les Trinitaires Réformés se voient refuser par leur général la fondation d'un couvent à Paris qui eût rétabli la situation. Avec les fautes que les Trinitaires commirent au début du dix-septième siècle, on ne peut s'étonner de la faveur croissante des Pères de la Merci. En vain Louis Petit opposa l'ordre de la Trinité, *fondé en France*, à celui de la Merci, *fondé en Aragon*. Le 24 juillet 1636, un arrêt du Conseil chargea les Mercédaires du rachat des captifs de Salé, en Maroc. Il s'ensuivit une campagne littéraire où les récits hyperboliques de Gil Gonzalez d'Avila [4] sur les Trinitaires furent vivement

---

1. Bibl. Mazarine, recueil 37 218, 16e pièce, et factum Ld[43], nos 9, 12, 13 (Bibl. Nat.), *passim*.
2. Bibl. Nat., ms. lat. 17054, fo 23 : récit de la fondation du couvent de Paris, par le P. Jean Latomy.
3. LEDERMANN, *Les Frères de Notre-Dame de la Merci*, p. 37.
4. Requête de Le Meunier, etc. Ld[43], no 12.

critiqués par leurs adversaires. Enfin, le 6 août 1638, par arrêt du Grand Conseil, les Pères de la Merci furent admis au partage des quêtes avec les Trinitaires : Paris et ses faubourgs restèrent indivis[1]; les provinces furent partagées par la voie du sort. Les Trinitaires reçurent l'Ile-de-France, le Gâtinais, l'Orléanais, la Beauce, le Perche, le Maine, l'Anjou, la Picardie, la Normandie, la Champagne, le Dauphiné, la Bourgogne, le Nivernais, le Lyonnais, le Forez, le Beaujolais, le Poitou, la Touraine, le Berry, le Bourbonnais, l'Auvergne, le Limousin, la Marche, le Périgord, l'Agenais[2]. Le 14 mai 1778, Louis XVI y joignit la Lorraine et les Trois Évêchés, l'Alsace, la Franche-Comté et la Corse.

Les Trinitaires se plaignirent en vain de ce juste châtiment de leur négligence dans l'œuvre du rachat. L'arrêt fatal fut confirmé le 5 août 1644 et en juin 1650. En somme, les quatre Provinces leur restaient, plus le centre, dans lequel aucun des deux ordres n'avait de couvent, ce qui développa l'institution des marguilliers. En Bretagne, en Provence[3] et en Languedoc[4], ils étaient annihilés par leurs concurrents.

Durant les premières années qui suivirent l'arrêt, l'animosité entre les deux ordres fut extrêmement vive. Les Trinitaires Réformés et les Pères de la Merci firent presque simultanément une rédemption en 1644; les seconds avaient laissé en otage, pour dettes, le P. Brugière. Le divan d'Alger voulut faire payer au P. Lucien Hérault, Trinitaire, les sommes dues

---

1. Dans un rachat commun, chacun des deux ordres devait en conséquence payer la moitié du prix d'un esclave parisien.
2. Le P. Calixte, *Vie de saint Jean de Matha*, 2ᵉ édit., p. 381.
3. Voir liasses de Marseille, pièce 61.
4. Dès 1496, ils avaient renoncé à quêter dans le diocèse de Nîmes. Les autres circonscriptions avaient été partagées avec les Pères de la Merci. Ménard, *Histoire de la ville de Nîmes*, t. IV, pp. 48-49.)

par le P. Brugière. Sur son refus[1], il fut jeté en prison et y mourut le 28 janvier 1646. Ses confrères rendirent l'ordre de la Merci responsable de cette mort. La mésintelligence née de ces incidents perce dans la *Vive foi,* écrite par un Mercédaire, le P. d'Egreville[2]. Tout ce qui arrive de fâcheux à ce dernier lui paraît l'œuvre des Trinitaires, attachés à sa perte ; s'il met longtemps à trouver un bateau à Marseille, si à l'arrivée en Barbarie on ôte à son navire les voiles et le gouvernail, c'est la faute « d'un adversaire de l'ordre à Alger » ou de religieux « que la charité chrétienne défend de nommer ! »

Les Pères de la Merci songèrent à profiter des avantages qu'ils avaient reçus en Provence, où ils possédaient déjà un couvent à Toulon. Il leur fallait s'établir à Marseille, centre de la Rédemption, où les Trinitaires étaient fortement installés avec leurs auxiliaires, les Pénitents Blancs. Les Pères de la Merci, regrettant ce « séjour indispensable » autrefois quitté, adressèrent à la municipalité un très habile mémoire, où ils rappelèrent leurs services, leur récente rédemption de 1644, et s'efforcèrent de désarmer toutes les préventions. Que demandent-ils ? « Un petit lieu de refuge pour pouvoir... *trafiquer sainctement* avec les Turcqs et négotier au proffit des Esclaves toutes les sommes qui se recueillent des questes de la moitié du royaume. » Mais il y a déjà les Trinitaires : « Il n'y a point d'inconvénient que les deux ordres de la Rédemption soient établis... dans Marseille, aussi bien que dans plusieurs autres villes du royaume, comme Paris et Toulouse, où ils vivent paisibles de temps immémorial ; ils éviteroient ainsi les cabarets et autres lieux profanes, où ils sont obligés de loger

---

1. *Les victoires de la charité*, Paris, 1646, p. 141.
2. *La Vive foi*, Bibl. Nat., Lk[8] 181.

par l'opposition des Pères de la Trinité, ce que leur zèle et leur charité ne debvroit jamais souffrir pour l'honneur du caractère et pour ne pas donner lieu eux mesmes à une éternelle irréconciliation. » Comme preuve de « candeur et d'ingénuité », ils donneront une clef du dépôt aux Pénitents. S'ils s'entendaient tous les trois, on ne verrait pas des enfants de Marseille rester longtemps captifs; entouré de surveillants, chacun mettrait plus de conscience dans l'accomplissement de son devoir[1] (1652).

Ces bonnes dispositions portèrent leurs fruits. Le 10 octobre 1657, les consuls réunissent, dans la salle de la maison commune, Philippe Maurel, ministre de Marseille, Antoine Audoire, commandeur de la Merci, Maurice Nègre, sousprieur de la chapelle des Pénitents. Il est décidé que les Pères de la Merci auront un tronc et des bassins, mais qu'aux processions des esclaves[2], ils ne pourront amener que des Pénitents de la Trinité. Ils sont déchargés de l'obligation, imposée en 1418 et en 1652, de racheter annuellement deux Marseillais. Le tronc, réservé tout entier au rachat, fermera à trois clefs, gardées, une par les consuls, une autre par les Pères de la Merci, la troisième par les prieurs des Pénitents. Les religieux de la Merci pourront ériger une confrérie dans leur église. Le 16 octobre, le Parlement d'Aix homologua cette transaction[3].

Il y eut encore des discussions entre les ordres rivaux, comme en témoigne un mémoire au sujet du rachat des

1. Archives communales de Marseille, série GG.
2. De même, le 2 juin 1684, les Déchaussés, représentés par leur provincial Luc de Saint-Jean, se virent imposer de ne quêter que dans leur église et de n'avoir de bassins que pour les processions de leurs esclaves rachetés (Trinitaires de Marseille, reg. 4, p. 79).
3. *Ibid.*, reg. 3, p. 86.

esclaves à Tunis conclu le 20 mars 1666. Le P. Audoire, de l'ordre de la Merci, donne avis qu'un « vicaire général » des Mathurins apportait un fonds de 50,000 livres *par* le P. Héron, ministre de « Cerceau » (Sarzeau). « Il y aura beaucoup à faire envers les Mathurins, qui sont obligés par leurs constitutions d'employer le tiers de leurs revenus pour le rachat des captifs[1]. »

En 1683, Pierre de l'Assomption, procureur général des Déchaussés, obtint la suppression d'un folio d'indulgences de l'ordre de la Merci, parce que celles-ci étaient fausses[2] (*supposititiae*).

Le 28 avril 1688, un arrêt du Conseil privé modifia la transaction de 1657 relative à Marseille. Les Mercédaires s'étaient entendus avec le ministre des Trinitaires, Philippe Maurel, pour le partage des legs généraux et la faculté de quêter le samedi assistés des Pénitents bleus.

Les adoucissements de l'arrêt du 6 août 1638 en faveur des Trinitaires ne s'appliquent bien entendu qu'à Marseille[3]. Partout ailleurs dans le Midi, ainsi qu'en Bretagne, il fut interdit aux Trinitaires de quêter. L'arrêt n'avait rien décidé sur les processions d'esclaves. En 1732, les Trinitaires de Toulouse ayant obtenu de l'archevêque la permission de quêter dans la procession des captifs ramenés de Constantinople, le Parlement leur interdit de faire paraître ces esclaves en public et de quêter dans tout le ressort[4]. Le 15 octo-

1. Archives du ministère des affaires étrangères, Afrique, n° 8 (Tunis), f°s 128-129.
2. Bullaire de 1692, treizième bulle d'Innocent XI.
3. Par exception, l'assiette générale du diocèse de Nîmes accorde 300 livres aux Trinitaires Réformés le 27 avril 1646.
4. Pièce 281. Le P. Jehannot n'a pas mentionné cet incident dans sa Relation. Il ne s'agit ici que des quêtes au moment des processions.

bre 1736, l'intendant intima pareille défense aux Trinitaires de Montpellier. Il semble cependant qu'en certaines occasions, comme dans des rédemptions communes, il y avait une tolérance réciproque.

Sans doute, les religieux logeaient à leurs couvents respectifs, dans une ville où chaque ordre en avait, mais il régnait entre eux, pendant le voyage même, une véritable fraternité. Le nombre des rachats faits ainsi en commun (1704-1708-1712 au Maroc, 1750 à Alger, 1765 au Maroc, 1779 et 1785 à Alger) prouve que les deux ordres pouvaient arriver à s'entendre. Le voyage de 1765, précédé d'un an de discussions avec les Pères de la Merci de Guyenne pour le paiement du tiers des frais du voyage, fut une exception. Je n'en veux pour preuve qu'une très belle lettre écrite de Cadix, en 1708, par le P. Forton, commandeur de Carcassonne : il donne aux Trinitaires de Marseille et à leurs Pénitents un éloge mérité ; reconnaissant de bonne grâce qu'ils ont en Provence beaucoup plus de ressources que les Mercédaires pour le rachat des captifs, il leur demande d'augmenter leurs charités, le rachat de chaque esclave ayant été porté par l'empereur de Maroc Mouley-Ismaël à un prix exorbitant [1].

En 1751 seulement, le 27 avril, fut signée la transaction au sujet des processions. Le P. Gairoard, commissaire au voyage d'Alger, procureur des Réformés et des Déchaussés, y eut une grande part et en fut félicité par sa province au chapitre de Lambesc, le 6 mai 1752 [2].

Les deux ordres, comprenant que de pareilles contestations leur étaient respectivement préjudiciables, établissent

1. Pièce 257.
2. Trinitaires de Marseille, registre 13, p. 235.

qu'il n'y a que deux routes par lesquelles les esclaves débarqués se rendent en général à Paris : la Provence et le Dauphiné, ou le Languedoc et le Poitou. Les religieux, en accompagnant les esclaves, ne s'écarteront point de la route ordinaire, quel que soit l'itinéraire suivi. Ils useront des quêtes manuelles sans tronc ni marguilliers; ils n'afficheront leur départ que dans leur district. Les deux ordres feront leurs processions ensemble, même si leurs rédemptions sont seulement contemporaines et non conjointes; ou bien elles seront séparées dans l'ordre fixé par le supérieur ecclésiastique. Si les esclaves rachetés par l'un des deux ordres visitent le couvent de l'autre, les religieux ainsi visités ne prétendront rien aux aumônes qui seront faites à cette occasion. Les Mercédaires Héraut et Gobin signèrent cette convention avec le P. Lefebvre, général des Trinitaires.

Quelques religieux de la Merci regrettèrent d'avoir renoncé au bénéfice des arrêts du Parlement d'Aix, leur permettant de quêter seuls[1]. Craignant que l'on ne réservât les charités en Provence pour les processions des Trinitaires, plus fréquentes que les leurs, ils chicanèrent sur l'itinéraire court, et dirent que la transaction ne profitait qu'à leurs rivaux, puisque eux-mêmes n'envoyaient pas leurs captifs à Paris. Faites-le, répondirent les Trinitaires. Les Mercédaires voulaient obliger leurs rivaux, dès l'arrivée en quarantaine à Marseille, à demander aux commandeurs de cette ville et d'Aix la permission de faire la procession, qui pouvait être refusée !

1. Les Trinitaires d'Aix ayant annoncé qu'ils quêteraient pour les captifs, le 27 août 1750, le Parlement d'Aix avait ordonné la lacération de leurs affiches, et le 14 novembre l'itinéraire le plus court leur avait été prescrit. Même prescription pour Arles (24 février 1756). Bibl. d'Arles, manuscrit 159, p. 651.

D'autre part, les Trinitaires déclaraient ne vouloir pas se soumettre à l'obligation de l'itinéraire direct, pour ne pas frustrer de leur légitime attente les maisons de l'ordre habituées à ces processions depuis des siècles.

Une nouvelle transaction, conçue dans un esprit un peu plus large, fut signée à Paris, le 17 mai 1757, par les PP. Lefebvre, général de la Trinité, et Mandavy, procureur général de la Merci. Il n'est plus question des arrêts d'Aix, cause de discorde entre les contractants. Chaque ordre pourra faire processions et quêtes, même dans les districts de l'autre ordre, mais sans visiter les troncs des églises ni faire rendre compte aux marguilliers[1]; les processions d'une rédemption commune seront à frais communs. Néanmoins les Pères de la Merci gardaient la quête ordinaire en Provence; les Déchaussés de Faucon furent donc déchargés de la quête pour les captifs[2], mais non de la séparation du tiers de leurs revenus.

Quelque améliorés que fussent les rapports entre les deux ordres, il ne fut pas possible, en 1765, de faire porter aux captifs rachetés en commun un scapulaire avec les deux écussons[3], ni de ranger les Trinitaires et les Pères de la Merci, après qu'ils se seraient réunis, en provinces portant simplement le nom de leurs saints les plus célèbres et non plus des dénominations topographiques. Une conférence fut convoquée, en 1771, dans le couvent trinitaire de Montpellier, entre les Trinitaires et les Pères de la Merci, sous la prési-

1. Archives nationales, S 4281.
2. Archives des Basses-Alpes, registre H 15.
3. Le P. Pichault déclara, en 1766, qu'il ne voulait point adopter ces écussons aux armes des deux ordres (Bibl. nat., ms. nouv. acq. fr. 6236, 2me partie, p. 198). Les délivrés portèrent, en 1785, des rubans rouges, s'ils étaient des Mathurins; des rubans bleus, s'ils étaient de la Merci.

dence de l'évêque de Mirepoix. Le couvent de Bordeaux demandait à s'unir aux Trinitaires, mais ceux de Marseille, Toulon, Montpellier et Perpignan s'y opposaient. Jaubert et Puel, Pères de province, désavouent d'avance tout ce qui se fera, alors que deux autres Mercédaires, Mandavy et Mège, veulent rejeter cette opposition. L'assemblée dut alors se séparer, sans avoir rien fait, le 15 novembre 1771 [1].

Voyant cette obstination, le roi ordonna de supprimer les couvents de la Merci en Guyenne (29 juillet 1774); l'ordre de la Trinité dut recevoir les fonds affectés à l'œuvre des captifs, mais les caisses étaient vides [2]. La suppression fut accomplie en 1783.

Jetant un regard en arrière sur ces longs démêlés, Audibert, procureur des Mathurins de Paris, dans un compte rendu adressé à l'Assemblée nationale en 1790, au sujet de l'Œuvre des captifs, observait « que la concurrence des deux ordres pour le même but leur fit ressentir les effets attachés aux misères humaines ». Tout en déplorant ces stériles polémiques, on ne peut regretter que les Trinitaires aient trouvé, dans cette rivalité, un utile stimulant pour l'œuvre de la rédemption.

1. Liasse des Trinitaires de Toulouse, n° 88.
2. Le chapitre provincial de Toulouse, en 1775, décida de ne garder que six couvents sur quinze (E. Ledermann, *ouvr. cité*, p. 50).

CHAPITRE VI.

La rédemption et le roi de France.

L'intervention royale devint peu à peu fort importante dans la rédemption. Les Trinitaires ont besoin de l'autorisation du roi pour emporter outre-mer l'argent ou les marchandises destinées à servir de présent aux souverains barbaresques ou d'appoint à la rançon des esclaves. Quand ils se rendent en Maroc, ils passent par l'Espagne et doivent se munir, auprès de l'ambassadeur de France, d'une carte de franchise; en Espagne, on est encore plus sévère qu'en France pour la sortie de l'argent. Le roi donne aux religieux une sauvegarde, qui n'empêche pas les pirates de leur courir sus (par un heureux hasard cependant, ils purent toujours échapper à ces agressions). En Espagne, la sauvegarde royale est portée par un notaire, approuvé par le conseil du roi, qui tiendra registre de toutes les dépenses, fixera la date du départ et le port d'embarquement[1]. C'est un peu le rôle que nous avons vu remplir par un officieux marchand lyonnais, en 1540, exemple unique pour les rédemptions de France.

La rédemption étant une œuvre privée, c'est à cette sau-

---

[1]. Philippe II adjoint un laïque aux deux religieux qui vont, en 1581, racheter les Portugais (Pièce 136).

vegarde que se bornait primitivement l'intervention du roi, très grand avantage pour les religieux. En effet, si le roi marquait un désir de voir racheter spécialement certains captifs, ce fait était de nature à rendre les Barbaresques plus exigeants quant au prix de la rançon de ces malheureux, dont le sort se trouvait ainsi compromis. Le P. Hérault chargé, par une lettre d'Anne d'Autriche, de racheter trois Capucins, éprouva plus d'embarras que de satisfaction par suite de cette honorable commission[1].

Un prince voulut cependant prendre à la rédemption une part plus active : c'est le roi de Portugal, Alphonse V le Brave. Contraints et forcés, les Trinitaires se dessaisirent en sa faveur du droit de la rédemption, pour sa vie seulement, et moyennant une pension annuelle de 80,000 reales. Alphonse la paya pendant sept ou huit ans, mais ses successeurs se dispensèrent entièrement de l'acquitter. Le 16 mars 1499, Alexandre VI intervint auprès d'Emmanuel le Fortuné pour faire payer aux Trinitaires la somme convenue; le roi se contenta de leur léguer 2,500 douros. Jean III rendit la rédemption aux religieux et mourut en 1552. Sous la minorité de Sébastien, Roch du Saint-Esprit, provincial, accepta le concordat suivant.

Les religieux seront déchargés des tournées de quête; le roi établira des collecteurs spéciaux et infligera des amendes au profit de la rédemption, mais l'exécution du rachat appartiendra aux religieux, avec toutes les aumônes. La reine Catherine et le pape Pie V ratifièrent en 1561 et en 1566 cette transaction, encore observée au début du dix-huitième siècle[2].

1. P. CALIXTE, *Corsaires et Rédempteurs*, pp. 302-356.
2. JEAN DE SAINT-FÉLIX, *Triumphus misericordiae*, pp. 138 à 140. — *Bullaire*, p. 261.

Ce n'est pas seulement au départ que le roi intervenait. Il pouvait exercer une influence sur la marche du voyage, en autorisant ou en refusant l'échange avec les musulmans détenus en France.

L'échange était un moyen efficace d'intéresser les musulmans à l'œuvre des rédempteurs ; le pape Innocent III, dans sa lettre au Miramolin, avait très judicieusement, nous l'avons vu [1], fait remarquer l'avantage pour les deux races de cet article de la règle trinitaire. Le roi Jacques d'Aragon permet aussi aux rédempteurs « d'emmener des captifs sarrasins de son royaume et de les conduire librement en terre sarrasine [2] ».

De leur côté, les Turcs entraient fort bien dans ces idées, comme en témoigne encore le P. Dan au dix-septième siècle, les parents des captifs musulmans étant, pour les Rédempteurs, des auxiliaires tout trouvés. C'est par la certitude de l'échange avec le petit-fils de sa patronne que le Flamand Caloen, dont d'Aranda a narré les pittoresques aventures, triompha des rigueurs de cette vieille Mauresse. Une fois, les rédempteurs étant venus d'Espagne, avec les Maures destinés à l'échange, et le dey d'Alger n'ayant point voulu vendre à un prix raisonnable les officiers espagnols qu'il détenait, les religieux repartirent sans avoir débarqué les Maures. Il y eut dans la population algérienne un tel mécontentement que, l'année suivante, le dey se montra plus traitable. A la même époque, un envoyé du dey demande aux esclaves du bagne de Toulon leur nom, leur âge, leur patrie, sans doute dans un espoir d'échange [3] (1750).

1. Baron, p. 147, et chapitre 1 de cette 3me partie.
2. *Histoire de Barbarie*, p. 502.
3. Pièce 297.

Au début du dix-septième siècle, une singulière affaire d'échange est à signaler. Vers 1620, vingt-trois Turcs furent jetés par la tempête sur les côtes de Normandie; laissés sans ressources par les habitants, au bout de quelque temps ils commirent des méfaits qui les firent appréhender par la maréchaussée. Leur chef, condamné à mort par le tribunal de l'amirauté, dit en *espagnol* qu'il en appellerait au Parlement de Rouen. Mais « Dieu, de la méchanceté des infidèles, sait tirer le bien et la délivrance des chrétiens qui le loueront éternellement[1] », et des Trinitaires vinrent à Valognes demander qu'on les leur remît en vue d'un échange : leur chef promit de rendre vingt chrétiens pour lui seul. Cet expédient fut goûté et les Turcs reçurent leur liberté[2].

L'échange devint malheureusement, de la part des Turcs, un moyen de duper les chrétiens. D'Alger, ils promirent au P. Hérault, en 1645, autant de Français qu'il amènerait de Turcs; puis, lorsqu'il arriva avec les captifs, ils ne voulurent plus lui donner qu'un chrétien contre deux ou trois Maures. Cette proportion fut adoptée en 1704 par l'empereur de Maroc.

L'échange échouait parfois, en totalité ou en partie, sans qu'il y eût de la faute des rédempteurs. En 1644, dix Turcs, évadés des vaisseaux du roi d'Espagne, furent donnés par le duc de Grammont, gouverneur de Béarn, au ministre des Trinitaires d'Orthez, pour qu'il les emmenât à Marseille en vue d'un échange contre un nombre égal de chrétiens captifs à Tunis; mais deux se firent baptiser[3]. De même, en 1645,

---

1. *Revue africaine*, t. XXIX. pp. 437-442.
2. Le passage d'autres Turcs à Arles, le 12 avril 1637, causa une épouvantable catastrophe, par suite de l'écroulement d'un pont sous la foule des curieux (*Le Musée d'Arles*, t. I, p. 129).
3. P. CALIXTE, *Corsaires et Rédempteurs*, p. 316 (note).

un échange de vingt-deux Turcs pour vingt-deux chrétiens ne put être effectué parce qu'à Toulon ces Turcs furent trouvés « chrétiens, ou morts, ou enfuis[1] ».

Dans la seconde moitié du dix-septième siècle, l'échange fut le plus laborieux, surtout par la faute des Français. Charles IX avait donné, en 1562, des lettres patentes pour faire relâcher quelques Maures des galères[2]; mais les marchands marseillais faisaient souvent la sourde oreille, ne voulant pas se priver de ces excellents rameurs. Sous le ministère de Colbert, le gouvernement finit par se ranger à l'avis des Marseillais. Le célèbre ministre, amusant les Algériens par des réponses dilatoires, approuva l'*expédient* de ne renvoyer que des Turcs vieux et invalides. Cette insidieuse substitution fut une des causes de ces bombardements d'Alger si funestes aux chrétiens.

Les rédempteurs eurent à souffrir de cette politique. Malgré leurs dénégations, toujours considérés par les souverains musulmans comme des ambassadeurs officiels, ils étaient exposés à ne se voir rendre les esclaves français que s'ils promettaient le renvoi des Maures retenus sur les galères, ce qui n'était pas en leur pouvoir. Après une période de crise aiguë, quelques échanges réussirent de nouveau. Pour ne citer que les plus connus, Dusault, envoyé à Alger en 1691, échangea deux cent cinquante-sept Turcs contre quatre cent cinquante-deux Français. Il ne restait plus alors aucun de nos compatriotes pris pendant la paix[3].

---

1. *Revue africaine*, t. XXXV, p. 99.
2. Pièce 124. — Le 16 septembre 1644, le duc de Richelieu ordonna de détacher de la chaîne deux Turcs pour les échanger avec deux esclaves français détenus à Tunis (Aff. étr., Afrique, n° 8, fol. 90).
3. PLANTET, *Correspondance des deys d'Alger*, I, 296.

En 1721, treize Turcs avaient été promis par Dusault[1], contre douze Français; or, sept de ceux qui furent conduits à Alger étaient invalides et Maures. Si Dusault (mort au mois de mai 1721) n'avait pas promis les treize Turcs, jamais les Algériens n'auraient rendu les douze Français arrivés à Alger sur les galères de Salé, ce qui était une gracieuseté particulière. Aussi, pour apaiser le dey, ordre fut-il donné aux consuls de Gibraltar et de Cadix de racheter vingt-sept Turcs et Maures pris par les Hollandais et vendus aux Espagnols[2]. A la suite du voyage du P. de La Faye, Maurepas, ministre de la marine, fit libérer six Turcs des galères, récemment achetés à Cadix (16 janvier 1726)[3].

En 1737, des Maures ayant été jetés à Collioure par la tempête, l'amirauté voulut s'en saisir à Marseille, pour les faire jeter sur les galères; mais les échevins les renvoyèrent à Alger[4].

De semblables procédés facilitèrent les échanges; en 1755, sur trois cent quarante-huit captifs, les Trinitaires Déchaussés en eurent cent quatre-vingt-onze par échange[5].

On voit combien il était important pour les rédempteurs d'avoir d'avance l'agrément royal pour l'échange des Turcs des galères. L'amirauté, après avoir rendu ceux d'Alger, n'avait qu'à faire acheter d'autres Turcs à Livourne ou à Malte[6].

---

1. Dusault était très considéré en Barbarie; le bey de Tripoli lui avai donné une statue antique de la *Pudeur*, qu'il offrit à Louis XIV pour Versailles. *Revue africaine*, t. XXXII, p. 60.
2. *Ibid.*, p. 131.
3. *Ibid.*, pp. 137-138.
4. *Ibid.*,, p. 128.
5. *Arbor chronologica ordinis S. Trinitatis*, p. 134.
6. Voici encore quelques exemples d'échange. 1621 : un pirate es

Quand il n'y avait pas échange, il fallait bien payer la rançon des captifs. Il ne pouvait convenir au roi de prendre officiellement cette dépense à sa charge, considérant « qu'il n'était de sa dignité de traiter avec la canaille ou de payer une somme pour rançon de ses sujets », mais il priait le souverain du pays d'agréer cette somme en présent, « comme témoignage de son amitié singulière[1] ». Ainsi le traité conclu à Alger en 1666 par le duc de Beaufort contient une clause *secrète* sur le prix des esclaves délivrés ; mais dans le traité public, ils sont censés avoir été libérés sans rançon.

Parfois, le rachat était mis à la charge des villes. En 1628, les communautés de Provence trouvant déjà onéreux de payer les 200 livres obligatoires par esclave, d'après la liste remise à Samson Napollon, refusent d'accorder une gratification à ce marin[2]. A mesure que le dix-septième siècle s'avance, nous voyons croître les charges pesant sur les villes, du fait de leurs enfants esclaves. Un arrêt du Conseil d'État, du 4 janvier 1666, contraignit les communautés à donner 175 écus par captif, mais sauf remboursement par les parents qui auraient du bien[3].

échangé pour un esclave marseillais de bonne famille détenu à Alger. (P. Calixte, ouvr. cité, p. 119). — 1648 : de Cocquiel échange trente-six Turcs des galères contre deux cents captifs français (*Corr. d'Alger*, I, 55). — 1666 : sept forçats sont échangés au moment de la mission de Dumoulin (*Aff. étr., Afrique*, n° 8, fol. 129 v°). — L'échange est plaisamment mentionné dans la célèbre scène du *Pédant joué* : « *Va-t-en leur dire que, le premier Turc qui me tombera entre les mains, je le leur renverrai pour rien.* » — Il existait aussi en Orient. Les Déchaussés de Vienne se louèrent beaucoup de la conduite des Turcs d'échange qu'ils amenèrent avec eux en 1700 (*Triumphus misericordiæ*, p. 80).

1. *Mission des Capucins à Maroc.* Rome, 1888, p. 62.
2. Pièce des Archives communales de Cassis (14 mars 1628).
3. Plantet, *Correspondance des beys de Tunis*, I, xviii. — Le roi fit d'ailleurs en secret une aumône de 40,000 livres pour les nécessiteux.

L'influence du roi s'exerça de tout temps, dans le cours de la rédemption, en limitant le choix des esclaves. La cour de France interdisait, en principe, le rachat des déserteurs français pris sous pavillon étranger, bien moins intéressants que les chrétiens victimes d'un malheur immérité. C'était d'ailleurs une idée commune à tous les souverains européens. Cependant, lorsque l'enquête demandée d'avance au consul de France n'avait pas été conduite avec assez de sagacité, les déserteurs, réussissant parfois à cacher leur identité, étaient rachetés à la faveur de cette méprise[1]; lors du retour des rédempteurs en 1731 et en 1750, la cour de France ordonna formellement de ne pas inquiéter ces déserteurs[2]. Maurepas en avait parlé à son collègue le comte d'Argenson, qui leur donna des saufs-conduits pour la durée des processions solennelles marquant le retour des captifs, quitte à obtenir du roi leur grâce pendant ce temps ou à les faire passer ensuite aux colonies.

Il était toujours interdit aux Trinitaires de racheter les déserteurs en connaissance de cause : le P. Gache avait répondu par un refus à la princesse Louise de France, qui intercédait pour obtenir le rachat d'un déserteur (14 janvier 1778).

En résumé, à cette époque, la rédemption était la plupart du temps *générale*, parce qu'on rachetait un certain nombre de captifs, à la fois et indistinctement, à part quelques restrictions apportées par les prescriptions de la cour de France; c'était une œuvre absolument *privée*, où les religieux intervenaient en leur nom et avec leurs propres ressources.

1. Cf. la grâce accordée à Jean-Pierre Congy, déserteur corse, racheté par le P. Gache (*Corr. citée*, 3 mars 1780).
2. Pièce 304.

CHAPITRE VII.

Le voyage de rédemption à Alger ou à Tunis.

La règle trinitaire ne fixe pas les conditions du choix des rédempteurs[1]. « Ils doivent être, disent les statuts, éminents sous tous les rapports, d'une forte santé, d'une vertu éprouvée, d'une charité inépuisable. » D'ordinaire, ceux qui avaient été jugés dignes de l'administration d'un couvent pouvaient seuls prétendre à l'honneur de faire une rédemption; les statuts de 1429 n'en excluent pourtant pas les simples frères. Depuis le quinzième siècle, nous n'y voyons guère employés d'autres religieux que des ministres, au nombre de trois ou quatre, surtout et presque exclusivement tirés des provinces du nord de la France. Ils sont élus par le chapitre général, tous les trois ans, nous dit François Bouchet; en Espagne, ils sont choisis par le Définitoire.

En 1505 figure parmi les rédempteurs un ministre de Cordes; en 1723, un ministre de Montpellier; en 1720, un *religieux* d'Avignon. D'ailleurs, quand une rédemption avait pour but spécial le rachat des captifs d'une région, l'envoi d'un rédempteur de cette région est tout indiqué. Pierre Mer-

---

1. Il est seulement ordonné aux rédempteurs de porter la barbe, car en Barbarie ceux qui ne la portent pas sont regardés comme des gens dissolus (Bibl. nat., n. acq. lat. 1788, f° 4 v°). D'où les barbes vénérables des rédempteurs qui faisaient un si bel effet aux processions.

cier, voulant en 1665 racheter les captifs d'Ostende, pour inspirer confiance aux Flamands, charge de leur rachat le P. Dachier[1], ministre de Lens, avec Félix Boucher, religieux convers du couvent de Douai.

Le lieu du voyage est fixé par le chapitre général ou le grand-ministre, d'après les lettres que l'on reçoit sur l'état du pays ou les souffrances des esclaves. La destination ordinaire est Alger, Tunis ou le Maroc, bref l'Afrique du Nord. Comme rédemption exceptionnelle, on peut citer celles de Hongrie en 1602, de Tripoli en 1700, et de Constantinople en 1732.

Le départ est précédé d'un certain nombre de formalités, dont la première était l'obtention du passeport royal. Le nom du roi de France est si respecté en Barbarie que même les religieux de la Merci d'Andalousie ne dédaignent pas, en 1725, de lui demander un sauf-conduit[2].

Le passeport du roi de France a comme corollaire celui du dey d'Alger, de l'aga des Janissaires ou de quelque autre. Dès 1581, Djafer, vice-roi d'Alger, écrit aux rédempteurs que cela ne se passerait plus comme sous son prédécesseur Hassan, et que les chrétiens pourraient venir librement en Barbarie, tant pour le négoce que pour la rédemption. En 1645, le P. Lucien Hérault reçut un pareil passeport avec des promesses d'excellents traitements, mais elles ne furent guère tenues. Le 19 janvier 1749, le dey Mehemmed envoya aux Trinitaires de la province de Castille un passeport sollicité par le Père administrateur de l'hôpital d'Espagne[3].

---

[1]. Archives du royaume de Belgique à Mons. Les captifs rachetés à Alger, en novembre 1729, sont aussi tous des Flamands.
[2]. PLANTET, *Correspondance des beys de Tunis*, t. II, p. 154.
[3]. PLANTET, *Correspondance des deys d'Alger*, II, 208 n.

L'essentiel était d'emporter de l'argent. Le change causait un grand ennui aux rédempteurs, d'autant que les seules pièces admises étaient les piastres mexicaines ou sévillanes, et que, vu l'importance de la somme, on trouvait difficilement à la changer, même à Marseille[1].

Les Trinitaires emportent aussi des marchandises. Le 4 août 1630 « fut accordé que, pour le rachat des esclaves français qui se trouveraient au lieu de Salé et terre de sa juridiction, on payerait à leurs patrons l'argent qu'ils auraient coûté, avec 40 % de profit, en toile de Rouen à prix raisonnable[2] ». Quant aux présents officiels, on sait que, de tous temps, on en offrit aux Musulmans. Raynaldi mentionne ceux que le pape envoya en 1344 au soudan de Babylone pour l'adoucir (*ad emulcendum soldanum*) et l'amener à traiter mieux les chrétiens. Les archives de la Chambre de commerce de Marseille et les lettres des consuls d'Alger mentionnent, à chaque instant, les présents qu'il faut faire au dey à l'occasion de la naissance, de la circoncision, du mariage de ses fils. Dès qu'un consul d'Angleterre ou de Hollande a fait un riche cadeau, il faut que la France en fasse un encore plus considérable, puisque c'est la richesse des présents qui donne l'influence et la considération. Les rédempteurs n'étaient pas exempts de cette cause de préoccupation ; leurs présents auraient été refusés s'ils n'avaient pas été assez beaux, et la rédemption se serait trouvée compromise. Aussi voit-on, à la fin du dix-huitième siècle, les Trinitaires s'entendre d'avance avec le souverain musulman au sujet du présent qui lui serait agréable. L'empereur du Maroc réclame aux rédempteurs

---

1. Archives de la Chambre de commerce de Marseille, *passim*.
2. *Mission des Capucins à Maroc*, p. 158.

de 1765 de la cochenille, à ce moment hors de prix à Cadix ; ils ont toutes les peines du monde à faire revenir le souverain sur cette idée. Finalement, les religieux en furent quittes pour apporter à la place une certaine quantité de thé ; mais quand il l'eut reçu, l'empereur déclara qu'il ne valait rien !

Ce n'est pas le souverain seul qu'il faut gagner ; il y a, au-dessous de lui, ses fonctionnaires, surtout les officieux, comme les Juifs, qui sont souvent les intermédiaires de la rédemption. L'un d'entre eux intervint très opportunément, en 1765, pour les religieux qui refusaient de payer une trop forte commission au vice-roi Mouley-Idris, à Mogador, en Maroc. Toutes ces dépenses devaient être prévues dans le budget de la rédemption, sous peine de voir le déficit s'accroître dans des proportions gigantesques ; le seul remède, l'emprunt, auquel les rédempteurs de 1765 songèrent, est une source de difficultés pour l'avenir. La prudence devait contraindre les religieux à ne pas trop se laisser aller au sentiment en rachetant au delà de leurs ressources.

Les rédempteurs, ayant reçu la bénédiction du général, s'embarquent à Marseille ou à Toulon pour se rendre à Alger ou à Tunis. Leur traversée n'est pas exempte de dangers ; car, s'ils vont faire un rachat à Alger, ils ne sont pas pour cela protégés contre les pirates de Salé ou de Tunis[1]. Naturellement, ils s'embarquent sur des bateaux très simples, car il faut être économe du trésor des captifs, à moins que, comme en 1719, ils n'aient la bonne fortune de se trouver sur le navire qui porte l'heureux négociateur Dusault.

Arrivés au port de Barbarie, ils font avertir le souverain ; deux barques viennent à leur rencontre, l'une porte le consul

---

1. P. Dan, *Histoire de Barbarie*, p. 489.

de France, l'autre le secrétaire du dey[1]; l'un vient les complimenter et se mettre à leur disposition pendant tout le temps de leur séjour, l'autre leur demande combien d'argent ils apportent; ils tâchent toujours de n'en déclarer que la moitié. On déduit 5 % de tout l'argent et de la valeur des marchandises. On ôte le gouvernail et les voiles[2] du navire; cette formalité, dont seuls les Vénitiens[3] surent se faire dispenser au Moyen-âge, s'explique par la crainte des Algériens de voir un esclave se sauver subrepticement à bord du bateau sans payer de rançon. Dans le voyage du P. Michelin, en 1666, le capitaine Pierre Chabat demanda en vain[4] qu'on n'enlevât pas les voiles au navire royal, et les rédempteurs eux-mêmes le blâmèrent de son insistance.

Des gravures, qui enveloppent les liasses des Mathurins de Paris, nous montrent les rédempteurs sortant de leur canot; l'un porte un petit sac, les captifs se jettent à leurs genoux. A côté sont représentés, pour inspirer de la compassion aux chrétiens libres, quelques-uns des supplices parfois infligés aux malheureux esclaves; un captif est suspendu la tête en bas, un autre empalé, un troisième tiré par les cheveux par un captif, sur l'ordre d'un Maure. En fait, la première impression des religieux n'est pas si sombre. Le canon a été tiré pour l'arrivée des rédempteurs et, durant vingt-quatre heures, les chaînes[5]

1. L'*Oukil*, comme l'appelle H.-D. DE GRAMMONT dans son étude sur *la Rédemption*.
2. On les rendait au départ. D'après une légende, saint Jean de Matha fut abandonné avec ses captifs sur une nef sans gouvernail ni voiles, comme les saintes Maries de la Mer, ce qui ne l'empêcha pas d'arriver au port sain et sauf (P. CALIXTE, *Corsaires et rédempteurs*, p. 78).
3. MAS-LATRIE, *ouvr. cité*, p. 387.
4. *Le Tableau de piété envers les captifs*, p. 105.
5. Le P. Hérault paraît avoir exagéré en parlant de chaînes de 100 livres (*Larmes et clameurs des chrétiens*, 1643, p. 14).

sont enlevées à tous les captifs (du moins l'anneau que les esclaves du Beylic portent à la jambe). Durant le temps de la rédemption, les religieux donnent aux esclaves de leur nation une piastre par mois; cette gratification, qui s'appelle *la lune*, a pour but de les dispenser du travail et de leur laisser plus de loisir pour faire des démarches auprès des rédempteurs.

Les Pères doivent aller présenter leurs civilités au dey; le consul les y accompagne. Le souverain désire voir racheter d'abord ses esclaves, en impose cinq, qu'il prend toujours parmi les plus inutiles et vend très cher; dans ce nombre, il en glisse parfois qui n'appartiennent ni à la nation ni à la religion des rédempteurs; ceux-ci sont obligés d'accepter quand même ces cinq esclaves, sans quoi la rédemption serait compromise.

Cette visite officielle une fois faite, les Pères demandent quels sont les captifs les plus anciens et les plus méritants et recherchent ceux pour lesquels ils ont un fonds spécial. Cette enquête, déjà préparée dans les divers diocèses de France, est fort difficile à cause du secret qu'il faut garder et de la nécessité de se servir des intermédiaires; ceux-ci font parfois racheter d'abord les captifs les plus fortunés ou ceux qui leur ont donné quelque argent. Les religieux sont dans cette situation embarrassée, par suite de leur ignorance de la langue arabe; ce n'était donc pas sans quelque fondement qu'un anonyme du seizième siècle, écrivant des « Articles » pour la rédemption des captifs, proposait que les religieux fussent toujours accompagnés de personnes connaissant « la langue et manière de trafiquer » du pays [1].

[1]. Bibliothèque nationale, manuscrit français 17284, fos 26-30. Je dois cette indication, avec bien d'autres, à mon excellent confrère A. Vidier.

Tous les esclaves cherchaient naturellement à se faire racheter les premiers. L'un contrefit le furieux avec tant d'art, menaçant son patron de le tuer, que celui-ci prit peur et s'en défit pour une somme peu élevée. Parfois, le patron vient menacer le rédempteur de toutes sortes de maux, s'il ne rachète pas son esclave. La fourberie des captifs met les religieux dans l'embarras. Ils apportent, raconte le P. Héron qui alla à Alger en 1659, des fausses lettres de leurs parents, affirmant que ceux-ci ont confié des fonds aux rédempteurs, et ils prétendent ainsi être rachetés. Les religieux, sachant bien n'être jamais allés en ces pays, ont de la peine à montrer aux patrons, qui veulent se faire donner l'argent soi-disant confié par la famille, la fausseté de ces prétentions et courent grand risque d'être maltraités par ceux dont la fraude a échoué.

En général, les Trinitaires ne rachètent que leurs compatriotes *catholiques*. Quand il y a des captifs « de la religion », les protestants leur confient parfois des fonds pour leurs coreligionnaires, ou ils s'occupent eux-mêmes de ce rachat. Ce n'est que dans le cas où il n'y aurait pas assez de nationaux qu'ils pouvaient délivrer des étrangers, à moins d'avoir reçu pour ceux-ci des fonds spéciaux[1].

Le roi de France prétendait qu'on devait remettre en liberté même les étrangers pris sous pavillon français[2]. D'autre part, on ne pouvait accorder la même faveur aux Français pris sous un pavillon ennemi des Barbaresques.

1. En 1703, le conseil de Hambourg envoie 300 marks aux Trinitaires. BAASCH, *Die Hansestädte und die Barbaresken*.
2. Le Danemark se plaignit, au dix-huitième siècle, à la ville de Hambourg, qu'elle ne rachetât point les Danois pris sous pavillon hambourgeois. La célèbre ville hanséatique déclara qu'elle ne faisait point de différence entre ses matelots.

LE RACHAT DES CAPTIFS, D'APRÈS UN TABLEAU PEINT SUR VERRE.
[Communication de mon confrère M. André Pidoux.]

Les religieux eurent pitié d'une pauvre famille de Sardaigne (1720), de Grecs et du père d'un comédien italien. Dans la liste des esclaves ramenés de Constantinople en 1731, un est de Saint-Gall[1].

En principe, les subventions locales ne devaient être employées que pour les captifs locaux, avec faculté de s'en servir pour les esclaves français en général, si la somme disponible n'était point épuisée. Le partage des quêtes entre les Trinitaires et les Pères de la Merci amena nos religieux à racheter des gens du Nord plutôt que des gens du Midi. En 1708, le P. Forton, Mercédaire, priait, avec raison, les Trinitaires de contribuer au rachat des Provençaux autres que les Marseillais, les villes de Martigues, de La Ciotat, de Toulon, ne fournissant pas des fonds suffisants pour le rachat de tous leurs compatriotes[2]. Les Marseillais étaient fort nombreux; mais, comme nous l'avons vu, le Bureau de Rédemption s'occupait souvent de leur rachat particulier. La rédemption avait donc un caractère local assez prononcé.

Les captifs rachetés sont de tout âge et de tout sexe. Dans un dénombrement de 1580, figurent deux prêtres, deux Franciscains, un Dominicain, une Clarisse, vingt-deux enfants, vingt-quatre femmes[3]. D'après des listes contenues dans un manuscrit, les Pères de la Merci, par courtoisie, rachetèrent plus d'un Trinitaire[4], à charge de revanche. On retirait même de Barbarie des statues, des images de saints, des ornements sacrés tombés aux mains des musulmans[5].

1. *Voyage du P. Jehannot*, p. 339.
2. Pièce 257.
3. BERNARDIN DE SAINT-ANTOINE, *Epitome*, f° 86.
4. Manuscrit 7750 de la Bibliothèque du Vatican.
5. *Arbor chronologica*, p. 135. — A la page 174 du *Triumphus misericordiae* se trouve la reproduction d'une image du Christ rachetée en 1682 et placée dans le couvent de Madrid.

Quant aux prix de la rédemption des captifs, il est bien difficile d'en donner une idée exacte. En 1541, rapporte H. de Grammont, on eût pu échanger un chrétien contre un oignon ! Ce prix augmenta rapidement, sans doute plus vite que la valeur de l'argent ne décroissait. Les cotisations imposées par Louis XIV, en 1666, étaient de 175 écus, somme presque équivalente aux 600 livres que fournissaient les prieurs de la rédemption de Marseille. En 1685, ceux-ci décidèrent de faire un « augment de charité » et de porter cette quotité à 800 livres[1]. Le prix variait d'ailleurs selon le rang présumé de l'esclave et aussi selon le pays où il était détenu. Ainsi, au Maroc, les esclaves coûtaient deux à trois fois plus cher qu'à Alger.

Le dey faisait trois catégories, selon les professions que les esclaves pouvaient exercer : *minstrances*, gens de main-d'œuvre (forgerons, tonneliers, charpentiers), *caravaniers*, qui portaient les fardeaux, et *passebarres*, les moins estimés de tous, qui charriaient des pierres à la mer pour construire le môle[2].

En 1737, le dey exigeait des Mercédaires 1,000 piastres[3] pour un captif ordinaire, 5,000 pour un officier et 100,000 pour chacun des deux chevaliers de Malte, Saldecagne et d'Aregger. Ce dernier chiffre s'explique par l'hostilité persistante entre Maltais et Barbaresques. Plutôt que de subir

---

1. Ce mouvement de hausse continua pendant tout le dix-huitième siècle. M. Baasch, qui a étudié la caisse des esclaves à Hambourg, montre que la contribution pour le rachat de chaque esclave, d'abord de 300 marks, monta à 500, 600, 700 même.

2. *Mémoires de la Congrégation de la Mission*, t. III, pp. 26-27. Ces dénominations venaient de l'espagnol.

3. En 1720, la piastre sévillane valait 6 livres 10 sols ; en 1765, elle est comptée pour 5.

ces exigences, les religieux se retirèrent. L'année suivante, ils eurent des officiers pour 800 et même 600 piastres sévillanes par tête; des deux chevaliers, l'un revint à 22,000 piastres, l'autre à 10,000 [1]. Les comptes de rachats particuliers d'esclaves liégeois dont les Trinitaires sont chargés vers 1780 font ressortir leur prix moyen à 3,000 livres.

Dans les fortes rançons, la famille devait intervenir pour la plus grande part, mais il est impossible de savoir la contribution des religieux pour chaque rachat. Le docteur Gustave Lambert[2] mentionne 100 livres remises par Honoré Mège pour le rachat d'un de ses parents, ou même 155 et 175 piastres que des captifs s'engagent à payer, une fois rentrés en France, mais que les religieux ne purent pas toujours toucher. Il est donc permis de dire que la contribution des familles était facultative, et que la charité, tant du roi que des religieux, libérait en totalité les pauvres captifs.

Au prix net s'ajoutaient des droits innombrables, dont l'énumération tiendrait une page; le principal était celui des *portes* fixé à 10 %[3]. Au traité si avantageux conclu par le P. Hérault, le 1er mars 1643, figurent 15 piastres à verser au dey, 4 au secrétaire d'État, 7 au capitaine du port, 17 au gardien du bagne.

A mesure que les Trinitaires rachetaient les esclaves, ils les faisaient pourvoir de leur *carte de franchise* et recueillir dans quelque maison hospitalière, la plupart du temps celle du

---

1. Le rachat de Mlle de Bourck, de son oncle et de son domestique coûta 75,000 livres.
2. *L'Œuvre de la rédemption des captifs à Toulon*, pp. 69, 73, 79.
3. L'empereur de Maroc en avait positivement dispensé les Trinitaires en 1716, mais un ministre prévaricateur ne voulut pas en prévenir le vice-roi de Méquinez, et les religieux, contre leur attente, se virent contraints par celui-ci de le payer.

consul; en 1720, leur rançon fut payée dans l'hôtel du plénipotentiaire Dusault. La négociation finie, les libérés étaient passés en revue par le dey; c'est à ce moment que les rédempteurs ont le plus à redouter les insultes de la populace. Le navire est bien inspecté pour que l'on soit sûr qu'aucun esclave ne s'y est caché en contrebande. Après cette inspection, le gouvernail et les voiles sont rendus, et le bateau procuré par le consul peut partir [1].

En 1645, raconte le Mercédaire d'Egreville, dans sa *Vive Foi*, des esclaves s'étaient glissés dans le vaisseau en partance; de peur d'être poursuivi par les Algériens, et malgré toutes les supplications de ces malheureux, l'équipage les débarqua. Un esclave de Tunis trouva le moyen de se sauver, en 1720, en se plongeant jusqu'au cou dans un tonneau d'eau. On ne le signala au P. Bernard que quand le navire fut bien loin de la terre.

Ne reste-t-il plus d'esclaves de notre pays lors du départ des religieux? Certains rédempteurs l'ont prétendu. Le P. de La Faye affirme qu'en 1725, il ne reste plus à Alger que *deux* [2] catholiques français que leurs patrons veulent garder parce qu'ils leur sont utiles, et qui d'ailleurs ne sont pas malheureux. En admettant que cette affirmation fût vraie pour ce moment précis et lors des restitutions imposées par les traités, la course allait rapidement fournir des esclaves en plus grand nombre qu'on n'en avait racheté, et tout le travail devait être à recommencer. Les rédemptions françaises étant d'ailleurs moins fréquentes que celles opérées

---

1. En 1720, le consul Delane somma les rédempteurs partant pour Marseille de continuer leur voyage sur un pinque de construction hollandaise qu'il avait acheté pour eux. *Revue africaine*, XV, 360.
2. *Voyage de 1723-1725*, p. 357.

par les Espagnols, il pouvait rester relativement plus de Français que d'Espagnols en captivité.

Le voyage de retour était parfois accidenté. A deux reprises, une tempête ramena à Alger les rédempteurs de 1720. Au passage des îles Baléares, en 1659, lors du retour du P. Héron, on menaça de tirer le canon contre leur vaisseau, mais les Trinitaires de Palma, plus généreux que le gouverneur, apportèrent des provisions à leurs confrères; en 1725, à Port-Mahon, on leur refusa la permission de prendre de l'eau. Après une traversée plus ou moins longue, les rédempteurs arrivaient au port de Marseille. Les Pères de la Merci[1] débarquaient plutôt à Toulon, où ils avaient un couvent.

Comme Alger était presque constamment en proie à la peste, les esclaves rachetés devaient faire la quarantaine. Cependant, le ministre de Marseille était prévenu et la population s'apprêtait à faire fête au pieux cortège.

---

1. En 1662, ils débarquèrent à Barcelone et durent venir à pied en France, vivant de la charité publique (Dr GUSTAVE LAMBERT, ouvr. cité, p. 99).

CHAPITRE VIII.

Les processions de captifs.

Dès que la quarantaine était terminée, les processions de captifs commençaient. C'était une fête éminemment populaire; la dernière, qui eut lieu en 1785, laissa un très grand souvenir : quarante ans après, Bérenger la décrivait encore dans ses *Soirées provençales*[1]. Ces processions avaient un double but : l'édification et l'utilité. C'était un beau spectacle, pour les populations, que de voir les captifs délivrés, accompagnés de leurs libérateurs, dont la charité était ainsi peinte au vif : quel meilleur moyen eût-on pu trouver pour engager les chrétiens à se montrer généreux pour les captifs, bénéficiaires des quêtes faites pendant les processions, et à fournir de nouvelles ressources aux rédempteurs !

La procession, en usage au moins depuis le quinzième siècle, au témoignage de Gaguin, visitait de préférence les couvents de l'ordre. De Marseille[2], elle gagnait, en général, Aix, Arles, Tarascon, Avignon, Lyon, Troyes, d'où elle se rendait à Paris, soit par Fontainebleau, soit par Châlons, Cerfroid et Meaux. Le voyage n'était pas toujours terminé

---

1. Lettre 18e du Ier volume, pp. 306-309 (Paris, 1819).
2. En 1666, les Pères de la Merci avaient voulu empêcher les Trinitaires de faire une procession à Toulon (Gazette du 12 novembre; *Les continuateurs de Loret*, tome II, col. 470).

par la capitale, car on allait souvent montrer les captifs libérés aux villes de Flandre[1] et de Normandie, dont quelques-uns étaient originaires.

Il y avait aussi un itinéraire allongé, traversant le Languedoc et le Poitou, que le Père Hérault avait suivi en 1643; dans la première de ces provinces, les Trinitaires possédaient un certain nombre de couvents. Lors de la rédemption commune de 1785, les Trinitaires prirent l'itinéraire direct, et les Pères de la Merci passèrent par Toulouse et Bordeaux.

Les processions existaient aussi hors de France. Celle de 1559 à Lisbonne est ainsi relatée par Jean Nicot, ambassadeur de France en Portugal. « Arrivèrent environ 200 captifz qui ont esté achetez à Algié par la Miséricorde de ceste ville...; chacun d'eulx portoit au bout d'un baston ung petit pain bis en extrémité de la grosseur d'un orange, dont les trois estoient ce qui leur estoit distribué par chacun jour pour vivre[2] » (21 sept. 1559).

La procession des Pères de la Merci rapportée dans le *Diable boiteux* de Lesage est sombre et triste, comme le génie espagnol; un trait surtout est bien observé : le rédempteur, « sur un cheval caparaçonné de noir, portait sur sa figure la joie profonde d'avoir ramené tant de chrétiens dans leur patrie ».

Il semble qu'on ait parfois exagéré la mise en scène. Laugier de Tassy, un peu sceptique à l'endroit des malheurs des esclaves, prétend qu'à ces processions ils ont des chaînes qu'ils n'ont jamais portées dans leur captivité et qu'on leur

---

[1]. Le P. Ignace a cité dans ses *Mémoires* plusieurs processions de captifs qui eurent lieu à Arras et à Douai.

[2]. Bibl. nat., nouvelles acquisitions françaises, 6638, f° 163 (communication de M. de La Roncière).

fait à dessein pousser la barbe et les cheveux pour les rendre plus horribles.

L'assistance à la procession était obligatoire, tout au moins moralement, pour chaque esclave. Certains contrats, passés devant notaire pour une rédemption, spécifient que l'esclave une fois racheté assistera à la procession[1]. Parmi ces captifs, ce furent parfois les mieux nés qui se refusèrent à respecter cet engagement d'honneur. Devant la résistance du chevalier Louis de Castellane d'Esparron, en 1717, les Trinitaires et les Pères de la Merci qui avaient versé ensemble 22,000 livres pour son rachat, après sommation faite par huissier se résignèrent à laisser de côté ce fier personnage, qui avait trouvé fort bon qu'on le rachetât, mais ne se souciait pas de s'exposer aux regards curieux du peuple[2].

Les religieux tenaient à montrer tous leurs captifs ensemble, pour faire voir qu'ils avaient bien dépensé tout l'argent qui leur avait été confié. Mais, en 1731, le P. Jehannot dut envoyer de Constantinople ses esclaves par petits groupes; ceux-ci furent laissés libres dès leur arrivée à Marseille, mais invités à se trouver à la procession lors du retour de leur rédempteur[3].

Les habitants prenaient une grande part à la réception des captifs[4]. Si le couvent n'est pas assez vaste, les personnes les plus distinguées de la ville se disputent l'honneur de les loger.

1. Pièce 200.
2. Dr Gustave Lambert, ouvr. cité, pp. 82-83.
3. Pièce 280.
4. Les Trinitaires ne se louent pas moins des Français qu'ils rencontrent à l'étranger. En 1725, un négociant languedocien, Berlye, établi à Gibraltar, voyant les rédempteurs embarrassés de loger leurs captifs, vu l'insuffisance des auberges, fit vider un de ses magasins pour leur donner de la place. Le lendemain, d'ailleurs, le gouverneur anglais vint les inviter à loger au château, mais il était trop tard (*Voyage de 1725*, p. 322).

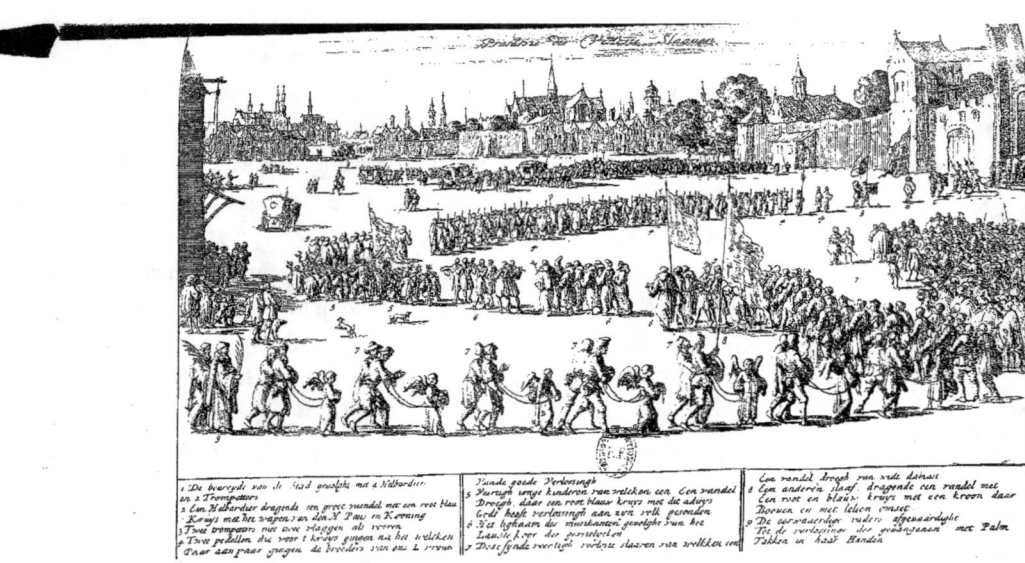

PROCESSION DES CAPTIFS.

(Estampe tirée de l'édition flamande de l'*Histoire de Barbarie*, par le P. Dan.)
[Communication gracieuse de M. Eugène Plantet.]

Une pieuse dame, à Châlons, en 1732, en prend douze chez elle, en l'honneur des douze apôtres.

Les captifs trouvaient parfois ce voyage un peu long, et non à tort; celui de 1732, dirigé par le P. Jehannot, dura du 20 octobre au 15 janvier, par suite de nombreux détours. La procession avait été faite à Tarascon où il y avait un couvent de l'ordre; les habitants de Beaucaire, qui n'est séparé de Tarascon que par un pont, demandèrent à voir la procession, n'en ayant jamais vu. Celle d'Avignon avait excité un tel enthousiasme que des habitants d'Orange la firent recommencer dans leur ville. Les captifs récriminaient contre le froid et murmuraient contre leur sauveur lui-même, ce qui fit dire au P. Jehannot qu'il songeait aux plaintes des Israélites dans le désert, et que s'il avait racheté les captifs, ce n'était pas pour s'attirer leur reconnaissance! Dans le petit village de Cintré, entre Vesoul et Langres, les habitants épouvantés, prenant les captifs pour des brigands, se barricadèrent, et ce ne fut qu'après avoir beaucoup parlementé que le P. Jehannot parvint à les loger. De là, ils descendirent la vallée de la Marne. A Joinville, le maire avait fait nettoyer d'avance les rues où ils devaient passer; le corps de ville les combla de libéralités, et le maire leur donna une charrette pour porter les infirmes jusqu'à Saint-Dizier. A Vitry, « le peuple est affable, poli et de bon commerce et les tribunaux sont remplis par des gens de mérite et d'érudition ». Les échevins de Châlons-sur-Marne avaient fait sonner les cloches dès qu'on aperçut le cortège; on fit aux captifs une distribution de souliers. Après Reims, Soissons et Cerfroid, ils arrivèrent à Meaux[1]. Les manuscrits de Claude Rochard

---

1. *Voyage du P. Jehannot*, pp. 365 à 385.

donnent beaucoup de détails sur les processions de captifs qui eurent lieu dans cette ville, sur la grande affluence du peuple, la durée extrême de la cérémonie qui dépassa huit heures et comporta des stations à dix-huit églises ou couvents. Tout le monde d'ailleurs faisait preuve de dévouement : les fusiliers se contentèrent d'un maigre repas [1].

Naturellement, les captifs, interrogés par tous, disent qu'il reste encore plusieurs milliers de leurs compatriotes à racheter ; une telle déclaration entrait parfaitement dans les vues des rédempteurs, dont le but était de faire croire qu'il existait encore en Barbarie un très grand nombre de captifs, dont les générosités de tous les chrétiens pouvaient seules briser les fers. Captifs et rédempteurs étaient salués par des poètes locaux, comme Jacques de La Fosse à Troyes (*l'Heureux paranymphe* de 1667), enfin à Paris par Charles Pithou, profès d'Arras (1642) (*Triumphus fraternae pietatis*), et en 1785 par un motet. C'est à Paris que l'accueil fut de tous temps le plus enthousiaste. « En 1466, raconte Gaguin dans une lettre, il y eut à notre entrée une telle joie, une telle gaieté, un tel concert d'acclamations à toutes les rues, à tous les carrefours, que, je puis l'affirmer, aucun roi ne fut jamais reçu comme nous [2]. »

Des stations avaient lieu aux couvents en bonnes relations avec les Mathurins. L'abbaye de Saint-Victor reçut, en 1642 comme en 1451, la visite des captifs. Louis Petit avait

---

1. Rochard continue ainsi : « Le lendemain, un religieux conduisit vingt-deux des soixante-trois captifs au couvent des religieuses de Noéfort, *pour contenter la curiosité ordinaire des religieuses*, qui désiraient avec ardeur voir ceux qui avaient ainsi soutenu l'honneur du christianisme, en préférant l'esclavage aux honneurs qui leur avaient été offerts en quittant leur religion et avaient souffert les tourments et travaux avec constance pour Dieu seul. »

2. De Vaissière, *De Roberti Gaguini vita et scriptis*, p. 8.

demandé au prieur « d'accommoder quelque petit lieu dans leur basse-cour pour retirer iceux captifs avec leur père rédempteur, en attendant que les Mathurins allassent processionnellement les recevoir ». Les religieux de Saint-Victor leur avaient donné du pain et du vin pour « se repaître [1] ».

Au retour des captifs rachetés à Alger par le P. Dan, qui fut peut-être l'heureux initiateur de cette fête (1635), on leur donna pour escorte des enfants, vêtus de rochets de fine toile, avec une branche de laurier en main et une couronne en tête, qui enlaçaient les captifs des liens les plus gracieux; l'un d'eux portait un guidon de taffetas blanc où étaient peints deux anges. Depuis, les jeunes enfants figurèrent toujours à la procession des captifs, sous le nom d'anges [2].

Cette mode se communiqua bientôt à la province; Troyes la connut dès 1660 [3]. Lorsque Subligny décrit une procession de 1666, sa prose rimée en devient presque poétique :

> Ils [les captifs] n'avaient lors, au lieu des chaînes
> Qui faisaient leurs honteuses peines,
> Que de mignards liens dorés
> Desquels ils n'étaient que parés
> Et que tenaient de petits anges,
> Dignes d'amour et de louanges
> Pour leur grâce et pour leur beauté,
> Et tous enfants de qualité.

« La gentillesse de leurs habits était à admirer, mais aussi bien à plaindre, à cause de la saleté des rues ordinaires dans Paris », dit le chroniqueur de 1642.

Les programmes de ces processions furent imprimés en

1. Bibl. Mazarine, recueil 37 218, 17ᵉ pièce.
2. *Corsaires et Rédempteurs*, pp. 275-276.
3. Boutiot, *Histoire de Troyes*, IV, 488-489.

grand nombre au dix-huitième siècle[1]. La cérémonie se composait essentiellement de stations dans les églises (la première était en général dans l'abbaye de Saint-Antoine) avec sermons et quêtes[2] pour permettre aux libérés de revenir chez eux. Dans un rachat commun, les Mathurins et les Mercédaires ont chacun leur jour. A la fin, un « ange » harangue le général au nom des captifs, et celui-ci sert lui-même au réfectoire les plus anciens d'entre eux[3].

Les rédempteurs présentent parfois leurs captifs au roi. Le P. Lucien Hérault rappelle à Anne d'Autriche qu'il les lui a amenés dans la galerie du Louvre, le 20 septembre 1643, et que le jeune roi les a longuement regardés, comme pour se rappeler qu'il devait un jour venger les injures faites à ses sujets[4]. Un compte rendu était dressé au sujet du prix du rachat. Enfin, chacun des captifs recevait du général un certificat de rédemption, valable pour six mois, et de l'argent pour ses frais de route. Après ces mois ou ces années d'absence, les rédempteurs n'avaient plus qu'à prendre un repos bien gagné, avant de repartir pour de nouveaux voyages[5].

1. Un recueil factice de ces programmes existe à la Bibliothèque nationale, Ld⁴³, n° 3.
2. « Illec pour eux se fit la quête
    Par une charmante Nannette,
    Riche en appas, biens et vertus,
    Et qui n'a que seize ans tout au plus.
    Jugez si telle demoiselle
    Demeurera longtemps pucelle! »
    (SUBLIGNY, *Les continuateurs de Loret*, t. II, col. 490.)
3. *Le tableau de piété*, p. 142 (13 novembre 1666).
4. *Larmes et clameurs des chrétiens*, Paris, 1643, p. 5.
5. Autres exemples de procession. Montpellier : « Un enfant vêtu en Turc, muni du turban et du sceptre, escorté d'une jeune fille costumée en sultane » (l'abbé AZAÏS, d'après GERMAIN, *L'œuvre de la rédemption des captifs à Montpellier*). — Douai : « Venait ensuite une galère équipée, voguant sur le dos de plus d'un Neptune d'emprunt. Elle était chargée d'esclaves chrétiens que conduisait un Jésuite habillé en Mathurin » (lors de l'entrée de Louis XIV, 23 juillet 1667; TAILLIAR, *ouvr. cité*, t. III, p. 7, et *Les continuateurs de Loret*, t. II, col. 951).

UN AMBASSADEUR DE MAROC EN 1700.
(Collection Gaignières, Ob 10 *a*, fol. 62.)

CHAPITRE IX.

Les plus célèbres rédemptions.

Le voyage pris pour type au chapitre vii est le plus simple et le plus rapide qui puisse se rencontrer. Les rédempteurs de 1540 ne stipulent avec leur guide qu'un séjour de trois mois en Barbarie; ceux de 1667, Michelin, Basire et Le Beau, ne restent à Alger que du 12 mai au 11 septembre. Ce voyage ne fut pas toujours aussi court. Sans parler des incidents qui retinrent deux ans à Toulon les PP. Basire et Escoffier, avant leur départ, et des démêlés du P. Philémon de la Motte avec les prieurs de la rédemption de Marseille, il pouvait survenir en Afrique des difficultés graves. Sans doute, il n'arrivait guère que le rédempteur fût obligé, comme le P. Jehannot à Constantinople, en 1731, d'attendre le retour des galères sur lesquelles ramaient les captifs, mais bien d'autres causes paralysaient le rachat, surtout le manque de ressources.

Diverses causes pouvaient, d'ailleurs, amener les rédempteurs à s'arrêter en plus d'une ville, soit qu'au premier point touché la rédemption fût empêchée, soit, au contraire, qu'il y eût assez de ressources pour y faire participer plus de captifs. Cela serait une justification suffisante de la pluralité des rédempteurs, qui agissaient chacun d'une manière indépendante. Ainsi, en 1719, les captifs rachetés à Alger furent ramenés par les PP. Comelin et Philémon de Motte, sans qu'on attendît le P. Bernard, qui s'était rendu à Tunis. En 1725, très peu de captifs purent être retirés du Maroc; ils furent laissés entre les mains du P. Le Roy, qui, de Cadix, les conduisit en France par le Havre. Voulant dépenser le reste de leur argent, les PP. de La Faye et Darcisas partirent pour Marseille, afin de repasser de là en Barbarie. Après avoir couru un grand danger qu'ils ne spécifient point, sans doute la rencontre d'un vaisseau corsaire, ils abordèrent au port de Bouc et mandèrent au ministre de Marseille qu'il eût à faire annoncer par affiche leur prochain départ, avec la permission de l'évêque, et à chercher quelque embarcation se rendant à Alger[1].

Quelque compliquées qu'aient été ces dernières rédemptions, sans qu'il y ait eu faute de la part des musulmans, elles peuvent être considérées comme normales jusqu'à un certain point. Au contraire, quelques-unes, qui vont être énumérées, offrent un certain intérêt, soit par leurs circonstances, soit par le lieu où elles se passèrent.

Le voyage de 1580, opéré par les Trinitaires espagnols, est le premier sur lequel nous soyons bien renseignés, grâce à un témoin oculaire, Diego de Haedo, qui en donne, dans ses *Dialogues des martyrs,* un récit très vivant. On était à l'époque de la plus grande tension des rapports entre chrétiens et musulmans, neuf ans après Lépante, trois ans après la révolte des Maures, deux ans après la bataille d'Alcazarquivir, où périt dom Sébastien de Portugal. C'était le moment où la chrétienté espérait que Philippe II allait mettre Alger sous sa domination; le monarque espagnol préféra envahir le Portugal et Alger respira. Jean Gil fut le rédempteur qu'il fallait

1. Pièce 273.

dans une pareille situation ; rarement Trinitaire déploya un plus stoïque courage et, à l'occasion, une plus rare abnégation. Parmi les nombreux traits de générosité qui lui sont attribués, Haedo rappelle celui-ci. Il avait été insulté par un Arabe, qui fut pris et condamné à recevoir des coups de bâton ; mais le rédempteur se mit entre lui et les exécuteurs, leur disant de le frapper plutôt lui-même ! Le P. Gil conquit l'admiration des musulmans et ces difficultés qu'il avait éprouvées ne l'empêchèrent pas de revenir, quelques années plus tard, pour une autre rédemption.

En 1609, trois Trinitaires de Castille, Aquila, Palacios et Monroy, avaient mené à bonne fin le rachat de cent trente-six captifs, lorsque la nouvelle de la conversion au christianisme[1] d'une jeune musulmane nommée Fatime, qui avait été conduite à Gênes, exaspéra les Algériens. En guise de représailles, ils jetèrent les rédempteurs dans un cachot, où les deux premiers moururent bientôt ; le P. de Monroy ne fut délivré qu'à la condition de ne jamais tenter de revenir en Espagne[2]. Il occupa ses loisirs forcés, d'une manière utile, en fondant un hôpital à Alger pour les captifs.

Vingt-cinq ans après la mort du P. de Monroy, un Français éprouva le même sort, le P. Lucien Hérault. C'était un Trinitaire Réformé, né à Saint-Paul, près de Beauvais, et profès de Montmorency, dont les lettres ont servi au P. Denis Cas-

---

1. De semblables incidents avaient une répercussion fâcheuse sur les rédemptions. Fabian Garcia, chirurgien des hôpitaux d'Alger, écrit du lazaret de Livourne, le 30 mars 1682, qu'il a été chassé par le dey, à cause de la conversion d'un jeune homme d'Oran, et que l'administrateur et un clerc ont été condamnés à être brûlés vifs. Le 21 septembre suivant, Pierre Mercier fit prier pour eux dans toutes les provinces de l'ordre. Une pareille sentence était rarement exécutée (*Bibl. de Marseille*, manuscrit 1217 2ᵈ p. 380).

2. Le P. CALIXTE, *Corsaires et Rédempteurs*, p. 241.

sel pour composer le petit volume intitulé : *Victoires de la charité*. On lui avait conseillé, à Marseille, de s'habiller en marchand[1] ou en matelot, ou bien encore de traiter avec des négociants qui rendraient les esclaves à cette ville, moyennant une certaine rémunération. « Ce conseil était bon, dit-il, pour des hommes timides, sans foi et sans charité. » Le P. Hérault prouva bien qu'il n'était pas de ceux-là.

Arrivé à Alger le 30 janvier 1643, il ramena une première fois des captifs à Paris, le 20 septembre suivant, après avoir laissé en otage son confrère, le P. Boniface. Anne d'Autriche ordonna une quête en sa faveur, et il revint à Alger en mars 1645. Après avoir « dégagé » son compagnon, il se vit exposé à une difficulté imprévue : les créanciers du P. Brugière, de l'ordre de la Merci, qui, lui aussi, était en otage, s'avisèrent de réclamer au P. Hérault les 12,000 écus dus par le Mercédaire et le divan le condamna à payer. Malgré ses protestations, le P. Hérault fut jeté en prison ; le 25 novembre 1645, il était extrêmement malade et sans cesse en danger d'être brûlé par les musulmans[2]. Les captifs furent revendus pour payer ce qu'il ne devait pas, et lui-même mourut le 28 janvier 1646, laissant 3 écus pour tout héritage. Ce fut alors un revirement complet : les chrétiens esclaves eurent trois jours de repos afin de pouvoir prier pour lui ; des Turcs préposés à la garde de son corps furent eux-mêmes émus de ce spectacle[3]. Plusieurs milliers de chrétiens (fait inouï) suivirent ses obsèques solennelles et quelques-uns de ses fami-

---

1. Ce procédé n'était pas très sûr. Un Père de la Merci, s'étant rendu à Alger sous un déguisement pour racheter à plus bas prix, fut puni d'une amende de 800 écus (*Mémoires de la Congrégation de la Mission*, t. I, p. 208).
2. *Revue africaine*, t. XXXV, p. 107.
3. *Victoires de la charité*, p. 181.

MAHÉMET-TOUSIRIS, CAPITAINE DE SALE.
(Coll. Gaignières, Ob 10 *a*, fol. 63.)

liers se réunirent devant Constans, chancelier du consulat de France, pour attester les mérites de leur bienfaiteur. Cette déclaration des captifs marque un peu trop d'hostilité contre le P. Brugière, qui resta plusieurs années encore à Alger, quoique, le 15 février 1647, une quête eût été ordonnée en sa faveur dans tous les diocèses de France[1].

Cet incident émouvant est le dernier de ce genre qui se soit produit à Alger; les rédemptions suivantes[2] ne donnèrent pas lieu à de semblables difficultés. Une dernière rédemption à Alger est à noter, à cause de la personnalité de son auteur, Grégoire de La Forge, alors vicaire général de la Congrégation réformée (1690). Le P. de La Faye, se rendant dans cette même ville dix ans après, s'excuse, au début de son récit[3], de ne pas insister sur Alger, par ce motif que le général de son ordre, auquel il s'adresse, se souvient fort bien encore de son voyage.

Le passage à Tripoli était une nouveauté et ce n'est pas la seule preuve du désir de changement qu'on peut remarquer au dix-huitième siècle chez les rédempteurs. Cette tendance était fort louable en un sens, car les chrétiens ne souffraient pas seulement à Alger et à Tunis. Le P. de La Faye, qui a un véritable talent d'écrivain, présente en quelques pages des tableaux achevés : description très soignée de Tripoli et de ses antiquités, du jardin d'un vénérable Turc, qui ressemble

1. Dr Gustave Lambert, *ouvr. cité*, p. 77.
2. Les rédempteurs sont, en 1661 : Pierre Michelin, ministre de Silvelle ; Guillaume Basire, de Châlons; Antoine Dachier, de Lens; Victor Le Beau, de Meaux. — Avec les quatre rédempteurs de 1685 figure le frère convers Jean Félix, de Douai.
3. *État des royaumes de Barbarie, Tripoly, Tunis et Alger*. Rouen, 1703. Ce récit est accompagné de la *Tradition de l'Église pour le rachat des captifs*.

à un vieillard de Virgile, et narration amusante « des luttes courtoises » où le vainqueur est désigné d'avance. N'ayant jamais vu de Trinitaires, les Tripolitains les prirent pour des chevaliers de Malte; cette erreur, qui eût pu leur porter préjudice, fut dissipée; le consul, François de La Lande, les présenta à Méhémet, dey et pacha, déclarant qu'ils n'étaient arrivés que par hasard, ce qui évita les présents d'usage. Le dey était d'ailleurs un excellent homme; il donnait le nom de mère à une femme de Marseille qui avait montré de la charité pour lui alors qu'il était captif dans cette ville; il lui envoyait, de temps en temps, des présents et lui écrivait qu'il serait parfaitement heureux si elle venait passer ses jours auprès de lui. Les esclaves n'étaient pas trop malheureux, étant pour la plupart occupés à entretenir les magnifiques maisons de campagne des Tripolitains et peu nombreux, car les traités étaient plus respectés à Tripoli qu'à Tunis ou à Alger. Est-ce faiblesse ou probité? se demande Laugier de Tassy, l'historien des États barbaresques; le doute est permis.

Si, même après ce récit, nous ne savons point avec précision pour quel motif le P. de La Faye aborda à Tripoli, au moins nous connaissons la raison du voyage de Constantinople qu'entreprit le P. Jehannot. Dès 1720, un Jésuite, le P. Caschot, avait écrit au général des Trinitaires qu'il y avait dans cette ville beaucoup d'esclaves français très malheureux, dont personne ne s'occupait[1], le priant de faire la rédemption alternativement à Constantinople et en Barbarie. Le conseil ne fut suivi qu'en 1730, après une tentative de voyage au Maroc. Peut-être pensait-on que tous les esclaves appartenant au grand seigneur, il serait très difficile de les racheter.

1. Les Trinitaires Déchaussés d'Autriche venaient de temps en temps opérer à Constantinople des rédemptions au profit de leurs compatriotes.

Le P. Jehannot, *seul rédempteur*, partit déguisé, sous le nom de Duplessis, le capitaine Romity étant l'unique personne qui connût son identité; quant à ses effets et à son argent, ils furent considérés comme envoyés à notre ambassadeur, M. de Villeneuve, pour plus grande sûreté. Grâce à l'excellent diplomate, le P. Jehannot s'aboucha avec un officier qui, devenu ensuite grand-vizir, lui fit envoyer secrètement, deux par deux, les esclaves retirés des bagnes. Ils étaient aussitôt cachés dans le palais de l'ambassadeur[1] et le prudent rédempteur les renvoya en France le plus vite possible. Resté longtemps à Constantinople pour attendre le retour des galères sur lesquelles ramaient les chrétiens, il en racheta encore un certain nombre.

Mais le plus important lieu de rédemption était alors l'empire de Maroc, pays où ces pieux voyages offraient le plus de difficultés.

---

1. Les ambassadeurs de Constantinople s'étaient toujours beaucoup occupés des esclaves. Une instruction donnée à M. de Cézy vers 1633 porte même que « procurer » l'évasion de ceux-ci est une des choses les plus recommandables qu'ils puissent faire en leur charge.

CHAPITRE X.

La rédemption au Maroc.

Il est fort étonnant que nos religieux français ne nous aient guère renseignés sur ce pays au dix-septième siècle. Ce sont les Pères de la Merci qu'un arrêt du Conseil d'État de 1636 avait chargés du rachat des captifs de Salé, et c'est à ces religieux qu'avait été délivré, au mois de juin 1673, un passeport pour cette même ville. Cependant, les Trinitaires Anroux et Héron allèrent, en 1654, à Salé et « y dressèrent une manière d'hôpital ». Tout ce que l'on a pu écrire d'affreux sur le sort des esclaves se vérifie au Maroc et confirme bien cette loi très simple, que l'esclavage chrétien croissait en horreur à mesure que l'on avançait de l'est à l'ouest. Au Maroc, l'empereur Mouley-Ismaël était demeuré célèbre par sa cruauté, autant que par son avidité. Le rachat des esclaves coûtait trois fois plus cher qu'en Barbarie, à cette époque, au dire d'un Mercédaire, le P. Forton, qui était l'un des compagnons du P. Busnot, Trinitaire réformé de Rouen [1] et historien du souverain marocain. Les chrétiens étaient particulièrement méprisés au Maroc; aucune avanie ne leur est épargnée, écrit encore l'abbé Raynal [2] à la fin du dix-huitième

---

1. Le grand tableau de Léger sur *le Rachat des captifs,* qui fut longtemps à l'église de Saint-Léger du Bourg-Denis, près Rouen, est inspiré de ces récits.
2. Pièce 347. — On peut voir ce qu'en dit Estelle, qui était consul de France à Salé en 1692; pièce 243.

siècle. L'empereur, surveillant lui-même ses esclaves, les employait à faire des constructions pour les démolir ensuite, afin de les occuper et de les empêcher de songer à l'évasion. Si les travailleurs l'ont mécontenté par leur négligence, il les tue de sa propre main; il fait d'ailleurs de même pour ses sujets, qui estimaient que la mort donnée par leur souverain les conduisait tout droit au paradis de Mahomet; ceux qui étaient las de la vie venaient (au dire des rédempteurs) se faire décapiter par l'empereur.

Une difficulté particulière se présente au Maroc. Dans les pays qui ont été examinés jusqu'à présent, la plus grande partie des captifs réside au bord de la mer; la transportation à la campagne ou dans les montagnes n'existe qu'exceptionnellement. Au contraire, en Maroc, le séjour sur le bord de la mer est l'exception et les captifs sont bien loin dans l'intérieur des terres. Le chemin de Fez est barré par les vice-rois de Tetuan et d'Alcassave, qu'il faut d'abord fléchir au moyen de présents, et qui sont parfois mal soumis à l'empereur, au point de refuser d'exécuter ses ordres[1]. C'est en Maroc que des rédempteurs espagnols burent, en 1641, un poison lent dont ils moururent en Espagne; on avait espéré qu'ils succomberaient encore en Afrique et qu'ainsi les captifs par eux délivrés seraient repris sans bourse délier[2].

A une situation exceptionnelle, il fallait des remèdes exceptionnels. Il était ordonné, en principe, aux rédempteurs, de faire eux-mêmes la rédemption. L'animosité particulière des

---

[1]. En 1725, Destaussan, Trinitaire de Montpellier, avait été retenu à Tetuan par un pacha, malgré le passeport du roi de Maroc, sous prétexte d'une dette contractée par Honoré Mure « se disant » consul de France (*Chambre de commerce de Marseille*, AA 27).

[2]. P. CALIXTE, *Corsaires et Rédempteurs*, p. 241.

Marocains rendant cette tâche difficile, ils étaient autorisés à se servir d'intermédiaires laïques, appelés en espagnol *alfaquecos* ou *rescatadores*, qui couraient moins de dangers que des religieux. L'un des plus connus fut, au seizième siècle, Diego de Torrès, le célèbre auteur de la *Chronique des chérifs*.

Là où il n'y avait pas de consul de France, il fallait se servir d'un négociant, à peu près toléré au Maroc, à cause des nécessités du commerce local. Ce fut le rôle que remplit Pillet lors des rédemptions de 1704, 1708 et 1712. En pareil cas, les religieux attendaient dans une ville espagnole, Cadix ou même Ceuta[1], l'aboutissement des négociations. Ces préliminaires duraient parfois un ou deux ans, mais les rédempteurs auraient eu mauvaise grâce à s'en plaindre, puisque ces précautions n'étaient prises qu'en vue de leur propre sécurité. Parfois une expédition militaire venait à la traverse de la rédemption, sans que les religieux paraissent avoir eu trop à en souffrir.

Le voyage de 1765 à Mogador emprunte une partie de son intérêt à l'attitude de la cour de France vis-à-vis de ces religieux. Les défiances gouvernementales dataient de plus loin, car des instructions données en 1731 à un capitaine de vaisseau lui enjoignent de tenir les rédempteurs à l'écart de sa négociation.

Pendant plus de deux ans, Claude Forest, ministre de Mortagne, tint le journal[2]. Ses compagnons sont deux Trinitaires, Chrysostome Mure, Mamer, ministre de Vianden (venu spécialement pour le rachat des Allemands), et Christophe

---

1. La vie était dure à Ceuta. Pendant le siège de cette ville, qui dura neuf ans, les Trinitaires Déchaussés y servirent comme soldats (*Triumphus misericordiae*, p. 43).
2. Bibliothèque nationale, nouv. acquis. franç., 6236.

Pays[1], Religieux de la Merci. Ils s'étaient mis en route sans avoir, je ne dirai pas l'argent nécessaire pour racheter *tous* les captifs (ils en trouvèrent quatre fois plus qu'ils ne s'y attendaient! mais même sans avoir reçu la quote-part des Religieux de la Merci. La prolongation de l'attente à Cadix leur était imposée par ce retard, autant que par les ordres de la cour, avec laquelle ils ne s'étaient évidemment pas entendus avant le départ. Une négociation diplomatique marchait, en effet, de pair avec la rédemption.

L'empereur de Maroc avait envoyé, en 1762, un certain Rey, pour traiter avec la France de la paix et du rachat des esclaves. Ce négociateur, que les rédempteurs nous dépeignent comme un chevalier d'industrie, était resté de longs mois à Marseille, malade et sans argent ; enfin, subventionné par la Chambre du commerce, il était venu à Versailles et avait reçu de la cour, bien mal informée des réelles dispositions de l'empereur, des propositions inacceptables, ce qui ne l'empêcha pas d'écrire faussement à son maître que tout allait bien. Ces propositions françaises consistaient à demander : 1° la diminution de plus des deux tiers des droits de douane ; 2° la remise gratuite des esclaves ou, tout au moins, moyennant 3 ou 400 livres pour chacun (un dixième de ce que l'empereur demandait, au tarif de la précédente rédemption portugaise); 3° la fondation d'un comptoir au Maroc. Le souverain reçut ces propositions avec colère, mais, pour prouver son désir de la paix, il chargea le négociant Salva, correspondant des Trinitaires, d'entamer de nouvelles négo-

---

1. Le manuscrit latin 17 054 de la Bibliothèque nationale contient (p. 207) un chaleureux éloge de ce religieux, qui avait quêté pour les captifs avec un très grand zèle et un louable désintéressement, en abandonnant ses droits d'auteur à propos de ses sermons.

ciations sur une base raisonnable. Voilà nos religieux consternés ; si Salva leur amène aussitôt les esclaves, avec quoi vont-ils les payer ?

De plus, la cour de France n'avait point voulu profiter des bonnes dispositions de l'Espagne (on était au temps du pacte de famille) pour demander, en faveur des rédempteurs, la sortie en franchise de la somme totale que ceux-ci portaient sur eux. Il était d'usage, pendant la rédemption, de donner mensuellement une piastre en aumône aux captifs. Les Trinitaires essayèrent bien de retirer cette largesse aux esclaves du Midi, que les Pères de la Merci étaient spécialement tenus de secourir comme ressortissant à leurs districts de quête, mais il n'en résulta qu'une économie insignifiante.

Les Pères de la Merci de Guyenne ne voulaient toujours pas payer leur quote-part, quoique le P. Pays, commandeur de Paris, les en pressât. Alors ils annoncèrent, avec grand fracas, un emprunt de 40,000 livres qu'on ne vit jamais réalisé. Les Trinitaires de Paris ne se pressaient cependant pas de dénoncer la coupable abstention des Pères de la Merci. L'un d'eux, le P. Toustain, finit par présenter un mémoire afin de dessiller les yeux du duc de Praslin, ministre de la marine, au sujet de l'impossibilité de réaliser des économies sur le rachat. Renoncer à la rédemption eût été déplorable, ne faire que des rachats particuliers eût été injuste, il fallait donc recourir à un emprunt sur les biens des deux ordres. Telles sont les tristes pensées que le P. Forest roule dans son esprit pendant six mois.

Je ne dis rien des soupçons qu'ils élèvent les uns contre les autres, de leur mécontentement trop prompt contre Salva[1] ;

---

[1]. Il s'était entremis pour eux avec dévouement, et avait conseillé au roi

ACHMET SOUSSIN, MUFTI DE L'AMBASSADE.
(Coll. Gaignières, Ob 10 a, f° 64.)

après avoir craint qu'il ne réussît trop tôt, ils redoutent maintenant qu'il ne fasse rien ! La cour de France doit partager avec les Pères de la Merci la responsabilité du désespoir qui étreignit parfois nos malheureux rédempteurs.

Voyant qu'avec 300,000 livres on ne pourra racheter que la moitié ou le tiers des captifs, le P. Forest fait donc demander à l'empereur de Maroc de n'en racheter qu'à proportion de ces ressources actuelles, ce qui était évidemment la meilleure solution. Que ne fait-il pas pour engager le souverain à se relâcher de son prix de 700 piastres (3,500 livres)? Un stratagème avait réussi au P. Bernard, en 1720, à Tunis; feignant de trouver les esclaves trop chers, il avait fait des préparatifs de départ, et ainsi le prix avait été diminué des 2/5. Le P. Forest pensait écrire aux captifs qu'en présence des exigences marocaines, il allait partir, espérant que leurs plaintes rendraient le souverain plus traitable, mais un négociant de Cadix déconseilla ce stratagème. Les rédempteurs apprennent enfin que la négociation *limitée* de Salva a réussi et que les esclaves leur seront remis à Mogador.

Pendant ce temps, l'escadre française de Du Chaffaut bombarde Larrache, où elle essuie un sanglant échec[1] par suite de l'imprudence de M. de Beauregard. Quelle n'est pas la terreur des rédempteurs à la pensée d'être retenus prisonniers, car ce port de Mogador, de fondation récente, étant peu profond, ils craignent qu'une fois entrés ils ne puissent en sortir.

Au moins, après avoir en vain demandé d'aller à Salé (juin 1765), nos religieux se promettent bien de ne pas descendre à terre : le vice-roi Mouley-Idris a beau leur offrir

de France de compléter la somme, dans le cas où le roi de Maroc voudrait le rachat total, que les Rédempteurs n'étaient point en état de faire.
1. Ministère des affaires étrangères, *Maroc*, 3, f° 68.

le divertissement des *fantasias*, ils ne désirent pas les voir de près, et, ne les apercevant que de leur navire, les déclarent peu intéressantes. Des négociants chrétiens viennent à bord, Salva, son associé Rilliet et un certain Chultz, de la factorerie danoise. Quoique touchant au port, les rédempteurs ne sont pas au bout de leurs peines. Ils voulaient que Mouley-Idris ne prît pas une trop forte commission ; or le naïf Chultz laisse celui-ci s'attribuer 500 piastres pour treize esclaves des Pays-Bas. Les rédempteurs refusent de payer cette commission ; pendant plusieurs jours, ils voient les esclaves immobiles au bord du rivage ; tout à coup une barque accoste avec plusieurs esclaves. Un brave juif, Sombel, avait écrit à un de ses coreligionnaires qui approchait le souverain de Maroc, au sujet de l'avanie éprouvée par les rédempteurs ; l'empereur manda alors à Mouley-Idris de laisser partir les religieux. Bref, les rédempteurs eurent leurs 73 esclaves, dont 20 pour l'ordre de la Merci, et 8 pour le Bureau de Rédemption de Marseille. Mouley-Idris envoie même en cadeau 20 moutons, 200 porcs et du couscoussou. Salva reçoit 10,000 livres de commission[1] pour ses fidèles services ; les religieux et lui se quittent en s'embrassant. Les rédempteurs, partis de Mogador le 3 septembre 1765, sortent, le 31 octobre, du lazaret de Marseille après dix-huit jours de quarantaine.

Il importait de raconter en détail ce voyage inédit, parce que plusieurs de ses incidents eurent des conséquences fâcheuses. Le capitaine Pellegrin, marseillais, auquel avait été préféré le capitaine Dupuis, normand, moins ancien en captivité,

---

1. En réalité, 13,815 livres pour le total des esclaves. Les Pères regardaient le *prorata* payé pour huit Marseillais comme une avance qui leur serait remboursée. Or Salva demanda au Bureau de Rédemption une commission particulière qui fut taxée à 2 1/2 p. 100.

avait écrit au ministre de la marine pour se plaindre de n'avoir pas été racheté; le P. Pichault, récemment élu général des Trinitaires, accusa les rédempteurs d'avoir abusé de sa confiance. Très ému, le P. Forest s'excusa sur son absence, vers le milieu d'avril 1765, lorsque la substitution d'un équipage normand à celui de Marseille avait été décidée, malgré les durées respectives de leur captivité, mais en raison du fait que la Normandie était réservée aux quêtes trinitaires et que l'équipage de Dupuis était peu nombreux.

L'avenir devait apporter au rédempteur [1] quelques consolations dans ses ennuis. Il fut député de Normandie au chapitre de 1768 et ministre de Fontainebleau en 1786.

Le P. Forest voulut tirer une morale de ses aventures. Pour éviter la commission du négociant chrétien, qui s'ajoutait aux présents à faire pour absorber une partie des fonds, il déclare qu'il faut faire ses affaires soi-même ; mais il avait vu à quel point Salva lui avait été indispensable; le reconnaissant, il effaça finalement les paroles que la mauvaise humeur lui avait d'abord dictées contre l'habile et dispendieux négociateur.

Un autre incident du voyage eut une portée plus grave : les religieux avaient été abandonnés à leur malheureux sort par la cour qui, renonçant à comprendre le rachat des captifs dans la négociation diplomatique, laissa les rédempteurs s'en tirer comme ils pourraient. Les religieux avaient sou-

---

1. On voit dans ses registres de dépenses de 1766 :

Dépensé en voyage d'Espagne.....................	199	livres.
Pour du vin de Pacaret (de Xérès).................	74	—
Pour 10 livres de chocolat........................	25	—
Pour des peaux de maroquin et des babouches achetées en Barbarie..	65	—

(*Inventaire des archives de l'Orne*, H 3183).

tenu que leurs aumônes étaient *locales* et qu'ils devaient racheter surtout les captifs des provinces où ils recevaient des aumônes particulières. La cour de France n'admit pas cette théorie; à la fin de 1765, une déclaration royale décida que les aumônes recueillies en France serviraient pour le rachat des captifs français indistinctement, thèse plus vraiment *nationale* que celle des rédempteurs ; mais ceux-ci n'étaient-ils pas dans le vrai en comptant de préférence sur les aumônes locales et à but déterminé? Après avoir mis un tel poids dans la balance, il ne restait plus à la royauté qu'à prendre la haute main sur la rédemption et à faire des religieux les simples exécuteurs de ses volontés.

ESCLAVE CHRÉTIEN AU MAROC.
(Coll. Gaignières, Ob 10 a, f° 65.)

CHAPITRE XI.

La rédemption diplomatique.

La rédemption générale avait subi une certaine éclipse depuis le début du dix-huitième siècle. Un double mouvement pouvait être constaté : les ressources baissaient et le prix des esclaves augmentait; la belle œuvre des rédempteurs dégénérait en un grand nombre de rachats particuliers, où la part de leur charité n'était plus prépondérante.

En 1719, le P. Philémon de la Motte ne s'était pas montré partisan de cette évolution. Étant, à Marseille, engagé dans un conflit avec le Bureau de Rédemption, il avait composé un mémoire pour établir la supériorité des rédemptions générales sur les rachats particuliers. Outre l'effet d'édification produit sur le peuple par une procession nombreuse, il relevait justement ce fait qu'il ne fallait pas avoir trop de confiance dans les négociants [1], qui n'ont pas le loisir d'être charitables, et, tout au moins, n'apportent pas au rachat de l'esclave la promptitude désirable [2].

Mais, lorsque le rédempteur, allant plus loin, déclarait qu'il était difficile d'obtenir à bon marché un esclave particulier, on eût pu lui objecter que beaucoup de rachats individuels furent payés au dix-huitième siècle par les Trinitaires [3], grâce

---

1. On peut citer les démêlés du P. Aloûs avec un marchand nommé Carboneau, qui n'exécuta point sa commission et à qui fut fait un procès.
2. Pièce 268.
3. Les Trinitaires durent en faire, dès le dix-septième siècle, sur la demande de particuliers. Pièce 219.

à des précautions habiles, à un prix bien moindre que celui auquel on eût pu s'attendre. Dans ce cas, les Trinitaires s'adressaient au député du commerce de la ville de Marseille; celui-ci priait les directeurs de la Chambre du commerce d'Afrique de fournir les fonds au Consul de France, qui traite lui-même de ces rachats. Ainsi s'exprime le P. Gache, dans une lettre du 26 mars 1780.

Un captif liégeois, Jean-Joseph d'Allemagne, coûta 2,733 livres 15 sous, dont 1,300 avaient été promis par la confrérie de Maëstricht et la famille, le reste devant être payé par nos religieux; les directeurs de la Compagnie d'Afrique firent l'avance des frais de quarantaine, de séjour à Marseille et de retour à Liège. Au passage du captif à Paris, Gache lui remit 30 livres pour sa route et 4 pour s'acheter une paire de souliers, demandant à son correspondant liégeois, Bours, ex-provincial du tiers-ordre de Saint-François, de lui faire savoir quelle sensation aura faite la présence du captif racheté[1].

Les consuls de France étaient de grands rédempteurs. Un rachat des plus émouvants fut conclu par Raimondis, à Tripoli, en faveur de deux captifs réfugiés dans la maison consulaire qui s'étaient enveloppés dans un drapeau français. Le 8 avril 1778, un consul de Rhodes racheta trois Turcs à Malte pour 2,100 livres[2].

Les consuls étaient les correspondants naturels des rédempteurs[3]; on s'adresse à tous ceux de Barbarie, le 9 fé-

---

1. Lettres des 25 septembre, 22 octobre, 4 et 10 novembre 1778 : autres Liégeois rachetés (septembre 1767, mai 1774, avril 1779).
2. Teissier, *Archives anciennes de la Chambre de commerce de Marseille*, pp. 108, 138, 142.
3. La Caisse de religion de Bruxelles s'adresse aux agents consulaires autrichiens pour avoir la liste des captifs.

vrier 1779, pour savoir si Joseph Ressort était captif en Maroc, à Alger ou à Tunis. Nous avons déjà mentionné qu'au cours de la rédemption ils étaient pour nos religieux des auxiliaires précieux; tous les rédempteurs venus à Alger dans les vingt premières années du dix-huitième siècle ne tarissent pas d'éloges sur le compte du consul Durand.

A l'époque où nous sommes parvenus, le rôle des consuls de France ne va que grandir. La cour, mécontente du dernier rachat opéré en 1765 par les Trinitaires au Maroc, était disposée à désigner elle-même les captifs qui seraient rachetés. Les deux dernières rédemptions furent donc purement nationales et royales. Louis XVI avait promis aux Corses, récemment annexés à la France, de retirer d'Alger ceux de leurs compatriotes qui y étaient esclaves. Cette rédemption eut lieu en 1779; les PP. Gache et Dorvaux, provincial de Champagne, en furent les chefs, avec deux Mercédaires : le vicaire de la congrégation de Paris et le provincial de Guyenne. Les religieux avaient donc encore été acteurs; seuls, les captifs leur avaient été imposés d'office.

Il semble d'ailleurs qu'à cette époque la piraterie barbaresque était en grande décroissance. Au Maroc, elle paraît avoir presque complètement disparu aux environs de 1770. La clientèle des bagnes d'Alger était alors spécialement composée de tristes personnages qui eussent bien mérité le bagne en France. Les déserteurs français, venus en Espagne, embarqués de là sur Oran, évadés d'Oran vers Alger, étaient un perpétuel danger pour tous les Français libres d'Alger. L'un d'eux, nommé Picard, avait même tenté d'assassiner le vicaire apostolique, le P. Cosson, de la Mission, qui ne survécut que par miracle. Après avoir repoussé, en 1779, un projet de rachat général des déserteurs proposé par le consul Vallière,

parce que la somme était trop élevée, Louis XVI se décida à cette mesure, en 1785, et chargea de l'exécution le consul de France à Alger, M. de Kercy. Les religieux ne furent pas du voyage, par mesure d'économie; ils ne firent que contribuer au paiement pour la plus forte part[1]. Le Bureau de Rédemption de Marseille fournit............ 130,000 livres.
Le général de l'ordre de la Trinité....... 240,000 —
Le vicaire général de la Merci de Paris.... 84,000 —
Le vicaire général de la Merci de Toulouse. 119,094 —

Total................ 573,094 livres.

Ce dernier fut, comme toujours, en retard, non cependant sans quelque motif, à cause de la suppression de neuf de ses couvents sur quinze. Devant cette situation, la Chambre de commerce avança 40,000 livres, et l'Œuvre de la Rédemption 80,000, qui durent lui être remboursées en huit années, chacun des deux ordres en payant la moitié[2].

Au mois de juin 1785, M. de Charoulière, lieutenant de vaisseau, partit de Toulon sur la frégate *la Minerve*. La négociation avait été conclue d'avance et M. de Kercy lui remit les trois cent quinze captifs. Le 8 juillet suivant, ils étaient en vue de Marseille; leur âge variait de dix-huit à quatre-vingts ans; leur temps d'esclavage de deux à trente-cinq. Les députés des ordres rédempteurs étaient Gaspard Perrin, ministre de Marseille; François Camusat, ministre de Lisieux; Cloud Chevillard, vicaire général de la congrégation de la Merci de Paris, et Joseph Aubanel, comman-

---

1. Il faut remarquer que le roi ne céda point à l'invite qui lui était adressée depuis très longtemps de prendre dans ses coffres.
2. *Archives de la Chambre de commerce de Marseille*, AA 106, BB 310, 311.

deur de Marseille[1]. Le 10 août seulement, les captifs débarquèrent, l'un d'entre eux étant décédé au cours de la quarantaine; le 17, eurent lieu les processions et ceux qui n'étaient pas de Marseille, au nombre de deux cents, partirent pour Paris. Leur passage causa une vive sensation, comme si l'on se fût douté qu'il avait lieu pour la dernière fois. A Arles, la quête produisit 1,550 livres[2]; l'accueil fut chaleureux, à Paris notamment, « tant il est vrai que l'homme est naturellement bon, et que la sensibilité de son cœur ne paraît jamais mieux que dans ces grands spectacles[3] ». L'abbé Raynal est choqué de cette admiration que la foule prodigua à ces déserteurs, dont chacun eût mérité d'être condamné à mort[4]. Il convient de remarquer que l'on applaudissait surtout la charité des ordres rédempteurs[5].

La liquidation financière de cette rédemption fut laborieuse. Le 28 septembre 1785, Théodore Niel, provincial de la Merci en Guyenne, écrit que les généraux des deux ordres se concertent en vue d'un emprunt de 140,000 livres, destiné à

---

1. Dans la *Revue africaine*, t. XII, p. 81, M. Berbrugger relève les fantaisies de l'auteur du récit intitulé : *Lettres d'un des captifs qui viennent d'être rachetés*.
2. L'abbé Trichaud, *Histoire de l'église d'Arles*, t. IV, p. 275.
3. *Tableau historique de toutes les rédemptions*, etc. Bibl. nat., Ld43, n° 5.
4. Pièce 345. — Voir sur l'un de ces captifs : Veuclin, *Un captif normand racheté par les Trinitaires en 1785*. Bernay, 1888.
5. Voici quelques échantillons des dépenses faites à Paris : « Reçu de M. Brunel, procureur général des captifs, 305 livres pour 61 paires de souliers pour les captifs. A Paris, 28 oct. 1785. Noël. — Pour avoir peint 150 bannières pour les *Messieurs* de la Trinité, cy douze douzaines et demi à L. 14 la douzaine, L. 175; 15 sept. 1785, Sarrasin. Reçu 423 livres 10 sols pour l'excédent des frais de différentes musiques; Paris, 29 déc. 1785, Regnault. — Mémoire de la fermière des chaises de l'abbaye de Saint-Antoine pour avoir fourni 400 chaises le 14 oct. 1785 : 20 livres » (Archives nationales, S 4278, n° 10).

rembourser les caisses auxquelles on avait eu recours. La suppression de l'ordre de la Merci en Guyenne ne facilitait pas ce règlement : le 26 décembre 1785 survint un ordre prohibitif de la cour au sujet de l'admission des sujets mercédaires à la vêture. Le P. Niel envoya 12,932 livres à Marseille, espérant solder les 6,000 livres restantes dans le courant de l'année (22 mars 1786). Quant aux Trinitaires, ils remboursèrent péniblement les annuités de la Chambre de commerce, et à la Révolution, ils n'étaient pas encore quittes.

Telle fut l'évolution logique d'une œuvre qui eut sa grandeur, et dont le fil conducteur doit être la mainmise de plus en plus grande opérée par l'autorité royale. D'abord œuvre *privée, religieuse* et accomplie principalement à l'aide de ressources *locales*, la rédemption était devenue *laïque, royale* et vraiment *nationale*. Si le pouvoir royal s'était avisé plus tôt de racheter aux frais de l'État ses propres sujets, il se fût bien vite aperçu qu'il pourrait réaliser une économie considérable en mettant fin, une bonne fois, à la piraterie. Au lieu de payer les « tristes rançons » et de tourner dans un cercle vicieux, car l'argent des rédempteurs débarrassait Alger de son trop plein d'esclaves et permettait de faire de nouvelles captures, le gouvernement français eût été amené à faire réussir, un siècle ou deux plus tôt, l'expédition de 1830. Sans doute, les religieux ne souhaitaient pas de voir leur zèle rendu inutile, mais ils eussent dû s'incliner.

Le rachat des captifs n'était pas la seule occupation des Trinitaires. L'assistance aux malheureux, qui gémissaient en attendant le secours des rédempteurs ou qui ne devaient jamais voir le jour de la liberté, était un devoir tout aussi pressant. L'histoire de leurs hôpitaux algériens nous fera voir comment ils l'ont rempli.

CHAPITRE XII.

Les hôpitaux trinitaires d'Alger et de Tunis.

Il faut attendre jusqu'à la fin du seizième siècle pour avoir des documents précis sur le séjour des Trinitaires à Alger dans l'intervalle des rédemptions. Il y a lieu de croire que, antérieurement à cette époque, les musulmans ne permirent pas aux rédempteurs de séjourner à Alger avec continuité. Toutefois, la longue durée de certaines négociations permettait aux religieux, même de passage, d'acquérir une réelle autorité. Pendant son séjour, Jean Gil était l'arbitre des chrétiens. « Dans cette ville d'Alger, lui écrit Cervantès, *il n'y a pas d'autre homme chargé d'administrer la justice entre les chrétiens que Votre Paternité*[1]. » Le rédempteur était aussi délégué pontifical, en attendant la fondation du vicariat apostolique.

Le premier consul de France fut un Trinitaire de Marseille, le P. Bionneau, qui, en avril 1586, « avait fraîchement écrit les indignités et emprisonnements qui luy ont esté faicts, à sa personne même, par Assar Bassa rays et autres officiers à Alger[2]. » Vias, consul après le P. Bionneau, était un laïque, mais cela ne prouve pas que les Trinitaires se soient découragés. Quoiqu'ils n'eussent pas encore d'hôpital, ils desservaient régulièrement les chapelles des bagnes, au nombre

---

1. Michel Chasles, *Cervantès*, p. 118.
2. Charrière, *Négociations de la France dans le Levant*, IV, 499.

de cinq, toutes pourvues d'une confrérie : le consul de France était marguillier de la première, le consul de Venise remplissait le même office pour la seconde. Au mois de février 1595, selon un texte cité par Antonio Silvestre, l'excellent auteur de la *Fundacion historica de los hospitales...*, nos religieux firent gagner à plusieurs centaines de captifs les indulgences du jubilé. Peu après, Laurent Figueroa y Cordova, dominicain, évêque de Siguenza, renta, le 5 juillet 1595, deux Trinitaires pour administrer les sacrements aux fidèles en Barbarie. Il laissait au couvent de Madrid 5,000 maravedis de rente sur les gabelles de Cordoue, 300 ducats devant être sur cette somme prélevés pour l'entretien de ces deux religieux. Tous les ans, on rendra compte de l'emploi du legs devant un administrateur nommé par le roi d'Espagne et le vicaire de l'archevêque de Tolède. Le pape confirma cette libéralité le 31 août 1596 (Guerra donne la date du 29 juillet 1597). Jean Sanchez, de la province de Castille, et Jean de Palacios habitèrent cinq ans à Alger [1], selon les intentions de Laurent de Figueroa.

Les religieux résidant en Afrique recevaient certains privilèges, énumérés dans une bulle du 8 février 1608 : ils peuvent entendre les confessions [2], donner aux captifs les biens sans maître (cela rappelle les *mostrencos* espagnols), pourvu qu'une partie soit consacrée au rachat des captifs, bénir les ornements ecclésiastiques, permettre aux prêtres captifs l'usage de l'autel portatif, communiquer aux captifs

---

1. Figueras, *Chronicon*, p. 367. Si Alger tombait au pouvoir des chrétiens, les religieux devaient aller dans une autre ville d'Afrique encore au pouvoir des musulmans. L'analyse de la bulle est dans Guerra.

2. Le *Triumphus misericordiae* contient, aux pages 96-115, un très curieux tableau des cas de conscience relatifs aux captifs.

l'indulgence plénière, sans qu'ils aient besoin de se confesser à un des Trinitaires résidents. Ces indulgences étaient renouvelées tous les dix ans.

Au même moment, un carme déchaussé d'Espagne, Hieronimo Gracian de la Madre de Dios, publiait à Rome (1597) un ingénieux opuscule pour faire ressortir l'avantage qu'il y aurait, pour les rédempteurs, à s'établir à Tabarka, sous la protection de la famille Lomellini de Gênes, de manière à pouvoir avertir les chrétiens des courses qui se tramaient contre eux[1]. Il fut lui-même choisi en 1600 par Clément VIII comme *visiteur des captifs*; ces derniers éprouvaient assez de maux pour que les religieux de plusieurs ordres pussent facilement trouver l'emploi de leur zèle.

Neuf ans après, trois Trinitaires espagnols, retenus, une fois leur rédemption opérée, comme il a été dit plus haut, construisirent l'*hôpital d'Espagne*. Antonio Silvestre, doué d'un véritable esprit critique, a fort bien réfuté deux opinions sur la fondation de cet hôpital, l'une qui l'attribue à un Trinitaire d'Aragon, Sébastien Duport (1546), l'autre à un évêque qui aurait préféré dépenser au profit des captifs l'argent envoyé en vue de son propre rachat. Cet hôpital, à ses débuts, n'eut que six lits. Bernard de Monroy raconte modestement cette fondation, dans une lettre du 20 juin 1612 (reproduite par le P. Calixte dans ses *Corsaires et Rédempteurs*, pp. 243-251). Il y parle aussi d'une procession qu'il reçut la permission de faire avec ses esclaves pour demander de la pluie; elle tomba, mais les Turcs ne

---

[1]. Bibliothèque Mazarine, recueil 25011, f° 67 (recopié dans le manuscrit 1217 de la Bibliothèque de Marseille, pp. 109-137). Il reproduit la légende du rédempteur laissant son bâton en gage pour 8 ou 10,000 écus et la rapporte à Simon de Contreras, Trinitaire portugais.

s'en montrèrent pas reconnaissants envers les chrétiens. Bernard de Monroy, resté seul survivant des trois Trinitaires castillans, mourut à son tour le 30 août 1622, à l'âge de soixante ans[1].

Un administrateur avait commis des dilapidations, lorsque en 1664, Pedro Garrido, qui prit l'habit de frère convers sous le nom de Pierre de la Conception, répara de ses deniers cet hôpital, ainsi que les chapelles des bagnes[2]. Malheureusement, un excès de zèle du pieux fondateur compromit cette belle œuvre. Le vendredi 17 juin 1667, ayant emporté une image de Notre-Dame, il entra dans une mosquée, oubliant que le Saint-Siège défend de provoquer les musulmans aux disputes religieuses, et se mit à prêcher contre Mahomet. On retrouva le sermon qu'il laissa traîner dans l'assemblée; il fut arrêté et brûlé vif deux jours après[3], le 19 juin 1667, dans le cimetière des juifs. Ses cendres furent jetées à la mer; néanmoins, au péril de leur vie, des chrétiens « péchèrent[4] » ses os, et le consul de France Dubourdieu, auquel le divan fit dire qu'on n'avait brûlé le martyr que pour avoir mal parlé de Mahomet, fit envoyer ses reliques à Madrid[5].

Pour reconstituer les ressources de l'hôpital, on alla quêter partout. Le 22 juin 1672, un religieux, Don Cristoval Francisco de Castillo, était autorisé à recueillir des aumônes à Puebla de los Angeles (Mexique) pendant trois ans[6], au profit des hôpitaux abandonnés depuis cinq ans. Il y avait, en effet,

---

1. *Voyage d'Alger et de Tunis* (1720), pp. 76-81.
2. *Mémoires de la Congrégation de la Mission*, t. II, p. 286.
3. Les Turcs, le croyant fou, lui avaient donné le temps de se rétracter.
4. Bibl. Mazarine, manuscrit 3912, p. 157.
5. *Le tableau de piété envers les captifs*. Châlons, 1668, p. 179.
6. *Revue africaine*, t. VIII, p. 143.

dans les bagnes des hôpitaux *secondaires*, dont les chapelles étaient dédiées à sainte Catherine et à saint Roch[1]. On s'accorde à dire que le service religieux y était libre, à part les exactions commises par quelques gardiens.

L'hôpital principal fondé par Bernard de Monroy dans le Tabernat-el-Beylik garda le nom d'*hôpital d'Espagne*, parce qu'il était administré par des Trinitaires de la province de Castille, au nombre de trois, dont l'un portait le titre de Père administrateur. Au couvent de Madrid résidait un *administrateur général*; Antonio Silvestre porta ce titre. Par jalousie contre le vicaire apostolique et contre le consul français, le Père administrateur réclama parfois la protection du consul anglais, comme n'étant pas gênante[2]. L'hôpital comprenait alors seize à vingt lits.

La *Revue africaine* a publié, d'après la *Fundacion historica*, la charte de fondation ou plutôt le règlement du budget de l'hôpital trinitaire d'Alger en 1693; cet acte ne faisait sans doute que consacrer des coutumes existantes. Le dey Hadji Chaban Kodja arrêta avec Joseph Queralt, professeur en l'Université de Barcelone, administrateur de l'hôpital, les clauses suivantes :

1° Quatre pataques seront données par tout matelot de barque chrétienne, quatre pesos[3] seront versés par tout vaisseau, au profit de l'hôpital; si ce vaisseau est d'une nation en paix avec Alger, la contribution sera de trois pesos;

2° Chaque chrétien libre donnera deux réaux d'aspre, chaque chrétien racheté deux réaux d'argent;

---

1. Il y avait deux autres hôpitaux dans le bagne du pacha, ce qui complète le nombre de cinq, et même des lits au consulat de France (GRAMMONT, *L'Esclavage*, pp. 23-25).
2. PLANTET, *Correspondance... d'Alger*, I, 407 (n.).
3. *Peso* est un mot espagnol synonyme de piastre.

3° Six outres de vin exemptes de droits d'octroi seront remises annuellement à l'hôpital au prix de 6 pesos (elles étaient revendues 36 pesos!);

4° Le divan sera seul juge des conflits éclatant dans le personnel de l'hôpital; le consul français même ne pourra s'y entremettre (Berbrugger remarque ici que le Père administrateur, rédacteur du traité, décline le protectorat français en principe, quitte à l'invoquer en certains cas);

5° Le Père administrateur ne pourra être poursuivi pour les dettes du vicaire apostolique (clause de toute justice, mais la réciproque eût dû être vraie);

6° L'argent et les vêtements nécessaires à l'hôpital entreront francs de tout droit;

7° Les religieux pourront se rendre librement en Espagne;

8° Chaque bagne donnera un chrétien pour le service de l'hôpital, sans que dorénavant l'administrateur ait à payer au patron une lune (c'est-à-dire une indemnité mensuelle)[1].

Cette fondation devait se développer jusqu'à compter, en 1720, quatre-vingts lits et 3,000 piastres de rente. L'hôpital d'Espagne avait chirurgien, apothicaire, infirmier, dépensier et domestiques esclaves; ces derniers étaient privilégiés, car ils devaient être rachetés les premiers lors de toute rédemption. Deux Trinitaires servaient de chapelains. Les autres chapelles des bagnes avaient chacune un hôpital, aussi dirigé par les Trinitaires; mais des prêtres captifs, dont il y avait toujours une grande quantité à Alger, donnaient aux esclaves les secours spirituels. Quant au cimetière, il aurait été l'œuvre d'un capucin espagnol ayant consacré au service de ses frères l'argent venu pour son propre rachat.

1. *Revue africaine*, t. VIII, pp. 133-144.

« L'hôpital, écrit en 1720 le P. Philémon de la Motte[1], est encore trop petit pour les malades, qu'on y soigne avec une attention qui touche jusqu'aux Turcs mêmes. » L'intelligent rédempteur se montra curieux d'en connaître les règlements, parmi lesquels il releva ceux-ci : on n'y recevait point d'esclave sans le consentement de son patron ; les femmes n'y étaient point admises, mais le chirurgien et l'apothicaire leur rendaient visite chez elles ou chez leurs patrons. Des remèdes étaient donnés également aux Turcs ; seulement, il était recommandé au chirurgien de s'adjoindre en ce cas un marabout, car, si le malade mourait, la présence du musulman déchargeait le chrétien de toute responsabilité. Pour les juifs, dit Antonio Silvestre, on ne fait pas tant de façons.

L'hôpital était ouvert aux chrétiens de toute religion. D'abord, nous dit son historien, au chapitre XXVII de la *Fundacion*, les musulmans ne font aucune distinction entre les chrétiens au point de vue de leur religion. Ensuite, en soignant le corps des hérétiques, on a souvent occasion de guérir leur âme ; pendant un espace de sept ans, deux cents hérétiques se seraient convertis, dont un Anglais, cousin de Cromwell. — Un corsaire anglais rencontra une barque sur laquelle se trouvait le Père administrateur, avec beaucoup de provisions pour l'hôpital, et allait les piller quand deux matelots anglais, qui avaient été soignés à l'hôpital, reconnurent le Père administrateur et empêchèrent leur capitaine de donner suite à son projet ; « peut-être qu'il en avait coûté 100 réaux pour les soigner tous deux, dit Silvestre, et grâce à cette petite dépense, on évita de perdre 6,000 pesos. » Aucun bateau algérien n'aurait fait de tort à la barque de l'hôpital.

1. *Voyage d'Alger et de Tunis*, pp. 82, 126-130.

Les armes du Roi Catholique étaient gravées sur le portail de l'hôpital, quoique celui-ci n'eût donné aucuns revenus pour son entretien. Des grands d'Espagne s'en constituèrent les bienfaiteurs; l'un d'eux envoyait de Barcelone des lancettes pour saigner et autres instruments de chirurgie. Grâce à ce rattachement à la couronne d'Espagne, l'hôpital fut indemne des persécutions qui fondirent sur les chrétiens, surtout français, en 1683 et en 1688, lors des bombardements dirigés contre Alger. Ce n'est pas à dire que l'administrateur n'ait été menacé parfois d'être brûlé vif à l'occasion de l'évasion de quelque esclave, mais cela rentrait pour ainsi dire dans la vie quotidienne d'Alger.

Montmasson, vicaire apostolique, avant d'être mis à la bouche d'un canon, avait déposé son argent entre les mains du P. Antoine d'Espinosa, administrateur de l'hôpital. Jacques Le Clerc, lazariste, s'étant adressé, du fond de sa prison, au Père administrateur, celui-ci envoya un Majorquin qui promit au gardien-chef 220 piastres pour le faire évader : on lui fit couper les cheveux et changer d'habit, et pendant quinze jours il reçut du Père « toutes les caresses et amitiés possibles ». L'administrateur cacha encore huit ou dix capitaines chrétiens dans son jardin, pendant tout le temps que l'armée du maréchal d'Estrées resta en rade. L'infirmerie de l'hôpital avait été peu endommagée; il y reçut quelques religieux esclaves, les chapelles des bagnes ayant été détruites par les bombes françaises.

Tels sont les services que rendit à des Français, en temps de crise, le Père administrateur de l'hôpital d'Espagne. Il était nécessaire de faire ressortir cette infinie charité des Trinitaires, dont un grand nombre succombèrent lors des épidémies de peste, continuelles à Alger, avant de constater quelques regrettables défaillances, auxquelles l'esprit de corps ou la rivalité entre ordres religieux amena parfois les Pères de l'hôpital. Les *Mémoires de la Congrégation de la Mission*, plus explicites, mais plus partiaux que la *Correspondance des consuls*, nous permettent de retracer succintement quelques-unes de ces fautes.

Au temps de Jean le Vacher, les Trinitaires de l'hôpital commirent une grave indélicatesse en donnant une patente nette à des rédempteurs espagnols; plusieurs esclaves, débarqués à Carthagène, moururent de la peste et en infectèrent cette ville. La nouvelle étant parvenue au roi d'Espagne, le rédempteur, plutôt que de dénoncer son confrère, accusa le vicaire apostolique Le Vacher [1].

Après les deux bombardements français, la peste de 1690, où périrent six Trinitaires, au témoignage de Grégoire de La Forge, et le rachat intégral des Français par Dusault, une grave affaire fut amenée par la mauvaise foi du Trinitaire Gianola, parti le 23 juin 1692, avec sept cent cinquante-trois esclaves, et laissant 4,500 piastres de dettes [2]. Ses créanciers s'adressèrent à Laurence, nouveau vicaire apostolique, qui les renvoya, avec raison, aux Trinitaires, mais ceux-ci ne voulurent rien payer. Le 15 février 1694, le pape ordonna que la dette fût acquittée par les rédempteurs d'Espagne à leur prochain voyage et l'écrivit lui-même au dey [3]. Les Trinitaires essayèrent de forcer le vicaire apostolique à quitter la Barbarie, afin de réunir le vicariat à l'hospice.

Le Père administrateur, qui n'avait pas soi-disant de quoi payer la dette de son confrère, offrit en vain 4,000 piastres

---

1. *Mémoires de la Mission*, t. II, pp. 309, 316.
2. *Ibid.*, p. 486. Il était vicaire apostolique intérimaire.
3. *Mémoires*, t. II, pp. 492-502; *Correspondance d'Alger*, t. I, p. 286.

au dey pour qu'il fît la paix avec l'Espagne[1] et la guerre à la France ! La dette fut enfin réglée en 1699. Les Trinitaires demandaient l'alternative du protectorat entre le consul français et le consul anglais ; sur les ordres de l'Espagne, ils durent accepter le consul français à partir de 1700, dès qu'un prince français eut succédé à Charles II.

Le vicaire apostolique mourut le 11 mars 1705. Pendant neuf jours, les Trinitaires vinrent dire la messe en son honneur dans la chapelle du vicariat et reçurent pour cela 5 pataques.

Son successeur, Duchesne, vécut d'abord en bonne intelligence avec les Trinitaires, mais en 1707 la Congrégation de la Propagande dut affirmer encore la juridiction du vicaire apostolique[2] sur l'hôpital.

En 1726, nouvelle avanie. Deux galères d'Espagne ayant pris une barque française portant cinquante-six Turcs naufragés, le dey Abdi fit mettre à la chaîne le Père administrateur et le menaça d'abattre les murailles de son établissement[3]. Le consul Durand le fit mettre en liberté. Mais en 1731 l'administrateur fut de nouveau chassé d'Alger.

En 1740 éclata une terrible épidémie de peste. Les trois Trinitaires moururent au mois de juillet ; le chirurgien espagnol s'occupa du temporel et un prêtre corse du spirituel. Le chirurgien, faussement dénoncé au dey comme ayant en dépôt une somme volée, reçut sept cents coups de bâton.

1. A ce moment, d'ailleurs, un Trinitaire, le P. Jean Vello, était choisi comme négociateur par le dey pour négocier avec l'Espagne une alliance contre le Maroc. Cette question fut discutée par les théologiens espagnols. Il rapporta deux chevaux et un bracelet de diamant de la part du roi d'Espagne (Bibl. de Marseille, manuscrit n° 1217, pp. 223, 256).
2. *Mémoires de la Mission*, pp. 510, 516.
3. *Correspondance d'Alger*, t. II, p. 127.

Ayant été victime de la peste, il fut remplacé par Pierre Catinot, second chef[1] des esclaves, qui fit porter l'or, l'argent et la vaisselle chez le vicaire apostolique[2]. En mars 1741 arriva un Trinitaire espagnol pour régir l'hôpital; il se chargea aussi du bagne des galères. Le vicaire apostolique Dubourg ayant été mis à la chaîne, les Trinitaires le suppléèrent dans sa chapelle. A la suite d'une défaite du corsaire Hadji Moussa, en 1744, et de l'échec d'une proposition d'échange, le dey renvoya les Trinitaires de l'hôpital pendant dix-huit jours.

Le 10 mars 1753, Charles Crest, chirurgien de Toulon, résidait à Alger et était attaché à l'hôpital d'Espagne.

En 1761, sur la fausse nouvelle que les esclaves musulmans étaient maltraités en Espagne, les Trinitaires furent cinq ou six fois mis à la chaîne et obligés, pendant quelques jours, de traîner les charrettes[3]. Au point de vue de la rigueur des traitements, l'animosité était cependant moins grande de la part des musulmans. En 1775, lors de l'infructueuse attaque d'O'Reilly, le dey Baba-Mohammed garantit de toute insulte les Pères de l'hôpital[4].

En 1787, nouvelle épidémie de peste. Les trois Trinitaires de l'hôpital et un tiers de la population de la ville succombèrent[5]. Pendant la maladie d'Antonio Benito, administrateur, un esclave, n'ayant pas voulu se confesser aux Trinitaires, demanda le vicaire apostolique Joussouy. A la suite d'une vive altercation avec le vicaire, l'administrateur dut revenir en Espagne[6] (17 septembre 1793). En 1801, les Mis-

---

1. Il était élu par les esclaves eux-mêmes et responsable de leurs actes devant l'autorité.
2. *Mémoires de la Mission*, t. III, pp. 95, 134, 169, 296, 308.
3. *Revue africaine*, t. VI, p. 384.
4. *Mémoires de la Mission*, t. III, p. 362.
5. *Ibid.*, p. 401.
6. *Ibid.*, pp. 452, 467.

sionnaires partirent et le vicariat fut géré par le Père administrateur de l'hôpital jusqu'à 1824. Les Espagnols avaient brisé la chaire au cri de : *Fuera los Franceses*[1]! Ainsi, jusqu'au dernier moment, l'hostilité entre Français et Espagnols subsistait aussi vivace.

A Tunis, les Trinitaires avaient été devancés par les capucins italiens[2], qu'Urbain VIII avait établis le 20 avril 1624. Plusieurs religieux, qualifiés de procureurs des esclaves, devaient apporter à ceux-ci les secours de la religion.

Le P. Le Vacher demanda inutilement un envoi de Trinitaires pour fonder un hôpital. Ce n'est qu'en 1720 que le P. François Ximénès, Trinitaire espagnol, fonda à Tunis un hôpital dédié à saint Jean de Matha. Ce Père et ses confrères furent rencontrés par les PP. Comelin et Philémon de la Motte, à Alger, au mois de janvier. Ils avaient essayé de fonder un hôpital à Oran, qui venait d'être repris sur les Espagnols; mais le fanatisme était trop violent pour qu'on les y tolérât.

Il est très souvent question de cet hôpital de Tunis dans la correspondance des consuls de France, au sujet des réclamations parfois exagérées qu'adressait au roi le P. Serrano, administrateur, à cause des soins qu'il avait donnés aux Français. L'année 1743 fut tout entière occupée par cette pénible négociation. Le consul Fort proposa de verser 2,000 livres à l'administrateur (20 juin); le roi de France en accorda 1,500. Serrano, écrivant à Campo Florido, ambassadeur d'Espagne en France, demandait une indemnité de

---

1. *Mémoires de la Mission*, t. III, pp. 620, 659.
2. Cette antériorité fut la cause de nombreux conflits, notamment en 1751 (*Correspondance des beys de Tunis*, t. III, p. 437).

18,595 livres[1]! Quel qu'ait été le chiffre définitivement adopté, il resta toujours de la froideur entre le consul et l'administrateur, qu'il dut « modérer » et surveiller de près. L'hôpital fut saccagé lors de la prise de Tunis par les Algériens, le 2 septembre 1756[2]. Au mois de juillet 1767, le Père administrateur fut assassiné par un renégat corse, et son meurtrier ne fut pas arrêté[3].

En 1786, Alasia, vicaire apostolique, rétablit la bonne harmonie entre les Capucins de la paroisse et les Trinitaires de l'hôpital, en traçant les limites de leur juridiction[4].

En 1817, le consul d'Espagne offrit l'hôpital au bey; les Capucins préférèrent leur tranquillité au bien de la Mission, et le laissèrent louer à un Turc[5]. Un Trinitaire, le P. Benito, qui desservait la chapelle du consulat espagnol, ne mourut qu'en 1832.

A Tripoli, c'étaient des Franciscains qui avaient un hôpital. A Méquinez, en Maroc, des Récollets soignaient les captifs. Le projet des Trinitaires d'établir des hôpitaux à Fez et à Tétuan, loué dans une lettre du roi d'Espagne Charles II (29 octobre 1666), ne paraît pas avoir été réalisé[6]. Par contre, les Trinitaires Déchaussés s'établirent à Ceuta, en 1665.

Après avoir rappelé les vicissitudes de leurs principales fondations hospitalières d'Afrique sans voiler leur combativité exagérée, il ne faut pas oublier que les Trinitaires rendirent, près de trois siècles durant, des services charitables aux esclaves de tous les pays.

1. Plantet, *Correspondance des beys de Tunis*, t. II, pp. 382, 390.
2. *Ibid.*, t. II, pp. 419, 458.
3. *Ibid.*, t. II, p. 643.
4. *Mémoires de la Mission*, t. III, p. 442.
5. Il a été racheté de nos jours par les Frères de la Doctrine chrétienne.
6. Baron, *Annales*, p. 334.

CHAPITRE XIII.

Les bienfaits de la rédemption.

Quand il s'est agi d'évaluer le total des malheureux qu'ils avaient secourus, les Trinitaires ont donné un total de 900,000, pour le salut desquels 9,000 religieux auraient été martyrisés. En ôtant un zéro au premier de ces chiffres et deux zéros au second, on sera sans doute assez près de la vérité. L'exagération, que même les Trinitaires contemporains reconnaissent comme caractéristique de leurs historiens, se montre là dans toute sa candeur. Ainsi Gaguin écrivait que Renaud de la Marche fit faire une rédemption de 40 captifs, le P. Calixte transforme bravement ce chiffre en 4,000 ! M. Vérany, dans son article : *Saint Jean de Matha et l'esclavage*[1], essaie de faire un total de ces mêmes bienfaits de la rédemption pour les principaux pays rédempteurs ; il va parvenir, grâce à ses chiffres, au total de 90,000, qui paraît acceptable ; mais, la force de la tradition l'emportant, il ajoute un zéro.

Au dix-septième siècle, Gil Gonzalez d'Avila, auteur responsable de tant d'exagérations, comptait, pour la France seulement, 363 rédemptions trinitaires, et 31,260 captifs rachetés. Les Pères de la Merci, auxquels Latomy, en 1618, attribuait 138 rédemptions, avec 21,832 captifs, 78 rédempteurs restés en otage, dont 41 martyrisés, trouvèrent exagérés les chiffres de Gonzalez d'Avila. Louis Petit, dans sa polémi-

---

1. Marseille (1863).

que contre les Mercédaires, abandonna complètement l'auteur espagnol, avouant que l'habitude de son pays est l'amplification.

A partir du dix-septième siècle, des listes se trouvent soit dans divers manuscrits, comme celui de la Bibliothèque de Marseille n° 1216 pour les Trinitaires et l'Ottoboni 7942 pour les Mercédaires, soit à la suite des ouvrages imprimés, comme dans l'*Arbor chronologica* pour les Trinitaires Déchaussés. On peut alors vérifier cette remarque d'un rédempteur français : « Les Espagnols rachètent des escadrons, et nous, des escouades. » Les Espagnols font en moyenne une rédemption annuelle[1] d'environ 200 esclaves. Les *Mémoires de la congrégation de la Mission* confirment ces chiffres ; souvent les Trinitaires espagnols emmènent plus de 300 captifs. La moyenne des captifs rachetés par les Français est de 40 environ ; depuis 1635, les rédemptions furent parfois biennales. Nous pouvons leur accorder un millier de captifs rachetés au dix-septième siècle et autant pour le dix-huitième[2].

Les Trinitaires Déchaussés d'Autriche, d'Italie, de Pologne et d'Espagne, d'après un tableau très complet, ont racheté environ 10,000 captifs pendant les deux siècles de leur existence (4,500 durent leur liberté à ceux d'Espagne, 450 à ceux de Pologne, 4,000 aux Autrichiens, 500 aux Italiens[3]). Ce sont là les seuls chiffres qui offrent quelque certitude.

De cette liste immense, il faut détacher quelques noms dignes d'une particulière célébrité. Le plus grand est celui de Cervantès. Son compagnon de captivité Haedo a retracé le

---

1. 72 rédemptions en 77 ans, ayant libéré 15,573 captifs dont 6 religieuses, 204 religieux, 98 séculiers et 562 enfants.
2. Manuscrit 1217 de Marseille, pp. 471-481 : plus exactement 2,150.
3. *Arbor chronologica*, pp. 132-137.

rôle courageux qu'il joua en face du féroce Hassan, vice-roi d'Alger, et ses tentatives multipliées d'évasion. Le P. Jean Gil, trinitaire, arriva à Alger le 29 mai 1580 et, comprenant aussitôt le génie de Cervantès, fit de lui son confident. Il se montra dans ces difficiles circonstances l'homme loyal et bon qu'il fut toute sa vie et rendit une éclatante justice aux Trinitaires dans sa nouvelle de l'*Espagnole-Anglaise*. A sa mort (1616) il fut enterré chez les Trinitaires Déchaussés de Madrid, la tête découverte, comme membre du tiers ordre [1].

Comme écrivain français captif, on ne peut citer que Regnard, qui raconta agréablement ses aventures dans son petit roman de *La Provençale*, sans chercher à en faire un sujet d'instruction ou d'édification; il y fait jouer aux Trinitaires un rôle fantaisiste.

A l'agréable recueil du P. Dan, *Les plus illustres captifs*, plusieurs notices seraient à ajouter pour le dix-septième et le dix-huitième siècle. Des rédempteurs Trinitaires ont notamment vanté le courage de deux jeunes filles.

Mlle de Bourck, à l'âge de neuf ans, vit périr sa mère dans un naufrage sur les côtes de l'Algérie, et, échappée au désastre avec son oncle et un domestique, en imposa aux Arabes par une fermeté au-dessus de son âge. Elle parvint à faire tenir une lettre à Dusault, alors ambassadeur auprès du dey, pour lui exposer sa triste situation. Sur des ordres venus d'Alger, elle reçut un sauf-conduit et fut rachetée à très haut prix par le P. Philémon de la Motte (1720).

---

[1]. Sur la façade du couvent des Trinitaires, calle Lope di Vega, au-dessus d'un buste de Cervantès, a été posée l'inscription suivante : « A Miguel de Cervantès Saavedra, qui, d'après sa dernière volonté, repose dans ce couvent de l'ordre trinitaire, lequel avait plus particulièrement contribué à son rachat, l'Académie espagnole » (*L'Intermédiaire des chercheurs et des curieux* (oct. 1899, col. 566).

Constance Coliva était une jeune Grecque qu'aucune menace de son maître, fils du bey de Tunis, ne put contraindre à changer de religion. Plein d'admiration pour sa vertu ou lassé de sa résistance, il la laissa racheter par les Trinitaires ; malheureusement, la jeune fille fit naufrage en arrivant au port de Marseille et périt sans qu'on eût pu lui porter secours (1732).

Ce rôle bienfaisant des rédempteurs, ces miracles de charité sans cesse renouvelés, frappaient vivement l'imagination populaire et attiraient aux religieux les éloges des auteurs les plus incrédules. Voltaire, dans son *Essai sur les mœurs*, déclare *héroïque* le zèle des rédempteurs et ajoute qu'ils sont les seuls religieux vraiment utiles, tandis qu'un protestant, Sterne, refusant l'aumône à un franciscain, dit qu'il aurait été heureux de la donner à un Père de la Merci pour racheter les captifs. Aux qualifications justement élogieuses données aux Trinitaires et recueillies par leurs historiens, notamment dans la seconde édition du livre de Macedo, il faut ajouter les paroles éloquentes de Bossuet dans son panégyrique de saint Pierre Nolasque[1], que nos religieux peuvent s'attribuer, puisqu'il s'agit seulement de l'excellence de la rédemption des captifs. Le célèbre orateur chrétien, qui avait alors trente-deux ans, a marqué ce sujet d'une vigoureuse empreinte.

Bossuet compare la servitude des chrétiens captifs à celle de l'homme en proie au péché, « car le corps et l'esprit souffrent une égale violence et l'on n'est pas moins en péril de son salut que de sa vie. » Heureusement, Dieu suscita saint Pierre Nolasque « et lui fit voir la détresse des captifs. La

---

1. *Œuvres de Bossuet*, édition de 1862, t. I, p. 549.

haute naissance du saint, son crédit auprès du roi d'Aragon, rien ne l'empêche de voler au secours de ses frères :

« Il fallait qu'il descendît de bien haut à l'humiliation d'un emploi si bas, selon l'estime du monde, pour mieux imiter celui qui est descendu du ciel en terre; imiter ce Dieu rédempteur, c'est toute la gloire qu'il se propose. »

L'orateur suit le saint dans son pieux voyage :

« Le voyez-vous, Messieurs, traitant avec ce barbare de la délivrance de ce chrétien? S'il manque quelque chose au prix, il offre un *supplément admirable* : il est prêt à donner sa propre personne, il consent d'entrer dans la même prison, de se charger des mêmes fers, de subir les mêmes travaux et de rendre les mêmes services... Prisonnier entre les mains des pirates pour ses frères qu'il a délivrés, il préfère un cachot à tous les palais, et ses chaînes à tous les trésors... Il est satisfait, puisque ses frères le sont et, pour ce qui regarde sa liberté propre, il la méprise si fort qu'il est toujours prêt à l'abandonner pour le moindre des chrétiens captifs, ne désirant d'être libre que pour s'engager de nouveau en faveur des autres esclaves[1].... »

Ces éloges s'appliquent à tous les Trinitaires qui « non par vœu, mais par charité », comme dit Jean de Saint-Félix, auteur du *Triumphus misericordiae*, sont restés volontairement en otage pour le salut de l'âme des captifs.

L'auteur du *Génie du Christianisme* a fort bien apprécié, lui aussi, le dévouement de nos religieux.

« Le Père de la Rédemption s'embarque à Marseille. Où va-t-il seul ainsi, avec son bréviaire et son bâton? Ce conquérant marche à la délivrance de l'humanité, et les armées qui l'accompagnent sont

---

1. Bossuet s'est encore souvenu d'Alger dans l'oraison funèbre de Marie-Thérèse, prononcée en 1683, où il adresse à la ville infidèle une vigoureuse apostrophe.

invisibles. La bourse de la charité à la main, il court affronter la peste, le martyre et l'esclavage. Il aborde le dey d'Alger ; il lui parle au nom du Roi céleste, dont il est l'ambassadeur. Le barbare s'étonne à la vue de cet Européen qui ose seul, à travers les mers et les orages, venir lui demander des captifs. Dompté par une force inconnue, il accepte l'or qu'on lui présente, et l'héroïque libérateur, satisfait d'avoir rendu des malheureux à leur patrie, obscur et ignoré, reprend humblement à pied le chemin de son monastère[1]. »

Lorsque les rédemptions trinitaires durent céder la place aux rédemptions diplomatiques, de bons esprits le regrettèrent. Lord Exmouth, en 1816, fit mettre en liberté 500 esclaves après le bombardement d'Alger. « Quant à la délivrance des captifs moyennant rançon, il me semble que les Pères de la Merci auraient fait aussi bien », dit à ce sujet Joseph de Maistre[2].

En 1830, l'expédition française trouva au bagne 122 esclaves, assistés par un Trinitaire, le P. Gervasio Magnoso, mort seulement en 1851[3] ; il put ainsi se réjouir d'avoir vu le jour où l'épée de la France mettait fin[4] à la pieuse œuvre qu'avait créée, plus de six siècles auparavant, la charité française.

1. C'est la réponse de Pierre Dias à Charles-Quint, lors de l'expédition de Tunis, en 1535 : « Sire, je ne vous demande que la permission de mourir dans mon cloître » (*Triumphus misericordiae*, p. 132).
2. *Correspondance*, II, 216.
3. L'abbé Godard a mis le P. Gervasio en scène dans ses *Soirées algériennes*, publiées en 1857.
4. La piraterie barbaresque subsiste encore au Maroc, dans les montagnes du Riff.

QUATRIÈME PARTIE

Notices alphabétiques sur les couvents trinitaires de France et des Pays-Bas.

Je range sous cette rubrique : *Liste des Couvents trinitaires*, une foule de renseignements épars, soit dans les Archives, soit dans quelques monographies, et permettant d'ajouter quelques traits à l'histoire des Trinitaires. Je me suis borné aux six provinces de France, renvoyant, pour l'Espagne et l'Angleterre, au chapitre spécial qui leur est consacré dans la deuxième partie, et, pour Rome, à l'Appendice n° III. Il ne faut pas chercher, dans les notices qui vont suivre, tout ce qui pourrait être dit. Chacun des couvents de Cerfroid, de Douai, de Marseille, de Toulouse mériterait un petit volume. Quant aux petits couvents, je me suis attaché à dire tout ce qu'on en savait, lors même que c'était peu de chose, pour éviter une trop grande disproportion entre les notices. Le couvent des Mathurins de Paris sera l'objet d'une monographie à part.

LISTE DES COUVENTS

Les Trinitaires eurent, en France ou aux Pays-Bas, 102 couvents en tout, dont il ne subsistait que 93 à la fin du dix-huitième siècle ; je ne compte pas dans ce total les cures annexées. Il importe de remarquer que les trois quarts seulement sont des fondations du treizième et du quatorzième siècle. Les autres couvents, rattachés à la Congrégation Réformée ou à la Congrégation Déchaussée, ne remontent qu'au dix-septième siècle. Certains de ces couvents disparurent de très bonne heure, et l'on n'a pour ainsi dire que leur titre de fondation. Je les ai néanmoins insérés dans la liste, dès que leur existence m'a paru certaine.

Quand le nom du couvent est distinct de celui de la localité, j'ai toujours préféré le nom sous lequel le monastère est désigné dans les documents. Ainsi, le couvent d'Estaires est habituellement appelé Convorde, et celui de Camps-lès-Brignoles, Saint-Quinis.

Quelque considérable que soit cette liste, on serait peut-être en droit de l'augmenter encore de quelques unités. Les Trinitaires ont tenté plus d'un établissement qui ne réussit pas, comme à Arsague[1] (Landes). Ils ont dû avoir un couvent à Auriol, près Marseille, en 1558, d'après le quatorzième registre des Trinitaires de cette ville.

Par contre, une représentation dramatique donnée à Eecke, les 22 et 23 mai 1747, et composée d'une pièce sur la fondation de l'ordre de la Trinité, a fait croire à J. Carlier qu'il y avait un couvent de Trinitaires à Steenvoorde, près de Cassel. « Il y a un prieuré sous le titre de Saint-Laurent (or l'ordre de la Merci a été fondé le jour de la Saint-Laurent); la juridiction de cette maison appartenait au général de l'ordre charitable de Sainte-Marie, résidant à Paris. Cet ordre suit la règle de Saint-Augustin; c'était peut-être une maison de Trinitaires réformés[2]. » Et, après ces pénibles déductions, J. Carlier met en note que c'étaient des Carmes!

Les Trinitaires ne sont point innocents de quelques tentatives d'additions à cette liste. Ils ont mis au nombre de leurs

---

1. CARLIER, *Histoire du Valois*, t. II, p. 248.
2. *Annales du Comité flamand*, t. VIII, pp. 161-162. Tout en relevant une erreur de cet auteur, je ne dois pas méconnaître l'intérêt et l'étendue de ses recherches sur les Trinitaires.

couvents celui de « Braia », à cause d'un *terminus de Braya* qui aurait été cédé par Ildefonse, comte de Provence, pour le rachat des captifs, expression qui d'ailleurs n'a jamais été expliquée [1]. Nos religieux se sont de même attribué la chapelle de Rennemoulin, qui dépendait de l'hôpital de la Trinité de Paris, attribution qui se rencontre aussi dans une bulle de 1209, évidemment interpolée. Baron, coupable de l'invention d'un couvent à Tournay, a attribué à tort aux Trinitaires un hôpital de la Trinité à Verneuil (Eure).

Les listes publiées à la suite de l'édition des Statuts faite en 1586 sont complètes, à part l'oubli du prieuré de Dinard et de quelques hôpitaux rapidement disparus, comme ceux de Saint-Quentin, de Châteaufort et de Fontenay-lès-Louvres, près Paris, enfin de Saint-Gilles. A la fin des Constitutions éditées en 1771, les couvents sont également énumérés, mais ceux de France [2] ne sont point divisés par provinces.

Voici quelle était en 1768 la liste des couvents trinitaires, classés par départements :

Aisne : Cerfroid [3].

Basses-Alpes : Digne [3], Faucon [4], La Motte [3], Seyne [4].

Alpes-Maritimes : Saint-Étienne sur Tinée.

Ardennes : Grandpré, Regniowez.

Ariège : Mirepoix.

Aube : Bar-sur-Seine, La Gloire-Dieu, Troyes.

Aude : Limoux, Narbonne.

---

1. Il s'agit sans doute d'une rente assise sur quelque pays appelé *Braia*, dans les environs de Marseille.
2. France est entendu dans son sens le plus large, c'est-à-dire provinces sous l'obéissance directe du général français.
3. Couvents ayant embrassé la Réforme au dix-septième siècle.
4. Couvents fondés par les Déchaussés.

Bouches-du-Rhône : Aix (un de Réformés, un de Déchaussés), Arles, La Cadière[1], Lambesc[2], Marseille (un de Réformés, un de Déchaussés), Saint-Remy[1], Tarascon[2].

Calvados : Lisieux[2].

Charente-Inférieure : Taillebourg.

Côtes-du-Nord : Dinan.

Eure : Gisors[1], La Poultière.

Haute-Garonne : Toulouse, Saint-Gaudens.

Gers : Terraube.

Gironde : Saint-Laurent-de-Médoc.

Hérault : Montpellier.

Ille-et-Vilaine : Dinard.

Indre-et-Loire : Tours[2].

Isère : Notre-Dame-de-Limon.

Loire-Inférieure : Beauvoir, Châteaubriant.

Manche : La Perrine.

Marne : Châlons, La Fère-Champenoise, Soudé, La Veuve, Vitry.

Haute-Marne : Bourmont[1].

Morbihan : Rieux, Sarzeau.

Nord : Convorde, Douai, Hondschoote, Préavin.

Oise : Caillouet[1], Clermont, Le Fay, Verberie, Pontarmé.

Orne : Mortagne.

Pas-de-Calais : Arras.

Basses-Pyrénées : Orthez.

Rhône : Lyon[1].

Seine : Paris.

Seine-et-Marne : Coupvray[1], Fontainebleau, Meaux[2],

---

1. Couvents fondés par les Réformés.
2. Couvents ayant embrassé la Réforme au dix-septième siècle.

Silvelle, La Villeneuve ou Chelles, La Villette ou Mitry.

Seine-et-Oise : Étampes, Montmorency [1], Pontoise [1].

Seine-Inférieure : Rouen [1], Rouvray.

Somme : Péronne [1], Templeux-La-Fosse [2].

Tarn : Castres, Cordes.

Var : Brignoles [3], Figanières [3], le Luc [3], Lorgues [2], Saint-Quinis [3], La Verdière [1].

Vaucluse : Avignon [2].

Vosges : Lamarche [2].

Les couvents des « quatre provinces » actuellement hors de France sont :

En *Belgique* : Audregnies, Bastogne, Huy, Lens, Lérinnes, Orival.

En *Luxembourg* : Vianden.

En *Lorraine* : Metz.

L'*Ile-de-France* comprenait 16 couvents : Cerfroid, Chelles, Clermont, Coupvray, Étampes, Le Fay, Fontainebleau, Lyon, Meaux, Mitry, Montmorency, Paris, Pontarmé, Pontoise, Silvelle, Verberie.

La *Champagne* en renfermait 12 : Bar-sur-Seine, Bourmont, Châlons, La Fère-Champenoise, La Gloire-Dieu, Grandpré, Lamarche, Metz, Soudé, Troyes, La Veuve, Vitry.

La *Picardie* comprenait 15 couvents : Arras, Audregnies, Bastogne, Convorde, Douai, Hondschoote, Huy, Lens, Lérinnes, Orival, Péronne, Préavin, Regniowez, Templeux, Vianden.

La *Normandie* en comptait 16 : Beauvoir, Caillouet, Châ-

---

1. Couvents fondés par les Réformés.
2. Couvents ayant embrassé la Réforme au dix-septième siècle.
3. Couvents fondés par les Déchaussés.

teaubriant, Dinan, Dinard, Gisors, Lisieux, Mortagne, La Perrine, La Poultière, Rieux, Rouen, Rouvray, Sarzeau, Taillebourg et Tours.

Le *Languedoc* comptait 11 couvents : Castres, Cordes, Limoux, Mirepoix, Montpellier, Narbonne, Orthez, Saint-Gaudens, Saint-Laurent de Médoc, Terraube, Toulouse.

La *Provence* n'avait que dix couvents à la fin du seizième siècle : Arles, Avignon, Digne, Lambesc, La Motte du Caire, Limon, Lorgues, Marseille, Saint-Étienne de Terre-Neuve, Tarascon. Puis les Réformés fondèrent La Cadière, Le Muy (transféré ensuite à Aix), Saint-Remy et La Verdière. Les Déchaussés avaient Aix, Brignoles, Faucon, Figanières, le Luc, un second couvent à Marseille, La Palud, Saint-Quinis et Seyne, ce qui porta le nombre total des couvents provençaux à 23.

De ces 93 couvents, un grand nombre avaient été supprimés par le chapitre national de 1768 :

En *France* :

Coupvray, La Villette, Silvelle devaient être réunis à Meaux;

Le Fay et Pontarmé à Clermont;

Chelles et la moitié des revenus de La Perrine à Verberie;

Taillebourg et Rouvray à Étampes.

En *Champagne* :

La Gloire-Dieu à Troyes et à Bar;

Grandpré, La Veuve et Soudé à Châlons;

Vitry à Metz;

En *Picardie* :

Regniowez à Arras;

En *Bretagne* :

Beauvoir-sur-Mer devait être partagé entre Rieux, Châteaubriant et Sarzeau.

En *Languedoc* :

Terraube sera réuni à Toulouse;

Limoux à Castres;

Saint-Gaudens à Cordes;

Narbonne à Montpellier (ou *vice-versa*).

En *Normandie* :

La Poultière devait être réunie à Mortagne;

Caillouet à Gisors;

La moitié de La Perrine à Rouen;

Pontoise à Paris;

Lyon recevra les revenus de Limon, Dinan et Dinard.

En *Provence* :

Digne serait réuni à Marseille;

La Verdière à Lambesc;

La Motte à Aix.

J'ai dit (p. 297) que ces suppressions n'eurent guère lieu que sur le papier.

En plus de ces 93 couvents encore habités en 1768, l'on trouvera ici mentionnés ceux de Saint-Gilles, Saint-Quentin, Châteauneuf-de-Martigues, Beaucaire, Belleau, qui avaient déjà disparu.

Aix.

PREMIER COUVENT.

Quoique Aix fût la capitale de la Provence, les Trinitaires n'y furent installés qu'assez tard. Les religieux de la Congrégation Déchaussée reçurent l'autorisation de s'y établir, le 31 mars 1621, grâce à l'archevêque Paul Hurault de l'Hôpital et prirent place d'abord dans l'église de Saint-Laurent, hors la ville. Les Trinitaires Réformés de Marseille leur reprochaient de porter des habits grossiers et des sandales de cuir et de corde, de ne pas les avoir convoqués à l'élection du ministre d'Aix, de n'avoir pas comparu au chapitre provincial, enfin de n'avoir pas voulu laisser visiter leur hospice, le 13 octobre 1625.

Les Déchaussés répondaient assez justement qu'en ce qui concernait l'habit, ils avaient écrit à leurs adversaires : « Donnez un modèle du chaperon et de la croix, et nous vivrons comme vous, tant à l'extérieur qu'à l'intérieur. » S'ils refusaient aux Réformés la visite et le logement à Aix, c'est que deux de leurs religieux avaient été maltraités à Marseille et à Lambesc.

L'archevêque d'Embrun et l'évêque de Senez invitèrent les Déchaussés à produire, dans les six mois, une bulle du pape autorisant la Déchausse et le changement d'habit (29 août 1626). Louis XIII octroya des lettres patentes en faveur des religieux d'Aix (6 septembre 1627).

Les Réformés tenaient toujours à faire expulser leurs émules. Ils se firent donner par les consuls de Marseille, d'Arles, de Tarascon et de Lambesc des attestations de *religiosité* (1628). Au contraire, disaient-ils, les Déchaussés d'Aix « n'ont qu'une vaine apparence de moralité ; il n'y a entre eux ni union ni charité, ains de continuelles riottes et dissensions ».

Grâce au cardinal protecteur Bandini, les Déchaussés purent respirer. Le 13 novembre 1638, ils jetèrent les fondements d'un cloître près de la porte de Bellegarde ; « leur simplicité et leur candeur » attirèrent à ce couvent l'estime du peuple. C'est à Aix que se tint, en 1771, le dernier chapitre de leur congrégation.

SECOND COUVENT.

Les Trinitaires Réformés, attirés par l'exemple, voulurent s'établir aussi à Aix. En 1692, les Pères de la Doctrine chrétienne vendant leur maison, ils songèrent à y transporter leur couvent de La Verdière. En réalité, ce fut celui du Muy qui y fut transféré au mois de février 1727. Ce nouvel établissement, au dire de Roux-Alphéran, ne fut pas très heureux, les religieux ayant manqué d'aumônes suffisantes pour fonder un couvent durable[1]. Leur premier domicile fut renversé par un alignement; quoiqu'il eût été plus avantageux de le rebâtir, ils achetèrent pour 8,000 livres la maison de l'Œuvre des Enfants abandonnés, quartier Sainte-Catherine, rue des Templiers. Quand ils reçurent leurs lettres patentes, en mai 1759, ils n'étaient que trois frères et un convers; plus tard, la communauté fut réduite à un seul prêtre et un convers. Ainsi s'exprime l'auteur d'un compte rendu présenté, le 28 septembre 1766, à la Commission des Réguliers. Le P. Michel Gairoard, procureur des captifs, était le plus illustre fils de ce couvent[2].

Arles.

Le couvent des Trinitaires d'Arles, particulièrement intéressant, remonte à 1200; la conservation des reliques de Saint-Roch, l'administration des ministres célèbres comme le

1. Roux-Alphéran, *Les rues d'Aix*, I, 36; II, 481.
2. Autres détails dans l'Enquête (Arch. Nat., G⁹ 519, Commission des Réguliers). Pitton, dans ses *Annales de l'Église d'Aix* (Lyon, 1668), p. 111, n'a parlé que de la première maison, seule fondée à cette date.

P. Commandeur et le P. Porchier, fournissent des détails, soigneusement recueillis dans *le Musée d'Arles*, revue dirigée de 1871 à 1876 par M. Émile Fassin, auquel je me référerai constamment.

Dès le mois de décembre 1201, Guillaume Boniti lègue 10 sous[1] aux religieux d'Arles qui rachètent les captifs, preuve que, dès avant la transaction de 1203, les Trinitaires étaient établis à Arles. Ce n'est pas qu'on n'ait voulu faire remonter encore plus haut leur établissement, à cause d'un acte de Raymond-Bérenger pour un prieuré de la Sainte-Trinité daté de 1178, vingt ans avant la fondation de l'ordre. Les uns, avec le P. Porchier, ont rejeté cet acte, faisant remarquer qu'il concerne un prieuré de Camargue. D'autres, comme l'annotateur de la copie des Archives nationales, ont admis l'acte, tout en corrigeant la date par ce raisonnement singulier : c'est 1199 car, cette année-là, saint Jean de Matha vint en Provence !

Jeanne, femme de Geoffroy Bastonis, légua, le 22 avril 1224, 100 sous à l'hôpital et 300 pour racheter les captifs[2]. En 1263, la ville expropria leur jardin pour construire le Marché-Neuf (*Marcanou*).

Le couvent des Clarisses ayant été démoli à cause des incursions d'Arnaud de Cervolle, le ministre, Adam *de Niceyo*, donna à bail aux religieuses une partie de la maison, de la Saint-Michel 1359 à Pâques 1360, moyennant 10 florins d'or. Pierre de Bourry, général de l'ordre, jugeant sans doute cette promiscuité déplorable, cassa le bail, et les Clarisses se trouvèrent sans asile.

La situation financière du couvent paraissait très compro-

1. Bibliothèque d'Arles, ms. 159, p. 375.
2. Jacquemin, *Mémoire sur les hôpitaux d'Arles*, p. 332.

mise, quand se présenta un illustre bienfaiteur, Geoffroy Le Meingre, frère du fameux Boucicaut. Il mit à ses bienfaits la condition de nommer lui-même le recteur de l'hôpital (5 mai 1409) donnant un tiers des pêcheries de Barbegal[1], qui causa de nombreux procès.

Le 28 avril 1438, noble Ardouin de Porcellet, seigneur de Maillane pour le quart, conféra 36 florins sur cette seigneurie à Antoine Cartier, recteur de l'hôpital, successeur de Guillaume de Fleygnac, avec qui Boucicaut avait transigé. La même année, le roi René, dans une lettre adressée à son lieutenant général Tanguy du Châtel, amortit toutes les possessions de Maillane données par Geoffroy le Meingre.

N'étant plus payés, depuis 1470, par les héritiers du sénéchal Louis de Beauvau, de leurs 36 florins de rente annuelle, les Trinitaires d'Arles s'adressèrent au roi René, qui manda au grènetier de Tarascon de les indemniser (5 septembre 1476) et s'engagea, le 4 octobre 1477, à racheter cette pension pour le prix de 500 florins[2].

Guillaume de Horreo, ministre de 1497 à 1527, donna une portion des reliques de saint Roch et de quelques autres saints de moindre importance à trois nouveaux couvents trinitaires d'Espagne[3] (1501). Il eut un conflit très violent avec l'archevêque Jean Ferrier au sujet du droit de visite : plutôt que de permettre l'entrée du couvent à ce prélat, il aima mieux se laisser mettre en prison. « Si Monsieur d'Arles vient, aurait-il dit, je lui romprai la mitre sur la tête[4]. » Sous son administration, en 1521, les habitants d'Arles firent

1. Barbegal est à l'ouest des Baux.
2. Trinitaires d'Arles (liasses), pièces 151, 153, 177, 179, 180.
3. Les reliques de saint Roch seront l'objet de l'Appendice I.
4. Pièce 109.

456   L'ORDRE FRANÇAIS DES TRINITAIRES.

vœu d'élever chez les Trinitaires une chapelle à saint Roch, qui les avait préservés de la peste.

En 1574, quand tous les hospices furent réunis pour former l'Hôtel-Dieu du Saint-Esprit, l'hôpital des pèlerins continua encore durant un siècle à être desservi par les Trinitaires ; *le Musée* cite l'épitaphe d'un bourgeois de Nancy qui y décéda, en 1613, en venant de Terre-Sainte[1]. Le 18 mars 1605, des réparations y furent ordonnées par le ministre Guillaume Commandeur. Les Trinitaires Réformés, s'étant établis à Arles, reçurent des consuls 300 livres d'aumônes pour aider à sa reconstruction (1613).

Des confréries se joignirent à celle de la Trinité dans l'église de nos religieux. Le 5 avril 1598, y fut fondée une confrérie du Saint-Esprit par des gentilshommes, bourgeois et laboureurs, dans le but de calmer et apaiser les troubles des guerres civiles[2]. En 1630 fut érigée la confrérie de Saint-Roch ; en 1645, enfin, celle des Pénitents Noirs.

A la venue des Réformés, en 1612, les religieux anciens avaient dû faire une nouvelle profession. Le Cartulaire, rédigé vers 1590 par Claude Bouchet, sur l'ordre de Guillaume Commandeur, pourtant fort soigné, « ne parut plus rien », en comparaison de l'œuvre de François Porchier, historien d'Arles estimé. Ce dernier, qui composa aussi un bullaire, un répertoire et une chronologie des ministres, fut nommé au chapitre provincial de 1642 économe général de la province et mourut au mois d'octobre 1658. Sa critique était très souvent judicieuse.

L'église fut reconstruite à partir de 1630; le 24 février

1. On voit combien le primitif but de l'ordre, l'hospitalité, se conserva longtemps.
2. *Musée*, IV, 152.

l'archevêque Gaspard du Laurens, dont le tombeau se remarque encore à Saint-Trophime, en posa la première pierre [1], et une inscription commémora cet événement. De l'édifice ancien, les Trinitaires ne gardèrent que le clocher « en pointe de diamant ». Cette fureur de renouvellement, peut-être exagérée, était encouragée par les libéralités populaires.

En 1637, Élisabeth Béraude, veuve de Laurent Couques, légua à la confrérie du rachat des esclaves 300 livres, dont la moitié devait être employée à fonder au couvent de la Trinité une grand'messe tous les mois.

Les Trinitaires avaient toujours conservé le tiers des pêcheries de Barbegal; leur copropriétaire était, en 1739, le baron de Beaujeu. Le 1er avril 1764, ils vendirent leur part au marquis d'Estoublon.

Depuis 1671, un arrêt du Parlement de Provence avait déchargé les Trinitaires de l'hôpital des pèlerins. Cela ne les empêcha pas de bien faire leur devoir pendant l'épidémie de peste de 1721. Ils firent des processions avec la châsse de saint Roch, et plusieurs religieux furent victimes de leur dévouement.

Plusieurs fois il leur fut interdit de quêter pour les captifs, à cause de la jalousie des Pères de la Merci, encore vivace au milieu du dix-huitième siècle.

Ils étaient dix religieux en 1790. L'église devint un grenier à blé; vers 1876, les derniers vestiges du cloître disparurent, et M. Gauthier Descotte consacra au couvent l'oraison funèbre [2] que méritait son antiquité.

1. *Musée*, II, 240.
2. Je remercie M. Emile Fassin de m'avoir obligeamment envoyé cet article *du Musée*, auquel il avait collaboré.

Arras.

Les Trinitaires furent fondés en 1238, au faubourg de Ronville, par Robert d'Arras, chevalier de Guy, comte de Saint-Pol, et non pas Robert, comte d'Artois, frère de saint Louis. Il leur donna en 1257 une maison située entre Athies et Feuchy, au nord-est d'Arras, qui conserva le nom de maison de la Trinité[1]. Il mit comme condition formelle à ces libéralités la construction d'un hôpital, ainsi que d'une chapelle particulière où il serait enseveli. Ils possédaient de plus une table de change (*tabula nummularia*) conférée par ce fondateur; on les indemnisa lorsque, sur son emplacement, fut construite la Maison Rouge[2]. Leur église[3] fut dédiée en 1346 et leur cloître achevé seulement en 1547 par Jean Godart, ministre depuis 1526. C'était, au dire des connaisseurs, un modèle de sculpture élégante. Le couvent fut à peu près détruit lors de la prise d'Arras par les Français en 1640.

Denis Cassel, connu par son rôle parmi les Trinitaires Réformés, et réconcilié ensuite avec son général, fut le véritable restaurateur du monastère. Les religieux avaient demeuré quelque temps à l'hôpital Saint-Nicolas, près la cathédrale Saint-Vaast, où ils allaient dire la messe; quelques-uns y furent enterrés près la chapelle Saint-Pierre. « Le magistrat consentit à la donation d'une maison, appelée *Payen*, située sur les fossés, à charge de payer à la ville 10 sols au renouvellement de chaque ministre. »

[1]. Pièces 12 et 28.
[2]. *Inventaire de la Chambre des comptes de Lille*, p. 476 (nº 1186). — C'est aujourd'hui la Grand'Place.
[3]. En 1433, dame Isabelle de Ghistelle y avait fondé la chapelle Notre-Dame en donnant des terres situées à Feuchy.

Denis Cassel s'établit rue d'Amiens, près de l'église Saint-Nicaise. Le chapitre lui offrit d'unir cette cure à son couvent, mais il n'accepta pas une donation qui aurait fourni à l'évêque une raison de visiter ce monastère. Ses successeurs furent le P. Toéry, de Toulouse, sous l'administration duquel s'élevèrent un joli dortoir et la moitié du cloître et fut opérée une rédemption des captifs à la tête de laquelle figurait le P. Liebe, religieux d'Arras, et Élie Le Beau, qui avait eu, lors du chapitre international de 1704, le titre de secrétaire général des provinces de France. « C'était un homme bien fait, qui avait l'esprit enjoué et qui aimait la compagnie. » Comme on avait composé des libelles contre lui, le général l'obligea à renoncer à sa charge. Le P. Charles de Croix, son successeur, résidait à Fontainebleau quand le P. de Massac le nomma ministre en 1717; il adapta au goût du temps l'ornementation de son église (1736). Des captifs ayant été rachetés, il alla les recevoir, le 5 janvier 1738, à la porte de Ronville.

Le couvent fut détruit à la Révolution. Le P. Duriez, dernier religieux survivant, mourut en 1842. Legentil écrivait, en 1877, que les Dames Bénédictines du Saint-Sacrement, établies rue d'Amiens, avait parfaitement respecté le cloître des Trinitaires; il n'en est plus ainsi aujourd'hui[1].

Audregnies[2].

Ce couvent fut fondé en 1221 par Alard d'Esterp et sa femme Ide, avec l'approbation de Barthélemy de Graincourt, abbé de Saint-Aubert de Cambrai, et de l'archevêque Geof-

---

1. Source principale : Manuscrits du P. Ignace, capucin (Bibliothèque publique d'Arras).
2. Belgique, près de Dour (Hainaut).

froy de Fontaines[1]. Son histoire ne présente aucun fait marquant. A peine trouve-t-on dans le carton 457 des Archives de Hainaut quelques nominations de ministres et d'autres pièces, toutes de discipline intérieure. Le P. Comelin, qui racheta des captifs en 1719 avec le P. Philémon de La Motte, était ministre d'Audregnies. En 1771, le couvent avait huit religieux dont un frère lai, 2,614 livres de revenus, 80 livres en caisse pour les captifs; il envoyait, chaque année, au général un écu, et pour la taxe des captifs deux écus.

Par contre, nous sommes fort bien renseignés sur la liquidation du couvent. L'administrateur nommé par le Comité de la Caisse de Religion, le greffier Patte, dut s'adresser au doyen de chrétienté à Mons pour faire « profaner » l'église et avertir les curés et « égliseurs » d'Elouges et de Pomerœul de rendre compte des confréries de la Rédemption. Dès que le couvent sera évacué, par la sortie des religieux, la distribution des aumônes aux mendiants et pauvres malades cessera. Les ornements d'église, effigies et images ne seront pas vendus, mais remis à diverses paroisses du diocèse.

Les cloches sont pesées le 9 décembre 1784[2], les autels vendus « en suitte de la criée des rendages », de même les tableaux « en suitte des annonces à trente villages, outre les lettres circulaires envoyées aux fripiers des villes les plus prochaines » (11 janvier 1785). Le bois descendu du clocher « n'est bon qu'à brûler ».

Le greffier Patte annonce au baron de Feltz, receveur général à Bruxelles, ses découvertes sur les biens que le couvent possédait en France, « mais il doute si le tout est déclaré,

---

1. DEMAY, *Sceaux de Flandre*, n° 7505.
2. Patte ne demanda aucun salaire pour avoir assisté à cette opération.

comme les gens d'Eglise font leurs affaires par eux-mêmes et que leurs débirentiers ne divulguent rien ». Le roi de France ayant fait publier un édit pour la confiscation des biens possédés en France par les couvents supprimés, l'administrateur reçut ordre de rester dans l'inaction pour la perception de leurs produits. En revanche, l'abbaye de Saint-André en Cambrésis ayant exigé le payement d'un cens seigneurial, Patte « fit la sourde oreille », disant qu'il n'en pouvait payer les « canons » sans ordonnance du Comité de la Caisse de Religion [1].

Telles sont les principales affaires dont eut à s'occuper pendant quelques années ce consciencieux [2] greffier qui, par sa correspondance soignée, nous a donné le tableau exact de l'administration d'un couvent supprimé.

Avignon.

L'hôpital trinitaire d'Avignon a eu une existence agitée, bien connue par son Obituaire (manuscrit 2592 de la Bibliothèque d'Avignon). En outre, M. de Loye, archiviste des Basses-Pyrénées et auteur d'un immense travail sur les hôpitaux d'Avignon, m'a obligeamment communiqué le fruit de ses recherches sur l'hôpital de Sainte-Marthe [3].

Le 28 juin 1353, une bulle d'Innocent VI mit en possession les Trinitaires vivant « sous la règle de Saint-Augustin » de l'hôpital de Sainte-Marthe, fondé au nord-est de la ville par

---

1. Sources : Archives du royaume à Bruxelles ; Caisse de Religion, carton 119.
2. Que de précautions ne prend-il pas pour faire passer 2,000 florins à Bruxelles! En effet, à Quiévrain, l'usage de la lettre de change est inconnu.
3. J'ai beaucoup profité aussi de l'Inventaire des archives hospitalières.

Bernard Rascas et sa femme Marie-Louise de Pierregrosse, au prix de 10,000 florins. Trois religieux sont chargés du service spirituel; l'administration sera exercée par deux prudhommes, bourgeois d'Avignon, élus par les consuls chaque année le jour de la Trinité. L'acte reçu par des notaires, le 12 septembre 1354, fait mention de Clément, ministre, de Robert Fouques et Jean de Berne, conventuels. Bernard Rascas fit construire le cloître, la chambre du ministre, le dortoir des religieux, le réfectoire, le cellier, la sacristie, leur donnant, en outre, une rente annuelle de 50 florins. Il leur imposa l'obligation de confesser les pauvres et de les enterrer sans rétribution, avec menace d'expulsion par l'évêque et les consuls, s'ils n'observaient pas les contrats[1].

Les donations affluèrent rapidement. Le 28 juin 1355, une maison leur fut donnée par Raymond Aix, scribe du pape[2].

Par testament du 3 juillet 1361, Louise de Pierregrosse légua, pour acheter des couvertures, 50 florins d'or. Le 13 septembre 1365, à son tour, Bernard Rascas choisit sa sépulture dans la tombe creusée devant le grand autel de l'église des Trinitaires, désirant y être porté par huit pauvres, revêtus de tuniques blanches. Il lègue « 24 gros au ministre pour vingt-quatre messes, 12 gros à chacun des religieux pour douze messes, 50 florins pour les cloches, 1 florin d'or à chaque serviteur, 100 florins pour acheter des couvertures, deux maisons rue Traversière et rue Grand-Mazel, deux vignes au quartier Saint-Véran, le moulin de la Tour avec l'âne et

---

1. « Le couvent ne sera point transformé en taverne ou en maison de jeux, et il n'y pourra être tenue aucune réunion illicite ou infâme. Les réparations de l'église et du couvent seront à la charge des religieux ».

2. Divers manuscrits contiennent la liste de ces donations.

ses accessoires ». Les armes du fondateur [1] : « étoile d'or sur champ d'azur et croix de gueule fichée en besant sur champ d'or », se voyaient encore sur la porte de l'entrée de l'église, « au dôme du presbytère » et dans une chapelle ou salle basse contre la muraille, selon un procès-verbal dressé le 17 septembre 1667 [2].

Le 10 juin 1372, le ministre transigea avec le chapitre de Saint-Pierre pour les droits paroissiaux et, le 9 février 1374, il reçut d'Arnaud de Poitiers, comte de Valence et de Die, une maison acquise des exécuteurs testamentaires de Michel, évêque de Barcelone [3].

Le 17 septembre 1459, le cardinal Pierre de Foix, député pour la réunion des hôpitaux de la ville, les réduisit de quatorze à cinq; le premier est l'hôpital de la Trinité, près la porte Saint-Lazare, administré par nos religieux, avec 61 florins 9 gros 4 deniers de revenu.

Au mois de novembre 1481 se passa un fait très curieux :

---

[1]. Bernard Rascas était aussi poète. Les Trinitaires ont recueilli de lui une poésie provençale, dont voici la traduction française, faite par le P. Ignace de Saint-Antoine :

> Toute chose mortelle à la fin périra,
> Fors que l'amour de Dieu, qui toujours durera ;
> Nos corps viendront plus secs que la morue plus sèche,
> Les arbres laisseront leur verdeur tendre et fraîche ;
> Les oiselets des bois perdront leur chant subtil
> Et plus ne s'entendra le rossignol gentil ;
> Les bœufs aux pastis, les ouailles blanchettes,
> Sentiront l'esguillon des mortelles sagettes,
> Le coursier camarguen, renards et loups épars,
> Les chèvres et chamois, cerfs, porcs, de toutes parts,
> Les ours forts et hardis seront poudre et arène,
> Le dauphin en la mer, le thon et la baleine,
> Monstres impétueux, royaumes et comtés,
> Les princes et les rois seront par mort domptés,
> Et notez bien ceci : Chacun, la grande terre
> (Ou l'Écriture ment !) le firmament qui erre
> Changeront de figure. Enfin tout périra,
> Fors que l'amour de Dieu qui toujours durera.

Il aurait fait ces vers pour se consoler de la perte d'une dame.

[2]. Bibliothèque de Marseille, manuscrit 1216, p. 309.

[3]. Manuscrit 2083 (Bibl. d'Avignon), p. 235.

l'union des Trinitaires et des Pères de la Merci. Julien de la Rovère, tout en maintenant les deux prudhommes [1], unit, annexe et incorpore les religieux des deux ordres qui furent institués protecteurs communs de l'hôpital. Les Pères de la Merci avaient reçu, moyennant le cens d'un florin, l'église de Notre-Dame des Miracles, grâce au chapitre de Saint-Agricol, le 22 avril 1435. On ne sait combien de temps dura cette union, car en 1575 le commendataire de Notre-Dame des Miracles étant mort, le chapitre de Saint-Agricol reprit l'église et la donna aux Minimes, établis par le cardinal d'Armagnac : les Mercédaires n'y étaient donc plus.

Le 22 décembre 1526, Clément VII donna à l'hôpital le revenu des amendes de la cour temporelle d'Avignon. Le cardinal de Clermont, évêque de Tusculum, légua une aumône journalière perpétuelle de 9 gros (1537); une inscription en son honneur fut mise dans le couvent, au milieu de la porte qui allait à la cuisine.

Le ministre Barthomieu Tissot donna lieu à des plaintes très vives (6 juillet 1552). Il aurait vendu des reliques, mis des « qualisses » en gage et négligé de rendre compte. C'est sans doute à cette dilapidation qu'il faut rapporter la délibération du Conseil, à l'effet de transporter à l'Hôtel de Ville les archives de l'hôpital Saint-Bernard et Sainte-Marthe ; un des consuls et un des recteurs durent en prendre soin (30 juin 1564). Les Trinitaires auraient cédé à l'hôpital une rente de 36 sols tournois sur le moulin de l'Aiguille, en donnant leur démission d'administrateurs [2].

---

1. Le rédacteur du manuscrit 2083 explique (f° 236) que les recteurs laïques existent aussi dans les autres hôpitaux de la ville, pour empêcher le dépérissement de leurs biens.
2. Inventaire manuscrit F 94.

L'histoire de l'hôpital d'Avignon au dix-septième siècle est des plus confuses. La province de Provence réformée voulut acquérir cet établissement; plusieurs fois, elle leva des contributions sur les couvents pour soutenir cette cause à Rome; mais un bref du 6 août 1641 nous apprend que les Déchaussés s'étaient violemment introduits dans le couvent et en avaient été expulsés. La simple mention du bref ne permet pas de dire si les Déchaussés étaient d'accord avec les Réformés. Les donations ne s'arrêtaient cependant point. Le 1er septembre 1638, Antoine Lopis, seigneur de Montmirail, n'ayant pas d'enfants, avait légué 150,000 écus aux pauvres de l'hôpital Saint-Bernard.

Trente ans après, le Conseil d'Avignon décida de faire venir de Nîmes trois religieuses hospitalières de Saint-Joseph (15 décembre 1670), dont l'ordre avait été confirmé par Alexandre VII en 1657. Le 15 février 1671, se tint une assemblée du Bureau général en présence de l'archevêque. La venue de ces religieuses doit nous faire supposer que les Trinitaires étaient de moins en moins en odeur de sainteté. A partir de 1696, les prudhommes furent, tantôt un gentilhomme, tantôt un docteur en droit, avec un bourgeois.

En 1707, le Saint-Office défendit aux Trinitaires de molester les recteurs de l'hôpital au sujet de la délivrance des actes de décès des malades. Une nouvelle requête fut adressée, en 1711, au vice-légat pour faire remplacer les Trinitaires qui négligeaient l'administration spirituelle de cet hôpital, l'œuvre « la plus considérable et la plus nécessaire de la ville ». Le ministre, élu à vie et indépendant du supérieur, exerçait une autorité despotique; à son propos, le requérant prononce les mots de scandale, ignorance, impiété. « Dieu avait fait éclater sa vengeance par la mort misérable de trois ministres¹ ». L'affaire fut très sérieuse ; il était question non seulement de l'expulsion des religieux, mais de la sécularisation du couvent. Enfin, en 1716, la maison d'Avignon fut réunie à la province réformée de Provence², en vertu d'un décret de la Congrégation des Rites.

Le 14 décembre 1737, M. de Gondrin, commissaire apostolique, fit régler les fondations dues par les Trinitaires. Le vieux mur de la façade méridionale menaçant ruine fut reconstruit en 1743 ; les malades avaient été transférés dans la salle de la convalescence des femmes. En 1750, la Congrégation des Rites refusa au ministre des Trinitaires la qualité de curé de l'hôpital³.

Le couvent d'Avignon fut alors illustré par deux savants religieux, Joseph Bernard et Charles Malachane, qui furent tous deux procureurs en cour de Rome. Le second, docteur en théologie de la Faculté d'Avignon, obtint du pape Clément XIII les nouvelles constitutions où l'ordre des Trinitaires fut rattaché aux chanoines réguliers.

Bar-sur-Seine.

Ce n'est point une fondation primitive des Trinitaires. En 1210, une Maison-Dieu avait été fondée par Milon et Hélissende et donnée aux religieux de Roncevaux, qui, n'ayant pu s'entendre avec les comtes de Champagne, échangèrent avec les Trinitaires des possessions que ceux-ci avaient en Espagne, à Cuevas, contre l'hôpital de Bar (1303). Les Trinitaires

1. Pièce communiquée par M. de Loye.
2. Trinitaires de Marseille, reg. 13, p. 128.
3. Inventaire, F 95.

le gardèrent jusqu'à la fin du dix-huitième siècle. En 1348, ils se virent disputer leur droit d'asile[1] ; en 1504, ils signèrent une transaction avec les bourgeois qui voulaient leur ôter l'hôpital. Le ministre Guillaume Minet assista en 1614 aux états généraux. Au moment de la suppression de beaucoup de couvents en vertu de l'édit de 1768, les habitants insistèrent beaucoup sur la conservation de l'hôpital de Bar-sur-Seine, pour lequel le roi fut prié de se contenter d'une conventualité de trois ou quatre religieux.

Bastogne.

Cette petite ville est située dans le Luxembourg belge, au nord d'Arlon. Le 30 novembre 1237, l'évêque de Liège permit à Gérard de Houffalize, bourgeois de Bastogne, de joindre une chapelle à l'hôpital par lui construit. Trois ans après, Henri le Blondel, comte de Luxembourg, et son frère Gérard, seigneur de Durbuy, approuvèrent ses donations, ainsi que la prise de possession par les Trinitaires (1241-1242). En juin 1326, Henri de Luxembourg légua 50 sous pour être participant des bonnes œuvres de l'hôpital[2]. Cet établissement subsistait encore à la fin du dix-huitième siècle ; à cette époque, un syndic ou mainbour était élu par les gens du magistrat, les comptes étaient rendus en présence du ministre et du curé, préposé à l'administration avec quelques éche-

---

1. Coutant, *Histoire de la ville et de l'ancien comté de Bar-sur-Seine*, pp. 312-314. Archives nationales, L 948 (copie du Cartulaire), pièce n° 68 ; Archives de Bar-sur-Seine, GG 27 (1749), mention de Lemasson, prieur de la Maison-Dieu. Le P. André Marin parle de ce couvent dans une lettre adressée le 3 octobre 1707 au P. Ignace de Saint-Antoine.
2. Source principale : Neyen, *Histoire de Bastogne* (1868), pp. 57-85. Actes de fondation dans Bertholet, Aubert le Mire, Wauters, etc.

vins. Un hospitalier recevait comme gages 91 florins par an.

Le couvent posséda plusieurs cures annexées, celle d'Assenois en totalité, alternativement celles de Givroulle, Wardin, Terchamps (maintenant dans le Grand-Duché de Luxembourg) et la chapelle de Notre-Dame de Flamierge. Même, à un certain moment, les religieux eurent un collège.

L'église du couvent, au dire de Neyen, était la chapelle mentionnée dans l'acte de 1237, dont les Trinitaires *se seraient servis à leur profit personnel*, de façon que l'église paroissiale fut construite hors la ville. Le couvent se reconnaîtrait encore rue du Sablon, avec la cellule du ministre, où un tableau peint sur bois représente une scène de l'histoire de l'ordre; c'est aujourd'hui une école.

Les Trinitaires ne firent guère parler d'eux jusqu'à l'enquête ordonnée par le conseil de Brabant en 1746. Chaque religieux avait son pécule, savoir la forte pension exigée de ses parents, à l'entrée, et l'argent de ses messes, dont il prétendait disposer pour acheter du vin ou de la bière, sans en rendre compte au ministre, le P. Servais. Les religieux et les frères convers restés fidèles au supérieur, les pensionnaires du couvent sont unanimes à déclarer que le service divin est presque abandonné; que, plusieurs fois, on n'ouvrit pas les portes de l'église à l'heure des offices, à cause d'altercations entre les moines. Leur tenue au réfectoire était tellement scandaleuse que les pensionnaires préféraient s'en aller que d'y assister. Seuls, les débitants de vin hésitent à perdre leurs hôtes assidus mais médiocres payeurs. Les habitants de Bastogne ne connaissent que ce qui se rapporte au frère Pierre, âgé, qui porte mal la boisson, sort souvent sans manteau, avec *l'air joyeux*, et commence parfois la messe par l'épître. On le trouva un jour endormi sur les remparts, on le ramassa trois fois dans la rue, car « il ne pouvait ni parler ni remuer ». Le témoin ajoute naïvement : « Il y a lieu de croire qu'il était ivre ! » Le frère Pierre était pourtant un agneau en comparaison des autres, qui le grisaient à dessein.

Le ministre était ouvertement bafoué et menacé. Un jour, les religieux portèrent dans le clocher le fauteuil sur lequel il s'asseyait. Ils sortaient sans permission par la « chaire de vérité ». Le P. Théodore, auquel le ministre ordonnait de faire la lecture, jeta le livre par la fenêtre, qu'il brisa. Surpris avec une fille au réfectoire, il dit au ministre : « Tu ne mérites pas de parler avec un honnête homme », et prit une chaise, menaçant de lui casser la tête et lui « fourrant le poing sous le nez ! » Une autre fois, il prit un couteau pour frapper le P. Servais, mais un pensionnaire se jeta au-devant de lui pour l'arrêter ; le ministre dut faire veiller deux domestiques dans sa chambre.

Le curé d'Assenois, Trinitaire, venait prêcher la révolte au couvent. Déjà ivre, il disait « qu'on lui apporterait du vin, ou que le diable emporterait le ministre, le traitant en outre d'âne, de bête, disant qu'il ne savait ni latin ni allemand ni français, et que son chien avait plus d'esprit que lui ! » Il y avait là, dit excellemment un des témoins, *un exemple d'une nature à donner aux simples et aux jeunes gens une défiance de la religion même.*

Le Conseil de Brabant s'émut et envoya un enquêteur, le conseiller Marchand, qui fut très mal reçu par les religieux (3 décembre 1746). Ils traînèrent en longueur un voyage à Luxembourg, « afin de faire bonne chère dans toutes les auberges ». « Je plaiderai, disait l'un des rebelles, jusqu'à ce qu'il ne reste plus pierre sur pierre de la maison. » Très inquiet, le P. Servais avait consulté le général de l'ordre, le

P. de Massac, fort âgé alors, et peu en état d'inspirer des résolutions énergiques, qui lui fit répondre de donner des lettres *d'obédience* à deux ou trois religieux et à un frère convers, pour purger le couvent des principaux fauteurs de désordre. Le Conseil de Brabant, jugeant que la punition ne serait pas suffisante, enjoignit au P. Servais de faire saisir aussi secrètement que possible les Pères Gerardi, Vernel et Adami, les plus coupables, et de les faire incarcérer dans la citadelle de Luxembourg (21 février 1747). Craignant sans doute pour sa vie, le P. Servais envoya les coupables dans un autre couvent! C'était une désobéissance formelle, dont il fut blâmé par le Conseil, mais il fallait bien clore l'affaire (4 avril)[1]. Le couvent fut vendu en 1783 au profit de la Caisse de Religion.

Beaucaire.

Au mois d'avril 1227, Hugues, archevêque d'Arles, ayant égard à la dévotion de Hugues, visiteur des Trinitaires en Provence, leur conféra un hôpital bâti par Pierre d'Auriac, hors du château de Beaucaire, à La Condamine, à condition que le ministre donnera tous les ans, à la Septuagésime, une canne d'huile[2]. Cet hôpital n'a laissé aucune trace ; les historiens de Beaucaire ne le mentionnent même pas. Il dut disparaître prématurément.

Beauvoir-sur-Mer[3].

Ce couvent était fondé avant 1258 : à cette date, les Trinitaires reçurent, de l'évêque de Nantes, la permission d'accep-

---

1. Archives du Royaume à Bruxelles, Conseil privé, n° 1422.
2. BLANCARD, *Sceaux des Bouches-du-Rhône*.
3. Loire-Inférieure, arr. de Paimbœuf.

ter les legs de Renaud Négrier et de sa femme Ameline[1]. Il avait pour annexe Saint-Thomas de la Garnache, dont un arrêt du Grand Conseil, le 13 août 1603, remit en possession Charles Thomas, religieux de la Trinité[2]. Le P. Jehannot, qui alla racheter des captifs à Constantinople en 1732, était ministre de Beauvoir. Le pays étant peu salubre, le P. Pichault ne croyait pas en 1767 qu'il fût facile d'augmenter le nombre des religieux.

Mourain de Sourdeval écrivait en 1854 : « Une partie de l'enclos forme aujourd'hui le cimetière de la commune ; le couvent est devenu, ainsi que le jardin, une propriété particulière. L'église a été détruite[3]. »

Belleau.

Le couvent de Notre-Dame de Belleau, commune de Mazeuil, canton de Moncontour (Vienne), n'est qu'un titre, écrivait le P. Pichault à la page 21 de son Mémoire de 1767 ; il est conféré à un religieux par le Général pour faire nombre au chapitre provincial ; les revenus de cette maison ont été envahis anciennement par le Seigneur et le Curé. Un religieux, curé de Mazeuil à cette époque, représentait sans doute le ministre de ce couvent détruit.

Le Bourget.

Il n'y a pas lieu de revenir sur ce couvent, fondé en 1203 et appelé en latin *Pons Reginae*. Son histoire ne commence

---

1. Archives de la Loire-Inférieure, Inv. H 54.
2. CHOPPIN, *Monasticum*, pp. 108-109.
3. *La Garnache et Beauvoir-sur-Mer*, p. 56.

que du jour de sa suppression. Il a été longuement question de son annexion au couvent des Mathurins de Paris dans la deuxième partie de ce travail.

Bourmont.

Ce collège a été l'objet d'une excellente monographie de l'abbé Voirin, publiée à Langres en 1895[1]. Le chanoine Evrard Marchal avait légué 3,000 livres pour instruire deux enfants pauvres : le collège devait être à Langres ou à Bourmont. La communauté s'adressa aux Trinitaires Réformés; Ignace Dilloud, visiteur provincial, qui avait publié en 1695 une biographie des saints patriarches de l'ordre, dut y envoyer six religieux. La ville promit, de plus, 200 livres tournois au Père qui enseignerait le latin et les humanités. Le 8 novembre 1707, à Lunéville, le duc de Lorraine, Léopold, par ses lettres patentes, permit aux religieux de bâtir une église et un couvent sur les fonds qu'ils acquerraient et confirma l'obligation d'y tenir « un religieux qui enseignerait les principes de la langue latine aux enfants des bourgeois jusques en troisième inclusivement, sous rétribution honnête et proportionnée au nombre d'écoliers »[2]. L'évêque de Toul consentit aussi à cette fondation (décembre 1707). Cinquante ans après, le couvent comprenait cinq religieux, qui avaient obtenu des cours souveraines le droit de se soustraire à la juridiction de la province et de nommer leur ministre.

Le personnage qui remplit toute la fin du dix-huitième siècle est le P. Lemolt, qui usa de procédés despotiques et,

---

1. Bibl. Nat., Lk7 29, 933.
2. Archives de Meurthe-et-Moselle, B 126, f° 110 r°.

ayant été exilé par lettre de cachet, devint curé à Branchières, près Sion (Valais). Lors des menaces de suppression de ce collège, la ville s'émut et protesta devant le lieutenant du bailliage, car il n'y avait pas d'autre collège en Bassigny. L'archevêque de Toulouse, Loménie de Brienne, et le P. Pichault, promirent de faire tous leurs efforts pour sa conservation (1769). On rappela le P. Lemolt, qui, moins violent que par le passé, fut néanmoins l'objet d'un libelle « rempli d'horreurs et d'atrocités ». Le P. Dorvaux, religieux de Metz, dans sa tournée de visite en 1774, trouva deux religieux et deux répétiteurs externes.

Le P. Lemolt entacha sa vie, dit son biographe, en prêtant serment à la Constitution civile du clergé. Il figure parmi ceux qui opinent pour rattacher la ville de Lamarche (qui avait un couvent trinitaire riche de 10,000 livres) au même département que Bourmont. L'avis du P. Lemolt ne fut pas suivi, car Bourmont est aujourd'hui dans la Haute-Marne et Lamarche dans les Vosges[1]. Le collège trinitaire est à présent l'Ecole Sainte-Marie.

Brignoles.

Les Trinitaires Déchaussés, établis depuis 1646 à Saint-Quinis, en pleine campagne, désiraient avoir une maison dans la ville voisine, afin d'y soigner leurs malades. L'archevêque d'Aix, Jérôme Grimaldi, autorisa leur établissement à Brignoles le 21 juillet 1661. Mais la communauté, à la majorité de cinquante-trois voix contre vingt-sept, avait refusé de les

---

1. *Observations importantes pour le département dans lequel la ville de La Marche sera comprise* (Bibl. Nat., Ln7 3369).

admettre, dans la crainte qu'ils ne fussent à charge à la ville (11 juin 1661); cela ne les découragea pas. Lazare de Chaîne, président au Parlement d'Aix, s'intéressant à eux, leur donna une maison rue des Balardis, le 3 avril 1662. Jacques de Sainte-Anne put annoncer cette nouvelle à l'envoyé de la municipalité qui le sommait de déguerpir. Le 23 septembre 1663, la communauté les accepta enfin. L'évêque de Sisteron témoignait, en 1770, de leur assiduité et de leur zèle[1].

La Cadière[2].

Ce petit bourg, objet d'une excellente monographie de l'abbé Giraud, appartenait autrefois au diocèse de Marseille. Raymond de Pallas, vicaire général de la Congrégation Réformée, y ayant prêché un Carême et s'étant rendu recommandable par ses vertus, suggéra à la communauté le désir de voir les Trinitaires s'établir en ce pays qui n'avait encore aucun couvent. Donc, devant les PP. de Pallas, alors visiteur provincial, et Jay, ministre de Marseille, la communauté décida, le 25 juin 1637, de donner gratuitement une place pour y édifier un couvent où habiteront au moins quatre religieux, dont deux ou trois seront prêtres. Ils logeront, en attendant, à la chapelle de Saint-Jean-Baptiste, qui fut depuis un ermitage; deux des Pères prêcheront et confesseront dans l'église paroissiale jusqu'à ce que leur église soit construite. Ils érigeront une confrérie de la rédemption, qui rachètera d'abord les enfants du pays; ceux-ci seront de même reçus de préférence parmi les religieux. En temps de contagion, ils demeu-

---

1. Bibl. de Marseille, ms. 1216, p. 52, et pièce 208.
2. Canton du Beausset (Var).

reront à La Cadière en nombre suffisant et seront alors nourris aux frais de la communauté. Cet établissement avait lieu de l'assentiment de l'abbé de Saint-Victor de Marseille, seigneur du lieu.

Le ministre de La Cadière n'ayant pas justifié son absence au chapitre provincial de 1663, ce couvent fut réduit au rang d'hospice, c'est-à-dire privé du droit d'élire son ministre; ce châtiment devait se prolonger jusqu'à ce que son revenu atteignît 100 écus[1].

Achard, dans sa *Géographie de la Provence*[2], atteste la richesse de cette maison, composée de quatre prêtres et d'un frère clerc tonsuré; elle possédait une relique de la vraie croix, donnée par Charles Malachane, procureur général en cour de Rome, et qui ne pouvait être prêtée au dehors. En 1730, les revenus étaient de 326 livres et les charges de 150. Dans l'église, « remarquable par ses heureuses proportions et ses belles sculptures », l'autel de l'Annonciation avait été fondé par César Chaix, aïeul maternel de Portalis[3].

Le P. Gairoard, procureur des captifs, qui joua un certain rôle au dix-huitième siècle, était originaire de La Cadière.

Caillouet.

C'est la seconde fondation des Trinitaires Réformés, à qui, le 10 octobre 1599, Jacques Doublet, moine de Saint-Denis et prieur de Saint-Pierre à Chaumont en Vexin, conféra une chapelle dédiée à Notre-Dame de Bonne-Espérance. Le 6 jan-

---

1. Trinitaires de Marseille, registre 13, pp. 5 et 15.
2. *Aix*, 1787, t. I, p. 389.
3. L'abbé GIRAUD, *Archives paroissiales et statistique religieuse de La Cadière*, pp. 46-58 et pp. 143-146.

vier 1600, Charles de Bourbon, archevêque de Rouen, approuva cette collation. Comme la plupart des couvents réformés, celui-ci eut un vif succès; le 20 mars 1642, les religieux déclarèrent un revenu de 300 livres, employé partie à la rédemption des captifs, partie à l'entretien de dix religieux, sans que la proportion soit indiquée. Ils avaient reçu un os du pouce de saint Pierre, apôtre; ils s'en dessaisirent[1], on ne sait pourquoi.

En mars 1659, des lettres patentes avaient approuvé la provision de l'archevêque de Rouen, unissant au couvent de Caillouet la cure de Saint-Brice, résignée par Jacques Godin, moyennant 200 livres de pension viagère sur les fruits de ladite cure. Le premier titulaire, Jacques Potiquet, ayant démissionné, Benoît Jorel, religieux du même couvent, en fut pourvu le 26 août 1670 par Antoine de Jeufosse, vicaire général pour le Vexin.

Les offices paraissent avoir été célébrés avec beaucoup de régularité. Un hôte, Charles Demouchy, seigneur de Caveron, fonda, le 6 février 1669, la procession du scapulaire de la confrérie; pour accroître la dévotion du peuple. Le ministre Mathieu Gossart, ancien vicaire général de la Congrégation Réformée, qui avait signé le Concordat de 1659 avec Pierre Mercier, reçut de Jean-Baptiste de Chassebras, prieur commendataire de Saint-Pierre de Chaumont, la permission d'entendre les fidèles en confession, de les absoudre des cas réservés, de prêcher et d'instruire le troupeau à lui confié (27 février 1672).

Les Trinitaires de Caillouet consultèrent, en 1689, des docteurs de Sorbonne sur la question de savoir s'ils pou-

1. Bibl. de Marseille, ms. 1216, p. 397.

vaient redemander au curé de Saint-Jean-Baptiste de Chaumont des pièces de terre dont il s'était emparé, sans formalité de justice et sans acquittement des charges. En 1693, ils redemandèrent aussi la remise en possession de la maladrerie de Chaumont, désunie de leur couvent au profit de l'ordre de Saint-Lazare. Leur église ayant été désignée, le 6 décembre 1724, comme une station pour le jubilé, ils s'abstinrent de paraître à cette procession, prétendant que, d'après leur fondation, ils n'étaient point tenus d'y assister[1].

La Capelette.

Dans ce village situé à l'est de Marseille les Trinitaires Déchaussés desservirent une chapelle, où ils venaient catéchiser et chanter les vêpres depuis 1706. Philippe Goujon leur donna 150 livres de pension annuelle, à condition d'y faire résider un de leurs prêtres pour administrer les sacrements et enterrer les morts. La nef unique de cette chapelle est encore reconnaissable, au dire de Saurel[2], à l'angle de la route de Toulon, avenue de la gare du Prado, et sert maintenant d'école communale.

Castres.

Cet hôpital, fondé en 1207 ou 1256, était situé hors la ville, près de la porte de l'Albenque. En 1369, nos religieux se transportèrent à l'intérieur des murs, sur un emplacement que leur donna l'abbé de Saint-Victor de Marseille[3]. Leur

---

1. Sources : Archives départementales de l'Oise, Trinitaires de Caillouet, 2e et 3e liasse.
2. *Dictionnaire des Bouches-du-Rhône*, II, 58.
3. *Histoire de Languedoc*, IV, 702.

couvent fut détruit par les huguenots au seizième siècle, mais un arrêt du Parlement de Toulouse condamna le syndic de la ville et le syndic des pauvres de Castres à laisser les religieux de la Trinité en possession de leur maison et de leur hôpital, à peine de 4,000 livres d'amende (23 novembre 1601). En conflit avec la ville au sujet d'un jardin situé devant la porte de l'Albenque, ils renoncèrent à leurs droits sur l'esplanade qu'ils avaient fait labourer (1605). Il leur était dû par an une pension de 31 livres 5 sous. En 1766, ce couvent comptait cinq religieux et avait 600 livres de revenu[1].

Cerfroid.

Après les excellents chapitres du P. Calixte sur le célèbre chef d'ordre, il n'y a pas grand'chose à en dire. Il ne reste presque rien de ses Archives; les plus précieux de ses actes ont été publiés dans l'*Histoire du diocèse de Meaux*, de Dom Toussaints Duplessis, et quelques autres recueillis par les Bénédictins dans le tome 153 de la Collection de Champagne.

Les deux premiers actes cités par Dom Toussaints du Plessis, ceux de 1212 (v. st.) et de 1219, ne sont point d'une authenticité certaine; ils ne figurent pas, en tout cas, dans l'Inventaire dressé en 1634. En 1212, Jean de Montmirail, seigneur d'Oisy, qui mourut Cistercien à Longpont, confirma aux Trinitaires de Cerfroid la possession des 20 arpents de bois à eux conférés par Marguerite, comtesse de

---

[1]. *Archives communales de Castres* (Inventaire), BB 15, BB 18, CC 49, FF 2.

Bourgogne, fondatrice du couvent, ainsi que l'attestent les bulles d'Innocent III.

Quant à la convention du 10 août 1219 entre nos religieux et le chapitre de Meaux, elle pourrait avoir, si l'on tenait à l'admettre, un autre sens que celui proposé par le P. Calixte : il ne s'agirait point d'une assistance personnelle du chapitre de Meaux à la fête de saint Félix, qui se célèbre à Cerfroid, mais seulement d'une association spirituelle, c'est-à-dire de prières réciproques à certains jours de fête. D'ailleurs, la pièce est probablement interpolée; elle dut être « découverte » après 1634, quand les Réformés entrèrent à Cerfroid.

Le premier acte authentique serait donc celui de Philippe de Nanteuil, en 1229. Dès lors, le berceau mystérieux de l'ordre est comblé de donations par d'illustres personnages tels que Jean de Barres, enterré à Cerfroid[1], Rasse de Gâvre, et par les Nanteuil, Girard et surtout Thibaut, chantre de Beauvais. L'évêque de Meaux, Pierre de Cuisy, donna un muid de blé à l'occasion de la réunion annuelle du chapitre général (mai 1252). Thibaut V de Champagne accorda, en 1269, des revenus pour vingt religieux de chœur[2].

Le couvent de Cerfroid se vit annexer celui de Silvelle en 1297; au quatorzième siècle, il trouva dans les sires de Châtillon des bienfaiteurs très généreux. Le premier d'entre eux, Gaucher, comte de Porcien et connétable de France, avait pour aumônier Thomas Loquet, qui devint ministre de Verberie et général de l'ordre. A la demande de Jean de Châtillon, Philippe VI de Valois accorda aux religieux un amortissement général (novembre 1344). Guillaume de Mante,

---

1. Voir le dessin de sa statue tombale : Collection de Champagne, vol. V, au début.
2. Pièces 34, 39 et 67.

écuyer de Jean de Châtillon, fonda aussi une chapelle dans le célèbre couvent.

Déjà la décadence commence. Jean Royer, évêque de Meaux (1361-1377), contesta qu'il fût obligé de donner annuellement le muid de blé fondé par Pierre de Cuisy. Il est possible d'apercevoir, d'après les réticences des parties, que le chapitre général de Cerfroid ne se tenait déjà plus tous les ans. L'évêque fait des chicanes, ne veut donner que 8 setiers, au lieu du muid, et demande en vain au Parlement de se faire délivrer la copie du titre primitif. Les Trinitaires, d'autre part, demandent la saisie du temporel du prélat et la provision de sa grange pour s'indemniser eux-mêmes. L'évêque, voyant qu'on allait lui donner tort, conclut une transaction confirmative de la donation de Pierre de Cuisy[1] (avril 1369).

Le 18 novembre 1404, 100 francs de l'argent déposé aux Mathurins, appartenant au prieur de Cerfroid, lui furent envoyés pour faire une cloche dans l'église, en vertu d'une libéralité de Raoul de Chennevière[2].

Au dire de Gaguin, Jean Thibaut fit dédier l'église de Cerfroid au milieu du quinzième siècle. Ce couvent ne fut plus habité, à partir de cette époque, par le général de l'ordre, qui résida de préférence au couvent des Mathurins de Paris. Exceptionnellement, Nicolas Musnier se transporta à Meaux. Philippe Musnier, neveu de ce dernier, avait conclu une transaction avec les religieux de Cerfroid, moyennant laquelle il se ferait nourrir au couvent chaque fois qu'il voudrait y venir. Cet acte fut cassé par le Parlement (1548).

En 1550, par suite de la résignation de François Vatable

---

1. Pièces 77 et 78.
2. *Journal de Nicolas de Baye*, édit. Tuetey, t. I, p. 118.

entre les mains de Jean Mannourry, prieur de Cerfroid, la cure de Brumetz, très voisine du couvent, lui fut unie. Au mois d'août de cette année, le pape Jules III confirma cette annexion. L'évêque de Meaux, Jean de Buz, ne donna son autorisation qu'en supprimant la donation du muid de blé au chapitre général, qui, de l'aveu des religieux, ne se tenait plus que tous les trois ans. La fin du seizième siècle fut entièrement remplie par le gouvernement des prieurs de la famille Mannourry, Jean et Guillaume.

Le 8 décembre 1631, le chef d'ordre trinitaire rentre brusquement dans l'histoire par l'introduction de la Congrégation Réformée. L'ancien prieur, Pierre de Condé[1], remit ses titres à son successeur, Simon Chambellan; un inventaire très soigné en fut rédigé en 1634[2]. Les religieux Réformés, en possession de Cerfroid, durent payer une pension aux religieux *anciens*.

La grande enquête du P. Faure, coadjuteur du cardinal de La Rochefoucauld, au mois de janvier 1638, prouva qu'il se passait dans ce couvent des choses singulières. L'extraordinaire diatribe de Louis Petit contre Simon Chambellan est cependant exagérée, et ridicule même sur certains points; l'histoire de ce levraut en neuf portions qui aurait été mangé en Carême ne vaut pas qu'on s'y arrête; mais on peut croire sur parole le P. Lucien Hérault, qui ne resta pas longtemps maître des novices, en raison de sa ferveur, trop grande au gré du prieur. Le P. Gory et le P. Denis Cassel avaient fait jouer des tragédies sacrées de leur composition; Chambellan aurait vendu les cloches du couvent et abattu une grande

---

1. Il mourut misérablement d'un flux de ventre, *pour avoir voulu empêcher la Réforme,* racontent ses adversaires.
2. Archives de l'Aisne, H 1431.

quantité de bois. Il est possible qu'il ait trouvé une situation financière embarrassée, dont il ne put sortir que par des aliénations.

Le duc de Tresmes, seigneur de Gandelu, se prétendait, aux termes d'un hommage prêté en 1540 par Nicolas Musnier à l'un de ces ancêtres, « premier fondateur de la *religion* de Cerfroid », ce qui n'était nullement prouvé. Il exigea donc qu'on lui remît les clefs du cloître durant le temps du chapitre; on convint que le général les garderait, mais que deux sergents de la justice de Gandelu se tiendraient devant la grande porte. Il exigeait encore, pour lui, sa suite d'écuyers et ses chiens, d'être nourri une fois par an[1] aux frais du couvent; le chapitre général, tout en manifestant le respect le plus sincère pour son illustre famille, repoussa cette « odieuse » prétention (21 avril 1704)[2].

Malgré tout, la maison continuait à être peuplée. Si elle n'était plus la résidence du général, elle était toujours le lieu de réunion des chapitres généraux de tout l'ordre, où avaient été admises les provinces étrangères, et de ceux de la Réforme qui avaient lieu tous les six ans, par alternance avec une ville du Midi; Cerfroid faisait tous les frais de ces chapitres. Il y avait vingt à vingt-cinq religieux et dix « vallets »; les novices donnaient 60 livres pour dix mois à titre de pension. Les aumônes annuelles s'élevaient à une douzaine de muids de blé; le couvent faisait une pension de 350 livres au religieux vicaire perpétuel de Brumetz[3] (1687). Une coupe de bois fut autorisée par arrêt du Conseil d'État; le produit en

---

1. L'obligation de nourrir les chanoines de Nogent-le-Rotrou, une fois par an, existait pour les Trinitaires de Saint-Éloi de Mortagne.
2. Dom TOUSSAINTS DU PLESSIS, pièces 691 et 726.
3. Archives départementales de l'Aisne, H 1433.

fut employé aux réparations nécessaires à la maison[1] (1696).

Aux termes d'une déclaration du 6 mai 1704, le couvent faisait valoir, « faute de fermiers », 140 arpents; possédait, à Brumetz, la cure, « droit de fief, justice haute, moyenne et basse, quatre sols de cens, le presbytère, les dismes »; à Château-Thierry, la maison du Grand-Credo, moyennant 32 livres de loyer; 300 livres sur la maison de la Galère, dans cette même ville; 150 livres sur les moulins de Verberie, 50 sur le domaine de Senlis, 15 sur le domaine de La Rochelle en vertu d'une donation d'Alphonse de Poitiers, 10 sur la commune de Crépy-en-Valois, données par Thibaut de Nanteuil. Il payait, en décimes ordinaires, 175 livres; en subvention, 525 livres; 20 pichets de blé de rente à plusieurs particuliers.

De nombreuses inondations du Clignon causèrent des dégâts considérables. Sous Henry le Roy, prieur, Louis XV donna « ample pension » pour réédifier le couvent, en 1740[2]. En 1768, il n'y avait plus que six religieux, avec 9,200 livres de revenus. A la Révolution, l'ancien Trinitaire Subtil devient curé de Brumetz.

En 1865, le P. Calixte de la Providence, Trinitaire Déchaussé, rachetait l'emplacement du couvent à M. Roger-Hutin et essayait d'en faire le centre de l'ordre reconstitué, mais sa tentative rencontra plus d'indifférence que de sympathie. Il voulut aussi ériger une basilique à saint Félix de Valois, dont il ne put retrouver les reliques, malgré toutes ses recherches. Pendant vingt-cinq années, par toutes sortes d'ouvrages petits et grands, le *Guide du pèlerin à Cerfroid*,

---

1. Archives départementales de l'Aisne, B 3772. — Pièce 246.
2. Trinitaires de Marseille, reg. 13, p. 196.

des *Drames sacrés* même, il essaya d'intéresser la France et même l'Europe à la question de la naissance royale de saint Félix de Valois; pour tout, il échoua. En septembre 1886, il loua une partie de son couvent à l'orphelinat de Sainte-Agnès, fondé par Mlle Palla, qui est morte en 1901. Le P. Calixte, mort le 24 août 1892, avait réuni, avec le plus grand soin, une bibliothèque composée principalement d'ouvrages sur son ordre; quelques-uns, comme *Lopez de Altuna* et les *Constitutions d'Alexandre VII*, éditées à Madrid, ne se trouvent, à notre connaissance, dans aucune bibliothèque publique française.

Châlons.

Les Trinitaires en ont reculé la fondation jusqu'à 1197, alors qu'elle n'est en réalité que de 1225. L'abbé de Toussaints fit à nos religieux de très sévères conditions au point de vue des offices, des oblations et des inhumations; ceux-ci s'en plaignirent à l'évêque, et trois arbitres, Simon de Somme, dominicain, Guillaume de Paris, cordelier, Étienne Pajou, clerc, décidèrent, en décembre 1243, de rendre leur jugement avant l'Ascension 1244; la partie récalcitrante paierait à l'autre 60 livres d'amende. Aux termes de la sentence définitive, confirmée en avril 1257[1] par l'évêque, les Trinitaires ne devront aucune partie des offrandes, célébreront leurs messes portes ouvertes et aux heures qu'ils jugeront à propos, pourront inhumer leurs domestiques et les malades décédés dans leur hôpital. Quant aux personnes qui mourront dans leur enclos, sans avoir choisi leur sépulture, ils les

1. E. DE BARTHÉLEMY, *Diocèse ancien de Châlons*, t. I, p. 215.

enseveliront aussi, en rendant au curé de l'église Saint-Sulpice, dans le district de laquelle ils étaient établis, la moitié des oblations et de la cire, et, de plus, une rente annuelle de 6 livres.

Le quatrième général de l'ordre, Roger, avait été enseveli à Châlons (1227). De bonne heure, l'hôpital disparut : il n'est déjà plus mentionné dans un procès de 1388. Parmi les bien rares mentions historiques de l'Obituaire[1], on peut relever celles-ci : le 18 août 1371, Béatrix de Bourbon, reine de Bohême, se fit recevoir dans la confrérie de l'église. En 1487, Gaucher de Thourotte, sénéchal de Champagne, fut enseveli chez les Trinitaires.

Le couvent fut à peu près rasé au temps des guerres de Charles-Quint. Le ministre, Charles le Gendre, conclut une transaction avec un certain Jean Mairot qui « prit et admodia » tous les biens et revenus pour deux années, moyennant la somme annuelle de 100 écus d'or au soleil, et dut, pour ce prix, nourrir et alimenter les religieux du couvent[2]. Le chapitre général de 1576 accorda 500 livres au ministre pour rebâtir son église[3].

Le couvent réussit cependant à surmonter ces misères, au dix-septième siècle, grâce à des ministres éminents, les Basire, originaires de Normandie.

Le premier, Guillaume Basire, seul profès du couvent, avait été élu ministre en 1611 ; le 18 août 1638, l'évêque Clausse vint bénir le maître-autel réédifié.

Son neveu Antoine Basire, lui succéda après un intervalle de trois ans, se montra bon administrateur, fut envoyé

1. Manuscrit 58 de la Bibliothèque de Châlons.
2. 53e liasse des Archives.
3. Pièce 131.

par obéissance comme ministre à Mortagne, où il ne resta que trois ans, et mourut à son retour, en 1660, dans la maison de La Villette ou Mitry. Au chapitre de 1658, il avait obtenu 15 voix pour être général.

Un second Guillaume Basire, ministre de 1661 à 1692, opéra une rédemption de captifs, composa des Constitutions à l'usage de la province de Champagne, en sa qualité de provincial, et fut vicaire général de l'ordre lors de la mort de Pierre Mercier, en 1684.

L'année suivante, le couvent subit le désagrément d'une transplantation. Les administrateurs de l'hôpital général désirant s'étendre[1] et ne le pouvant qu'en prenant le couvent des Trinitaires, Louis XIV ordonna à l'intendant Miromesnil de faire la visite et l'estimation de l'immeuble. La vente fut conclue le 23 juillet 1685, moyennant 40,000 livres. 20 louis d'or furent donnés au ministre et deux à chacun des religieux[2]. Ils devaient partir le 1er mars 1686. Dix jours avant, Michelin, ministre de Troyes, approuva la vente, ainsi que l'évêque, « tant en sa qualité d'évêque que comme seigneur temporel ». Leur nouvel établissement, rue Saint-Jacques[3], perçut une rente de 200 livres sur les deniers communs et d'octrois de la ville. Un des premiers ministres du nouveau couvent, le P. Roubaud, conclut avec le P. Fadois une convention pour le paiement de leurs dettes réciproques et la permutation des couvents de Châlons et de Notre-Dame de Limon, ce qui témoigne de l'état de pauvreté de ce couvent,

---

1. Les plans du livre de Barbat sur Châlons le font bien voir.
2. L'église s'appela désormais de Saint-Maur; le ministre put emporter le tabernacle avec ses gradins, les bancs des marguilliers de la confrérie, les tableaux et images de l'ordre.
3. Cartulaire des Trinitaires de Châlons, pp. 64, 110.

où un grand orage causa de grandes dévastations en 1720.

A la Révolution, un religieux, François de Jarny, déféra son ministre, Jacquesson, à l'Assemblée nationale, pour lui faire rendre des comptes, en retard depuis 1781. Il prétend que de 960 livres contenus dans la Bibliothèque au départ du précédent ministre, le P. Jacquesson n'en présente plus que 400; il manque notamment trois in-folio, un Pontifical romain, un Saint-Bernard, un Sully très rare. Il aurait fait le commerce du vin de Champagne; aurait omis de rembourser une dette de 2,000 livres, alors que l'excédent annuel de ses recettes était de 3,300 livres; aurait vendu, dès 1774, un calice et un encensoir d'argent, brisé les scellés du prieuré de Grandpré et emporté une redingote grise, une tabatière d'argent et un chapeau de feutre; dissipé les 1,000 écus d'économies que lui avait laissés son prédécesseur, acheté pour 300 livres une cafetière en argent, etc[1]. L'Assemblée nationale n'eut sans doute pas le temps de s'occuper de cette petite affaire.

Châteaubriant.

Geoffroy de Châteaubriant, ayant été délivré de captivité par les Trinitaires à l'époque de la croisade d'Égypte, sa femme Sibylle, qui l'avait cru mort, mourut de joie en l'embrassant[2] (avril 1252). Geoffroy fonda un couvent de Trinitaires à Châteaubriant, où il fut enseveli, et cette mort singulière de Sibylle fut représentée sur un vitrail de l'église.

Le P. Blays, doyen de Châteaubriant, cité par l'abbé Goudé,

---

1. Bibl. Nat., F³ 10 029.
2. Le Nain de Tillemont, *Histoire de saint Louis*, III, 403.

mentionne des libéralités de la dame de Beaumanoir (1399) et de Charles de Dinan à l'égard des Trinitaires (1411), qui avaient le droit de vendre du vin et du cidre dans l'enclos de leur couvent.

A la fin du seizième siècle, le couvent fut administré par un bon religieux nommé Robert Yvon, qui a narré pittoresquement ses aventures dans l'Obituaire conservé à la Bibliothèque de Nantes. Par une transaction conclue avec le prince de Condé en 1636, le couvent dut payer une rente féodale d'un demi-boisseau d'avoine et entretenir un hôpital pour les pauvres mendiants. Un instant, Jérôme Hélie du Saint-Sacrement introduisit la Déchaussé à Châteaubriant, mais les mitigés s'y maintinrent. Le P. Auroux, ambitieux, mais fort intelligent, le P. Toéry, de Toulouse, rédempteur, en furent quelque temps ministres.

Au dix-huitième siècle, les Trinitaires se relâchant de leur observance, un procès fut intenté par le procureur fiscal au ministre Santhoran, qui avait fait raser la chapelle de l'hôpital; elle fut restaurée en 1753. Sous le P. Dorvaux, dernier ministre, un des religieux, Joseph Maréchal, était très remarquable par son goût pour les sciences. La chapelle servit de magasin et d'écurie aux troupes républicaines et fut détruite vers 1860. Le tribunal révolutionnaire avait siégé dans le bâtiment principal[1].

Châteaufort[2].

Au mois d'août 1258, Mathilde de Marly, ayant construit à ses frais un hôpital somptueux à Châteaufort, en

---

1. Sources : GOUPÉ, *Histoire de Châteaubriant*, pp. 426-431 ; *Archives de la Loire-Inférieure*, Inventaire H 474-476.
2. Seine-et-Oise, canton de Palaiseau.

confia la garde au grand-ministre des Trinitaires et à l'abbé de Saint-Victor, et le pape confirma cette fondation[1]. Peu de temps après, le ministre des Mathurins remplaça le général de l'ordre; l'on ne rencontre aucune trace de cet hôpital ailleurs que dans le Cartulaire du treizième siècle.

Châteauneuf, près Martigues.

Gaguin, énumérant dans sa Chronique les couvents fondés par saint Jean de Matha, dit par erreur : *in Britannia, domus de Castro Novo*. C'est Châteauneuf-lès-Martigues dont il s'agit. En 1208, Ruf de Châteauneuf donna à Félix[2], ministre du couvent de la Trinité de Marseille, l'hôpital qui est devant la porte du château, avec d'autres terres et vignes sises à Châteauneuf[3].

Le 28 août 1317, Hugues, ministre de Marseille, fit un échange avec Renaud Thomé, curé de Châteauneuf[4]. En 1360, Giraud, ministre de Marseille, y percevait 14 émines de blé à la mesure d'Aix, n'en valant que 12 à la mesure de Marseille, et devait maintenir à Châteauneuf l'hôpital en bon état; c'est la dernière mention qui en soit faite.

Chelles.

Ce couvent, fondé en 1225[5], s'appelle en latin *Honor Dei* ou *Villanova de Asinis* (ce nom de Villeneuve-*aux-Anes* vient

---

1. Arch. Nat., LL 1544, f° 71 v°.
2. Ne serait-ce pas Félix de Valois?
3. Bibliothèque de Marseille, ms. 1216, p. 64, et Bibl. nat., n. acq. lat., n° 1315, pp. 401-403.
4. Bibl. Nat., *ibid.*, pp. 436 à 441.
5. Pièce 5.

de la primitive monture des Trinitaires) et aussi Brou, à cause d'un petit village situé près de Chelles; Gaucher de Châtillon, dans une donation faite en 1249, alors qu'il est au siège de la Massoure, les appelle les religieux du couvent qui est au-dessous de Montjay. C'est toujours l'Honneur-Dieu sous ces désignations diverses; dans l'acte qui leur confère la dîme de Courtery, ils sont appelés *fratres de Honore Dei, morantes apud Maresium*. C'est à eux que se rapporte le *titulus* de Saint-Victor publié par M. Delisle[1] : *Fratres ordinis S. Trinitatis, in Honore Dei.*

Le P. Escoffier en fut ministre au dix-septième siècle. Le couvent avait, en 1768, 668 livres de revenu et était possédé par un titulaire, qui faisait desservir son église et demeurait chez les Mathurins de Paris en qualité de procureur général de l'ordre. L'obituaire de ce petit couvent alla, on ne sait pourquoi, à Châteaubriant[2].

Clermont-en-Beauvaisis.

Ce couvent était d'abord situé au Bois Saint-Jean, paroisse de Warty (aujourd'hui Fitz-James). En juillet 1244, Alphonse de Portugal et Mahaut, comtesse de Dammartin, donnèrent aux Trinitaires l'ancien Hôtel-Dieu situé dans la basse ville de Clermont, sur le fief de Saint-André, à la condition de continuer l'hospitalité qui s'y pratiquait[3]. Les Trinitaires reçurent encore les produits d'une foire, le jour de la Saint-

---

1. Page 410 de ses *Rouleaux des Morts*.
2. Pièce 84 : copie Archives Nationales, S 4251, L 947 et K 192. La liste de ses ministres se trouve S 4254, n° 14, p. 93. Voir, à la page 184 du *Monasticum* de Choppin, une instruction contre Philippe Arnaut, ministre de La Villeneuve-aux-Ancs (1602).
3. Comte de Luçay, *Le comté de Clermont*, p. 132.

André[1], avec les droits de tonlieu sur les marchandises. Robert, fils de saint Louis, comte de Clermont, leur accorda la permission de prendre, chaque dimanche, de la Saint-Arnoul (18 juillet) à la Saint-Martin[2], une épaule de bœuf aux boucheries de la ville. Le ministre devait venir à l'église de Clermont, les quatre jours des Rogations, assister à toutes les processions ordinaires et porter, avec le curé de Saint-Samson, le jour de l'Ascension, la fierte ou châsse déposée dans la collégiale, qui contenait une particule de la vraie croix.

En 1259, saint Louis leur remit 6 deniers parisis de cens qu'il avait sur une masure acquise des héritiers de Richeude de Saint-Just. Au mois de mars 1264, il leur confirma 25 sous de surcens sur une maison qui avait appartenu à Robert Lebarbier. Renaud de la Marche, quelque temps ministre particulier de Clermont, dont il reconstruisit l'église vers 1395, s'entendit avec le chapitre pour être dispensé de certaines processions, sa vie durant, en sa qualité de grand-ministre[3].

Le 21 février 1473, le ministre de Clermont emprunta au couvent de Paris deux volumes en parchemin et, en cas qu'il perdît les livres, il s'engagea à verser en échange 9 écus d'or[4].

En 1546, un arrêt du Parlement interdit aux habitants de Clermont de molester les religieux et de s'ingérer dans l'administration de l'hôpital. Des peines sévères étaient portées contre ceux qui injurieraient le ministre : 100 marcs d'argent d'amende, moitié pour le roi, moitié pour le minis-

---

1. Ce jour-là, ils offraient un festin aux chanoines de Notre-Dame.
2. Un acte de 1274 étend ce privilège jusqu'à Noël.
3. Pièce 88.
4. Arch. Nat., L 949.

tre, et ce privilège, donné par le prévôt de Paris, était accompagné d'une sauvegarde (10 oct. 1559). François II défendit qu'on les forçât de recevoir les malades, puisqu'ils ne donnaient l'hospitalité qu'aux pauvres passants, pour une nuit seulement[1].

Un proverbe local disait : « Les Trinitaires de Saint-André en février ferment leurs greniers. » Passé ce délai, les religieux, qui possédaient de nombreuses redevances en nature, poursuivaient leurs débiteurs.

En 1789, le couvent s'étendait sur 3 arpents 3 quartiers, dont 80 verges de jardin. Des cloîtres reliaient l'église à la maison conventuelle, incendiée deux fois au quinzième siècle et reconstruite entièrement en 1549; c'est aujourd'hui la sous-préfecture. Les religieux n'étaient plus que trois plus le ministre; leurs revenus, de 1,987 livres en 1768, sont, en 1789, évalués à 3,030 livres, et ceux en nature à 272 mines de blé, 72 d'avoine et 12 d'orge.

L'église renfermait l'épitaphe suivante :

Soubs ce bénitier
en son particulier
cy-gist Marie Gaultier,
née de François Gaultier
des tailles jadis greffier
morte en février
remplie d'humilité
autant que de chasteté
ornée de sa virginité
en hiver comme en été
requiescat in pace
1592. Amen.

---

1. *Archives de l'Oise*, Trinitaires de Clermont, 11e et 14e liasse

L'église fut vendue, le 10 juillet 1793, 14,050 livres et démolie presque aussitôt [1].

Compiègne.

Voulant donner aux Trinitaires l'Hôtel-Dieu, dit de Saint-Nicolas-du-Pont, saint Louis rencontra un obstacle dont il ne crut pas pouvoir triompher tout seul dans les hautains Bénédictins de Saint-Corneille, qui se disaient supérieurs de cet hôpital et, par suite, collateurs, aux termes d'un contrat de 1198[2]. « Nonobstant leur contradiction », les Trinitaires, à grand renfort de bulles, furent mis en possession de l'hôpital par Simon, légat du pape, au mois de février 1266. Les Bénédictins prétendirent, dès 1272, que les Trinitaires s'étaient emparés de l'Hôtel-Dieu « temeritate propria » et l'avaient occupé déjà trop longtemps[3]. Philippe III, voulant maintenir la donation de son père, fit rejeter par le Parlement de la Toussaint 1272 la requête des religieux de Saint-Corneille[4]; d'ailleurs, il est défendu aux Trinitaires d'employer les revenus de l'hôpital à soutenir leur procès. Ce ne fut pour les Bénédictins que partie remise. Sous Philippe le Bel, en effet, leurs plaintes devinrent si vives que celui-ci chargea l'archidiacre de Bruges de terminer l'affaire n'importe comment. Déjà un arrêt de 1295 avait déclaré « qu'aux moines de Saint-Corneille appartenait l'institution et pugnicion des frères de l'ordre Saint-Augustin de la maison-Dieu de Saint-

---

1. Je dois à mon ami M. A. Thélu la plupart des renseignements qui m'ont servi à écrire cette notice.
2. Bibl. Nat., ms. fr. 15698, f° 334.
3. Le Nain de Tillemont, *Histoire de saint Louis*, t. IV, pp. 220-221.
4. *Olim*, éd. Beugnot, I, 903 (Boutaric, n° 1842).

Nicolas-du-Pont[1] ». En 1303, les Trinitaires sortirent de l'Hôtel-Dieu de Compiègne et furent transférés à Verberie où ils avaient déjà un hôpital. Ils purent garder les 30 muids de blé perçus sur les moulins de Verberie qui avaient été donnés à l'hôpital par saint Louis antérieurement à la venue des Trinitaires [2]. Ceux-ci partis, les religieux de Saint-Corneille eurent procès pour l'administration de l'Hôtel-Dieu en 1337 et 1352, comme on le voit dans la table de Le Nain, et aussi au dix-septième siècle avec les religieuses du Val-de-Grâce.

L'Hôtel-Dieu[3] a encore conservé sa salle des malades du treizième siècle, son cellier voûté d'arêtes, sa chapelle de Saint-Nicolas de 1635 avec un magnifique retable. Il est aujourd'hui desservi par les Sœurs grises.

Convorde.

Ce nom est celui d'un lieu dit, situé dans le bourg d'Estaires sur la Lys, où un couvent avait été fondé en 1256[4] par Baudouin de Bailleul, seigneur de Doulieu. Jacques Bourgeois, qui en était ministre, ne put s'y rendre pendant dix ans à cause des incursions des hérétiques; il demanda la *réduction* de son couvent à celui de Douai. Le chapitre général fut favorable, et Bernard Dominici envoya deux commissaires[5] pour présider à cette suppression. Le 17 août 1585, le roi d'Espagne approuva la mesure dont au contraire Jean d'Estourmel, baron de Doulieu, se plaignit vivement. Il consentait

---

1. Delisle, *Restitution d'un vol. des Olim*, n° 882.
2. Pièces 52 et 53.
3. Aubrelique, *Hôtels anciens de Compiègne.*
4. En 1228 par Jean, seigneur de Berquin, dit Arnoul Detournay, *Petite chronologie pour l'histoire d'Estaires.*
5. Pièces 129 et 135.

qu'il n'y eût à Convorde que le ministre avec un religieux, mais il désirait au moins voir acquitter les fondations de ses ancêtres et, en 1601, il prit pour procureur Jean Bachelier, ministre de Fontainebleau et promoteur de l'ordre. A la suite de cette réclamation, le chapitre général décida de rétablir le couvent, si le revenu augmentait; en attendant, le ministre de Douai y envoya Guillaume Watten. François Petit, au mois d'octobre 1610, mit en possession du prieuré de Convorde Jean de La Grange, les revenus permettant de nourrir quatre ou cinq religieux; il autorisa néanmoins Jean Thiéry, ministre de Douai et provincial, à percevoir les fruits du prieuré pendant un an encore, à cause de son séminaire fondé pour quatre étudiants en l'Université de Douai à l'instigation de Bourgeois. Par la même occasion, François Petit révoquait Guillaume Watten de ses fonctions de délégué du ministre de Douai et lui mandait de se retirer dans les huit jours à la maison d'Arras. Jean Thiéry, déclarant, malgré la décision du chapitre général, que l'annexion avait été faite pour toujours, en appela au Saint-Siège (13-14 oct. 1610). Les archiducs gouverneurs des Pays-Bas firent ajourner Jean de La Grange au portail de Saint-Amé de Douai à cause de son « irruption » dans le prieuré. Le 11 décembre suivant, il lui fut encore interdit de « s'entremettre » à Convorde.

Un chargé d'affaires à Rome suggéra au P. Thiéry l'idée de demander des lettres de maintenance au roi de France et à l'évêque de Saint-Omer, dans le diocèse duquel se trouvait Convorde. Le pape ne donna qu'un « oracle de vive voix », ne jugeant pas une bulle nécessaire pour que Thiéry se fît maintenir en possession de Convorde; il n'est plus question de Jean de La Grange; sans doute, François Petit accepta la défaite de son candidat.

Lorsque, en 1613, Louis Petit, qui avait succédé à son oncle comme général de l'ordre, vint faire sa visite en Flandre, Jean Thiéry supplia encore les archiducs de le protéger en cas de « nouvelleté ». Il eut ensuite à se plaindre de Guillaume Watten, qui voulait demeurer à Convorde à sa volonté et s'était même présenté au chapitre général avec le titre de ministre. Watten devint ensuite un des ministres les plus distingués du couvent des Trinitaires de Lens. En 1644, l'église de Convorde fut dédiée par l'évêque de Saint-Omer.

Vers 1670, au dire de Jean Félix, rédempteur, le couvent avait été entièrement démoli et ne pouvait même pas loger un seul religieux. Il était fort difficile de reconstituer les revenus, les possessions du prieuré étant en des lieux très variés; le seigneur de Doulieu avait fait abattre la plupart des arbres, pour se payer des rentes qui lui étaient dues par les religieux.

Il est probable qu'on ne mit aucun religieux à Convorde, car le P. Pépin, provincial de Picardie, choisit comme receveur Van Costenoble, procureur à Estaires (2 avril 1734). Le 28 octobre 1740, François Baert de Bourcq, ministre de Douai, renouvela cette commission et lui accorda 6 florins par bail de plus de deux mesures de terre; 3 florins devaient être payés par le provincial et 3 par le fermier[1]. Jusqu'à la Révolution, le ministre de Douai continua à porter le titre de prieur de Convorde.

Cordes.

Cet hôpital a été mentionné par M. Rossignol dans ses *Monographies communales du département du Tarn*,

---

1. Pièces 155 à 160, 162, 191, 213, 287.

tome III[1]. L'acte le plus ancien est du 12 mars 1270, mais celui qui est vraiment important date du 31 mai 1287; les consuls y paraissent avec Vincent de Fontainet, provincial de Languedoc, et Bernard d'Auterive, ministre. Deux prudhommes sont adjoints aux Trinitaires comme administrateurs de l'hôpital. Il est spécifié que, si l'on agrandit le cimetière de Notre-Dame, les Trinitaires transporteront l'hôpital ailleurs[2].

Les rentes ou cens en nature se payaient à la fête de saint Julien, les espèces à la Noël. L'hôpital se trouvait, depuis le quinzième siècle, au quartier de la Bouteillerie, où une chapelle fut construite sous le vocable de saint Louis. En 1471, l'archevêque d'Albi, Jean Jouffroy, invita le clergé du diocèse à exciter la générosité des fidèles en faveur des Trinitaires qui se disposaient à faire une quête générale.

Le ministre Jean Moisset représenta le Midi aux chapitres généraux de 1501 et de 1509; dans l'intervalle, il avait dirigé une rédemption de captifs. Il résigna sa ministrerie entre les mains de Raymond Fabre, vicaire général de l'ordre en Languedoc.

L'église fut rasée par les huguenots en 1574, et la communauté, favorable aux religieux, mais peu en état de les secourir, leur donna seulement 4 écus. Ils se disputaient alors avec l'archiprêtre, qui, à l'occasion de la levée des corps, obtint le quart des oblations, par arrêt du 13 juillet 1598[3].

En 1651, le Conseil communal leur fit présent d'une pipe de vin et de deux moutons « pour servir à leur nourriture et entretenement » (5 mai 1640), à cause du chapitre provincial

1. Pp. 86-88.
2. Pièces 46 et 50.
3. Archives de la préfecture du Tarn. Inventaire GG, 68.

qui se tenait dans ce couvent, mais en 1652 on leur donna 18 livres en place du vin.

Le bruit ayant couru que le couvent allait être supprimé, le conseil de ville fit savoir aux supérieurs de l'ordre, le 15 juin 1767, que les Trinitaires avaient toujours rendu de très grands services à la population et qu'on ne pouvait les supprimer ni unir leurs revenus à d'autres maisons sans violer les intentions des bienfaiteurs. Le couvent subsista jusqu'à la Révolution.

Coupvray.

Ce collège, voisin de Meaux, fondé en 1603 par Mme de Rohan-Guéméné et qui ne prospérait pas, fut donné en 1631 aux Trinitaires Réformés. Ceux-ci durent être au nombre de six et se charger d'élever six enfants choisis par Louis de Guéméné et sa femme Anne de Rohan, ainsi que de desservir, comme chapelains, le château de Coupvray. La chapelle, d'abord dédiée à saint Louis, prit ensuite le vocable de la Sainte-Trinité. En 1684, le nombre des enfants à élever fut ramené à quatre, à cause de la diminution des revenus [1]. Ce couvent portait le nom de *Mont-de-Piété*.

Digne.

En 1495, l'évêque Antoine Guiramand conclut avec Antoine Creyssas, Trinitaire de Montpellier, un contrat, fort bien analysé par Gassendi, dans son *Histoire du diocèse de Digne*, par lequel il lui conféra le prieuré de Saint-Vincent, situé

---

[1]. Dom Toussaint du Plessis, *Histoire du diocèse de Meaux*. Preuves, n°s 633 et 706.

dans un lieu désert, sur une montagne dominant la ville et appelée le Plan-du-Bourg. L'évêque garda le droit d'instituer le ministre à chaque vacance, et de l'obliger à assister aux synodes et aux processions[1]. Le prieuré dévasté par les calvinistes, fut relevé par l'industrie de Jean Blanc, qui trouva moyen de s'adjoindre deux religieux et d'acquérir une maison dans le faubourg appelé le Pied-de-Ville (1605) : Saint-Vincent ne fut plus qu'une simple annexe. Mais les revenus finirent par ne plus suffire à l'entretien même d'un seul religieux, et le couvent de Digne fut supprimé en 1779[2]. Il devint prison des prêtres insermentés, caserne et enfin collège communal.

Dinan.

Cet hôpital, fondé en 1369, était dit de Saint-Jacques, ou Brexel, du nom de son fondateur ; très rapidement, il tomba au rang de prieuré. Le 1er juin 1676, les contrats qui lui étaient relatifs furent portés aux Mathurins de Paris[3].

Dinard.

Les frères Olivier et Geoffroy de Montfort fondèrent cet hôpital, en 1324, et le donnèrent à Robert Boulanger, ministre des Mathurins de Paris. Le prieuré de Dinard (c'est ainsi qu'on l'appelle encore aujourd'hui) resta toujours dépendant des Mathurins ; chaque année, au chapitre général, le ministre de Paris percevait 35 sous tournois de rente à cause de son

---

1. GASSENDI, *Notitia ecclesiae Diniensis*, pp. 112-113.
2. Abbé FÉRAUD, *Souvenirs religieux des Basses-Alpes*, p. 213. — Voir la pièce 330, sur son état en 1777.
3. Pièce 80.

droit de patronage. Le titulaire était un prieur-curé; le ministre le présentait à l'évêque, qui le mettait ensuite en possession, ainsi qu'il ressort d'actes de 1546 et de 1571[1].

Douai.

Nous sommes abondamment renseignés sur ce couvent, car, outre les nombreuses études dont la ville de Douai a été l'objet, notamment de la part du président Tailliar, les Trinitaires ont été fort bien étudiés par l'abbé Dancoisne, dans ses *Établissements religieux de la ville de Douai*.

Le couvent, d'abord à l'est de la ville, fut fondé par Évrard de Saint-Venant en 1252[2]; Jean Le Blas, écolâtre de Saint-Amé, lui fit, en 1257, une importante donation, ratifiée par le pape Alexandre IV, et la confirma encore dans son testament, trente ans après, avec cette clause, que les Trinitaires n'auront rien des biens qu'il leur lègue, s'ils ne vont demeurer du côté de la porte d'Esquerchin[3] (1287).

En 1320, leur église se trouvant comprise dans les fortifications, ils se transportèrent dans la ville, rue Saint-Nazaire, qui s'appela depuis rue des Trinitaires, mais se nomme aujourd'hui rue Cavelle; la nouvelle église fut dédiée le 25 novembre 1323.

Les religieux étaient très strictement soumis à l'échevinage; le ministre Jean de Fenein dut faire apostiller sa demande par Thomas Loquet, général de l'ordre, pour obtenir l'usage d'un marais contigu au jardin d'Isabelle la Blonde, de ma-

[1]. Pièces 63 et 119.
[2]. Le 18 octobre de cette année, la comtesse de Flandre Marguerite les libéra d'une redevance en avoine qu'ils devaient porter à *l'espier*, magasin contenant les prestations de grains.
[3]. Pièces 29, 32, 33.

nière que l'on pût tourner autour de l'église. En 1454, le ministre Guillaume de Barly céda à la ville tous les fossés joignant les murs de l'église et du couvent entre la tour Dudich et la tour Saint-Jacques.

Un siècle après, Jean Laloé, provincial, représenta aux échevins que, dans le dernier agrandissement de la ville, il avait fallu abattre l'église de son couvent pour élever des fortifications ; la dépense étant considérable, il sollicitait une subvention. Comme il y avait eu expropriation pour cause d'utilité publique, les échevins accordèrent vingt mille briques et vingt mortiers sur les deniers de la ville (9 mars 1559). Il ne fut pas aussi heureux quand il voulut faire reconnaître son droit d'asile par les échevins [1].

Il eut pour successeur Jacques Bourgeois, qui fit réunir, par ambition personnelle, le couvent de Convorde à celui de Douai, sous prétexte de faciliter les études de quelques religieux à la nouvelle Université de Douai. Il fit imprimer dans cette ville sa *Formule de réformation* et son *Abrégé français de la vie de saint Jean de Matha*. Chose singulière, les historiens de Douai que j'ai lus ne le mentionnent même pas.

Le couvent des Trinitaires eut alors une suite de ministres extrêmement distingués. En 1602, Jean Thiéry ramena soixante-douze captifs, rachetés en Turquie, et prononça un magnifique sermon devant la foule et les captifs ; quatre Turcs qu'il avait ramenés se firent baptiser et eurent pour parrains des gentilshommes [2]. Jean Thiéry sut tenir en échec le général de l'ordre et garder, malgré tout, les revenus du prieuré de Convorde. Il ne réussit pas dans sa demande des

---

[1]. Pièce 132. — En 1612, nouvelle visite domiciliaire, sans résultat.
[2]. TAILLIAR, *Chroniques de Douai*, t. II, p. 222.

revenus de la maladrerie et d'une pension de 800 florins comme indemnité pour la perte du terrain et de l'église. Les échevins lui rappelèrent, en 1604, qu'ils avaient avancé de l'argent et des briques en 1559[1].

Le chœur et le sépulcre de l'église furent achevés en 1629, sous le ministre Barthélemy de Puille, qui fut, lui aussi, un écrivain distingué. Le 15 décembre 1630, elle fut dédiée par Paul Boudot, évêque d'Arras; la plus grande chapelle était dédiée à la Trinité, les autres à saint Roch, à sainte Barbe, à sainte Catherine et à Notre-Dame; cette dernière doit être identifiée avec celle de Notre-Dame-du-Remède, achevée dès 1603, où, au dire du P. Ignace, l'on venait obtenir la guérison des fièvres et des maladies[2].

Diverses mentions du dix-septième et du dix-huitième siècle prouvent la part prise par la population douaisienne aux réjouissances des processions de captifs, en 1701 et 1730 notamment; à cette dernière date, les échevins accordèrent 32 florins aux religieux, ordonnant de sonner le carillon et la cloche quand la procession passerait[3].

La maison de Douai eut au dix-huitième siècle une célébrité dont elle se fût bien passée, par les scandales que donna un des religieux, Henry-Joseph Laurens, qui avait fait profession en 1736. D'abord il écrivit des ouvrages légers, l'*Origine du géant de Douai*, le *Discours apologétique de la beauté*, *La Raison vengée*, et finit par s'enfuir avec une religieuse de Saint-Julien, qui emportait 20,000 livres de son couvent[4].

1. TAILLIAR, *ouvr. cité*, t. II, p. 225.
2. *Ibid.*, pp. 277-278.
3. *Ibid.*; t. III, 151.
4. *Ibid.*, t. III, pp. 169, 193, 259.

En 1745, la communauté était composée de douze religieux[1]. Le 4 juillet 1791, les derniers Trinitaires sortirent de leur couvent, qui fut vendu le 7 septembre 1795.

Étampes.

La date de fondation du couvent et le nom du fondateur sont inconnus. Sans doute, « l'aumônerie des Bretons » est confirmée aux Trinitaires dans la bulle du 18 juin 1209 ; mais la plus ancienne mention certaine qui s'y rapporte est contenue dans les aumônes d'Alphonse de Poitiers pour septembre 1265.

Les Trinitaires étaient établis au faubourg appelé le Haut-Pavé ou Saint-Martin, et leur couvent était dédié à saint André. Un des ministres les plus connus fut Nazare Anroux, qui oscilla entre les Réformés et les mitigés ; vicaire général pendant le voyage de Pierre Mercier en Espagne, il mourut en 1663. Le général, de retour, nomma ministre Nicolas Pochart, religieux de Fontainebleau, âgé seulement de vingt-trois ans[2], qui expulsa peu à peu les religieux pour se livrer à des festins continuels, et entretint des relations avec une femme mariée ; il eut l'audace de se faire gloire de ses rendez-vous et de ses lettres d'amour au milieu d'une foire. L'official de Sens dut faire publier aux prônes une défense aux femmes d'entrer dans le couvent sous peine d'excommunication. Deux fois, le général, pour empêcher l'exécution d'un décret de prise de corps contre Pochart, envoya le ministre

---

1. P. IGNACE, *Mémoires* (manuscrits) *du diocèse d'Arras*, t. V, p. 342.
2. C'est donc par erreur que l'analyse de l'acte conservé aux Archives de Sens (G 38, n° 24) porte : permission d'informer contre le P. Nazare Anroux en 1672.

de Clermont soi-disant pour faire une enquête, en réalité pour étouffer l'affaire. Le promoteur du diocèse se lassa et finit par obtenir de l'archevêque de Sens permission d'informer contre ce ministre coupable, le 6 juin 1672. On ne sait ce qui en advint.

Deux ministres, Claude de Massac et Maurice Pichault, devinrent, dans la suite, généraux de l'ordre.

Dans le récolement de ce couvent en 1792, publié par Marquis[1], figurent « un soleil de vermeil pesant 2 marcs 5 onces 6 gros, un calice, une patène, un ciboire, une custode, neuf couverts, quatre cuillères à ragoût, six à café ».

Faucon.

Ce petit bourg, vénérable aux yeux des Trinitaires comme lieu de naissance de saint Jean de Matha, n'eut cependant un couvent qu'au dix-septième siècle, grâce à la Congrégation des Trinitaires Déchaussés. La monographie, faite avec beaucoup de soin par le chanoine Reynaud, curé de Barcelonnette, a été publiée dans le *Bulletin trinitaire* de 1900.

Le P. Ignace de Saint-Antoine n'eut pas tort de louer la persévérance que déploya, pendant plusieurs années, le P. Clément de la Présentation, pour terminer cette fondation. Le 3 octobre 1661, le duc de Savoie, de qui Barcelonnette dépendit jusqu'en 1713, avait donné son consentement pour cet établissement, défendant de molester les Trinitaires à peine de 100 écus d'amende; le Conseil général (15 janvier 1662) et l'archevêque d'Embrun, Georges d'Aubusson, alors ambas-

---

[1]. *Les rues d'Étampes*, p. 33. Autre source : Bibliothèque de Marseille, manuscrit 1216, p. 321. — Les trois cartons des Archives de Seine-et-Oise qui se rapportent aux Mathurins d'Étampes sont de nul intérêt. La bibliothèque d'Étampes possède deux manuscrits leur ayant appartenu.

sadeur à Madrid, adhérèrent également (11 mars 1664), sous la condition que les religieux ne feraient point de quêtes.

Mais les dominicains de Barcelonnette, jaloux des nouveaux venus, présentèrent contre eux une requête à l'official et au duc de Savoie, bien que le maître général de cet ordre eût écrit, le 9 juillet 1664, de ne pas les molester. Le 20 octobre, le grand vicaire Lambert demanda aux Trinitaires s'ils justifiaient de revenus suffisants. Le 4 juin 1667, une croix avait été plantée devant la chapelle qu'ils projetaient ; le grand vicaire la fit arracher ; sur une nouvelle supplique des religieux (28 avril 1668), le duc de Savoie déclara de nouveau qu'il les protégeait et écrivit à Lambert de les laisser tranquilles. Le 24 juin 1668, le Conseil général de la vallée les reçut une seconde fois et, le 29, ils furent mis en possession de la chapelle des Pénitents de Faucon par Horace de Provana, préfet des Vallées. Ils promirent à nouveau, le 12 février 1672, de payer les tailles des biens-fonds qu'ils pourraient acquérir dans la suite. Dès le 17 décembre, Charles Pascalis, official, qui s'était montré moins défavorable aux religieux que le grand vicaire Lambert, bénit l'église nouvellement bâtie [1].

La première pierre du couvent, qui devait être bâti sous le vocable de saint Jean de Matha, fut posée le 9 juin 1675 en présence du P. Ignace de Saint-Antoine, ministre (le P. Clément de la Présentation était mort à la peine), de six religieux, des consuls et de Jacques Jaubert, petit-fils du fondateur Etienne Jaubert [2]. La Congrégation des Réguliers

---

1. Voir aussi sur ces événements le registre H 15 des Archives des Basses-Alpes, et les *Souvenirs religieux* de l'abbé FÉRAUD, p. 156.
2. *Bulletin de la Société scientifique et littéraire des Basses-Alpes*, t. II, p. 194.

approuva la fondation nouvelle, sur le vu des pièces envoyées par le grand vicaire Lambert (2 octobre 1679). Des reliques, consistant en deux phalanges des doigts de saint Jean de Matha, furent partagées entre l'église de Faucon et le couvent [1]. Le Conseil général avait contribué à l'établissement *de tout son petit possible*. Le 24 juin 1678, Horace de Provana avait apporté les nouvelles lettres patentes de Son Altesse Royale du 25 avril précédent.

Les religieux, désormais, ne connurent plus d'obstacles. Achard, dans son *Dictionnaire de la Provence* (I, 298), dit qu'après les offices, ils faisaient, comme divertissement populaire, tirer aux quilles un plat d'étain ou un chapeau. Les Dominicains, d'abord si processifs, devinrent plus traitables et on les voit en 1750 consentir un prêt aux Trinitaires. Les registres de visite attestent la parfaite ferveur des religieux et leur attachement à la séparation du tiers du revenu pour les captifs, dont il est encore question en 1775 et en 1780. En 1705, les Trinitaires de Faucon avaient été rattachés à la province déchaussée d'Italie; les registres de visite sont donc écrits en italien.

Les témoignages des consuls de la vallée de Barcelonnette, au moment de la réunion de la Commission des Réguliers, prouvent la bonne réputation dont jouissaient les religieux Aussi furent-ils fort bien accueillis, au mois de septembre 1859 [2], quand ils revinrent dans la patrie du fondateur des Trinitaires, après avoir racheté leur ancien couvent au prince Torlonia. L'âme de cette restauration était le

---

[1]. *Histoire religieuse du diocèse de Digne*, par le chanoine CRUVELIER et l'abbé ANDRIEU, pp. 297-299.

[2]. L'abbé FÉRAUD, *Histoire et géographie des Basses-Alpes*, 3ᵉ édition. Digne, 1890, p. 74.

P. Calixte, né en 1826 à Barcelonnette ; il mourut le 24 août 1892 à l'Hôtel-Dieu du Puy[1]. Les Trinitaires, que dirigeait dignement le P. Xavier de l'Immaculée-Conception, ont été exilés au mois de février 1900 ; les religieuses Trinitaires les ont remplacés au mois de septembre suivant. En 1896, j'ai trouvé dans ce couvent le plus aimable accueil et j'y ai consulté des notes fort intéressantes sur les couvents trinitaires du midi de la France.

Le Fay.

Ce couvent, fondé en 1223, était situé *juxta Ivriacum*[2] (*Historiens de la France*, XXII, 604 d), « jouxte la Villeneuve-le-Roy » (Arch. nat., S 4266, n° 14), mais on trouve aussi : le *Fay-aux-Anes* (1495). M. de Manneville, dans son *État des personnes et des terres dans la commune d'Amblainville*, en a donné le cartulaire. Les actes les plus intéressants sont les transactions avec le curé (14 avril 1224)[3] : le doyen de Chaumont en Vexin leur ordonna de vivre en paix, à peine de 100 sous d'amende ; avec le couvent de Saint-Martin de Pontoise, qui, grâce à la méditation de Guillaume d'Auvergne, leur accorda le droit d'avoir un cimetière (1228)[4]. Le P. Claude Ralle était ministre du Fay comme son prédécesseur dans le généralat, Louis Petit ; mais, dès ce moment, le couvent, abandonné, n'était plus qu'une ferme.

1. E. de Crozet, *Éphémérides des Bas-Alpins*, 1892, p. 31.
2. Ivry-le-Temple, canton de Méru (Oise).
3. Archives nationales, S 4266, n° 21.
4. *Ibid.*, n° 24. Le cartulaire est copié dans un cahier du carton S 4267.

La Fère-Champenoise.

Ce couvent, qui n'a laissé presque aucune trace, est mentionné en 1586, en 1600, en 1648. David Angenoust échangea le prieuré de Saint-Jacques de Troyes contre la maison de La Fère-Champenoise[1]. Un ministre du même couvent « perdit le jugement » et dut, pour ce motif, être déposé par le général ; c'est tout ce qu'on en sait.

Figanières.

C'est un village à deux lieues à l'est de Draguignan, où les Trinitaires Déchaussés furent installés en 1643, nous dit l'historien Bouche. La chapelle de Saint-Pons, qui existe encore, était un pèlerinage très fréquenté par les malades « qui se couchent et reposent » dans le sépulcre du saint[2].

Fontainebleau.

Beaucoup d'historiens s'en sont déjà occupés : au dix-septième siècle, le P. Dan, ministre du couvent, dans le *Trésor des merveilles de Fontainebleau* (1660), l'abbé Guilbert dans sa *Description du château* (1735), Vatout et Champollion-Figeac dans leurs livres sur le Palais, qui renfermait ce couvent. De nos jours, M. Herbet a encore ajouté quelques détails intéressants. Les Trinitaires de Fontainebleau sont connus principalement par un événement ne les touchant pas

---

1. *Trinitaires de Troyes,* H 1555, p. 693.
2. Manuscrit de Marseille 1216, p. 57.

directement, le meurtre de Monaldeschi, raconté par le P. Lebel, trinitaire, qui l'assista à ses derniers moments.

Le couvent royal de Fontainebleau ne fut d'abord qu'un hôpital « pour les pauvres malades qui y viendraient des lieux arides et déserts environnants » (juillet 1259), avec une chapelle, fondée par Louis VII en 1169.

Plusieurs actes concernent les rapports des Trinitaires avec le forestier de Bière[1], nom que portait alors la forêt de Fontainebleau; ainsi, le Parlement tenu en novembre 1270 permet aux religieux de se servir de leur *usage* de bois pour réparer un barrage (*gordus*) qu'ils ont fait dans la Seine afin de prendre le poisson, à condition d'indemniser le forestier. Ils peuvent aussi se servir de leur droit d'usage pour réparer leur pressoir de Recloses (Toussaint 1300)[2].

Les Trinitaires chapelains de Fontainebleau furent, on s'en souvient, les premiers à recevoir l'exemption de l'ordinaire en 1306. Leur histoire ne comporte rien de bien saillant jusqu'à 1529. A cette date, François Ier reprit leur couvent pour établir sur son emplacement la cour du Cheval-Blanc, et les Trinitaires furent confinés dans un espace bien plus étroit[3]. Le ministre reçut le titre de conseiller et aumônier du roi, comme compensation du dommage éprouvé.

Henri IV, qui avait beaucoup d'affection pour les Trinitaires, confirma leurs privilèges (octobre 1604 et 13 septembre 1606)[4]. Louis XIII ayant songé à mettre au couvent

---

1. En 1261, le ministre de Fontainebleau et le forestier de Bière avaient fait de concert une enquête sur la question de savoir si les hommes de Chailly avaient le droit du pâturage pour leurs bestiaux. *Olim*, I, 144.
2. *Ibid.*, I, 826, xxv, xxvi, xxvii; II, 447, ix. — Recloses est au sud de la forêt de Fontainebleau.
3. *Actes de François Ier*, t. V, p. 112.
4. *Compilation chronologique*, col. 1366, 1380.

de Fontainebleau des Trinitaires réformés, le pape lui écrivit de faire professer à ceux-ci la règle primitive ; mais ce projet n'eut point de suite [1]. En 1624, le roi conféra au P. Dan, comme faveur personnelle, la chapelle de Saint-Louis, récemment érigée dans Fontainebleau.

En 1661 se produisit un fait très grave : l'érection à Fontainebleau, d'une nouvelle paroisse qui fut confiée aux Lazaristes. Jusqu'alors, la cure d'Avon, possédée par les Trinitaires, servait de paroisse à Fontainebleau. Le mécontentement de Louis XIV contre le P. Lebel à cause de son rôle singulier au moment du meurtre de Monaldeschi, et les rancunes de l'archevêque de Sens, en conflit avec nos religieux au sujet du droit de visite, expliquent cette création, faite au détriment de ceux-ci. Le 27 novembre 1661, le nouveau curé prit possession de l'église Saint-Louis, construite par Louis XIII.

Les Trinitaires n'eurent que des compensations illusoires, ainsi la chapelle Saint-Vincent du château de Melun, dont le revenu n'était que de 13 livres, et le prieuré de Notre-Dame de Franchard, appartenant dès 1622 à un religieux Trinitaire ; uni en 1676 au couvent, il finit par être abandonné, car plusieurs ministres y avaient été assassinés ; par arrêt du 20 février 1717, les matériaux de Franchard furent abandonnés aux Trinitaires.

Quant à la maison de charité d'Avon, M. Herbet [2] a eu raison de faire remarquer que la bénédiction seule en fut faite par Aguenin le Duc, ministre de Fontainebleau, et qu'elle fut donnée aux frères de Saint-Jean-de-Dieu.

1. Pièce 172.
2. *Démêlés des Mathurins de Fontainebleau avec l'archevêque de Sens*, 1895, p. 13.

Le ministre avait reçu 1,100 livres des Missionnaires de Fontainebleau comme indemnité, suivant arrêt du Conseil d'État du 2 août 1666. Gardant le titre de *curé primitif* de Fontainebleau, il tenait la droite du curé dans les grandes cérémonies, par exemple au mariage de la reine d'Espagne, Marie-Louise d'Orléans, le 29 août 1679. Le gazetier qui nous renseigne dit que la chapelle de la Trinité est une des plus belles du royaume et que le roi y fait faire un tabernacle[1]. Louis XIV donnait tous les ans 300 livres, « tant pour l'entretènement d'une lampe d'argent garnie de ses chaisnes, destinée à brûler nuit et jour devant le Très Saint Sacrement de l'autel, que pour la fourniture et entretènement des ornements et parements d'autel, linge et luminaire[2] ».

Les ministres de Fontainebleau les plus éminents furent le P. Dan, le meilleur des historiens trinitaires, et Eustache Teissier, général de l'ordre en 1686. Joseph Dubois, l'un des membres du conseil qui administra l'ordre de 1708 à 1710, était d'abord fondé de pouvoirs du ministre particulier du couvent, *curé d'Avon et primitif de Fontainebleau*. Le P. Toéry, qui mourut le 21 mai 1723, avait opéré une rédemption de captifs en 1709[3]. Les derniers ministres, Poinsignon, vicaire général en 1764-1765, et Claude Forest, ancien rédempteur de 1766, sont eux aussi des hommes distingués.

Les religieux, outre un fief au lieu dit Le Jay-les-Ministres, en possession duquel ils rentrèrent en vertu d'une déclaration royale du 18 juillet 1702, avaient 877 arpents à

---

1. Manuscrit de Marseille, n° 1216, pp. 94-98.
2. Boislisle, *Comptes des bâtiments du roi*, I, 273.
3. Bibl. Nat., ms. lat. 9970, f° 103.

Bois-le-Roi, « restés en friche depuis le temps où il avait plu à saint Louis de les donner au couvent ».

Fontenay-lès-Louvres.

En 1226, le prieur de Saint-Martin-des-Champs avait permis au curé de Fontenay de fonder une maison-Dieu, qui n'aurait ni cimetière ni fonts baptismaux. Au mois de mars 1241-1242, Guillaume d'Auvergne la conféra aux Mathurins de Paris. Les donations sont assez nombreuses durant le treizième siècle, mais on ne sait ce que l'hôpital devint ensuite. Vers 1400, on voit une ferme des Mathurins à Fontenay, où ceux-ci exercent un droit de seigneurie, et un moulin où ils prennent 9 muids de mouture[1].

Gisors.

Nicolas Huet, fils d'un tailleur d'habits, obtint, le 4 décembre 1603, de Anne d'Este, duchesse de Nemours et comtesse de Gisors, un arpent de terre pour construire un ermitage sur le coteau nommé le Mont de l'Aigle, y fit élever une chapelle à Notre-Dame de Liesse et appela, le 24 mai 1610, pour la desservir, des Trinitaires Réformés du couvent de Caillouet. Ils y furent installés le 13 juin, avec la permission du cardinal de Joyeuse, archevêque de Rouen ; Nicolas Huet finit ses jours auprès des religieux[2].

Leprévost, au tome II de ses *Notes sur les communes du*

---

1. Arch. Nat., S 4255 ᴬ, n° 20, etc.
2. Dom Toussaints du Plessis. *Voyage dans la Haute-Normandie*, t. II, p. 304.

département de l'Eure (p. 177), cite *Les Mathurins* comme lieu-dit, à cause de la chapelle de nos religieux. Aux yeux des Trinitaires Réformés, le couvent de Notre-Dame de Liesse était un lieu célèbre par des miracles et le théâtre de récits qui rappellent la Légende Dorée. Un jour, les frères n'ont rien à manger ; tout à coup l'on frappe, et on leur apporte des pains[1]. Puis les religieux veulent mettre de côté la statue de bois donnée par Nicolas Huet pour la remplacer par une statue de marbre ; aussitôt ils tombent tous malades et ne reviennent à la santé qu'après avoir replacé la statue de bois sur le maître-autel[2]. Quoi qu'il en soit de ces débuts, la fondation prospéra : dans l'enquête de 1638, mention est faite de la ferveur du peuple, que les douze religieux sont fort occupés à confesser la journée entière des grandes fêtes.

Parmi les religieux les plus distingués de ce couvent, il convient de citer Élie de Rochefort, fils naturel d'Hercule de Rohan, grand-veneur de France, et Mathieu Gossart, qui, en tant que vicaire général de la Congrégation Réformée, signa la transaction de 1659 avec le général de l'ordre.

La Gloire-Dieu.

La fondation de ce petit couvent (en amont de Bar-sur-Seine) est ancienne, mais son histoire est entièrement inconnue. Il exista cependant jusqu'à la fin de l'ordre, car le P. Chauvier, le dernier général des Trinitaires, en était profès.

---

1. Manuscrit de Marseille 1216, pp. 514-515 ; détails envoyés par le P. Gabriel Lefebvre.
2. La belle église de Gisors contient un tableau de la rédemption des captifs et un vitrail de N.-D. de Liesse.

Grandpré[1].

Le P. Ignace de Saint-Antoine, au cours de sa magistrale enquête, reçut, en 1707, du P. Marin une liste de ministres de Grandpré et des renseignements auxquels nous ne pouvons rien ajouter et qu'il est inutile de reproduire. Ce couvent était sous le vocable de saint Jean et reconnaissait pour fondateur un comte de Bar, nommé Thibaut. Le plus ancien ministre connu, Jean « Matilde », se démit, le 31 janvier 1360, entre les mains de Pierre de Bourry, général de l'ordre, qui lui substitua Jean de Mézières. L'église n'étant pas encore dédiée, le couvent reçut une bulle d'un pape Clément, que le P. Marin appelle Clément VII, en 1382 (il faut sans doute lire 1387, car l'acte est de la neuvième année de ce pape d'Avignon), avec permission de faire dédier la chapelle par un prélat. L'histoire de Grandpré, au début du seizième siècle, n'est qu'une suite de démissions : personne n'y veut rester. Ainsi Jean Godart, le futur ministre d'Arras, résigne le prieuré le 16 mai 1514 ; son successeur l'ayant résigné à son tour, Jean Godart se le voit confier et le résigne encore. En 1690, le P. Comelin, de Douai, en prend possession au nom d'un de ses confrères. En 1766, le P. Pichault dit que Grandpré est desservi par un seul religieux, qui a bien de la peine à vivre sur les lieux.

Un tableau, représentant la rédemption des captifs, est maintenant dans l'église de Grandpré, au-dessus de l'autel des fonts baptismaux, qui provient lui-même du prieuré de Saint-

---

[1]. Sources : Bibliothèque de Marseille, ms. 1216, p. 459. — Pièce 234. — MINOY, *Chronique de la ville et des comtes de Grandpré* (1839), pp. 64-65.

Jean; aux deux côtés, sont saint Jean de Matha et saint Félix de Valois, avec les habits de l'ordre et la devise : *Ordo inter lilia tutus.*

Hondschoote.

Adam, évêque de Thérouanne, confirma, le 10 août 1220, les donations faites aux Trinitaires par le chevalier Gautier, à savoir 10 livres sur la dîme de Hosthoc, à percevoir moitié au 15 mars, moitié à la Pentecôte, et une terre qui avait appartenu autrefois à Robert de Bambeke, châtelain de Furnes. Dans les textes, les religieux sont souvent dits de *Claro Vivario,* du nom de cette terre.

Au mois d'août 1243, Jeanne, comtesse de Flandre, donna aux Trinitaires 30 bonniers de gâtine dans la paroisse de Wormhout, s'y réservant cependant la justice [1].

Au bas d'un testament passé en septembre 1398 dans la cour du couvent est mentionnée l'adhésion de Thierry « Wayerlant », alors absent à Paris pour ses études [2], qui devint ministre d'Hondschoote et grand-ministre de l'ordre.

Dès la fin du seizième siècle, on voit les Trinitaires en procès avec les échevins pour le payement de leurs contributions aux travaux d'utilité publique (construction d'une nouvelle écluse à l'embouchure du canal de Coudekerke, entretien des wateringues). Ils refusent de payer les impôts pour les terres qu'ils occupent et dont certaines jouissaient précédemment d'exemptions (1604). Il paraît que lorsque Hondschoote fut réuni à la France, il n'en alla plus de même. Deux fois, le Conseil d'État ordonna que les Trinitaires payeraient les

---

1. Aubert Le Mire, *Opera Diplomatica,* t. IV, p. 240.
2. Bibl. Nat., Flandre, 183. *Térouanne,* n° 11.

tailles pour 60 mesures de terre (1702 et 21 mai 1709). Ils avaient commis « l'inconvenance » d'en appeler au bailliage d'Ypres d'une sentence du « Magistrat » d'Hondschoote; le Conseil d'État releva vertement cette attitude[1].

A la Révolution, ils étaient sept, et leurs revenus étaient de 6,000 livres[2]. Le couvent se trouvait à l'ouest de la ville, entre la rue de la Cour et le chemin vicinal de grande communication, vers Wormhout[3]. Le faubourg que l'on rencontre, en arrivant de Bergues, a gardé le nom de la Trinité.

Huy.

Ce couvent (domus de *Huo*) était en réalité à Saint-Nicolas-sur-Sarte, petite rivière qui se jette dans la Meuse. C'est un des plus anciens qu'ait eus l'ordre, car, dès 1208, le chevalier Wauters conféra aux Trinitaires la cure de Vierset, qu'ils continuèrent à posséder jusqu'à la fin. Le pèlerinage est encore fréquenté aujourd'hui.

Lamarche.

C'est aujourd'hui un chef-lieu de canton des Vosges, où un couvent trinitaire, dont les Archives de Meurthe-et-Moselle conservent l'intéressant cartulaire, fut fondé en 1238 par Henri, comte de Bar, qui y adjoignit les cures de Notre-Dame de Lamarche, de Villehaute et d'Orcelle. Innocent IV donna une bulle en faveur de nos religieux, le 24 juillet 1243[4]; Thibaut,

---

1. Archives communales d'Hondschoote. Inventaire, FF 91, AA 1, CC 12.
2. DERODE, *Histoire de la Flandre maritime*, p. 266.
3. J. D'ANVILLE, *Études sur la Flandre maritime*. Dunkerque, 1897, p. 132.
4. BERGER, *Registres d'Innocent IV*, n° 39.

comte de Bar, confirma la donation de son père et pria l'évêque de Toul, Roger, de les protéger (1250).

Le 21 mars 1303, Vautier de Bertoncourt, damoiseau, leur légua ce qu'il possédait sur le moulin de Rocourt, moyennant une messe de *requiem* par semaine. En 1320, le droit pour le couvent d'avoir une bergerie fut reconnu. Une chapelle ayant été élevée collectivement, en 1342, par plusieurs chevaliers, réunis à Lamarche à cause d'une guerre, les Trinitaires furent chargés de la desservir. La garde de la forteresse, à laquelle les religieux avaient été employés, ne put préjudicier à leurs privilèges (1369).

Plusieurs ducs de Lorraine permirent aux ministres de ce couvent de quêter pour les captifs, au cours du seizième siècle[1]. On voit, à plusieurs reprises, les supérieurs de Lamarche chargés de la visite du couvent de Metz.

Les Trinitaires Réformés firent maintes tentatives pour entrer dans ce couvent, en 1622[2] et en 1651 notamment. En 1698 seulement, Lamarche fut affiliée régulièrement à la Réforme, ce que Louis XIV confirma par des lettres patentes de 1708. De diverses observations faites à la fin du dix-huitième siècle par le P. Lemolt, du collège de Bourmont, il paraît résulter que le couvent était très riche; le chiffre de 10,000 livres[3] de rentes qu'il lui attribue en fait le plus fortuné des couvents de la province de Champagne.

---

1. Pièces justificatives, nos 13, 14, 23, 57, 61 et 79.
2. Pièce 171.
3. La statistique de 1768 ne lui en accorde que 4,000, ce qui pour un couvent trinitaire est déjà un joli chiffre.

Lambesc[1].

En 1512, Antoine Fabre, Trinitaire de Marseille, fut appelé par le conseil de la ville de Lambesc pour régir l'hôpital, qui n'avait point de supérieur. Peu après se déclara une épidémie de peste; comme on avait été obligé d'enterrer les morts « en terre profane », on permit aux Frères d'avoir un cimetière. Ils furent exemptés de la quarte funéraire et n'eurent pas besoin de convoquer le curé pour les inhumations (27 décembre 1522). Guillaume de Cordouan, chanoine d'Aix, permit, le 26 janvier 1525, de faire bénir leur église. En 1603, le ministre fut autorisé à faire consacrer la chapelle de Notre-Dame de Montserrat, contiguë à l'église, « fondée par un homme pieux ». Le 8 octobre 1617, le couvent de Lambesc embrassant la Réforme, le ministre Claude Bouchet résigna ses fonctions et fut remplacé par Louis Binet[2].

La bibliothèque de ce couvent est une de celles dont nous avons conservé le catalogue[3]. Parmi les livres intéressant notre ordre, pour lesquels il n'y a pas de division spéciale, on peut relever une *Regula*, imprimée en 1663, souvent mentionnée et que je n'ai encore jamais rencontrée; les *Vies de saint Jean de Matha et de saint Félix de Valois*, par Ignace Dilloud (1695); l'*Etat du royaume de Barbarie* (Rouen, 1703); une édition de 1511 du *Compendium* de Gaguin; enfin un *Cursus Aristotelicus-Thomisticus manuscriptus*, aujourd'hui conservé à la Bibliothèque de Marseille. Les livres de droit furent vendus à M. d'Arbaud,

---

1. Chef-lieu de canton de l'arrondissement d'Aix.
2. Liasses non cotées de Marseille et ms. 1216, p. 50.
3. Ms. 1481 de la Bibl. de Marseille.

seigneur de Jouques, pour 1,000 livres, le 27 octobre 1700.

La mention suivante fait croire que les religieux s'occupaient de prêt : « Le 2 octobre 1712, nous avons reçu de M. le marquis de la Barben les deux tomes des *Mémoires de Mornay*, les *Mémoires de Commines*, ceux du duc de Rohan et les *Mémoires d'Etat*. Nous lui avons envoyé, le même jour, l'*Histoire du connétable de Lesdiguières*, les *Commentaires de J. César*, et Columelle, *Des choses rustiques*. »

Le catalogue, dressé le 30 décembre 1729, fit trouver 2,138 livres orthodoxes et 304 défendus.

Lens.

Ce couvent, situé en Brabant, entre Mons et Ath, est bien connu, grâce au précieux Cartulaire d'Antoine Dachier, rédigé en 1685, qui pourrait presque dispenser de toute autre source. Gautier, seigneur de Lens, conféra cet hôpital aux Trinitaires, au mois d'avril 1223 ; on ne saurait dire combien de temps subsista l'hôpital. En mai 1287, le sire de Lens affranchit « le lieu de la Trinité » de Lens et n'y garda même pas la justice.

Augustin Raimbault, vingt et unième ministre, qui avait fait ses études de théologie en Espagne, tout comme son général, Louis Petit, eut pour successeur Guillaume Watten, dont il a été question déjà comme prieur de Convorde. Il acheta une maison de refuge à Mons et fit de grandes économies pendant les vingt-neuf ans (1615-1644) qu'il fut ministre. Son successeur, Antoine Sergeant, au contraire, se livra à de grandes prodigalités[1], et les guerres de

---

[1]. Il reçut, en 1654, un os de saint Antoine, dont les reliques étaient conservées au château de Vianden (Cartulaire, p. 203).

Louis XIV, notamment la guerre de Hollande, causèrent de grands ravages à Lens[1] et aux environs. Les religieux perdirent leurs archives « et toutes leurs provisions ». Antoine Dachier, rédacteur du Cartulaire, fut ministre de 1683 à 1699.

Son quatrième successeur, le P. Alexis Masson, fut en charge de 1756 à 1783. Un règlement en vingt-quatre articles avait été fait, le 27 décembre 1751, par les Pères Verteneuil, ancien vicaire spirituel, et Paradis, ministre d'Orival. On avait dû prescrire aux religieux de n'aller ni à la cuisine, ni à la brasserie, pendant l'office divin, de ne faire venir ni vin, ni brandevin, ni bière du dehors, de ne plus recevoir de personnes du sexe, ni admettre de « journalières », sauf pour les gros ouvrages et les besoins de la basse-cour. Les comptes devaient être rendus tous les trois ans.

En 1770, la situation apparaît sous un jour déplorable. Le P. Alexis Masson, « à la fleur de son âge, se trouvait de temps en temps incommodé, quand spécialement il a mangé du poisson, qui est nourriture mauvaise pour ces sortes d'estomachs. » A la Saint-André, il était encore au lit à onze heures et parfois couché pendant l'heure de l'office, « sans qu'il en paroisse sur son esprit la moindre inquiétude, comme s'il n'était Religieux que pour se divertir et boire de l'eau-de-vie et autres liqueurs piquantes ». A toutes les enquêtes il oppose une étrange force d'inertie et des artifices de procédure. Malgré le règlement de 1751, il n'avait pas rendu ses comptes depuis près de quinze ans qu'il était ministre. Le 12 mai 1770, il demanda six mois

1. Pièce 236.

pour les présenter et, lorsque le député du Conseil de Brabant vint les examiner, il fallut à celui-ci dix-sept heures pour s'y reconnaître! Il continuait à faire venir une infinité de bouteilles de vin pour son usage particulier, jouait aux cartes, à « l'enturlu » ou pandour, avec ses parents, qu'il introduisait au couvent; il allait souvent voir son frère, cabaretier à Lens, et il engageait ses religieux à jouer et à boire avec lui. Aussi, quelques-uns d'entre eux disent-ils : « Pourquoi nous plaindre du ministre? Il nous laisse faire tout ce que nous voulons. »

Le ministre d'Orival, nommé commissaire par le P. Pichault, le déclara déchu et proposa au Conseil de nommer vicaire du couvent Alexandre Rapaillerie, curé d'Erbaux, Trinitaire de Lens. Masson objecta que celui-ci ne pouvait administrer le couvent, même provisoirement, car il était Français, né à 2 kilomètres de la frontière. Le Conseil privé de Brabant avait bien déclaré, le 3 juillet 1766, que les Français n'étaient exclus, aux Pays-Bas, que des dignités et bénéfices; or l'administration provisoire d'un couvent n'était pas un bénéfice. Sur ces entrefaites, le P. Pichault révoqua la commission du ministre d'Orival, « qui avait montré un zèle indiscret » en déposant Masson, et lui substitua le ministre d'Audregnies. Mais ce dernier était sujet français! Le Conseil privé de Brabant décida, le 25 juillet 1770, que le ministre d'Orival exécuterait sa commission, trop légèrement annulée par le général. Le couvent de Lens se divisa en deux partis : les religieux anciens tenaient pour Masson, les jeunes pour le curé d'Erbaux, auquel un des anciens, Félix Reymeul, fit aussi adhésion. Néanmoins, le général se refusa à nommer un vicaire : les choses restèrent en l'état et le P. Masson mourut ministre en 1783. Le Conseil de

Brabant demeura fort mécontent du général des Trinitaires[1].

Lérinnes.

En avril 1232, le ministre Gilles fit savoir qu'Arnould Longue-Aveine lui avait cédé, tout en réservant l'usufruit à sa femme Oda, le fief qu'il tenait de Libert de Châtres et la terre qu'il possédait à Lérinnes près Wavre. Cinq ans après, Béatrice, abbesse du Secours-Notre-Dame, vendit aux Trinitaires quatre bonniers de terre sis à Tourinnes-les-Ourdons, et, en plus, *des serfs et servantes, cens et rentes comptés en bloc pour un bonnier* (décembre 1237). Au mois d'avril 1241, Robert, évêque de Liège, confirma la donation des revenus de la chapelle de Lérinnes, faite par le chevalier Gilles de Lérinnes, homonyme du premier ministre, et prit lui-même les religieux sous sa protection (sept. 1243). Le chevalier Servais donna aux Trinitaires la moitié du patronage de l'église Saint-Lambert de Tourinnes (nov. 1243). Un acte de décembre 1296 montre que l'autre moitié était possédée par les religieuses cisterciennes du Val-Saint-Georges. La présentation était alternative. En 1357, Jean Brumbais, chapelain de l'autel de Notre-Dame, situé dans l'église de Sart-lès-Walhain, donna un bonnier de terre aux Trinitaires de Lérinnes, moyennant six setiers de blé (30 août 1357). Le Cartulaire ne va guère au delà de cette date.

Pour les siècles suivants, nous avons le registre des pénalités de la cour de justice que le ministre avait à Lérinnes; il avait même une autre cour à Tourinnes. Les expressions

---

[1]. Cette enquête se trouve dans le carton 1422 du Conseil privé, à Bruxelles (Archives du royaume).

de bâtard du ministre, de beau-fils du ministre, qui s'y rencontrent, ont quelque lieu de nous étonner. Cette cour de justice fut une occasion de conflit, au milieu du dix-huitième siècle, entre le ministre et une princesse de Rohan-Soubise, dame de Walhain. A la réquisition du « ministre » et seigneur, les échevins déclarèrent « que les habitants de la seigneurie ne sont tenus à aucun ordre des officiers de la terre de Walhain, et que, par conséquent, ils n'ont jamais fait la garde ou patrouille aux criminels arrêtés ou détenus dans la prison de Walhain, ni autrement lorsqu'on en allait faire l'exécution¹ » (27 mai 1762).

En 1770, le couvent de Lérinnes comptait dix religieux, comme ceux de Lens et de Bastogne; le désordre y régnait de même. Quatre religieux demandaient « des souliers, bas, culottes, un repas frugal ou splendide (*sic*) ». Un des moines était obligé de se barricader la nuit dans sa chambre, un autre avait provoqué en duel le procureur de la maison.

Limon.

Le prieuré de Limon[2], fondé avant 1415 et dédié à Notre-Dame, était « dans un fonds » entouré de bois dangereux; des ministres y ayant été volés ou assassinés, le séjour de Saint-Symphorien fut préféré au dix-huitième siècle, comme plus sûr et plus sain. En 1754, Borin, curé de Communay, s'étant fait pourvoir de ce prieuré par le vice-légat d'Avi-

---

1. Bibl. de Bruxelles, ms. 250 (fonds Goethals), p. 465. Il y a dans ce registre un nombre de coups et blessures véritablement inouï. On en trouve autant dans celui de Pontarmé, publié par M. Dupuis.
2. Près Saint-Symphorien-d'Ozon, arrondissement de Vienne (Isère).

gnon, après la résignation du dernier titulaire, Houdry, le P. Lefebvre résuma sa théorie, que le général pourvoyait à toutes les ministreries de l'ordre ; le P. Gairoard, rédempteur et procureur des captifs, était le candidat de son choix[1].

Limoux.

La tradition rapporte cette fondation soit à Amaury de Montfort et à sa mère, soit à un évêque de Narbonne et à une abbesse de Prouille[2]. En réalité, Arnaude de Montfort donna aux Trinitaires une maison qui avait été l'école des Juifs (oct. 1219). En 1234, Romée de Llivia, prieur des Dominicains de Provence, permit aux Trinitaires d'avoir un oratoire et d'ensevelir leurs religieux. Philippe le Long prit, en 1320, le couvent sous sa protection, en le déclarant de fondation royale. Le correspondant du P. Ignace de Saint-Antoine, qui a envoyé la copie du premier et du troisième de ces actes[3] (le deuxième est dans Doat), nous donne quelques détails plus récents. Les ministres y furent parfois seuls, quoiqu'il y eût de la place pour douze religieux ; tout le mal vint de leur élection à vie.

Un arrêt du Parlement de Toulouse du 22 avril 1621 défendit aux religieux de maltraiter leur ministre Jean Roque, à peine de 4,000 livres d'amende. L'année suivante, le couvent fut autorisé à vendre ses biens les moins utiles (29 juillet 1622). L'église, brûlée accidentellement en 1675,

1. Bibl. nationale, factum 29396.
2. P. Bounges, *Diocèse de Carcassonne*, 1741, in-4°, p. 156.
3. Bibliothèque de Marseille, manuscrit 1216, pp. 393-396, et Fonds-Lamothe, *Notices historiques sur la ville de Limoux*, p. 47.

fut restaurée peu d'années après. En 1768, le couvent n'avait que trois religieux et 649 livres de revenu.

Lisieux.

L'hôpital de Lisieux a été l'objet d'une excellente monographie de M. Vasseur, dans le *Bulletin monumental*[1]. Cet Hôtel-Dieu avait été fondé, trente ans avant l'établissement des Trinitaires, au temps de Thomas Becket, qui avait conseillé de dédier l'église « au premier martyr ». Ce fut lui-même. Jourdain du Hommet y appela en 1220 les Trinitaires et leur fit de riches donations. L'hôpital possédait des cures annexées, comme Surville, Courbesarte, Villers-sur-Mer et le prieuré de Saint-Christophe, dont il fut souvent question dans des procès ; le curé de La Vespière, ayant enlevé de force les aumônes du jour de Saint-Christophe, fut condamné à une amende.

Les Trinitaires avaient administré cet hôpital depuis près de trois siècles, sans avoir été inquiétés, lorsque, le 19 avril 1501, les habitants les mandèrent « pour leur remontrer les fraudes et abus qu'ils y commettaient ». Douze ans plus tard, la municipalité décidait de mettre les revenus de l'hôpital entre les mains de l'évêque ; mais le ministre obtint des lettres patentes maintenant les religieux dans leur droit d'administrer le revenu temporel de l'Hôtel-Dieu et de nommer un procureur pour remplir les charges et bénéfices, « sans pouvoir être aucunement troublés et sans rendre compte ».

Quelques années après que les religieux se furent réformés, Jacques Le Cour, ministre en 1630, avait aliéné au Bureau des pauvres la moitié de la fondation de l'évêque Jourdain

---

[1]. Tome XXX, p. 113 et p. 277.

du Hommet et la moitié de l'hôpital. En 1645, l'évêque Cospéan rendit cette fraction aliénée, mais obligea les religieux à recevoir les pauvres de la ville. Le Bureau ayant fait saisir les quêtes en 1650, l'évêque de Matignon les fit rendre aux religieux qui, de leur ancienne chapelle Saint-Thomas, firent une salle « nette, pavée et vitrée » pour sept pauvres. A ceux qui leur reprochaient des aliénations ils montrent que les biens situés trop loin de Lisieux les obéraient. S'ils n'étaient plus que quatre religieux, alors qu'ils étaient dix auparavant, c'est que les religieux complémentaires n'étaient que des étudiants de passage[1] (28 mars 1658). Ils possédaient encore l'Hôtel-Dieu de Lisieux quand il fut détruit par un incendie en 1770 : l'ordre se cotisa pour le rebâtir. Louis Du Bois, dans son *Histoire de Lisieux* (t. II, p. 162), nous apprend que l'horloge des Mathurins fut placée à l'hôtel de ville en vertu d'un arrêté de l'administration municipale du 30 juin 1797.

Lorgues.

Les Trinitaires de Lorgues (Var), consultés vers 1700 sur leur histoire par le P. Ignace de Saint-Antoine, attribuaient leur fondation à une dame nommée Ragusie, et fixaient la date à 1358. Ils avaient un hôpital hors la ville, dont Geoffroy Amiel fut pourvu, le 5 octobre 1493, par le vice-légat d'Avignon, sur la résignation de son prédécesseur. C'est l'acte original le plus ancien concernant cette maison ; comme les indulgences accordées par le pape Jules II à l'occasion de la consécration de l'église, il est conservé dans les liasses des Trinitaires de Marseille. Un ministre assez notable, Claude Bouchet (1590-1595), se retira à Tarascon, où Guillaume

---

1. Bibl. Nat, ms. Clairambault 294, pp. 155 à 193.

Commandeur, ministre d'Arles, alla le chercher pour rédiger son grand inventaire. Jean Pisan, nommé ministre par Louis Petit le 2 septembre 1638, reçut en 1642 la visite de Jean Naurias, provincial, dont le procès-verbal est conservé dans les archives du Var[1]; il fit peindre, cette même année, le tableau de Notre-Dame-du-Remède, achever le clocher en 1652 et mourut en 1669. Le dernier ministre *perpétuel* fut Joseph Monier, ancien procureur général en cour de Rome; en 1699, il céda la place aux Trinitaires Réformés, en gardant son titre de ministre *primitif*.

Les Réformés reçurent de la communauté de Lorgues cent écus pour deux régents enseignant le latin jusqu'à la troisième; ils pouvaient aussi enseigner des sciences utiles, avec rétribution particulière. Suivant Achard, l'auteur du *Dictionnaire de la Provence*[2], le couvent, composé de quatre religieux, possédait quelques vignes, mais ses revenus n'étaient que de 400 livres.

Le Luc.

Le Luc, autre chef-lieu de canton de ce département du Var où les couvents trinitaires se multiplièrent au dix-septième siècle, eut, en 1661, un couvent de Déchaussés qui ne fit jamais beaucoup parler de lui et que sa pauvreté fit supprimer en 1775, ainsi que ceux de Seyne et de Saint-Quinis.

Lyon.

L'importance des couvents trinitaires se mesure peu à celle des villes où ils sont situés. Les religieux eurent très tardive-

---

1. Bibl. de Marseille, ms. 1216, pp. 55 et 439-442. — Pièce 187.
2. Tome I, p. 643.

ment un couvent dans la plus grande ville que l'on rencontre entre Paris et Marseille. Les Réformés de Provence ayant voulu, dès 1646, fonder un hospice à Lyon, établirent pour ce motif une contribution sur tous leurs couvents, et empruntèrent 1,100 livres au denier seize à Louis Boutassy, écuyer de Marseille. Malgré tous ces sacrifices, ils cédèrent la maison à la province de France, à condition qu'elle payât leurs dettes. Le couvent, dit le P. Menestrier, d'abord situé à la montée de Beauregard, fut transféré au pied du Gourguillon, dans les maisons des Bellièvre et des Delange[1]. Un des premiers ministres fut le P. Mathieu Duxio, un des plus distingués parmi les Réformés.

Marseille[2].

1° *Premier couvent*.

C'est un des centres de l'ordre; il a joué un grand rôle au dix-septième siècle principalement. Il est peu de couvents sur lesquels on ait plus de renseignements imprimés, et les innombrables liasses le concernant dans les Archives des Bouches-du-Rhône permettent d'ajouter encore une foule de détails.

Les comtes des Baux prirent sous leur sauvegarde le couvent fondé par Jean de Matha, par un acte passé en présence d'Ildefonse, marquis de Provence, au château de Fos, le 21 mars 1202. Un an et demi après, le fondateur concluait

---

1. *Éloge historique de Lyon* dans le manuscrit 1216 de Marseille, p. 128. — Pièce 195.
2. J'étudierai séparément : le premier couvent, — le Bureau de Rédemption — et le second couvent.

une transaction avec l'évêque de Marseille Rainier[1], contemporaine de celle d'Arles et stipulant aussi la remise de la moitié des oblations à l'évêque et au chapitre.

Le couvent était situé dans la vieille ville, près des murailles et de la Porte-de-France (*Porta Gallica*), sur l'emplacement de laquelle fut ensuite construit l'abattoir; c'est aujourd'hui la gare maritime d'Arenc. Le premier ministre, qui paraît dans un acte de 1208, s'appelait Félix.

En 1270, l'évêque Raymond de Nimes adoucit considérablement les conditions de fondation primitives, en présence d'Alard, grand-ministre de l'ordre. Sept ans après, le provincial Vincent de Fontainet vendit l'hôpital de Saint-Martin[2] (16 mars 1277), dont le vocable était énoncé correctement dans les bulles des papes, à commencer par celle du 10 juillet 1203.

Pendant un siècle, l'histoire du couvent nous échappe; nous ne savons même pas si les religieux se livraient au rachat des captifs, surtout nécessaire à Marseille. Les Archives communales contiennent plusieurs actes du quatorzième siècle mentionnant que les comtes de Provence, en vertu des capitulations accordées à Marseille, devaient faire racheter les captifs; Robert et Louis envoyèrent au roi de Bougie des missions diplomatiques ou commerciales, mais non des Trinitaires[3].

En 1418, les Pères de la Merci furent reçus à Marseille, à condition de racheter annuellement deux esclaves de cette ville; après 1474, ils disparurent; les Trinitaires essayèrent de faire croire que c'était à cause d'une épidémie de peste.

1. *Gallia christiana novissima*, Marseille, n° 192.
2. U. Chevalier, *ouvr. cité*, n° 306.
3. Pièces 59 et 90.

En 1524, le couvent des Trinitaires fut démoli par les habitants, à l'approche du connétable de Bourbon en 1524 et transporté à peu de distance, dans le quartier de l'Évêché, au sommet de la grande colline qui domine le port de la Joliette. La rue qui le bordait s'appelait rue du Fort-des-Prudhommes ou Asservaque, aujourd'hui rue des Jardins. Les Pénitents de la Trinité, associés à l'œuvre du rachat des captifs, se bâtirent une chapelle près du nouveau couvent.

Pour orner l'église reconstruite, Raphaël Boyer, ministre, demanda à ses confrères d'Arles des reliques qui lui furent d'abord refusées. Un ancien religieux du couvent, Louis Vincens, étant devenu ministre d'Arles, accorda en 1557 une partie des reliques de Saint-Roch à l'église du couvent de Marseille, qui était dédiée à ce saint. Vers cette époque (1551) apparaît l'hôpital de Saint-Eutrope, où étaient soignés les hydropiques.

En 1603, Antoine Baud, ministre de Marseille, fut déposé, on ne sait pas au juste pourquoi, et, cinq ans après, le couvent fut réformé; la Réforme, partie de Marseille, embrassa toute la Provence. Nos religieux s'étendaient même au delà de leur ville, car on confia des cures à Mazargues et à Notre-Dame-des-Grâces, près Gardanne.

En 1617, l'église des Trinitaires fut consacrée par l'évêque de Marseille Jean Turicella. Au dire de Fabre[1], elle aurait été construite à l'aide des libéralités « d'une Provençale de la maison des Fortia ». Elle était naturellement décorée des statues de saint Jean de Matha et de saint Félix de Valois, auxquels apparaissait un ange. Le 21 juillet 1627, le ministre de Marseille fit faire un tabernacle, de bois de noyer pour

---

1. *Les rues de Marseille*, I, 217.

les parties apparentes et de bois blanc pour le reste, moyennant 150 livres. Le 29 avril 1628, il convint verbalement de 71 écus avec Rodière, maître peintre, pour dorer ce tabernacle, qui devait être changé en 1742, en même temps qu'étaient refaits le chœur et le maître-autel[1].

Depuis 1608, les ministres étaient devenus triennaux ; le premier avait été Charles Dagneaux, que François Petit avait envoyé pour réformer le couvent. Les religieux les plus distingués y furent tour à tour ministres, les PP. Aloès, Pallas, Maurel. Dans la première moitié du dix-septième siècle, leur conduite ne fut pas toujours exemplaire. Un religieux, interrogé en 1638 par le cardinal de La Rochefoucauld, déclarait que s'il avait su d'avance l'état de la Congrégation réformée, il n'y serait jamais entré ; l'exemple qu'il rapporte fait voir en effet le peu de charité des Pères Jay et Pallas relativement aux pauvres malades.

A propos du couvent d'Aix, il a été question des tracasseries que lui firent les Réformés de Marseille. Les pièces qu'ils réunirent sur ce sujet furent parfois détournées de leur vrai sens ; souligner quelques mots isolés dans une lettre est un mauvais procédé ; donner une analyse inexacte est pis encore. Une lettre du cardinal Bandini, interprétée comme un blâme contre la Déchausse, invite en réalité les Réformés de Marseille à se rapprocher le plus possible de la règle primitive, sans cependant les soumettre à l'obligation de marcher nu-pieds.

De même pour le but essentiel de l'ordre, la rédemption, en dépit de la liste des captifs rachetés de 1580 à 1603, il ne

---

1. Trinitaires de Marseille, registre 2, fos 86, 90. Le premier maître-autel datait de 1630.

semble pas que les Réformés aient été très fervents au début. S'il est peu probable qu'il ait fallu un arrêt du Parlement de Provence en 1627 (au dire de Méry et Guindon) pour les contraindre à s'occuper des captifs, il est certain que les prédications de saint Vincent de Paul ne leur furent pas inutiles.

La pauvreté seule des religieux pouvait leur servir d'excuse. En effet, ce couvent si important fut toujours pauvre ; rien de triste comme une délibération, où les religieux, reconnaissant qu'on ne saurait être soigné pour rien, se résignent à donner 10 livres par an au médecin de la communauté (1651)[1]. Dans une pareille situation financière, il fallait faire argent de tout. Les chambres du couvent étaient l'objet de grandes discussions, et on ne permettait de les occuper qu'à ceux qui voulaient bien les réparer. En 1659, la chambre « en main gauche » du P. Pallas, tournant sur la rue et assise sur la chapelle de Sainte-Magdeleine, « faisait mine de ruine » ; le chapitre la concéda au P. Sauvan, qui se chargea de la reconstruction nécessaire pourvu qu'on lui en donnât la jouissance et la demeure continuelle sa vie durant[2]. Une autre fois, le cas était plus embarrassant. Les familles des Pères Maurel et Duport promettaient chacune une aumône de 600 livres, si leur parent avait la chambre en litige[3]. Le chapitre décida de la donner au P. Maurel, mais le P. Duport put prier ses parents, et notamment l'écuyer Boutassy, « son père spirituel » (parrain, vraisemblablement), de faire bâtir une chambre, moyennant 300 livres prises sur les 600 que le P. Maurel apportera au couvent (15 octobre 1662). C'étaient de sérieux accrocs à l'article de la règle prescrivant un dortoir unique.

---

1. Pièce 199.
2. Trinitaires de Marseille, registre 6, f° 34 v°.
3. *Ibid.*, f° 44.

Comment, avec un tel souci de leurs intérêts matériels, les Trinitaires se trouvent-ils une fois en défaut? En 1719, ils ne représentent pas leurs baux en temps opportun et sont condamnés à une amende de 100 livres, et encore par faveur. A cette époque, le ministre était le P. Paul Giraud, doué d'un véritable tempérament d'historien et d'archiviste et, de plus, curieux de philosophie, de théologie et de science.

Ce couvent, la *première maison* depuis la fondation des Déchaussés dont il va être question, fut supprimé en 1777, et vendu à Mathieu Brémond, orfèvre; sur son emplacement, on ouvrit la rue Saint-Mathieu.

2° Le Bureau de Rédemption.

La confrérie des Pénitents Blancs ou de Notre-Dame-d'Aiude (d'Aide) faisait remonter son antiquité à 1306[1]. Un de ses titres de gloire est d'avoir compté saint Vincent de Paul[2] parmi ses membres. A ce moment, l'évêque de Marseille, Jean-Baptiste Gault, avait formé un projet pour réunir les Compagnies du Saint-Sacrement de Marseille et de Toulon avec les ordres Rédempteurs[3]. Les membres de cette confrérie devinrent les plus précieux auxiliaires laïques des Trinitaires[4], malgré un grand nombre de contestations dont quelques-unes méritent un exposé détaillé.

Le ministre prétendait retenir pour le couvent de Mar-

---

1. On les appelait aussi *Pénitents de la Trinité vieille,* parce qu'ils étaient précédemment établis près du *vieux* couvent trinitaire.
2. Simart, *Saint Vincent de Paul et ses œuvres à Marseille,* p. 19.
3. Le Dr Gustave Lambert, ouvr. cité, pp. 67-68.
4. Une brochure fort intéressante, dont je dois la connaissance à M. l'abbé Ollivier, vicaire général à Marseille, a été publiée par un des confrères en 1853.

seille le tiers des quêtes faites par les Pénitents; pour ne point prolonger ces discordes, ils firent un accord le 2 décembre 1602.

Louis Binet, procureur des Trinitaires, et Ambroise Bastide, prieur des Pénitents, décident que le ministre du couvent sera premier prieur des quatre élus; que, si le général de l'ordre veut faire une rédemption générale, les aumônes du tronc seront laissées aux rédempteurs députés par lui, mais employées premièrement au rachat des captifs marseillais et qu'on mettra à part le prix du rachat de ceux que les prieurs auraient inscrits sur les registres de la confrérie comme devant être rachetés. Toutes les fois qu'un captif racheté abordera au port de Marseille, les Trinitaires iront le recevoir[1], chanteront le *Te Deum* avec les prieurs et mèneront l'esclave rendre grâces dans leur église. Les Pénitents donneront annuellement 60 livres au couvent, sur les aumônes déposées dans le tronc (mais rien sur leurs quêtes), moitié à Noël, moitié à l'Assomption. En temps de peste, ou en cas d'un refroidissement de la charité publique, les Trinitaires ne prétendront point à ces 60 livres[2].

Une nouvelle transaction fut passée au mois d'octobre 1627, mais, de l'avis des Trinitaires eux-mêmes, elle était « mal concertée » : il y avait trois *voix* en tout lors de l'assemblée du bureau, une pour le couvent, une pour le prieur en chef, une pour les quatre prieurs. Ils ne laissent pourtant pas, en 1658, lors de la venue à Marseille des Pères de la

---

1. Vers 1720, le P. Paul Giraud, ministre des Trinitaires de Marseille, régla le rituel de la réception des captifs et interdit aux pénitents de monter dans les barques qui allaient chercher les esclaves rachetés. Pièce 269.
2. Registre 5 des Trinitaires de Marseille, fol. 360.

Merci[1], de donner aux Pénitents de grands éloges : « ce sont des gens sans intérêt qui font agréablement une quête pénible chaque mercredi »; plus tard, lors d'un démêlé, ils diront que cet éloge a été écrit par un avocat, qui a reçu des Pénitents 50 livres pour ce motif!

Divers conflits éclatèrent, en effet, au dix-septième siècle entre les Pénitents et les Trinitaires. Le notaire Piscatory ayant été nommé, en 1684, prieur en chef de la Rédemption, les religieux s'opposèrent à ce qu'il conservât aussi le titre de notaire de la rédemption; alors Piscatory fit nommer un de ses affidés, Me Laure. Le 12 février 1691, un arrêt du Conseil d'Etat ordonna la reddition annuelle des comptes devant l'évêque de Marseille[2] et l'emploi des deniers de la confrérie au rachat des seuls enfants de la ville.

Le 26 avril 1715, fut conclue une nouvelle transaction, sur les droits des prieurs et l'emploi des fonds, entre Paul Giraud, ministre, Balthazar Olivier, vicaire, Michel Trossier, Père de province, Alexis Dupuy, économe, d'une part, — Henri de Vento, capitaine des galères du roi, prieur en chef de la chapelle des Pénitents blancs, Claude Granet, François Martin, Rampal, etc., d'autre part. Il n'y aura désormais que deux recteurs, nommés pour deux ans (comme à l'hôpital de Saint-Eutrope), en sus du ministre et du prieur en chef de la chapelle; il n'y aura point de trésorier : chacun des recteurs sera receveur et payeur. Les fêtes de la Trinité et de saint Jean de Matha seront solennisées aux dépens de

1. Les Pères de la Merci ne purent amener dans leurs processions que des Pénitents blancs de la Trinité. En 1717, ils amènent des Pénitents bleus des Carmes, mais en reconnaissant la préséance des Pénitents de la Trinité (*Rapport sur l'origine de la confrérie*, p. 8).

2. En décembre 1689, les comptes avaient été rendus devant Montmort, intendant des galères.

l'œuvre. Les Trinitaires feront ratifier la transaction au chapitre, et les pénitents par un *régiment*, c'est-à-dire une assemblée générale de la chapelle.

D'après la transaction de 1602, les Pénitents blancs, au moment d'une rédemption, devaient ouvrir leurs troncs et en verser aux religieux sinon tout le contenu, au moins une partie. En 1719, ils s'y refusèrent pendant un mois ; il fallut une sommation pour les y contraindre. Malgré la consultation de trois avocats d'Aix, Deconny, Giboin et Audibert, « des plus fameux » (23 juin 1719), on peut deviner qu'il y avait, dans cette pratique, un usage plutôt qu'un droit, qu'en tous cas les Trinitaires auraient laissé prescrire à leur détriment, puisqu'il ne se trouvait pas inscrit dans les plus récentes transactions. Le P. Philémon de la Motte, dont le voyage se trouvait ainsi en souffrance, composa un factum très vif contre les Pénitents : « Les aumônes du tronc, disait-il, proviennent en partie d'étrangers qui les ont données pour le rachat de n'importe quel sujet du roi. Les Trinitaires refusent maintenant une aide qu'ils ont reconnue pernicieuse ; quand l'associé devient fâcheux, on peut résilier le contrat[1] ». Les Pénitents finirent par céder.

D'autres plaintes, faites en divers temps par les Trinitaires, ne peuvent se comprendre que par le plan exact des lieux : le Bureau de Rédemption était sur une rue attenante à l'église, mais les prieurs avaient coutume de verrouiller la porte conduisant du bureau dans l'église, pour que le ministre ne pût s'occuper de leurs affaires, et ils entraient par la rue.

---

1. Ces arguments sont encore acceptables, mais que dire de ceux-ci ? Les Trinitaires veulent faire annuler le contrat de 1602, parce qu'il n'y a à son sujet ni lettres patentes, ni permission de la cour, ni approbation des supérieurs de l'ordre. Il était un peu tard pour s'en apercevoir ! Pièce 268.

Dans les intervalles de paix, les Trinitaires rendirent justice aux Pénitents. En 1638 la Provence était échue en partage aux religieux de la Merci ; grâce à la liaison du Bureau de la Rédemption avec les Trinitaires, ceux-ci ne souffrirent pas des effets de cet arrêt à Marseille. Les Pères de la Merci reconnaissent d'ailleurs de bon cœur que les Trinitaires recueillent 10 écus à Marseille, pendant qu'ils en ramassent péniblement 1 dans le reste de la Provence (1708).

Le Bureau de la Rédemption suivit en 1776 le couvent trinitaire dans son émigration au quartier Saint-Ferréol. Dans la rédemption opérée en 1785, le Bureau fit un don de 50,000 livres et un prêt de 80,000 livres ; en 1791, les Trinitaires avaient encore 21,400 livres à lui restituer[1] sur leur part.

3° *La seconde maison.*

A la fin du dix-septième siècle, les Trinitaires Déchaussés de la Palud cherchèrent à s'établir à Marseille. Cela contredit la date de 1756[2] que donnent Méry et Guindon pour leur transfert en ville, après avoir publié, à la page CLVII du tome VI, une lettre de Belzunce prouvant que les Trinitaires Déchaussés étaient déjà installés avant 1720 dans le quartier Saint-Ferréol. Ce prélat lui-même retraça leurs tribulations, dans son *Histoire de l'antiquité de l'Eglise de Marseille*[3]. Le premier établissement de nos Déchaussés fut supprimé, en 1688, par Louis XIV, comme ayant été fait sans lettres

---

1. La confrérie de la Trinité ne disparut pas à la Révolution, elle se reconstitua sous l'Empire, et en 1824 assista au retour d'un esclave racheté à Tripoli. Elle fonda aux environs de Marseille plusieurs confréries, qui existent encore ainsi qu'elle-même, comme on peut le voir dans le *Rapport sur l'origine de la confrérie*, p. 21 et 25.
2. Tome III, p. 485.
3. *Actes de la municipalité de Marseille*, t. V, p. 199.

lettres patentes. L'évêque fit donc fermer l'église; mais, le troisième jour, à la Pentecôte 1689, les religieux la rouvrirent. Averti de cet « attentat », il fit procéder à une information et suspendit même les Trinitaires de la Palud (campagne), également Déchaussés, du droit d'administrer les sacrements, à la réserve d'un seul religieux, pour que le quartier ne fût pas privé des secours religieux. Les Déchaussés se soumirent à l'évêque car, dès le 13 septembre 1689, il les autorisa *de son chef* à s'établir au même endroit, à condition qu'ils obtiendraient des lettres patentes. Leur requête fut rapportée, le 14 septembre 1699, par le marquis de Torcy[1], mais, cette fois encore, il leur fut ordonné de se retirer dans les autres couvents de la Provence. Ils ne se découragèrent pas, habitant d'abord le quartier Saint-Barthélemy, puis le quartier Saint-Ferréol; enfin, en décembre 1728, ils obtinrent des lettres patentes, qui mentionnent leur brillante conduite pendant la peste de Marseille. Alors seulement ils se construisirent l'église de la Sainte-Trinité, dite de La Palud, à cause du nom de leur berceau rural; cette église était au quartier de Fongate, aujourd'hui traversé par la rue d'Aubagne et due à la libéralité d'Henri de Puget, baron de Saint-Marc.

A voir les modestes commencements de ce couvent, on ne se douterait pas qu'il dût recevoir les religieux de l'antique maison des Grands Trinitaires, lorsque le chapitre national de 1768 eut décidé de supprimer un couvent dans toutes les villes où il y en avait deux. Les Déchaussés, toujours restés très pauvres, reçurent leurs nouveaux confrères avec beaucoup de satisfaction, malgré la jalousie de ceux-ci. Une

1. Archives municipales de Marseille, série GG.

preuve de la fusion, c'est qu'ils perdirent leur nom liturgique ; le P. André de La Croix redevint le P. Gaspard Perrin (août 1777).

A la Révolution l'unique couvent comptait quatorze religieux, âgés de quarante-trois à soixante-seize ans, preuve que l'ordre ne se recrutait plus guère. Il y avait une opposition contre le ministre Gaspard Perrin, réélu en 1783. Selon les nouvelles constitutions, les Trinitaires devaient présenter trois sujets au général, pour qu'il en choisît un comme ministre. Au quatrième tour, Perrin obtient sept voix contre six ; la majorité déclare qu'elle ne présentera pas deux autres sujets au général : les opposants protestent. En vain Perrin, qui sentait, à son âge (76 ans) et dans un pareil temps, « le fardeau de la supériorité », leur lit une lettre du P. Chauvier, général de l'ordre, lui écrivant, le 28 novembre 1789 : *Soyez ministre jusqu'à ce que nous sachions à quoi nous en tenir sur notre manière d'exister*. Les opposants, dont le plus forcené était Delon, paralytique, veulent rendre publics les « abus » commis par Perrin, réclamant contre la prolongation des fonctions du ministre. Aussitôt on présente au général, en sus de Perrin, deux autres sujets, Michel et Gache, l'ancien procureur général des captifs[1]. Tel était l'état du couvent le 25 janvier 1790.

L'église fut détruite ; c'est seulement en 1806 qu'un ancien Trinitaire, le P. Guillaume Mathieu, ouvrit une chapelle en bois sur son emplacement[2]. De même que le vieux quartier conserve la chapelle de Notre-Dame-du-Bon-Remède et la tour des Trinitaires, de même la rue de la Palud avec l'église

1. Registre 9, p. 13 (Archives de la Préfecture).
2. SAUREL, *Dictionnaire des Bouches-du-Rhône*, I, 326.

de la Trinité, toute moderne qu'elle est, rappelle la seconde maison des Trinitaires.

Meaux.

Les Trinitaires eurent à Meaux deux couvents successifs, car, jusqu'en 1520, ils desservirent l'Hôtel-Dieu, voisin de la cathédrale, comme le marque le plan de Janvier. Installés en 1244 par Thibaut IV de Champagne, ils possédaient une tour, près des fortifications, et promirent au comte de la lui rendre dès qu'ils en seraient « semons ». Ce voisinage leur attira des tracasseries de la part d'un procureur du roi trop zélé, qui voulait les empêcher de pêcher dans les fossés de la ville, prétendant que ces fortifications appartenaient au souverain. Le Parlement les maintint dans l'exercice de ce droit de pêche [1] (décembre 1364).

Le 30 octobre 1404, Charles VI accorda une sauvegarde à l'Hôtel-Dieu de Meaux et en constitua « gardiens » plusieurs sergents, nommés dans l'acte. Quarante ans après, à cause des guerres des Anglais qui leur avaient fait perdre une grande partie de leurs biens, Charles VII accorda aux religieux un amortissement général [2].

Forcés de sortir de l'Hôtel-Dieu, ils se replièrent sur la cure de Saint-Remy, qu'ils gardèrent, et près de laquelle ils bâtirent un nouveau couvent. Le général Nicolas Musnier se réserva le droit d'en choisir le ministre : le premier fut son neveu Philippe, qui tenta d'être général de l'ordre, mais dut se contenter d'être ministre de Meaux, procureur de l'évêque Jean de Buz, ensuite vicaire général de l'évêque de Châlons et évêque *in partibus* de Philadelphie.

1. Pièce 76.
2. Arch. Nat., K. 192, nos 31 et 32.

Le couvent eut beaucoup à souffrir au temps de la Ligue, dit l'annaliste Claude Rochard. Le 17 mars 1590, « on commença d'abattre et démolir l'église de Saint-Remy, parce que, la veille, on avait appris que le duc de Mayenne avait perdu la bataille d'Ivry deux jours auparavant ». Le 12 avril suivant, à la nouvelle que Melun s'était rendu à l'obéissance du roi, on enleva les cloches de Saint-Remy; même, le 23 juin 1592, on abattit « la maison de la Trinité » et on fut sur le point d'y mettre le feu [1].

L'église dut être reconstruite. Le 27 mars 1606, l'évêque Jean de Vieuxpont posa la première pierre, fit l'aspersion du circuit, exhorta les fidèles à contribuer à cette œuvre charitable et accorda, comme d'usage, quarante jours d'indulgence pour l'anniversaire de cette fondation.

Un des successeurs de Jean de Vieuxpont, Dominique Séguier, introduisit à Meaux les Trinitaires Réformés [2], en 1642. L'état du couvent, tel que le décrivait le ministre Noblin au P. Faure, enquêteur pour le cardinal de La Rochefoucauld, nécessitait évidemment une réforme, les religieux passant leur temps à se disputer. C'est encore à Meaux, devant le prélat, que se tinrent les conférences entre Pierre Mercier et les Réformés, qui aboutirent à la pacification définitive : les « articles de Meaux » furent la base de la transaction. La paix fut si bien rétablie qu'il n'y eut plus, dès lors, aucune différence entre Réformés et non Réformés.

Bossuet avait pour confesseur, en 1702, le P. Damascène, Trinitaire de Meaux, comme le rapporte l'abbé Ledieu. Le P. Henry Le Roy fit, en 1720, une rédemption de captifs.

---

1. Annales (manuscrites), 2ᵉ partie, pp. 182, 187, 275.
2. Dom Toussaints, pièce 633.

Les processions qui eurent lieu à cette date et en 1725 nous sont longuement racontées par Claude Rochard. Le P. Lefebvre, curé de Saint-Remy, qui devint général de l'ordre en 1749, prononça des sermons à cette occasion. Le couvent comptait, en 1768, cinq religieux, avec 3,400 livres de revenu; c'était le quatrième des couvents de la province de France. La promenade des Trinitaires, au bord de la Marne, rappelle encore aujourd'hui nos religieux.

Metz.

Dans une note historique, rédigée en 1719, la fondation, dont le titre original est perdu, est reportée à l'année 1198. D'après la tradition, le couvent était d'abord situé à l'est de la ville, au faubourg de Mazelle; mais les inondations de la Seille forcèrent les religieux à chercher un autre emplacement, et ils s'établirent sur une petite éminence, près de la Moselle. C'est là qu'en 1319 eut lieu une première consécration de leur église, dont la trace se retrouve dans un acte de 1477.

En 1552, Metz fut prise par Henri II et gardée par la France, malgré le siège que lui fit subir Charles-Quint; le roi ayant voulu y faire construire une citadelle, le couvent des Trinitaires fut exproprié. Les religieux se trouvant sans asile, sans ressources, semblaient près de quitter la ville, « au grand préjudice des habitants, beaucoup consolez et instruits par leurs prédications ordinaires ». Heureusement, le cardinal de Lorraine fit don à Bernard Dominici, ministre, d'un édifice somptueux, nommé la Cour-Dorée, rue de la Sainte-Croix, « ayant égard au bien qui peut revenir à la dite ville et aux saints exercices de notre religion, en y conservant et maintenant les établissements du dit ordre (23 février 1561) ».

Le 23 juin 1564, Charles IX donna un secours de 1,000 livres à Bernard Dominici pour racheter les droits de Vincent Pargney, locataire pour moitié de la Cour-Dorée, dont l'acquisition « de très petite importance au bien et profit de l'abbaye de Gorze » fut confirmée une fois de plus, le 2 janvier 1594, par le second cardinal de Lorraine, commendataire de Gorze.

Si ce « relogement » se fit aussi bien, c'est à cause du prestige personnel dont jouissait, comme prédicateur, Bernard Dominici, général de 1570 à 1597. Il résida continuellement à Metz, où il reçut une lettre de Bernardino de Mendoza[1], demandant, au nom de Philippe II, la nomination d'un vicaire général pour l'Espagne. Le couvent de Metz devint un des plus importants de la province de Champagne; un hôpital y avait été annexé, tout au moins jusqu'au quinzième siècle. La bonne réputation des religieux ne fléchit pas un instant.

D'après l'Inventaire des Archives de Lorraine, dont soixante articles sont consacrés à notre couvent, le ministre, en sa qualité de seigneur haut justicier du ban de Glatigny, percevait, à l'occasion des plaids annuels, « un bouquet et une somme de 3 sous[2] ».

Un des ministres les plus distingués fut François Godefroy, fils de Jean Godefroy, secrétaire du chapitre cathédral, profès le 9 octobre 1668. Il reçut, en 1694, la visite du P. Fadois, qui « toléra avec regret » l'habitude de certains religieux

---

1. Arch. Nat., K 1564 » 57ª.
2. Inventaire, H 3836 (1751).

d'aller dire la messe en dehors du couvent et prescrivit qu'au moins ils n'en profitassent pas pour rendre des visites[1].

Grégoire de La Forge vint à Metz en 1697. Il fut « honoré des visites de Mᵣ le premier président, de l'intendant, gouverneur et autres ». Il ordonna que les robes fussent boutonnées jusqu'au bas et interdit le port du chapeau dans le couvent, sauf en cas de travail au jardin. Il prescrivit le respect d'un arrêt du Parlement du 31 mars 1681, défendant tout emprunt sans autorisation du chapitre et la reddition des comptes quatre fois l'an.

François Godefroy, ayant été élu rédempteur en 1700, nomma un vicaire du couvent et un procureur au temporel pour la durée de son absence. Il fit construire une église neuve, que le P. de Massac admira dans sa visite en 1729. Elle avait « un autel à la romaine en haut du cœur, en cul-de-lampe; la nef était boisée à neuf pieds de haut avec deux petites chapelles, un jubé, une tribune à côté du cœur, qu'une grille de fer bien travaillée séparait de la nef ».

A cette époque entrèrent au couvent Toussaint Geoffroy, neveu de François, qui devint aussi ministre, et Nicolas Poinsignon, auteur d'un Processionnal[2], qui fut vicaire général de l'ordre et revint, à la veille de la Révolution, mourir dans son couvent de profession. Alexandre Lamanière, provincial de Champagne et rédempteur en 1750, député au chapitre national de 1768, et François Dorvaux, ministre de Châteaubriant, qui prononça le discours d'usage au chapitre général de 1781, étaient aussi profès de Metz.

Le dernier ministre, D'Ancerville, était fils d'un président

1. Inventaire, H 3776, nº 1.
2. Bibl. Mazarine, 3777.

au Présidial. Les années qui précédèrent la Révolution furent marquées par une activité fébrile : le maître-autel, béni le 16 décembre 1784, fut consacré, le 28 juillet 1786, par l'évêque de Gap. En 1789 même, le 25 mars, l'habit fut donné à un nouveau religieux !

Les Trinitaires furent d'ailleurs traités avec convenance, lors de la suppression de l'ordre ; en 1791, ils obtinrent de se faire payer leur pension, cependant diminuée du reliquat passif et des impositions (459 livres en tout). Le reste des 2,400 livres leur fut délivré, le 12 mai 1791, par le directoire du district de Metz[1].

Mirepoix.

Ce couvent avait été fondé en 1233, d'après Baron, en 1402 d'après le P. Ignace de Saint-Antoine, qui en attribue l'origine à Léonard de Lévis. Une bulle d'indulgence de Nicolas IV prouve en tout cas que ce couvent existait avant le 27 juin 1290. Il était situé dans la ville ; le ministre était nommé à vie par le duc de Mirepoix et confirmé ensuite par le général. En 1669, Jean Dupuy, provincial, fit sa visite avec Nicolas Campaigne, ministre de Narbonne. Se reportant à son registre de visite de 1666, le P. Dupuy trouva en plus un tableau représentant la Descente de croix, donné par le marquis de Mirepoix, mais il manquait vingt plats, trente assiettes et trois écuelles et du linge ; le P. Laroche, précédent ministre, était furtivement parti du couvent avec toutes les clefs, après avoir enfermé les religieux, de façon que, le feu ayant pris au lit du serviteur du couvent, ils ne purent sortir qu'en enfonçant les portes.

1. Pièce 352.

Vers 1750, le P. Fournier, fit faire des tableaux représentant saint Jean de Matha et saint Félix de Valois[1]. Le droit pour le seigneur de nommer le ministre fut l'objet de contestations avec le provincial de Toulouse ; le château de Léran, appartenant au duc de Lévis-Mirepoix, renferme trente-deux pièces relatives à ces conflits. Le couvent, qui avait, en 1768, 1,500 livres de rente, n'était composé que de deux religieux, jusqu'à ce que le bâtiment commencé fût fini.

Montmorency.

Le 3 mai 1601, Henri de Montmorency conféra aux Trinitaires Réformés l'hôpital de Montmorency qui tombait en ruines, et l'évêque de Paris confirma cette donation le 23 août suivant. Les pauvres ne devaient pas coucher à l'hôpital plus d'une nuit, et il devait y avoir des lits en deux chambres séparées. Une église fut bâtie au lieu dit le Carrefour. Le nouvel Hôtel-Dieu fut terminé en 1608, moyennant 2,100 livres, et les religieux de Saint-Denis fournirent les ornements nécessaires pour l'église.

Le 14 décembre 1617, Henri de Montmorency y unit l'Hôtel-Dieu de Moisselle ; mais, le 1er juin 1620, « les portes et fenêtres en durent être murées, et la retraite des pauvres et mendiants abolie, à cause de *voies de fait* auxquelles ils s'étaient livrés ». Le 2 février 1634, Henry de Bourbon donna aux Trinitaires l'Hôtel-Dieu de Saint-Brice. En confirmant toutes ces donations, le 7 septembre 1636, il

---

1. Archives de l'Ariège, série H. — Les Trinitaires ayant été molestés par les consuls au sujet d'un lopin de terre, dont ceux-ci s'emparèrent pour percer une rue et sans verser d'indemnité, l'intendant de Languedoc, Saint-Priest, reçut l'ordre de les protéger.

décida que les religieux n'auraient à rendre compte des revenus de ces hôpitaux qu'à lui-même[1].

En 1684, l'Hôpital général étant fondé pour recevoir les mendiants dans un rayon de 4 lieues de Paris, il ne resta à Montmorency que les malades. Le curé et le bailli partagèrent l'administration avec les Trinitaires[2].

Deux ans après, nos religieux, en vertu d'un concordat avec les Oratoriens, curés de Montmorency, devant Michel de Beauvais et Pierre de Beaufort, notaires au Châtelet, reçurent la faculté de procéder aux inhumations chez eux, sauf si les malades avaient demandé à être enterrés ailleurs; ils ne confesseront ceux-ci qu'avec la permission du curé; les enfants qui naîtront dans l'Hôtel-Dieu seront baptisés par les religieux. Les fondateurs d'offices ne les feront célébrer par les Trinitaires que si, dans leur fondation, ils se sont réservé le droit de choisir les officiants.

Le couvent de Montmorency était presque aussi important que celui de Pontoise comme citadelle des Réformés, en lutte avec leur général. Le chapitre de 1621, présidé par le cardinal de La Rochefoucauld, se tint dans cette maison, dont Lucien Hérault, le célèbre rédempteur, était profès.

En 1665, les religieux reçurent un legs d'Antoine Dagneaux, curé d'Attainville, en souvenir de ses oncles Pierre Dagneaux, mort à Marseille, et Charles Dagneaux, mort à Cerfroid, qui avaient été parmi les premiers propagateurs de la Réforme[3].

L'année suivante (18 juillet 1666), ils célébrèrent un ser-

---

1. Le prince de Condé remit aux Trinitaires les droits qui lui étaient dus à cause de plusieurs acquisitions faites à Enghien (3 septembre 1676).
2. Bibl. de Marseille, ms. 1216, p. 325 (imprimé).
3. Archives de Seine-et-Oise, Inventaire G 453.

vice pour la duchesse de Montmorency, abbesse de Sainte-Marie de Moulins, et l'un d'eux :

> « Le Père Thomas Thévenet,
> Dont l'esprit est savant et net,
> Prononça l'oraison funèbre
> Au gré de la troupe célèbre[1] ».

Un Trinitaire distingué de cette époque, le P. Gabriel Le Fèvre, procureur général des captifs, correspondant du P. Ignace de Saint-Antoine, fut désigné par sa congrégation, en 1679, pour en recueillir l'histoire, qu'il ne semble pas avoir écrite.

Le couvent de Montmorency, pour lequel nous ne possédons, au dix-huitième siècle, que des réductions de fondations et un registre de professions, avait, en 1768, quatre religieux avec 3,080 livres de revenus[2].

Montpellier.

Cette fondation remonte à 1217, car des bulles d'Honorius III, du 11 mai 1217 et du 23 décembre 1218, la recommandent au peuple. Leur premier établissement était au nord-est de la ville, sur la route de Castelnau; ils occupaient l'oratoire de Saint-Maur (ou Saint-Mos), donné par les Bénédictins de Sauret, avec permission d'avoir un cimetière pour les malades de leur hôpital (1225). Cette transaction devait être modifiée pour plusieurs articles, le 21 janvier 1307, par l'évêque de Maguelonne et le prieur Denis. Nicolas, ministre en 1279, avait échangé deux fiefs avec l'évêque. Nous n'avons malheureusement que les analyses de ces actes, car les ori-

1. *Les Continuateurs de Loret*, t. II, p. 69.
2. Archives de Seine-et-Oise, Mathurins de Montmorency, 2ᵐᵉ carton.

ginaux furent presque entièrement détruits au seizième siècle. Le ministre du couvent de Montpellier aurait vu, en 1371, un homme rouge qui soulevait le vent, déracinait les arbres et faisait un grand dégât dans la campagne; cette apparition fut consignée dans le *Petit Thalamus*. Les Trinitaires possédaient à Mauguio un tènement appelé « las condominas de la trinitat » (bail du 26 février 1503 où paraît Antoine Baux, vicaire du couvent).

Les souvenirs peu nombreux du premier monastère disparurent en 1562; on ne saurait affirmer qu'il comptait alors vingt religieux, chiffre donné en 1682 par le P. Cazeneuve, ministre de Montpellier, et semblant exagéré. Toujours est-il que le couvent fut brûlé par les protestants et que les religieux furent, soit jetés dans un puits, soit dispersés. En 1606, l'évêque fit commandement aux Trinitaires de se présenter pour remplir le devoir des charges de leur ancien couvent. Le ministre, qui résidait alors à Cournonterral, près Montpellier, se rendit à cet appel. Le 2 novembre 1611, l'église Saint-Paul lui fut inféodée par Louis de Claret, sieur de Saint-Félix, conseiller au Parlement de Toulouse et prévôt de la cathédrale Saint-Pierre de Montpellier, et par Mathieu Pouderoux, prieur[1]. Mais elle était « démolie et abattue, tellement qu'il ne s'y pouvait faire aulcung service à Dieu; elle n'avait ni rente, ni pension, ni fruits ». Ainsi s'exprime Jean Moissinat, procureur de Bernard Rabion, vicaire général de l'ordre en Languedoc.

Qu'advint-il alors? On ne sait. En tout cas, huit ans après, des religieux déchaussés (*nudipedes*) sont en possession du couvent de Montpellier et Damase de Sainte-Madeleine est leur ministre. Les Trinitaires Réformés de Marseille les visitent et

---

1. Archives de l'Hérault, deuxième liasse des Trinitaires de Montpellier.

se montrent très fâchés de cette intrusion. Le 9 octobre 1620, ces Déchaussés se déclarent prêts à écrire à Rome pour s'unir avec les Réformés, et ils n'eurent plus d'existence autonome.

Le 3 décembre 1621, l'église Saint-Paul, que les religieux avaient commencé à rebâtir, fut de nouveau démolie par les protestants. La paix ayant été rétablie en 1623, l'évêque Pierre de Fenouillet somma les Trinitaires de revenir, mais ils ne paraissent pas s'être exécutés avec empressement ; le 22 avril 1631 seulement, le sol (c'est tout ce qui subsistait) est rendu aux Trinitaires. L'union du « titre » est du 6 mai et la mise en possession du 14 décembre suivant. Cette fois la paix était assurée, et le gouvernement royal aida vigoureusement au rétablissement intégral des religieux dans leurs possessions. Le 26 novembre 1633, commandement est fait aux consuls de payer le loyer de la maison où se sont logés les religieux. Le 6 janvier 1635, le roi leur remet les lods des maisons de Triboulet et de Massel; le 10 juillet 1636, le 2 avril 1639, nouvelles décharges des droits de lods par Miron et Barthélemy Dupré, intendants en Languedoc.

Les religieux avaient acheté à Jean Malafosse une maison sur laquelle les consuls voulurent leur faire payer des droits. Le 7 mars 1673, les Trinitaires présentèrent une requête à la Cour des aides de Montpellier pour la faire « anoblir ». Suivant les experts, non seulement la maison était nécessaire aux religieux, mais même elle suffisait à peine à leur logement. Aussi, faisant droit à la demande du syndic, la Cour, déclarant la maison « immune, quitte et exempte, tant et si longuement qu'elle servira au dit usage », défend aux consuls de « cotiser » le syndic des Trinitaires.

La même année, le cardinal Gaspard Carpineo, du titre de S. Sylvestre *in Capite*, envoie aux religieux de Saint-Paul des reliques des saints Venance, Henri, Candide et Vit (25 févr. 1673).

Les chapellenies de l'église attirèrent aux Trinitaires bien des ennuis, notamment celle de Ferelle, ainsi nommée d'un curé de Saint-Paul, Pierre Ferelle, qui vivait en 1502. En 1670, Olivier Dunant avait impétré en cour de Rome ladite chapellenie, comme vacante, à l'insu des religieux ; son successeur Mathieu Barthélemy, après avoir voulu faire déclarer nulle l'union de 1630 au couvent, remit le titre, en se réservant les émoluments et arrérages de la chapellenie, avec 26 livres tournois annuelles de pension. Le 11 avril 1680, il est question dans les Archives de la chapellenie de Notre-Dame de Bethléem, dont est mis en possession Verduron, prêtre. La chapelle des cordonniers et savetiers est mentionnée le 7 juillet 1717.

Il paraît qu'à Montpellier certaines fondations, faites par testament, passaient aux divers religieux de la ville quand les premiers bénéficiaires les avaient refusées. Ainsi, le 6 juin 1715, les Trinitaires acceptent, sur le refus des Pères de la Merci et des Capucins, des fondations de Philippe Bertrand, notaire, que sa veuve a d'ailleurs augmentées d'un tiers[1]. De même, le 17 mars 1733, l'évêque de Montpellier ordonna au syndic des Trinitaires de rapporter sous huitaine acceptation ou refus de la fondation de la demoiselle Cayre, à défaut de quoi les autres communautés religieuses seront invitées à déclarer si elles veulent accepter cette fondation.

Le couvent reçut en 1706 de François Pastourel, ancien receveur des tailles au diocèse de Béziers, 300 livres pour le rachat des captifs et 125 livres de revenu pour une messe de

1. Pièce 265

Requiem tous les jours[1]. Dès 1702, les religieux lui avaient fait concession de sépulture dans leur église.

Celle-ci avait, au portail, l'apparition de l'Ange avec les captifs, et comptait trois nefs et trois grandes chapelles. Une allée du cloître seulement était faite en 1680. Le couvent, écrivait encore le P. Cazeneuve (14 oct. 1680), avait une belle bibliothèque et une mirande (sans doute une terrasse)[2].

Il était important dans la congrégation Réformée, à en juger par le grand nombre d'actes qu'on y rencontre, relatifs au personnel de cette congrégation. Un de ses ministres, le P. Darcisas, fut rédempteur en 1719 avec le P. de La Faye; par une lettre écrite au moment de cette rédemption, on voit qu'il n'était jamais allé à Marseille[3]! Dans le couvent des Trinitaires se réunit sans succès une conférence en vue de l'union avec les Pères de la Merci, qui avaient aussi un couvent dans la même ville, sur l'emplacement du Peyrou. Le dernier ministre fut le P. Tournefort, dont j'ai ailleurs conté la tragique destinée.

A la Révolution, l'église Sainte-Anne étant insuffisante, le couvent des Trinitaires, dont il ne reste plus trace aujourd'hui, fut destiné à loger le clergé de cette paroisse[4].

Mortagne.

Les Trinitaires eurent un couvent au faubourg Saint-Éloi. Par une convention de 1235 avec le chapitre de Nogent-le-Rotrou, Bernard, ministre, s'engagea à payer 50 sous, le

1. Pièce 253.
2. Bibliothèque de Marseille, manuscrit 1216, p. 219.
3. Pièce 273.
4. SAUREL, Le *département de l'Hérault pendant la Révolution*, II, 230.

2 octobre, et à nourrir le prieur une fois par an avec ses religieux. Cette dernière clause amena un procès au dix-huitième siècle, le ministre Le Vasseur refusant de nourrir, avec le prieur, ses « gardes de chasse, ce qu'il y a de plus vil[1] ».

La date légendaire de fondation est 1205 : un prêtre nommé Nicolas Semilavie aurait alors pris l'habit de l'ordre. Saint Louis donna à ce couvent, en 1234, 100 arpents de terre et y établit quatre religieux[2]. Delestang, auteur d'une statistique de Mortagne, dit que Saint-Éloi était regardé comme la troisième maison de l'ordre, après Paris et Fontainebleau. Guillaume Pichard, de Tourouvre, faisant, en juin 1248, une libéralité à l'abbaye de la Trappe[3], substitue, en cas de manquement, le ministre de Saint-Éloi de Mortagne.

Des supérieurs connus furent Jean de Troyes, revêtu de cette dignité quand il fut élu grand-ministre en 1421 : Robert Pranger, qui participa au voyage de rédemption de 1540, et Claude Forest, qui remplit le même office en 1765.

L'Inventaire des Archives de l'Orne, soigneusement publié par M. Louis Duval, montre avec grands détails la vie quotidienne du couvent de Mortagne au dix-huitième siècle, spécialement au point de vue financier. L'ancienne maison des Trinitaires devint l'école Sainte-Marie.

La Motte du Caire[4].

En 1495, le ministre de Saint-Vincent de Digne, Antoine Creissas, reçut un couvent pour quatre religieux dont deux

1. Bibl. Nat., factum 9777.
2. Bibl. Nat., Lk7 5262, pp. 20, 112. *Ibid.*, n. acq. lat. 2382, n° 9; don de 10 sous de cens annuel à Corbon (avril 1235).
3. *Cartulaire de la Trappe*, p. 422.
4. Basses-Alpes, arrondissement et canton de Sisteron.

seraient prêtres, à condition d'établir un hôpital qui eût au moins deux lits[1]. A la Pentecôte, le ministre devait donner un repas aux prêtres qui viendraient dire la messe. S'il y avait suppression ou translation du couvent, la donation devenait nulle[2] et les consuls rentraient dans leurs droits (28 février 1499). L'Inventaire des Archives des Hautes-Alpes contient (art. G 865 et 870) deux mentions relatives à ce couvent, qui n'avait en 1768 que trois religieux avec 600 livres de revenus.

Le Muy.

Les Trinitaires Réformés furent établis, le 25 avril 1652, dans un singulier paysage, par François de Rascas, seigneur du lieu. Le rocher voisin s'appelait le Saint-Trou[3], et la chapelle Notre-Dame-de-Pitié ou des Douleurs. Ce couvent n'eut qu'une courte existence à cause des tracasseries du seigneur. En 1720, celui-ci, ayant une dette envers les Trinitaires, voulut s'acquitter en billets de banque, mais les religieux traînèrent l'affaire en longueur; les billets furent abolis, lors de la chute de Law, et lui restèrent pour compte. Alors il mit tout en œuvre pour que les Trinitaires abandonnassent ce couvent; ses exigences étaient telles qu'on n'eût jamais pu trouver de supérieurs consentant à l'administrer. Fallait-il se contenter d'une indemnité de 500 livres? demandaient les religieux au provincial. Ils ne « déguerpirent » point avant que le marquis de Muy eût obtenu des lettres patentes du roi pour le transfert du couvent à Aix, qui eut lieu en 1727.

1. Bibliothèque de Marseille, manuscrit 1216, pp. 455-457.
2. On voit la raison qui empêcha au dix-huitième siècle bien des suppressions souhaitables.
3. Bibliothèque de Marseille, manuscrit 1216, p. 54.

Narbonne.

En 1273, Vincent de Fontainet, provincial dans les diocèses de Vienne, d'Albi et de Toulouse et ministre de Marseille, reçut en vertu d'un legs une maison, un moulin, douze muids de vin et de quoi nourrir six frères. Ce couvent, qui n'a laissé aucune trace dans les Archives départementales de l'Aude, possédait primitivement un hôpital contenant douze lits. Les religieux demandèrent, en 1621, à Bernard Rabion, provincial, d'embrasser la Réforme[1]. En 1768, ils étaient au nombre de quatre, avec 500 livres de revenus.

Orival.

Même obscurité pour le couvent d'Orival, près Nivelles, en Belgique; sa fondation est de 1254, d'après Aubert le Mire. Il n'en est guère question qu'au début du dix-huitième siècle. Grégoire de la Forge tentait sans succès d'y nommer un supérieur de son choix, vers 1700. Cinquante ans après, un ministre d'Orival, Bernard Paradis, s'acquit une véritable célébrité en fondant un grand nombre de confréries pour le rachat des captifs; ce couvent comptait alors dix religieux[2].

Orthez.

C'est également à 1254 que Baron fixe l'origine de ce couvent. Le 21 avril 1290, 100 sous furent donnés par le vicomte Gaston de Béarn à l'hôpital de la Trinité[3].

---

1. Pièce 169.
2. Voir dans la pièce 329 le compte rendu des revenus de ces confréries par le P. Daumeric, successeur du P. Paradis.
3. PIERRE DE MARCA, cité par le P. Ignace de Saint-Antoine, p. 163 de son manuscrit 1216.

Les Archives des maisons religieuses de ce pays furent presque entièrement détruites lors des guerres de religion. En 1644, comme le rapporte le P. Calixte, à la page 316 de ses *Corsaires et rédempteurs*, un Turc fut baptisé au couvent d'Orthez. Le P. Campaigne, ministre disgracié de Toulouse, reçut la permission d'y prêcher (1689). Vers 1706, le P. Mireloup, provincial de Languedoc, reçut une supplique du P. Vignaux, religieux du couvent, prétendant que le ministre commettait des malversations ; pour prouver son désintéressement, le suppliant déclarait que, si quelque autre était plus digne que lui de devenir ministre, il s'effacerait volontiers. Le couvent d'Orthez avait en 1768 2,566 livres de revenus, avec six religieux dont un archiprêtre et un vicaire ; c'était le plus riche de la province de Languedoc.

La Palud.

Ce nom a quelque peu embarrassé les historiens ; en voici la véritable origine, telle que l'a retracée M. l'abbé Ollivier, vicaire général de Marseille. Des Trinitaires Déchaussés furent établis, le 12 avril 1658, dans un lieu appelé Font-obscure, par Madeleine de la Palud, l'ancienne victime de Gaufridy, prêtre apostat brûlé comme sorcier quarante ans auparavant et cherchant dans la piété l'oubli de ses erreurs passées ; la maison prit le nom de sa fondatrice. Aussitôt que les Trinitaires Réformés eurent connaissance de cette fondation, ils demandèrent au Parlement d'Aix d'être protégés contre ces nouveaux venus et leur firent interdire les quêtes. Les Déchaussés furent aussi persécutés par le curé du petit village voisin de Saint-Barthélemy, qui ne voulait pas leur permettre d'exercer les fonctions curiales et prétendait les contraindre à exhumer quelques corps qu'ils avaient ensevelis en cet endroit. Au contraire, un certain nombre d'habitants déclarèrent qu'ils se louaient beaucoup du service des Trinitaires Déchaussés[1]. Ils envoyèrent une colonie à Marseille, qui devint la seconde maison de cette ville. Récemment, on a trouvé une statue de Notre-Dame-des-Prodiges sur l'emplacement du couvent de La Palud[2].

Péronne.

Ce collège est l'une des fondations les plus tardives, mais aussi les plus mouvementées des Trinitaires (1665), depuis quatre siècles établis à Templeux-la-Fosse, dans la banlieue de Péronne, lorsque les habitants et les chanoines de Saint-Fursy leur confièrent le collège de la ville, déserté par le précédent principal. Ils firent des concordats séparés avec la ville et avec les chanoines, malgré la protestation de Pinchepré, chanoine théologal. Peu d'années après, des difficultés furent suscitées aux Trinitaires tant par les habitants que par les chanoines, qui se virent refuser la visite dans le collège. Il s'ensuivit un grand procès, dans lequel les chanoines restèrent seuls en face des Trinitaires, le maire de la ville s'étant désisté. Ils prirent prétexte de la représentation au collège de la *Comédie des Proverbes*, qui aurait été un scandale, plutôt par des personnalités, semble-t-il, que par des immoralités (1678); ils ne nous ont donné sur cette pièce aucun détail qui permette d'en juger. Ils alléguaient aussi

---

1. Méry et Guindon, *Histoire des actes de la commune de Marseille*, t. V, p. 199. Saurel, *Dictionnaire des Bouches-du-Rhône*, II, p. 133. *Bulletin Trinitaire* de novembre 1898.

2. Ici prendrait place le couvent de Paris, mais, vu son importance, je lui consacrerai un volume spécial.

nombre de désordres commis à l'intérieur du couvent, auxquels le provincial, averti, n'aurait point remédié. L'évêque de Noyon, au contraire, protégeant les Trinitaires, leur accorda la permission d'ériger des confréries et d'avoir des confessionnaux, ainsi que d'exposer trois fois dans l'année le Saint-Sacrement[1] (1682).

Les religieux auxquels le chapitre disait : « Vous ne pouvez tenir de collège, car vous êtes uniquement un ordre rédempteur », montrèrent qu'en d'autres couvents, comme Hondschoote, Bastogne et Toulouse, ils avaient des collèges. Ils alléguaient aussi les 8,000 francs de dépenses déjà faites[2] ; un arrêt de juillet 1686 les maintint en leur possession et ils paraissent y être demeurés paisiblement par la suite. Le 20 juillet 1717, Romuald Hardebus est qualifié de ministre de Templeux et principal du collège de Péronne[3].

Puis il fallut régler les rapports des Trinitaires de Péronne avec ceux de Templeux. Ce couvent, qui avait des bâtiments trop considérables, accepta l'autonomie de la maison de Péronne, mais stipula qu'en cas de guerre les religieux de la campagne trouveraient asile en ville. Les deux couvents appartenaient à la Congrégation Réformée. En 1768, la maison de Péronne avait quatre religieux et 2,000 livres de revenus.

La Perrine[4].

Son obituaire a été publié plusieurs fois : par Dumonstier dans la *Neustria Pia*, par Baron, par les *Historiens de la*

1. Bibl. de Marseille, ms. 1216, f° 547.
2. Bibl. Nationale, factum 25538.
3. *Registre capitulaire des Trinitaires de Pontoise*, f° 23 v°.
4. Département de la Manche, canton de Saint-Jean de Daye, commune du Désert.

France, et en français par Gerville, *Études sur le département de la Manche*, recueillies par M. Dubosc[1], avec la liste des prieurs. En 1252, le connétable Guillaume du Hommet conféra aux Trinitaires la chapelle de Sainte-Catherine; un de ses descendants y fut enseveli en 1398, ainsi que sa femme Isabelle de Meulan, morte en 1407.

La pauvreté força les religieux à abandonner ce couvent, qu'administrèrent, au quinzième siècle, des prieurs commendataires. L'un d'eux, Jean Lebrun, chanoine de Rouen, mort en 1548, fit exhausser les murailles et la charpente du chœur de l'église. Après un procès, l'ordre recouvra ce couvent; le ministre Pierre Péry en prit possession en 1626 et mit son nom sur la dernière page du manuscrit qui est aujourd'hui le n° 9753 latin de la Bibliothèque Nationale. En 1725, La Perrine comptait cinq religieux; son revenu n'était que de 1500 à 1600 livres et ses dépenses de 1700 à 1800. Le ministre Castel, bachelier de Sorbonne, mort le 8 septembre 1768, décora le maître-autel[2]. L'église fut détruite en 1790 et une chapelle latérale transformée en boulangerie. Le dernier Trinitaire, le P. Mariolle, ne mourut qu'en 1842.

Pontarmé.

Ce couvent, situé près de Senlis (Oise) et appelé en latin *Pons Hermeri*, a été l'objet d'une excellente monographie de M. Dupuis, à laquelle il suffit de renvoyer. Dès le seizième siècle, les ministres n'y résidèrent plus; si par hasard ils venaient, le fermier devait les traiter à ses frais[3]. Le revenu n'était que de 500 livres.

1. *Bulletin de la Société de la Manche*, t. I, pp. 111-131.
2. Archives du Calvados, inventaire C 1497, 1506.
3. Dupuis, p. 56.

Pontoise.

Le couvent de Saint-Michel fut le berceau de la réforme Trinitaire. A une demi-lieue au nord de la ville s'était fondé un hameau, qui prit le nom d'un ermitage [1] où était mort un saint homme, Jean Dupin, le 20 octobre 1504. En 1566 y vinrent des ermites du diocèse de Laon, chassés de leur premier asile par les guerres et à qui, le 24 août 1576, Henri III concéda la possession du lieu. Un seigneur de Marcouville, Sébastien de La Grange, leur fit des donations qui permirent d'agrandir l'ancienne chapelle creusée dans le roc, à charge par eux d'y célébrer deux messes par semaine [2]. Les ermites allaient devenir Hiéronymites quand ils eurent l'inspiration de demander au pape Grégoire XIII l'autorisation de se faire Trinitaires; aussitôt François Bouchet, vicaire général, résidant à Rome, leur donna l'habit.

Le 15 mars 1578, Grégoire XIII confirma la nouvelle fondation des religieux, dits de Saint-Michel de Pontoise. On peut voir, au tome II du *Voyage en Normandie* de Dom Toussaint Duplessis le récit des démêlés des Trinitaires avec le curé de Saint-Mellon et avec les habitants de Pontoise. Après un court séjour à Sainte-Barbe du Croisset, près de Rouen, le roi Henri III, sur leur demande, confirma, le 23 juin 1580, la donation de l'ermitage faite en 1576; l'archevêque de Rouen la ratifia le 12 juillet et le chapitre de Saint-Mellon le 24. Ce n'est cependant que le 10 septembre 1581 que la prise de possession fut définitive.

1. *Le Parisien de Paris*, 1897, p. 83.
2. L'abbé Trou, *Recherches sur Pontoise*, pp. 162, 165.

On conçoit qu'un établissement si précaire et si disputé n'ait pas eu tout de suite l'importance à laquelle il était destiné. Aussi, pendant quinze ans, les Réformés ne font-ils guère parler d'eux, même leurs fondateurs sont restés peu connus. Claude Aleph, que la malignité des Mathurins déclara fils d'un juif d'Avignon, serait mort apostat, au dire de ses ennemis; selon les religieux, se dérobant à une ovation après un miracle qu'il aurait fait, il serait allé mourir à Dieppe en soignant les pestiférés. Julien de Nantonville paraît comme procureur de ses religieux pour la mise en possession de la chapelle Saint-Blaise, à Chars (6 janvier 1599). Il faut retenir les noms figurant dans cet acte : Jérôme Dancognée, ministre, après la mort duquel, dit Louis Petit, le peu de bien qu'il y avait chez les Réformés disparut ; Pierre Dagneaux et Antoine Bruneau, qui allèrent à Marseille, lorsque les consuls demandèrent à François Petit des religieux de Pontoise. C'est la première génération des Réformés, encore en bons termes avec leur général.

Mais l'audace leur vint en grandissant. Acquérant les couvents de Montmorency, de Caillouet et de Gisors, ils formèrent ainsi une petite congrégation, pour laquelle ils édictèrent eux-mêmes des statuts. Bientôt entrèrent en scène Robert François, Ambroise Caffin, Simon Chambellan, Alexis Berger, les ennemis particuliers de Louis Petit. Après une lutte acharnée, pendant laquelle les Réformés pénétrèrent à Cerfroid, le couvent de Pontoise, dépossédé par cette victoire même du rang de chef-lieu de la Congrégation, rentra dans l'obscurité. Le P. Busnot, qui racheta des captifs au Maroc, fut ministre de 1697 à 1699 ; c'est le seul supérieur connu.

En 1726, Albert Malombre, visiteur provincial, réduisit les fondations, notamment les charges afférentes à la chapelle de

Nesle. Diverses pièces montrent la pauvreté des religieux, harcelés par leurs créanciers, et le délabrement de leurs bâtiments. Une curieuse délibération de 1731 concerne leurs colombiers[1].

Comme ils n'avaient plus de lutte à soutenir contre leurs rivaux, ils étaient turbulents à l'intérieur du couvent; le P. Des Lions, leur ministre, pourtant élu pour trois ans seulement, se vit l'objet de tant de « chagrins » qu'il démissionna au bout de cinq mois. Le dernier supérieur fut le P. Hurtrel.

La Poultière[2].

Le *Gallia Christiana* dit que ce couvent fut fondé en 1310; Baron lui attribue, avec plus de vraisemblance, la date de 1248. Son fondateur aurait été Gilbert des Essarts, racheté des mains des Sarrasins. Le prieuré reçut en juillet 1291 une bulle d'indulgences[3]; c'est la seule pièce qui le concerne.

Préavin.

Le grand titre de gloire de ce couvent[4] est d'avoir abrité l'enfance du plus célèbre des Trinitaires, Robert Gaguin. Il

---

1. Registre capitulaire, Bibliothèque de Pontoise, f° 46. — Le 26 septembre 1731, le ministre fit savoir, au chapitre, que le premier colombier « n'était nullement convenable pour loger les pigeons, attendu son exposition au nord et l'éloignement de la maison... qu'à l'égard du second colombier, il est en proye aux fouines et aux rats, que cependant rien ne paroissoit plus nécessaire que la construction d'un nouveau colombier, tant pour rassembler les vieux pigeons dispersés que pour en élever de nouveaux »; il a été conclu qu'on l'éleverait sur la terrasse du puits. « Comme il ne se trouve aucun denier en bourse », le Ministre est autorisé à vendre des pieds d'arbres « tant orme que peuple ».
2. Hameau de La Guéroulde, canton de Breteuil (Eure).
3. *Registres de Nicolas IV*, n° 5517.
4. Il est appelé en latin de *Silvanepe*.

existait depuis un demi-siècle dans la forêt de Nieppe, au diocèse de Saint-Omer, à six kilomètres au sud d'Hazebrouck.

Aubert Le Mire (t. IV, p. 605) rapporte la fondation au 8 juillet 1393; Carlier, au tome III du *Bulletin du Comité flamand*[1], propose de lire 8 juillet 1396. En effet, à cette date, Robert de Bar, seigneur de Cassel, ayant appris la mort d'un de ses fils à la bataille de Nicopolis, et la captivité de l'autre, fonda un couvent de l'ordre rédempteur; les religieux devaient dire tous les jours la messe à la chapelle castrale. Les Trinitaires avaient terminé en 1458 la construction de leur église, utile aux habitants, trop éloignés de Morbecque. Le prieuré de Nieppe figure pour 100 livres dans le don volontaire fait en 1572 par la Flandre maritime à Philippe II (le couvent d'Hondschoote en donne 400).

En 1737, on fit venir une relique de saint Thomas de Cantorbéry, pour détourner une invasion de couleuvres qui terrifiait les habitants, et les Trinitaires vinrent processionner.

Une confrérie de Notre-Dame-de-Pitié était érigée dans le couvent; ses statuts avaient été approuvés par le pape, en 1680. Le certificat du directeur de la confrérie (en l'occurence le ministre des Trinitaires) équivalait à un passeport[2] (10 août 1738).

Carlier, qui a publié une gravure représentant Notre-Dame-de-Pitié au tome II des *Annales du Comité flamand*, écrivait dans les *Mémoires de la Société dunkerquoise* : « Sur la route de Merville à La Motte au Bois, à la lisière de la forêt de Nieppe, on voit aujourd'hui une chapelle en briques sur l'emplacement de l'ancien couvent des Frères de la Rédemp-

---

1. P. 390-392.
2. Il est donné à Jeanne-Isabelle Van Stavel, qui se rend à Rome pour visiter les Lieux Saints. (*Bulletin du Comité flamand*, t. III, pp. 242-245).

tion. On y vient toujours invoquer la sainte Trinité contre la pleurésie et les maladies de poitrine[1]. » Cette chapelle n'existe plus aujourd'hui.

Regniowez [2].

Il est peu de noms qui aient été plus estropiés que celui-ci, très infime d'ailleurs (en latin *Renerivadum*); on rencontre les orthographes Renué et Renivoy. En 1505, Antoine Bourgeois, ministre de Regniowez, est enseveli aux Mathurins de Paris. Ce n'est plus qu'un titre, écrit le P. Pichault en 1767, que l'on conserve pour un confrère, afin de faire nombre dans les chapitres provinciaux. Au dix-huitième siècle, un abbé Desmaretz y avait établi un collège très renommé [3].

Rieux [4].

Ce couvent fut fondé en 1345; le seigneur, comme nous l'avons vu en parlant des couvents dépendants, retenait une voix pour l'élection du ministre. Il demandait, comme marque de suzeraineté, une paire de gants blancs et une clef du tronc des captifs; il devait être consulté à la réception de tout moine [5]. Le prieuré de Cadoudal était annexé à ce couvent.

Robert Yvon en était ministre, lorsqu'il fut enlevé, en 1597, par des soldats que conduisait un religieux apostat, et emmené en prison à Brest, où il fut détenu pendant cinq mois;

---

1. *Mémoires de la Société dunkerquoise*, t. IV, p. 81.
2. Arrondissement et canton de Rocroi (Ardennes).
3. Hubert, *Géographie historique des Ardennes*, pp. 233, 340.
4. Arrondissement de Vannes, canton d'Allaire (Morbihan).
5. Le cahier coté S 4 269, n° 17, aux Archives nationales, est un vrai cartulaire de Rieux.

on lui fit par force résigner sa ministrerie. Il devint ensuite ministre de Châteaubriant et consigna ces événements dans l'obituaire de ce dernier couvent[1].

Au dix-huitième siècle, les faits et gestes des religieux furent sévèrement observés, au jour le jour, par un recteur de Rieux, Abhamon, jaloux des religieux comme l'étaient beaucoup de curés; à côté de détails sans importance, il en donne de fort curieux sur la transformation des Trinitaires en chanoines réguliers. Voici quelques-unes de ces remarques[2] :

En 1725, ils cessèrent de manger au réfectoire; — en 1735, ils portèrent l'aumusse et se firent appeler messieurs; — en 1742, ils abattirent le cloître; — en 1755, ils quittèrent le froc; — en 1761, ils firent des cheminées dans leurs cellules; auparavant, une seule, nommée chauffoir, leur avait suffi. Il y avait en 1768 quatre religieux avec 3,109 livres de revenu, chiffre assez élevé.

Rouen.

Voici une nouvelle preuve de ce fait que les grandes villes, autres que Paris, Marseille et Toulouse, ne devinrent que tardivement, et accidentellement en quelque sorte, le siège des couvents Trinitaires. Le 25 septembre 1659, les Réformés achetèrent de Nicolas Brebion, maître des comptes, une maison située au coin des rues de Flandre et Maulevrier, sur la paroisse Saint-Nicaise. Le curé permit cet établissement moyennant un écu d'or, une livre de cire et deux cierges par an. L'archevêque de Rouen, François de Harlay, qui se trouvait à Paris pour l'assemblée du clergé, donna son consentement le 3 février 1661, mais Louis XIV refusa d'abord

1. Manuscrit 30 de la Bibliothèque de Nantes.
2. *Inventaire des Archives communales de Rieux*, E 1089, 1090.

ses lettres patentes. L'église, achevée en 1677 et bénite en 1679, contenait une statue de saint Jean de Matha, qui coûta 160 livres. Le 20 mai 1680, le couvent fut agrégé à la province de Normandie.

En 1700, le P. Philémon de la Motte, ministre, fit un voyage de rédemption à Tripoli; il en rapporta une croix retirée des mains des infidèles dont il donna le Christ au maréchal de Villeroy, à Lyon. Au mois de décembre 1730, les Trinitaires avaient obtenu du roi la permission de fonder, dans leur maison, un hôpital pour les captifs rachetés. Les lettres patentes furent enregistrées en février 1731; grâce à leur frugalité, ils purent y soigner quatre captifs. Le P. Philémon de la Motte mourut dans cet hôpital, au milieu des esclaves, le 3 juin 1735, à l'âge de quatre-vingts ans[1]. Le couvent de Rouen comptait en 1768 quatre religieux avec 2,390 livres de revenu.

Rouvray.

Dans le diocèse de Rouen se trouvait la cure de Saint-Vincent de Rouvray, près Forges-les-Eaux, que l'abbé de Saint-Faron de Meaux céda aux Trinitaires vers 1248. Il en est question dans le *Polyptyque* du diocèse de Rouen : Eudes Rigaud conféra, en 1259, la cure à Mathieu, Trinitaire, présenté par le général de l'ordre. Nos religieux étaient patrons de l'église de Saint-Aignan pour une moitié, rapportant 60 livres, comme celle de Rouvray[2].

Gaguin eut beaucoup de soucis au sujet du prieur de Rou-

---

1. Beaurepaire, *Bulletin de la Commission des antiquités de la Seine-Inférieure*, t. I, pp. 349-353, et Dom Toussaints du Plessis, *Voyage dans la Haute-Normandie*, t. II, p. 107.
2. *Historiens de la France*, t. XXIII, 240 b, 241 d.

vray qu'il rencontra lors de sa visite en Normandie, et qui était un vrai ivrogne[1]. Rouvray ne fut plus qu'un prieuré dépendant des Mathurins de Paris qui conservèrent la copie de son cartulaire; au dix-huitième siècle, ses revenus n'étaient évalués qu'à 457 livres.

Saint-Etienne de Terre-Neuve[2].

Ce couvent, situé hors du royaume de France, avait été fondé vers 1343, et trois fois changé de place[3]; l'église fut construite entre 1673 et 1697, par le ministre Pierre Marin.

Saint-Gaudens.

Ce couvent, fondé à une date inconnue, n'entre dans l'histoire que lors de sa réforme, ordonnée, au mois de septembre 1629, par le Parlement de Toulouse[4] et difficilement effectuée, car les religieux anciens s'étaient barricadés pour ne pas recevoir la visite des Réformés. Nous avons deux actes de visite de ce couvent, en 1680 et 1682. Après son élection au chapitre provincial tenu à Toulouse, le 19 mai 1680, le P. Gervais Dumenez se rend, le 9 juin, à Saint-Gaudens, où il est reconnu comme ministre par tous les religieux, en suite de quoi il leur représente « qu'attendu que, dans le chapitre provincial dernièrement passé, il a été fait un décret qui oblige tous les ministres de porter, à la fin de leur trienne, au chapitre provincial, un estat de leur maison, il estoit nécessaire de faire un inventaire de tout ce qui est dans le couvent ». Cela constitue une visite détaillée, avec

---

1. M. de Vaissière a publié la lettre de Gaguin à ce sujet.
2. Saint-Étienne-sur-Vésubie (Alpes-Maritimes).
3. Bibliothèque de Marseille, manuscrit 1216, p. 53.
4. Pièce 178.

interrogatoire des religieux. Le 26 août 1682, Nicolas Campaigne, docteur en théologie, ministre de Toulouse, vient faire la visite et trouve l'église parée, un tableau dans la chapelle Notre-Dame doré à neuf, le dortoir agrandi. Le couvent possède un troupeau de vingt-huit bœufs ou agneaux [1]. Les Trinitaires n'étaient que trois en 1768, avec 649 livres de revenu; souvent, les ministres avaient refusé de nourrir plus de quatre religieux.

Saint-Gilles.

D'après les bulles de 1203 et de 1209, les Trinitaires y avaient un hôpital dédié à saint Jacques, dont l'histoire est inconnue. Il semble cependant qu'au quatorzième siècle, il fut rattaché au couvent d'Arles, qui perçut une partie de ses revenus. En 1562, la ville fut occupée par les calvinistes et le couvent détruit [2]; on ne songea jamais à le rétablir.

Saint-Laurent-de-Médoc.

La date de fondation de ce couvent, appelé en latin *domus de Medulco*, est inconnue. Son église était, paraît-il, fort belle. Un des ministres les plus connus fut le P. Vignaux, définiteur de Languedoc au chapitre de 1703. Voici, d'après les relevés de l'abbé Allain[3], dans les Archives de l'archevêché de Bordeaux, les revenus et le nombre des religieux à trois époques du dix-huitième siècle :

1730, 8 religieux et 380 livres 15 sous de revenus.
1760, 5 — 584 — de revenus.
1771, 5 — 500 — —

1. Trinitaires de Toulouse, liasse non cotée.
2. *Gallia Christiana*, VI, 506.
3. Préface de l'Inventaire.

L'État des établissements monastiques en 1768 leur attribua généreusement 1,000 livres de revenu. C'était donc un couvent de quelque importance, quoique peu fortuné eu égard au nombre des religieux.

Saint-Quentin.

En 1256, sur la demande de saint Louis, le chapitre de Saint-Quentin conféra aux Trinitaires l'hôpital des Belles-Portes. Simon, ministre des Mathurins de Paris, vicaire de l'ordre, remercia le chapitre et s'engagea à faire confirmer cette donation par le pape et par le roi. Saint Louis donna, l'année suivante (octobre 1257), à Vincennes, un acte de confirmation de la donation de cet hôpital. Les travaux de De La Fons nous montrent qu'un siècle après il n'existait déjà plus ; il n'est jamais mentionné dans les ouvrages des Trinitaires, pas même conservé comme simple titre, au contraire de ce qu'on fit pour beaucoup de couvents déjà cités [1].

Saint-Quinis.

Voici un nouvel exemple de cette dualité de noms, si embarrassante pour l'identification des couvents. La Barre de Saint-Quinis est une montagne qui domine le village de Camps, à 6 kilomètres de Brignoles. Une chapelle de Saint-Quinis, restaurée, en 1634, aux frais de Laurent Garnier, de Camps, et contenant des reliques du saint, données en 1638 par l'archevêque d'Aix, fut conférée aux Trinitaires Déchaussés le 31 mars 1646 ; ils durent être au moins quatre, et leur enclos fut déclaré franc de tailles ; ils purent y faire un four : les consuls de Camps étaient prieurs-nés de la

---

[1]. Il est question de cet hôpital dans le *Livre rouge de Saint-Quentin*, et aussi dans Héméré, *Augusta Viromanduorum*, pp. 242-243.

chapelle. Ce séjour incommode, à une demi-lieue du petit bourg, ne leur suffit pas, et ils firent un établissement à Brignoles en 1663, tout en restant à Saint-Quinis. Mais ce couvent, n'ayant que 180 livres de revenu avec trois religieux, fut supprimé en 1777, avec celui du Luc; le vicaire Teillac, remplaçant le P. Codde, provincial, remit solennellement aux consuls le couvent qu'ils avaient autrefois donné à l'ordre[1].

Saint-Remy.

Saint-Remy de Provence eut en 1636 un couvent dont le P. Ignace de Saint-Antoine parle, à plusieurs reprises, dans son manuscrit si souvent cité[2]. Le 15 août 1636, Innocent Longer, économe de la Congrégation Réformée, supplia les consuls de Saint-Remy de lui accorder la permission d'y faire une fondation. Les consuls, le doyen de Saint-Martin et le vicaire général de l'archevêque d'Avignon, alors nonce du pape auprès du roi de Pologne Wladislas, le lui permirent[3]. Les religieux ne tardèrent pas à se signaler par leur charité; en 1650, une épidémie de peste coûta la vie à trois d'entre eux, puis au ministre. L'archevêque d'Avignon, Mgr de Marini, les félicita de leur zèle, mais en même temps leur défendit d'enterrer eux-mêmes les morts, car il faisait envoyer à cette intention quatre croquemorts ou *corbeaux*[4]. (24 septembre 1650). Ce dévouement des Trinitaires leur concilia l'affection de la population, qui leur conféra un collège vers 1725. Les ressources ne leur vinrent cependant pas; en 1768, ils n'avaient que 600 livres pour huit religieux.

1. Bibliothèque de Marseille, man. 1216, pp. 50-51, et Dictionnaire d'Achard, I, 399.
2. Pages 63, etc.
3. Pages 313-315, 459 et 495-497.
4. Pièce 198.

Sarzeau.

Les Trinitaires furent établis dans la presqu'île de Rhuis par Jean III, duc de Bretagne (17 avril 1341)[1], avec une pension annuelle de 200 livres et les dîmes des paroisses de Sarzeau et de Saint-Guédas. Charles de Blois, qui prétendait au duché de Bretagne, manda, le 26 février 1359, au capitaine de Sucinio de mettre le ministre Yves Briand en possession de dîmes et de rentes saisies illicitement. Le duc Jean V fit faire une enquête, en juin 1442, sur le bien-fondé de la réclamation des Trinitaires au sujet de dîmes prétendues sur ses terres « où on avait accoustumé labbourer blez avant les vignes y plantées de nouvel[2] ».

En 1642, plusieurs religieux voulurent vendre le couvent aux religieux réformés, mais ils n'y réussirent pas. Le P. Héron, ministre en 1668, trouva moyen d'y quêter pour la rédemption des captifs, malgré l'arrêt de 1638 attribuant la Bretagne aux Pères de la Merci. Un de ses successeurs, le P. Mestrault, donnait, le 9 avril 1697, les plus grands éloges à la tâche entreprise par le P. Ignace de Saint-Antoine, mais regrettait de ne pouvoir le renseigner. Avec ses cinq religieux et ses 3,800 livres de revenus, c'était le couvent trinitaire le plus riche de Bretagne.

Seyne.

Cette petite ville des Basses-Alpes a la gloire d'avoir donné le jour au P. Ignace de Saint-Antoine, qui s'appelait Antoine Laugier avant d'entrer chez les Trinitaires Déchaus-

---

1. *Preuves de l'histoire de Bretagne*, t. 1, col. 1411.
2. *Lettres et mandements de Jean V, duc de Bretagne*, t. VII, p. 55. Nantes, 1895.

sés. La fondation de ce couvent est de 1645; l'archevêque d'Embrun, Guillaume d'Hugues, donna son consentement, le 26 mai, à Clément de la Présentation, et le contrat fut signé le 16 juillet. Les religieux reçurent un terrain pour l'église, le couvent et le jardin, franc de tailles et autres charges, avec 400 livres pour les frais de la construction et 60 livres pendant dix ans. De Seyne les Déchaussés descendirent dans la vallée de Barcelonnette pour y fonder le couvent de Faucon; ils étaient à l'origine quatre Frères et deux convers. Comme le couvent de Saint-Quinis, ils ne subsistèrent plus après 1777; un seul religieux resta pour acquitter les fondations, le revenu de 90 livres ne suffisant pas à en nourrir davantage [1].

Silvelle.

Ce lieu-dit est dans la commune de Magny-le-Hongre, non loin de Meaux. Hugues de Monteguillon avait donné, en 1206, 4 arpents de terre et 12 setiers de froment à ce couvent qui, s'éteignant faute de ressources, fut réuni en 1297 à la maison-mère de Cerfroid [2]. Il réapparaît dans l'histoire trinitaire, grâce à des procès indéfinis, analysés par Pierre Paulmier, ministre en 1680 [3]. Pendant deux siècles et demi, les ministres titulaires n'avaient sans doute pas été tenus à la résidence. Tout à coup, Martin Varroquier fut sommé par Thomas Pilleur, seigneur de Magny-le-Hongre, de reconstruire le couvent, situé dans sa censive haute, moyenne et

---

1. *Histoire ecclésiastique du diocèse d'Embrun*, 1re partie, p. 395, et manuscrit 1216 de Marseille, page 59.
2. Dom Toussaints du Plessis, t. II, pièce 439.
3. Archives nationales, S 4267, petit cahier intitulé : *Pour servir d'instruction aux ministres de Silvelle*.

basse, et ruiné pendant les guerres de religion. Varroquier, hors d'état de s'exécuter, céda à Thomas Pilleur le couvent lui-même, moyennant 40 livres de rente non rachetable (7 février 1573). Jean Rondeau lui succéda[1] et intenta, au Châtelet de Paris, aux Requêtes de l'Hôtel et au Parlement, un procès à Pilleur, qui lui remit la ministrerie le 20 novembre 1575. Les Trinitaires ne profitèrent guère de cette restitution. Aussitôt arrivèrent des commissaires subdélégués pour la levée d'une somme que le pape avait accordée au roi sur les bénéfices du royaume; pour permettre au ministre de Silvelle de payer la somme de 50 livres à laquelle il avait été taxé, ils l'autorisèrent à aliéner cinq arpents de terre. Ensuite il n'est plus question du couvent.

Soudé[2].

Ce couvent, fondé en juillet 1217 par Simon de Joinville, sénéchal de Champagne et père de l'historien, confirmé en janvier 1219 par Guillaume, évêque de Châlons, est compris dans les libéralités faites par Thibaut V dans son testament. Pierre Mercier fut d'abord ministre de Soudé qui, entièrement brûlé au dix-septième siècle, ne se releva jamais de cette catastrophe; il n'avait, en 1768, que trois religieux avec 140 livres de revenus[3].

Taillebourg.

M. Tortat, juge à Saintes, m'a obligeamment renseigné au sujet de ce couvent qui ne devrait pas, à proprement

---

1. Archives nationales, LL 1545, p. 50.
2. Soudé-Sainte-Croix ou le Grand, canton de Sompuis (Marne).
3. Bibliothèque de Marseille, manuscrit 1216, partie non paginée, vers a page 500.

parler, porter ce nom, puisqu'il est en réalité à Saint-James, de l'autre côté de la Charente, commune du port d'Envaux, ancienne paroisse de Saint-Saturnin ou Saint-Sorlin-de-Seschaux. Son titre de fondation est perdu; il est certainement antérieur à 1265, date à laquelle Alphonse de Poitiers lui fait une aumône de 100 sous poitevins. Le même prince donne ordre au sénéchal de Saintes de châtier un chevalier, Geoffroy Felet, qui, aux récentes foires de Saint-James, avait crié : « A mort le ministre! » et blessé celui-ci à la tête [1].

Les anciens titres font voir qu'il y avait antérieurement à la venue des Trinitaires un hôpital, que ceux-ci gardèrent longtemps encore. La visite de 1531, une des plus anciennes qui nous aient été conservées, offre cette particularité que le général, Nicolas Musnier, est le frère du ministre qu'il visite, lui-même futur général.

En 1591 figure sur le registre de baptêmes de la paroisse Saint-Sorlin-de-Seschaux Bachelier, prieur de Saint-James, ensuite ministre de Fontainebleau et promoteur de l'ordre. Un de ses successeurs, Daniel Maillet, devint prieur claustral des Mathurins de Paris et secrétaire de Louis Petit. On revenait donc de ce lointain séjour avec un avancement sérieux.

Le plus clair revenu des Trinitaires de Taillebourg consistait dans l'émolument de la foire de Saint-Jacques et Saint-Christophe (25 juillet), marquée par une course de pelote. L'hommage se faisait d'abord au seigneur, comme il ressort des transactions de 1680 et de 1682, par lesquelles la redevance avait été commuée en quatre, puis en trois boisseaux

---

1. MOLINIER, *Correspondance d'Alphonse de Poitiers*, t. I, fos 1022, 1110, 1128.

d'avoine[1]. On ne sait pourquoi, c'est *au roi* ou à ses officiers que, le 25 juillet 1692, le prieur, François Lafave, est prêt à bailler « une pelote, marquée de trois fleurs de lis et d'un Saint-Anthoine, rouge et bleue, représentant l'ordre de la Sainte-Trinité et Rédemption des captifs, qui serait jetée dans la plaine ou champ de foire aux marchands qui la courraient[2] ». Le lieutenant des marchands lui ayant remis la pelote, il ne se présenta personne pour la recevoir de la part du roi. En raison de cette foire, le ministre était qualifié de seigneur de Saint-James[3].

Dans le tableau dressé à l'occasion de la Commission des Réguliers en 1768, le prieuré figure avec un revenu de 800 livres. Les registres de la municipalité de Saint-Saturnin-de-Seschaux contiennent, au 30 mai 1792, un inventaire des meubles de la chapelle de Saint-James : cloche pesant 45 livres, vieille chaire, vieux tabernacle et ses supports en très mauvais état, ainsi que le devant de l'autel en basane pourrie, marchepied, croix en bois de noyer ; ces objets ont été portés à l'église. On voit que le prieuré de Saint-James n'était pas moins délabré que la plupart des couvents trinitaires.

Tarascon.

L'acte de fondation est perdu ; d'après les archives des Capucins, les Trinitaires la fixaient à 1220 ; ils y eurent trois domiciles successifs[4]. On peut se demander si l'hôpital fondé

[1]. Inventaire des Archives du duc de la Trémouille, pp. 335, 336, 345, 347.
[2]. Archives historiques de Saintonge et d'Aunis, année 1880.
[3]. Archives nationales, S 4269^A : acte relatif au ministre Mathieu Arthuys. Un bail s'appelle là une baillette.
[4]. Bibl. de Marseille, ms. 1216, pp. 63 et 481.

à Beaucaire en 1227, disparu ensuite, ne fut pas réuni au couvent de Tarascon. Dans le courant du quinzième siècle, nous voyons les ministres vaquer à la quête pour les captifs, comme leur profession le comportait. Les Archives des notaires contiennent des actes à ce sujet; mais faut-il attribuer à nos religieux l'acte qui se rapporte à Jean Tête-d'Or, qualifié de prieur de la Trinité[1]? François Bouchet, vicaire général de l'ordre, avait pris l'habit à Tarascon en 1544.

L'importance du couvent commence avec la réforme introduite en 1612 ; on a vu dans la deuxième partie (p. 231) les vifs incidents dont cet événement fut la cause.

En 1707, une pieuse dame, Claire de La Fou, affiliée à l'ordre, légua 60,000 livres à la confrérie du rachat des captifs. Le couvent avait, en 1768, neuf religieux avec 2,973 livres de revenus, en 1790 avec 2667 livres[2]. Il était dû, alors, à l'œuvre des captifs, 888 livres empruntées pour acheter le fer nécessaire à la réparation de l'église, « laquelle ils n'ont point exécutée, sur la connaissance qu'ils ont eue des décrets de l'Assemblée nationale, ledit fer étant encore dans la maison près la porte du cloître ».

Le 20 mai 1790, le personnel du couvent était composé ainsi : Accurse Manche, ministre (62 ans); Félix Mourre, provincial (73 ans); André Aloué, ci-devant rédempteur en Maroc (69 ans); Joseph Manche, définiteur (47 ans); François Béchard, clerc (28 ans); Louis Estouin, convers (78 ans); Pierre Bonnet, convers (50 ans). Le ministre « ne retient que la qualité de citoyen »; quant au provincial, il déclare vou-

1. C'est un affermage pour trois ans de la quête dans le diocèse d'Uzès, 26 janvier 1441, n. st.
2. Autres mentions : Archives communales, Inv., CC 31, 36, 53, BB 20, 40.

loir vivre en particulier, puisque l'ordre où il est entré pour y vivre et mourir est détruit[1]. Leurs pensions sont de 1,200 livres pour Mourre et Aloué, de 1,000 pour Accurse Manche, de 900 pour Joseph Manche et Béchard, de 500 pour le frère Estouin, de 400 pour le frère Bonnet.

Templeux-La-Fosse.

Ce petit village, situé près de Péronne, eut un couvent trinitaire dès 1251, auquel l'évêque de Noyon Vermand confère le patronage de la cure, en gardant pour lui les droits synodaux et les dîmes. Les religieux devaient lui présenter une personne « idoine », sinon la collation revenait à l'évêque (29 janvier 1255, n. st.)[2]. De nombreux seigneurs de Templeux leur firent des donations au treizième siècle, mais les copies d'actes recueillies par le P. Ignace de Saint-Antoine sont presque indéchiffrables. A une date inconnue, ce couvent embrassa la Réforme; le général ne put donc le visiter qu'en prenant pour secrétaire et assistant un religieux de la Réforme[3]. Ses revenus étaient de 2,500 livres.

Terraube[4].

De nombreux actes ont été conservés par les trois volumes de Noulens : *Documents relatifs à la maison de Galard-Terraube*. Le 12 mars 1482, Archieu de Galard fait avec Bertrand de Cantal, trinitaire de Saint-Gaudens, une convention *in verbis romanciis* et donne aux religieux les mêmes privilèges qu'aux habitants du lieu. Comme principal fondateur, il demande une commémoration quotidienne à la messe conven-

---

1. Pièce 350.
2. Bibl. de Marseille ms. 1216, pp. 485, 486.
3. Arch. Nat., carton S 4269^u : acte de visite du 2 juillet 1750.
4. Près Lectoure (Gers).

tuelle et une messe solennelle tous les mois, six de *Requiem*, deux de la Trinité, deux du Saint-Esprit, deux de Notre-Dame ; en cas de refus par les religieux de les célébrer, il les ferait dire à leurs frais. Archieu se réserve le choix du ministre et veut que Bertrand de Cantal soit ministre toute sa vie. L'official de Lectoure et Robert Gaguin ratifièrent cette fondation en 1483. Bertrand de Cantal étant mort, Archieu lui donna pour successeur Dominique de Béon, avec l'assentiment du provincial d'Aquitaine (2 janvier 1491). Le fondateur lui-même fut enterré chez les Frères Mineurs de Lectoure, léguant 10 écus aux Trinitaires.

Catherine de Galard légua 10 écus *petits* pour un obit à dire le vendredi avant la Passion (13 décembre 1533). Gilles de Galard choisit l'église des Trinitaires pour y être enseveli devant le maître-autel et laissa 100 écus aux religieux, ainsi que la jouissance d'une métairie, à la charge de messes quotidiennes durant l'année qui suivra sa mort et d'une messe par semaine à perpétuité (8 décembre 1558)[1].

En 1562, Bertrand de Galard choisit Pierre Foraignon pour ministre[2], avec l'autorisation de Pierre Fabre, ministre de Limoux et provincial. « Il l'a pris par la main gauche, atteste un notaire, l'a mis en possession actuelle, réelle et corporelle de l'office de ministre par l'entrée dudit couvent ; passant par les cloîtres, il l'a mené au maître-autel, où a été faite la prière et prise de possession par le baiser

---

1. Ouvrage cité, tome II, pp. 585, 590, 755 et 739-740.
2. Guillaume de Nadau, son prédécesseur, avait été tué par les huguenots, les autres religieux s'étaient réfugiés au château. Montluc fit jeter deux cents protestants dans le puits du jardin des Trinitaires, qui devint si plein qu'on touchait les cadavres avec la main ! Ce fait est rapporté dans une lettre du marquis de Terraube (29 mars 1707) au P. Ignace de Saint-Antoine.

dudit autel » (8 mars 1562-1563). Ce même ministre reçut procuration de Bertrand de Galard pour venir en aide aux indigents (26 mars 1563).

Le seigneur pourvoit de la charge de ministre son bâtard Seignnet de Galard, par une *signature* en cour de Rome; cet acte est daté du 22 janvier 1563, mais le contexte prouve qu'il faut lire 1583 [1].

Sur la résignation du recteur Arnaud Caubet, Henri Bousigues, ministre, « homme savant pour faire des exhortations aus parrochiens », fut mis en possession de la cure de Terraube [2] en décembre 1617.

Le P. Boissier, nommé depuis le 22 mai 1674, résigna sa charge le 26 juin 1679; le 30 juillet, Jean-Louis de Galard lui donna pour successeur Mathieu d'Alguis, docteur en théologie et pria le P. Mireloup, provincial, de confirmer celui-ci. Il y eut, à ce sujet, quelques tiraillements, attestés par une lettre du marquis de Terraube au P. Mireloup [3], mais enfin le chapitre provincial de Toulouse ratifia la transaction (22 mai 1680). Le seigneur ne considéra pas que la triennalité l'empêchât de nommer, pour une seconde période de trois ans, Ambroise Maignon, dont il était satisfait (6 avril 1689).

Le 13 mai 1725, Jeanne de Mazuyer, femme de Jean-Jacques de Galard, fonda trois cents messes chez les Trinitaires [4].

A la fin du dix-huitième siècle, le couvent était réduit à un religieux, qui, au rapport de l'évêque de Lectoure, ne causait guère que du scandale [5].

---

1. Noulens, tome III, pp. 17, 22, 59, 66.
2. Cette affaire avait été réglée entièrement en treize jours (Mgr Douais, *Revue de Gascogne*, mai 1900, pp. 242-255).
3. Pièce 217.
4. Ouvr. cité, t. III, pp. 321, 330, 334, 352, 377.
5. Pièce 344.

Toulouse.

L'histoire écrite, en 1692, par Grégoire Reynès, syndic et organiste du couvent[1], suffit à nous faire voir combien les Trinitaires furent protégés par les rois de France. En août 1279, Philippe III leur confère la maison confisquée sur Bernard Escoufet, hérétique; en janvier 1329, Philippe VI leur accorde une charretée de bois dans la forêt de Foussfret.

Après la destruction du premier couvent, au temps des guerres des Anglais, et l'installation à l'église Saint-Victor, dans la ville (1362), Louis d'Anjou leur amortit 40 livres[2] (15 mars 1377). Leur église fut encore une fois brûlée en 1463 et reconstruite en 1611. La place de la Trinité, à Toulouse, près du Palais de Justice, conserve encore le souvenir de nos religieux.

Leurs archives ne devinrent vraiment importantes qu'au dix-septième siècle, où le couvent toulousain fut vraiment le chef-lieu[3] d'une province autonome de l'ordre. Le Languedoc tient ainsi le milieu entre les mitigés et les Réformés ; il ne participe point aux chapitres généraux avant la fin du dix-septième siècle, mais les ministres sont triennaux ainsi que chez les Réformés.

Le couvent de Toulouse avait aussi une certaine importance comme centre de la lutte contre les Pères de la Merci, établis au faubourg Arnaud-Bernard et soutenus opiniâtrement par le Parlement, dont les arrêts draconiens exaspéraient encore la discorde entre les deux ordres.

1. Pièce 241.
2. Bibliothèque de Marseille, manuscrit 1216, p. 276
3. Dès le treizième siècle, le ministre de Toulouse a le droit de nommer le ministre de Cordes.

Pendant le dix-septième siècle, les principaux ministres furent les PP. Honoré Arnaud, Mireloup, Nicolas et Basile Campaigne[1]. Le premier fut mêlé à la tentative de réforme de 1621, qui rencontra de grandes résistances : les opposants se portèrent même sur lui à des voies de fait. Les ministres suivants, à cause de la triennalité, nous apparaissent souvent plus tard comme ministres d'autres couvents que celui de Toulouse. Le P. Nicolas Campaigne encourut une disgrâce pour des motifs peu clairs; son frère, le P. Basile Campaigne, fut aussi suspecté par Louis XIV, qui agréa néanmoins son élection comme ministre de Toulouse. Le P. Nicolas mourut en 1706, après avoir été député au chapitre international.

Pendant la seconde moitié du dix-septième siècle, le P. Grégoire Reynès, d'abord laïque et membre de la confrérie de la Trinité, fut syndic du couvent. C'était dans les couvents trinitaires du Midi un personnage très important, qui correspond à ce qu'on appelle ailleurs le procureur.

La reconstruction de l'église[2], entamée en 1534, fut achevée un siècle plus tard. Le 2 janvier 1670, le P. Mireloup, définiteur, autorisa une dépense de 600 livres pour faire élever le clocher et « continuer le reliquaire des Saintes-Epines qui depuis longtemps est entre les mains de l'orfèvre »[3].

1. Le P. Astruc, ministre de Cordes, quoique ayant été élu à Toulouse par tous les vocaux, refusa d'accepter cette charge le 30 avril 1695.
2. En 1597, Pierre de Micahelis fonda une chapelle de Saint-Africain, archevêque et confesseur, et leur donna une image de ce saint, avec un calice d'argent pesant 2 marcs, missel, chape, ornements, grille de fer, etc. Registre 88, p. 137.
3. Cette église contenait un tableau *représentant la Vierge tenant le petit Jésus qui donne l'escapulaire de la Sainte-Trinité à un saint de l'ordre*, légué par Hilaire Pader, peintre toulousain, en 1668 (*Revue des Pyrénées*, 1901, p. 267).

Une spécialité du couvent de Toulouse au dix-septième siècle paraît être l'admission des religieux, à des conditions fort dures. Le chirurgien Duchesne voulait entrer dans l'ordre des Carmes, mais le provincial de Languedoc le détermina pour l'ordre des Trinitaires. Il y apporta « 200 livres, or et argent, un cheval de 100 livres, ses outils et médicamenz », et il obtint de continuer à faire ses cures. Mais il soignait des pauvres gens « sans esprit de lucre », cela ne plut pas aux religieux ; alors, il demanda à se retirer, et on ne lui rendit que son habit de laïque. De plus, sur l'ordre du ministre, les religieux « le dépouillèrent tout nud », lui attachèrent les pieds à deux grosses poutres, disant qu'ils le tueraient, s'il ne leur disait où il avait caché de l'argent et s'il ne « faisait certains seings » que le provincial et le ministre lui faisaient offrir. Il les signa, « sans en avoir peu savoir le sujet », seulement pour se libérer de cette oppression, et vint alors faire sa déclaration au notaire Sicard[1] (2 juillet 1649).

Les principales possessions des Trinitaires de Toulouse étaient des métairies, notamment celles de Vénerque et des Esclopies, près Auterive. La première servait de lieu de convalescence aux religieux malades ; plus d'une fois, le Parlement de Toulouse rendit des arrêts interdisant aux consuls de la « cotiser » pour le logement des gens de guerre, attendu que c'était une « metterie » noble (15 avril 1536), et aux cultivateurs d'y mener paître leurs bestiaux[2] (30 août 1724). Comme il arrive souvent, leurs fermiers n'étaient pas toujours bons payeurs et un Trinitaire nommé Bouzigues fut, en 1645, battu et injurié par trois débiteurs du couvent.

1. Pièce 197.
2. Liasses 13 et 61. Pièce 139.

Au dix-huitième siècle, un des ministres les plus connus fut le P. Darailh, député au chapitre national de 1768, où il soutint ardemment la triennalité des ministres, puis à la conférence de Montpellier pour une tentative de réunion avec les Pères de la Merci.

A ce moment, le conseil de la paroisse Saint-Michel offrit aux religieux l'érection en cure de cette annexe voisine de leur premier domicile toulousain. Une transaction fut conclue le 19 juin 1775 en seize articles dont voici les principaux :

1° Le supérieur remplira les fonctions de curé avec deux Trinitaires comme vicaires ;

2° La communauté habitera dans le faubourg Saint-Michel et sera composée de douze chanoines ;

3° On dira huit messes le dimanche, cinq en semaine.....;

6° Quatre religieux prêtres résideront nuit et jour dans la maison presbytérale, qui leur sera cédée, ainsi que le cimetière contigu.....;

8° La ville ne contribuera en rien aux constructions et réparations.....;

10° La communauté fournira le luminaire du maître-autel de l'église ;

11° Les Trinitaires ne pourront réclamer dans l'église qu'un droit de sépulture ;

12° Ils feront transporter à Saint-Michel l'orgue de l'église de la Trinité et en garderont la propriété.....;

14° Les quêtes autres que celles pour la rédemption des captifs appartiendront à la paroisse ;

15° Si les Trinitaires manquent à l'une de ces conditions, la paroisse rentrera dans ses droits.

On ne sait ce qui advint, malgré une délibération favorable des religieux et la lettre conforme adressée au P. Pichault, général de l'ordre. Le 23 février 1779, le ministre Bonnaure conseilla de renoncer aux droits acquis par la communauté sur la cure de Saint-Michel en conséquence des conventions de 1775. « Sur quoi, les suffrages recueillis, il a été délibéré unanimement de renoncer aux dits droits, n'entendant néanmoins la dite communauté que la paroisse Saint-Michel puisse « répéter » aucun des frais qu'elle peut avoir faits, se réservant au contraire et par exprès tous ceux qu'elle a exposés à ce sujet. » Il semble donc que les Trinitaires n'ont jamais pris possession de la cure de Saint-Michel.

Tours.

Au contraire du couvent de Toulouse, celui de Tours est resté fort peu connu : la date même de sa fondation est douteuse. Carré de Busserolle, dans son *Dictionnaire d'Indre-et-Loire*[1], la place en 1212 ; Gaguin la rapporte à Thomas Loquet, qui gouverna l'ordre de 1325 à 1357. Les religieux, d'après une pièce analysée dans l'Inventaire d'Indre-et-Loire[2], l'attribuaient à un bourgeois de Tours, Pierre Michel (1227). Ce couvent était situé au sud de la ville, dans le faubourg de Saint-Sauveur. Le pape Alexandre IV accorda, en 1258, des indulgences à ceux qui visiteraient l'église le jour de la Trinité. Au quinzième siècle, on y établit une confrérie de l'Esclavage et de la Sainte-Trinité, qui existait encore en 1790.

Deux ministres de Tours jouèrent un certain rôle dans l'ordre : François Bouchet, procureur général à Rome, et Denis Mondolot, d'abord ami, puis adversaire de Louis Petit.

---

1. Tome VI, p. 22.
2. Voir spécialement H 739.

Ce couvent fit partie de la Congrégation Réformée à partir de 1708.

Troyes.

Il a été trop longuement parlé des munificences des comtes de Champagne pour qu'il soit nécessaire d'insister sur ses débuts. Dans le pouillé du diocèse de Troyes publié par M. d'Arbois de Jubainville (p. 113 A), le couvent figure pour 6 livres dans l'aide de 1381, et pour 6 livres d'arrérages. Dans l'état des décimes, le ministre figure pour 2 livres.

Le pouillé de 1761, publié par M. l'abbé Lalore, rapporte que Saint-Jacques était un prieuré conventuel de l'ordre de Saint-Benoît, uni aux Trinitaires; le supérieur était nommé par le général des Mathurins et n'était point révocable. Voici comment s'était opérée cette union. D'abord installés au faubourg de Preize, où il y eut longtemps une Porte de la Trinité, les religieux virent, en 1590, détruire entièrement leur couvent par ordre du lieutenant général de Champagne et des principaux de la ville, de peur que les huguenots ne s'en emparassent. Réduit à une extrême misère, le ministre Jean Chapelain ne savait où aller. Or il y avait à l'est de Troyes le prieuré de Saint-Jacques, de l'ordre de Cluny, que le commendataire perpétuel, David Angenoust, ne demandait pas mieux que de résigner contre une juste compensation. Jean Chapelain supplia donc le pape d'approuver ce transfert du couvent; le 19 juillet 1594, Clément VIII y consentit et David Angenoust reçut en échange le couvent de La Fère-Champenoise[1]. Ce nouveau couvent fut illustré au dix-septième siècle par le P. Michelin, éminent rédempteur de

---

[1]. Trinitaires de Troyes, carton 247. Mention dans CAMUSAT, *Promptuarium...*, f° 426.

captifs, qui rapporta des chaînes dont il para son église[1].

L'historien de Troyes, M. Boutiot (tome II, p. 175), nous apprend que les tisserands se réunissaient dans le couvent des Trinitaires pour élire un maître de leur métier.

Verberie.

Les documents originaux dont Carlier s'est servi dans l'*Histoire du duché de Valois*[2] ont disparu aujourd'hui, ce qui ne nous permet de reproduire ses affirmations que sous réserve. Ce couvent aurait été fondé en 1206 et son église, sous le vocable de saint Nicolas, aurait été dédiée, en 1209, par Haymard, évêque de Soissons. D'après la tradition trinitaire, le premier ministre fut Nicolas, qui devint grand-ministre de l'ordre et alla en Egypte avec saint Louis. Les Trinitaires de Compiègne, expulsés de l'Hôtel-Dieu, se réfugièrent à Verberie. Une donation de 60 muids de blé, sur les moulins de la ville, demeura aux Trinitaires et fut partagée entre les couvents de Paris, Cerfroid et Verberie.

Vers 1340, Pierre de Verberie, clerc et secrétaire de Philippe VI de Valois, unit au couvent la cure de Saint-Vaast de Longmont. Le pape Clément VI donna à ce sujet une bulle, qui ne s'est point retrouvée, ce qui est fâcheux, car ceux qui l'ont vue en ont tiré un argument pour rattacher les Trinitaires à la règle de Saint-Augustin. Au dire de Graves (*Le canton de Pont-Sainte-Maxence*), cette réunion n'eut pas une longue durée[3].

1. Pièce 300.
2. Tome II, pp. 79 à 83. Il y eut un Hôtel-Dieu qui appartenait encore aux Trinitaires dans le dix-septième siècle.
3. Les liasses conservées à la préfecture de l'Oise ne parlent que de

Au début de sa carrière, en 1461, Gaguin fut ministre de Verberie. C'est là que fut envoyé en disgrâce Pierre le Bel, ministre de Fontainebleau, lors du meurtre de Monaldeschi. L'un de ses successeurs, le P. Michel Darde, prédicateur distingué, joua un rôle important et mourut à quatre-vingt-quatre ans, en 1708, provincial et *custos*. La décadence du couvent ne fut cependant pas aussi complète que le prétend le peu bienveillant Carlier, car en 1768 il avait quatre religieux avec 2,312 livres de revenus. En 1834, dit Graves, on reconnaissait encore le couvent à l'Hôtel de France, sur la route de Senlis.

La Verdière[1].

Le marquis de Forbin d'Oppède, qui a consacré à son château une fort belle monographie, a parlé de nos religieux, et M. l'abbé Raibaud, curé de La Verdière, a donné, dans *la Semaine religieuse* de Fréjus, de curieux détails sur ce couvent. La chapelle de Notre-Dame-de-Santé datait du quinzième siècle. En 1635, Jean de Castellane y appela les Trinitaires Déchaussés, qui, de concert avec les habitants de La Verdière, construisirent une hôtellerie pour les pèlerins et agrandirent de moitié la chapelle. Pour une raison inconnue, ils renoncèrent, dès 1638, à cette possession et remirent la chapelle au seigneur de La Verdière, en exprimant le vœu que leurs confrères Chaussés ne fussent point appelés à leur succéder. Ce fut pourtant ce qui arriva le 3 mai 1658.

Ceux-ci développèrent la dévotion à Notre-Dame-de-Santé

Notre-Dame du Mont, annexe du couvent à Saintines, près du moulin des Paillards, dont le P. Caignet parle aussi (*La Confrairie*... Lyon, 1666, p. 175). C'étaient deux églises différentes.

1. Canton de Barjols (Var).

« ou du Bon Remède », comme dit le P. Ignace Gory, auteur d'un recueil intitulé : *Panacée mystique*. Il a donné des chiffres extraordinaires sur l'affluence des pèlerins : dix mille *hommes* se seraient trouvés réunis à Notre-Dame-de-Santé en mai 1645.

Le couvent de La Verdière fut supprimé à la suite des décisions de la Commission des Réguliers ; le P. Codde, provincial, vint prendre les dispositions nécessaires pour le départ des religieux, qui se retirèrent à Aix, le 1er janvier 1779. La chapelle, avec la statue de la Vierge, « d'un beau travail Renaissance », existe encore.

La Veuve.

Ce couvent, annexe de celui de Châlons, dont il n'était éloigné que de deux lieues, fondé, le 29 septembre 1234, par Thibaut IV de Champagne, était dédié à saint Jacques et un hôpital lui était adjacent. Un Trinitaire de la maison était aussi chapelain du château de Juvigny et desservant de l'église de La Veuve. Mathieu Delaunay, ancien ministre des Mathurins de Paris, était supérieur de La Veuve, quand il vint à Châlons, en 1721, constater les dégâts faits par un orage. Il n'y avait plus en 1768 que deux religieux dans ce couvent[1].

Vianden.

Cette petite ville du grand-duché de Luxembourg est connue par les ruines de son château, dont la chapelle fut desservie par les Trinitaires. Un hôpital construit par le comte

---

1. Barbat, *Histoire de Châlons-sur-Marne*, t. I, pp. 62-63. — E. de Barthélemy, *Diocèse ancien de Châlons*, t. I, p. 217, et t. II, p. 58.

Henri et sa femme Marguerite fut conféré aux Trinitaires le 24 mai 1248. Les cures de Mettendorff et de Daleyden leur furent unies, et les religieux dispensés de la séparation du tiers des captifs pendant cinq ans. L'église fut dédiée le 3 mai 1252; deux mois après, le fondateur donna aux religieux les émoluments du four de Vianden, 20 sous de Trèves à la Saint-Thomas et les dispensa définitivement de la séparation du tiers (juillet 1252). Leur église devint paroisse en juillet 1266, par suite d'un accord avec les Templiers de Roth.

Jean de Luxembourg, qui mourut pour la France à la bataille de Crécy, légua 50 livres aux Trinitaires de Vianden [1].

La chapelle castrale existe toujours, et la monographie de M. Arendt conserve le dessin de plusieurs tombeaux et œuvres d'art qui la décoraient.

La Villette.

Ce couvent est appelé aussi Mitry; Thomas Loquet en confirma les biens en 1353. Antoine Basire y mourut à son passage, en 1660. Le P. Dupron, qui fut procureur des captifs et mourut en 1706, fut ministre de la Villette-aux-Aulnes, simple titre sans résidence.

Vitry.

L'histoire de ce couvent, fondé en 1232 par Thibaut IV de Champagne, est fort peu connue. Quand le chapitre de Vitry-en-Perthois, raconte E. de Barthélemy [2], se transféra

---

1. BERTHOLET, *Histoire ecclésiastique du duché de Luxembourg*, t. V, p. 41. — NEYEN, *Histoire de Vianden et de ses Comtes* (1851), pp. 27-50. — Pièces 21, 58, 87, 94, 107, 166, 220.

2. *Diocèse ancien de Châlons*, t. I. p. 218.

dans la ville de Vitry-le-François, il céda l'ancienne église en toute propriété aux Trinitaires, à condition qu'il conserverait la collation des chapelles, pourrait enlever les cloches et percevrait les oblations du jour de Saint-Blaise, en raison de la messe célébrée dans la chapelle de ce nom (1613). Les Trinitaires perdirent, en 1759, un procès intenté par les Bénédictins de Vitry, au sujet de l'exemption des dîmes [1]. Ils n'étaient plus alors que trois, avec 1563 livres de revenus.

1. Archives nationales, L 949.

APPENDICES

LE P. GRÉGOIRE DE JÉSUS ET MARIE.
GÉNÉRAL ACTUEL DE L'ORDRE DES TRINITAIRES.

APPENDICE PREMIER.

Les reliques de saint Roch.

BIBLIOGRAPHIE.

Manuscrits. — L'acte de 1501, où il est pour la première fois question de ces reliques, est copié dans divers manuscrits, notamment le n° 159 de la Bibliothèque d'Arles ; ce recueil, ainsi que le n° 160 de la même bibliothèque, contiennent diverses notes sur les reliques. C'est là la tradition arlésienne.

Imprimés. — Le P. Barthélemy de Puille, ministre de Douai, a écrit en 1635 une Vie de saint Roch, dont deux chapitres (VIII et IX) sont consacrés à l'histoire de ses reliques ; il reconnaît que Venise en a une *petite* partie, dont il ne sait pas la provenance, mais il ne donne pour fondement à la tradition arlésienne que la grande quantité des reliques distribuées par le couvent d'Arles. Il a tout au moins fait preuve de quelque critique.

L'abbé Bonnemant, prêtre d'Arles de la fin du dix-huitième siècle, avait reconnu, sans les développer, les contradictions qui existent dans les actes produits par les Trinitaires, où il a trouvé « des faussetés manifestes ».

Après la reprise de Grenade sur les Maures, trois villes importantes du royaume redevenu chrétien, Malaga, Almeria et Marbella, virent se fonder des couvents Trinitaires. Pour augmenter la dévotion des Espagnols envers ces nouvelles fondations, Gonzalve de Jerez, procureur des Trinitaires du royaume de Grenade, vint demander à ses confrères d'Arles de lui donner quelques-unes des nombreuses reliques conservées dans leur couvent. Depuis le concile de Latran, l'autorisation apostolique était nécessaire pour une pareille aliénation ; Gonzalve fut donc invité à s'adresser au pape

Alexandre VI qui, par un bref du 4 février 1501, lui accorda la permission demandée. Sur le vu de la lettre papale, les religieux d'Arles firent venir l'archevêque Jean Ferrier, les consuls et un grand nombre de témoins, énumérés dans le procès-verbal[1]; devant cette assistance choisie, ils donnèrent à Gonzalve des reliques de divers saints, et notamment de saint Roch, le laissant libre de les distribuer entre les nouveaux couvents, à sa volonté.

A la tradition trinitaire s'en oppose une autre, plus connue, celle de la translation à Venise. Gariel, écrivain du Midi, rapporte, un peu brièvement, que les reliques du saint, mort à Montpellier en 1327, furent transportées *à Arles et à Venise*, où elles sont pieusement conservées; il ne nomme pas les Trinitaires, bien que la mention d'Arles les implique[2].

Baronius, dans ses notes au *Martyrologe romain*, à la date du 16 août, dit que le corps de saint Roch est à Venise[3]. Raynaldi semble admettre cette opinion[4]. Ce n'est pas assez de répondre, comme font les Trinitaires, que les Vénitiens ne montrent pas ces reliques avec « ostentation », comme s'ils n'étaient pas sûrs de leur authenticité. La fondation de la *Scuola di San Rocco* de Venise est un signe visible de leurs prétentions; il faut donc les étudier de près.

En 1817 fut publiée une *Traslazione circonstanziata del corpo di san Rocco ... a Venezia;* on y lit que, vers 1484, Venise, qui souffrait extrêmement de la peste, possédait une confrérie fondée en l'honneur de saint Roch, dont la dévotion s'était très rapidement répandue, quoique la voix seule des peuples, et non l'Église, l'ait consacrée. Comme Venise désirait avoir les reliques du saint, un frère Camaldule s'offrit pour aller les dérober à Voghera[5], où elles se trouvaient, on ne sait pourquoi, dans l'église Saint-Henri. Après un premier échec, il réussit à enlever le coffret qui les contenait et revint en peu de jours à Venise sans avoir été inquiété, car, en Italie,

---

1. Pièce 108.
2. *Series præsulum Magalonensium*, 1re partie, p. 460.
3. Bibl. de Marseille, manuscrit 1216, f°s 425-430.
4. *Annales ecclesiastici*, année 1327, n° 56.
5. Germain dit (*op. cit.*, III, 390) que c'est aux Trinitaires d'Arles que les reliques de saint Roch furent données, et qu'elles furent, au moins en partie, volées par les Vénitiens. On ne sait pas si ce vol aurait été commis aux environs de Montpellier ou à Arles.

on ne demande jamais aux religieux ce qu'ils portent sur eux. Depuis le 3 mars 1485, le précieux dépôt fut conservé à Venise; François Diedo, sénateur, écrivit alors la Vie du saint[1].

Contre cette tradition, les Trinitaires d'Arles peuvent-ils s'appuyer sur le bref d'Alexandre VI, comme le fait Barthélemy de Puille? Le pape ne donne qu'une permission de translation, et non une authentication de reliques; le procès-verbal de 1501 n'allègue, en faveur des Trinitaires, que la présence de témoins de marque, comme l'archevêque et les consuls d'Arles : le corps de saint Roch aurait été dérobé à Arles (ou ailleurs) dans la seconde moitié du quinzième siècle, et, en 1501, les Arlésiens n'en auraient rien su, ou feindraient de n'en rien savoir, se faisant ainsi complices des Trinitaires pour tromper Gonzalve de Jerez! Ce n'est là, bien entendu, qu'une preuve morale, et, en matière de reliques, c'est bien peu de chose.

Rome ne s'est pas prononcée; quand vers 1580, François Bouchet, vicaire général de l'ordre, porta à Rome la tête de saint Roch, le pape, faisant allusion au grand nombre de reliques existant dans la métropole de la chrétienté, lui dit simplement : « Mon fils, vous apportez de l'eau à la mer. » Cinquante ans après, Urbain VIII fit venir une relique de Venise[2] pour l'église San-Rocco de Rome. Ce dernier fait pourrait même être invoqué contre les Trinitaires.

Quand et par qui nos religieux prétendaient-ils que les reliques de saint Roch leur avaient été données? Trouverons-nous dans leurs explications de quoi faire échec aux affirmations vénitiennes?

Malheureusement, la mention contenue dans l'acte de 1501 nous donne de nombreux soupçons. Les corps de saint Félix, saint Fortunat, saint Achillée, saint Polycarpe, saint Cyr, sainte Julitte, saint Roch auraient été donnés par Geoffroy le Meingre, le 1er avril 1372 (la date est à la marge, même l'on avait mis d'abord 1272). Voici les termes mêmes de l'acte : *Dominus Goffredus le Meingre, bis Jerosolymam petens, corpora sancta per eandem dominum Goffredum (sic) data fuerunt.*

---

1. Baillet, *Vie des saints*, t. II, p. 262. Barthélemy de Puille dit que, selon une tradition, les reliques de saint Roch auraient apaisé une peste au concile de Constance, d'où *quelques-uns* les auraient transportées en Italie. Ces voyages sont inexplicables.
2. Benoît XIV, *De canonisatione Sanctorum*, liv. IV, 2e partie, chap. xxv.

Ecartons cette date de 1372, qui rappelle celle de la mort du saint, avec une simple interversion, et surtout le 1er avril ! A cette époque, Geoffroy le Meingre, frère du fameux Boucicaut, n'avait que sept ans. Il a été le bienfaiteur des Trinitaires d'Arles, entre 1410 et 1420. M. Germain donne la date de 1399 et appelle le donateur Geoffroy de Boucicaut, dit Jean le Meingre ! Barthélemy de Puille, qui était à Arles avec Louis Petit en 1616, place cette donation en 1408, sans dire où en est l'original. Il est à remarquer que, dans la notice que le P. Dan a consacrée à Geoffroy le Meingre dans ses *Plus illustres captifs,* il ne dit rien de sa donation des reliques de saint Roch à ses confrères d'Arles.

Les Trinitaires modernes, s'étant aperçus du peu de fondement de leurs traditions, ont essayé de les améliorer. Barthélemy de Puille dit : les corps des saints Félix, Fortunat, Achillée (et non Polycarpe), ensevelis près des remparts de Valence (France), furent, croit-on, transportés dans la chapelle des Trinitaires d'Arles, sur la demande qu'en aurait faite à *Rome* Geoffroy le Meingre, comte de Beaufort et gouverneur du Dauphiné. Ces reliques furent rendues à Valence en 1696[1]. Il n'est plus question d'un voyage à Jérusalem, d'où on n'aurait pu davantage retirer les reliques de saint Cyr et de sainte Julitte, puisque, dès le sixième siècle, saint Amâtre, évêque d'Auxerre, les avait apportées d'Orient !

Le corps de saint Roch, conservé dans un château des environs de Montpellier (qui n'a malheureusement jamais été désigné), aurait été donné par cette ville à Geoffroy le Meingre, en récompense de ses services, et ensuite par ce dernier à Guillaume de Fleygnac, ministre de l'hôpital restauré. Cette version permettrait d'admettre même un vol partiel commis à Arles dans la suite du quinzième siècle, et sur lequel les Trinitaires auraient su faire le silence, de sorte qu'on pourrait admettre qu'il y a des reliques de saint Roch à la fois à Arles et à Venise. Malheureusement, aucun acte ne vient corroborer cette version, alors qu'il y a tant de chartes insignifiantes relatives aux rapports du frère de Boucicaut avec nos religieux. L'hypothèse de la perte d'un document si important ne pouvant être envisagée sérieusement, il faut conclure que cet acte n'a jamais existé, et que

---

1. *Bulletin de l'ordre de la Sainte-Trinité,* t. I, p. 155.

VUE GÉNÉRALE DE SAINT-THOMAS DE FORMIS, A ROME.

(Obligeante communication du P. Xavier de l'Immaculée-Conception.)

les défiances de l'abbé Bonnemant sur la provenance des reliques étaient amplement justifiées.

Quoi qu'il en soit, dans le bréviaire trinitaire de 1514 et dans l'obituaire manuscrit d'Avignon, on voit, au 16 août, la fête de saint Roch, glorieux confesseur, et la renommée des reliques arlésiennes ne fait que croître, comme nous le verrons par l'énumération des reliques de saint Roch provenant sûrement des Trinitaires. En 1521, les consuls d'Arles firent un vœu à saint Roch[1], et ce même siècle vit des donations de reliques à Marseille et à Rome ; un autre religieux espagnol emporta en 1575 des reliques dans son pays. A partir de 1620, cette dévotion prit une extension considérable.

En 1628 et en 1629, il y eut à Arles de grandes épidémies de peste. La confrérie de Saint-Roch, fondée à une date inconnue, fut alors reconstituée ; l'intendant de la santé fut prié d'ordonner « que personne ne pût faire quarantaine sans octroyer une aumône à la confrérie[2] ». La châsse fut refaite : le 25 novembre 1629, Corneille Adamus, l'orfèvre qui avait entrepris cet ouvrage, mourut de la peste en punition du sacrilège qu'il aurait commis, au dire de la légende, en buvant dans le crâne de saint Roch[3]. La châsse était superbe, au rapport du P. Mure, trinitaire : « Les uns, disait-il, baillaient des chaînes d'argent, des bagues d'or, les autres des colliers d'or, des réalles et ducatons, tant par une franche volonté et pure dévotion qu'à cause des vœux qu'ils avoient faits au saint[4]. » La ville fut d'ailleurs traitée assez « doucement », assurent les Trinitaires, puisque, en onze mois, il ne mourut pas plus de mille personnes ! L'église des Trinitaires menaçant ruine, la communauté la fit rebâtir, en signe de reconnaissance pour la cessation de la contagion, et les consuls posèrent la première pierre le 24 février 1631 ; elle coûta environ 12,000 livres[5] qui furent payées par la ville.

La dévotion à saint Roch était aussi répandue hors d'Arles. Le 16 août 1630, les consuls de Salon, où sévissait aussi la peste, firent vœu d'aller visiter à pied les reliques de saint Roch à Arles, et

1. Pièce 111.
2. F. Porchier, *Cartulaire des Trinitaires d'Arles*, f°s 182-187.
3. Pièce 179.
4. *Le Musée d'Arles*, t. I, p. 32.
5. Bibl. d'Arles, manuscrit 159, p. 76.

ils n'eurent pas si tôt accompli ce vœu qu'ils furent soulagés visiblement[1]. Le 21 avril 1632, comme marque de gratitude, ils firent présent à saint Roch d'une lampe d'argent pesant 7 marcs.

Le couvent d'Arles continua longtemps à faire des largesses avec ces reliques. En 1720, l'archevêque interposa son autorité pour procurer aux captifs une relique de saint Roch[2]. Comme un certain nombre de couvents trinitaires en furent pourvus, on ne sait auquel fut portée cette relique. Cette même année, l'intercession du saint ne préserva pas la ville d'Arles d'une terrible atteinte du fléau qui dévastait alors Marseille. En 1764, Mgr de Jumilhac envoya une relique de saint Roch à la reine Marie Leczinska, avec un certificat du chirurgien Gros[3]. Le reste est aujourd'hui à Saint-Trophime.

Pour terminer, voici une liste de quelques villes de France ou de l'étranger où se rencontraient au dix-huitième siècle des reliques de saint Roch provenant d'Arles.

Arras. — Une relique de saint Roch avait été envoyée d'Aix; la procession se fit régulièrement de 1739 à 1742[4]. L'an 1746, le chapitre de la cathédrale refusa au P. de la Croix, ministre, la permission de faire la procession; peut-être avait-on conçu des doutes sur l'authenticité de la relique.

Le couvent d'*Audregnies*, en Hainaut, possédait, entre autres objets précieux, une relique de saint Roch[5].

Bar-sur-Seine. — En 1775, on en voit le ministre remettre aux confrères de Saint-Roch « une croix d'argent dans laquelle sont renfermées des reliques que les confrères ont dit leur appartenir[6] ». Elles avaient probablement été données à un rédempteur, lors d'une procession des captifs, ainsi qu'il fut fait en 1720.

Braine-le-Comte (Belgique). — Cette église possédait une relique donnée par François Silvius, doyen de Saint-Amé de Douai.

Douai. — Barthélemy de Puille y porta ces reliques en 1617. « A gauche de l'église des Trinitaires était la chapelle de Saint-

---

1. *Biblioth. d'Arles*, ms. 159, p. 70.
2. *Liste des esclaves rachetés en 1720*, p. 8.
3. Pièce 315. Marie de Médicis avait reçu de ces reliques en 1615, au témoignage de Barthélemy de Puille.
4. Bibl. d'Arras, ms. 1041.
5. Voir la monographie.
6. Arch. Nat., L 948, p. 582.

Roch, écrit le P. Ignace, capucin (1745). La confrérie établie en son honneur est composée de douze confrères, dont le ministre est toujours le *prince*; tous les ans, on porte la relique en procession[1]. » Lors d'une invasion de couleuvres à La Motte-aux-Bois, on l'amena sur les lieux[2].

Lyon. — Ce couvent, fondé en 1658, possédait une relique qui n'a point d'histoire, non plus que le couvent.

Marseille. — Celle-ci fit, au contraire, longtemps parler d'elle. Vers 1550, Raphaël Boyer, qui bâtissait une nouvelle église, demanda une relique de saint Roch, auquel il voulait la dédier. Mais Louis Vincent, ministre d'Arles, « n'y voulut entendre, disant que telles choses religieuses ne se donnent légèrement ni sans meure et saine délibération des parties ». Il prit conseil du vicaire général, et des ministres de Lorgues et d'Avignon; ces quatre personnages, « après une *catholique délibération*, sans qu'aucun d'eux *discrèpe* », donnèrent une partie de la tête de saint Roch à leur confrère[3] (22 mai 1557). Le 29 avril 1570, Pierre Ragueneau, évêque de Marseille, approuva cette relique[4].

En 1633, Raymond de Pallas, ministre, adressa à l'évêque une requête pour l'érection de la confrérie et la permission de porter les reliques en procession sous un dais; le prélat y consentit[5]. Le 11 août 1673, le vicaire général, Philippe de Baussel, fut requis par Raymond de Pallas, redevenu ministre, de faire la bénédiction de la châsse d'argent, remplaçant une châsse de bois « surdorée ». Sur l'ostension des actes de 1501, 1557 et 1570, il procéda à cette cérémonie. Pendant la terrible peste, le 12 août 1720, Mgr de Belzunce vint vénérer cette relique[6].

Meaux. — L'évêque Séguier fit présent à son église de reliques de saint Roch et de « sainte Jule »; il les avait, sans doute, reçues des Trinitaires réformés, reconnaissants de sa haute protection[7].

Montpellier. — Au dire de Barthélemy de Puille, une partie des

1. Pièce 293.
2. *Annales du Comité flamand*, II, 140.
3. Bibl. d'Arles, ms. 160, p. 3. — Bibl. de Marseille, ms. 1216, p. 415.
4. Trinitaires de Marseille, registre D, fos 210-219.
5. *Ibid.*, fo 249.
6. Bibl. de Marseille, ms. 1411, fo 173.
7. Dom Toussaints du Plessis, ouvr. cité, II, 386.

reliques du saint furent toujours dans cette ville. Le 1ᵉʳ mai 1616, l'archevêque d'Arles avait attesté l'authenticité des reliques du couvent et notamment de la plus grande partie du corps de saint Roch; Louis Petit, alors en visite, en donna un os au couvent de Montpellier, défendant à l'avenir toute aliénation sans sa permission¹ (8 juillet 1617). Cette prescription fut respectée.

Montpellier posséda aussi le bâton de pèlerin de saint Roch, donné en 1660 par Isabeau de la Croix, veuve de M. de Salagosse, conseiller à la cour des comptes de cette ville, et dame de Lunel-Viel². Ce bâton, brûlé en 1793, était long de 7 pans 1/4, gros de 5/8 de pan; il pesait 11 livres 3/4 et portait des faces de chérubin et des étoiles.

Paris. — En 1666, le cardinal Louis de Vendôme reçut des Trinitaires quelques reliques de saint Roch, et Mgr Hardouin de Péréfixe, archevêque de Paris, en fit une translation solennelle dans l'église qui porte aujourd'hui le nom de ce saint³.

Troyes. — L'église de Saint-Remy, d'après l'inventaire de 1701, possédait un reliquaire contenant un ossement de saint Roch, donné par le célèbre Girardon, chancelier de l'Académie de peinture et de sculpture, qui avait entretenu de bonnes relations avec Pierre Mercier, général des Trinitaires⁴.

Turin. — Louis Lambert, représentant de la confrérie de Saint-Roch, fut envoyé en 1619 à Arles pour demander une relique. Le ministre se refusa à la lui délivrer, malgré les lettres de recommandation du cardinal Bandini et du duc de Savoie, et en raison des prescriptions de Louis Petit. Il fallut que Louis Lambert allât trouver à Paris Louis Petit, qui accorda l'autorisation demandée; la relique fut donnée le 13 avril 1620⁵. Si le duc de Savoie avait cru que les reliques de saint Roch étaient véritablement à Venise, n'eût-il pas été plus simple d'en demander dans cette ville d'Italie, plutôt que de traverser les Alpes pour se rendre à Arles? En témoignage de reconnaissance, le duc de Savoie envoya à Arles une belle châsse d'argent.

Villejuif. — En 1533, Guillaume le Vavasseur, chirurgien de

---

1. *Trinitaires d'Arles* (liasses), pièces 216, 217 (165 de mon recueil).
2. A. Germain, ouvr. cité, II, 296.
3. L'Abbé Vidieu, *Une visite à l'église Saint-Roch*, pp. 11-12.
4. L'Abbé Lalore, *Inventaire des églises de Troyes*, t. II, p. 133
5. Bibl. de Marseille, ms. 1216; p. 12.

François Ier, vient en visite chez les Trinitaires d'Arles, apportant une bulle du 5 novembre 1532, autorisant une donation de reliques. Après la messe du Saint-Esprit, il reçoit « un os du cou de saint Roch appelé *spondule,* un os de la mâchoire de sainte Julitte et un os de la jambe de saint Cyr[1] » (4 mai 1533). Il les donna à l'église de Villejuif, près Paris, où l'évêque Jean du Bellay vint les recevoir.

Je ne prétends pas que cette liste de dix-huit reliques (y compris celle de Rome et celles qui furent envoyées à deux reines de Frances) soit complète, car elle ne comprend à dessein que des reliques d'une provenance trinitaire. Si nos religieux adoptèrent le culte du saint qui préserve de la peste, nous avons vu qu'ils l'honorèrent en soignant les pestiférés avec beaucoup de dévouement. Mais ce zèle ne suffit pas à pallier les lacunes, les obscurités et les incohérences des rares documents qu'ils nous ont laissés à l'appui de leurs prétentions. En somme, la tradition vénitienne n'est pas plus fondée que la tradition arlésienne.

1. Bibl. d'Arles, ms. 160, p. 3.

APPENDICE II.

Les Trinitaires à Rome [1].

Aujourd'hui que Rome est le centre de l'ordre des Trinitaires, on serait disposé à croire qu'ils y ont eu très anciennement des établissements importants. Il n'en est cependant pas ainsi ; la plupart de leurs couvents romains sont d'une date relativement récente, à part celui de Saint-Thomas au Mont-Célius, que le chapitre de Saint-Pierre a rendu à l'ordre en 1898. Les différents couvents romains seront étudiés dans l'ordre de leur fondation.

I. — SAINT-THOMAS *de Formis*.

Ce nom vient de l'aqueduc de Claude, qui en est voisin (*formae*) ; c'était une des plus anciennes églises de Rome et une des stations obligées des pèlerins, située au pied du Mont-Célius, non loin de l'arc de Dolabella. Immédiatement dépendante du Saint-Siège, elle fut donnée par Innocent III à saint Jean de Matha, probablement lors de son second séjour à Rome, au moment de la confirmation de la règle (hiver 1198-1199). Cette possession ne figure cependant pas dans la bulle du 3 février 1199, ce qui laisserait croire que la donation fut quelque peu postérieure à la date traditionnelle.

De brèves mentions de Saint-Thomas *de Formis* sont faites dans les bulles générales de confirmation des 10 juillet 1203 et 18 juin 1209. Mais ce couvent romain méritait une bulle à part, qui fut expédiée le 10 juillet 1209[2] ; l'énumération de ses possessions est immense et pourrait être taxée de quelque exagération, si la bonne

---

1. Sources : nombreux ouvrages sur les églises de Rome, et renseignements des PP. Xavier de l'Immaculée-Conception et Chapotin, et de M. de Puybaudet, ancien membre de l'Ecole de Rome.
2. JOSEPH A JESU MARIA, *Bullaire* (1692), p. 30.

foi du compilateur n'était évidente : des terres à Campomorto[1], près Velletri, à Albano, à Aricia, « criptas in Colisco », surtout les redevances de la porte *Libera* ou *Latina, cum omni portaticu suo et redditu qui a transeuntibus solet dari*. La même énumération se rencontre dans une bulle du 25 février 1217[2]. Aucun document ne nous permet de préciser l'histoire du couvent pendant le demi-siècle qui suivit la mort de saint Jean de Matha. Alexandre IV, mécontent des Trinitaires, on ne sait pourquoi, leur enleva ce sanctuaire vénérable, mais on ignore à qui il le donna. Urbain IV, revenant sur l'acte de son prédécesseur, conféra le titre d'abbé commendataire de Saint-Thomas à Richard, cardinal-diacre de Saint-Ange, neveu d'Innocent IV, pour l'administrer au profit des Trinitaires. Quatre bulles[3] (25 octobre-13 novembre 1261) furent nécessaires pour mener à bien ce règlement.

Le ministre ne sera pas obligé de déduire des revenus le tiers des captifs; il n'aura rien à donner sur les biens légués par testament. Le cardinal, constitué protecteur du couvent, sa vie durant, pourra corriger le ministre et les frères, sauf recours au Saint-Siège; il n'aliénera aucun des biens du couvent et leur réunira ceux qu'il acquerra lui-même; ses neveux n'y pourront rien prétendre. Pendant un siècle, Saint-Thomas *de Formis* n'est plus mentionné, si ce n'est dans deux bulles de Nicolas IV; l'une est une concession d'indulgences et l'autre porte l'établissement de Pierre, cardinal-prêtre de Saint-Marc, comme défenseur de l'hôpital[4] (31 octobre, 19 décembre 1290).

La fin du quatorzième siècle vit la confiscation définitive du couvent de Saint-Thomas, pour une cause assez obscure; il y a trois traditions différentes. Au moment de la peste de 1348, les religieux seraient tous morts sans avoir été remplacés; alors, le couvent, devenu vacant, aurait été réuni aux possessions du chapitre de Saint-Pierre. Les Trinitaires ont naturellement protesté contre cette imputation de désertion; l'un d'eux, François Bouchet, dans un discours dont il va être question, déclare qu'on avait envoyé trois fois des

---

1. Elles appartiennent aujourd'hui à Menotti Garibaldi.
2. Potthast, n° 5470.
3. *Registres d'Urbain IV*, n°⁸ 17, 22, 25, 26.
4. E. Langlois, *Registres de Nicolas IV*, n°⁸ 3513, 3940.

religieux qui tous périrent, empoisonnés par le venin d'un grand serpent qui infectait l'eau des puits !

Le traducteur de la Vie de saint Jean de Matha émet l'avis que, loin d'être désert, le couvent avait alors un ministre nommé François Moncamacho[1], qui résista de toutes ses forces à la confiscation, ordonnée par le pape de Rome voulant se venger du grand-ministre des Trinitaires, adhérent au pape d'Avignon. Le récent ouvrage de Conrad Eubel, sur *L'Obédience des ordres mendiants au moment du grand schisme*, ne contient rien sur la question.

En 1368, Urbain V avait confirmé les vieux privilèges de ses prédécesseurs, qui commençaient à s'altérer avec le temps. Vingt ans après, Urbain VI, ayant une dette de 4,000 écus envers le chapitre de Saint-Pierre, trouva commode de se libérer par la confiscation de Saint-Thomas *de Formis*[2] (14 novembre 1387). Telle est la prosaïque vérité qui ressort des actes. La bulle ne fut pas exécutée immédiatement, et le successeur d'Urbain VI, Boniface IX, céda le couvent au chapitre, le 9 novembre 1390, réservant l'usufruit au cardinal Ponce Orsini[3], du titre de Saint-Clément, et y maintenant l'hospitalité. Dès lors, malgré les réclamations des Trinitaires, les chanoines de Saint-Pierre ne lâchèrent pas leur proie, si déchue que nous n'en saisissons pas l'importance aujourd'hui.

Pie V essaya de donner satisfaction aux Trinitaires par sa bulle du 18 octobre 1571[4]. Voyant avec douleur les Trinitaires contraints de loger, faute d'habitation à Rome, dans des auberges ou des chambres garnies, il rendit Saint-Thomas *de Formis* au grand-ministre Bernard, enjoignant au détenteur actuel, Pierre Vertiz, clerc du diocèse de Pampelune, de se retirer avec une indemnité; en cas de refus de l'occupant, Bernard était autorisé à se mettre en possession sans qu'on pût lui intenter de procès. Les cardinaux Jacques Sabello et Charles de Rambouillet furent constitués conservateurs du privilège. « Notre procureur, Augustin Cardoso, ajoute l'annotateur du *Bullaire*, reprit possession du couvent; cependant le chapitre de Saint-Pierre, on ne sait pourquoi, possède encore Saint-Thomas *de Formis*. »

---

1. *Vita di san Giovanni de Matha*, p. 448.
2. *Bullaire*, pp. 116, 132-134.
3. Il mourut le 4 février 1395.
4. *Bullaire*, pp. 299-304. Cf. Figueras, *Chronicon*, pp. 497-512.

ARC DE DOLABELLA.

(Au-dessous de l'arc est la cellule de saint Jean de Matha.)

Grégoire XIII confirma la donation de Pie V, et pendant le temps du procès de revendication contre les chanoines de Saint-Pierre, donna aux Trinitaires l'église de Saint-Etienne *in Trullo*[1]. Le général envoya à Rome François Bouchet, comme procureur général : le 5 décembre 1574, celui-ci prononça devant le pape un grand discours (recueilli par Figueras) où, traitant notamment des débuts et des progrès de l'ordre, il demanda à nouveau les biens de Saint-Thomas *de Formis*. Il rappela que ce couvent était dans un état de délabrement complet[2] et blâma les chanoines de Saint-Pierre, qui n'y venaient qu'une fois par an, le jour de la Saint-Thomas, pour y célébrer la messe. Il termine ainsi : « Jusqu'ici, personne de nous n'a osé venir à Rome, pour demander nos possessions, par crainte de leurs possesseurs ». Suivent, dans la publication du discours de Bouchet, des sentences contre les chanoines, déclarant leurs moyens de procédure illicites. Malgré des lettres compulsoires du cardinal-vicaire pour la restitution de l'église et du couvent de Saint-Thomas, en 1586[3], les chanoines continuèrent à résister et à lasser leurs adversaires.

Se résignant à leur malheureux sort, les Trinitaires habitèrent, quarante ans durant, piazza di Pietra, à Saint-Etienne *in Trullo*, jusqu'à ce que, en 1614, leur protecteur, le cardinal Bandini, les transportât dans un endroit plus salubre, à Sainte-Françoise-Romaine[4], via Felice (aujourd'hui Sistina) alors inhabitée.

Toutefois Saint-Thomas *de Formis* fut encore mentionné dans l'histoire. Armellini, dans sa notice sur cette église, prétend qu'Urbain VIII l'enleva aux Trinitaires, à cause du rapt clandestin du corps de saint Jean de Matha[5]. Il ne semble pas pourtant que le pape, alors Alexandre VII, ait marqué son mécontentement de ce pieux larcin,

---

1. Panciroli, *Tesori nascosti della alma città di Roma* (1625), p. 412. Ce nom venait d'une église de Constantinople.

2. Cette situation est attestée par Paul Morèse, Hiéronymite, dont *l'Histoire de toutes les religions* fut traduite d'italien en français [1578] (f° 306) : « Estant entré là-dedans plusieurs fois, dit-il, le lieu estant en ruine, j'ay veu des marques de monastère ; joinct que dedans la petite église (car la grande est toute découverte et à demy démolie), on voit à main droite en entrant un arc ou sépulchre antique tout de marbre, dans lequel ces mots latins sont engravés, etc. » [C'est l'épitaphe de saint Jean de Matha.]

3. Archives des Trinitaires de Marseille, liasse 7.

4. Panciroli, *op. cit.*, p. 385. Il ne faut pas confondre cette église avec celle qui est près de la basilique de Constantin.

5. L'appendice V sera consacré à cette singulière histoire.

qui prouva tout au moins que les chanoines de Saint-Pierre gardaient bien mal leur précieux dépôt (1656). Quelques années après, l'ordre adressa au pape une nouvelle requête en vue de la restitution de Saint-Thomas *de Formis*, qui ne fut pas plus écoutée que les précédentes[1]. Renonçant à revendiquer cette possession, le chapitre international de 1704 demanda au moins le dixième des revenus de Saint-Thomas *de Formis* pour le couvent pauvre de Sainte-Françoise-Romaine. On ne sait s'il fut donné suite à cette juste requête.

Lorsqu'en 1898 furent annoncées les fêtes du septième centenaire de l'ordre de la Trinité, le chapitre de Saint-Pierre, réparant une injustice séculaire, rendit aux Trinitaires Déchaussés, seuls représentants de l'ordre, le couvent de Saint-Thomas *de Formis*. On y remarque encore la célèbre mosaïque déjà citée et la cellule où saint Jean de Matha vécut plusieurs années, que l'on visite le 8 février, jour de sa fête.

II. — Sainte-Françoise-Romaine.

Ce petit couvent, voisin de la place Barberini, fut le quartier général des Trinitaires mitigés. Lorsque les Augustins Déchaussés vinrent à leur tour s'établir près de là, ils se virent imposer la démolition du campanile de l'hospice, et l'interdiction de faire des processions et de mendier en groupe dans la ville et d'administrer les sacrements, les jours de la Sainte-Trinité, de Sainte-Catherine, dès l'octave de sainte Agnès et du Mercredi des Cendres, fêtes d'absolution générale dans l'ordre trinitaire. Leur oratoire ne pourra excéder comme dimensions 84 palmes sur 65[2] (15 mars 1666).

L'histoire du couvent de Sainte-Françoise-Romaine n'offre rien de curieux, si ce n'est qu'au milieu du dix-huitième siècle l'un de ses ministres, le P. François Vacchini, fut délégué par le P. Lefebvre, général, comme vice-procureur à Rome. Un autre, le P. Ferdinand de Alava, avait précédemment aidé de toute son influence le P. de la Forge contre les intrigues espagnoles. En 1805, l'église de Sainte-Françoise-Romaine passa au collège Bohémien. A une date inconnue, les Trinitaires Chaussés se retirèrent via Condotti, à l'église

---

1. Trinitaires de Marseille, liasse 12.
2. Analyse : Guerra, Table, IV, 161.

Santa-Trinità; le dernier d'entre eux, le P. Martin, est mort le 28 janvier 1891[1], léguant son couvent et ses Archives aux Dominicains. L'Espagne[2], qui en était propriétaire, imposa aux nouveaux occupants l'obligation de payer de fortes pensions aux trois religieux Trinitaires restants, depuis revenus en Espagne, leur pays natal.

III. — Saint Denys.

Les Réformés français commencèrent en 1619 la construction de l'église de Saint-Denys-l'Aréopagite, également via Felice. Le cardinal Bandini leur avait cédé, par une donation entre vifs, un terrain grevé d'un cens annuel de vingt écus au profit du comte Gaspard Spada. Le 30 mars 1620, le comte passa un fort curieux contrat avec les religieux au sujet des pierres, marbres, travertins, statues qu'ils pourraient rencontrer en faisant des fouilles[3], et dont il entendait se réserver la plus grande partie, moyennant juste indemnité.

Le 31 mai 1622, Charles Dagneaux, vicaire général de la Congrégation Réformée, consentit que, pour une période de cinq ans, les religieux de Saint-Denys fussent placés sous l'autorité du supérieur déchaussé de Saint-Charles, auquel ils devaient se conformer pour la manière de vivre et le costume, tout en observant les couleurs de la chape prescrites par la règle[4].

Le cardinal Ginetti donna, le 3 juin 1659, la permission de bénir cette église[5]. Les religieux possédaient une bibliothèque où travailla le grand érudit trinitaire, le P. Ignace de Saint-Antoine. Le gouvernement français a disposé de l'église en faveur des religieuses de Saint-Basile, mais il paraît que les Trinitaires d'aujourd'hui la desservent encore[6].

1. *Bulletin de l'ordre de la Sainte-Trinité*, avril 1897.
2. Le supérieur, qui doit être un Espagnol, est actuellement le P. Gallego. Il a été question de transporter via Condotti le collège de la Minerve.
3. Arch. de Seine-et-Oise, Trin. de Pontoise, premier carton.
4. Bibl. de Marseille, manuscrit 265, f° 2 (copie du P. Ignace de Saint-Antoine).
5. *Ibid.*, manuscrit 1216, f° 128.
6. Armellini, *Le chiese di Roma*, p. 228, etc.

IV. — Saint-Charles aux Quatre-Fontaines[1].

Les Déchaussés d'Espagne s'établirent à Saint-Charles-aux-Quatre-Fontaines, « petite église voisine du Quirinal, due à Borromini et du style le plus rococo »; ils y sont encore. Le cardidal Bandini, d'un zèle infatigable, avait acheté l'emplacement; la prise de possession est du 3 juin 1612[2]. La fondation du couvent fut confirmée par Urbain VIII le 17 décembre 1639[3]. Son importante bibliothèque m'a fourni un grand nombre de livres qu'on ne saurait trouver ailleurs. Pierre Mignard, dont un fils fut religieux Trinitaire, peignit pour cette église « une Trinité avec quelques saints » et une Annonciation[4].

V. — Fondations modernes des Trinitaires Déchaussés.

La dernière en date des branches de l'ordre a reçu, dans le courant du dix-neuvième siècle, deux petites églises voisines du Vatican, *Santa Maria delle Fornaci*[5] et *Santa Marta degli Abissini*. La maison-mère de l'ordre est maintenant au Trastévère, dans la basilique de Saint-Chrysogone, donnée en 1856 par Pie IX, et où se sont déroulées les belles fêtes centenaires de 1898.

La Congrégation Déchaussée compte quelques petits couvents dans les environs de Rome; je les énumère pour compléter l'état actuel de l'ordre : Saint-Oreste (au mont Soracte), la *Madonna del Tufo*, à Rocca di Papa (1895); Gorga, près Carpineto; Sainte-Lucie de Palestrina. Les autres sont Saint-Ferdinand de Livourne, la Sainte-Trinité des Espagnols à Naples et Rocca Guglielma dans la province de Caserte.

---

1. Dans l'ordre chronologique, Saint-Charles devrait prendre le n° III, mais je n'ai pas voulu séparer les couvents des Déchaussés.
2. *Ibid.*, p. 174.
3. *Bullaire*, pp. 483 et 526.
4. *Mémoires inédits sur les artistes français*. Paris 1854, t. II, pp. 90 et 97.
5. Un chapitre général y avait été tenu le 12 mai 1848. Trois religieux se plaignirent d'une pression exercée par le procureur général Antonio de la Madre de Dios. Le général des Dominicains, consultateur de la Congrégation des Réguliers, déclara qu'il n'y avait point eu de suggestion malicieuse (*Analecta juris pontificii*, XVII, 469).

Ils comptent reprendre en faveur des noirs une œuvre antiesclavagiste; ils avaient aussi pensé au rachat d'esclaves arméniens. En 1897, des Trinitaires Déchaussés étaient chapelains militaires à Cuba. Le supérieur actuel est le P. Grégoire de Jésus et Marie, réélu en 1900 pour une période de six années. Il est à souhaiter que de nombreuses recrues permettent à l'ordre Trinitaire d'ajouter à son histoire de nouvelles pages dignes de ses premiers siècles.

APPENDICE III.

Les Trinitaires dans l'enseignement, la prédication et la science.

Le Trinitaires ont-ils mérité au Moyen-âge ce beau titre d'*Ordre des Docteurs*[1] que leur attribue aujourd'hui la pieuse ardeur de leurs successeurs? Je ne le crois pas. En tout cas, à Paris même, il n'ont pas eu d'établissement portant le titre de collège, comme en eut l'ordre de la Merci, autrement que pour leurs religieux.

Un point est particulièrement frappant dans les statuts trinitaires, le peu de place qui est fait aux bibliothèques. Il n'en est question que dans les Constitutions des Trinitaires Réformés et Déchaussés, au XVIIe et au XVIIIe siècles[2]. Sans bons instruments de travail, pas d'études possibles. Les seules bibliothèques dont nous possédions les catalogues sont celles des Mathurins de Paris, de Lambesc, de Lisieux et de Châlons. Nulle part n'est faite de catégorie spéciale pour les ouvrages relatifs à l'histoire de l'ordre; les manuscrits y sont assez rares : par contre, les ouvrages d'imagination sont assez communs, à Paris surtout. Les religieux semblent s'être occupés de prêt, tant à des confrères qu'à des laïques distingués. Mais les documents sont trop rares pour donner lieu à un travail d'ensemble sur ces bibliothèques.

Etudier à l'Université de Paris était un souhait des premiers disciples de saint Jean de Matha, lui-même docteur de Paris. Guillaume d'Auvergne, en 1229, contenta « leurs aspirations à la source vive de l'Écriture Sainte ». A part Michel *Hispanus*, le dernier historien de

---

1. *Bulletin de l'ordre de la Trinité*, juin 1898.
2. Les religieux Déchaussés se voyaient permettre l'usage des livres qu'ils pouvaient acquérir par l'entremise de leurs parents et amis, pourvu qu'ils fussent inaliénables en faveur du couvent, qui n'entendait pas non plus être contraint de payer la voiture des transports. Les livres en double « restaient à l'arbitre du définitoire pour être distribués aux nécessiteux ».

la *Faculté de Théologie*[1] n'a trouvé aucun Mathurin à citer pour le treizième siècle, ce dont il ne s'étonne pas, cet ordre étant plus actif que studieux, par destination. Il y a pourtant, sur leur assiduité, des témoignages dignes de foi. Un archevêque de Tours les recommande en ces termes : « *Sacris studiis tota instantia invigilant*[2]. » Thibaut de Nanteuil dit qu'au couvent de Saint-Mathurin vivent, dans une grande pauvreté, *copiosa multitudo scolarium*[3]. Lors de la réunion du couvent du Bourget à celui de Paris, en 1330, il est question de quatre écoliers, élus chacun par une province de l'ordre : ces écoliers étaient évidemment des Trinitaires. Innocent VI rappelle, le 17 septembre 1357[4], que les Mathurins exercent habituellement beaucoup d'œuvres de miséricorde envers les écoliers pauvres.

Le XVe siècle marque dans cette voie un sérieux progrès. Outre Gaguin, d'abord un écolier, vrai « fils adoptif » de l'ordre, nous voyons Etienne du Mesnil, théologien et homme politique, qui avait beaucoup d'action sur le peuple et un grand courage; Jean de Troyes, doyen de la Faculté de théologie, et un professeur en la même Faculté, Alphonse de la Puebla, plus tard ministre de Tolède[5].

Gaguin, un des précurseurs de la Renaissance, donna aux études de ses moines une vive impulsion et pensa même aux études des Trinitaires à l'étranger. Voulant, en 1486, recouvrer une chapelle à Oxford, il intéresse à sa requête « les doctes et sages commissaires et régents » de l'Université, leur promettant que les Trinitaires, par reconnaissance du service rendu, « viendront goûter la céleste rosée de leur science[6] ». C'est de l'étranger précisément que devait partir le réveil littéraire des Trinitaires de France.

Diego de Gayangos, provincial de Castille, reçut des privilèges pour quarante Trinitaires, étudiants en l'Université de Salamanque, qui furent assimilés à ceux qui étudiaient à Paris. L'Espagne fut d'ailleurs un très vif foyer de science. Ses écoles eurent une telle réputation que des Trinitaires français comme Guillaume Watten et Louis

---

1. L'abbé Féret, t. II, p. 596.
2. Dom Martène, *Thesaurus anecdotorum*, t. I, 1019³.
3. Voir la monographie des Mathurins, en préparation.
4. Arch. Nat., L 311, n° 15.
5. P. Denifle, *Chartularium*, IV, 528.
6. Bibl. de Marseille, manuscrit 1214, f° 5 v°.

Petit vinrent y étudier[1]. Au chapitre général tenu en 1578 à Grenade par Bernard Dominici, il y eut, pendant deux jours, en présence de l'archevêque, de grandes discussions théologiques, soutenues par ces religieux. Lorsqu'au dix-septième siècle le pape voulut adapter aux chapitres généraux de l'ordre la forme des chapitres espagnols, il ne manqua pas de prescrire qu'on choisît avec soin des religieux, pour discourir sur certains points de droit canonique, tant pour l'affirmative que pour la négative. Les Constitutions spéciales de l'Espagne parlent d'ailleurs de Maîtres et de *Présentés*[2] (c'est un grade en théologie), et ces titres, comme celui de docteur «*jubilé*», se transmirent aux Trinitaires du midi de la France.

Le concile de Trente accorda aux gradués des privilèges importants, comme des dispenses d'âge pour l'éligibilité aux offices monastiques. En conséquence, Jacques Bourgeois demanda, dans sa *Formule de réformation* (p. 56), que nul ne pût être élu ministre d'un couvent s'il n'avait obtenu, au moins, le grade de bachelier en théologie à Paris ou à Douai; il voulait aussi que tous les sujets méritants fussent envoyés dans une Université ou dans les séminaires, s'il n'y avait pas d'école dans le couvent.

C'est en application de ce principe que Pierre Mercier, futur général de l'ordre, fut envoyé, en 1637, chez les Jésuites de Châlons-sur-Marne, où il étudiait pour 45 écus par an, payés par la maison de Fontainebleau dont il était profès[3].

Chaque couvent important devait donc avoir une école pour ses religieux. Le P. Nicolas Campaigne, ministre de Toulouse, ayant envoyé deux novices étudier ailleurs (l'un d'eux, le P. Vignaux, devint ensuite définiteur), fut sévèrement puni en 1684 par Pierre Mercier[4], jugeant cette décision fâcheuse pour le bon renom des écoles trinitaires de Toulouse. Lors de la cession aux réformés du couvent de Digne en 1699, il est spécifié que Joseph Bernard, religieux-clerc,

---

1. Bibl. Mazarine, recueil 37218, 14ᵉ pièce.
2. Une décision de la Congrégation des Evêques et Réguliers (10 nov. 1676) ainsi libellée: *Nemo fiat Magister nisi prius examinetur*, prescrit que même les Maîtres promus par lettres apostoliques subissent un examen rigoureux.
3. Bibl. Sainte-Geneviève, ms. 3244, fº 203 vº.
4. Pièces 223 et 224. — Il est douteux que ce soit là le seul motif de la punition infligée au P. Campaigne.

étudiera deux ans à Avignon¹. Il fit honneur à ces études, puisqu'il devint en 1729 procureur général à Rome.

Bien des témoignages se rapportent au zèle pastoral des Trinitaires au dix-septième siècle. En 1614, l'évêque de Montpellier, Pierre de Fenoillet, prit un Mathurin et un Augustin pour enseigner la théologie ; ceux-ci convertirent trois pasteurs protestants². Bernard Dominici, général de l'ordre de 1570 à 1597, reçut de nombreux éloges pour ses prédications de près d'un demi-siècle, « aussi chères aux catholiques qu'elles étaient odieuses aux protestants ». Le P. Darde, ministre de Verberie, publia un recueil de sermons³, que j'ai vu à la Bibliothèque de Cerfroid.

En Espagne, Paul Aznar, Simon de Rojas, auquel on fit de solennelles funérailles⁴ en octobre 1624, Balthazar Paëz, Hortensio Paravicino qui prononça l'éloge de Simon de Rojas⁵ et dont les Mathurins de Paris possédaient des recueils de sermons, comptèrent parmi les plus illustres prédicateurs de leur temps.

Si grande était alors la réputation des Trinitaires de la Congrégation Réformée qu'on leur confia plusieurs collèges, tant au Nord qu'au Midi. L'instruction des enfants fut le but principal de la fondation de Coupvray, dans le diocèse de Meaux. Les collèges de Bourmont et de Péronne ont été l'objet de monographies détaillées, en leur rang alphabétique. — A Lorgues (Var), la communauté donna 100 écus pour deux régents trinitaires. En 1707, un collège leur fut offert à Saint-Remy ; de même, en 1725, à Digne, les consuls leur demandèrent de faire les classes, de la sixième à la troisième⁶.

Les religieux mêmes de l'ancienne observance se montrèrent jaloux de rivaliser avec la jeune congrégation. A Fontainebleau, ils firent construire, sur une pièce de pré sise près l'église d'Avon, un bâtiment de 35 pieds de long, 16 de large et 22 de haut, pour servir d'école aux pauvres filles de la paroisse⁷.

1. Liasse des Trinitaires de Marseille (non cotée).
2. GARIEL, *Series praesulum...*, 2ᵉ partie, p. 321.
3. Il y a plusieurs manuscrits de sermons trinitaires à la Bibliothèque de Marseille.
4. *Relaciones curiosas*, Bibl. Nat., Oa 198, n° 23.
5. Bibl. Nat., Oo 587.
6. Trinitaires de Marseille, reg. 13, pp. 112, 153.
7. LEMAIRE, *Documents intéressant le département de Seine-et-Marne*, Ministère des finances, 2111.

C'est également à l'éducation des jeunes filles que se dévouèrent les religieuses Mathurines[1] ou Filles de la Trinité, établies au faubourg Saint-Antoine vers le début du dix-septième siècle. Leurs constitutions, conservées à la Bibliothèque de l'Arsenal (ms. 2234, f° 110), sont calquées sur celles des religieux; elles prescrivent même un prélèvement pour le tiers des captifs.

On ne voit guère que les Trinitaires aient étudié la langue arabe, dont la connaissance leur eût été si utile pour leurs voyages de rédemption. Deux manuscrits en cette langue leur ayant appartenu sont déposés aujourd'hui à la Bibliothèque de Lisieux. Jérôme de Saint-Jacques, définiteur des Trinitaires Déchaussés en 1799, était professeur de langue arabe et illyrienne au collège de la Propagation de la Foi[2].

Les Trinitaires n'ont jamais beaucoup cultivé les sciences; on ne peut citer sérieusement comme savant leur grand-ministre Jean de Troyes, puisqu'il ne fit guère que de l'astrologie. Je puis signaler, à titre de curiosité, un Trinitaire de Châteaubriant, Joseph Maréchal[3], qui, sur ses économies, s'était acheté une machine pneumatique et d'autres instruments de physique (fin du dix-huitième siècle).

En 1635, le P. Barthélemy de Puille consacra les quarante dernières pages de sa *Vie de saint Roch* à donner des « remèdes salutaires contre la peste ». Il est le digne prédécesseur en cette matière des PP. Ignace de Saint-Antoine et Giraud, déjà cités.

Le P. Ignace de Saint-Antoine est un esprit des plus distingués et curieux de tout; ses manuscrits renferment aussi bien des discussions de droit canonique sur le jansénisme que des formules de médicaments contre la peste, des recettes de botanique, de médecine et de véritables observations astronomiques. Le seul travers qu'on puisse lui reprocher, c'est une foi trop naïve dans l'efficacité de ses petits traités, comme le fait voir ce titre : « Bref et facile moyen par lequel on peut faire voir à tout ministre qu'il abuse et à tout religionnaire qu'il est abusé » ; il ne vécut pas assez longtemps pour

---

1. Ce sont les seules religieuses qui, en France, aient été rattachées à l'ordre. Les religieuses de la Trinité qui desservaient l'Hôtel-Dieu de Valence prirent l'habit de l'ordre, sans y être aucunement affiliées.
2. *Bulletin de l'ordre de la Trinité*, oct. 1899.
3. *Archives de la Loire-Inférieure* (Inv.), H 475.

voir si quelque malade, après avoir bu son « remède contre toute sorte de peste[1] », eût pu guérir lors de la fameuse épidémie de 1720, dont le P. Giraud a écrit le journal déjà rappelé.

Ce dernier s'était adonné à la philosophie, fort répandue dans les couvents d'Avignon, de Marseille et d'Aix ; étant lecteur, le 20 mai 1707, il écrit une lettre en faveur d'Aristote et blâme un religieux qui a traité ses confrères d'ignorants parce que cartésiens : « Un professeur habile, dit-il, ne deviendra pas ignorant et incapable de former de bons écoliers parce qu'il s'attachera à un bon auteur moderne. »

Le P. Giraud envoie à M. de Clairambault une « relation curieuse » du grand hiver de 1709 ; mais son principal correspondant scientifique est un M. de Malleval, avec qui il discute des points de théologie, de météorologie, notamment le vent *Pontius*, le *vent de Nions* (c'est-à-dire le mistral) et même la question de savoir s'il y avait des sacrements avant le déluge[2] ! Quelque naïves que soient ses conclusions, il faut le louer de sa curiosité scientifique, trop rare chez ses confrères.

Les Trinitaires ne s'adonnèrent pas non plus beaucoup aux arts ; je ne puis que rappeler une fois de plus ce religieux de Tarascon, Darmin, qui donna les dessins pour la construction d'un hôtel de ville[3], « fort nécessaire pour y loger les papiers de la communauté, vu qu'ils sont en mauvais état » (1642).

1. Pièce 249.
2. Bibl. de Marseille, ms. 1411 (*passim*).
3. Archives communales de Tarascon, Inv. BB 40.

APPENDICE IV.

Les grands personnages Trinitaires.

Si l'on en croyait les auteurs trinitaires, peu d'ordres auraient compté autant de cardinaux, d'évêques, de conseillers de roi, d'ambassadeurs, d'écrivains illustres, de prédicateurs. Les manuscrits du P. Ignace de Saint-Antoine, les livres imprimés de Lopez de Altuna, Figueras, Baron, et Calvo même, avec plus de mesure pourtant, sont pleins de listes de grands Trinitaires. Le fondateur lui-même aurait réuni en lui tous les mérites et toutes les dignités (légat du pape, théologien du roi de France, etc.), à part le cardinalat qu'il aurait refusé par modestie [1]. Serait-il irrespectueux d'insinuer que, pour que saint Jean de Matha ait eu à refuser cet honneur, il faudrait d'abord qu'Innocent III le lui eût offert, ce dont il n'y a aucune preuve ? Cela rentre dans la catégorie des « pieuses croyances », que les papes mentionnent, sans en faire un article de foi.

Les mêmes historiens trinitaires ont attribué à leurs fondateurs des relations avec saint Dominique et saint François, essayant de les glisser au milieu des légendes des ordres mendiants, au risque de les contredire. Par exemple, Jean « l'Anglais », présentant saint Dominique et saint François au pape Innocent en 1215, leur aurait donné l'hospitalité à Saint-Thomas *de Formis;* or, Gérard de Frachet n'en dit rien.

Voici maintenant une légende interprétée par deux ordres rivaux ; on rapporte que saint Dominique voulut se vendre pour racheter le fils d'une pauvre femme, mais fut détourné de ce projet par une vision céleste. « Je pourvoirai à ce rachat par le moyen d'un jeune

---

[1]. M. de Tourtoulon, dans son *Histoire de Jayme Ier*, a montré de même que Pierre Nolasque ne fut pas précepteur de ce roi, qui ne parle même pas de l'ordre de la Merci dans sa *Chronique*.

docteur de Paris nommé Jean », fait dire par Dieu le P. Calixte. Au contraire, les Pères de la Merci rapportent que saint Dominique crut entendre une voix qui lui dit : *Non tibi, sed Petro* (ce n'est pas à toi, mais c'est à Pierre que cette tâche incombe). Ce Pierre, c'est Pierre Nolasque[1]. Par une singulière inconséquence, aucun des historiographes des ordres rédempteurs ne suit l'histoire jusqu'à son terme logique, qui serait le rachat de ce jeune homme.

Les listes de grands hommes fournies par les Trinitaires étant interminables, je me bornerai à une seule, celle des évêques, pour lesquels il existe de faciles moyens de contrôle, notamment la *Series episcoporum* de Gams ; la démonstration sera valable pour les autres catégories de grands hommes. Relevons chez eux une fâcheuse tendance à inventer des personnages ou à « baptiser » ceux dont les noms sont inconnus[2].

I. — Les Trinitaires ne citent presque aucun de leurs confrères français comme évêque, sauf un Pierre, absolument imaginaire, à Marseille, au début du treizième siècle. La plupart des évêques Trinitaires sont d'Espagne ou de Portugal ; une cinquantaine sont de Grande-Bretagne, et sur ceux-ci (je les ai tous contrôlés) un seul nom est exact, et encore cet archevêque de Saint-André, Guillaume Lamberton, qui vécut bien à l'époque indiquée, n'est point mentionné par Gams comme ayant été Trinitaire. Parfois les historiens Trinitaires prennent des noms de personnages réels, mais les changent de pays ou de siècle. Baron nous parle d'un prétendu archevêque de Dublin, nommé *Herveus Pratus*[3], qui aurait vécu vers *1305* ; ce nom est celui d'un Normand qui avait fait une donation en *1205* à l'hôpital de la Sainte-Trinité de Verneuil (Eure), que, malgré les allégations de Baron, nous n'attribuerons point à l'ordre Trinitaire. Un autre procédé consiste à dire que le personnage en question (Diego de Gayangos par exemple) fut évêque *nommé*, mais mourut avant d'avoir pris possession de son siège.

---

1. *Histoire de l'ordre de la Merci* (1685), p. 28.
2. Lettre du P. Cazeneuve au P. Ignace de Saint-Antoine : « ... *vingt* religieux que vous pouvez baptiser si bon vous semble » (10 octobre 1680).
3. Un autre Trinitaire l'appelle *Robertus Herveus*. Le vrai nom est Richard de Havering.

Pour l'Espagne, antérieurement au dix-septième siècle, deux noms seulement sont authentiquement ceux de Trinitaires, Alphonse Pirez, évêque d'Evora, mort en 1339, et le cardinal Antoine Serdan, évêque de Lérida, mort en 1459. Il avait été chargé de rétablir la paix entre les Florentins et le roi de Naples, Alphonse le Magnanime, et de rendre à la ville d'Ariano un corps saint transporté indûment à Bénévent. A partir du dix-septième siècle, au contraire, les renseignements sont presque tous exacts. Cela se comprend car Figueras, écrivant vers 1640, n'osa pas tromper sur ses contemporains. Quant au P. Ignace de Saint-Antoine, il se tint au courant de tout ce qui concernait son ordre avec une conscience admirable.

Citons pour cette époque Dominique Tafur, évêque de Campagna au royaume de Naples, procureur de la Congrégation d'Espagne à Rome, mort en 1679, un archevêque de Grenade, Alphonse de los Rios (1678-1692), des évêques d'Oviedo, de Mondonedo (en Galice), de Salamanque, de Lérida, d'Alméria, de Bosa au royaume de Naples (Jérôme Garcian), de Guarda et d'Evora en Portugal, etc.

Un plus grand nombre de religieux Trinitaires furent évêques dans les colonies espagnoles : à Santiago de Cuba, à Porto-Rico (Damiano Lopez de Haro, mort en 1645), à Carthagène en Colombie, à Sainte-Marthe, à Panama. Diego Morcillo fut évêque de Nicaragua (1701), puis de La Paz en 1708. Plusieurs Trinitaires furent archevêques de Lima. Bref, au dix-septième et au dix-huitième siècle, l'ordre Trinitaire tient une place honorable dans les hautes dignités ecclésiastiques.

A cette même époque, les Trinitaires d'Espagne, et principalement les religieux de la Congrégation Déchaussée, comptaient parmi eux un grand nombre de religieux dont les vertus parlaient assez haut pour qu'il en rejaillît sur tout l'ordre un honneur mérité.

Il a été question de Simon de Rojas comme provincial de Castille et comme prédicateur, de l'estime que faisait de lui sa pénitente la reine Isabelle de Bourbon, qui ne lui permettait pas de quitter la cour même pendant un jour. Il mourut au mois de septembre 1624; pendant treize jours les principaux couvents de Madrid, tour à tour, célébrèrent ses funérailles, et des oraisons funèbres furent prononcées en son honneur par les orateurs les plus distingués. Sa renommée, attestée par des miracles, fut tellement éclatante que, en 1766, le pape Clément XIII l'inscrivit au nombre des bienheureux[1]; les couvents de son ordre reçurent aussitôt la permission de dire son office et de célébrer sa fête.

Les Déchaussés revendiquent comme saint leur fondateur Jean-Baptiste de la Conception, auquel ses longs labeurs pour établir la Congrégation et les sévices dont il fut l'objet, de la part des non-Réformés, méritent amplement ce titre.

Parmi les religieux de cette Congrégation, Thomas de la Vierge et Michel des Saints méritent d'être retenus. La cellule du premier fut transformée en une chapelle, où fut quelque temps déposé le corps de saint Jean de Matha, lorsqu'il eut été enlevé de Rome en 1655. Le second fut canonisé par Pie IX au mois de juin 1863.

II. — On voit donc que, pour les siècles modernes, les Trinitaires avaient fourni à l'Église un contingent respectable de personnages illustres. Mais, lorsqu'ils étudièrent leur histoire au dix-septième siècle, ils furent confus de rencontrer pour leurs origines un si petit nombre de noms marquants, et ils jugèrent que l'honneur de leur ordre les obligeait à en avoir à tout prix. Ils prirent donc pour tâche d'attirer à leur ordre des personnages *libres*, pour ainsi dire, c'est à dire au sujet desquels l'ordre religieux auquel ils appartenaient est ambigu. C'est ainsi qu'ils revendiquèrent Pierre Corbellin, archevêque de Sens (Petit-Radel, dans l'*Histoire littéraire de la France*, notice sur saint Jean de Matha, a admis cette prétention sans la contrôler), Jean de Holywood, astrologue anglais, auteur du traité *De Sphaera*, par le seul fait qu'il fut enterré chez les Mathurins, et un docteur fort connu, Henri de Gand, qui serait entré en 1256 chez les Trinitaires d'Hondschoote. Figueras (p. 132) l'affirme comme un fait; Baron s'est donné la peine de faire à ce sujet une dissertation, peu concluante. L'*Arbor Chronologica* donne la biographie de Henri de Gand (p. 160), sans mentionner explicitement qu'il ait été Trinitaire, hommage platonique à une tradition, à laquelle personne ne croit. La revendication comme Trinitaire de l'évêque de Barcelone, Bérenger de La Palu, qui présida à la fondation des Pères de la Merci, nous sert de transition naturelle pour arriver au point principal de

---

1. *Arbor Chronologica*, p. 190.

cette polémique, visant surtout leurs émules dans le rachat des captifs, les Pères de la Merci. Les disputes au sujet de personnages distingués sont le fait des deux ordres et, en présence des affirmations contradictoires, la décision finale est difficile. Une circonstance atténuante doit être cherchée dans ce fait, qu'en Espagne il y eut beaucoup d'homonymes dans les deux ordres; dès lors, il est impossible de voir de la mauvaise foi dans une grande partie de ces revendications. Les deux personnages à propos desquels furent brisées le plus de lances sont deux prélats du treizième siècle : Sanche, infant d'Aragon, mort en 1275 archevêque de Tolède, et saint Pierre Pascal, évêque de Jaen, tué en 1300 par les Maures. Sanche est revendiqué par l'ordre de la Merci, et l'abbé Ulysse Chevalier adopte cette prétention. La chronique espagnole de Jaufré de Loaisa, publiée dans la *Bibliothèque de l'Ecole des Chartes* par M. Morel-Fatio en 1899, ne tranche pas la question. Comme ce point est caractéristique de la méthode historique des Trinitaires, il vaut la peine de s'y arrêter.

Les Pères de la Merci assurent que Sanche reçut l'habit des mains mêmes de saint Pierre Nolasque; or celui-ci mourut en 1256. Les Trinitaires s'efforcent de retarder le plus possible la date de la naissance de Sanche; celui-ci serait le troisième fils issu du second mariage de Don Jayme, avec Yolande, célébré en 1245 (d'autres le placent dix ans plus tôt, ce qui détruirait entièrement le raisonnement trinitaire); on ne peut raisonnablement fixer cette naissance avant 1248; donc Sanche avait huit ans lors de la mort de saint Pierre Nolasque. Pour qui doute de cette filiation, voici un acte commençant ainsi : « *Ego denique infans* Sanctius, filius illustrissimi regis Jacobi *et reginae dominae Violantis,* etc., — offero tibi domino... Jacobo de Vallis... ecclesiam Sanctae Mariae... ut in ea facias et construas monasterium *nostri* ordinis Sanctae Trinitatis. » Devant une aussi enfantine falsification, la critique est désarmée, et il vaut mieux ne pas prendre l'affaire au tragique. L'acte peut d'ailleurs n'être qu'interpolé, et les mots en italique sont peut-être seuls ajoutés à un acte authentique, dont le contrôle ne sera possible que quand la diplomatique espagnole existera. La même remarque s'applique à un diplôme de Jayme Ier au couvent de Tortose[1] « *ubi filius noster Sanc-*

---

1. Cet acte, donné *ad preces filii mei Sanctii*, est daté du 12 juin 1251 ; si

tius inter alios fratres vitam et habitum gerit. » Les Pères de la Merci ayant été très protégés par les rois d'Aragon, l'intérêt qu'avaient les Trinitaires à une pareille recrue est trop évident. Les bulles pontificales adressées à Sanche, notamment la 73e de Grégoire X, l'appellent simplement archevêque de Tolède, et il est possible qu'il n'ait appartenu à aucun des deux ordres rivaux.

Saint Pierre Pascal, théologien du treizième siècle, né en 1227, nous offre un problème plus facile, car ici les prétentions des Trinitaires ont été formellement condamnées par Rome. La bonne foi des Pères de la Merci paraît évidente (les abbés Féret et Chevalier y croient formellement), la biographie donnée par ceux-ci est vraisemblable, à part le trop grand rôle que le 6 août joua dans l'existence du saint. Au dix-septième siècle, les Trinitaires fabriquèrent des images où saint Pierre Pascal était représenté avec l'habit de leur ordre; ils produisirent des témoignages de nombreux religieux, persuadés que l'évêque de Jaen était Trinitaire. Sur la plainte des Pères de la Merci, le pape ordonna la destruction des images ainsi falsifiées (20 août 1675). L'origine des religieuses Trinitaires nous montrera, de la part des Trinitaires, un procédé plus audacieux encore.

Il ne faudrait cependant pas accabler uniquement les Pères de la Trinité; car ceux de la Merci ont, une fois au moins, usé des mêmes armes, sans parler d'un de leurs religieux dont Latomy parle (p. 458) sous le nom du bienheureux Jean de Matha; Roch du Saint-Esprit, religieux de la seconde moitié du seizième siècle, qui aurait ramené en Portugal le corps du roi Dom Sébastien, tué en 1578 à la bataille d'Alcazarquivir, est cité comme définiteur, le 8 janvier 1586, dans un acte publié à la page 319 du Bullaire trinitaire, ouvrage digne de toute confiance. Les Trinitaires paraissent avoir ici raison, si tant est qu'il n'y ait pas eu, dans chacun des deux ordres, deux religieux du même nom, ce qui trancherait la controverse de la manière la plus conciliante.

l'on en croyait la chronologie trinitaire, l'infant serait né en 1248. Les faussaires ne se sont pas mis d'accord entre eux!

APPENDICE V.

Saint Jean de Matha après sa mort[1].

I. — CANONISATION.

Les règles de la canonisation sont dérivées en grande partie des décrets d'Urbain VIII[2], qui la rendirent plus difficile. Le pape prescrivit très sagement cinquante ans, au moins, d'intervalle entre la mort du personnage et l'ouverture de son procès de béatification. L'évêque local fait une instruction, qu'il transmet à la Congrégation des Rites sous pli cacheté; il faut un décret des Cardinaux pour ouvrir ce pli. L'évêque choisit un *postulateur*, qui prend lui-même un avocat; celui-ci recherche tous les écrits du candidat à la sainteté et rédige un rapport imprimé. *Le promoteur de la foi*, appelé parfois trivialement l'*avocat du diable*, fait des objections, quelque puériles qu'elles puissent être. Une difficulté arrêta, plusieurs années durant, le procès de canonisation de saint Vincent de Paul, à savoir la découverte que le saint prisait; il fallut prouver que l'usage du tabac lui était recommandé par les médecins! Dans le cas de saint Jean de Matha, il est piquant de voir Prosper Lambertini, comme promoteur de la foi, accumuler les objections contre l'*identité* indubitable du corps de saint Jean de Matha, alors que, comme pape, il devait plus tard réintroduire la cause et la faire résoudre affirmativement. N'est-ce pas là une preuve que l'avocat du diable (comme tout avocat, d'ailleurs) n'est pas obligé de croire ce qu'il dit?

Le postulateur, ayant réfuté toutes les objections du promoteur, offre un grand repas (*rinfresco*) aux Cardinaux. On fait trois réu-

---

1. Sources principales : Bibl. Nat., *Procès de canonisation*, H 1076, n°s 4324-4331, et BENOIT XIV, *De canonisatione sanctorum* (*passim*).
2. Aussi les auteurs ecclésiastiques, en tête de leurs ouvrages hagiographiques, protestent de leur attachement aux décrets d'Urbain VIII.

nions espacées pour les *vertus*, trois pour les *miracles;* la septième est présidée par le pape, qui signe alors le bref de béatification. La canonisation n'est prononcée qu'après de nouveau miracles[1].

A première inspection, on voit que ces règles ne pouvaient guère s'appliquer à saint Jean de Matha. Depuis plus de quatre siècles, il était mort; par conséquent, personne ne pouvait l'avoir connu ni avoir entendu parler de lui; l'enquête de l'évêque local était donc impossible. Quant à des écrits, il n'en avait laissé aucun. Les vertus et les miracles étaient fort obscurs; il en est un cependant sur lequel tout le monde s'accorde, c'est la cessation d'une peste à Ubeda en 1694, mais il est postérieur à la canonisation. Son corps même était disparu, ayant été enlevé par les Espagnols.

Les Trinitaires pouvaient heureusement réclamer le bénéfice d'une exception au décret d'Urbain VIII : « sauf si le culte *immémorial* des Saints était prouvé. » La cour de Rome fut indulgente pour saint Jean de Matha; Benoît XIV a cité à l'appui du culte les décrets du chapitre de 1291, rapportés par Baron, le témoignage de George Innès, auteur imaginaire, le bréviaire obtenu par le provincial d'Angleterre en 1308 (*sic*) du pape Jean XXII, les leçons du Bréviaire approuvées par le pape (!), la lettre apocryphe de l'abbé de Saint-Victor au pape en 1193, qu'Antoine Zapata disait avoir extraite des archives de Saint-Victor. Le culte immémorial fut encore prouvé par un tableau de Saint-Étienne *in Trallo*, où le fondateur était représenté avec des rayons et une gloire, au plus tôt en 1581! Mais ne soyons pas plus difficile que la cour de Rome.

Les frais d'un si long procès étant très élevés, l'ordre pauvre des Trinitaires, chez qui la sainteté n'a certainement pas été moins répandue que dans les autres, a si peu de saints, alors que les Frères Mineurs, qui ont une caisse de canonisation spéciale, comptent un très grand nombre de bienheureux. Il fallut donc des raisons très sérieuses aux Trinitaires pour entreprendre une œuvre si difficile.

Comme toujours, l'ordre rival de la Merci eut sur l'activité trinitaire le plus salutaire effet. La canonisation de saint Raymond de Pennefort, le 1er août 1601, et celle de saint Pierre Nolasque, en 1628, plaçaient les fils de saint Jean de Matha dans une infériorité

---

1. GRIMALDI, *Les Congrégations romaines*. Sienne, 1890, pp. 305-329.

manifeste. Aussitôt saint Jean de Matha et saint Félix de Valois, dont le culte était fort éteint au seizième siècle, si tant est qu'à une époque quelconque il ait jamais été bien vivace, devinrent l'objet de nombreuses biographies où le caractère historique est effacé par le but d'édification[1]. Dans leur pieux zèle, les Trinitaires Déchaussés allèrent jusqu'à prétendre que leurs saints fondateurs avaient été canonisés dès 1263 (ils citaient même des dates pour l'inscription au martyrologe et pour la canonisation), mais que la bulle ne s'était point retrouvée. Quelque négligents qu'aient été les Trinitaires, ils ne le furent jamais à ce point. Il est bien singulier que la cour de Rome n'ait jamais répondu aux Trinitaires en faisant effectuer dans les registres de la chancellerie pontificale des recherches qui auraient détruit cette prétention; elle préféra sans doute ne pas les ridiculiser et garder le silence qu'elle recommande tant aux autres. Quoi qu'il en soit, les Trinitaires reconnurent qu'une nouvelle canonisation solennelle était nécessaire, et leurs efforts finirent par aboutir. Plusieurs bulles d'Urbain VIII, notamment une de mai 1632, donnent aux fondateurs de l'ordre le nom de saints. L'Espagne, où les Trinitaires Déchaussés se sont établis, redouble de zèle; aussi la fête des deux saints s'y célèbre-t-elle le 17 décembre, en vertu d'une bulle du 9 octobre 1646[2]. Un reproche que l'on adressa au P. Francisco de Arcos, provincial de Castille, fut d'avoir mis à deux jours différents la fête des Fondateurs[3] (1656).

En même temps que saint Pierre Nolasque était inscrit au Martyrologe romain, la canonisation des deux saints Trinitaires suivait son cours régulier. Au mois d'août 1666, leur culte est déclaré immémorial par Alexandre VII[4]; Clément IX accorda aux Trinitaires d'Espagne le droit d'honorer leurs fondateurs par la messe des confesseurs non pontifes (12 avril 1669), étendit ce privilège aux Religieuses Trinitaires (26 août) et même aux Réguliers du duché de Savoie, où se trouvait Faucon, patrie de saint Jean de Matha (8 octobre)[5]. Le

---

1. Voir le chapitre Ier de cet ouvrage.
2. *Bullaire*, pp. 516 et 535. L'abbé PRAT, *Vie de saint Jean de Matha*, p. 199.
3. Bibl. du Vatican, ms. Ottoboni 1123, f° 82 v°. Il se justifie par l'exemple des Déchaussés.
4. *Bullaire*, p. 565. Cette bulle est adressée à Jean de la Conception, procureur général des Déchaussés.
5. *Bullaire*, pp. 573-577.

20 décembre 1670 des indulgences étaient accordées à ceux qui visiteraient les églises trinitaires, le jour de leur fête.

Sur les instances du roi de France, la Congrégation des Rites décida de les insérer au Martyrologe romain (24 janvier 1671) et fixa leurs fêtes respectives à l'anniversaire de leur mort : pour saint Jean de Matha au 17 décembre, pour saint Félix au 4 novembre[1].

L'Espagne reçut le 6 mai 1673 des offices propres des nouveaux saints, dont la célébration fut aussi autorisée en France à la demande du P. Ignace de Saint-Antoine (13 janvier 1677)[2]. Le 20 juillet de la même année, Louis XIV écrivit au pape une nouvelle lettre pour hâter la canonisation.

Le cardinal Fachenet transféra les fêtes des patriarches aux premiers jours disponibles, qui furent le 8 février pour saint Jean de Matha, le 20 novembre pour saint Félix (31 juillet 1672)[3]. C'est à ces dates qu'elles se célèbrent encore aujourd'hui.

Ce n'est qu'en 1683 que les Trinitaires Chaussés de France se firent accorder le droit de dire la messe de leurs fondateurs[4]. De plus, deux jours par semaine, l'office et la messe des deux saints purent être récités, s'il n'y avait pas d'empêchement[5]. Ce privilège fut étendu le 26 janvier 1686 à l'Allemagne, le 20 janvier 1690 à la Pologne, le 19 mai 1694 à l'Église entière.

Le 20 janvier 1742, Benoît XIV approuva l'office de la translation du corps de saint Jean de Matha. Les vigiles des deux saints furent accordées le 19 avril 1745, et, le 16 décembre 1752, l'absolution générale fut étendue aux jours de leur fête. En 1763, la fête de saint Jean de Matha ayant dû être transférée, le pape déclara que l'indulgence se transportait avec la fête (29 septembre 1768)[6]. En 1769, les Trinitaires reçurent la permission d'intercaler dans le *Confiteor* les noms de saint Jean et de saint Félix[7]. Le 9 décembre 1775 enfin, ils reçurent l'office de l'octave de saint Jean de Matha.

1. P. 586.
2. P. 602.
3. P. 616. Le 17 décembre commençaient les grandes antiennes ; le 4 novembre était la fête de saint Charles Borromée.
4. P. 625.
5. P. 626.
6. Le 30 septembre 1679, la Congrégation des Rites avait décidé le contraire (*Bullaire*, p. 535).
7. Quoique un certain nombre d'églises trinitaires aient été bâties après

Les Trinitaires avaient d'ailleurs la joie de voir accueillir dans le Bréviaire romain leurs plus légendaires traditions, sans cesse amplifiées jusqu'au P. Calixte.

II. — Le corps de saint Jean de Matha.

Pendant le cours même du procès de canonisation s'était produit un fait très curieux, qui a pu justement être passé sous silence jusqu'ici : c'est l'enlèvement du corps de saint Jean de Matha, qui donna lieu à une procédure spéciale.

On se rappelle que le fondateur de l'ordre avait été enterré à Saint-Thomas *de Formis*; après la cession du couvent au chapitre de Saint-Pierre, le corps de saint Jean de Matha, à côté duquel vinrent reposer deux autres généraux de l'ordre, y demeura cependant. En 1655, deux frères convers Chaussés, Gonzalve de Médina et Joseph Vidal, voyant que Saint-Thomas *de Formis* était éloigné de toute habitation et pour ainsi dire dépourvu de culte, eurent l'idée de transporter le corps en Espagne [1].

Le soir de la Saint-Charles, ils se rendirent à Saint-Thomas, trouvèrent en haut le corps du saint dont, au dire de la tradition, les ossements étaient gigantesques, et l'emportèrent à Sainte-Françoise-Romaine (19 mars 1655). Pierre Arias Portocarrero, procureur général de l'ordre, conseilla aux pieux ravisseurs de retourner à Saint-Thomas, de prendre les os des deux autres généraux et d'y poser une cédule contenant toute l'histoire, ce qui fut fait. Deux procès-verbaux furent dressés, à Rome par le cardinal François Barberini, archiprêtre de la Vaticane, à Madrid par le tribunal de la nonciature, en 1657.

Les os des généraux furent donnés au duc de Terranova, ambassadeur d'Espagne à Rome. Ceux de saint Jean de Matha furent confiés à Camille de Maximis, nonce à Madrid (24 novembre 1655) et conservés sous ses deux premiers successeurs. L'un d'eux, le cardinal Marescotti, reçut ordre de Clément X d'en faire la *reconnais-*

---

la canonisation des patriarches, deux seulement leur furent dédiées, celle de Faucon à saint Jean de Matha, et celle de Cerfroid, projetée par le P. Calixte, à saint Félix.

1. *De canonisatione sanctorum*, livre IV, 2ᵉ partie, chap. xxv, pp. 636-647.

sance : on ouvrit la caisse et l'on trouva le sceau du cardinal de Maximis, une cédule qu'Arias affirma avoir écrite; Gonzalve de Médina, devenu prêtre, en porta aussi témoignage (26 mai 1671).

Le 29 juin 1686, le cardinal Durazzo, nonce, donna ces reliques au général et au définiteur des Déchaussés d'Espagne, réservant un bras et une côte aux Trinitaires Chaussés.

Quoiqu'il n'y eût aucune difficulté sur l'*identité*, la Congrégation des Rites donna en 1694 un avis défavorable. Clément XI permit cependant, à la prière du roi et de la reine d'Espagne, ainsi que de l'archevêque de Tolède, que la question fût traitée à nouveau. Prosper Lambertini, promoteur, étant un des chanoines de Saint-Pierre à qui appartenait Saint-Thomas *de Formis* (les Trinitaires ne durent pas être flattés de ce motif), fit en sorte que le corps du saint ne fût pas renvoyé à Rome. Après avoir déclaré qu'il y avait beaucoup d'obstacles à l'identité, il changea d'avis, en s'appuyant sur la conservation des sceaux des différents nonces. A l'objection que les « *surreptores* » du corps étaient des malfaiteurs, il répondit qu'ils avaient agi pour assurer aux reliques le culte qui leur était dû, et que, dans des causes d'identité, l'Église avait admis le témoignage des ravisseurs et le culte des reliques ainsi dérobées (entre autres celles de saint Hilarion, saint Clément, saint Nicolas de Myre, saint Athanase, saint Romain, saint Marc, saint Roch[1], etc.) et dont quelques-unes avaient été cependant enlevées *ad lucrum captandum!*

Enfin, le 16 septembre 1721, le pape Innocent XIII, à la demande de Michel de Saint-Joseph, procureur des Trinitaires Déchaussés, sanctionna le décret de la Congrégation des Rites du 6 septembre précédent, portant qu'il y avait des motifs suffisants pour que le corps de saint Jean de Matha fût exposé à la vénération publique.

Prosper Lambertini, étant devenu pape sous le nom de Benoît XIV, envoya au général des Déchaussés le sarcophage de marbre où le corps du saint avait longtemps reposé, et qui portait encore l'épitaphe si souvent copiée; le préambule de la bulle du 3 février 1749[2] relate la plupart de ces détails.

Une relique fut envoyée aux Déchaussés de Faucon et une autre

---

1. Grâce aux travaux de M. l'abbé Bouillet, nous pouvons aujourd'hui y ajouter sainte Foy.
2. GUERRA, Table I, 75.

est conservée à Saint-Silvestre *in Capite;* le reste du corps est toujours conservé à Madrid. La Table de l'*España sagrada* nous apprend que saint Jean de Matha est patron principal du diocèse de Lérida, et que la fête de sa translation est célébrée dans tout l'archevêché de Tolède le dimanche avant l'Ascension.

APPENDICE VI.

Quelques diplômes espagnols du treizième siècle.

La lutte entre les Trinitaires et les Pères de la Merci, dont les débuts ont été exposés dans la troisième partie de cet ouvrage, ne prit que plus d'intensité en Espagne lorsque les Déchaussés entrèrent en lice. Alors commença, de part et d'autre, une série de commentaires critiques sur les privilèges de l'ordre rival, de fondations de couvents sur le terrain que l'autre ordre pouvait se croire réservé; ainsi les Trinitaires s'établirent à Barcelone en 1630. Puis vint la lutte à coups de documents : rappelant que Nicolas IV en avait donné l'autorisation aux Pères de la Merci, les Déchaussés obtinrent d'Urbain VIII la permission de recevoir des legs pour la rédemption[1] (5 juin 1631). Les Pères de la Merci ayant essayé d'empêcher l'exécution de ce bref en Navarre, l'évêque de Pampelune en référa au Saint-Siège; la Congrégation des Réguliers manda au nonce de faire exécuter le bref accordé aux Trinitaires (19 août 1636).

Mais ce n'était pas assez de tenir le présent, il était utile aux Trinitaires de prouver qu'ils avaient reçu et conservé, dès l'origine et à perpétuité, pour le rachat des captifs, les privilèges que les Pères de la Merci sont venus partager avec eux, et parfois leur enlever ; de là un certain nombre de diplômes royaux espagnols, dont la critique est des plus délicates. Faut-il soupçonner un faux, par exemple, dans la donation faite à saint Jean de Matha par une dame nommée Catalana (Figueras, p. 581), où la souscription du roi est placée au milieu des signatures de ses sujets? Le fait de la publication de l'acte par Figueras et Baron, si peu critiques, est assez suspect déjà. Le mieux est de diviser en trois classes ces diplômes, qui, comme on le remarquera, sont presque tous des vingt premières années du treizième siècle,

---

1. *Bullaire*, p. 471.

c'est-à-dire antérieurs à la fondation de l'ordre de la Merci et très utiles à alléguer :

1° *Actes que rien n'autorise à rejeter.* — Ce sont ceux de Guillaume Nabad pour Avingavia, de Bérenger d'Angularia ou d'Angresola qui, avec sa femme Anglesia, prend l'habit de l'ordre. Il ne paraît y avoir dans ces diplômes aucun caractère suspect.

Une bulle du 22 janvier 1519 (*Bullaire*, pp. 224-225) est adressée *prioribus, preceptoribus et ministris dicti ordinis :* or, le titre de précepteur n'a jamais existé dans l'ordre des Trinitaires. Toutefois, le chef de l'ordre étant parfois appelé *magister generalis* dans les bulles, on peut croire à une méprise de la cour de Rome. Léon X annule la suspension des indulgences, accorde aux Trinitaires la prédication et la quête dans les royaumes d'Aragon, de Valence, de Castille, de Léon et les îles Baléares. Les Pères de la Merci reçurent sans doute un privilège analogue, et la balance fut ainsi tenue égale entre les deux ordres.

2° *Actes interpolés.* — Ces additions sont des clauses finales maintenant aux Trinitaires la permission de quêter pour les captifs, malgré certaines éventualités. En voici deux exemples :

Nullus alius in perpetuum, nobilis vel cujuscumque dignitatis sit, etiam Episcopalis, possit Sanctum Redemptionis Captivorum opus pertractare in terris vel dominiis nostris, quamvis aliqua Congregatio fundaretur in perpetuum, cum precipue hoc privilegium spectet ad fratres ordinis S. Trinitatis et captivorum ex gratia sedis apostolicae (?).

Et si forsan, temporis decursu, aliqua institueretur piorum hominum Laicorum[1] congregatio pro redimendis captivis et a Sede apostolica approbetur, volumus quod titulo Redemptionis captivorum privetur !

Ce ne sont pas là des *prophéties*, mais, comme le disait D'Aubigné, des *apophéties*. Et, dans ces diplômes (11 décembre 1201-26 décembre 1205), avec une candeur qui désarme, les Trinitaires intercalèrent des mentions de la céleste révélation de leur ordre (Figueras, pp. 594-597). L'absence des originaux nous fait douter, comme à propos de Sanche d'Aragon, si l'acte est plus ou moins interpolé. Il est plus facile d'ajouter quelques phrases à un texte authentique que d'en fabriquer un de toutes pièces.

---

1. L'expression pour annoncer l'ordre de la Merci est d'ailleurs polie.

3° *Actes fabriqués*. — Tel est le contrat passé entre Constance d'Aragon et le grand-ministre Nicolas, en vue de la fondation du couvent de religieuses d'Avingavia[1].

Certains auteurs ont cru que saint Jean de Matha lui-même institua des Religieuses Trinitaires. Baron dit seulement qu'il donna peut-être l'habit religieux à quelques dames voulant se retirer du monde, sans fonder de congrégation à proprement parler. Mais en 1236, raconte Baron, Constance d'Aragon, sœur du roi Jacques le Conquérant, dont le mari Guillaume de Moncada avait été tué à la conquête de Majorque en 1232, manifesta le désir de prendre l'habit trinitaire et conclut avec le grand-ministre Nicolas une transaction qui n'occupe pas moins de quatre pages in-folio.

Nicolas, sur l'avis de Pierre, provincial d'Aragon et de Catalogne, de Pierre, procureur d'Avingavia, et de quelques Dominicains et Franciscains, adoucit la règle en faveur des religieuses. Il cède à Constance, moyennant un cens, la maison des Trinitaires d'Avingavia : le provincial paiera les dettes des religieux. Si Constance mourait avant d'avoir pris l'habit, le couvent profiterait des travaux qu'elle y aurait faits. Douze religieuses composeront la communauté et seront sous l'obédience du grand-ministre et du provincial; pourtant la prieure pourra recevoir des religieuses en sus des douze, si l'utilité du couvent le demande. Le tiers du revenu sera réservé pour le rachat des captifs et déduit des biens qu'apportera toute sœur entrant dans le couvent. Tant qu'il restera des frères, ils obéiront au ministre pour le spirituel, à la prieure pour le temporel. « Comme le sexe féminin est plus faible que le sexe masculin », des dispenses sont accordées à propos du jeûne et des offices.

L'acte est bizarrement composé; ainsi, après l'acceptation des conditions susdites par Constance, vient encore une clause oubliée. J'avais d'abord cru à une simple négligence, mais les Trinitaires ont compliqué leur cas en parlant d'un autre couvent de religieuses fondé à Canoas en Roussillon par l'évêque d'Elne Pierre Tarrojas, et où aurait vécu la princesse Marie, sœur de Constance. Or, *aucun de ces trois personnages n'a existé* : l'*Art de vérifier les dates* nous

---

1. La bulle de 1199 porte *Vingania*; Gaguin écrit *Ungavia*. Ce nom n'existe sous aucune de ces formes dans les dictionnaires topographiques espagnols.

apprend que le roi Jacques Ier d'Aragon était l'*unique enfant* de Pierre II. Il paraît donc inutile d'examiner de près la teneur de l'acte. Cette invention d'une princesse d'Aragon n'est pas dépourvue d'une certaine audace! Deux faits sont cependant constants : dès le début de l'ordre, les Trinitaires ont eu des possessions à *Vingania* et, au temps de Gaguin, c'était devenu un couvent de religieuses. En quel siècle et sous l'influence de qui ce changement s'était-il opéré, nous n'en savons rien.

Il y eut en Espagne de véritables religieuses Trinitaires, fondées en 1612 par Marie de Romero, et affiliées à la Congrégation Déchaussée. Plusieurs de leurs couvents existent encore dans diverses villes d'Espagne (Burgos, Madrid, Valence, etc.) C'est sur celui de Madrid que l'Académie espagnole a fait apposer un buste de Cervantès.

APPENDICE VII.

Procureurs des captifs et procureurs en cour de Rome.

C'est bien une preuve de la négligence des Trinitaires de n'avoir pas su nous conserver la liste des religieux qui occupèrent le poste de procureurs des captifs, capital dans cet ordre. Il faut arriver au xviie siècle pour trouver Claude Ralle, qui exerça cet office avec une grande distinction ; on peut seulement remarquer qu'il centralisait les ressources de tous les couvents et demandait aux religieux Réformés de les faire aussi parvenir à Paris. Il dut être remplacé dans cet office quand il devint général de l'ordre. Sa charge de secrétaire général ne l'avait pas empêché d'aller lui-même en voyage de rédemption. Il était à la nomination ou plutôt à la confirmation du chapitre général, car le procureur des captifs était à vie, lorsqu'on était satisfait de ses services.

Après lui, peut-être avec un intervalle, vint le P. Dupron, qui fut secrétaire de Pierre Mercier, ministre titulaire de la Villette-aux-Aulnes, comme Claude Ralle avait été ministre du Fay. Lorsqu'il mourut, le 4 novembre 1706, le Nécrologe des Mathurins remarque que « contre l'usage, il avait gardé *chez lui* le trésor de la rédemption[1] ».

Le P. Jean-Baptiste de La Faye, l'auteur de l'*Etat du royaume de Tripoli* et de la *Tradition de l'Eglise pour le rachat des captifs*, déjà citée, lui succéda ; il est célèbre par les rédemptions qu'il opéra en 1703 et de 1723 à 1725, en Maroc et à Alger. Au chapitre

---

1. Archives Nationales, reg. LL 1548, pp. 28-29.

correctoire de Marseille, en 1729, les fonctions de procureur des captifs lui furent continuées, malgré son grand âge.

Il y a une lacune entre lui et Honoré Gairoard (23 février 1753-septembre 1776), d'abord Trinitaire Réformé de La Cadière, puis transféré dans l'ancienne observance ; il rendit beaucoup de services à l'occasion de démêlés avec les Pères de la Merci, et signa en 1757 une transaction définitive au sujet des processions. Il démissionna et se retira en Provence.

André Gache, religieux de Marseille, fut nommé à sa place, sans doute par le général, le 23 juin 1777, à l'âge de cinquante ans. C'est le premier procureur des captifs dont la correspondance ait été conservée ; il fut chargé en 1779 du rachat des esclaves corses. Le P. Montoure fit son intérim en octobre et novembre 1781, et le P. Audibert, procureur des Mathurins de Paris, du 3 novembre 1783 au 14 mai 1784, on ne sait pour quels motifs. Il se retira en Provence vers 1787.

Le P. Brunel, qui devait lui être adjoint dès 1785, puisque c'est lui qui signe les quittances de toutes les fournitures faites à l'occasion de la dernière procession des captifs, tint la plume jusqu'au 22 juillet 1791. On voit que, jusqu'en pleine Révolution, les Trinitaires ne cessèrent pas de s'occuper d'un but aussi honorable pour leur ordre.

NOTE ADDITIONNELLE.

Procureurs en cour de Rome.

La liste des représentants de l'ordre auprès du pape est encore plus difficile à dresser que celle des procureurs des captifs, et cela pour deux raisons.

1° Le nom de ces personnages est inconnu, antérieurement à l'époque où l'ordre se divisa en plusieurs branches. A ce moment, non seulement les Chaussés, les Réformés et les Déchaussés avaient leur procureur en cour de Rome, mais même les provinces anciennes d'Espagne en avaient un aussi.

2° Le procureur des religieux de France était pris dans les différentes provinces de l'ordre, par une sorte d'alternance. Depuis une époque indéterminée, ses fonctions duraient six ans. En 1672, Louis de Béthencourt, provincial de Picardie, était revêtu de cette dignité ; en 1687, c'était Joseph Monier, originaire de la Provence.

Il a été dit que le chapitre général de 1704 décida qu'il n'y aurait qu'un seul procureur de l'ordre en cour de Rome, choisi, tantôt par les provinces de France, tantôt par les provinces étrangères, toujours pour six ans. Cette décision ne changea rien au sujet de la représentation à Rome des Trinitaires Déchaussés. Deux des procureurs dont le nom a été conservé pour le xviiie siècle, Joseph Bernard et Charles Malachane, étaient tous deux de Provence. Il semble que l'on ait choisi de préférence des religieux de Provence, afin d'épargner les frais de voyage. Ce procureur avait besoin, pour tenir convenablement son rang à Rome, d'une subvention de 2,000 livres par an, que le général répartissait sur les provinces de France, quand le procureur était un Français.

Le général des Trinitaires Déchaussés résidant maintenant à Rome, il n'est plus besoin d'un procureur en cette cour.

APPENDICE VIII.

L'historiographie trinitaire d'aujourd'hui.

Les Trinitaires ont su enfin comprendre que leur devoir était de réprouver les faussetés écrites par leurs devanciers. Le P. Antonin de l'Assomption a retrouvé, après un siècle, les excellentes traditions de Silvestre Calvo, et son *Diccionario de los escritores trinitarios de España y Portugal* (Rome, 1898-1899), en deux volumes, est un excellent monument de critique.

En guise de préface, le P. Antonin a dressé un inventaire de ce que conservent les archives trinitaires de Rome, tant à Saint-Charles-aux-Quatre-Fontaines que dans le couvent autrefois possédé par l'ordre, via Condotti. Plusieurs religieux du dix-huitième siècle, comme Laurent Reynès, qui était, vers 1760, un des secrétaires du général, rassemblèrent des documents qui font suite à ceux du P. Ignace de Saint Antoine, et concernent les provinces hors de France.

Afin de montrer les faussetés de Figueras et de Domingo Lopez, le P. Antonin a pris la partie de leur œuvre relative aux provinces de Grande-Bretagne, qu'ils prétendaient spécialement connaître. Il blâme à bon droit la liste fantastique de grands hommes qui auraient été Trinitaires et prélats, et rappelle qu'un pointage minutieux a fait reconnaître que tous ces noms étaient faux.

Figueras a eu un tort plus grave, c'est d'appuyer ses affirmations sur des archives détruites depuis un siècle, et sur deux auteurs, George Innès et Jean Blackeney, qui n'ont sans doute jamais existé.

En ce qui concerne l'Espagne, le P. Antonin reconnaît que la chronique trinitaire devrait être expurgée des faussetés dues à Lupian Zapata. Il trouve que le cinquième général de l'ordre, Michel « Hispanus », est appelé *Lacte* ou *Lainez*, par Baron, qui ne dit pas où il aurait trouvé ce nom de famille; le P. Antonin avoue que, jusqu'à plus ample informé, on ne peut justifier ce nom.

L'ordre des Trinitaires a donc maintenant dans la personne du P. Antonin de l'Assomption, que je tiens à remercier pour l'envoi fréquent d'indications précieuses, un historiographe avisé et prudent, bien convaincu que ce qu'on exige aujourd'hui de tout historien, et surtout d'un religieux, c'est la vérité. Il faut la dire, quand même elle renverse certaines traditions chères à un ordre religieux, mais mal fondées.

TABLE ANALYTIQUE DES CHAPITRES

Avant-propos .... pages i-vi

Bibliographie .... vii-xxvii

PREMIÈRE PARTIE.

DISCIPLINE INTÉRIEURE DE L'ORDRE

Chapitre I. — *Les sources de la vie de saint Jean de Matha.*
　Silence des écrivains français. Légendes introduites par les écrivains espagnols .... pages 1-8

Chapitre II. — *Vie de saint Jean de Matha.*
　Exposé des quelques dates certaines de cette vie 9-19

Chapitre III. — *La règle et ses mortifications.*
　Règle de 1198. Modifications de 1217. Seconde règle de 1263, dite règle mitigée 20-30

Chapitre IV. — *Statuts et Constitutions.*
　Statuts de 1319, de 1429. Formule de *réformation* (1576). Statuts de 1719 31-35

Chapitre V. — *Le grand-ministre ou ministre général.*
　Différents titres qu'il a portés. Son autorité sur les supérieurs locaux. Le vicaire général 36-52

Chapitre VI. — *Le chapitre général.*
　Son lieu de réunion, sa périodicité et sa composition 53-63

Chapitre VII. — *Le provincial.*
Il est appelé d'abord vicaire provincial. Le chapitre provincial. 64-70

Chapitre VIII. — *Les ministres particuliers.*
Leur mode de nomination; durée de leurs fonctions.......... 71-78

Chapitre IX. — *Les habitants du couvent.*
Nombre des moines. Novices; durée du noviciat. *Donnés* et autres laïques. Hôtes accidentels................................. 79-92

Chapitre X. — *Conditions de fondation.*
Classement de ces conditions sous diverses rubriques; leur adoucissement progresif.................................... 93-101

Chapitre XI. — *Leur histoire générale.*
Pauvreté navrante des couvents trinitaires; catastrophes dont ils ont été victimes... 102-112

Chapitre XII. — *Les hôpitaux.*
Leur grand nombre; procès auxquels ils ont donné lieu..... 113-123

Chapitre XIII. — *Les cures.*
Grand nombre de paroisses desservies par les Trinitaires, surtout au dix-huitième siècle................................ 124-131

Chapitre XIV. — *Les églises.*
Difficulté de les dater. Le style trinitaire : l'ornementation, les chapelles particulières, les offices....................... 132-148

Chapitre XV. — *Les souvenirs locaux.*
Énumération des endroits où se reconnaît l'emplacement des couvents.. 149-154

DEUXIÈME PARTIE.

HISTOIRE GÉNÉRALE DE L'ORDRE.

Chapitre I. — *Relations avec le pape.*
Le cardinal protecteur. Le procureur général en cour de Rome. 157-165

Chapitre II. — *Les rois de France.*
L'amortissement, la sauvegarde, la modification des statuts et la fondation des couvents........................... 166-171

Chapitre III. — *Les évêques.*
Exigences diverses émises par les prélats : synodes, processions. Relations avec les curés............................ 172-176

TABLE ANALYTIQUE DES CHAPITRES.   641

Chapitre IV. — *L'expansion française.*
Couvents du Midi et couvents du Nord. Les « quatre provinces » 177-184

Chapitre V. — *Les provinces étrangères.*
Grande-Bretagne, Espagne et Portugal, Italie, Autriche.... 185-194

Chapitre VI. — *Les grands bienfaiteurs.*
Saint Louis et Alphonse de Poitiers. Les comtes de Champagne. Les rois étrangers. Les évêques............................. 195-202

Chapitre VII. — *Les plus anciens grands-ministres.*
Dates de leur élection et de leur mort.................. 203-207

Chapitre VIII. — *Les Mathurins de Paris* (1228-1421).
L'affaire du Bourget (1330-1380). Étienne du Mesnil-Fouchard et le parti bourguignon 208-216

Chapitre IX. — *L'ordre de 1421 à 1570.*
Gaguin; les Musnier. Dévastations commises par les protestants.. 217-224

Chapitre X. — *Institution des Réformés et des Déchaussés.*
Les religieux de Pontoise. Jean-Baptiste de la Conception... 225-230

Chapitre XI. — *Les Réformés en Provence* (1608-1619).
Premiers démêlés avec Louis Petit..................... 231-235

Chapitre XII. — *Les Réformés dans le Nord* (1620-1635).
Leur entrée à Cerfroid. Chapitre de 1635. Réforme ordonnée par le pape... 236-243

Chapitre XIII. — *L'enquête du cardinal de La Rochefoucauld.*
Elle est défavorable aux deux partis en lutte. Mort du cardinal (1641)... 244-251

Chapitre XIV. — *Réconciliation entre le général et les Réformés.*
Tentatives infructueuses de Louis Petit, puis de Claude Ralle. Pierre Mercier réussit en 1659.............................. 252-262

Chapitre XV. — *Les quatre provinces et les étrangers* (1655-1688).
Chapitres généraux tenus à Rome. Mort de Pierre Mercier. L'élection du P. Teissier cassée à Rome (1687)................. 263-271

Chapitre XVI. — *Le schisme trinitaire.*
Les Espagnols élisent un général particulier. Grégoire de La Forge se fait reconnaître en 1703. Il meurt en 1708. Chapitre général de 1716.. 272-283

CHAPITRE XVII. — *Les Trinitaires chanoines-réguliers.*
Ils songent à se faire rattacher à la règle de saint Augustin. Manque de fondement de cette prétention........................ 284-291

CHAPITRE XVIII. — *La Commission des Réguliers.*
Elle prescrit un certain nombre de suppressions de couvents. Réunion avec les Réformés et les Déchaussés.................... 292-300

CHAPITRE XIX. — *Les dernières années.*
Le P. Chauvier, dernier général. Suppression des couvents par l'Assemblée Nationale. Les Trinitaires en exil............... 301-310

TROISIÈME PARTIE.

LE RACHAT DES CAPTIFS.

BIBLIOGRAPHIE.. 313-317

CHAPITRE I. — *Les plus anciens rachats de captifs.*
Mentions relevées dans *Gallia christiana*, du treizième au quinzième siècle....... 318-328

CHAPITRE II. — *Ressources de la rédemption.*
Le tiers du revenu des couvents, bientôt remplacé par des taxes; tournées de quêtes. Rentes............................ 329-340

CHAPITRE III. — *Les marguilliers des paroisses.*
Leur institution se généralise au dix-septième siècle. Privilèges de ces marguilliers.. 341-346

CHAPITRE IV. — *Les confréries de la rédemption.*
Elles existent principalement dans les villes où l'ordre n'a pas de couvents... 347-356

CHAPITRE V. — *Les Pères de la Merci.*
Rivalité avec les Trinitaires, tant en Espagne qu'en France.. 357-373

CHAPITRE VI. — *Rôle du roi de France.*
Selon ses ordres, la rédemption est facilitée ou retardée..... 374-381

CHAPITRE VII. — *Le voyage à Alger ou à Tunis.*
Difficultés ordinaires de la rédemption. Prix du rachat...... 382-393

CHAPITRE VIII. — *Processions de captifs.*
Popularité de ces cérémonies. Difficultés à leur occasion.... 394-400

Chapitre IX. — *Les plus célèbres rédemptions.*
Énumération d'après le livre du P. Calixte.................. 401-407

Chapitre X. — *La rédemption au Maroc.*
Elle était plus périlleuse, parce que la condition des chrétiens était pire dans ce pays.. 408-416

Chapitre XI. — *La rédemption diplomatique.*
Le roi de France prescrit la qualité des captifs à racheter en 1779 et en 1785.. 417-422

Chapitre XII. — *Les hôpitaux d'Alger et de Tunis.*
Démêlés des Trinitaires qui les desservaient avec le vicaire apostolique. Dévouement aux esclaves chrétiens pendant les épidémies. 423-435

Chapitre XIII. — *Les bienfaits de la rédemption.*
Illustres captifs qui ont dû leur liberté aux Trinitaires. Opinion de quelques écrivains..................................... 436-441

QUATRIÈME PARTIE.

Monographie, par ordre alphabétique, de tous les couvents des provinces de France directement soumis au général. 443-590

APPENDICES.

I. *Les reliques de saint Roch.*
Sont-elles conservées à Arles ou à Venise? De nombreux couvents en ont reçu d'Arles....................................... 593-601

II. *Les Trinitaires à Rome.*
Couvents successifs fondés par les *nations* et les congrégations de l'ordre.. 602-609

III. *Les Trinitaires dans l'enseignement, la prédication et la science.*
Prédicateurs illustres en Espagne. Collèges qui leur sont confiés en France... 610-615

IV. *Les grands personnages de l'ordre.*
Les listes dressées jusqu'au treizième siècle sont en grande partie imaginaires.. 616-621

V. *Saint Jean de Matha après sa mort.*
   Après avoir été longtemps oublié, son corps est porté à Madrid en 1655. Les deux fondateurs de l'ordre sont canonisés en 1679. 622-628

VI. *Quelques diplômes espagnols du treizième siècle.*
   Ils ont été forgés pour faire pièce aux Pères de la Merci et afin de reculer de près de quatre siècles l'institution des Religieuses Trinitaires. 629-632

VII. *Quelques procureurs des captifs.*
   Ils ne sont connus particulièrement que depuis le dix-huitième siècle. Il en est de même des procureurs de l'ordre à Rome........ 633-635

VIII. *L'historiographie trinitaire d'aujourd'hui.*
   Travaux récents du P. Antonin de l'Assomption. 636-637

TABLE DES GRAVURES

	Pages.
I. Saint Jean de Matha. Statue au Panthéon	1
II. — Apparition du cerf	4
III. — Première messe	12
IV. — Emblème anagrammatique	16
V. La Sainte Trinité adorée par un Trinitaire	20
VI. — tableau de Ribera	28
VII. Le chapitre général	60
VIII. Notre-Dame du Remède	132
IX. Mosaïque de Saint-Thomas *de Formis*	140
X. Mort de saint Louis	196
XI. Nicolas Musnier adorant la croix	212
XII. — assistant à la messe	220
XIII. Portrait de Grégoire de la Forge	256
XIV. Saint Augustin expliquant sa règle	272
XV. Portrait du P. Chauvier	304
XVI. Rédemption des captifs par saint Jean de Matha	320
XVII. — par un Trinitaire Déchaussé	388
XVIII. Procession des captifs	396
XIX. Un ambassadeur de Maroc en 1700	400
XX. Mahémet Tousiris, capitaine de Salé	404
XXI. Achmet Soussin, mufti de l'ambassade	412
XXII. Un esclave chrétien au Maroc	416
XXIII. Saint Thomas *de Formis* à Rome	596
XXIV. Arc de Dolabella	604
XXV. Le P. Grégoire de Jésus et Marie	608

Toulouse, Imp. DOULADOURE-PRIVAT, rue St-Rome, 39. — 726

www.ingramcontent.com/pod-product-compliance
Lightning Source LLC
Chambersburg PA
CBHW071704300426
44115CB00010B/1304